GERHARD STAHR · VOLKSGEMEINSCHAFT VOR DER LEINWAND?

Gerhard Stahr

Volksgemeinschaft vor der Leinwand?

Der nationalsozialistische Film und sein Publikum

Verlag Hans Theissen
Berlin

Die Deutsche Bibliothek – CIP-Einheitsaufnahme
Ein Titeldatensatz für diese Publikation ist bei
Der Deutschen Bibliothek erhältlich.

D 188

© Verlag Hans Theissen, Berlin 2001
Alle Rechte vorbehalten

Satz: Verlag Hans Theissen, Berlin
Druck: Books on Demand GmbH, Norderstedt
Printed in Germany

ISBN 3-935223-00-5

Inhaltsverzeichnis

DRITTES KAPITEL
Kinokrawalle, Integration und Ausgrenzung bis 1939   115

Tabellenverzeichnis

Abkürzungsverzeichnis

BA	Bundesarchiv (BDC: ehemals Berlin Document Center; SAPMO: Stiftung Archiv der Parteien und Massenorganisationen der DDR)
BDM	Bund Deutscher Mädel
CChIDK	Centr chranenija istoriko-dokumental'nych kollekcii [Zentrum für die Aufbewahrung historisch-dokumentarischer Sammlungen], Moskau
DAF	Deutsche Arbeitsfront
DNVP	Deutschnationale Volkspartei
DZV	Deutscher Zeitungswissenschaftlicher Verband
GStA	Geheimes Staatsarchiv Preußischer Kulturbesitz, Berlin
HJ	Hitlerjugend
KdF	Kraft durch Freude
NSBO	Nationalsozialistische Betriebszellenorganisation
NSDAP	Nationalsozialistische Deutsche Arbeiterpartei
NSKK	Nationalsozialistisches Kraftfahrkorps
NSV	Nationalsozialistische Volkswohlfahrt
OKW	Oberkommando der Wehrmacht
PA	Propaganda-Auswertung
RFS	Reichsfilmstelle der NSDAP
RFSS	Reichsführer SS
RGBl.	Reichsgesetzblatt
RKK	Reichskulturkammer
RMVP	Reichsminister(ium) für Volksaufklärung und Propaganda
RPA	Reichspropagandaamt
RPL	Reichspropagandaleitung
RSHA	Reichssicherheitshauptamt
SA	Sturmabteilung der NSDAP
SD	Sicherheitsdienst der SS
Sopade	Sozialdemokratische Partei Deutschlands (Exilorganisation)
SS	Schutzstaffel der NSDAP
VfZ	Vierteljahrshefte für Zeitgeschichte
WHW	Winterhilfswerk
ZfG	Zeitschrift für Geschichtswissenschaft
ZFO	Zentralfilmgesellschaft Ost m. b. H.

Einleitung

„Meine Herren, in hundert Jahren wird man einen schönen Farbfilm über die schrecklichen Tage zeigen, die wir durchleben. Möchten Sie nicht in diesem Film eine Rolle spielen? Halten Sie jetzt durch, damit die Zuschauer ... nicht johlen und pfeifen, wenn Sie auf der Leinwand erscheinen."[1] Ein größeres Übel als das reale Grauen der letzten Kriegstage in Berlin stellte ein unzufriedenes Kinopublikum in ferner Zukunft dar, das die Richterbank einer höchsten Instanz besetzte, die das endgültige Urteil über den Nationalsozialismus und seine Repräsentanten fällte; mit diesem eigenartigen Bild appellierte Joseph Goebbels Ende April 1945 in der letzten sogenannten Ministerkonferenz an den Durchhaltewillen der führenden Mitarbeiter des Reichsministeriums für Volksaufklärung und Propaganda.[2] Daß ausgerechnet der wegen seiner suggestiven Fähigkeiten gefürchtete und bewunderte Propagandaminister dem Verhalten der Konsumenten eines Massenmediums eine entscheidende Bedeutung einräumte, begründet Zweifel an dem bisherigen Erkenntnisstand über die Wirkungsweise des nationalsozialistischen Kinos, der dem Publikum eine Rolle als bloßes Objekt medialer Beeinflussung zuweist.[3]

Das Forschungsdefizit ist beträchtlich. Es scheint ein nahezu aussichtsloses Unterfangen zu sein, in einer historischen Untersuchung die Auswirkungen von lange zurückliegenden Kinovorführungen auf ein Publikum zu untersuchen, das nicht in einer mit modernen Methoden vergleichbaren Weise beobachtet und befragt worden ist. Tatsächlich ist die Möglichkeit solcher Analysen grundsätzlich bezweifelt worden.[4] "Who goes to the movies? No one really knows." Diese Klage des Herausgebers der Zeitschrift „Film History", John Belton, gilt für das deutsche Kinopublikum im Dritten Reich im besonderen Maße.[5] Während Historiker erste Arbeiten über das Publikumsverhalten in britischen Filmtheatern während der dreißiger Jahre und in der Kriegszeit vorgelegt haben,[6] ist der Einfluß des Kinos auf die deutsche Gesellschaft im Dritten Reich bisher ein geschichtswissenschaftliches Desiderat geblieben.[7]

Die seriöse filmhistorische Forschung konzentrierte ihre Untersuchungen auf die Analyse der offenkundigen wie der verdeckten propagandistischen Ziele und Methoden des nationalsozialistischen Kinos. Die Beweggründe, die die NS-Führung zur Stärkung des Kinos veranlaßten, sind weitgehend bekannt. Der symbolische Gehalt der nationalsozialistischen Filme ist in

Analysen ausgewählter Produktionen entschlüsselt[8] und ihre propagandistische Funktion durch die Untersuchung der programmatischen Aussagen führender Kulturfunktionäre beschrieben worden.[9] Die nationalsozialistische Propaganda bevorzugte den Film als Mittel zur Verbreitung der eigenen Weltanschauung, weil er alle Bevölkerungsschichten in gleicher Weise anspreche und eher emotional als intellektuell und deshalb um so intensiver und dauerhafter wirke.[10] Das Programmangebot in den Kinos konnte problemlos und ohne Ausnahme zentral bestimmt und überwacht werden, ohne daß die Rezipienten wie beim Radio die Möglichkeit hatten, Informationen von ausländischen Anbietern zu beziehen, was seit Kriegsbeginn streng verboten, aber letztlich kaum zu kontrollieren war. Zwar eigneten sich Spielfilme nicht unbedingt zur direkten propagandistischen Kampagnenarbeit; sie waren jedoch dazu ausersehen, die „Volksgemeinschafts"-Ideologie und den „Führer"-Gedanken zu vermitteln. Um diese Ziele nicht zu gefährden, wurde der Spielfilm schon in den Friedensjahren nur ausnahmsweise zur offenen Propagierung der spezifischen Ziele des Nationalsozialismus genutzt. In den von deutschen Truppen besetzten Gebieten und nach errungenem Sieg in ganz Europa sollte der Film eine zentrale Rolle bei der Durchsetzung der kulturellen Hegemonie des nationalsozialistischen Deutschlands einnehmen.[11] Die Ablenkung des Kinopublikums von den Zumutungen und Anstrengungen des Alltags sollte unaufdringlich dazu beitragen, dem Regime die breite Unterstützung der Bevölkerung bis in die letzte Kriegsphase zu erhalten. Die These, daß die in den dreißiger und vierziger Jahren in Deutschland gedrehten Filme unpolitisch gewesen seien, wird nur in den Erinnerungs- und Rechtfertigungsschriften der für diese Produktionen Verantwortlichen und ihrer Verehrer vertreten.[12]

Analytische und affirmative Ansätze verbindet, daß das Publikum, für das die Filme hergestellt wurden und das sie durch seine Eintrittsgelder bezahlt hat, mit dem Verweis auf eine ungenügende Quellenlage[13] oder ohne Begründung unbeachtet blieb. Diese Vorgehensweise birgt die Gefahr in sich, das Bild, das die Propagandaspezialisten des NS-Regimes vom Erfolg ihrer Arbeit zeichneten, für die Realität zu halten und die angestrebten Wirkungen mit den tatsächlich erreichten gleichzusetzen.[14]

Zumindest scheint die in der Geschichtswissenschaft so kontrovers diskutierte Frage, ob sich der Nationalsozialismus „modernisierend" auf die deutsche Gesellschaft ausgewirkt habe,[15] für den Bereich der zeitgenössisch modernsten Massenmedien, des Films und in ähnlicher Weise auch des Rundfunks, entschieden. Unter dem Einfluß der soziologischen Theorien über die

Massengesellschaft, die die politologischen und historischen Totalitarismus-
theorien befruchtet hatten, galt es in der frühen Medienwirkungsforschung
als gesichert, daß die in der Industriegesellschaft beobachtete Auflösung der
familialen Strukturen sowie der traditionellen Bindungen, Normen und Werte den Einfluß der Medien auf das Verhalten der vereinzelten Individuen
erleichtere.[16] Der Erfolg von Massenmedien setzt die Existenz einer entwik-
kelten Industriegesellschaft schon voraus. Indem das nationalsozialistische
Regime die Verbreitung der Massenmedien intensiv förderte, beschleunigte
es die Transformierung der in vielerlei Weise noch von traditionellen Eliten
geprägten Gesellschaftsordnung in eine stärker egalitäre und insofern moder-
nere Sozialstruktur.

Auf das Forschungsfeld der Massenmedien bezogen, bliebe die Frage zu
diskutieren, ob der Modernisierungsprozeß den Intentionen des Regimes
entsprach, wie es einige von extrem gegensätzlichen Positionen aus argumen-
tierende Historiker wie etwa Rainer Zitelmann auf der „rechten" Seite sowie
Götz Aly und Susanne Heim auf der „linken" meinen,[17] oder ob sich diese
Entwicklung entgegen den eigentlichen Zielen des Regimes vollzogen hat,
was zunächst von Ralf Dahrendorf und David Schoenbaum vertreten wurde.[18] Für die erste These spricht zunächst ein strukturelles Argument, das
Hannah Arendt formuliert hat: Die Macht eines totalitären Regimes beruhe
auch darauf, daß es die einzige Instanz sei, die den Menschen noch eine
soziale und politische Orientierung vermittle. Aus diesem Grund werde die
Isolierung der Individuen, die Atomisierung der sozialen Zusammenhänge
und ihre Transformierung in eine „Massengesellschaft" von totalitären Regi-
men forciert.[19]

Für eine bewußte Modernisierungsanstrengung läßt sich aber auch mit
den empirischen Daten argumentieren. Das NS-Regime hat sich der Massenmedien nicht nur bemächtigt und sie für seine Zwecke instrumentalisiert,
es hat ihre infrastrukturellen Voraussetzungen gestärkt und teilweise erst geschaffen. Gegen eine bewußte Förderung der Modernisierung der deutschen
Gesellschaft durch den Film kann vor allem die in ihnen latent vorhandene
Ideologie angeführt werden, die fast ausnahmslos an traditionelle Werte,
Normen und Geschlechterrollen anknüpfte. Das spräche dafür, daß es sich
beim Ausbau des Kinos im Dritten Reich nach der Terminologie von Schoenbaum um eine „Revolution der Mittel", kaum aber um eine „Revolution
der Zwecke" handelte, denn Filme, die offen eine spezifisch nationalsozialistische Propaganda verfolgten, machten nur die Minderzahl der zwischen
dem 30. Januar 1933 und dem 8. Mai 1945 uraufgeführten 1094 deutschen

Spielfilme aus.[20] Der positive Bezug auf traditionelle Wertesysteme und Gesellschaftsstrukturen in den meisten NS-Filmen, die sich insoweit kaum von den Produktionen der Weimarer Republik und auch der ersten Jahrzehnte der Bundesrepublik unterschieden, wirft die Frage auf, ob das Medium Film in der vergleichsweise kurzen Zeit des Dritten Reichs so deutliche Veränderungen im sozialen Ordnungsgefüge ausgelöst hat, daß sie sich mit der Begrifflichkeit der primär zur Beschreibung längerfristiger Prozesse geschaffenen Modernisierungstheorien fassen lassen.[21] Umgekehrt muß untersucht werden, ob die umfassende Bemächtigung der Medien durch das NS-Regime einen modernisierenden Einfluß auf die Struktur der öffentlichen Kommunikation ausgeübt hat. Bisher ist allein die These gut belegt, daß bestimmte Formen der gesellschaftlichen Verständigung im Dritten Reich — etwa das Gerücht — auf Defizite im Mediensystem und somit auf einen Atavismus schließen lassen.[22] Abgesehen von der zweifellos richtigen Feststellung, daß die schiere Existenz von zahlreichen Kinos und die Beliebtheit des Films beim zeitgenössischen deutschen Publikum Kennzeichen der Moderne waren, fehlt es aber noch an der Entwicklung klarer Indikatoren, mit denen sich der spezifische Beitrag des Mediums zur Modernisierung oder Demodernisierung der deutschen Gesellschaft während des Nationalsozialismus bestimmen ließe.

Die Medien und damit der Film galten lange Zeit als Vermittlungskanäle der nationalsozialistischen Ideen und Zielvorstellungen, die als Einbahnstraßen nur in eine Richtung von der mehr oder minder monolithischen Partei- und Staatsführung zu einer ebenso einheitlich gedachten Bevölkerung verliefen. Nach Carl Joachim Friedrich kennzeichnete die unbeschränkte Lenkung aller Nachrichtenströme durch den Staat und die ihn beherrschende Partei das Wesen totalitärer Herrschaft.[23] Die Medienwissenschaft unterstützte die Argumente der intentionalistischen Totalitarismustheorie. Ein frühes Erklärungsmodell für die Wirkungsweise des neuen Informations- und Beeinflussungskomplexes, der mit dem Entstehen der Massenpresse, des Kinos und des Rundfunks neben die persönliche Kommunikation getreten war, lieferte die dem „Stimulus-Response"-Konstrukt des Behaviourismus entlehnte „Omnipotenz"-These, nach der die Massenmedien von allen Individuen einer Gesellschaft in gleicher Weise wahrgenommen werden und bei allen die gleichen Reaktionen auslösen. Die Erfahrungen mit den frappierenden Wirkungen einiger Produktionen des Massenmediums Radio, insbesondere die Folgen des Hörspiels „Invasion from Mars" von Orson Welles, das am 30. Oktober 1938 eine Panik unter den Hörern in New York ausgelöst hatte, schienen die These von der Allmacht der modernen Medien zu unter-mauern.[24] Einen enormen Bedeutungszuwachs erfuhr die noch junge Me-dienwirkungsforschung durch die in den vierziger Jahren in den USA be-gonnenen Bemühungen, die anhaltende Popularität des NS-Regimes in der deutschen Bevölkerung mit der Wirkung der nationalsozialistischen Propa-ganda zu erklären.

Den medienwissenschaftlichen Untersuchungen lag zumeist ein einfaches Modell über die Struktur der öffentlichen Kommunikation im Dritten Reich zugrunde. Die Führung des Regimes herrscht als „Sender" unbeschränkt über alle medialen Vermittlungskanäle; sie allein speist nach autonomen Ge-sichtspunkten Informationen und Fehlinformationen in die Medien ein, und der Bevölkerung als großem kollektivem „Empfänger" bleibt kaum eine an-dere Wahl, als so auf diese Botschaften zu reagieren, wie es der Sender beab-sichtigt hat.[25] Selbst die Definitionen waren lange von linearen Vorstellungen dominiert. Unter Massenkommunikation verstand z. B. Gerhard Maletzke „jene Form der Kommunikation, bei der Aussagen öffentlich, durch techni-sche Verbreitungsmittel indirekt und einseitig an ein disperses Publikum vermittelt werden".[26] Das Publikum ist in diesen Modellvorstellungen groß, heterogen und anonym; es werde von den massenmedial vermittelten Bot-schaften zum nahezu gleichen Zeitpunkt erreicht, wozu der Kommunika-tor über eine komplexe, arbeitsteilig funktionierende und einen hohen Kapi-talaufwand benötigende Organisation verfügen müsse.[27] Die zielgerichtete Beherrschung aller Kommunikationskanäle ermögliche die Kontrolle selbst komplexer Gesellschaften. Solche Annahmen rückten den verantwortlichen Propagandaminister Joseph Goebbels in den Mittelpunkt des Interesses.[28]

Goebbels ist neben Adolf Hitler zweifellos die Person im engeren Füh-rungskreis des NS-Regimes, deren Wirken am besten dokumentiert und zeit-historisch am intensivsten erforscht ist. Dazu beigetragen hat die vergleichs-weise gute Quellenbasis, zu der Goebbels mit seinem Tagebuch, das er von 1924 bis zum Tage seines Selbstmordes am 1. Mai 1945 geführt hat, selbst beigetragen hat.[29] Veröffentlicht sind ebenso zahlreiche Reden[30] und die so-genannten Ministerkonferenzen.[31] Die Erinnerungen führender Mitarbeiter des Propagandaministers ergänzen das Bild über Goebbels' Persönlichkeit,[32] das der Öffentlichkeit auch in einer stetig anwachsenden biographischen Literatur vermittelt wird.[33] Allzuoft scheint die wiederholte Auseinanderset-zung mit dem Propagandaminister das von diesem selbst entworfene Bild von einem mit zynischer Intelligenz, Imaginationsgabe und Durchsetzungsvermö-gen begabten Dirigenten einer in seiner Hand reibungslos funktionierenden

Manipulationsmaschine, der der deutschen Bevölkerung auf nahezu hypnotische Weise seinen Willen aufgezwungen habe,[34] immer wieder aufs neue zu reproduzieren.[35] Die – gerade wenn man Goebbels ein beträchtliches propagandistisches Geschick zubilligt – doch naheliegende Frage, ob dieser Eindruck nicht eher ein Erfolg von geschickt kalkulierten „Inszenierungen für die Nachwelt" darstellt, als daß er der geschichtlichen Realität entspricht, hat Bernd Sösemann bei der kritischen Analyse des diaristischen Nachlasses des Propagandaministers aufgeworfen.[36]

Die Erwartungen, die das NS-Regime mit dem Kino verband, korrespondieren auf bemerkenswerte Weise mit dem Bild, das nach 1945 vom Kino im Dritten Reich gezeichnet wurde. In der Aufrechterhaltung des Mythos vom Propagandagenie Goebbels, der seine manipulative Macht nirgends perfekter als im Kino umsetzen konnte, ließen sich offenbar die Interessen der Alliierten mit denen der deutschen Bevölkerung am besten in Übereinstimmung bringen. Wenn die deutsche Bevölkerung ein wehrloses Opfer hypnotischer Techniken war, konnte sie letztlich für die Verbrechen des Regimes nicht verantwortlich gemacht werden. Nach einer kurzen Phase der Umerziehung sprach nicht mehr viel gegen ihre vorbehaltlose Eingliederung in das jeweilige Wertesystem der im Kalten Krieg miteinander konkurrierenden Machtblöcke.

Erst in jüngerer Zeit beeinflußt die Erkenntnis, daß der Staat Hitlers in der politischen Realität zu keinem Zeitpunkt dem offiziellen Leitbild von einem monolithisch geschlossenen Führerstaat entsprach, das Forschungsinteresse am nationalsozialistischen Propagandawesen. Insbesondere für den Bereich der Presse ist dabei deutlich geworden, daß sich auch der von Goebbels beanspruchte Herrschaftssektor nicht dem Einfluß rivalisierender Institutionen entziehen konnte. Im Zeitungswesen behaupteten auf nationaler Ebene der „Reichspressechef der NSDAP" und (seit 1937) „Pressechef der Reichsregierung", Otto Dietrich, und der Direktor des Zentralverlags der NSDAP, Franz Eher Nachfolger GmbH, und Herausgeber des Parteiorgans „Völkischer Beobachter", Max Amann, dauerhaft eigenständige Machtsphären;[37] zumindest zeitweise gelang es auch anderen Parteigrößen, am Reichsministerium für Volksaufklärung und Propaganda (RMVP) vorbei Berichte und Kommentare in ihnen nahestehende Presseorgane zu lancieren. In der Provinz standen die Zeitungen oft unter dem direkten Einfluß regionaler Parteiführer, ohne daß das RMVP eingreifen konnte.[38] Für die in das Ausland gerichtete Pressepolitik verteidigte das Auswärtige Amt mit wechselndem Erfolg weitreichende Kompetenzen.[39] Die Verantwortung für die Propaganda zur

Aufrechterhaltung der Kampfbereitschaft und des Siegeswillens der eigenen Soldaten und die propagandistische Einwirkung auf die feindlichen Truppen sowie die Bevölkerung im Kampfgebiet beanspruchte die Wehrmacht für sich.[40] Zweifellos begrenzte auch die in einzelnen Territorien nicht unbeträchtliche Autonomie der auf dem Gebiet der Kultur tätigen Institutionen und Personen, insbesondere ein in einigen Gauen ausgeprägter kultureller Partikularismus, den umfassenden Machtanspruch des RMVP.[41] Ob und inwiefern auch Goebbels seine Kompetenz im Bereich des Films gegen rivalisierende Interessen verteidigen mußte, ist noch weitgehend unerforscht. Allgemein muß jedoch konstatiert werden, daß die Pressegeschichtsforschung dem intentionalistischen Modell einer homogenen, einen einheitlichen Willen verfolgenden Propaganda wesentlich früher eine neue, „funktionalistische" Deutung der – auch in diesem Bereich von polykratischen Strukturen und rivalisierenden Gruppeninteressen geprägten – nationalsozialistischen Herrschaft entgegengestellt hat als die Filmhistoriographie.

Ein Grund für diese „Verspätung" der historischen Filmforschung liegt in der – verglichen mit dem Zeitungswesen oder dem Theater – relativ monolithischen Struktur des Filmwesens, in dem Goebbels schnell und, wie man bisher meinte, weitgehend unbestritten seinen Führungsanspruch durchsetzen konnte. Vielleicht bedeutsamer ist aber, daß sich Geschichtswissenschaftler bisher kaum mit dem Film und dem Kino auseinandergesetzt haben. Die filmgeschichtliche Forschung wurde und wird zumeist nicht von Fachhistorikern, sondern von Germanisten, Theater- und Medienwissenschaftlern geleistet; bedeutende Werke zur allgemeinen Filmgeschichte und zur Geschichte des Films im Nationalsozialismus sind aber vor allem von speziell interessierten Journalisten verfaßt worden.[42] Für die Abstinenz der historischen Forschung gegenüber dem Gegenstand Film und Kino sind drei Gründe ausschlaggebend:

Zum einen beruht die Zurückhaltung der Geschichtswissenschaftler teilweise auf Schwierigkeiten, die die Disziplin mit der Einordnung von Phänomenen hat, die wie das Kinobesuchsverhalten der Sphäre des „Alltags", der „Freizeit" oder der „Volkskultur" zugehören. Zwar verzeichnete die Alltagsgeschichtsschreibung in den siebziger und achtziger Jahren einen enormen Aufschwung, sie konnte aber nur in Teilbereichen – etwa in der Erforschung von sozialen Protestbewegungen und -formen – theoretisch überzeugend fundiert werden. Das Defizit an trennscharfen Begriffen, die mangelnde Distanz zu den untersuchten Phänomenen und die manchmal fehlende Professionalität der alltagshistorischen Forschung lösten die Kritik der etablierten

Geschichtswissenschaft, vor allem von Vertretern der ebenfalls noch vergleichsweise jungen Struktur- und Sozialgeschichte, aus.[43] Die methodischen
Probleme der Alltagskulturforschung scheinen dafür verantwortlich zu sein,
daß die noch vor kurzer Zeit auf diesem Gebiet zu verzeichnenden Anstrengungen merklich nachgelassen haben.[44]

Zum anderen begrenzt auch die Kategorisierung des Kinos als Ort des entfremdeten Konsums der Produkte einer mit hohem Kapitalaufwand agierenden Kulturindustrie das Interesse der alltagsgeschichtlich orientierten Forschung. Max Horkheimer und Theodor W. Adorno konstatierten, daß sich
in der Filmproduktion die negative Potenz der „Dialektik der Aufklärung"
symbolisiere, weil sie Kultur nicht *auch* als Ware, sondern ausschließlich als
Ware hervorbringe. Der in den traditionellen geistigen Gebilden zusätzlich
vorhandene widerständige Gehalt gegen die „verhärteten Verhältnisse" sei
in den Produkten der Kulturindustrie verschwunden. Sie trieben die Ver-
kümmerung der Phantasie und der Spontaneität ihrer Konsumenten voran.
„Die Produkte selber, allen voran das charakteristische, der Tonfilm, lähmen
ihrer objektiven Beschaffenheit nach jene Fähigkeiten."[45] Wenn das Kinopublikum als passives Objekt medialer Manipulation begriffen wird, können
die Filmtheater nicht die Orte bilden, in denen sich die autonome Artikulation und Manifestierung der kollektiven politischen, sozialen und kulturellen Ansprüche unterbürgerlicher Schichten erwarten läßt. Denn das gesamte
Publikum der neuen Medien stehe unter dem Verdikt des „Don't talk back";
ihm bleibe keine Möglichkeit, zu sprechen und zu widersprechen. Anders
als der Leser, der sich noch mit anderen in der Öffentlichkeit räsonierend
ausgetauscht habe, sei der Filmbesucher nur noch Konsument, dessen öffentliche Kommunikation sich tendenziell allein auf Geschmacksfragen reduzie-
re.[46] Das zentralisierte Produktions- und Verleihsystem des Films sorgt zudem überall für ein nahezu gleiches Programm und macht die Ausprägung
regionaler Besonderheiten, die eine identitätsstiftende Qualität annehmen,
schon strukturell nahezu unmöglich. Das Kino scheint also nichts für ein zentrales Anliegen der Alltagshistorie herzugeben: die Aufdeckung und Rekonstruktion des rebellischen „Eigensinns" der unteren Volksklassen.[47]

Schließlich meiden Geschichtswissenschaftler die Beschäftigung mit dem
Thema „Film" wohl auch deshalb, weil die Einordnung dieses Mediums in
die historische Quellenkritik bisher nur unbefriedigend gelungen ist. Filme
bieten Möglichkeiten für Manipulationen, zu deren Aufdeckung und Analyse
der Geschichtsforschung noch kein gültiges Instrumentarium zur Verfügung
steht. Die Übertragung traditioneller Quellendefinitionen auf das Medium,

nach denen Dokumentarfilme als „Traditionsquellen" eingestuft werden, die bewußt überliefert werden, und Spielfilme als „Überreste", die unbeabsichtigt der Nachwelt hinterlassen werden, wirkt jedenfalls unbeholfen.[48] Nicht unberechtigt macht der französische Historiker Marc Ferro für diese Situation eine gewisse Trägheit der Geschichtsforschung verantwortlich: „Das Kino war noch nicht geboren, als die Geschichtsschreibung ihre Gewohnheiten angenommen hatte, ihre Methoden perfektionierte und mit dem Erzählen aufgehört hatte, um fortan zu erklären."[49]

„Im Kino sitzen alle in der ersten Reihe" – mit diesem Titel eines Aufsatzes brachte Paul Hartmann 1933 den Anspruch des Films, die gesellschaftlichen Barrieren einzuebnen, auf eine prägnante Formel.[50] Die für jeden nahezu gleichartige Möglichkeit zum Konsum kultureller Güter, die historisch ohne Vorbild war, bedeutet aber nicht, daß alle Bevölkerungsschichten diese Möglichkeiten tatsächlich in der gleichen Weise nutzten, und noch weniger, daß die Produktionen ihre Wirkungen unabhängig von der sozialen Lage und der individuellen Situation der Rezipienten erzielten. Die monolithischen Vorstellungen über das Leben und den Alltag der deutschen Bevölkerung im Dritten Reich sind in den letzten beiden Jahrzehnten ebenso korrigiert worden wie die linearen Modelle über die Rezeption der Massenmedien. Angeregt durch das „Bayern-Projekt" des Instituts für Zeitgeschichte, hat sich die Sozialgeschichtsschreibung von der polaren Gegenüberstellung von Herrschaft und Widerstand im Alltag des Dritten Reiches weitgehend gelöst.[51] Mittlerweile sind differenzierte Urteile über die Verhaltensweisen im Nationalsozialismus gewonnen worden, die in den führenden Angehörigen des Partei- und Staatsapparates nicht mehr die allein agierenden Herren des Geschehens und in der übrigen Bevölkerung passiv reagierende Objekte erkannten, sondern ein kompliziertes Geflecht von oft bei denselben Leuten beobachteten Verhaltensweisen ermittelten, die zwischen der begeisterten Übererfüllung der Anforderungen des Regimes, Mitmachen, Ausnutzen der Verhältnisse für persönliche Ziele und Resistenz schwankten. Auch im Dritten Reich beeinflußten Herrschende und Beherrschte sich auf vielfältige Weise wechselseitig, reagierten aufeinander und veränderten ihre Verhaltensmuster.[52] Dieser Befund beruht vor allem auf regionalgeschichtlichen Untersuchungen, aber er scheint für die gesamte deutsche Gesellschaft während des Nationalsozialismus Gültigkeit beanspruchen zu dürfen.[53]

In einer ähnlichen Weise vollzog auch die Medienwirkungsforschung die Abkehr von linearen Modellvorstellungen. Die Entdeckung immer neuer Einflüsse, die auf den realen Massenkommunikationsprozeß einwirken, ließ es schwierig werden, den Einfluß der Medien als entscheidende Ursache für einen Einstellungswandel beim Publikum zu bestimmen. Die Wirkungen der Medien auf den einzelnen werden stark von seinem sozialen Umfeld, von der Familie, Freunden, Arbeitskollegen determiniert. Der Kinobesucher verfügt schon über eine Meinung, bevor er in das Theater geht, nach der er entscheidet, welche Filme er sehen möchte, und die die Art und Weise beeinflußt, wie er sie wahrnimmt. Die These von der relativen Wirkungslosigkeit der Massenmedien setzte sich in der empirischen Medienwirkungsforschung in den sechziger Jahren durch.[54] Ebensowenig wie die Frage nach den Effekten der Massenkommunikation beim Individuum ist diejenige nach ihren Wirkungen auf größere Sozialstrukturen hinreichend beantwortet. Umfassend kann kaum etwas darüber ausgesagt werden, ob Massenmedien zu einer Homogenisierung oder nicht vielmehr zu einer verstärkten Differenzierung der Gesellschaft beitragen.[55] Trotz des massiven Einsatzes elaborierter empirischer Erhebungstechniken und statistischer Auswertungsverfahren, der von der interessierten werbetreibenden Wirtschaft großzügig gefördert wurde, ist es bisher kaum gelungen, befriedigende Erklärungsmodelle zur Wirkungsweise der Massenmedien zu entwickeln. Jedenfalls kann ein Blick in die kurze, aber zahlreichen Paradigmenwechseln unterworfene Geschichte der Massenkommunikationsforschung den Eindruck erwecken, als habe die von Harold D. Lasswell formulierte Ausgangsfrage der Disziplin "Who says what in which channel to whom with what effect?" schon früh ihre bestmögliche Antwort gefunden: "Some kinds of communication on some kinds of issues brought to the attention of some people under some kinds of conditions have some kinds of effects."[56]

Trotz dieser grundsätzlichen Zweifel an den Erkenntnismöglichkeiten der Massenkommunikationsforschung ist es sinnvoll, die Verhaltensweisen eines historischen Publikums mit den Methoden des Historikers zu untersuchen. Ein annähernd realistisches Bild vom Einfluß des Kinos auf die Bevölkerung im Dritten Reich läßt sich nicht durch die Untersuchung der in großem Umfang tradierten Dokumente der Propagandaziele des Regimes oder mittels einer mit literaturwissenschaftlichen Methoden vorgenommenen Extrahierung dieser Intentionen aus den filmischen Werken des Nationalsozialismus gewinnen, sondern nur durch die Analyse der zeitgenössischen Zeugnisse über die Reaktionen des Publikums selbst. Die Dokumentation und quellenkritische Untersuchung dieser Überlieferung bildet die Grundlage der vorliegenden Arbeit. Dabei wird von der Grundthese ausgegangen, daß sich die nationalsozialistische Kinopolitik in einem engen Interaktionsverhältnis mit den registrierten Publikumsreaktionen entwickelte. Das Publikum sollte nur die Filme zu sehen bekommen, die es zu sehen wünschte, und Goebbels glaubte genau zu wissen, welche das waren.

Die vorliegende Untersuchung widmet sich der Frage, worauf sich dieses vermeintliche Wissen um den Publikumsgeschmack gründete. Welche Methoden, Hilfsmittel und Institutionen standen zur Erforschung des Kinopublikums zur Verfügung, und wie wurde dieses Instrumentarium genutzt? Da fast alle Berichte über die Reaktionen des Kinopublikums von Institutionen des Regimes – unter diesen Begriff sollen hier auch die deutschen Universitäten fallen – verfaßt worden sind, drängt sich die Frage auf, ob und, falls diese Frage mit ja zu beantworten ist, unter welchen Umständen die Kritik der Bevölkerung die nationalsozialistische Filmpolitik beeinflußt hat. Das Publikum soll damit nicht in einfacher Umkehrung der bisherigen Forschungsrichtung zum eigentlichen Herrn über den Film im Dritten Reich erklärt werden, aber es ist evident, daß ein Medienangebot, das die Erwartungshaltungen und Bedürfnisse seiner Konsumenten beständig ignoriert, kaum eine Rezeption erfahren dürfte.

Film wird erst zur sozialen Realität, wenn er gesehen und interpretiert wird. Mit Rückgriff auf sozialwissenschaftliche und kommunikationswissenschaftliche Methoden und Erkenntnisse[57] wird Kinobesuch in der vorliegenden Untersuchung als kollektive Aktivität begriffen, die innerhalb eines gesellschaftlichen Kontextes erfolgt. Das Publikum teilt mit den Filmproduzenten ein kulturell geprägtes Zeichensystem, dessen Verwendungsregeln und -konventionen, was es erst erlaubt, durch Filme Bedeutungen zu erzeugen. Die Kinobesucher dekodieren die filmischen Botschaften aber nicht genau so, wie sie von deren Produzenten gemeint waren, sondern transformieren sie im Akt der Rezeption in ein eigenes Bedeutungssystem, das sowohl von der jeweiligen gesellschaftlichen und kulturellen Erfahrung wie von den Traditionen des kollektiven Rezeptionsortes Kino geprägt ist. Diese Erfahrungshorizonte begrenzen die prinzipielle Offenheit in den Interpretationsmöglichkeiten filmischer Botschaften. In der Rezeption löst sich das Publikum zwar in einzelne Publika auf, aber der Vorrat an kollektiven Erfahrungen verhindert eine völlige Individualisierung der Wahrnehmungsweisen. Filmkonsum wird in der vorliegenden Arbeit als soziale Aktivität interpretiert, die im Dritten Reich einschneidenden Dynamisierungsprozessen unterworfen war.

Im ersten Kapitel der vorliegenden Untersuchung wird der Stand der empirischen Kinowirkungsforschung in Deutschland in den dreißiger und vierziger Jahren analysiert. Damit wird zugleich ein erster Indikator zur

Bestimmung des spezifischen Beitrags des nationalsozialistischen Umgangs
mit dem Medium Film zur Modernisierung der deutschen Gesellschaft eingeführt. Daß die Anwendung wissenschaftlicher Erkenntnisse und empirischer Techniken grundsätzlich ein taugliches Kennzeichen zur Bestimmung
von Modernität bildet, wird hier unterstellt und nicht weiter diskutiert.[58]
Analysiert werden muß jedoch, inwieweit der Bereich der Propaganda der
empirischen Forschung zugänglich war und welcher Stellenwert dem Film in
der nationalsozialistischen Propagandapraxis zugedacht war. Nur vor dem
Hintergrund der Intentionen, die das Regime mit dem Film verband, läßt
sich die Frage beantworten, ob das Kino im Dritten Reich im wesentlichen
in das Kontinuum des vom Aufstieg der Massenmedien gekennzeichneten
Modernisierungsprozesses eingebettet war oder ob diese Entwicklung bewußt vorangetrieben und in spezifischer Weise umgebogen wurde. Insbesondere für die Analyse der Veränderungen der Funktionen, die das Kino
während der zwölfjährigen Herrschaftspraxis der Nationalsozialisten erfuhr,
ist die Frage nach den empirischen Formen der Selbstvergewisserung, die
Untersuchung der Rückkopplungsmechanismen und der Planungsgrund-
lagen von entscheidender Bedeutung. Zu klären ist also, ob das Regime über
ein Instrumentarium zur Beobachtung und Messung der Verhaltensweisen
des Kinopublikums verfügte, in welcher Weise und mit welchen Konsequenzen es eingesetzt wurde und ob sich hieraus Feststellungen über den Grad
der Modernität des Nationalsozialismus treffen lassen. Da sich die universitäre Publikumsforschung im wesentlichen auf Verbreitungserhebungen
beschränkt hat, wird in diesem Abschnitt auch die Arbeitsweise der Institutionen untersucht, die im Dritten Reich die Aufgabe übernommen hatten, das
Meinungsklima in der deutschen Bevölkerung zu erheben.

Die Quellen zum Arbeitsbereich des für den Film verantwortlichen Ministeriums liegen allerdings nicht komplett vor. Teile der Registratur des RMVP
und ebenso jene Aktenbestände, die schon an das Reichsarchiv abgegeben
worden waren, sind durch die Luftangriffe in den Jahren 1944 und 1945 vernichtet worden. Weitere Verluste entstanden infolge von Aktenvernichtun-
gen in den letzten Kriegstagen. Im Vergleich etwa zum Theater, zur Musik
und auch zum Rundfunk ist der Bereich Film zudem von den Lücken in der
Überlieferung besonders stark betroffen. Nur Teilbestände sind im Bundesarchiv in Koblenz und Potsdam sowie in den Akten des ehemaligen Berlin
Document Centers (Reichskulturkammer) in Berlin überliefert. Wichtiges
Material findet sich im Bestand „Deutsche Bank", der in Potsdam einzusehen
ist. In jüngster Zeit ist bisher verloren geglaubtes Schriftgut – darunter auch

umfangreiches Aktenmaterial des RMVP –, das während des Zweiten Weltkrieges in das niederschlesische Schloß Althorn ausgelagert worden war, in
Moskau wieder der internationalen historischen Forschung zugänglich gemacht worden.[59]

Die Kontrolle der Auswirkungen der propagandistischen Maßnahmen
führte das RMVP nur zum Teil selbst durch. Den umfassendsten Apparat zur
Erhebung der öffentlichen Meinung im Dritten Reich unterhielt der Sicherheitsdienst des Reichsführers SS (SD). Die in den „Meldungen aus dem
Reich" zusammengefaßten Berichte des SD räumen zumindest für den Zeitraum 1939 bis 1942 dem Kino einen relativ breiten Raum ein.[60] Das Reichssicherheitshauptamt nutzte die Lageberichte ganz offensichtlich zur Verfolgung eigener kulturpolitischer Ziele, so daß auch hier kein „objektives" Bild
über die Nutzung der filmischen Angebote entsteht. Berichte über den Einfluß der Propaganda auf die Stimmung der Bevölkerung, die den Film und
das Kino zumindest manchmal berücksichtigen, sind von zahlreichen Institutionen erstellt worden. Ihre Auswertung zeigt, daß sie sich keineswegs
immer in einer Reproduktion der Propagandalinie erschöpfen. Insofern existierten über die gesamte Herrschaftszeit der NSDAP Kommunikationskon-
kurrenzen zum von Goebbels beherrschten RMVP. Auch das Programmono-
pol über die Presseinformationen war nicht annähernd so absolut, wie es in
der Literatur dargestellt wird. In den ersten Jahren nach der „Machtergreifung" finden sich hier noch Hinweise auf Publikumsreaktionen. Oft zeigt die
Analyse, daß diese Berichte von innerparteilichen Gegnern des Propagandaministers oder auch von ihm selbst lanciert worden sind. Die Entschlüsse-
lung der Beweggründe und des Ablaufs solcher Aktionen kann Erkenntnisse
über das Verhältnis von Kinopublikum und Regime liefern. Zu keinem Film
sind die Publikumsreaktionen jedoch systematisch und flächendeckend, geschweige denn repräsentativ nach den Anforderungen moderner Meinungsforschung erhoben worden; zur Rezeption zahlreicher Filme sind keinerlei
Informationen überliefert, zu anderen liegen nur die Stellungnahmen einzelner Personen vor.

Im zweiten Kapitel wird das Verhalten des deutschen Kinopublikums im
Zeitraum 1933 bis 1939 untersucht, der im ökonomischen Bereich von der
Überwindung der Weltwirtschaftskrise und in der öffentlichen Meinung
von einer gewissen Ernüchterung über die Erfolge des neuen Regimes gekennzeichnet war. Ein Schwerpunkt dieses Abschnittes liegt in der differenzierenden Analyse der Kinonutzung bestimmter Bevölkerungsgruppen,
deren Auswahl sich nicht nach sozialwissenschaftlichen Kriterien, sondern

weitgehend nach der Wahrnehmung der staatlichen Instanzen zu richten hat. Im Zentrum der Bemühungen standen dabei zum einen die Jugendlichen, auf die das Kino stets eine besondere Anziehungskraft ausübte, von der das Regime zu profitieren hoffte. Mit großer Aufmerksamkeit konzentrierte man sich aber auch auf die filmische Versorgung der ländlichen Bevölkerung, denn die mangelhafte Kinoinfrastruktur auf dem Land drohte die Filmpropaganda regional ins Leere laufen zu lassen. Hingegen fand ein die Kinodiskussion der Weimarer Republik noch beherrschendes Thema, die Frage nach dem Verhältnis der Arbeiterschaft zum Film, im Dritten Reich kaum mehr einen Widerhall.

Während der Weimarer Republik hatte die NSDAP die Kinosäle als Foren der politischen Auseinandersetzung genutzt, wie durch die Vorgänge um Lewis Milestones Verfilmung des Romans „Im Westen nichts Neues" bekannt ist. Im dritten Kapitel wird zu untersuchen sein, ob sich die Funktion des Kinos als Ort der öffentlichen Demonstration politischer Forderungen in der Frühphase des Dritten Reichs fortgesetzt hat und welche Gruppen ihre Interessen noch auf diese Weise vertreten konnten. Vor dem Hintergrund regimeinterner Auseinandersetzungen läßt sich ein Erklärungsmodell entwickeln, das die Einführung von Zensurmaßnahmen nicht mehr als im wesentlichen voluntaristische Akte, sondern als Antworten auf Forderungen radikaler Teile der Parteibasis interpretiert. Antisemitische Kinokrawalle entziehen sich dieser Einschätzung. Welche vielfältigen Funktionen diese Demonstrationen hatten, wird am Beispiel der Unruhen um den schwedischen Film „Petterson & Bendel" untersucht.

Im vierten Kapitel, das die Publikumsreaktionen in den Jahren 1939 bis 1942 analysiert, wird der Erfolg der „inszenierten Kriegsbegeisterung" dargestellt.[61] Dabei ist zu untersuchen, in welcher Weise das Informationsmittel „Wochenschau" genutzt wurde und ob die vom Überfall auf Polen ausgelösten Veränderungen im Rezeptionsverhalten dauerhaft waren. Nach der Zerschlagung des polnischen Staates erhielt das Kino die Aufgabe, die Eingliederung der deutschen Einwohner in den besetzten und zum Teil in das Territorium des Deutschen Reiches eingegliederten Gebieten zu fördern und zugleich die kulturelle Identität der polnischen Bevölkerung zu zerstören. Die Frage der kulturellen Identität spielte auch eine Rolle in der mit Hilfe der Bevölkerungsmeinung geführten Auseinandersetzung um die Vorführung amerikanischer Filme im Deutschen Reich. Dieser Konflikt begleitete die mit Kriegsbeginn neu entfachte Diskussion um das Kino als Ort der Jugendgefährdung. Die Grenzen der Beeinflussung durch den Film zeigten die Publikumsreaktionen auf den Spielfilm „Ich klage an", der die „Euthanasie" in der Bevölkerung popularisieren sollte.

Im Mittelpunkt des fünften Kapitels, das den Zeitraum 1942 bis 1945 behandelt, stehen die Auswirkungen des Krieges mit der Sowjetunion auf die Situation in den deutschen Kinos. Von zentralem Interesse ist hier der nach der Einführung eines scharfen Segregationssystems für den Kinobesuch der „Fremdarbeiter" nach der Niederlage in Stalingrad einsetzende Versuch des RMVP, mit Filmvorführungen die Unterstützung dieser Arbeiter für einen gesamteuropäischen „Kampf gegen den Bolschewismus" zu gewinnen. Die nun erst für die Bevölkerung im Reich drückend spürbaren Auswirkungen des Krieges führten zu einem weiten Auseinanderklaffen zwischen den Inszenierungen in Wochenschauen, Werbe- und Spielfilmen und der alltäglich erfahrenen Wirklichkeit. Dabei ist die Frage zu erörtern, ob diese Erfahrungen zu einem dauerhaften Wandel in den Einstellungen des Publikums zum Medien- und Filmkonsum geführt haben, der in den frühen Jahren der Bundesrepublik weiterwirkte.

In der historischen Publikumsforschung zwingt die Quellenlage zu einer eher deskriptiven Vorgehensweise, die Zweifel an der Validität und Repräsentativität der erzielbaren Ergebnisse letztlich kaum ausräumen kann. Diese Einsicht darf aber nicht dazu führen, daß auf die Erforschung der Wirkungen eines Massenmediums verzichtet wird, das einen wesentlichen Raum im Alltag der deutschen Bevölkerung während der nationalsozialistischen Herrschaft eingenommen hat, in dem die Ziele des Regimes wahrgenommen wurden und mit dessen Hilfe die öffentliche Meinung zugleich beeinflußt und erkundet worden ist. Auf welche Weise sich die unterschiedliche Lebenslage der gesellschaftlichen Gruppen im Dritten Reich auf die Rezeptionsbedingungen des Films auswirkte und welche Rezeptionsgewohnheiten und Filmpräferenzen sich in der Bevölkerung ausprägten, wird im Mittelpunkt der vorliegenden Arbeit stehen. Soweit es die Quellen zulassen, ist zu erörtern, inwieweit die heterogenen Lebensverhältnisse des Publikums die homogenisierende Funktion des Freizeitinstituts Kino konterkarierte, und insbesondere, ob die nationalsozialistische Kinopolitik zu einer egalitären „Volksgemeinschaft vor der Leinwand" führte. Umgekehrt ist zu untersuchen, ob sich unter dem Einfluß der Massenmedien neue Resistenzpotentiale herausbildeten, die sich dem nationalsozialistischen Herrschaftsanspruch entgegenstellten.

ERSTES KAPITEL

Publikumsforschung im Dritten Reich

Mit der NSDAP übernahm 1933 eine Bewegung die politische Macht in Deutschland, die ihren Aufstieg in besonderem Maß der propagandistischen Bearbeitung der öffentlichen Meinung verdankte. Das Interesse des nationalsozialistischen Regimes für die Vorlieben und Verhaltensweisen des Kinopublikums war von ideologischen Voreinstellungen und den praktischen Erfahrungen beeinflußt, die die führenden Männer des Regimes, insbesondere Hitler und Goebbels, in der Aufstiegsphase der Partei gewonnen hatten. In ihren Überlegungen bildeten Propaganda und öffentliche Meinung weniger sich gegenseitig bedingende Faktoren, sondern positiv und negativ besetzte Gegensätze. Für eine wissenschaftliche Erforschung des Publikums ließ diese Grundauffassung nur wenig, für verschiedene Formen der „polizeilichen" Beobachtung der Kinogänger jedoch einen breiten Raum.

I. Propaganda und öffentliche Meinung
in der nationalsozialistischen Weltanschauung

Im Vergleich mit der in sich widersprüchlichen, nicht selten irrational erscheinenden Weltanschauung stellte sich die Propaganda für Zeithistoriker als Einheit von Effizienz und zynischer Vernunft dar, mit deren Mitteln die ideologische Schwäche des Nationalsozialismus nicht nur verdeckt, sondern in politische Stärke verwandelt wurde.[1] Der Stellenwert, den das nationalsozialistische Regime der Propaganda einräumte, gehört nach der Ansicht einiger Forscher zu den Kennzeichen, die den Nationalsozialismus von anderen totalitären Herrschaftsformen unterscheiden. Während die sowjetische Terminologie zwischen Propaganda und Agitation differenzierte, wobei Propaganda die Schulung von Funktionären in der marxistisch-leninistischen Theorie und der Geschichte der bolschewistischen Partei und Agitation die massengerichtete Verbreitung dieser Ideen bedeutete, umfaßte der nationalsozialistische Propagandabegriff mehr und weniger zugleich. Propaganda im nationalsozialistischen Sinn meinte sowohl die Unterweisung der Parteimitglieder als auch die ständige Überzeugungsarbeit an der gesamten Bevölkerung. Das Schwergewicht lag ohne Zweifel auf dem Gebiet der Massenpropaganda, denn wegen der geringen Komplexität der nationalsozialistischen Weltanschauung bestand nur wenig Bedarf an einer parteiinternen Indoktrination.[2]

Der Bedeutungsgehalt des Begriffs „Propaganda" reichte im National-sozialismus weit über den funktionellen Aspekt (der Werbung von Anhän-gern, der Rekrutierung von Mitgliedern und der Sammlung von Spenden) hinaus. In gewisser Weise stellte die Propaganda tatsächlich einen Ersatz für eine theoretisch systematisierte Ideologie dar. Der Bevölkerung ließ sich der Wille zu einer durchgreifenden Vitalisierung der Nation um so deutlicher machen, je verschwommener der antisemitische, antimarxistische, nationa-listische und antiliberale Kernbestand der nationalsozialistischen Weltan-schauung blieb.[3] Die Propaganda bildete unabhängig von ihrer konkreten Erscheinungsform eine der wenigen Konstituenten der NS-Politik, obgleich die Propagandisten der NSDAP im einzelnen überaus flexibel auf die takti-schen Erfordernisse der konkreten politischen Situation reagierten und ihre Kampagnen auf den jeweiligen Adressatenkreis abstimmten. Dem Primat der Propaganda in der nationalsozialistischen Praxis lag aber weder eine ge-schlossene Propagandatheorie noch eine ausgefeilte Strategie für den Me-dieneinsatz zugrunde.[4]

Hitler war stolz darauf, daß er selbst die Wirkungsweise und -macht der Propaganda erkannt und diese zu einem schlagkräftigen Instrument im poli-tischen Tageskampf ausgebaut habe. In seiner zuerst 1925 erschienenen Schrift „Mein Kampf" hatte er dem Thema zwei eigene Kapitel gewidmet. Unter der Überschrift „Kriegspropaganda" erklärte er im ersten, daß der Propaganda seit dem Beginn seines politischen Interesses seine Aufmerksamkeit gehört, er aber erst im Krieg erkannt habe, wie entscheidend dieses Instrument sei. Bevor die NSDAP, genauer Hitler persönlich, mit dem durchdachten Pro-pagandaeinsatz zur Gewinnung von Anhängern begonnen habe, hätten nur die sozialistisch-marxistischen Parteien, die christlich-soziale Bewegung Karl Luegers und insbesondere die Engländer im Weltkrieg ihre Wirkungsweise verstanden.[5] Die These von der überlegenen Kriegspropaganda der Entente war seit dem Ende der Kampfhandlungen in Deutschland ein weit verbrei-tetes Erklärungsmodell, mit dem die Niederlage des „im Felde unbesiegten Heeres" dem Zerfall der „Heimatfront" zugeschrieben wurde.[6] Die Behaup-tung, daß die deutschen Truppen nicht im offenen Kampf auf dem Schlacht-feld, sondern durch psychologische Tricks, durch „Tücke und Verrat" be-siegt worden seien, stieß in der öffentlichen Diskussion der Nachkriegszeit auf starke Resonanz.[7] Die Überwältigung durch eine in ihrer Wirkungsweise unbekannte, unheimliche Waffe war schließlich nicht allein dazu geeignet, die militärische Führung zu exkulpieren, sondern sie entlastete jeden einzelnen deutschen Soldaten, darunter den Gefreiten Hitler, und letztlich das ganze deutsche Volk von der Schmach der Niederlage. Die angebliche Erfahrung, daß die Alliierten durch ihre Propaganda einen militärisch zumindest gleichwertigen Gegner „von innen" zermürbt hätten, war der ausschlaggebende Grund für die zentrale Rolle, die dieses Instrument in Hitlers Denken und in der Praxis der Partei einnahm.[8]

Die „Dolchstoßlegende" wies der NSDAP nicht nur inhaltlich, sondern auch methodisch einen Zugang zu Wählerschichten, die sie sonst kaum hätte gewinnen können. Denn anders als viele konservative Publizisten lamentierte Hitler in „Mein Kampf" nicht über unmilitärische Kampfmethoden der alliierten Propaganda, sondern begriff sie als Modell für seine eigene politische Arbeit. Für beispielhaft hielt er vor allem, daß sich die psychologische Kriegführung nicht an die intellektuellen Eliten gerichtet habe.[9] Aus dem Erfolg dieser Strategie schloß Hitler, daß jede politische Propaganda nur dann erfolgreich sein könne, wenn sie auf ein Massenpublikum ziele. Die Konsequenzen dieser These für die von Hitler entwickelte und von Goebbels und anderen NS-Propagandisten ständig wiederholte nationalsozialistische „Propagandalehre" waren beinahe zwangsläufig. Damit die Massen erreicht werden könnten, müsse der geistige Anspuch der Propaganda möglichst gering sein, so niedrig, daß noch der Dümmste erreicht werde.[10] Aus diesem Grund habe sich die Propaganda auf wenige Kernaussagen zu beschränken, die ständig zu wiederholen seien;[11] sie habe stärker an das Gefühl als an den Verstand zu appellieren,[12] und sie solle ihr Anliegen unter Vermeidung jeder Objektivität einseitig darstellen.[13] Ästhetische oder humanitäre Kriterien seien für eine wirkungsvolle Propaganda bedeutungslos.[14] Die bewußte Simplifizierung des Aussageniveaus bedeute aber nicht, daß sich jeder zum Propagandisten eigne. Eine effiziente Propaganda erfordere kenntnisreiche, psychologisch geschulte Spezialisten.[15] Diese Fachleute erfüllten in einer Partei, die sich als politische Bewegung verstand, eine grundlegende Funktion. Ihre Aufgabe sei es, Anhänger für die NSDAP zu gewinnen. Die nachgeordnete Rolle der Parteiorganisation bestehe darin, aus diesen Anhängern Parteimitglieder zu machen.[16]

Ähnlich wie Hitler beurteilte Goebbels die Wirkungsmöglichkeiten der Propaganda eher intuitiv als analytisch.[17] Beide waren von der Grundüberzeugung erfüllt, daß nur sie selbst das Wesen massenwirksamer Propaganda wirklich begriffen hätten und die propagandistischen Techniken besser beherrschten als irgend jemand sonst. Wenn Goebbels eine Kampagne inszenierte oder auch nur einen Anschlagtext entwarf, war er von vornherein davon überzeugt, daß die Wirkung nur positiv für die nationalsozialistische Bewegung sein konnte.[18] Während Hitlers Vorstellungen von den Möglichkeiten einer geschickt gehandhabten Propaganda vor allem auf seiner Auseinandersetzung mit der psychologischen Kriegführung der Westmächte im Ersten Weltkrieg beruhten, rührte Goebbels' unerschütterliches Selbstbewußtsein als Propagandist vor allem aus seinem Erfahrungswissen.[19] Goebbels war von der Überzeugung durchdrungen, sein Tätigkeitsfeld kraft seiner naturgegebenen rhetorischen Begabung umfassend zu beherrschen, und er war bereit, aus den Kampagnen der Vergangenheit Schlüsse für seine zukünftige Arbeit zu gewinnen. Das bedeutet aber nicht, daß Goebbels eine andere als eine positive Kritik an seiner Propaganda akzeptiert hätte, wie das Verbot der wertenden Pressekritik 1936 und die Auseinandersetzungen mit dem SD um die „Meldungen aus dem Reich" zeigen sollten.

Bildete die Propaganda als das Instrument, das die Ideen und den Willen des „Führers" in das Volk transportierte und zum Willen des Volkes transformierte, einen positiven Kernterminus des nationalsozialistischen Selbstverständnisses, so stellte die „öffentliche Meinung" den negativen Gegenbegriff dar. Da schon kaum ein Individuum in der Lage sei, sich eine eigenständige politische Meinung zu bilden, könne es die „Masse" erst recht nicht. Nach Hitlers Auffassung wurde die öffentliche Meinung von der Presse, und das hieß „von zum Teil höchst minderwertigen Kräften", produziert.[20] Das Volk an sich habe keine politische Überzeugung, sondern beziehe seine Meinung aus den Zeitungen, die von einer charakterlosen „Journaille" allein nach dem Willen einiger weniger Pressemagnaten produziert würden.[21] International seien Juden die Herrscher über die öffentliche Meinung: „Daß durch die kluge und dauernde Anwendung der Propaganda einem Volk selbst der Himmel als Hölle vorgemacht werden kann und umgekehrt das elendste Leben als Paradies, wußte nur der Jude, der auch dementsprechend handelte; der Deutsche, besser seine Regierung, besaß davon keine blasse Ahnung."[22] Aus diesen Gründen sei auch die westliche Demokratie keine Herrschaft des Volkes, sondern „in den meisten Fällen nichts anderes als eine durch geschickte Presse- und Geldmanipulation erreichte Betörung der öffentlichen Meinung und eine gerissene Auswertung der dadurch erreichten Ergebnisse".[23]

Hitler hielt die öffentliche Meinung für beliebig manipulierbar; es kam ihm schon früh allein darauf an, daß er selbst es war, der das Meinungsbild des Volkes bestimmte. Nach dem Putschversuch vom November 1923 bekundete er in seiner Vernehmung vor dem bayerischen Volksgericht, ein Majoritätsbeschluß „werde immer negativ sein. Es sind die Minderen, die Schlechteren. Die Entscheidungen der Majorität sind immer eine Schwäche. Nur der gewinnt zum Schluß, der es versteht, die Majorität durch Drähte von sich aus zu ziehen."[24] Aus dieser Konzeption sprach die tiefe Verachtung Hitlers für die urteilsunfähige, unwissende und entschlußlose Masse, deren Sympathie aber gewonnen werden muß, damit sich eine als revolutionär verstehende Partei wie die NSDAP in einer modernen Gesellschaft durchsetzen kann. Weil sich die öffentliche Meinung durch eine geschickte Propaganda in jede Richtung bewegen lasse, könne es keinen Maßstab für die Partei darstellen, ob die nationalsozialistischen Ziele populär seien oder nicht. „Die N. S. D. A. P. durfte nicht der Büttel der öffentlichen Meinung, sondern mußte der Gebieter derselben werden. Nicht Knecht soll sie der Masse sein, sondern Herr!"[25]

Die Auffassung, daß die öffentliche Meinung nahezu beliebig formbar sei, blieb für das Selbstverständnis der nationalsozialistischen Propaganda bestimmend.[26] Letztlich schien im Führerstaat damit eine mit einer eigenen Zielsetzung ausgestattete öffentliche Meinung schlichtweg überflüssig zu sein, wie in der Zeitschrift der Reichspropagandaleitung „Unser Wille und Weg" 1934 ausgeführt wurde: „Der wahre Führer kommt aus dem Volke, repräsentiert damit das Volk, er stellt die Verschmelzung der Meinungen der Volksmasse dar. Da ist seine Wirklichkeit, darin liegt seine Macht, er ist die personifizierte öffentliche Meinung."[27]

Überblickt man die Aussagen führender Nationalsozialisten, scheint die Frage nach dem Einfluß der öffentlichen Meinung auf die Politik des Regimes, also auch auf die Kulturpolitik und die Propaganda, obsolet zu sein. Im negativen Sinn war die öffentliche Meinung das Objekt bloßer Manipulation, im positiven fand sie im Willen des Führers ihren vollkommenen Ausdruck. Eine Notwendigkeit zur Meinungserkundung gab es weder nach der einen noch nach der anderen Auffassung. Die Praxis sah nach der Machtübernahme jedoch anders aus. Spätestens seit der 1965 durch Heinz Boberach zunächst in Auszügen erfolgten Dokumentation der SD-Lageberichte ist bekannt, daß sich die Spitzen der Regierung und der NSDAP durchaus regelmäßig über die Stimmung und das Meinungsbild in der deutschen Bevölkerung informieren ließen.[28] Die Existenz einer Meinungserkundung bedeutet jedoch nicht, daß die nationalsozialistischen Konzeptionen zur Struktur der Kommunikation zwischen Führung und Volk bloße Theorie und ohne Auswirkung auf die konkreten Formen der Meinungserkundung blieben.

Die Möglichkeiten und Grenzen der Meinungsforschung im Dritten Reich und ebenso diejenigen der wissenschaftlichen Forschung über die öffentliche Kommunikation waren nach 1933 maßgeblich von der Haltung der Repräsentanten der NSDAP zur Propaganda und zum Stellenwert der öffentlichen Meinung im Führerstaat bestimmt. Daß die Nationalsozialisten von der Wirkungsmacht der Propaganda und von ihren eigenen Fähigkeiten auf dem Gebiet der Medien- und Meinungssteuerung überzeugt waren, hat Konsequenzen für die Beurteilung der Relevanz, Validität und Repräsentativität des in den folgenden Kapiteln untersuchten Quellenmaterials. Berichte, die einen durchschlagenden Erfolg der Propaganda melden, sind als oft formelhafte Bestätigung eines festgefügten Weltbildes weniger verläßlich als diejenigen, die Fehlschläge verzeichnen. Denn in diesen Fällen hatten sich die Berichterstatter erst von ihrer ideologischen Grundposition von der manipulativen Kraft der Propaganda zu lösen, bevor sie ihrer Wahrnehmung trauten. In einem zweiten Schritt mußten sie einen gewissen Mut entwickeln, ihren ebenso von der Potenz der Propaganda überzeugten Vorgesetzten zu berichten, daß diese Formationsmacht versagt hatte und somit die einheitlich auf den Führerwillen ausgerichtete Volksgemeinschaft eine Fiktion geblieben war.

II. Stellenwert des Films
in der nationalsozialistischen Propaganda vor 1933

Der propagandistische Einsatz der Medien spielte für das stürmische Wachstum der nationalsozialistischen Bewegung und den Aufstieg der NSDAP zur stärksten Partei im Reichstag eine nicht zu überschätzende Rolle. Das Gewicht, das den einzelnen Medien bei der Mobilisierung von Anhängern und Wählern der NSDAP zukam, läßt sich zwar kaum bestimmen, doch ist es ganz offensichtlich, daß dem Film im Vergleich mit anderen Medien nur eine marginale Bedeutung zukam. Die zentralen Instrumente der nationalsozialistischen Propaganda vor 1933 bildeten die demonstrativen Aufzüge von SA-Leuten im „Kampf um die Straße" und der Einsatz von Rednern auf Parteiveranstaltungen; wesentlich wichtiger waren auch Plakate und Zeitungen. Der weitgehende Verzicht auf die Nutzung des Films beruhte jedoch nicht auf werbestrategischen Erwägungen, sondern er war Ausdruck organisatorischer Defizite und durch den Mangel an finanziellen Ressourcen erzwungen.

Grundsätzlich waren die Propagandaspezialisten der NSDAP schon lange vor der Machtübernahme von der Wirkungsmacht des Films fasziniert. Kein anderes Medium erreiche ein ähnlich großes Publikum,[29] keines sei überzeugender und nachhaltiger,[30] keines wirke unter Umgehung des Verstandes direkter auf die Menschen ein.[31] Diese Einschätzungen entsprachen in vielen Details der kulturpessimistischen Beurteilung, die der Film in konservativen Kreisen des Kaiserreichs und der Weimarer Republik erfahren hatte. Wegen der ihm allgemein unterstellten Suggestivkraft stand das Kino neben der Massenpresse im Mittelpunkt der Auseinandersetzungen um gesellschaftliche Säkularisierung und Fragmentierung, um den Zerfall traditioneller Bindungen und Überzeugungen, die eine breite Koalition traditionalistischer Kräfte für den vermeintlichen sittlichen und kulturellen Niedergang der Gesellschaft in der Zwischenkriegszeit verantwortlich machte.[32] Die Bekämpfung der moralischen Erosion galt einer Allianz aus Kirchen, Sittlichkeitsvereinen, bürgerlichen Parteien und Reichswehr als entscheidende Voraussetzung für die nationale Wiedergeburt. Als Träger und Nutznießer der sozialen Fehlentwicklungen wurden ausländische und „volksfremde" Interessen identifiziert. Gerade dieser Umstand machte den Film aufgrund seiner industriellen, oft schon internationalen Herstellungsweise und wegen des hohen Anteils ausländischer Produktionen in deutschen Kinos besonders verdächtig. Bis weit in die katholische Kirche hinein war man sich einig, daß der gefährlichste Einfluß von jüdischen Kreisen ausging.[33]

Auch die nationalsozialistische Propaganda sprach von einer „seelischen Vergiftung des Volkes" durch den Film.[34] Die Konsequenz war aber keine Verdammung des Mediums, sondern der propagandistische Kampf gegen diejenigen Kräfte, die den Film in der Weimarer Zeit angeblich beherrschten, mit dem erklärten Ziel, das Medium für die eigene Propaganda nutzbar zu machen. Die Einstellung der Nationalsozialisten zum Film war in wesentlichen Teilen von den Ergebnissen der Debatte um den Nutzen des neuen Mediums geprägt, die von der KPD und der SPD nahestehenden Intellektuellen seit etwa 1920 geführt worden war.[35] In diesem Jahr hatte Carlo Mierendorff in seinem emphatischen Essay „Hätte ich das Kino!" die Einflußmöglichkeiten des Films als einzigartig beschworen: „Wer das Kino hat, wird die Welt ausheben."[36] Die Tatsache, daß sich die Filmproduktion gerade in ihrer massenwirksamsten Form, der Herstellung von Spielfilmen, in der Hand der bürgerlich-konservativen Gegner der sozialistischen Parteien befand, bestimmte im folgenden Jahrzehnt die Auseinandersetzung mit dem Film in der KPD und auch in der SPD. Die Arbeiter seien dem Kitsch und Schund des bürgerlichen Films ungeschützt ausgesetzt, der sie verdumme und ihre Kampfkraft lähme. „Wer den Film beherrscht, der bestimmt wesentlich mit die Ideologie der großen Masse des Volkes", konstatierte Axel Eggebrecht 1922.[37] Der Aufbau einer eigenen Filmorganisation, die das bürgerliche „Filmmonopol" durchbrechen und das eigene Nachrichten-, Kunst- und Bildungsverständnis im Proletariat verbreiten sollte, war die Konsequenz, die insbesondere die KPD aus dieser Bestandsaufnahme zog.[38]

Gemessen an den Besucherzahlen, gelang es aber weder der KPD noch der SPD, eine Produktions- und Distributionsstruktur zu errichten, die eine Alternative zur privatwirtschaftlich organisierten Filmindustrie bilden konnte. Insofern überrascht es nicht, daß sich diejenigen, die sich in der NSDAP mit den Möglichkeiten der filmischen Propaganda auseinandersetzten, ihre Vorbilder auch außerhalb der deutschen Grenzen suchten. Zwar genoß die Film- und Lichtbildpropaganda der sozialistischen Parteien und besonders der KPD in der täglichen Praxis bei den Propagandisten der NSDAP ein hohes Ansehen,[39] als nahezu idealtypische Verwirklichung der eigenen Vorstellungen galt aber die Filmpolitik der Sowjetunion. Der Leiter der Reichsfilmstelle der NSDAP, Georg Stark, stellte am 26. April 1931 auf einer Propagandatagung die Leistungen des sowjetischen Films heraus. Vorbildlich seien die Konzentration auf soziale und politische Themen, die Filmorganisation in Händen des Staates, die eine einheitliche Tendenz gewährleiste, und die Zweiteilung der sowjetischen Filmproduktion in eine zentralstaatliche, auf den internationalen Markt ausgerichtete und eine den einzelnen Republiken unterstellte Herstellungsstruktur, die eine Art filmische „Heimatkunst" auf hohem Niveau schaffe, wozu die Heranziehung von Laiendarstellern beitrage, die „als fanatische Verfechter ihrer Ideen die besten Leistungen hervorbringen".[40]

Weniger als vom sowjetischen Muster war von Italien zu lernen. Als nachahmenswert galten die Inanspruchnahme der Wochenschau für die faschistische Propaganda, das Herausstreichen der staatlichen Leistungen beim „Aufbau" des Landes und insbesondere die ständig wiederholten Bilder begeisterter Menschenmassen, die Benito Mussolini zujubeln.[41] Aber auch in ihren ästhetischen Leistungen schien den nationalsozialistischen Propagandafachleuten eher die sowjetische als die italienische Filmkunst vorbildlich zu sein. Stark schwärmte von der „starken Gebärde", pries die „Charakterköpfe russischer Bauern, Soldaten und Frauen" und die Naturdarstellungen der sowjetischen Regisseure.[42] Dem sowjetischen Regisseur Sergej Eisenstein gelang die Verbindung von Agitation und Kunst nach Goebbels' Ansicht so überzeugend, daß er dessen Produktionen zum Vorbild für den zukünftigen nationalsozialistischen Film erklärte.[43]

Eine eigene Filmarbeit aufzubauen gelang der NSDAP jedoch lange Zeit
nicht. Die frühesten Filme über die NSDAP, Szenen von der Kundgebung
nationalistischer Organisationen in München 1922, vom Hitler-Prozeß 1924
und vom Parteitag 1926 in Weimar, waren qualitativ unzureichende, von
Anhängern gedrehte Amateuraufnahmen. Auch die Filme über den Parteitag
des Jahres 1927 waren ohne propagandistische Fortune; sie kamen nur intern
zur Aufführung. Immerhin die Spielfilmlänge von 80 Minuten erreichten die
Aufnahmen vom Reichsparteitag 1929. Der Film erlebte am 29. September
1929 seine Premiere in zwei Münchener Kinos, aber Qualität und Werbewir-
kung nach außen wurden selbst von den eigenen Propagandafachleuten als
gering eingeschätzt.[44] Der Tonfilm kam zum ersten Mal im Werbefeldzug der
NSDAP zur Reichstagswahl vom 31. Juli 1932 zu einem etwas größeren Einsatz. In über 200 Vorstellungen wurden der Hitler-Film „Der Führer spricht"
sowie Filme mit Reden von Goebbels, Göring und Strasser gezeigt.[45]

Die Zensur erhöhte das finanzielle Risiko für die nationalsozialistische
Filmproduktion beträchtlich. Szenen mit marschierenden SA-Kolonnen hatten zumindest in Preußen keine Aussicht, zur Aufführung zugelassen zu
werden.[46] Die Vorführung des Propagandastreifens „Kampf um Berlin" wurde auf Antrag des preußischen SPD-Innenministers Carl Severing von der
Filmoberprüfstelle verboten – mit der Folge eines entsprechenden Einnahme-
ausfalls. Obwohl man durch Tricks die restriktive Haltung der Polizeibehörden gegenüber NS-Filmveranstaltungen zu umgehen suchte, scheint sich
die Hoffnung der Propagandastrategen, durch Filmvorführungen „der Bewegung neue Kämpfer zuzuführen und ihre Kassen zu füllen", nicht erfüllt zu
haben.[47] Denn auch wenn es gelang, die Kollision mit der Zensur zu vermeiden, ließ sich das eigentliche Manko der Parteifilmarbeit nicht verdecken:
die NSDAP verfügte über keine attraktiven Filme. Der Hinweis der Reichs-
filmleitung, wie sich die Ortsgruppen über dieses Problem hinweghelfen
sollten, entbehrte nicht einer gewissen Komik: „Da wir in absehbarer Zeit
keine Partei-Ton-Filme haben werden, ist für eine gute Kapelle zu sorgen."[48]

Letztlich gelang es der NSDAP vor der Machtübernahme nicht, ästhetisch
überzeugende und das Publikum ansprechende Filme herzustellen. Selbst
Goebbels konnte in den Parteifilmen 1930 nur „Anfänge" erkennen, die par-
tiell „zu langatmig" ausgefallen seien.[49] Obwohl sich nach der erfolgreichen
Reichstagswahl vom 14. September 1930 einige kleine Filmproduzenten der
Partei als Filmlieferanten andienten,[50] blieben die Filmpläne der NSDAP aus
finanziellen, juristischen und organisatorischen Gründen im Ansatz stecken.
Für das hochriskante Filmgeschäft reichten die Mittel der Partei nicht aus, und

die Beteiligung privater Finanziers blieb so lange unmöglich, wie der Rück-
fluß der eingebrachten Gelder nicht mit hinreichender Sicherheit in Aussicht
gestellt werden konnte. Zwar verfügte man schon seit Beginn der dreißiger
Jahre mit dem „Lichtspieldienst der N. S. D. A. P." über einen parteieigenen
Verleih von Vorführgeräten unter der Leitung des halleschen Stadtverord-
neten Bruno Czarnowski, aber nicht einmal alle Bezirks- und Kreisleitungen
und nur wenige Ortsgruppen waren mit einem Projektor ausgestattet.[51]

Die örtliche Filmpropaganda konnte nicht besser funktionieren als die
zentrale Filmorganisation der Partei. Erst zum 1. November 1930 installierte
Goebbels die „Reichsfilmstelle der NSDAP" (RFS), die der Reichspropagandaleitung unterstellt war. Ihre Aufgaben definierte das Rundschreiben Nr. 1
vom 15. Januar 1931 umfassend mit „a) Schaffung eigener Parteifilme und
Bildberichte (insbes. Aktualitäten der Partei), b) Heranziehen der Filmindustrie, die unsere Aufgaben unterstützt – damit Propagierung der nationalen
Filme, c) Überwachung der gesamten Filmindustrie unter besonderer Berücksichtigung der unserer Tendenz entsprechenden Aufgaben, d) Schaffung eines Parteifilmverleihs zum Zwecke der Durchdringung jeder einzelnen Ortsgruppe mit kulturell hochstehenden Filmen".[52]

Alle Dienststellen der Partei waren aufgefordert, der RFS die bisher von
ihnen hergestellten sowie die in ihrem Besitz befindlichen Filme, eventuelle
Leihverträge und Abspielmöglichkeiten zu melden. Die Ortsgruppen mußten
die Anschriften der mit der NSDAP sympathisierenden sowie aller übrigen
Theaterbesitzer in ihrem Bezirk mitteilen und Parteimitglieder ausfindig machen, die gegebenenfalls selbst Filme herstellen konnten. Alle von der Partei
gezeigten Filme sollten der RFS zur Zensur vorgelegt werden. Die RFS verfügte zu Beginn des Jahres 1931 über zwei aus Kurzfilmen bestehende Programme und kündigte ein drittes an.[53] Das Rundschreiben endete mit der
Aufforderung: „Alle Parteistellen haben sich mehr denn je der Filmpropaganda als modernstes Propagandainstrument zu bedienen."

Tatsächlich scheiterte diese Forderung an einer konfusen Organisation, in
der sich parteiinterne Rivalitäten ausdrückten. Der Widerstand der Gauleiter blockierte den Versuch des Leiters der Reichsfilmstelle, Stark, den Filmeinsatz reichsweit zu steuern. Die Reichsfilmstelle mußte im Juli 1931 ihre
Arbeit einstellen. Nun gewann für kurze Zeit die Gregor Strasser unterstellte
Reichsorganisationsleitung stärkeren Einfluß auf die Filmpolitik der NSDAP.
Die seit dem 1. März 1932 bestehende, von Arnold Raether geleitete Abteilung Film beim Reichsorganisationsleiter kam nicht über die Entwicklung
von ebenso umfassenden wie komplexen Organisationsplänen hinaus. Das

Reichsgebiet und Österreich wurden in zehn Landesfilmstellen gegliedert;
fachlich unterstellt waren die Landesfilmstellenleiter dem Filmabteilungsleiter Raether, politisch den Landesinspekteuren.[54] Am 4. Oktober 1932 gelang
es Goebbels, erneut die alleinige Zuständigkeit für die Filmarbeit der Partei
an sich zu ziehen.[55]

Es bleibt festzuhalten, daß es die NSDAP in der „Kampfzeit" nicht schaffte, das Medium Film aktiv zu einem Propagandainstrument zu entwickeln.
Selbst bei der Mobilisierung der eigenen Anhängerschaft spielte der Film
nur eine marginale Rolle. Als propagandistisches Mittel war das Medium der
Partei schlicht zu teuer; die wenigen selbst produzierten Filme erreichten wegen der zumindest in Preußen aufmerksamen Zensur ihr Publikum oft nicht,
und die Organisation von Vorführungen überforderte die örtlichen Gliederungen. Daß der Aufbau einer parteieigenen Filmpropaganda ein Wunsch
blieb, bedeutete aber nicht, daß der NSDAP durch das Filmgewerbe keine
Unterstützung zuteil wurde. Gewisse Erfolge verbuchten die Nationalsozialisten bei der Rekrutierung von Kinobesitzern und -pächtern, die ihre Theater
der Partei für Versammlungen zur Verfügung stellten. Sofern es die Verleihverträge zuließen, liefen hier „nationale" Spielfilme und manchmal NS-Kurzfilme im Beiprogramm. Vor allem boten sie den Anhängern der Partei einen
Treffpunkt mit Gleichgesinnten. Einige Kinos entwickelten sich nach der
Reichstagswahl vom 14. September 1930, die der NSDAP einen Zuwachs von
2,6 Prozent auf 18,3 Prozent der abgegebenen Stimmen gebracht hatte, geradezu zu „Sturmlokalen" der SA.[56]

Von größerer Bedeutung für das Publikum war eine andere Entwicklung.
Fast als hätten die Nationalsozialisten sich schon zum Herrn über die deutsche Filmindustrie aufgeschwungen, besetzten die großen Produzenten seit
Ende der zwanziger Jahre „nationale" Themen auf eine Weise, die den uneingeschränkten Beifall der NSDAP finden konnte und die Klagen der Partei über die „seelische Vergiftung" durch die angeblich jüdisch dominierte
Filmindustrie relativierte.[57] Nachdem der Vorsitzende der Deutschnationalen
Volkspartei, Alfred Hugenberg, am 1. April 1927 die Ufa, den weitaus größten
deutschen Filmkonzern, in seinen Medienkonzern eingegliedert hatte, verstärkte sich die nationalistische und militaristische Färbung der deutschen
Filmproduktion deutlich. Die Ufa produzierte Leo Laskos Film „Der Weltkrieg", einen nach Ansicht Kurt Tucholskys „unsäglichen Hugenberg-Film,
der in Deutschland ungestraft die Leute zu neuen Kriegen aufhetzen darf",[58]
und sorgte in dem 1927, also noch vor Hugenbergs Übernahme, fertiggestellten pazifistischen Film „Am Rande der Welt" von Karl Grune nachträglich

für umfangreiche Schnitte, die die Aussage des Films verstümmelten.[59] Den besonderen Beifall der Filmpropagandaspezialisten der NSDAP fand vor allem die im Dezember 1930 uraufgeführte Ufa-Produktion „Das Flötenkonzert von Sanssouci". Reichsfilmstellenleiter Stark referierte: „Wie fein ist hierin angedeutet, daß ein gesunder Wehrwille noch lange keine Kriegsheutze[!] bedeutet."[60]

Zwischen 1930 und 1933 wurden allein acht Historienfilme, die alle zur Zeit der „Befreiungskriege" gegen Napoleon spielten, uraufgeführt.[61] Diese Produktionen richteten sich mehr oder weniger deutlich gegen eine Aussöhnung mit Frankreich; sie verwiesen auf die Unausweichlichkeit eines erneuten „Freiheitskrieges" gegen die Siegermächte des Ersten Weltkrieges, beschworen den „Wehrwillen" des Volkes und mahnten die Einigkeit unter einem Führer an.[62] Mit dem gleichen Ziel wies der Ufa-Vorstand im Juni 1929 die Wochenschauredaktion anläßlich des zehnten Jahrestages des Versailler Friedensabkommens an, „ein eindringliches Bild über die Schäden des Versailler Vertrages" zu zeigen.[63]

Die Tendenz zur Nationalisierung von Filminhalten war schon in den Jahren vor 1933 unübersehbar; sie traf jedoch noch auf die Ablehnung einer wachen linken Filmkritik, als deren herausragendste Vertreter hier nur Rudolf Arnheim, Béla Balász und Siegfried Kracauer genannt werden sollen.[64] Im Gesamtangebot der Kinos blieben militaristische Filme aber die Ausnahme und fast so selten wie pazifistische Filme.[65] Hier dominierten Lustspiele, Kriminal- und Abenteuerfilme, Revuen, Operetten und Melodramen. Selbst der deutschnational ausgerichtete Ufa-Konzern war so flexibel, den Hollywoodregisseur Josef von Sternberg mit der Produktion des Films „Der blaue Engel" nach der Vorlage von Heinrich Manns Roman „Professor Unrat" zu beauftragen, der die Abgründe in der Psychologie des deutschen Kleinbürgers deutlich zutage treten ließ.[66]

III. Filmwirkungsforschung an den Universitäten

Die Bedeutung, die die Propaganda und ihre Wirkung in der politischen Diskussion der Weimarer Republik erlangten, spiegelte sich in der wissenschaftlichen Forschung in Deutschland kaum wider. Zwar wurde das Phänomen an den Universitäten durchaus wahrgenommen; umstritten und ungeklärt blieb aber schon die Frage, welche der „klassischen" Disziplinen für die Untersuchung der modernen Kommunikationsmittel und ihres Einflusses

auf die öffentliche Meinung zuständig sein sollte. In der Folge der breit rezi-
pierten Arbeiten von Gustave Le Bon versuchten Psychologen, die mentalen
Wirkungsmechanismen der neuen Medien zu analysieren. Das erklärte Ziel
war meist, die Gefahren zu ergründen, die dem gesellschaftlichen Zusammen-
leben und besonders der Jugend durch das Kino drohten.[67] Die Entwicklung
empirischer Methoden zur Analyse des Zusammenwirkens von Presse und
Meinungsbildung war auch von führenden Soziologen zur genuinen Aufgabe
des eigenen Faches erklärt worden;[68] die entsprechenden Arbeiten wiesen
zum Teil ein hohes theoretisches Niveau auf, blieben aber vereinzelt.[69] Die
Gründe für die Zurückhaltung der Forscher waren offensichtlich. Die neuen
Medien Rundfunk und Film hatten ihre technische Entwicklung noch nicht
abgeschlossen, ihre Programmstrukturen und -inhalte änderten sich laufend.
Das Radio stand noch vor seinem endgültigen Durchbruch zum Massenme-
dium. Die Tatsache, daß das Kino schon lange vor der Einführung des Ton-
films seine soziale Funktion weitgehend gefunden hatte, war aus der zeitgenössischen wissenschaftlichen Perspektive nicht unbedingt erkennbar. So ist
es verständlich, daß dem Film nur zögernd „jene Dignität zugestanden" wurde, „überhaupt akademisches Interesse für sich beanspruchen zu dürfen".[70]
Das Thema „Kino" blieb im wesentlichen ein Forschungsfeld von noch
nicht arrivierten Forschern. Gerade weil die Medienforschung vor allem von
wissenschaftlichen Anfängern und Außenseitern betrieben wurde, bedeutete das Jahr 1933 einen Einschnitt. Auch wenn sich René Königs These, daß
die Entwicklungsdynamik der Soziologie allgemein „1933 brutal zum völli-
gen Stillstand" gebracht worden sei,[71] in ihrer Absolutheit wohl nicht aufrechterhalten läßt, für einige vielversprechende Forschungsansätze auf dem
Gebiet der Medienforschung hatte die nationalsozialistische Machtübernahme jedenfalls ein jähes Ende zur Folge. Die führenden Filmtheoretiker der
zwanziger Jahre waren Juden oder Kommunisten; sie wurden vertrieben, ihre
Studien von nationalsozialistischen Filmwissenschaftlern nicht zur Kenntnis
genommen.[72]
Die empirische Forschung zur Wirkung des Films auf sein Publikum befand sich zum Zeitpunkt der Machtübernahme noch im Stadium der Geburt.
Ende der zwanziger Jahre hatten linksorientierte Soziologen gerade damit
begonnen, Forschungsziele zu formulieren und erste Projekte zu entwerfen.
Die wichtigsten Arbeiten sollen an dieser Stelle kurz erwähnt werden. Siegfried Kracauers Reportage „Die Angestellten. Aus dem neuesten Deutschland" über den Zusammenhang zwischen den Lebensverhältnissen der Angestellten und der Befriedigung ihrer kulturellen Bedürfnisse erschien 1929

in Fortsetzungen im Feuilleton der „Frankfurter Zeitung" und 1930 als Buch. Die von Erich Fromm 1929 im Umfeld des Frankfurter Instituts für Sozialforschung konzipierte empirische Studie zu sozialen und kulturellen Einstellungen der Arbeiter und Angestellten in Deutschland wurde erst 1980 publiziert.[73] Die Erhebungen, die vom Institut für Sozialforschung im Rahmen der berühmten „Studien über Autorität und Familie" unternommen wurden, lieferten, wie im zweiten Kapitel erläutert wird, für die Thematik der neuen Medien nur wenig Material.[74] Auch die 1932 formulierte Idee des Genfer Mitarbeiters dieses Instituts, Andries Sternheim, blieb ein Plan: „Eine tiefere Untersuchung des ganzen Filmproblems wird erst möglich sein, wenn in einer Reihe von Groß- und Provinzstädten über die Anzahl der Kinos, Art und Qualität der gebotenen Filme, Alters- und Schichtenzusammensetzung der Zuschauer und über die von den Arbeiterorganisationen veranstalteten Filmvorführungen genaues Erhebungsmaterial vorliegt."[75]

Führende Mitarbeiter des Instituts für Sozialforschung wurden in die Emigration gezwungen; einige entwickelten in den USA ihre im deutschen Sprachraum begonnenen Arbeiten zur empirischen Gesellschaftsanalyse weiter. An hervorragender Stelle ist hier der Österreicher Paul F. Lazarsfeld zu nennen, der zusammen mit Erich Fromm den Österreich betreffenden statistischen Teil der „Studien über Autorität und Familie" erarbeitet hatte.[76] Lazarsfeld leitete die „Österreichische Wirtschaftspsychologische Forschungsstelle", die unter anderem für die Rundfunkanstalt Rawag Analysen zum Hörerverhalten durchführte. Neben kommerziellen Aufträgen, die das Institut zu derjenigen Einrichtung machten, die im deutschen Sprachraum noch am ehesten den zeitgleich in den USA entstehenden Meinungsforschungsinstituten glich, führte Lazarsfeld kritische soziographische Untersuchungen über „Jugend und Beruf" und „Die Arbeitslosen von Marienthal" durch.[77]

Lazarsfeld verließ nach dem Einmarsch der deutschen Truppen endgültig Österreich und emigrierte in die USA, wo er als Leiter des „Radio Research Program" zu einem der Gründer der empirischen Medienwirkungsforschung avancierte.[78] Nach dem Kriegseintritt der USA begannen amerikanische Forschungsinstitutionen mit direkter Unterstützung der Regierung mit Untersuchungen über den Einfluß von Medien auf die deutsche Bevölkerung. Der im Juli 1941 eingerichtete zentrale Nachrichtendienst der USA, Coordinator of Information (COI), aus dem später das Office of Strategic Services hervorging, stützte seine Arbeit wesentlich auf Analysen kompetenter Geistes- und Sozialwissenschaftler zu aktuellen politischen und militärischen Fragen.

Einen Schwerpunkt der Forschungsarbeiten bildete die Beobachtung der nationalsozialistischen Propaganda, die sich besonders auf die Auswertung der leicht zugänglichen Radioprogramme und Auslandswochenschauen konzentrierte.[79] Da sich die Wirkung der Propaganda auf die deutsche Bevölkerung nur schwer einschätzen ließ, wurden nicht nur deutsche Emigranten in die Analyse eingebunden, sondern auch neuartige Methoden der theoretischen Medienwirkungsforschung entwickelt.[80]

1. Expansion der Zeitungswissenschaft

Während in den dreißiger und vierziger Jahren in den USA und in Großbritannien die ersten Methoden zur Analyse des Einflusses der modernen Massenmedien Rundfunk und Film auf die Einstellung der Bevölkerung zu politischen und gesellschaftlichen Themen und vor allem auf ihr Kaufverhalten erarbeitet wurden,[81] blieb in Deutschland eine vergleichbare Entwicklung weitgehend aus. Gerade der Blick auf die Situation in den angelsächsischen Staaten, in denen sich mit Beginn des Zweiten Weltkrieges Geheimdienst- und Propagandadienststellen als Geburtshelfer der Medienwirkungsforschung betätigten und umgekehrt Medienforscher einflußreiche Politikberatung betrieben, zeigt, daß die Frage nach den Gründen für die Abkopplung von der internationalen Forschungstendenz von Relevanz für das Selbstverständnis der nationalsozialistischen Propaganda ist. Der spezifische Weg der deutschen Forschung im Dritten Reich hatte nicht allein ideologische, sondern auch wissenschaftsorganisatorische Gründe. Während der Weimarer Republik beanspruchten neben der Soziologie und der Sozialpsychologie besonders die zeitungswissenschaftlichen Institute die Zuständigkeit für die neuen Medien Radio und Kino für sich. Die Zeitungswissenschaft war eine noch junge, in raschem Wachstum begriffene Disziplin an den deutschen Universitäten. Im November 1916 hatte als erste Einrichtung das „Institut für Zeitungskunde" an der Universität Leipzig seine Arbeit aufgenommen. Bis 1933 gründeten die Universitäten Münster (1919), Freiburg i. Br. (1924), München (1924), Berlin (1925), Heidelberg (1927) und Köln (1929) zeitungswissenschaftliche Institute. Die Etablierung des Faches erfolgte mit der ideellen und finanziellen Unterstützung der Zeitungsverleger, die ihrerseits einen gewissen Einfluß auf die Forschungsausrichtung der Disziplin nahmen. Gefordert waren die Nähe zur journalistischen Praxis sowie Wissenschaftlichkeit, mit der allein sich die Existenz als Universitätsdisziplin rechtfertigen ließ. In den Auseinandersetzungen um das Arbeitsgebiet und die Methodik der Zeitungswissenschaft kristallisierte sich eine historisch-phänomenologische Forschungsmethode als konsensfähig heraus. Untersuchungsschwerpunkte waren die Geschichte der Presse und ihrer Exponenten sowie die Entwicklung eigener Definitionen, die zur Abgrenzung gegenüber anderen Disziplinen vordringlich schienen.[82]

Die Chance zur festen Etablierung der Zeitungswissenschaft als universitäre Disziplin sahen die führenden Vertreter des Faches unabhängig von ihrer eigenen politischen Präferenz mit der „Machtergreifung" der NSDAP gekommen. Die persönlich dem Nationalsozialismus nicht nahestehenden Professoren Karl d'Ester, Münster, und Emil Dovifat, Berlin, formulierten die Hoffnung auf einen Aufschwung für das Fach, der aus einem vertieften Verständnis der neuen Staatsführung für die Bedeutung der Propaganda entspringen sollte, ebenso wie der als „Vierteljude" gefährdete Forscher Hans Traub, Greifswald und Berlin, und der überzeugte Nationalsozialist Hans A. Münster, Leipzig.[83] Als Beispiel für den bei allen Zeitungswissenschaftlern verbreiteten Eindruck, von den Vertretern der anderen Fakultäten bisher nicht als gleichberechtigt akzeptiert zu sein, soll hier nur Emil Dovifats Hoffnung auf einen Ansehenszuwachs nach der Machtübernahme Hitlers zitiert werden: „Die ‚junge' Zeitungskunde, immer noch etwas über die Schulter angesehen, von älteren Fächern immer noch ‚mit leisem Lächeln' angestaunt in der seltsamen Begrenzung auf ‚ein so kleines, so enges und vielfach so wenig sympathisches Lebensgebiet', ist durch die Ereignisse dieses verflossenen Jahres 1933 in ihrer Zielsetzung anerkannt."[84]

Die Erfolge der Wahlkampfführung durch die NSDAP ließen bei den Zeitungswissenschaftlern für kurze Zeit den Konsens entstehen, daß das Forschungsgebiet des Faches über die Zeitungskunde hinaus auf den Rundfunk, den Film, Plakate, Flugblätter, Massenkundgebungen und die politische Rede erweitert werden müsse.[85] Die Zeitungswissenschaft sollte nur ein Element der neuen, die Rundfunk- und Filmkunde umfassenden und sich empirischen Methoden öffnenden Disziplin „Publizistik" bilden.[86] Wie stark die nationalsozialistische Machtübernahme als Impuls für eine Ausdehnung der eigenen Zuständigkeit wirkte, zeigten am deutlichsten die Vorstellungen des Direktors des Seminars für Publizistik an der Universität Berlin, Hinderer, der sein Arbeitsgebiet als „Propagandakunde" definierte, die sich besonders mit dem „Problem der geistigen Lenkung, Führung und Beeinflussung" zu befassen habe.[87] Die Untersuchung des Rundfunks und des Films war somit prädestiniert für die Bearbeitung in den studentischen Fachschaften

der zeitungswissenschaftlichen Institute, die „eine Art nationalsozialistisches Begleitstudium" organisierten.[88]

Nur für einen kurzen Zeitraum schloß sich die Schere zwischen den wis-
senschaftlichen Bemühungen um eine Rezeptionsforschung der modernen
Medien und den antiintellektuellen Vorbehalten der NSDAP. Die Ferne zur
Wissenschaft galt auch und gerade in den Fragen der Propaganda als Ausweis der Nähe zu den alltäglichen Problemen der Bevölkerung.[89] Für Hitler
etwa bildeten die Begriffe „Theoretiker" und „Schwätzer" Synonyme.[90]
Dementsprechend hatten die Propagandapraktiker der NSDAP für die in der
Weimarer Republik beginnenden Versuche, die Wirkung der Werbung theoretisch zu ergründen, meist nur Spott übrig. Allerdings war die Ablehnung
der Einbeziehung wissenschaftlicher Erkenntnisse nicht absolut. Der Leiter
der Landesstelle Berlin-Brandenburg-Grenzmark und Dozent an der Deutschen Hochschule für Politik, Walther Schulze-Wechsungen, beschrieb 1934
das hierarchische Verhältnis von Praxis und Theorie wohl so, daß es die
allgemeine Zustimmung der NS-Propagandisten finden konnte: „Weder das
psychologische Experiment noch die Statistik reichen aus, um ein gesetz-
mäßiges Handeln zu schaffen, aus dem der Propagandist seine Folgerungen
mit mathematischer Genauigkeit ziehen könnte. Was aber nicht besagt, daß
er bestimmte psychologische Erfahrungen immer unbenutzt lassen und sie
in allen Fällen negieren sollte."[91] Die Möglichkeit, daß ihre Arbeit für die
nationalsozialistische Propaganda von Nutzen sein konnte, sollte das entscheidende Argument bilden, mit dem die kleine Gruppe der wissenschaftlichen Publikumsforscher im folgenden Jahrzehnt um die Unterstützung des
Regimes warb.

2. Hans Traub

In den Jahren 1933 und 1934 konnte durchaus der Eindruck entstehen, die
Zeitungswissenschaft sei auch methodisch für eine Integration der neuen
Medien vorbereitet. Dafür war im wesentlichen das Werk von Hans Traub
verantwortlich.[92] In seiner Greifswalder Antrittsvorlesung formulierte Traub
1932 sein systematisches Erkenntnisinteresse, das sich deutlich von dem der
historisch ausgerichteten Zeitungskunde unterschied: „Zeitung, Film und
Rundfunk stehen nicht mehr nebeneinander in einer Reihe nur zufälli-
ger, einander gleichender oder widersprechender Kausalitäten, sie stehen
nicht mehr nebeneinander als eine lediglich durch eine methodische Analyse

greifbare Gruppe der nur mittelbaren, unpersönlichen Ausdrucksmöglichkeiten, sondern sie liegen vor uns als mittelbare Äußerungen, gestaltet durch Ausdrucksmittel, Ausdrucksträger, Ausdrucksformen und ihre technischökonomische Vermittlungsfunktion zwischen Absender und Empfänger und gleichzeitig mit einer öffentlichen Wirkungsabsicht – als im finalen Sinn – im sozialen Raum tätig."[93] Neben seiner Dozentur in Greifswald hielt Traub Veranstaltungen an der Berliner Universität ab, in denen er sich bemühte, die traditionellen Grenzen des Arbeitsgebietes der Zeitungswissenschaften um Rundfunk und Film zu erweitern. In die Zukunft verwies seine These, daß die publizistischen Wirkungsmöglichkeiten keineswegs omnipotent seien: „Wenn der eine willens ist, zu sprechen, braucht der andere längst nicht willens zu sein, zu hören; und wenn der eine wirken will, braucht der andere längst nicht auf sich wirken zu lassen."[94] Die umfassende Erforschung der durch Medien vermittelten Kommunikation unter Einschluß der Empfängerseite, die allein den Erfolg der „öffentlichen Wirkungsabsicht" erkennen ließe, war Traub aber nicht möglich. Seine wissenschaftliche Karriere litt darunter, daß sich unter seinen Vorfahren Juden befanden. Einige Kollegen verübelten Traub aber auch, daß seine theoretisch anspruchsvolle Konzeption einer kommunikationswissenschaftlich ausgerichteten Publizistik die Zerstörung der Zeitungswissenschaft in ihrer bisherigen Gestalt bedeutet hätte. Trotz aller Widerstände entfaltete er ein beeindruckendes Tätigkeitsspektrum. Schon 1932 hatte Traub die Aufgabe übernommen, ein „Institut für Filmkunde" als Volksbildungsstätte zu konzipieren. 1934 legte er zusammen mit Oskar Kalbus die Studie „Wege zum Deutschen Institut für Filmkunde" vor. Die Einrichtung wurde vor allem vom Ufa-Generaldirektor Ludwig Klitzsch gefördert; bei Goebbels stieß sie nur auf wenig Gegenliebe.[95] In einem kleineren Ausmaß, als zunächst geplant gewesen war, nahm sie im Januar 1936 als „Lehrschau der Ufa" ihre Tätigkeit auf.[96] Traub verlor 1937 aus „rassischen" Gründen seine Dozentur, blieb aber Leiter der Lehrschau.[97]

3. „Verbot" der Publizistik durch Walther Heide

Die 1934 noch allgemein angestrebte Integration der neuen Medien Rundfunk und Film in die Zeitungswissenschaft, für die Traubs Arbeiten den Boden bereiten sollten, scheiterte weitgehend. Rein äußerlich erlebte das Fach Zeitungswissenschaft nach der „Machtergreifung" einen deutlichen Aufschwung. 1935 bekam die Universität Königsberg ein zeitungswissenschaft-

liches Institut, 1940 die Hindenburg-Hochschule für Wirtschafts- und
Sozialwissenschaften in Nürnberg und die Deutsche Universität Prag; 1942
wurde das 1939 gegründete zeitungswissenschaftliche Institut in Wien der
Universität angegliedert. Daß diese „horizontale" Expansion mit der Rück-
kehr der Disziplin in ihr angestammtes Arbeitsgebiet und, damit verbunden,
auch zu ihrer traditionellen Methodik erkauft wurde, beruhte im wesentlichen auf dem Wirken des einflußreichen Präsidenten des Deutschen Zeitungswissenschaftlichen Verbandes (DZV), Walther Heide.[98] Heide hatte
1933 den Übergang des Inlandspressereferats des Auswärtigen Amtes in den
Geschäftsbereich des RMVP organisiert und blieb dem neugeschaffenen
Ministerium eng verbunden. Sein Ansehen an den Universitäten stieg, als es
ihm gelang, die von ihm betriebene Anrechnung des zeitungswissenschaftlichen Studiums auf das Pressevolontariat durchzusetzen.[99] Heides Einfluß
als Präsident des DZV war auch in seinem Talent begründet, für die zeitungswissenschaftlichen Institute beträchtliche finanzielle Zuschüsse vom RMVP
zu organisieren.[100]

Im Zentrum von Heides Interesse stand die feste Verankerung der Zeitungswissenschaft im universitären Kanon. Der Preis der lange vermißten
Anerkennung war die Fokussierung des Faches auf die Presse. Gegen die Einbeziehung der neuen Medien zog Heide mit dem zeitgenössischen Kampf-
begriff der „Überfremdung" zu Felde;[101] der Geschäftsführer des DZV, Karl
Kurth, sekundierte der Position seines Präsidenten, indem er die Einführung
einer empirisch fundierten Methodik für die Zeitungswissenschaft scharf
kritisierte.[102] Diese Politik Heides und des DZV fand ohne Zweifel die volle
Unterstützung des RMVP, wie die Ausführungen des Ministerialdirigenten
Hans Fritzsche anläßlich der 25-Jahr-Feier des Leipziger Instituts für
Zeitungswissenschaft 1942 verdeutlichten: „Im übrigen aber werden natürlich das Phänomen Rundfunk, das Phänomen Presse als solche nur erfaßt, betrachtet und weiterentwickelt werden können von denjenigen, die sich in
die Mitte der Phänomene hineinstellen und nicht an ihrem Rande herum-
tasten und Verbindungen suchen, die in der Praxis noch nicht bestehen. Ich
glaube, daß die Wissenschaft von der Zeitung ein Arbeitsgebiet im reinen
Zeitungsbereich hat, das außerordentlich dankbar ist. Man kann der Wissenschaft nur den Rat geben, sich von der Mitte ihrer Disziplin aus mit den Dingen, die ihr obliegen, zu beschäftigen."[103]

Mit der Einführung eines für alle zeitungswissenschaftlichen Institute
verpflichtenden Lehrplans im Jahr 1935, an dessen Zustandekommen Heide
zentral mitgewirkt hatte, wurde die Beschäftigung mit Radio und Film in die

Einführungsveranstaltungen über die „publizistischen Mittel" verbannt.[104] Für das Wintersemester 1936/37 setzte er die Schließung der Rundfunk- und Filmabteilungen der zeitungswissenschaftlichen Institute durch.[105] Die immer wieder vorgebrachten Anregungen, parallel zur Zeitungswissenschaft an den Universitäten eigene Institute für Rundfunk und Film zu installieren, die gemeinsam eine publizistische Fakultät bilden sollten, fanden im Reichsministerium für Wissenschaft, Erziehung und Volksbildung keine Akzeptanz.[106] In der Frage der Einbeziehung der neuen Medien favorisierte das RMVP die Gründung von rundfunkwissenschaftlichen Instituten an den Universitäten, die unabhängig von den zeitungswissenschaftlichen Einrichtungen arbeiten sollten. Für den Film war eine radikalere Trennung von den bestehenden universitären Institutionen vorgesehen. Die wissenschaftliche Ausbildung für die Filmberufe sollte in einer eigenen Hochschule konzentriert werden. Am 18. März 1938 verkündete das Reichsgesetzblatt den Erlaß Hitlers, der eine Deutsche Filmakademie ins Leben rief.[107] Am selben Tag erfolgte die Grundsteinlegung für das Akademiegebäude in Babelsberg, das einen zentralen Teil der monumental konzipierten Filmstadt bilden sollte. Allerdings wurde der Bau wegen des Krieges niemals fertiggestellt und die Arbeit der Filmakademie aus Kostengründen schon Anfang 1940 wieder beendet.[108] Obwohl einige für die Einrichtung einer zentralen Forschungsstelle für Filmkunde in der Babelsberger Akademie plädierten,[109] bleibt sehr zweifelhaft, ob sich hier eine Filmwirkungsforschung entwickelt hätte. „Der Angriff" verkündete jedenfalls zum Start des ersten Semesters am 2. November 1938: „In Babelsberg werden keine Theoretiker ausgebildet."[110]

4. Hans A. Münster

Praktisch war den Zeitungswissenschaftlern mit diesen Maßnahmen die Beschäftigung mit dem Film untersagt und die Erweiterung der Zeitungswissenschaft zu einer umfassenden Medienwissenschaft gescheitert.[111] Der einzige Weg, das Forschungsverbot zu umgehen, lag in der Entwicklung einer „völkisch" begründeten und mit dem Nutzen für die propagandistische Volksführung argumentierenden Publikumsforschung. Beschreiten konnte ihn nur, wer seine nationalsozialistische Gesinnung glaubhaft vertreten konnte. Wahrscheinlich gelang es deshalb allein an einem zeitungswissenschaftlichen Institut, dem der Universität Leipzig, sich den Forschungsvorgaben Heides sowie des RMVP zu entziehen und Rundfunk und Film zum

Gegenstand ausgedehnter empirischer Erhebungen zu machen. Leiter des Instituts war seit 1934 Hans Amandus Münster. Münster stand vor 1933 deutschnationalem Gedankengut nahe, trat früh in die NSDAP ein und fungierte später als Vertrauensmann des SD.[112]

Gerade diese besondere Nähe Münsters zum Regime ermöglichte es, daß unter seiner Leitung eine ganze Reihe von Dissertationen entstand, die die von Heide und dem DZV gesetzten engen Grenzen der zeitungswissenschaftlichen Forschung ignorierten.[113] Ähnlich wie Traub entwickelte Münster einen eigenständigen Forschungsansatz, der methodisch für die Einbeziehung der neuen Medien offen war. Als Referent und Abteilungsleiter am von Emil Dovifat geleiteten Deutschen Institut für Zeitungskunde in Berlin hatte Münster im Zusammenhang mit einer großen Enquete über den Zeitungskonsum Jugendlicher 1931/32 seine „Theorie der einwirkenden Faktoren" entworfen.[114] Die zentrale These lautete, daß der Rezipient den neben dem Staat wichtigsten und zugleich am wenigsten bekannten Einflußfaktor für die Medien bilde. In seinem konkreten Medienverhalten folge der Rezipient selbst wiederum komplexen Einflüssen. Diese ließen sich in vier Gruppen gliedern: 1. Einflüsse des Geschlechts und des Alters, 2. Einflüsse des Charakters und des Verstandes, 3. Einflüsse der Umwelt und der Lebenshaltung und 4. Einflüsse der Bildung.[115]

Münster beließ es nicht bei der Aufstellung einer Theorie zur Rezeptionsforschung. Er initiierte schon bald nach seiner Berufung an die Leipziger Universität eine Reihe von empirischen Untersuchungen zum Medienkonsumverhalten der Bevölkerung, die trotz aller methodischen Schwächen, der ideologischen Voreingenommenheit der Untersuchenden und der Zurückhaltung der Bevölkerung gegenüber ihr unbekannten Fragestellern in einer Diktatur interessante Ergebnisse lieferten. Denn die Forschungsarbeiten der Leipziger Zeitungswissenschaftler beruhten auf der direkten Befragung der Medienkonsumenten, die Münster gegenüber den Gegnern demoskopischer Methoden in nationalsozialistischer Volksgemeinschaftsterminologie offensiv als neuen „Weg ins Volk" rechtfertigte. Dieser Ansatz diene dazu, von den Volksgenossen als Zeitungslesern selbst zu erfahren, „in welchem Umfange und mit welchem Nutzen für das Volk und den Staat unsere Zeitungen gelesen werden".[116] Letztlich erhob Münster den Anspruch, die Zeitungswissenschaft zu einer Wissenschaft von den „publizistischen Führungsmitteln" und damit zu einer „Propagandawissenschaft" zu erweitern.[117]

Dieses Ziel sollte mit methodischen Innovationen erreicht werden. Angestrebt wurde eine Art „teilnehmender Beobachtung", die über die rein statistische Datenerhebung hinaus die Berücksichtigung von Sonderfaktoren und damit auch die interpretierende „Glättung" auftretender Widersprüche erlaubte.[118] Ob sich der SD von Münsters Arbeiten einen Nutzen für die eigenen Versuche, die Stimmung der Bevölkerung zu erkunden, versprach und inwieweit sie etwa auf die „Meldungen aus dem Reich" einwirkten, muß dahingestellt bleiben. Die Beziehung zur SS scheint dem Leipziger Institutsleiter jedoch genügend Rückendeckung vermittelt zu haben, um sich öffentlich gegen den Versuch des DZV zu verwahren, ihm eine bestimmte Forschungskonzeption und besonders den Verzicht auf demoskopische Techniken vorzuschreiben. „In keinem Wissenschaftszweig ist es üblich oder auch nur möglich, der wissenschaftlichen Forschung von vornherein Schranken aufzuerlegen, die u. U. das Erkennen von im Augenblick für den nationalsozialistischen Aufbau gerade wichtigen Zusammenhängen und Entwicklungen unmöglich machen."[119]

Münsters Arbeitsgruppe beschränkte ihre demoskopischen Versuche nicht auf Zeitungen, sondern bezog andere Medien in das Untersuchungsfeld ein. Um verläßliche Aussagen über das Medienkonsumverhalten der Bevölkerung treffen zu können, probierte man unterschiedliche Umfragemethoden aus. Nicht alle empirischen Erhebungen wandten sich direkt an die Medienkonsumenten. Studenten der Filmkundeabteilung des Leipziger Instituts befragten im Frühjahr 1936 die Kinobesitzer der Stadt nach dem Erfolg des Films „Traumulus", den während seiner zweimonatigen Laufzeit in Leipzig über 28 000 Besucher sahen.[120] Vorgestellt werden sollen hier nur die größeren in Leipzig angefertigten Arbeiten, die empirische Methoden anwandten und sich auch mit dem Kino beschäftigten.[121]

Einen Schwerpunkt der publizistischen Untersuchungen des Leipziger Instituts bildete die sogenannte Dorfforschung. Dorfuntersuchungen eigneten sich zur Übertretung von Heides Forderung nach dem Ausschluß von Rundfunk und Film von der zeitungswissenschaftlichen Forschung, weil sie sich als Beitrag zur Stärkung des Landes gegenüber dem „verderblichen" Einfluß der Großstadt darstellen und Wege zur Bekämpfung der Abwanderung in die Städte erwarten ließen. Mit einer ersten Arbeit über „Die publizistische Situation des Dorfes Schönberg" errang Münsters Gruppe ein Prädikat beim „3. Reichsberufswettkampf der deutschen Studenten" und den ersten Platz in der Sparte „Deutsche Volkstumsforschung".[122]

Eine ähnliche Thematik bearbeitete Alfred Schmidt in seiner Dissertation „Publizistik im Dorf", die 1939 in der Reihe „Leipziger Beiträge zur Erforschung der Publizistik" veröffentlicht wurde.[123] Schmidt analysierte den

Medienkonsum der 335 Bewohner des Dorfes Thürungen unter Einbeziehung zahlreicher Faktoren wie Alter, alltägliches Verhalten und Bildungsstand. In dem Dorf befand sich kein Kino, aber zwei Kilometer entfernt existierte ein ortsfestes Lichtspieltheater. Zudem schickte die als vorbildlich geltende Gaufilmstelle Halle-Merseburg in regelmäßigen Abständen eine mobile Vorführeinheit nach Thürungen. Die geringe Größe des Untersuchungsraumes erlaubte es Schmidt, sehr detailliertes Material über die Kinobesuchsfrequenzen und Filmpräferenzen der ländlichen Bevölkerung zu erarbeiten. Ein wichtiges Ergebnis war, daß die Dorfbewohner das Kino im Vergleich zur Zeitung und zum Radio nur schwach nutzten.

Einen sich auf „alle publizistischen Führungsmittel" erstreckenden Forschungsansatz verfolgte auch Friedrich Schindler in seiner im empirischen Teil 1938/39 angefertigten Dissertation „Die Publizistik im Leben einer Gruppe von Leunaarbeitern insbesondere im Hinblick auf Presse, Rundfunk und Film".[124] Schindler war bis 1935 Angestellter im Betriebsbüro von Leuna gewesen und kannte die Situation in Merseburg und Umgebung gut. Dennoch stießen seine Fragebogenaktionen bei den Arbeitern auf ein erhebliches Mißtrauen, das die Grenzen demoskopischer Versuche im Dritten Reich aufzeigte. „Befürchtungen des einzelnen über zu erwartende Nachteile der verschiedensten Art wurden laut; denn daß die eigentlichen Motive ganz anderer, für sie bedenklicher Art wären, dies war wohl die einzige Gewißheit, die für sie nicht anzutasten war. So sollten die gegebenen Antworten die Möglichkeit einer Arbeitszeitvermehrung praktisch beweisen, über die zur Zeit der Verteilung allerdings unter der Belegschaft bestimmte Gerüchte im Umlauf waren. Mit der Frage nach der Häufigkeit des Kinobesuchs im Monat sollte oder könnte der Nachweis eines zu hohen Arbeitseinkommens der Leunaarbeiter erbracht werden."[125] Es erwies sich, daß der Film, verglichen mit Presse und Rundfunk, nur einen kleinen Teil des Publikums erreichte.[126]

Ob die von Anneliese U. Sander für ihre 1944 angefertigte Dissertation über „Jugend und Film" befragten Jugendlichen ihre Antworten mit ähnlicher Vorsicht formulierten wie die Leunaarbeiter, ist nicht bekannt, aber wohl anzunehmen.[127] Von vornherein interviewte die Autorin nur HJ-Führer und BDM-Führerinnen, die meist sehr genau wußten, welche Antworten von ihnen erwartet wurden. Schließlich hatten sie die Fragebögen mit Namen und Adresse zu kennzeichnen. Sanders Studie, ein Plädoyer für eine verstärkte Produktion von Jugendfilmen, machte von allen in Leipzig erstellten Arbeiten die größte Furore. Sie erschien im Zentralverlag der NSDAP und erhielt damit fast den Status einer parteioffiziellen Programmschrift.

Die wissenschaftlichen Untersuchungen zum Medienkonsum während der NS-Zeit stellten das Rezeptionsverhalten der Bevölkerung nicht umfassend dar. Es handelte sich primär um regionale, sektorale und soziale Reichweiten- und Verbreitungsstudien, deren Erhebungsmethoden und Analyseverfahren aus wissenschaftsinternen und ideologischen Gründen wenig präzise blieben. Gerade diese methodische Unschärfe ließ die Verfasser der Forschungsarbeiten oft auf phänomenologische und deskriptive Techniken zurückgreifen, die es teilweise erlauben, ein von den Autoren gar nicht intendiertes Bild der Rezeptionsweisen der deutschen Bevölkerung während der nationalsozialistischen Herrschaft aufzuzeigen.

5. Rezeption der Demoskopie

So interessant die Resultate der von Hans A. Münster initiierten Enqueten im einzelnen auch waren, ihre Existenz ändert nur wenig an dem Gesamtbild der Publikumsforschung, die gegenüber den im angloamerikanischen Raum gemachten Anstrengungen auf diesem Gebiet zunehmend in einen Rückstand geriet. Der deutschen Zeitungswissenschaft war der Weg hin zu einer empirischen Medienwirkungsforschung verstellt, der zur gleichen Zeit in den USA mit ausführlichen Untersuchungen über den Einfluß der Medien auf die eigene Bevölkerung begann. Die zunehmende Isolierung vom internationalen Wissenschaftsbetrieb behinderte die Rezeption dieser neuen Forschungskonzeption, die schon in ihrer Methodik an die Grundüberzeugungen der nationalsozialistischen Weltanschauung rührte.[128]

Ein wesentlicher Grund für die Ignoranz des Regimes gegenüber der Entwicklung demoskopischer Umfragetechniken lag zweifellos in der von Hitler selbst geprägten Verachtung der „Masse" und der damit verbundenen Ablehnung der demokratischen Grundregel der Mehrheitsentscheidung, die dem „Führerprinzip" diametral entgegenstand. Die ontologisch gesetzte Führer-Volk-Beziehung ließ keine rationale Überprüfung durch sozialwissenschaftliche Methoden zu. Das Modell der sich geschlossen hinter Hitler versammelnden Volksgemeinschaft, ein zentraler Baustein der Ideologie vom nationalsozialistischen Führerstaat, wäre zerstört gewesen, wenn mittels demoskopischer Umfragen die Existenz eines Bevölkerungsteiles oder gar einer Mehrheit nachgewiesen worden wäre, die in einer konkreten politischen Frage eine andere Meinung vertreten hätten als die Staats- und Parteiführung.

Unter dem unausgesprochenen Verbot politischer Meinungsumfragen litt auch die Entwicklung von „unpolitischen" Techniken der Demoskopie und damit die Erforschung der Wirkung von Medien, die als die zentralen Mittler der nationalsozialistischen Propaganda per se nicht als unpolitisch begriffen werden konnten. Nicht zuletzt aus diesem Grund blieb die 1940 veröffentlichte Untersuchung von Elisabeth Noelle, einer Schülerin des Berliner Zeitungswissenschaftlers Emil Dovifat, über „Amerikanische Massenbefragungen über Politik und Presse" als Beispiel für eine Auseinandersetzung mit amerikanischen Demoskopietechniken nahezu singulär.[129] Die Erkundung der Meinung der amerikanischen Bevölkerung zu allen nur denkbaren, also auch zu politischen Fragen war nach Noelles Auffassung in der grundlegenden Differenz des amerikanischen Demokratiemodells zum nationalsozialistischen Führerstaat begründet, die sie folgendermaßen zusammenfaßte: „Die Rolle, die die Öffentlichkeit in Amerika und in Deutschland spielt, ist sehr verschieden. In der großen ‚Demokratie' ... hat sie die Stellung einer Aktiengesellschaft, deren Millionen Teilhaber die Politik des Unternehmens diktieren. Im nationalsozialistischen Deutschland erscheint sie uns als Volkskörper, der seine Anweisungen vom Kopf empfängt und deren Durchführung gewährleistet, so daß durch Zusammenarbeit von Kopf und Gliedern überzeitlich politische und kulturelle Werte geschaffen werden können. In einem Fall herrscht sie, im anderen wird sie geleitet."[130] Dennoch plädierte die Autorin vorsichtig für eine verstärkte Meinungsforschung, indem sie unterstrich, daß jede Regierung auf die Unterstützung und das Wohlwollen der Öffentlichkeit angewiesen sei.[131]

Selbst der statistische Nachweis unterschiedlicher kultureller Anspruchsniveaus hätte implizit die sozialintegrative Funktion des nationalsozialistischen Kinos zur Diskussion gestellt. Daß die Anwendung und damit zugleich die Entwicklung demoskopischer Techniken unter der Zurückhaltung der Bevölkerung in einer Diktatur litt, war auch den wenigen Publikumsforschern bewußt, die mit dieser Erfahrung nun gegen ihre Verwendung argumentierten. So schrieb Walter Panofsky 1939 anläßlich der Veröffentlichung einer Untersuchung im „Film-Kurier": „Absichtlich wurde dabei von einer Fragebogenmethode abgegangen, es wurde vielmehr versucht, durch zwangloses Gespräch zu gewissen Ergebnissen zu kommen: jeder ‚wissenschaftliche Anstrich' wurde vermieden, da dieser erfahrungsgemäß eine Feststellung negativer Vorgänge mehr hemmt als fördert."[132]

Aber auch persönliche Vorbehalte des Propagandaministers behinderten die Entwicklung einer wissenschaftlichen Publikumsforschung. Goebbels

verachtete nicht nur den „intellektuellen" Film, wie zahlreiche Tagebucheintragungen belegen,[133] sondern auch die analytische Auseinandersetzung
mit dem Medium. In den Tagebüchern findet sich am 2. Juli 1938 der einzige
Hinweis, daß Goebbels statistische Erhebungen aus einem wissenschaftlichen Umfeld zu Filmkonsum und -geschmack der Bevölkerung wahrgenommen hat. In der nahezu alle Tagebucheintragungen kennzeichnenden Reduktion seiner Wahrnehmung auf Informationen, die seine Positionen bekräf-
tigten, vermerkte Goebbels dort: „Statistik über Urteile von Studenten über
deutsche Filme. Da wird mein Kurs aufs Neue bestätigt."[134] Die einzige Arbeit eines Zeitungswissenschaftlers, von der er nachweislich Kenntnis nahm,
war bezeichnenderweise Dovifats „Rede und Redner".[135]

Die hier angeführten Arbeiten deutscher Zeitungswissenschaftler zur Publikumsforschung blieben letztlich ohne erkennbaren Einfluß auf politische
Entscheidungen; sie wurden selbst von der interessierten Fachöffentlich-
keit kaum wahrgenommen. Edmund Th. Kauer mußte in seiner 1943 veröffentlichten populärwissenschaftlichen Darstellung des Films eine Utopie
beschwören, als er prophezeite: „Vielleicht wird es in Zukunft einmal eine
neuartige Literaturwissenschaft geben, die nicht Biographien von Schrift-
stellern sammelt und literarische Texte nach von der Historik entliehenen
Methoden kritisch durchforscht, sondern die vielmehr eine Psychologie des
Lesers, eine Soziologie des Lesers, eine Wissenschaft vom Leser ist. ... Und
dann, im Schlepptau einer solchen neugegründeten Literaturwissenschaft,
würde man auch im benachbarten engeren Bezirk des Films ernsthaft vom
Publikum sprechen dürfen, nicht mehr nur gönnerhaft oder verängstigt."[136]
So erstaunt es doch, daß keine Universitätsdisziplin in die Lage versetzt
wurde, ihre Forschungskonzeption an dem Modell auszurichten, das das
RMVP selbst lieferte. Die Zuständigkeit des Ministeriums umfaßte wie
selbstverständlich Presse, Rundfunk, Film, Literatur, Theater und Kunst bis
zur Volkskultur.

IV. Filmwirkungsforschung im Dienst von Staat und Partei

Die Tatsache, daß die Entwicklung und Anwendung demoskopischer Techniken im Rahmen wissenschaftlicher Untersuchungen im Dritten Reich nur
ausnahmsweise möglich war, bedeutete bekanntlich nicht, daß die Führung
des Regimes darauf verzichtete, sich laufend über das Meinungsbild in der
deutschen Bevölkerung zu informieren. Jedoch entwickelte sich während

der nationalsozialistischen Herrschaft nicht jene Form der Arbeitsteilung,
die sich zeitgleich in den angelsächsischen Ländern ausbildete und die sich
idealtypisch etwa so beschreiben ließe: Für die Methodenentwicklung war
die wissenschaftliche Forschung zuständig, die Meinungserhebungen selbst
wurden von öffentlichen und privaten Institutionen betrieben und die Resultate veröffentlicht. Auftraggeber waren auch staatliche Organisationen,
die wiederum die Ergebnisse der Umfragen in ihren Entscheidungsprozessen
und ihrem administrativen Handeln berücksichtigten. Im Dritten Reich wurde das Meinungsklima der Bevölkerung mit geheimdienstlichen Mitteln oder
durch Stimmungsberichte ganz unterschiedlicher Institutionen zu erkunden
gesucht, die Meinungserhebungen beruhten auf Einzelbeobachtungen von
Spitzeln oder Dienststellenleitern, die Durchführung erfolgte ausschließlich durch Institutionen des Staates und der Partei, die Ergebnisse waren nur
für die Staats- und Parteiführung bestimmt und blieben der Öffentlichkeit
verborgen.

Obwohl die Meinungserkundung durch demoskopische Umfragen in den
dreißiger Jahren selbst in den USA erst in ihren Anfängen steckte, gilt sie
in der Historiographie als der Normalfall, von dem die Entwicklung im nationalsozialistischen Deutschland abwich. Sie bildetete, wie Marlies Steinert
schrieb und Heinz Boberach zustimmend zitierte, nur einen „Ersatz für die in
demokratischen Staaten erhältlichen Informationen mittels demoskopischer
Umfragen oder aus den Kommunikationsmitteln Parlament, Presse, Rundfunk" und anderen Medien.[137]

Die Genese der „Meinungsforschung" im Dritten Reich erklärt sich jedoch
nicht allein negativ aus der Abwesenheit einer freien Presse, parlamentari-
scher Institutionen und gar der Demoskopie, sondern aus ihrer Funktion,
die sich von derjenigen in demokratischen Gesellschaften unterschied. Eine
zentrale Aufgabe der Beobachtung der Meinungskonstellationen im nationalsozialistischen Regime war die Fahndung nach innenpolitischen Gegnern,
wie gerade die Herausbildung der Zuständigkeit des SD für diese Tätigkeit
zeigen sollte. Denn wer anderer Meinung war als die Staats- und Parteiführung und dies auch noch äußerte, entlarvte sich damit als Gegner des Regimes und war zur Rechenschaft zu ziehen. Aus dieser Sicht stellte es keinen
Mangel, sondern einen Vorteil dar, die zentrale „Meinungsforschung" als
Polizeiaufgabe zu organisieren und dem Reichssicherheitshauptamt zu unterstellen. Für den Chef des Inlandsnachrichtendienstes des SD, Otto Ohlendorf,
bildeten die Ergebnisse seiner Arbeit keineswegs ein Substitut für das weitgehend unbekannte Instrument der Demoskopie, sondern sie zeichneten mit

ihren Mitteln ein „ungeschminktes Bild" über alle Lebensbereiche der nationalsozialistischen Gesellschaft und erfüllten somit auf andere Weise, aber
mindestens ebenso gut „die Funktion der öffentlichen Meinung im parla-
mentarischen Staat".[138]

Der Begriff „Meinungsforschung" wurde vom SD kaum verwendet, denn
er implizierte schon von vornherein die Existenz unterschiedlicher und damit auch abweichender Meinungen in der Bevölkerung. Zugleich war der
Begriff der öffentlichen Meinung – wie oben ausgeführt – in der nationalsozialistischen Terminologie negativ besetzt.[139] Ersetzt wurde er in den einschlägigen Berichten meist durch die Wendung „Stimmung und Haltung der
Bevölkerung", wobei mit „Stimmung" eher die spontanen, emotionalen Reaktionen der Öffentlichkeit auf nur eine kurze Zeit bedeutsame Phänomene,
mit „Haltung" langfristig wirksame, durch Erziehung, Erfahrung und Charakter geprägte Einstellungen gemeint waren.[140] Oft wurden die Begriffe aber
zusammen oder mit austauschbarer Bedeutung gebraucht.[141]

1. „Lebensgebietsforschung" durch den SD

Die Zuständigkeit einer Unterorganisation des SS-Apparates für die Erkundung des Meinungsspektrums der deutschen Bevölkerung hatte sich während der nationalsozialistischen Herrschaft allmählich entwickelt. Die SS
(„Schutzstaffel"), deren Anfänge in das Jahr 1923 zurückreichten, war 1925
mit der Aufgabe wiedergegründet worden, für die persönliche Sicherheit
Hitlers zu sorgen. Sie stellte die Leibwache des Parteiführers, überwachte
Partei- und SA-Mitglieder und setzte den Machtanspruch Hitlers gegenüber eigensinnigen SA-Führern durch.[142] In ihrer sozialen Zusammensetzung
unterschied sich die SS deutlich von der Massenorganisation SA, als deren
Unterorganisation sie bis zum Juli 1934 fungierte. In der SS dominierten Angehörige des Bürgertums; es gehörten ihr nicht wenige Adelige an. Zwischen
Januar 1929 und Dezember 1931 wuchs die Mitgliederzahl der SS von 280
auf etwa 15 000 Mann. Dieses Wachstum erforderte und erlaubte eine aus-
gefeiltere Binnenstrukturierung. Um der gewachsenen Angst vor einer Un-
terwanderung, Ausspähung oder Spaltung zu begegnen, wurden im August
1931 gleichsam als SS innerhalb der SS die sogenannten I c-Dienste gegründet, ein parteieigener Geheimdienst, dessen Leitung Reinhard Heydrich
übernahm. Heydrich sorgte für eine Professionalisierung dieses Sicherheitsdienstes des Reichsführers SS (SD). Er bemühte sich insbesondere um die

Rekrutierung von Akademikern, und es gelang ihm, mit der NSDAP sympathisierende Beamte der politischen Polizei zur Mitarbeit im SD zu bewegen.[143] Nachdem Hitlers Reichskommissar, Franz Ritter von Epp, Heinrich
Himmler zum kommissarischen Polizeipräsidenten von München ernannt
hatte, wurde Heydrich Leiter der Abteilung VI (Politische Polizei) der Münchener Polizei. SD-Leute besetzten nun Schlüsselpositionen in der Hierarchie
der politischen Polizei, während umgekehrt Polizeioffiziere in die SS und den
SD eintraten. Am 9. November 1933 wurde die SD-Zentrale zum 5. SS-Amt
erhoben und Heydrich zu ihrem Leiter ernannt. In dieser Position sorgte er
dafür, daß SD-Leute auf Leitungspositionen der politischen Polizeien auch
der anderen Länder gelangten. Am 30. Juni 1934 erließ Himmler Richtlinien,
die eine Aufgabenteilung zwischen dem SD und der Polizei bewirken sollten. Er verfügte, „daß der SD die Feinde der NS-Idee ermittelt und die Bekämpfung und Abwehr bei den staatlichen Polizeibehörden anregt".[144] 1937
grenzte Heydrich als Chef des Sicherheitshauptamtes und der Sicherheitspolizei die Geschäftsverteilung zwischen SD und Gestapo auch thematisch
ab. Nur vom SD zu bearbeiten waren die Sachgebiete Partei und Staat, Verfassung und Verwaltung, Ausland, Freimaurerei, Vereinswesen, Wissenschaft,
Volkstum und Volkskunde, Erziehung und Kunst, wozu neben Musik, bil-
dender Kunst, Theater und Funk auch der Film zählte.[145] Zwischen SD und
der Gestapo bestand eine enge Zusammenarbeit, wobei der SD Gegner des
Nationalsozialismus mit geheimdienstlichen Mitteln aufspürte; ihre Verhaftung übernahm die Gestapo.[146]

Am 30. Januar 1935 bekam das Sicherheitsamt die Bezeichnung SD-Hauptamt (SDHA). Hitlers Stellvertreter, Rudolf Heß, verfügte die Auflösung
der noch bestehenden separaten Geheimdienste der NSDAP und ihrer Unter-
organisationen. Damit hatte der SD das nachrichtendienstliche Monopol in
der Partei erreicht. Zugleich wandelte sich die Aufgabenstellung des SD
immer stärker von einer Abwehrorganisation, die primär die NSDAP gegen
mögliche Gegner von innen und außen schützen sollte, zu einer Institution,
von der die gesamte deutsche Bevölkerung beobachtet und ausgeforscht
wurde. Seit 1934 hatte im Sicherheitsamt des Reichsführers SS das Sonderreferat Kultur bestanden, das „die Keimzelle des zukünftigen Inlandsnachrichtendienstes" werden sollte.[147] Die umfassende Berichterstattung „über
die politische Lage im Reiche und über die Stimmung der Bevölkerung"
wurde am 4. Januar 1937 angeordnet und mit dem Ziel der „Unterrichtung
des RFSS, der Staatsführung und der Leitung der Partei" seit dem 15. Februar 1937 durchgeführt.[148] Unter der Leitung Reinhard Höhns baute die

Zentralabteilung II/2 (Lebensgebiete) einen umfassenden Apparat zur Erkundung der Stimmungslage in der deutschen Bevölkerung auf.

Die personelle Ausstattung des SD wuchs entsprechend den umfassend definierten Aufgaben, die die Organisation für den nationalsozialistischen Staat erfüllen sollte, rasch an. Am 31. Januar 1938 arbeiteten 5050, Ende 1938 schon 7230 Mitarbeiter haupt- oder nebenamtlich für den SD. In der Zentrale in der Berliner Wilhelmstraße waren am 1. Januar 1937 372 hauptamtliche SS-Führer und SS-Unterführer tätig. Regional gliederte sich die Organisation in SD-Oberabschnitte, deren Zuschnitt den Wehrkreisen entsprach, und in SD-Abschnitte, die für jeweils einen Regierungsbezirk zuständig waren. Die Dichte des Informationsnetzes des SD auf regionaler Ebene ist bisher erst in Einzelbeispielen untersucht. Umstritten ist, welche Folgerungen aus diesen Zahlenangaben zu ziehen sind. Der Spitzelapparat des SD war personell nicht so stark besetzt, daß er jede Form von widerständigem oder gar resistentem Verhalten in der deutschen Bevölkerung erfassen konnte. Der „Erfolg" der Gestapo und des SD bei der Aufspürung von Regimegegnern beruhte offenbar stärker auf Denunziationen aus der Bevölkerung als auf den Informationen der eigenen V-Leute oder gar einer überlegenen Fahndungsmethodik.[149]

Auch die Lebensgebietsforschung blieb von Anfang an hinter den Erwartungen zurück. In einer internen Beurteilung wurde 1937 die negative Darstellung der Stimmungslage in der Bevölkerung bemängelt sowie der unzureichende Ausbau des V-Leute-Netzes und die schlechte Führung der V-Leute kritisiert. Schwerwiegender wirkten sich die zahlreichen methodischen Mängel in der Berichterstattung aus, die die „Meldungen aus dem Reich" bis zum Schluß kennzeichneten: „Die Lageberichte enthalten vielfach allgemeine Behauptungen und Werturteile, persönliche Einschätzungen des Referenten, Verallgemeinerungen, Bezugnahmen, Fehlanzeigen, SD-interne Vorgänge, ungenaue Zeitangaben, Flüchtigkeit in der Bearbeitung, Versuch, Politik zu treiben, oder sie bestehen aus einer willkürlichen Aneinanderreihung von Einzelfällen, ohne daß dabei bemerkt wird, ob es sich um symptomatische oder Ausnahmefälle handelt, auch Mitteilungen aus Ministerialblättern und Fachzeitschriften über Dinge, die längst bekannt und überholt sind, ferner Tätigkeits- und Rechenschaftsberichte der einzelnen Sachbearbeiter."[150]

Die Meinungsbeobachtung des SD bekam am 1. Oktober 1939 ihren endgültigen institutionellen Ort, als durch Erlaß Himmlers die Ämter der Sicherheitspolizei und des SD zum Reichssicherheitshauptamt (RSHA) zusammengefaßt wurden. Das RSHA war in sechs Ämter gegliedert. Die bisherige

Zentralabteilung 2 des Amtes II des SD ging im Amt III des RSHA auf, zu dessen Leiter Himmler den Standartenführer Otto Ohlendorf bestimmte.[151] Der Bereich Film fiel zunächst in die Zuständigkeit des Referats 5 im Amt III.[152] Hier liefen die Nachrichten der mit hauptamtlichem Personal besetzten SD-Leitabschnitte und -Abschnitte zusammen, die sich wiederum auf Informationen der auf etwa 30 000 geschätzten ehrenamtlichen Mitarbeiter und V-Leute stützten.

Bei der Auswahl seiner Informanten legte der SD keinen Wert darauf, daß alle sozialen Gruppen repräsentiert waren. Die Spitzel des SD waren weit überwiegend in den leitenden Positionen tätig.[153] Dieses System entsprach wahrscheinlich der Vermutung, daß sich bei den Angehörigen der Funktionseliten die meisten Informationen sammelten und daß sie in der Lage seien, die Relevanz dieser Nachrichten zu bewerten. Dafür, daß diese Eliten selbst das primäre Ziel der Ausforschung durch den SD waren, gibt es jedenfalls keine Hinweise. Da die V-Leute mangels anderer Möglichkeiten gewissermaßen in ihrer Person Repräsentativität zu konstruieren hatten, sollten sie nach dem Kriterium ausgesucht werden, „daß der durch sie erfaßte Teilabschnitt alle Kennzeichen der Gesamtheit aufzuweisen hat, da bei jeder lebensgebietsmäßigen Nachrichtenarbeit der Teil als repräsentativ für das Ganze gewertet werden muß".[154] Die V-Leute waren aufgefordert, in ihrer Familie, im Kreis ihrer Bekannten, in ihren Arbeitsstellen und überall dort, wo Menschen zusammenkamen, wie in Gaststätten und öffentlichen Verkehrsmitteln, die Stimmung der Bevölkerung zu erkunden.[155]

Aufgabe der Lebensgebietsarbeit war die permanente Überwachung aller gesellschaftlichen Bereiche und Institutionen sowie die Beurteilung aller die innere Entwicklung der deutschen Gesellschaft beeinflussenden Faktoren, um der Partei- und Staatsführung ein genaues Situationsbild der Lage zu vermitteln.[156] Nachdem der SD schon zu Beginn der dreißiger Jahre einzelne Analysen über „gegnerische" Bewegungen angefertigt hatte, begann im Februar 1937 die Berichterstattung über die allgemeine Lage mit Halbmonats- und Vierteljahresberichten, die nicht erhalten sind.[157] Am 9. Oktober 1939, also kurz nach Beginn des Krieges, startete der SD die „Berichte zur innenpolitischen Lage", die regelmäßig in Abständen von oft nur zwei bis drei Tagen erstellt wurden. Diese im Durchschnitt 18 bis 20 Seiten umfassenden Berichte wurden am 8. Dezember 1939 in „Meldungen aus dem Reich" umbenannt.

Gegliedert waren die „Meldungen" zunächst in fünf, später in sechs Teile. Der Abschnitt „Kulturelle Gebiete" enthielt regelmäßig kurze Berichte über das Filmwesen, der Abschnitt „Volkstum" verzeichnete unregelmäßig die Wirkungen von staatlichen Maßnahmen, besonders der Propaganda, auf das Verhältnis bestimmter Bevölkerungsgruppen zueinander. Im Mittelpunkt standen hier die Beziehungen der deutschen Bevölkerung zu den ausländischen Arbeitskräften, vor allem zu den „Ostarbeitern". Besonders dicht war die Beobachtung der Aufnahme der Wochenschauen durch die Bevölkerung, die seit Mai 1940 wöchentlich erfolgte. Weniger regelmäßig, aber gegenüber den anderen kulturellen Bereichen doch vergleichsweise häufig, sammelte der SD Informationen zum Spielfilm. Die Berichte über die Resonanz von Spielfilmen geben meist eher zufällige Beobachtungen einzelner V-Leute wieder, die oft schwer zu interpretieren sind. Nur die Aufnahme propagandistisch besonders ambitionierter Filme und Filmreihen war auf Anweisung des RSHA ausnahmsweise von allen SD-Abschnitten zu beobachten.[158] Der zeitliche Schwerpunkt der SD-Berichterstattung über die Resonanz einzelner Propaganda- und Unterhaltungsfilme beim Kinopublikum lag in den Jahren 1940 bis 1943.

Die nahezu unbegrenzte Breite der Themen, die Kontinuität der Berichterstattung, das vergleichsweise dichte Informantennetz und die Nähe zum Polizeiapparat machen die „Meldungen aus dem Reich" zu einer einzigartigen Quelle über das alltägliche Leben im Dritten Reich. Zur Verfügung stand sie nur wichtigen Exponenten der nationalsozialistischen Führung. In diesem engen Kreis schufen die SD-Berichte ein nahezu gleiches Informationsniveau. Die Berichte machten Erfolge und Mißerfolge innerhalb der Führung transparent, wobei sie die Realität oft an einem unerreichbaren NS-Ideal maßen, als dessen Gralshüter sich der SD zur Verärgerung der anderen Parteispitzen verstand. Diese Informationen vermittelten den jeweiligen Konkurrenten der kritisierten Minister und Organisationsleiter einen Einblick in die Arbeit ihrer internen Gegner.

Gerade der Bereich der Propaganda bietet Belege dafür, daß der SD mit den Berichten über das von ihm festgestellte und gewichtete Meinungsspektrum in der deutschen Bevölkerung im Unterschied zu den oben aufgeführten wissenschaftlichen Erhebungen einen spürbaren und nur schwer abweisbaren Handlungsdruck auf das RMVP erzeugte.[159] Umgekehrt versuchte auch Goebbels, auf die SD-Berichterstattung einzuwirken. So hielt er Anfang Februar 1940 einen Vortrag vor Mitarbeitern des SD, über den er in seinem Tagebuch berichtete: „Vor den Reichsprop. Amtsleitern und den Beamten des S.D. gesprochen. Ganze politische Lage umrissen. Dann vor den Beamten des S.D. Über die Wichtigkeit ihrer Tätigkeit im Volke und in der

Erkundung der Volksstimmung."[160] Es sollte sich zeigen, daß diese Einflußversuche erfolglos waren.

Letztlich blieb das Verhältnis von Goebbels zum SD ambivalent. Zwar genoß er jedes in den „Meldungen" vermerkte Lob über seine Propaganda[161]
und informierte den SD öfter über ihm verdächtige Erscheinungen.[162] Wenn
es aber seinen eigenen Kompetenzbereich betraf, verachtete er die Methoden des SD als „richtiges Denunziantenunwesen" und „ekelhafte Spitzel-
arbeit".[163] Daß sich diese Ablehnung gegen die aus dem internen Nachrichtendienst erwachsene Macht und keineswegs gegen die verdeckten Methoden richtete, zeigte sich, als der SD in der Winterkrise 1941/42 die ersten
negativen Stimmungsberichte lieferte und sie teilweise statistisch absicherte.
Goebbels diktierte in sein Tagebuch, daß er von solchen Berichten, „die nach
Art des Gallup-Instituts" erstellt waren, nicht viel halte, „denn sie sind doch
immer mit ziemlicher Willkür vorgenommen".[164]

Bei allem Gewicht, das den „Meldungen aus dem Reich" zukam, und trotz
des partiell erfolgreichen Versuchs, die Lageberichterstattung beim SD zu
monopolisieren, war kaum eine Institution allein auf die vom SD gesammel-
ten Informationen angewiesen. Eine Vielzahl von Parteiorganisationen, zahlreiche Ministerien, einzelne Verwaltungen und die Wehrmacht unternahmen
zumindest zeitweise eigene Anstrengungen, um sich über die Stimmung in
der Bevölkerung zu informieren.[165] Von besonderem Gewicht für den in der
vorliegenden Arbeit behandelten Fragenkomplex sind die von Unterorgani-
sationen des RMVP erstellten Lageberichte.

2. Propagandawirkungserkundung im RMVP

Die politische und inhaltliche Kontrolle und Lenkung der Medien und der
Kultur war im nationalsozialistischen Staat weitgehend, wenn auch im einzelnen nicht unangefochten, im Reichsministerium für Volksaufklärung und Propaganda zentralisiert. Das durch Erlaß des Reichspräsidenten vom 17. März
1933 gegründete, von Anfang an unter der Leitung von Joseph Goebbels stehende RMVP besaß keine Vorgängerinstitution.[166] Es übernahm zwar einige
Kompetenzen anderer Ministerien, so die zuvor beim Reichsministerium des
Innern angesiedelte Zuständigkeit für das Lichtspielwesen, im wesentlichen
stellte es aber eine vollständige Neuschöpfung dar. Seine Aufgabe definierte
die Verordnung vom 30. Juni 1933 mit der Wahrnehmung aller „Aufgaben
der geistigen Einwirkung auf die Nation, der Werbung für Staat, Kultur und

Wirtschaft, der Unterrichtung der in- und ausländischen Öffentlichkeit über sie und die Verwaltung aller diesen Zwecken dienenden Einrichtungen".[167]
Der Apparat des RMVP war nicht und blieb vor allem nicht jenes kleine, hocheffiziente, von wenigen kompetenten und motivierten Mitarbeitern besetzte Instrumentarium, das es nach Goebbels' Willen darstellen sollte.[168] Das Ministerium verzeichnete vielmehr eine ständige Ausdehnung seines Etats und des personellen Apparates. Die Ausgaben des Ministeriums stiegen von 13,5 Millionen Reichsmark 1933 über 46,6 Millionen Reichsmark 1936 auf zirka 84 Millionen Reichsmark 1941 an.[169] Die Zahl der Abteilungen des Ministeriums wuchs von sieben 1933, zehn 1936 auf siebzehn im Jahr 1942.[170] Relativ klein blieb jedoch die für den Film zuständige Abteilung V, später Filmabteilung (F), die in drei bis fünf Referate gegliedert war.[171] 1936 etwa bestand die Abteilung V des RMVP aus den Referaten 1. Filmwesen und Lichtspielgesetz, 2. Filmwirtschaft, 3. Filmwesen im In- und Ausland, 4. Filmwochenschauen und 5. Filmdramaturgie.[172]
Für die Kontrolle der Wirkung der filmischen Propaganda war nicht die Filmabteilung zuständig, sondern das Hauptreferat Propagandaauswertung (Pro PA), das zur Propagandaabteilung des Ministeriums (Pro) gehörte. Die Mitarbeiter der Propagandaauswertung, später Propagandaerkundung, hielten die Verbindung zum SD-Hauptamt und werteten die SD-Berichte aus. Ihre Hauptaufgabe bestand in der Analyse aller eingehenden Berichte über die Stimmung in der Bevölkerung und über Probleme im öffentlichen Leben. Hier wurden die propagandistischen Maßnahmen überwacht und neue Kampagnen vorgeschlagen. Nicht zuletzt erarbeiteten die Mitarbeiter dieser Abteilung einen wöchentlichen Bericht zur Beurteilung der öffentlichen Meinung im Reich, der dem Minister vorgelegt wurde. Hierfür bildeten die vom SD gelieferten Informationen, denen Goebbels immer mißtraute,[173] eine wichtige, aber keineswegs die einzige Quelle. Im September 1944 enthielten diese wöchentlichen Tätigkeitsberichte eine Zusammenfassung der einzelnen Berichte der Reichspropagandaämter und der Gaupropagandaleitungen sowie die Auswertung der Rednerberichte und der SD-Berichte.[174]

3. Berichterstattung der Reichspropagandaämter

In der Propagandaabteilung des Ministeriums liefen die Nachrichten aus den regionalen, in jedem Gau eingerichteten Landesstellen des Reichsministeriums für Volksaufklärung und Propaganda zusammen. Die Landesstellen

waren als der organisatorische Unterbau des RMVP am 11. Juli 1933 eingerichtet worden; das regionale Gliederungsprinzip folgte dem der Landesarbeitsämter. Die personelle Ausstattung der Landesstellen war anfangs sehr
schwach; sie bestand zunächst aus jeweils einem Referenten für Presse und
Funk, einem Verwaltungsbeamten und einer geringen Zahl von Bürokräften.
Zu Leitern der Landesstellen wurden in Personalunion die Gaupropagandaleiter der NSDAP ernannt. Die Landesstellen erhielten eine direkte Fern-
schreibverbindung zum Ministerium, wo sich die Leiter allmonatlich ein-
zufinden hatten, um direkte Anweisungen von Goebbels zu erhalten.[175] Umgekehrt lieferten die Landesstellen dem Ministerium regelmäßige Arbeits-
berichte, Informationen über Einzelaktionen und Berichte über Lage und
Stimmung in der Bevölkerung.[176] Am 9. September 1937 erhielten die Landesstellen durch Führererlaß die Bezeichnung „Reichspropagandaämter"
und damit den Status von Reichsbehörden.[177] Die Zahl ihrer hauptamtlichen
Mitarbeiter wuchs bis 1941 auf fast 1400 an.[178] Goebbels' Tagebücher weisen
aus, daß die Berichte der Reichspropagandaämter neben den „Meldungen
aus dem Reich" des SD die wichtigste Informationsquelle des Propagandaministers über die Stimmung in der Bevölkerung bildeten.[179]

Ihr tatsächlicher Erkenntniswert war aber wohl eher geringer als der der
SD-Berichte. Denn die Reichspropagandaämter verfolgten nicht den elitären
Anspruch des SD, unabhängig von der normalen Staatsverwaltung und den
Parteistrukturen nach nationalsozialistischen Kriterien zu urteilen. Ihre Lei-
ter waren in die Dienststruktur des RMVP eingebunden und wollten wissen,
„ob das, was sie schreiben, das ist, was [das RMVP] ... lesen" wolle.[180] Das
RMVP verabsäumte keineswegs, deutlich darauf hinzuweisen, daß Kritik an
der Arbeit des Ministeriums oder gar an Goebbels selbst unerwünscht war.
So wurde nach der Niederlage in Stalingrad und der Sportpalastrede von
Goebbels im Februar 1943 in einem Fernschreiben an die Reichspropagandaämter gerügt, daß die Tätigkeitsberichte zu stark auf die „schlechte Stimmung gewisser Kreise" eingegangen seien. Die Meldung, daß in Leipzig die
Reaktion von „Schülerinnen der höheren Lehranstalten auf diese Rede ablehnend gewesen sei", habe „höchstens den Kreisleiter zu interessieren, der
nach bewährtem Berliner Muster diese Mädchen übers Knie legen und ihnen
den Hintern verhauen lassen wird. Die Zentralstellen des Reichs interessiert
höchstens die Vollzugsmeldung."[181]

4. Berichterstattung der Gaufilmstellen

Die Filmpropaganda der Partei bekam am 31. Mai 1934 eine dauerhafte organisatorische Struktur. Mit diesem Datum übernahmen 32 Gaufilmstellen
die Aufgaben der bisherigen acht Landesfilmstellen.[182] Die Filmreferenten
der Landesstellen und späteren Reichspropagandaämter arbeiteten zunächst
ehrenamtlich. Ihre praktische Aufgabe bestand vor allem in der Organisation
der Filmvorführungen auf dem Land, wo die Dörfer ohne feste Kinos von mobilen Vorführeinrichtungen, den sogenannten Filmwagen, aufgesucht wurden.[183] Wohl gerade um die zunächst ohne Vergütung tätigen Filmreferenten
zu motivieren, belegte Goebbels ihre Arbeit mit einer besonderen Bedeutung: „Der Kreisfilmwart ist der eigentliche Träger der Propagandatätigkeit.
Er bildet den organisatorischen Mittelpunkt in seinem Fachgebiet, indem
er die Verbindung mit den Lichtspieltheatern und den Filmorganisationen
aufrechterhält. Die Zahl der Gau-, Kreis- und Ortsgruppenfilmwarte beträgt
zur Zeit etwa 5000. Es werden monatlich durchschnittlich 6000 Veranstaltungen durchgeführt, durch die etwa 1,5 Millionen Menschen erfaßt werden."[184] Trotz einer beständigen Ausdehnung[185] blieb die Reichweite der
Parteifilmarbeit auch im ländlichen Raum beschränkt und wurde niemals zu
einer echten Konkurrenz für die kommerziellen Kinos.

Schon früh war die NSDAP daran interessiert, die Wirkung ihrer Filmarbeit zu kontrollieren. Das primäre Ziel, eine Übersicht über die örtlich erzielten Einnahmen zu erhalten und den Filmverleih gewinnbringend für die
Partei zu gestalten, ließ sich über eine einfache Zählung der Besucher erreichen. Lokale Parteiführer nutzten die Veranstaltungen zudem, um die Aktivität und die Verläßlichkeit der Mitglieder zu überprüfen. In der Zeit direkt
nach der „Machtergreifung" disziplinierten örtliche Gliederungen der
NSDAP die Parteimitglieder mit einem System von Kontrollkarten, auf denen
die Teilnahme an Parteiveranstaltungen und damit auch an den Filmabenden
vermerkt wurde. Der Zwangscharakter dieses Verfahrens drohte nach der
Machtübernahme, den propagandistischen Erfolg der an die gesamte Bevölkerung gerichteten Filmarbeit zu beeinträchtigen. Aus diesem Grund verbot Rudolf Heß als Stellvertreter des Führers 1934 die Führung der Kontrollkarten.[186]

Zumindest einige Gaufilmstellen versuchten, eine Wirkungskontrolle ihrer Veranstaltungen aufzubauen. Die örtlichen Filmstellen wurden aufgefordert, für jede Filmveranstaltung einen in roter Farbe gehaltenen Berichtszettel mit Angaben über die Einwohnerzahl in dem Ort der Vorführung, die

Zahl der dortigen Parteimitglieder, den gezeigten Film und die Besucherzahl, differenziert nach Erwachsenen, Erwerbslosen und Kindern, auszufüllen und zusammen mit der Abrechnung an die Gaufilmstelle zu senden.[187] Den meisten Raum auf diesen Blättern sollte die Beantwortung der Frage nach der Resonanz einnehmen.

Allerdings scheint diese Aufgabe viele Filmstellenleiter überfordert zu haben. 1936 kritisierte das Nachrichten- und Schulungsblatt der Gaufilmstelle Merseburg „Film und Bild": „,Wie gefielen die Filme?' Da liest man: ,Sehr gut', ,gut' und ,befriedigend' – ei, das ist wohl eine Erinnerung aus der Schulzeit, wenn man die ganze Skala der Noten benutzt, die man einst auf seinem Zeugnis erhielt oder wünschte. Wir von der Gaufilmstelle sind aber schrecklich neugierig. Wir wollen mehr wissen. Wir wollen erfahren, wie der Film von den Volksgenossen aufgenommen worden ist, welchen Eindruck er auf sie gemacht hat, ob sie den Gedanken, wegen dessen wir den Film eingesetzt haben, erfaßt haben."[188] Die Anweisungen, auf welche Weise die Reaktionen des Publikums erfaßt werden sollten, blieben jedoch unkonkret. „Der Filmstellenleiter muß die Besucher nach der Veranstaltung beobachten, er muß auch diesen und jenen einmal ausfragen. Dann wird er nicht in Verlegenheit sein, was er auf den Berichtszettel zu schreiben hat."[189]

5. Briefe aus der Bevölkerung

Neben den „Meldungen aus dem Reich" und den Berichten der Reichspropagandaämter bildeten Briefe der Bevölkerung an die Dienststellen des RMVP und ihm untergeordnete Institutionen für Goebbels das dritte Instrument, durch das er sich regelmäßig über die Stimmung in der Bevölkerung informierte. Bisher ist von der Forschung weitgehend unbeachtet geblieben, daß sich die deutsche Bevölkerung während der nationalsozialistischen Herrschaft mit einer enormen Flut von Briefen, Eingaben, Dankadressen, aber auch mit Kritik an die Regimeführung wandte. Der zentrale Adressat der schriftlichen Äußerungen war Hitler selbst. Welchen Umfang die an Hitler gerichtete Post annahm, verdeutlicht ein Artikel, der 1941 in der Zeitschrift „Die deutsche Volkswirtschaft" erschien. Allein in der „Kanzlei des Führers der NSDAP" wurden von 1937 bis 1940 pro Jahr zwischen 229 101 und 294 568 Posteingänge registriert. „Eine erfreuliche Tatsache ist es, daß die Volksgenossen die Kanzlei des Führers als eine Art ,Freistatt' betrachten, in der sie dem Führer all ihre Not und Sorgen zum Ausdruck bringen, frei und unbeschwert von irgendwelchen bürokratischen und sonstigen Hemmungen."[190]

Einzelne Kinogänger wandten sich immer wieder aktiv an das RMVP oder andere Dienststellen, um ihre Meinung zum Filmprogramm auszudrücken. Ob die hier geäußerte Kritik Folgen für die propagandistische Arbeit hatte, ist jedoch ungewiß. Die Schreiben der Bevölkerung, von denen sich Goebbels regelmäßig eine Auswahl vorlegen ließ, dienten ihm in Krisenzeiten im wesentlichen zur Bestätigung seiner verfolgten Politik. Mit besonders großem Interesse las Goebbels die Briefe, die aus der Bevölkerung an den Rundfunk geschrieben wurden. Er hielt diese Schreiben für „einen guten Querschnitt durch die Stimmung des deutschen Volkes".[191] Als die Niederlage in Stalingrad Ende Januar 1943 zur Gewißheit wurde, diktierte er befriedigt in sein Tagebuch, daß aus der Briefübersicht „ein einstimmiger Schrei des ganzen Volkes nach dem totalen Krieg zu vernehmen" sei.[192] Im April 1944 vermerkte er: „Meine persönliche Arbeit findet in allen Briefeingängen eine außerordentlich positive Wertung."[193] Wenn die Tendenz der eingehenden Briefe seinen Überzeugungen nicht entsprach, zögerte Goebbels jedoch nicht, die Briefflut zu unterbinden. Als er im Mai 1941 entschieden hatte, mehr Unterhaltungsmusik im Abendprogramm des Rundfunks spielen zu lassen, wandten sich zahlreiche Briefeschreiber gegen diese Änderung der Programmpolitik. Daraufhin verlangte der Propagandaminister ein Rundschreiben an die Reichspropagandaämter, die Partei und ihre Gliederungen, in dem es heißen sollte, man wisse, „daß es eine Reihe von Miesmachern gebe, die das nicht vertragen können, sondern meinen, daß man den Krieg in Sack und Asche besser überstehen würde als mit Heiterkeit, Frohsinn und innerer Ausgeglichenheit. Wir wissen auch, daß gerade diese fleißiger schreiben als diejenigen, die nach Heiterkeit verlangen. ... Wir bitten, solche Briefe nicht mehr weiterzugeben, sie können uns nicht von unserem Beschluß, diese Neuerung durchzuführen, abbringen."[194]

6. Der „Publikus"

Das RMVP verfügte mit den „Meldungen" des SD, den Berichten der Reichspropagandaämter und Gaufilmstellen sowie den Briefen aus der Bevölkerung über differenzierte Sensoren, die mehr oder minder gut zur Ermittlung der Wirkung von Filmen taugten. Aufgrund dieser Quellen glaubte Goebbels zu jeder Zeit die Unterhaltungs- und Informationsbedürfnisse der Bevölkerung präzise einschätzen zu können. Auch über das allen Berichten gemeinsame Problem, die Überbetonung derjenigen Meinungen, die eine Radikalisierung der Filmpolitik im nationalsozialistischen Sinn forderten, war er sich durchaus im klaren. Die Informationsdefizite bedeuteten jedoch keinen Nachteil für seine Stellung im Machtapparat. Da ihm die Funktion einer Korrekturinstanz zukam, stärkte die Schwäche der Meinungsforschung im Gegenteil Goebbels' Position. Die Fähigkeit, das Wissen um die Bedürfnisse vor allem des Durchschnittsbürgers in die praktische Propagandapolitik umzusetzen, billigte der Propagandaminister letztlich nur sich zu. Keiner seiner Mitarbeiter konnte dauerhaft dem Anspruch genügen, einen Resonanzkörper für die Wünsche des Volkes zu bilden. „Diese Leute stehen meist dem Volke fern und wissen nicht, was dem kleinen Mann von der Straße fehlt und was er am dringendsten nötig hat," diktierte Goebbels, bezogen auf die Funktionäre des Rundfunks, aber durchaus auch auf den Filmbereich übertragbar, im Februar 1942 in sein Tagebuch.[195] Tatsächlich läßt sich anders als im Fall der SD-Berichte bei der Filmwirkungskontrolle, die das RMVP selbst durchführte, nicht feststellen, ob sie wiederum Rückwirkungen auf die Produktions- und Kinopolitik des Ministeriums hatte. Da es den Fachleuten an Instinkt und an der Gabe zur Einfühlung in das Denken des Volkes mangele, müßte die Programmgestaltung idealerweise von einem „gehobenen Publikus" übernommen werden. „Eine Art Idealhörer wäre hier die richtige Besetzung. Aber wo suchen und finden!"[196]

Letztlich war Goebbels selbst dieser Publikus. Die Tagebücher bieten starke Hinweise dafür, daß sich Goebbels bei der Beurteilung von Filmprojekten und von fertiggestellten Filmen im wesentlichen auf seinen eigenen Geschmack verlassen hat. Voller Stolz berichtete er immer wieder, daß sich seine Vorhersagen über den Erfolg einzelner Filme oft an den Kinokassen bestätigten.[197] Im direkten Kontakt mit dem Publikum ließ er sich zwar durchaus von dessen Reaktionen beeindrucken,[198] aber wohl nur dann, wenn sie mit seiner eigenen, vorgefaßten Meinung übereinstimmten. So notierte er am 16. März 1937 nach der Premierenvorstellung der Ufa-Produktion „Der Herrscher" in seinem Tagebuch: „Ein unbeschreiblicher Erfolg. Das Publikum wird nicht müde zu klatschen. Alle meine Vorhersagen haben sich bestätigt. Ich bin sehr glücklich darüber."[199] Im Fall der Verfilmung des Theaterstücks „Der zerbrochene Krug", die Goebbels für mißlungen hielt,[200] interpretierte er die Reaktionen des Premierenpublikums entsprechend seinem Vorurteil als negativ: „Abend Ufa-Palast Uraufführung ‚Zerbrochener Krug'. Ich gehe Jannings zuliebe hin, der sonst schwermütig wird. Und wegen Funk und

Winkler, die an das Geschäft denken. Eine große Premiere! Aber der Film wird trotz anfänglicher großer Bereitschaft des Publikums wie zu erwarten ausgesprochen flau aufgenommen."[201]

Das Fehlen einer Publikumsforschung erwies sich keineswegs als allein vorteilhaft für das RMVP. Zwar konnte sich keine mit einer eigenen Autorität ausgestattete Instanz ausbilden, damit fehlte aber auch ein Gewicht, dessen sich Goebbels hätte bedienen können, um seine oft von pragmatischen Erwägungen geleitete Filmpolitik gegen die Einflußversuche konkurrierender Institutionen abzusichern. Sein Ministerium blieb das Ziel regelmäßiger Interventionsversuche einzelner Machtträger in Partei, Staat und Wehrmacht. Rudolf Heß lehnte den auch von Goebbels kritisierten Jugendfilm „Kopf hoch, Johannes",[202] aber auch die vom Propagandaminister gelobte Komödie „Der Gasmann" ab,[203] Martin Bormann wandte sich gegen den Film „Über alles in der Welt",[204] Vertreter der Wehrmacht empfanden „Bismarck" als „zu preußisch" und verlangten entsprechende Änderungen.[205] Als der antisemitische Film „Die Rothschilds" bei Voraufführungen in der Parteiführung auf ganz unterschiedliche Reaktionen stieß – Göring gefiel er, Heß nicht –,[206] entschied sich Goebbels, ihn „einmal vor dem richtigen Volk und vor der Partei vorführen zu lassen".[207] Bei großen Propagandaproduktionen dienten die Mitarbeiter des RMVP regelmäßig als Testpublikum. So schaute sich Goebbels „Jud Süß" zunächst allein und dann im Kreis seiner engeren Mitarbeiter an.[208] Diese Voraufführungen fanden bis in die Endphase des Krieges statt. Aus dem einzigen erhaltenen Bericht läßt sich entnehmen, daß die Besuchermeinungen nicht mit Fragebögen oder anderen systematisierten Erhebungsverfahren ermittelt wurden. Der Berichterstatter zeichnete vielmehr einzelne Kommentare auf, vermerkte eventuelles Gelächter und verließ sich im übrigen auf sein eigenes Urteil.[209] Dieses Verfahren konnte den Propagandaminister in seinem Urteil bestätigen, als Mittel in der kulturpolitischen Auseinandersetzung war es ungeeignet.

Zweites Kapitel

Struktur des Kinopublikums in den dreißiger Jahren

Der Kinobesuch war bereits Jahrzehnte vor der Machtübernahme durch die NSDAP zu einem festen Bestandteil des Alltagslebens der deutschen Bevölkerung geworden. Das Publikum hatte seine Gewohnheiten ausgeprägt sowie unterschiedliche Vorlieben und Abneigungen entwickelt, die von Kinobetreibern und Filmproduzenten bedient werden mußten, wenn sie sich am Markt behaupten wollten. Schon vor dem Ersten Weltkrieg war der Film gesellschaftlich anerkannt, er hatte sich vom Geruch eines primitiven Vergnügens für kulturell anspruchslose, sensationslüsterne Unterschichten befreit, neben Vorstadtkinos waren prunkvoll ausgestattete Theater für ein bürgerliches Publikum in den Innenstädten entstanden.[1] Weil die Eintrittsgelder vergleichsweise niedrig waren und jeder ohne besondere Vorbereitung ins Kino gehen konnte, war der Film trotz der Niveauunterschiede zwischen den Theatern zu einem klassenübergreifenden Unterhaltungsmedium geworden. Wie gefestigt diese Position war, mußte sich erweisen, als das Kino zunächst durch die Weltwirtschaftskrise und nach dem 30. Januar 1933 durch die Veranstaltungskonkurrenz der NSDAP herausgefordert wurde.

I. Wirtschaftliche Rahmenbedingungen für den Kinobesuch zur Zeit der „Machtergreifung"

1. Filmwirtschaft und Publikum in der Weltwirtschaftskrise

Zum Testfall für die Verankerung des Filmkonsums im alltäglichen Leben der deutschen Bevölkerung sollten die Jahre nach 1929 werden. Der Kinobesuch als erschwingliches Freizeitvergnügen für nahezu jedermann wurde durch die Weltwirtschaftskrise zum ersten Mal massiv in Frage gestellt. In den vier Jahren zwischen 1928 und 1932 sanken die Besucherzahlen um etwa ein Drittel von 353 Millionen auf nur noch 238 Millionen.[2] Der Rückgang entsprach ziemlich genau dem Einkommensverlust, den die überwiegende Mehrheit der Bevölkerung seit 1929 zu erleiden hatte. Auch die nominalen

Nettowochenverdienste in der deutschen Industrie waren von durchschnittlichen 38,60 Reichsmark 1929 um ein Drittel auf 25,70 Reichsmark 1932 eingebrochen.[3] Dieser Befund spricht für eine anhaltende Attraktivität des Kinos, denn in einer Phase drastisch sinkender Einkommen kann nicht erwartet werden, daß die Ausgaben für alle Lebensbereiche gleichmäßig sinken. An Lebensmitteln, Mieten, den Kosten für Heizung, Strom und Nahverkehr konnten die Verbraucher nur wenig einsparen. Vergleichsweise frei disponibel waren hingegen die Ausgaben für die Freizeit. Es hätte sich also erwarten lassen, daß die Ausgaben für die Freizeitgestaltung weit überdurchschnittlich sinken. Tatsächlich errechnete Leonard Achner 1931 bei einer angenommenen Lohnsenkung von 17 Prozent eine Ausgabenkürzung von 11,6 Prozent bei Nahrungs- und Genußmitteln, 14,2 Prozent bei Wohnungsmieten, aber 34,3 Prozent bei den Aufwendungen für Vergnügungen.[4] Zusammen mit den Besucherzahlen sanken auch die Bruttoeinnahmen der Filmtheater; daß der Einnahmerückgang etwas größer war, deutet auf entsprechend gesunkene Eintrittspreise hin (vgl. Tabelle 1). Die Tatsache, daß der Besucherrückgang in den Kinos im Gleichschritt mit den Einkommensverlusten der Beschäftigten verlief, bedeutete, daß der durch materielle Not erzwungene Kinoverzicht der Erwerbslosen und Kurzarbeiter offenbar durch den anhaltenden Besucherstrom der Erwerbstätigen ausgeglichen wurde.

Angesichts der Höhe von Erwerbslosigkeit, Kurzarbeit und Einkommensverlusten kann die Tatsache, daß die Zahl der Theaterbesuche und ebenso

TABELLE 1

Besucherzahlen und Bruttoeinnahmen der Kinos 1928–1932

	Besucherzahlen (in 1000)	Index (1928 = 100)	Bruttoeinnahmen (in 1000 RM)	Index (1928 = 100)
1928	352 533	100,00	274 976	100,00
1929	328 328	93,13	272 512	99,10
1930	290 357	82,36	243 900	88,70
1931	273 113	77,47	196 642	71,51
1932	238 400	67,62	176 400	64,15

Quelle: Besucherzahlen und Bruttoeinnahmen nach: Jürgen Spiker, Film und Kapital. Der Weg der deutschen Filmwirtschaft zum nationalsozialistischen Einheitskonzern (= Zur politischen Ökonomie des NS-Films, Bd. 2), Berlin 1975, S. 55, Tab. 6.

die für sie verwendeten Ausgaben nur um etwa ein Drittel zurückgingen, insgesamt noch als Erfolg für die Kinobranche gewertet werden. Der Filmbesuch war zu Beginn der dreißiger Jahre für viele schon zu einem unverzichtbaren Bestandteil des Lebens geworden.

Ein großer Teil der Bevölkerung, die Erwerbslosen, Kurzarbeiter sowie die von Lohnkürzungen oft hart getroffenen Arbeiter und ihre Familien, konnte sich jedoch das Kino nicht mehr leisten. Von dem allgemeinen Einkommensrückgang waren die Erwerbstätigen in einem sehr unterschiedlichen Ausmaß betroffen. Bei den Arbeitern sanken die jährlichen Realeinkommen, bezogen auf einen Index von 100 im Jahr 1929, auf 62,4 1932, die Gehälter der Angestellten auf 85,3 und der Beamten auf 98,8.[5] Um vieles dramatischer stellte sich die Einkommenssituation der Kurzarbeiter, deren Anteil zur Jahreswende 1932/33 etwa 20 Prozent der Erwerbstätigen betrug, und besonders der Erwerbslosen dar, deren Zahl zu diesem Zeitpunkt einschließlich der verdeckten Arbeitslosen 7,7 Millionen betrug.[6] Bei diesen Gruppen reichten die verbleibenden Einkünfte kaum mehr zur Aufrechterhaltung der Subsistenz.

Trotzdem berichten die Quellen nicht über einen Prozeß der sozialen Segregation bei den zuvor für alle in nahezu gleicher Weise zugänglichen Unterhaltungsstätten. Ein Grund hierfür ist in den von den Theaterbesitzern und -pächtern im eigenen Interesse unternommenen Bemühungen zu suchen, den Besucherrückgang durch eine Senkung der Eintrittspreise zu stoppen. Kosteten die Kinokarten in den Erstaufführungstheatern 1928 noch 1,50 bis 3,50 Reichsmark, verlangten die Kinobesitzer 1932 oft nur 70 Pfennig bis 1,50 Reichsmark. Wesentlich billiger waren die Vorstadtkinos, wo die Eintrittspreise 1932 zumeist um 50 Pfennig betrugen; Jugendliche und Erwerbslose zahlten in der Regel weniger. Die Theaterbesitzer ermäßigten den Eintrittspreis für Erwerbslose im Durchschnitt um ein Drittel oder 20 Pfennig.[7] Der Durchschnittserlös pro Eintrittskarte betrug 1932 und 1933 nur 64 bis 80 Pfennig.[8] 42 Prozent der Kinobesucher erwarben 1933 Karten, die höchstens 55 Pfennig kosteten.[9] Das Institut für Konjunkturforschung stellte fest, daß die Bruttoeinnahmen der Kinos in 28 ausgewählten Städten im Januar 1933 um 19 Prozent unter denen des Januars 1932 lagen; die Besuchszahlen waren nur 12 Prozent niedriger.[10]

Die Preissenkungen lösten unter den Kinos einen bedrohlichen Verdrängungswettbewerb aus. Trotz flammender Appelle vermochten es die Zentralorganisationen der Filmwirtschaft nicht, die meist mittelständischen Theaterbesitzer zu einem freiwilligen Konkurrenzverzicht und zur Durchsetzung eines gemeinsamen Preismonopols zu bewegen.[11] Der Verbandsfunktionär

Leopold Kölsch mahnte 1933: „Diejenigen [Kinobesitzer – G. St.], die immer noch glauben, durch Preisunterbietungen, Doppelprogramme, Vorzugskarten, wilde Reklame und sonstige Machenschaften ihre Geschäfte aufrechtzuerhalten oder gar fördern zu können, werden mehr und mehr einsehen, daß dieses Geschäftsgebahren Selbstmord bedeutet."[12] Vom Besucher- und Einnahmerückgang waren die Kinos in den Kleinstädten besonders stark betroffen.[13] Ein Konzentrationsprozeß im Kinogewerbe war die Folge. Die Gesamtzahl der Filmtheater sank von 5267 im Jahr 1928 auf 4735 1935.[14] Die Zahl der Kinos unter 600 Plätzen ging zwischen 1930 und 1933 von 4413 auf 4227 zurück, die der größeren Theater stieg leicht von 646 auf 658.[15]

Für das Kinogewerbe stellte sich die Situation dramatisch dar. Im Jahr 1932 erreichte die wirtschaftliche Lage der Kinobesitzer – auch infolge des heißen Sommers und einer Grippeepidemie[16] – einen Tiefpunkt, der ihre Interessenvertreter zu biblischen Vergleichen greifen ließ. Der Geschäftsführer eines südwestdeutschen Landesverbandes der Lichtspieltheaterbesitzer schrieb zur Jahreswende 1932/33: „Es scheint beinahe so, als sei das Jüngste Gericht über die gesamte deutsche Filmwirtschaft im Laufe der letzten Wochen hereingebrochen. Es knistert und kracht an allen Enden, und zahlreiche Zusammenbrüche haben im größten Maße in den letzten Wochen die gesamte Filmwirtschaft bedroht."[17] Der Rückgang der Besucherzahlen traf die Theaterbesitzer besonders hart, weil die 1929 beginnende Umstellung auf den Tonfilm in den Kinos beträchtliche Investitionen notwendig gemacht hatte. Die Kosten für die Tonfilmeinrichtungen betrugen 1930 bei Kinos mit weniger als 500 Plätzen 20 000 Reichsmark und erreichten in großen Theatern etwa 60 000 bis 70 000 Reichsmark.[18]

Zusammenfassend läßt sich die Situation des Kinos vor der Machtübernahme durch die Nationalsozialisten folgendermaßen skizzieren: Die Weltwirtschaftkrise hatte den technischen Modernisierungsprozeß im Kinogewerbe, der die großen Innenstadttheater begünstigte, beschleunigt. Die leichte Konzentrationsbewegung verschlechterte zwar tendenziell den Zugang für diejenigen, die in den Vorstädten und auf dem Land wohnten, blieb aber in ihren konkreten Auswirkungen sehr beschränkt. Eine ernstere Bedrohung bestand darin, daß sich die von der grassierenden Erwerbslosigkeit und Unterbeschäftigung betroffenen Teile der Bevölkerung den Kinobesuch überhaupt nicht mehr leisten konnten. Die Mehrheit, die vergleichsweise geringe Einkommenseinbußen erlitt, reduzierte die Zahl ihrer Kinogänge nur geringfügig. Das Kino baute damit seine Position im Konzert der Vergnügungsmöglichkeiten weiter aus. Dennoch bedrohte die Erosion der Besucherzahlen die ihm von den NS-Strategen zugedachte Rolle als kontinuierlich einsetzbares und massenwirksames Propagandainstrument. Die ärmeren Schichten und die Landbevölkerung wurden von dem Medium weniger denn je erreicht.

2. Steuerungsmaßnahmen des RMVP

In den ersten Monaten nach der Ernennung Adolf Hitlers zum Reichskanzler am 30. Januar 1933 veränderten sich die ökonomischen Rahmenbedingungen für die Kinobetriebe kaum. Die Versuche der Theaterbesitzer, ihre wirtschaftlichen Interessen bei der neuen Regierung geltend zu machen, gingen weitgehend in internen Auseinandersetzungen innerhalb ihrer Zentralorganisation, des Reichsverbandes deutscher Lichtspieltheaterbesitzer, unter. Eine Gruppe nationalsozialistischer Kinobesitzer um Adolf Engl und Oswald Johnsen unternahm den Versuch, die Leitung des Verbandes gegen den bisherigen Vorstand zu übernehmen; dies sollte jedoch erst nach der Gründung des RMVP gelingen.[19] Solange die Kompetenzen für den Filmbereich noch zwischen dem Reichsministerium des Innern und dem Reichswirtschaftsministerium geteilt waren, fehlte der Lobbyarbeit ein entscheidungsfähiger Adressat, was ihren Erfolg stärker behinderte als die Streitigkeiten innerhalb des Reichsverbandes und zwischen diesem und der von Industrievertretern, besonders der Ufa, beherrschten Spitzenorganisation der Deutschen Filmwirtschaft (Spio).[20]

Eine Lösung der Frage, auf welche Weise das Streben der Theaterbetreiber nach einer wirtschaftlichen Sanierung ihrer Unternehmen mit dem Interesse des Regimes an einem funktionstüchtigen und möglichst breitenwirksamen Propagandainstrument in Übereinstimmung zu bringen war, zeichnete sich erst mit der Gründung des Reichsministeriums für Volksaufklärung und Propaganda am 13. März 1933 ab. Schon rasch zeigte sich, daß dem Ministerium die ökonomische Konsolidierung des Kinogewerbes wichtiger war als eine finanzielle Entlastung des Publikums. Das RMVP nutzte seine formellen und informellen Kompetenzen keineswegs zu einer Senkung der Kinoeintrittspreise für die ärmeren Kreise der Bevölkerung. Im Gegenteil: der Arbeitsgemeinschaft der Filmverleiher Deutschlands e. V. (ADF) und dem Reichsverband Deutscher Lichtspieltheater e. V. gelang es nun, ihren gemeinsamen Beschluß zur Einführung von Mindestpreisen zu einer staatlichen Verordnung erheben zu lassen, die von der Reichsfilmkammer am 12. August 1933 in Kraft gesetzt wurde. Nachdem die tiefe Krise das Vertrauen in das Wirken der Selbstregulierungskräfte des Marktes zerstört hatte, war die Forderung, der Staat solle das Sanierungsproblem des Kinogewerbes lösen, nur folgerichtig. Um „der zur Katastrophe führenden Preisschleuderei vieler Kinotheater" ein Ende zu bereiten,[21] durften von nun an Billetts nicht weniger als 40 Pfennig kosten, und dieser Mindestpreis war auf ein Drittel der Theaterplätze beschränkt. Jugendliche hatten zumindest 50 Prozent des geringsten Preises zu entrichten, Erwerbslosen wurde nur noch eine Ermäßigung von 10 bis 20 Pfennig eingeräumt. Selbst die Rabatte für die uniformierten Formationen der NSDAP und für Soldaten wurden nahezu beseitigt. Den Angehörigen der Reichswehr, der Reichsmarine, von SS, SA und Stahlhelm blieb die bescheidene Vergünstigung, daß sie zusammen mit einer Begleitperson auf den Sitzen der nächsthöheren Kategorie Platz nehmen durften, wenn sie sich in Uniform befanden.[22] Indem das Regime die Preisdifferenzierungen wieder rückgängig machte, die sich in der Weltwirtschaftskrise marktwirtschaftlich ausgeprägt hatten, knüpfte es an die Traditionen der sozialprotektionistischen Mittelstandspolitik an, die sich schon im deutschen Kaiserreich herausgebildet hatte.[23] Die tendenzielle Einebnung der Preisunterschiede erfolgte auf Kosten ärmerer Besucherschichten. Ihre günstigen Folgen für die Kinobetriebe blieben aber begrenzt, denn die leichten Preissteigerungen vollzogen sich zu einem Zeitpunkt, als die Kartenpreise allgemein ein extrem niedriges Niveau erreicht hatten.

Auch bei der äußeren Programmgestaltung setzte das RMVP zugunsten der Theaterbesitzer und -pächter administrativ Nivellierungen durch. Zum 15. September 1933 wurde die Vorführung von zwei Hauptfilmen in einem Programm, das „Zweischlagersystem", untersagt.[24] Mit der Ballung mehrerer Spielfilme hatten vor allem große Häuser versucht, Zuschauer anzulocken. Die Höchstlänge der gezeigten Filme durfte nun 3200 Meter für den Hauptfilm und 300 Meter für die Wochenschau nicht überschreiten, wodurch das Programm nicht mehr länger als 2 Stunden und 7 Minuten dauerte.[25] Diese Regelung hatte beträchtliche Rückwirkungen auf die Filmproduktion. Kurze Spielfilme waren nicht mehr gefragt; hingegen stieg die Länge der aus Wochenschau und Kulturfilm bestehenden Beiprogramme auf etwa 600 Meter.[26] Zielten die Preisregelungen darauf, die Einnahmen der Theater zu erhöhen, entlasteten die Programmeingriffe die Kinobesitzer bei den Verleihkosten.

Schließlich überließ man auch die Eröffnung neuer Filmtheater nicht mehr den Kräften des Marktes. Am 5. September 1934 erließ das RMVP eine bis zum 31. März 1935 befristete „Kino-Bausperre", die aber Ausnahmen durchaus zuließ. Zwar war die Inbetriebnahme neuer bzw. die Wiedereröffnung nicht nur vorübergehend geschlossener Filmtheater untersagt, grundsätzlich möglich blieb sie aber in Neubaugebieten sowie „in solchen Orten, wo die vorhandenen Theater, ihrer Aufmachung, Führung oder Sitzplatzzahl nach, zur Befriedigung des Bedürfnisses der Bevölkerung nach einer der deutschen Filmkunst würdigen Kunststätte nicht genügen".[27] Tendenziell stellte das neue Regime die Interessen der etablierten Kinobetreiber mit dieser Maßnahme über das Ziel, der Bevölkerung flächendeckend den Filmkonsum zu ermöglichen.

3. Die NSDAP und das Kino als Rivalen um die Gunst des Publikums

Sowohl die Filmindustrie als auch die nationalsozialistische Propaganda machten nicht allein die schwere ökonomische Krise oder ein verfehltes Angebot für den Rückgang der Besucherzahlen in den Filmtheatern verantwortlich, sondern zudem den Aufstieg der NSDAP zu einer Massenbewegung. Die Formationen der NSDAP, ihre Aufmärsche und ihre Kundgebungen usurpierten die Aufmerksamkeit der Bevölkerung in einem Maß, das sich spürbar auf die Kinos und Theater auswirkte. Die Krise der Unterhaltungsindustrie zu Beginn der dreißiger Jahre war nach nationalsozialistischer Interpretation eine Folge des inhaltlichen Versagens der Branche, die sich aus einem bestimmten Marktsegment zurückgezogen habe, das nun von der Partei besetzt werde. Goebbels „erklärte" den Mechanismus 1933 in einer Rede in den Berliner Tennishallen: „Während die Kunst sich immer mehr vom Volk entfernte, ist die deutsche Politik, wie wir sie betrieben, immer tiefer in das Volk hineingegangen, und je leerer die Theater wurden, desto voller wurden die Versammlungssäle, und zwar nicht aus dem einen Grunde, weil wir eine raffiniertere Methode der Beeinflussung anwandten, sondern weil dem Volk das, was es bewegt, seine Sorgen, seine Qualen, seine Nöte, nicht mehr im Theater gezeigt wurde, sondern in den Versammlungssälen."[28] Nach ihrem eigenen Verständnis bildete die NSDAP einen neuen Anbieter auf dem Markt der Massenunterhaltung, der mit seinen Inszenierungen und vor allem durch die Organisation seines „Publikums" mit den traditionellen Veranstaltern erfolgreich um das Zeit- und Geldbudget der Bevölkerung konkurrierte.

Die Filmstatistikerin Margrit Wilkens lokalisierte 1942 in ihrer Dissertation die Ursache für den Einbruch der Besucherzahlen zu Beginn der dreißiger Jahre nicht in der ökonomischen Depression, die einem großen Teil der Bevölkerung kaum mehr die Mittel zur Befriedigung der allernotwendigsten

Bedürfnisse ließ. „Denn gerade wirtschaftliche Not läßt den Menschen au-
ßerwirtschaftliche, ideelle Werte um so höher schätzen und steigert seine
Bereitschaft, wirtschaftliche Opfer zu bringen." Gründe für den rückläufi-
gen Theaterbesuch seien vielmehr die „Überfremdung und die damit ver-
bundene Verflachung des Films gewesen, der keine Verbindung zum Volk"
mehr gehabt habe.[29]

Gerade weil der Tiefpunkt des Besucherinteresses und der Zeitpunkt der
„Machtergreifung" zusammenfielen, waren sich die Verantwortlichen der
Filmwirtschaft der Rivalität zwischen der NSDAP und dem Kino bewußt.
Schließlich vertraten sie den Konkurrenten, der „Marktanteile" an die NSDAP
als einen neuen Wettbewerber um das Freizeitbudget der Bevölkerung eingebüßt hatte. Gegenüber dem allmächtig erscheinenden nationalsozialistischen
Partei- und Staatsapparat funktionierten die traditionellen Mittel der berufsständischen Lobbyarbeit, die Beeinflussung der öffentlichen Meinung durch
die nahestehende Presse und der Druck auf die zuständige Administration
jedoch nicht mehr in der gewohnten Weise, oder sie wurden aus wohlver-
standenem Eigeninteresse nicht mehr genutzt. So überrascht es nicht, daß
die Besorgnisse der Branche über die Konkurrenz um die Publikumsgunst
kaum an die Öffentlichkeit gelangten. Innerhalb ihres Verbandes machten die Theaterbesitzer durchaus „die Inanspruchnahme der Volksgenossen
durch Parteiveranstaltungen aller Art" für den in den ersten Jahren nach der
„Machtergreifung" enttäuschenden Kinobesuch verantwortlich.[30] Denn erst
im Geschäftsjahr 1936/37 wurden die Besuchszahlen des letzten Vorkrisen-
jahres 1928 (352,5 Millionen Besucher) wieder erreicht (vgl. Tabelle 2, S. 64).

Den deutlichsten Ausdruck fanden die Ängste der Filmlobbyisten vor
einem negativen Einfluß der nationalsozialistischen Inanspruchnahme des
Publikums in einer internen Denkschrift, die zu einer Arbeitsausschuß-
sitzung der Ufa am 11. April 1934 angefertigt wurde.[31] Die bemerkenswert
offene Sprache dieser Analyse erklärt sich wahrscheinlich aus der schweren Krise der Filmwirtschaft, denn zu diesem Zeitpunkt war der Anstieg
der Kinobesucherzahlen in den folgenden Jahren noch nicht absehbar. Vergleichsweise wenig Raum wurde der direkten Konkurrenz eingeräumt, die
den Kinos in den Parteifilmveranstaltungen der Gaufilmstellen und durch die
Freizeitorganisation „Kraft durch Freude" entstanden war. Sie wurde aber
durchaus als unlauter gekennzeichnet. Auf grundsätzliche Kritik stieß hingegen die Okkupation des Freizeitbudgets und der finanziellen Mittel der
Bevölkerung durch Staat und Partei sowie die durch die NS-Bewegung ausgelöste Veränderung der Frauenrolle:

TABELLE 2

Besucherzahlen und Nettoeinnahmen der Filmtheater 1934/35–1937/38

Rechnungsjahr (1. 4.–31. 3.)	Besucher (in Mio.)	Nettoeinnahmen (in Mio. RM)
1933/34	244,9	157,9
1934/35	259,4	179,9
1935/36	303,3	213,4
1936/37	361,6	261,0
1937/38	396,4	312,0

Quellen: Für die Besucherzahlen: Jürgen Spiker, Film und Kapital. Der Weg der deutschen Filmwirtschaft zum nationalsozialistischen Einheitskonzern (= Zur politischen Ökonomie des NS-Films, Bd. 2), Berlin 1975, S. 136, Tab. 12, und S. 197, Tab. 6. Für die Nettoeinnahmen: Bericht an den Beirat vom 23. Januar 1939, in: BA, R 55, 483, Bl. 23–31, hier Bl. 26.

„a) weiteste Bevölkerungskreise werden im steigenden Maße durch Verpflichtungen aufgrund von Mitgliedschaften vom Kinobesuch abgehalten (Übungen von SA, SS, Stahlhelm, NSKK; vielfach wird der einzelne Mann an drei bis vier Tagen beansprucht)

b) Schulungsabende der NSBO, Kriegervereine und anderer politischer Organisationen wie Zelle, Ortsgruppe, Kurse der Amtswalter, Versammlungen des Luftschutzes usw.

c) Vortrags-Abende der Berufsverbände

d) Heranziehung weitester Volkskreise zu staatspolitischen Vorträgen aufgrund von Partei- und Fachschafts-Organisationen

e) finanzielle Inanspruchnahme durch Sammlungen, regelmäßige Gehalts-Abzüge für Wohlfahrts-Bestrebungen aller Art, Beiträge für Fachschaften, Zelle, Kauf vorgeschriebener Literatur, Beschaffung und Ergänzung von Uniformen und sonstiger Ausrüstungs-Gegenstände usw.

f) Bekanntlich sind die Frauen der für ein gutgehendes Kino-Geschäft entscheidende Teil der Bevölkerung, da sie selbst nicht nur viel filmhungriger sind als der durch seine Berufsinteressen ausgefüllte Mann, sondern auch dafür sorgen, daß Mann oder Freund sie ins Kino begleiten. Durch die jetzt überall entstandenen Frauenorganisationen, die es vorher gar nicht gab, erwächst dem Lichtspieltheater eine ganz große Schädigung."[32]

Die hier formulierte These, daß das nationalsozialistische Regime Anforderungen stellte, deren Erfüllung die Bevölkerung vom Kino fernhielt, stand in einem deutlichen Widerspruch zum Anspruch der Propaganda, die von ihr behauptete Entfremdung des Films von seinem Publikum in der Weimarer Republik werde durch den Nationalsozialismus rasch und durchgreifend überwunden. Ob sich die Eingriffe und Angebote des neuen Regimes tatsächlich massiv und mit längerfristigen Folgen auf das materielle und zeitliche Freizeitbudget des Publikums auswirkten, soll im Folgenden untersucht werden.

II. Kinokonsum ausgewählter Bevölkerungsgruppen

Das Phänomen, daß sich die traditionellen sozialen Barrieren im Publikum der Filmtheater auflösten, und die Frage, welche Folgen diese Entwicklung für die Gesellschaft hätten, prägten die Kinodiskussion der Weimarer Republik. Wie die Anziehungskraft des kommerziellen Kinos auf alle gesellschaftlichen Schichten soziologisch und politisch zu interpretieren sei, war zutiefst umstritten und ist letztlich immer noch ungeklärt. Deutete sie auf eine „Verbürgerlichung" der Arbeiterschaft hin, wie Hendrik de Man meinte,[33] oder umgekehrt auf eine „Proletarisierung" der Alltagskultur[34] oder den Aufstieg eines „Kultes der Zerstreuung", für den nach Siegfried Kracauers Beobachtungen besonders die Angestellten empfänglich waren?[35]

Kino und Rundfunk waren in eine erfolgreiche Konkurrenz zu den tradierten sozialmoralischen Milieus getreten, indem sie Zeit, Geld und Phantasie konsumierten, die sonst in Vereine, Gewerkschaften, Parteien oder andere Freizeitaktivitäten geflossen wären.[36] Der Aufbau organisationsgebundener, in den Milieus verwurzelter Institutionen, das bis dahin so erfolgreiche Mittel, mit dem die großen politisch-sozialen Gruppen auf Entwicklungen im Freizeitbereich reagiert hatten, versagte gegenüber den neuen Medien.[37] Der Konsum von Filmen erfolgte allein, mit Familienmitgliedern, Freunden, Kollegen, aber er folgte kaum Parteipräferenzen.

Das Entstehen einer individualisierten Freizeitkultur wurde gerade von Kulturkritikern, die den sozialistischen Parteien nahestanden, vielfach beklagt. Von einer Minderheit wurde sie durchaus positiv gewertet. Einige zeitgenössische Beobachter sahen in den Zuschauersälen der Filmtheater die Utopie einer politisch und sozial egalitären Gesellschaft vorweggenommen. Im Kinopublikum seien Klassen- und Schichtendifferenzen weitgehend aufgehoben, spielten das Geschlecht und die politische Präferenz eine genauso geringe Rolle wie das Bildungsniveau.[38] Auch wenn diese Aussagen in ihrer Absolutheit einer genaueren Publikumsanalyse, die für die Zeit der Weimarer Republik ebensowenig wie für das Dritte Reich vorliegt, kaum standhalten dürften, beschreiben sie einen Teilaspekt durchaus zutreffend. Das Kinopublikum war als soziale Formation vergleichsweise unstrukturiert, auch wenn hier nicht der Ansicht gefolgt werden soll, es sei die „unstrukturierte Gruppe par excellence".[39]

Wesentliche Strukturelemente, die noch das Publikumsverhalten im Dritten Reich prägten, hatte Emilie Altenloh bereits 1913 in ihrer bahnbrechenden Untersuchung des Kinopublikums in Mannheim beschrieben.[40] Altenloh versuchte, empirisch zu belegen, daß das Medium Film um so beliebter sei, je stärker das Publikum von der arbeitsteilig organisierten Industriegesellschaft habituell geprägt sei. Wenig für das Kino interessierten sich von festen Werten, Normen und Verhaltensmustern geprägte Schichten wie die Landbevölkerung, aber auch gewerkschaftlich organisierte Arbeiter, stärker die später als Angestellte bezeichneten abhängig beschäftigten „Angehörigen des Kaufmannstandes", allgemein mehr die Jugendlichen, vor allem männliche Jugendliche.

Die Frage, ob und gegebenenfalls wie sich die Herrschaft der NSDAP auf das Verhalten einzelner Gruppen des Kinopublikums bis zum Beginn des Krieges ausgewirkt hat, soll im Folgenden untersucht werden, ohne daß die zeitlichen Grenzen 1933 und 1939 streng eingehalten werden können. Die Auswahl dieser Gruppen richtet sich nicht nach den erprobten Stratifizierungsmodellen, etwa in Schichten oder Klassen, sondern muß quellenbedingt der zeitgenössischen Strukturierung des Publikums folgen. Pauschalisierungen lassen sich so kaum ausschließen, und Überschneidungen sind bei den durch die Überlieferung vorgegebenen, nach Wohnort (Stadt-Land-Gefälle), Geschlecht (Frauen–Männer), Alter (Jugend) und Erwerbsform (Arbeiter) differenzierenden Kategorien augenfällig. Die Frage etwa, in welche Gruppe eine junge Kinobesucherin gehört, die in einem brandenburgischen Dorf wohnte, aber in Berlin bei Siemens arbeitete, kann nur entsprechend der Bedeutung entschieden werden, die die Verfasser der jeweiligen Quelle diesen Zuschreibungen beimaßen. Der eingeschränkte Informationsgehalt der Quellen läßt es auch nicht zu, das Kinoverhalten der Gesamtbevölkerung zu rekonstruieren. Sie geben kaum Material für die Beantwortung der noch in der Weimarer Zeit intensiv diskutierten Frage nach dem Verhältnis der Angestellten zum Kino her. Wichtige Gruppen des Kinopublikums fehlen also –

ein Dilemma, das sich auch nicht durch das Bemühen beseitigen läßt, in den einzelnen Abschnitten die jeweils korrespondierenden Sozialformationen zu berücksichtigen.

1. Stadt-Land-Gefälle

a) Kinobesuch in Stadt und Land

Kino war auch im Dritten Reich ein städtisches Vergnügungsmittel. Nur in Städten fand sich genügend Publikum, um den Kinobetrieb profitabel führen zu können. Zwar weist die im Jahr 1935 erhobene Kinostatistik des Statistischen Reichsamtes immerhin 10,4 Prozent aller Lichtspieltheater in Gemeinden mit weniger als 2000 Einwohnern und weitere 23 Prozent in Gemeinden mit 2000 bis 5000 Einwohnern nach.[41] Hier fand aber in der Regel ein täglicher Vorführbetrieb, der kaum die Verleihkosten eingespielt hätte, nicht statt. Der Theaterbetrieb in den Landgemeinden wurde überwiegend von Gaststätten getragen, deren Veranstaltungssäle einmal in der Woche oder im Monat zu Kinos umfunktioniert wurden.[42] In den dünnbesiedelten Regionen in Bayern, Ostpreußen, der Grenzmark Posen-Westpreußen, Schlesien, Württemberg, Baden und Lippe blieb die Theaterzahl noch hinter dem Anteil dieser Gebiete an der Gesamtbevölkerung zurück.[43] Da gerade hier die Wege in die nächste größere Stadt weit sein konnten, erreichte das Propagandamittel Film einen großen Teil der deutschen Bevölkerung nicht regelmäßig. 1936 existierte in 48 000 Gemeinden mit 23 Millionen Einwohnern kein ortsfestes Filmtheater.[44]

Um die Existenz der bestehenden Kinos nicht zu gefährden, hatte der nationalsozialistische Staat die Einrichtung neuer Filmtheater durch eine Anordnung des Präsidenten der Reichsfilmkammer vom 4. September 1934 erschwert. Sie durfte nur in enger Abstimmung mit den örtlichen Parteidienststellen und Behörden erfolgen, der Konkurrenzschutz mußte gewährleistet sein, die Betreiber hatten Fachkenntnisse nachzuweisen, und die Gebäude sollten bestimmten äußeren Anforderungen entsprechen. Diese Bedingungen waren aber so unpräzise und damit flexibel formuliert, daß ein Ausgleich mit den Wünschen der Filmwirtschaft nach der Ausweitung der binnenwirtschaftlichen Amortisationsbasis sowie dem Ziel der Propagandaführung, die gesamte Bevölkerung über den Film zu erreichen, möglich blieb. Die durch den Tonfilm ausgelöste Modernisierungswelle in den Theatern brach nach

1933 keineswegs ab, und die Einrichtung von Kinos in bisher kinolosen Orten erfuhr eine besondere Förderung. Zwischen dem 4. September 1934 und dem 1. Februar 1938 wurden nicht nur zirka 1500 Filmtheater modernisiert, sondern auch 623 Genehmigungen zum Neubau von Kinos erteilt. Daß die neuen Theater ihren Standort oft, aber bei weitem nicht immer in kleinen Orten fanden, deutet ihre Größe an: 273 hatten bis 250 Sitzplätze, 251 251 bis 500, 79 501 bis 900 und 20 über 900. 1933 befand sich in 2300 Gemeinden ein Kino, 1938 in 2750.[45] Ein Filmfunktionär resümierte 1938 befriedigt: „Es darf unbedenklich behauptet werden, daß die über 100 Millionen betragende Besuchssteigerung von 1933 bis 1937 nicht nur auf die gestiegene Filmqualität sowie auf die gestiegene Kaufkraft der Bevölkerung im allgemeinen, sondern auch zum nicht unbedeutenden Teil auf die in vielen Fällen durchgreifende Erneuerung des Theaterparks zurückzuführen ist."[46]

Über die Nutzung des Kinoangebotes im Deutschen Reich existieren, abgesehen von Angaben zur Gesamtzuschauerzahl, keine nach dem Wohnort differenzierten flächendeckenden Daten. Die folgenden Ausführungen beruhen auf verstreuten Erhebungen, teilweise auch nur auf zeitgenössischen Schätzungen. Selbst für die Hauptstadt Berlin liegt nur eine Schätzung aus dem Jahr 1936 vor.[47] Der Assistent am Seminar für Publizistik der Berliner Universität Hermann Meyer veranschlagte, daß jeder „kinofähige" Berliner (3,55 Millionen von 4,2 Millionen insgesamt) durchschnittlich fast vierzehnmal im Jahr ein Kino besuchte.[48] Die genauere Aufschlüsselung dieser Zahl ist Tabelle 3 zu entnehmen.

Auch zwischen den Großstädten existierten beträchtliche Unterschiede in der Besuchsfrequenz, die nicht allein auf der jeweiligen Kinoinfrastruktur, dem Angebot in konkurrierenden Städten und der unterschiedlichen Bevölkerungsdichte im Umland beruhten, sondern durchaus auf ausgeprägte Differenzen in der Mentalität verwiesen. 1939 gingen etwa die Einwohner Magdeburgs durchschnittlich achtzehnmal ins Kino, die Berliner, Wiener und Hamburger siebzehnmal, die Kölner, Leipziger und Kieler fünfzehnmal, die Einwohner von Frankfurt a. M. sowie die Münchener, Bremer und Erfurter vierzehnmal. Stuttgart lag mit acht Kinobesuchen weit unter dem Durchschnitt der Großstädte. Die Kinostatistikerin Margrit Wilkens erklärte das geringe Interesse mit der „Lebensart der schwäbischen Bevölkerung": „Die Schwaben sind bekanntlich ausgeprägt häuslich veranlagt, das abendliche Ausgehen liegt ihnen weniger. Der Kinobesuch zählt nicht zu den alltäglichen Bedürfnissen der breiten Masse der Stuttgarter Bevölkerung, das zeigt auch die Zusammenballung fast sämtlicher Lichtspieltheater in der

TABELLE 3
Monatliche Kinobesuchsfrequenz in Berlin 1935/36

	Anzahl	Anteil (in %)	Kinobesuche
Einwohner	4 200 000		
„nicht Kinofähige"	650 000		
(Kinder, Kranke, Alte)			
mögliche Kinobesucher	3 550 000	100,00	
kein Kinobesuch	1 200 000	33,80	
unbestimmt	350 000	9,86	582 000
(= 1–3 Kinobesuche)			
1 Kinobesuch	1 290 000	36,34	1 290 000
2 Kinobesuche	474 000	13,35	948 000
3 Kinobesuche	92 400	2,60	277 200
4 Kinobesuche	100 800	2,84	403 200
5 Kinobesuche	12 600	0,35	63 000
mehr als 5 Kinobesuche	21 000	0,59	125 000
Berliner Kinobesucher	2 340 800		3 688 400
insgesamt*	3 540 800		

* Die Abweichung von der Gesamtzahl wird von Meyer nicht erklärt. Die Multiplikationsfehler in Meyers Angaben habe ich korrigiert.

Quelle: Hermann Meyer, Standort und Spielraum des Filmtheaters, in: Filmtheaterführung. Bd. 2: Die Vorträge des zweiten Schulungsjahres 1935/36 der Fachschule der Filmtheaterbesitzer, [Berlin 1936], S. 142–165, hier S. 163 f.

Innenstadt von Stuttgart; die sogenannten Vorstadtkinos, wie wir sie in anderen deutschen Großstädten finden, fehlen nahezu ganz."[49]

b) *Organisierung des Filmbesuchs auf dem Land durch die Gaufilmstellen*

Die Bewohner des ländlichen Raums waren kaum vom Medium Film zu erreichen. Der Anteil der in der Landwirtschaft Beschäftigten an der Gesamtzahl der Erwerbstätigen wurde für 1933 noch auf 29 Prozent geschätzt.[50] Um dieser Situation, die die Massenwirksamkeit der Filmpropaganda regional zu begrenzen drohte, entgegenzusteuern, machte die NSDAP den Ausbau der

ländlichen Kinoinfrastruktur zur Hauptaufgabe ihrer Filmarbeit. Die Reichs-
amtsleitung Film in der Reichspropagandaleitung der Partei schuf eine Vor-
führorganisation sowie einen eigenen Zentralverleih, der 1935 flächendeckend
32 Gaufilmstellen, 771 Kreisfilmstellen und 22 357 Ortsfilmstellen belieferte.[51]
Die Gaufilmstellen organisierten Filmveranstaltungen in den kinolosen Dörfern durch einen Wanderbetrieb mit LKWs, die mit Projektoren und Leinwand ausgestattet waren, den sogenannten Tonfilmwagen.

Der Propagandaleitung war die Heranführung der Masse der ländlichen
Bevölkerung an das Medium Film wichtiger als die ideologische Schulung
von schon überzeugten Nationalsozialisten. Wurden in der ersten Zeit überwiegend die Propagandafilme der NSDAP vorgeführt, glich das Programm
durch die Übernahme von Unterhaltungsfilmen schon bald dem der normalen Kinos. Daß die Filmvorführungen der parteieigenen Gaufilmstellen auch
jene Teile des Publikums bedienten, die sich nicht unbedingt mit den weltanschaulichen Zielen der NSDAP identifizierten, wurde hingenommen. Denn
das primäre Ziel war, „immer weitere Kreise der Landbevölkerung für die
Filmkunst zu gewinnen. Die eigentliche staatspolitische oder Parteipropa-
ganda liegt in diesem Falle in dem Beiprogramm, welches nach weltanschaulichen Gesichtspunkten zusammengestellt ist."[52] Die Filmarbeit gliederte sich
in das übergeordnete Ziel ein, die „Landflucht" durch eine intensivere kulturelle Betreuung der ländlichen Gebiete zu bekämpfen.[53] Der Nationalsozialismus begriff die Abwanderung aus den ländlichen Regionen als „Ausblu-
ten" rassisch und kulturell besonders wertvoller Bevölkerungselemente, die
in der Großstadt verlorengehen würden.[54]

Parteiintern stieß die Verbreiterung des Filmangebots um Unterhaltungsfilme auf Widerstände, wie der Brief eines Ortsgruppenleiters aus dem Jahr
1936 belegt: „So kann ich z. B. aus meiner früheren Tätigkeit als Propaganda-
leiter im Kreis Wolfratshausen sowohl als auch aus meiner jetzigen Tätigkeit als Ortsgruppenleiter von Solln feststellen, daß die Filmveranstaltungen
der Gaufilmstelle sich nahezu ausschließlich aus Spielfilmen zusammen-
stellt [!], die eigentlich mit unserer weltpolitischen Anschauung sehr wenig
mehr zu tun haben, teilweise ein Zusammenhang damit grundsätzlich abgelehnt werden muß. Ich darf beispielsweise nur anführen die Filme vom ,Weiß
Ferdl' oder Hans Albers ,Savoy Hotel' oder Max Schmeling etc., die in letzter
Zeit in Solln gespielt werden mußten."[55] Die Kritik, daß sich die Programmgestaltung zunehmend von ihrem propagandistischen Auftrag löse, blieb genauso folgenlos wie die Zweifel daran, daß das Kino tatsächlich ein Bollwerk
gegen die Landflucht darstellte. Filmvorführungen bildeten zwar einerseits

eine Attraktion, die besonders die Jugend auf dem Land halten sollte, anderseits konfrontierten sie das ländliche Publikum mit großstädtischen Verhaltensmustern, was als zerstörerisch für die dörflichen Traditionen begriffen wurde.

Die angestrebten positiven Wirkungen der ländlichen Filmarbeit setzten voraus, daß ein Großteil der Landbevölkerung für das Kino gewonnen werden konnte. Der „Film-Kurier" beschrieb den Nutzen der mobilen Vorführeinrichtungen 1936 euphorisch: „Über 300 Tonfilmwagen, ausgerüstet mit den modernsten Filmapparaturen, durchlaufen täglich das Reich ... So war es möglich, auch an jene 25 Mio. Menschen, die abseits der großen Siedlungen und Verkehrswege leben, die Probleme unserer Zeit in lebendiger Form heranzubringen."[56] Schon das zahlenmäßige Verhältnis zwischen Filmwagen und Bevölkerung läßt daran zweifeln, daß die angestrebte Verbreitungstiefe erreicht wurde. Einen Einblick in die tatsächliche Lage der Filmversorgung auf dem Land vermittelt die 1939 über den Medienkonsum der Einwohner des Dorfes Thürungen angefertigte Dissertation von Alfred Schmidt.[57]

Thürungen gehörte zum Bereich der als vorbildlich geltenden Gaufilmstelle Halle-Merseburg, die 1936 zwei und 1937 drei Vorstellungen in dem Dorf veranstaltete. Obwohl so selten Filme vorgeführt wurden, war das Interesse der Dorfbewohner nicht überwältigend. Nur etwa 8 Prozent („Triumph des Willens", „Krach im Hinterhaus") bis 25 Prozent („Hermine und die sieben Aufrechten") der Einwohner besuchten die einzelnen Vorführungen.[58] Der Doktorand erforschte auch die Motive der dörflichen Filmgegner. Die größte Gruppe begründete ihre ablehnende Haltung grundsätzlich: Film sei Schwindel und übe einen verderblichen Einfluß aus. Andere gingen nicht zu den Vorstellungen, weil die Umstände dagegen sprachen; diese Dorfbewohner hatten körperliche Gebrechen, zu wenig Geld, einen Trauerfall in der Familie, oder ihnen war der Kinobesuch einfach zu umständlich.[59] Schmidt glaubte, auch noch andere Gründe für die auf dem Land verbreitete Filmresistenz entdeckt zu haben. Er hielt die Dorfbewohner für noch ungenügend an das neue Medium gewöhnt und zudem für ein wenig einfältig. „Auch für den Filmbesucher trifft das gleiche zu, wie für den Zeitungsleser und Rundfunkhörer. Voraussetzung ist die Entwicklung gewisser geistiger Fähigkeiten, die ein Verstehen ermöglichen."[60] Das harsche Urteil beruhte auf dem Faktum, daß selbst unter Berücksichtigung der ortsfesten Kinos in den Nachbargemeinden nur wenig mehr als die Hälfte der Bewohner des Dorfes vom Medium erreicht wurde. 24 Prozent der Einwohner zählten zu den regelmäßigen Kinobesuchern; sie schauten sich mindestens einmal in sechs Wochen in dem

Theater des zwei Kilometer entfernten Nachbarortes einen Film an. Ledige junge Männer unter dreißig stellten den größten Anteil an dieser Gruppe.[61] Ein Drittel der Bevölkerung ging gelegentlich (ein- bis sechsmal pro Jahr) ins Kino. Unter ihnen befanden sich viele Schüler, die nach Schmidts Meinung häufiger ein Filmtheater besuchen würden, wenn sie über mehr Geld verfügten.[62] Schmidt resümierte: „Wenn auch in den letzten Jahren der Filmbesuch in Deutschland gestiegen ist, so sind es doch noch weite Kreise der Bevölkerung, die dem Film passiv, ja sogar feindlich gegenüberstehen."[63]

Auch in anderen ländlichen Gebieten erzielten die Veranstaltungen der Gaufilmstellen eine nur mittelmäßige Resonanz.[64] Die Meldungen von Spitzenergebnissen beruhten nicht selten auf durchsichtigen statistischen Tricks. So berichtete der Ortsgruppenleiter eines anderen Dorfes im Gau Halle-Merseburg 1937 stolz, daß die Parteifilmveranstaltungen im zurückliegenden Jahr nahezu alle Einwohner seiner Ortschaft erreicht hätten. Zum Dorf zählten 1717 Einwohner; in die Vorführungen der Gaufilmstelle waren über das Jahr insgesamt 1659 Zuschauer gekommen. „Das heißt, daß 96,6 % sämtlicher Einwohner unserer Ortsgruppe die NS-Filmverstaltungen besucht haben, daß also fast jeder einzelne mindestens einmal in unseren Veranstaltungen war."[65] Unerwähnt blieb, daß einzelne Besucher in mehreren Veranstaltungen waren und andere in keiner.

Verallgemeinert zeigen die Ergebnisse der Untersuchungen, daß die Wirkungsmöglichkeiten der filmischen Propaganda in den ländlichen Gebieten trotz des Aufbaus einer mobilen Kinoinfrastruktur begrenzt blieben. Ein hemmender Faktor lag in der finanziellen Situation der Landbevölkerung, für die die von den Gaufilmstellen pro Vorführung geforderten 50 Pfennig in den dreißiger Jahren durchaus noch einen Betrag darstellten, der nicht ohne weiteres für den Konsum von Unterhaltung zur Verfügung stand. Andere Landbewohner verzichteten auf das Kino, weil der Besuch mit Umständen verbunden war, was auf das angespannte Zeitbudget vieler Dorfbewohner verweist. Betrug die jährliche Arbeitszeit in der Industrie 2400 bis 2700 Stunden, erreichte sie nach einer wohl eher niedrigen Schätzung in größeren und mittleren Landwirtschaftsbetrieben 2800 bis 2900, in kleineren Betrieben über 3000 Stunden.[66]

Die durch die Industriearbeit durchgesetzte Trennung des Tages in Arbeitszeit und Freizeit traf im ländlichen Milieu auf mentale Vorbehalte. Der Kinobesuch machte im Rahmen des Dorfes öffentlich, daß man über freie Zeit verfügte, und setzte den einzelnen schnell dem Verdacht des Müßigganges, ja der Geldverschwendung für einen durchsichtigen „Schwindel" aus. Über größere Freiräume in diesem traditionell geprägten Netz der sozialen Kontrolle verfügten Kinder und junge Männer, sie machten einen Großteil der Kinobesucher auf dem Land aus. Eine Homogenisierung des Freizeitverhaltens der Bevölkerung in den urbanen und der in den ländlichen Räumen deutete sich zunächst in der jüngeren Generation an.[67] Sie war aber zugleich ein Hinweis darauf, daß ein Teil der Jugendlichen innerlich schon mit dem Leben auf dem Land gebrochen hatte und sich notgedrungen, manchmal aber auch bewußt, nach Berufen außerhalb der Landwirtschaft umschaute. Diese Jugendlichen antizipierten städtische Lebensweisen, weil sie sich schon auf dem Sprung in die Stadt befanden und nur noch auf einen günstigen Zeitpunkt warteten, der für männliche Jugendliche oft mit der Entlassung aus dem Militär- und dem Arbeitsdienst gekommen war.[68]

Mit dem Auf- und Ausbau dieser Institutionen, der Erfassung der Kinder in den parteipolitischen Freizeit- und Erziehungseinrichtungen HJ und BDM, der Zunahme der Frauenerwerbstätigkeit durch die Rüstungsproduktion, der damit einhergehenden Veränderung der geschlechtsspezifischen Rollenmuster und der Unterminierung konfessioneller Bindungen schuf der Nationalsozialismus selbst wesentliche Bedingungen für die Erosion der ländlichen Milieus. Zur Zerstörung der traditionellen Sozialstrukturen trugen die durch Infrastrukturmaßnahmen und Rüstungsprojekte ausgelösten Bevölkerungsbewegungen bei, die in einigen Regionen, etwa dem Saargebiet, in einem beträchtlichen Umfang schon vor dem Kriegsbeginn einsetzten.[69] So unterschiedlich sich diese Entwicklungen in ihrer Intensität auch in den verschiedenen Regionen Deutschlands ausprägten, zusammengenommen steigerten sie bei der Bevölkerung in der Provinz durchaus das Bedürfnis nach neuen Identifikationsangeboten und Handlungsmustern.

Vor diesem Hintergrund lag es für die zeitgenössischen Medienwirkungsbeobachter nahe, das Medienkonsumverhalten der Landbevölkerung mit demjenigen von Jugendlichen gleichzusetzen. Die kollektive Infantilisierung drückte sich in der Unterstellung aus, die Bewohner des flachen Landes hätten einen naiven, wenig differenzierenden und relativierenden Zugang zum Film. Nur wer mit groben Reizen arbeite, erreiche die gewünschte Wirkung, die dann aber wesentlich intensiver sei als beim städtischen Publikum. „Sind … die Darsteller als Idealtypen gezeigt, dann wird der Film auf den Dorfbewohner im allgemeinen immer stark einwirken, d. h. je stärker eine Tendenz hervortritt, desto stärkere Wirkungen erreicht bei dem Dorfbewohner der Film."[70] Auch der SD war sich sicher, daß bei der Landbevölkerung „die propagandistische Wirkung im Positiven wie im Negativen viel nachhaltiger und ernster als bei der Großstadtbevölkerung" sei.[71] Aus diesem Grund verlangte der SD, daß bei der Auswahl der für das Land bestimmten Filme eine strenge Auswahl zu treffen sei. Als Vorgabe für diese Sonderzensur nannte der SD am 28. Februar 1940 vor allem Kriegsfilme („Pour le Mérite", „Klar Schiff zum Gefecht", „Eine Division greift ein" u. a.). Auf dem Land sei auch das Interesse an der mit 850 Kopien gestarteten „Dokumentation" „Westwall" besonders groß. Daneben führte die Meldung einen sogenannten Kolonialfilm („11 000 km durch Ostafrika") und einige Heimatfilme („Frau Sixta", „Der Edelweißkönig") als besonders geeignet für Landbevölkerung an. Die Auswahl trafen aber nicht die Bewohner der ländlichen Gebiete selbst, sondern „die sich für die Volksführung des flachen Landes verantwortlich fühlenden Kreise", deren Vorurteile hier deutlich zum Ausdruck kamen.[72]

Die wesentlichen Identifikationsangebote machte zweifellos der Nationalsozialismus mit seinen vielfältigen Organisationen und seiner Weltanschauung, dem es gelang, die von ihm selbst in die ländlichen Milieus gerissenen Lücken aufzufüllen. Dazu gehörte der Aufbau einer Kinoinfrastruktur im ländlichen Raum. In diesem Zusammenhang ist es nicht entscheidend, daß ausgesprochene Propagandafilme nur einen geringen Teil am Programm der Gaufilmstellen stellten. Ebenso wichtig war, daß die schleichende Umformierung der Sozialstrukturen dem Kino insgesamt mit seinen vielfältigen, oft weniger nationalsozialistischen als in einem diffusen Sinn urbanen Identifikationsangeboten eine verbreiterte Wirkungsmöglichkeit auf dem Land ermöglichte. Damit geriet das ideologische Ziel in Gefahr, dem Bauerntum als „Blutquell" der Nation ein kulturelles Primat einzuräumen. Von den „Großstadtfilmen", „in denen die nach keinerlei völkischen Werten ausgerichtete Welt der Fracks, Abendkleider, Tanzbars, Salons und dergl. vorgeführt wird", befürchtete der SD, daß sie „durch ihr falsches Filmbild von der Großstadt die Spannung zwischen Stadt und Land" vergrößerten.[73]

Die hier angemahnte verstärkte Produktion von „Heimatfilmen" bot jedoch keinen Ausweg aus dem Dilemma. Die Bauern standen dem Heimatfilm eher distanziert gegenüber. Mit den gezeigten Produktionen jedenfalls waren sie unzufrieden, daneben wurden regionale Animositäten spürbar. Bei den Filmverantwortlichen existiere nur ein geringes Interesse „für die Belange der Landbevölkerung, die immer als Träger und Blutquell der Nation herausgestellt würde ... Man habe, abgesehen von Filmhandlungen, die in den Alpen spielen, einen wertvollen bäuerlichen Film kaum gesehen."[74] Mit solchen Filmen gelang es sowenig wie mit dem Aufbau einer ländlichen

Kinoinfrastruktur, die bäuerliche Lebensweise so attraktiv zu machen, daß der Tendenz zur Migration in die Städte Einhalt geboten werden konnte.

Gerade die Wirkung des Ausbaus der Kinoinfrastruktur durch die Gaufilmstellen sollte nicht überschätzt werden. Dem erklärten Ziel, den Anteil der Filmbesucher auf 80 Prozent der ländlichen Gesamtbevölkerung zu steigern,[75] dürfte man auch in den folgenden Jahren nicht viel näher gekommen sein. Zwar erhöhten die Gaufilmstellen die Zahl der Tonfilmwagen von 300 im Jahr 1936 auf etwa 750 1940.[76] 1941 wurden 835 Tonfilmwagen ausgewiesen. Auch die Zahlen der Teilnehmer an den Filmveranstaltungen wuchsen kräftig an (vgl. Tabelle 4).[77] Die Angaben wiesen aber nur die Gesamtbesucherzahl aus, ohne zwischen Stadt und Land zu unterscheiden und die neue Besuchergruppe der Soldaten zu berücksichtigen.

TABELLE 4

Zahl der Filmveranstaltungen der Reichspropagandaleitung und der Gaufilmstellen sowie ihrer Besucher

Jahr	Filmveranstaltungen	Besucher
1936	92 543	16 832 000
1937	109 083	20 490 000
1938	154 188	29 819 000
1939	200 000	39 882 000
1940	243 081	49 937 347

Quelle: Leistungsbericht des Hauptamtes Film der RPL. und der Gaufilmstellen gelegentlich des 10jährigen Bestehens der Filmorganisation der NSDAP. Vom 10. Mai 1941, in: BA, NS 22, 905.

Mit Kriegsausbruch erfuhr die mobile Kinoinfrastruktur der Gaufilmstellen einen drastischen Einschnitt. Die Wehrmacht übernahm zumindest 51 Tonfilmwagen aus Beständen der Partei; bei weiteren 321 Tonfilmwagen, die 1941 von der Wehrmacht zur Truppenbetreuung eingesetzt wurden, ist unklar, ob sie nicht ebenfalls von den Gaufilmstellen stammten.[78] Schon im ersten Kriegswinter fielen durch die Einberufung des Bedienungspersonals, durch Treibstoffmangel und den Vorrang des militärischen Verkehrs zahlreiche Filmvorführungen aus. In den Dörfern, die noch nicht an das elektrische

Versorgungsnetz angeschlossen waren, hatte man die Projektoren mit Batterien betrieben, die nun in den militärischen Einsatz gingen.[79] Der mit großem Aufwand betriebene Versuch, in den Landgebieten eine Kinoinfrastruktur als Voraussetzung für die Filmpropaganda aufzubauen, war damit gescheitert. Dem SD erschien diese Entwicklung um so bedenklicher, als die Konkurrenz der Kirchen zunächst weiterhin existierte. Er berichtete am 26. April 1940, „daß große Teile der Landbevölkerung von der deutschen Propaganda nur unvollständig erfaßt werden konnten und, wie z. B. aus Graz berichtet wird, der gegnerischen, insbesondere konfessionellen Stimmungsbeeinflussung in stärkerem Maße ausgeliefert waren. Es zeigte sich, daß die kirchliche Propaganda obengenannten Schwierigkeiten wegen ihrer ausgebreiteten Organisation in den Landgebieten besser begegnen konnte."[80] Diese Einschätzung widersprach der tatsächlichen Situation. Seit dem 15. März 1940 mußten die Kirchen öffentliche Filmvorführungen von den Gaufilmstellen genehmigen lassen.[81] Da die Erlaubnis fast nie erteilt wurde, blieben die Veranstaltungen auf den innerkirchlichen Rahmen beschränkt. Die Stellungnahme des SD belegt aber, daß sich der Nationalsozialismus auf dem Land mit dem Film als progressive Kraft darstellen wollte, die sich von der als traditionalistisch gebrandmarkten Kirche besonders dann gefährdet fühlte, wenn diese sich der modernen Massenmedien bediente.

c) Asynchronität der Filmverbreitung auf dem Land

Ein weiteres grundlegendes Problem für die Filmpropaganda auf dem Land konnte während der nationalsozialistischen Herrschaft nicht beseitigt werden. Im Gegensatz zu ihrem Anspruch erreichte die filmische Propaganda die ländliche Bevölkerung nicht mit denselben Produkten wie die Stadtbewohner und vor allem nicht zu einem annähernd gleichen Zeitpunkt. Die Provinz war auch vor der „Machtergreifung" nicht nur schlecht mit Filmen, sondern auch vorwiegend mit schlechten Filmen beliefert worden. Das hatte wirtschaftliche Gründe: aufwendige Produktionen mußten zunächst dort gezeigt werden, wo ein großes Publikum eine rasche Amortisation erwarten ließ. Auf das Land kamen sie erst mit Verspätung oder gar nicht. Nach dem Urteil der Mitarbeiter der Filmstellen beruhte das traditionell schwache Interesse der Landbevölkerung am Medium Film auf der mangelhaften Qualität der bisher gezeigten Filme.[82] Erst mit dem Aufbau der Filmorganisation der NSDAP sei es gelungen, auch „Spitzenfilme" zu den Bewohnern des platten Landes zu bringen. Allerdings zeigten die Gaufilmstellen diese Produktionen weiterhin erst geraume Zeit nach ihrer Premiere in den ländlichen Gebieten. So kam etwa der im September 1936 im Rahmen des achten Reichsparteitages der NSDAP uraufgeführte Film „Verräter" erst ein Jahr später nach Thüringen; der „Krach im Hinterhaus" benötigte nach der Premiere etwa eineinhalb Jahre, bis er in dem Dorf zu hören und sehen war.[83]

Für das Regime besonders ärgerlich waren die Verzögerungen bei der Wochenschau, die regelmäßig jede Aktualität verloren hatte, bis die Landbevölkerung sie vorgeführt bekam. In dem Zeitraum 1936/37 waren die Wochenschauen oft drei Monate alt, wenn sie in die Dörfer kamen.[84] Diese Situation verbesserte sich nach der Zentralisierung der bis dahin parallel existierenden Wochenschauen zur „Ufa-Tonwoche" (ab 20. Juni 1940 „Deutsche Wochenschau") mit Kriegsbeginn vom 7. September 1939 an nur graduell. So meldete der SD noch am 18. Oktober 1939 Beschwerden über bis zu zwei Monate alte Wochenschauen.[85] Auch dokumentarische Produktionen unterlagen einer schnellen Abnutzung. Der Film „Max Schmelings Sieg – ein deutscher Sieg" über den Kampf des Boxers vom 19. Juni 1936 gegen Joe Louis war der meistgesehene Film des Jahres 1936 der Gaufilmstelle Halle. Monate nach dem Sportereignis interessierte er nur noch wenige.[86] Als im April 1940 ein Film über die Rennen Bernd Rosemeyers gezeigt wurde, der über zwei Jahre zuvor bei einen Geschwindigkeitsrekordversuch tödlich verunglückt war, beschwerten sich die Zuschauer.[87] Wie aufmerksam die SD-Berichte im RMVP gelesen wurden, zeigte Goebbels' Reaktion. Drei Tage nach der Meldung wies er in der Ministerkonferenz vom 15. April 1940 den zuständigen Mitarbeiter Hippler an, dafür zu sorgen, „daß nicht zu sehr veraltete Filmstreifen gezeigt werden (Rennen mit Bernd Rosemeyer)".[88]

Zu einem peinlichen Problem für die Propaganda entwickelte sich die lange Laufzeit der Filme immer dann, wenn sich die Koalitionspolitik der NS-Regierung änderte. Nach dem am 23. August 1939 geschlossenen Nichtangriffspakt mit der Sowjetunion gelang es nicht, alle Kopien der „antibolschewistischen" Filme aus der Provinz zurückzuziehen. Am 23. Oktober 1939 berichtete der SD: „Im Kreise Schwarzenberg wurde in der vergangenen Woche in den Betrieben u. a. der Film ‚Spionage' gezeigt, der das russische Heer als spionagetreibende Kraft darstelle. Angesichts des politischen Verhältnisses zu Rußland sei die Aufführung von vielen Volksgenossen nicht verstanden worden. – Ähnlich wird aus Reichenberg mitgeteilt, daß es die Bevölkerung nicht verstehe, wenn im dortigen Bezirk weiterhin antibolschewistische Filme wie ‚Henker, Frauen und Soldaten' oder ‚Flüchtlinge' zur Vorstellung kommen."[89]

2. Ist der Film eine weibliche Kunst? Frauen im Kinopublikum

Die besondere Vorliebe von Frauen für das Kino war eine überaus gängige These in der zeitgenössischen Literatur, und sie schien empirisch bestätigt zu sein. Daß Frauen, und zwar Frauen aus allen gesellschaftlichen Schichten, ein enormes Interesse am Film hatten, ermittelte Emilie Altenloh schon 1913. Arbeiterfrauen gingen danach wesentlich häufiger ins Kino als ihre Männer; mehr als die Hälfte sah sich mindestens einmal wöchentlich einen Film an. „Während die Männer in Wahlversammlungen sind, gehen die Frauen in das benachbarte Lichtspieltheater."[90] Auch bürgerliche Frauen zeigten ein größeres Interesse am Kino als ihre Männer, „Gehilfinnen im Kaufmannsstand" hingegen seltener als ihre männlichen Kollegen.[91] In allen sozialen Schichten ging die Initiative zum Kinobesuch nach Altenlohs Beobachtung meist von den Frauen aus. „Wenn verheiratete Leute regelmäßig den Kino besuchen, so gibt da die Frau meist die Veranlassung. Sie will ein bißchen Sensation, ergreifende Schicksale und himmlischen Edelmut erleben, um aus den engen Grenzen ihrer Häuslichkeit hinauszukommen. Der Mann ist meist zu abgestumpft und oft auch zu überlegen, um noch Gefallen daran zu finden. Er hat auch mehr Ersatzwerte, die ihn ausfüllen, nämlich seine Interessen für Politik und Gewerkschaft, die ihn mehr und mehr in Anspruch nehmen."[92] Nach den Beobachtungen Siegfried Kracauers, die im März 1927 in einer Reihe von Essays mit dem bezeichnenden Titel „Die kleinen Ladenmädchen gehen ins Kino" in der „Frankfurter Zeitung" publiziert wurden, prägten weibliche Angestellte das Filmpublikum der Weimarer Republik.[93]

Die These, daß die Frauen in der Weimarer Zeit den Verlockungen von Großstadt und Kinoillusionen bereitwillig folgten und darüber ihre „eigentliche Bestimmung", die Familie, insbesondere das Gebären und Aufziehen von Kindern für Volk und Staat, vergaßen, gehörte zum Standardrepertoire der nationalsozialistischen Propaganda.[94] In der Einschätzung der Beliebtheit des Films beim weiblichen Publikum änderte sich auch nach 1933 nichts. Die Wahrnehmung, daß das Kinopublikum überwiegend weiblich war, überstand den Systemwechsel. 1938 wurde die Schätzung publiziert, daß 70 Prozent der Kinobesucher in Deutschland Frauen seien.[95] Auch die in der oben zitierten Denkschrift der Ufa ventilierte Sorge, der besonders ausgeprägte „Filmhunger" von Frauen werde durch ihre Inanspruchnahme in NS-Organisationen unterdrückt oder gar gesättigt,[96] führt zu der Frage, ob der weibliche Anteil am Kinopublikum tatsächlich überdurchschnittlich groß gewesen ist.

Die Auswertung der empirischen Untersuchungen zum Kinobesuchsverhalten spricht dafür, daß der weibliche Anteil unter den Filmkonsumenten im Dritten Reich regelmäßig grob überzeichnet wurde. In dem von dem Leipziger Zeitungswissenschaftler Alfred Schmidt 1936/37 untersuchten Dorf zählten 80 Einwohner zu regelmäßigen Filmbesuchern; von ihnen waren 31 weiblich und 47 männlich.[97] Die geringe Kinofrequenz im ländlichen Raum war vor allem durch die mangelhafte Kinoinfrastruktur bedingt, die sich aufgrund der hohen zeitlichen Belastung bei den hier lebenden Frauen besonders negativ auswirkte.[98] Die Zahl der Kinoplätze hätte 1935 in Orten unter 2000 Einwohnern ausgereicht, daß jeder Einwohner jährlich 1,9mal, in Orten mit 2000 bis 5000 Einwohnern 31,3mal, in Orten mit 5001 bis 10 000 Einwohnern 75mal einen Film sah, in Berlin reichten die Plätze für den Besuch von 268,8 Vorstellungen aus.[99]

Selbst wenn diese Zahlen nicht berücksichtigen, daß die Landbevölkerung zum Filmbesuch in die Stadt fuhr, machen sie doch deutlich, daß das Kino ein städtisches Vergnügen bildete, das für die ländliche Bevölkerung und besonders für die durch Familienrücksichten in ihrer Mobilität eingeschränkten Frauen schon wegen der Entfernung zwischen Wohnort und Standort der Theater weniger gut zugänglich war. Bezeichnend ist die von Schmidt berichtete Äußerung: „Wenn am Ort ein Kino wäre, könnte ich öfter hingehen, so habe ich durch kleine Kinder wenig Zeit."[100]

Das Zeitbudget der erwerbstätigen Frauen ließ ausgedehnte Freizeitaktivitäten kaum zu. 1933 gingen 49,3 Prozent aller Frauen im arbeitsfähigen Alter einer Erwerbstätigkeit nach, ihr Anteil stieg mit der Überwindung der Wirtschaftskrise bis 1939 auf 52,8 Prozent und unter den Bedingungen der Kriegswirtschaft 1944 auf 54 Prozent.[101] Für Frauen bedeutete das Ende ihrer täglichen Arbeitsstunden zumeist nicht Freizeit, sondern den Beginn der Hausarbeit. Da entsprechende Untersuchungen für die Zeit der nationalsozialistischen Herrschaft nicht vorliegen, muß hier auf Erhebungen zurückgegriffen werden, die in der Weimarer Republik erstellt wurden. Im Jahr 1928 wurden für erwerbstätige Frauen durchschnittlich 13¾ tägliche Arbeitsstunden errechnet, von denen 8¾ Stunden auf die Erwerbsarbeit in den Betrieben und 5 Stunden auf den Haushalt entfielen.[102] Rechnet man 8 Stunden Schlaf hinzu, standen an den Wochentagen 2¼ Stunden für die Freizeitgestaltung zur Verfügung, was inklusive der Wegezeiten nur noch knapp für einen Kinobesuch ausreichte. Lange Arbeitszeiten bestimmten den Alltag der meisten erwerbstätigen Frauen. Eine 1930 veröffentlichte Enquete ergab, daß nur 28 Prozent der weiblichen Angestellten weniger als 48 Stunden in der Woche arbeiteten.[103] Die Lebensverhältnisse erwerbstätiger Frauen dürften sich auch nach 1933 kaum verändert haben. Zwar erweiterte die Arbeitszeitordnung vom Juli 1934 den Geltungsbereich des Achtstundentages auf öffentliche und private Verwaltungen und Dienstleistungsbetriebe; diese Regelung sah aber für Saisonbetriebe Ausnahmen vor und fand weiterhin für Hausgehilfinnen und Landarbeiterinnen keine Anwendung.[104] Auch die Propagandakampagne der NSDAP gegen das weibliche „Doppelverdienertum" blieb weitgehend ein Postulat und führte, von Ausnahmen abgesehen, nicht zu einer Verdrängung der Frauen aus den Betrieben.[105]

Die Bedeutung der zeitlichen Belastung der Frauen für ihre Kinobesuchsfrequenz belegt indirekt eine Erhebung des Seminars für Publizistik an der Universität Berlin über den Kinobesuch in Meiningen, einer Kleinstadt mit etwa 20000 Einwohnern, aus dem Jahr 1933, deren Ergebnisse im „Film-Kurier" veröffentlicht wurden.[106] In Meiningen stellten Frauen durchschnittlich 55 Prozent des Kinopublikums. Der hohe Anteil von Frauen erklärte sich aus der besonderen Einwohnerstruktur des untersuchten Ortes. In der ehemaligen Residenzstadt lebten nur wenige Industriearbeiter, jedoch vergleichsweise viele Beamte und Angestellte. Die in Meiningen wohnenden Frauen gingen nur selten einer Erwerbstätigkeit nach. Der hohe Frauenanteil in den Kinos war also keineswegs repräsentativ für das kleinstädtische Publikum in Deutschland. Auch der „Film-Kurier" deutete an, daß sich dieses Ergebnis nicht übertragen ließ, allerdings mit der Behauptung einer umgekehrten Erfahrung: das Ergebnis liege wohl „etwas unter dem Reichsdurchschnitt".

Eine 1934 veröffentlichte Umfrage der NS-Gemeinschaft „Kraft durch Freude" über das Freizeitverhalten der Beschäftigten eines großen Industriebetriebes in Berlin ergab einen nahezu gleichen Kinokonsum der weiblichen und der männlichen Mitarbeiter, die zu 46,6 Prozent bzw. 46,2 Prozent ein Lichtspieltheater in ihrer Wohngegend besuchten.[107] Die kleine Mehrheit der kinobesuchenden Frauen ist in diesem Fall aus der Altersstruktur der untersuchten Kohorte zu erklären. Das Durchschnittsalter der Geschlechter wurde in der Studie nicht direkt, sondern nur im Zusammenhang mit dem Familienstand angegeben. 68,7 Prozent der weiblichen Arbeitskräfte waren ledig; die ledigen Frauen waren im Durchschnitt 29 $\frac{3}{4}$ Jahre alt. Die männlichen Arbeiter waren zu 69,6 Prozent verheiratet; das Durchschnittsalter der verheirateten Männer betrug 41 $\frac{1}{4}$ Jahre. Die in dem Betrieb beschäftigten Frauen waren also im Durchschnitt beträchtlich jünger als ihre männlichen Kollegen. Dies ist deshalb bemerkenswert, weil es zum Allgemeingut der Kinostatistik gehörte, daß das Interesse am Kino mit dem Alter nachließ.[108] Auch nach

dieser Untersuchung gingen Frauen seltener ins Kino als gleichaltrige Männer. Frauen bevorzugten zudem stärker die wohnortnahen Theater. In die
großen Uraufführungstheater im Zentrum und im Westen Berlins gingen
7,8 Prozent der Frauen, hingegen 11,1 Prozent der Männer.[109] Insgesamt
unterscheiden sich die Angaben nicht stark von den Ergebnissen einer Umfrage aus dem Jahr 1930, nach der 51 Prozent der weiblichen Angestellten
mindestens einmal im Monat in ein Kino oder ein Theater gingen. Die in dieser Enquete befragten Frauen wohnten zu 83 Prozent in Orten mit mehr als
20 000 Einwohnern, 84 Prozent waren unter 30 Jahre alt.[110] Nach einer Untersuchung von 1933 gingen von den weiblichen Jugendlichen zwischen 14
und 18 Jahren nur 55,3 Prozent überhaupt ins Kino, aber 68 Prozent der
männlichen Jugendlichen, bei denen zudem der Anteil der wöchentlichen
Filmkonsumenten mit 17,7 Prozent etwa um ein Drittel höher war als bei
den Mädchen.[111]
   Die Enqueten belegen im wesentlichen, daß junge Frauen sich häufiger
einen Film ansahen als ältere und jene, die in der Stadt wohnten, häufiger
als Frauen auf dem Land. Verglichen mit gleichaltrigen Männern, stellten
die durch Familienarbeit und traditionelle Wertvorstellungen stärker an das
Haus gebundenen Frauen immer die Minderheit im Kinopublikum. Schon
die Tatsache, daß Frauen in den dreißiger Jahren durchschnittlich kaum
mehr als ein Drittel der Kinobesucher stellten, reichte also offenbar aus, um
den Eindruck hervorzurufen, der Film spreche das weibliche Publikum in
besonders starker Weise an. Dieses Phänomen steht sicherlich in einem Zusammenhang mit den herrschenden Theorien zur Wirkungsweise des Films,
die dem Medium eine hypnotische Kraft zumaßen, von der Frauen wie auch
andere mit „weiblichen" Attributen ausgestattete Sozialformationen oder Altersgruppen wie „die Masse" und Jugendliche besonders fasziniert würden.
   Im Vergleich zu konkurrierenden Vergnügungsstätten, etwa Gasthäusern,
Sportveranstaltungen und Rummel, war der weibliche Anteil im Kinopublikum aber tatsächlich hoch. Dafür gab es ganz pragmatische Gründe. Frauen
konnten die Filmtheater im Unterschied etwa zu Kneipen auch ohne männliche Begleitung besuchen, ohne daß sie eine soziale Stigmatisierung befürchten mußten. Die Ausgangsfrage, ob Frauen durch ihre Inanspruchnahme durch NS-Organisationen vom Filmbesuch abgehalten wurden oder
ob sie durch diese nicht vielmehr das Selbstbewußtsein entwickelten, auch
ohne männliche Begleitung ins Kino zu gehen, muß letztlich dahingestellt
bleiben. Es existiert jedoch kein Beleg dafür, daß sich der nationalsozialistische Einfluß auf den Film in signifikanter Weise auf den Anteil von Frauen

im Kinopublikum ausgewirkt hätte. Auch im Dritten Reich blieben die Kinos
für das weibliche Publikum das, was sie schon in der Weimarer Republik gewesen waren: Orte der Unterhaltung, die für sie, abhängig von ihrem Wohnort, ihren familiären, finanziellen und zeitlichen Bedingungen, relativ frei
zugänglich waren.

Neben diesen externen Gründen gab es sicherlich auch interne Ursachen
für die Attraktivität des Kinos für das weibliche Publikum. Denn allein die
Tatsache, daß der Kinobesuch nicht negativ sanktioniert wurde, kann keinen
ausreichenden Grund für die Bereitschaft bieten, sich Filme anzuschauen.
Es ist zu vermuten, daß sich Frauen nicht aus denselben Gründen für Filme
und nicht für dieselben Filme interessierten wie Männer. Für die Beantwortung der Frage nach spezifisch weiblichen Filmpräferenzen und -abneigun-
gen bieten aber die ausgewerteten Erhebungen nur wenige Anhaltspunkte.
Im Dritten Reich lebten die traditionellen Muster bruchlos weiter, die die Beliebtheit des Mediums bei Frauen mit dem filmspezifischen Appell an die
Emotionen erklärten. Ohne daß man auf fundierte Untersuchungen zurückgreifen konnte, war es nach 1933 für zeitgenössische Publikumsforscher eine
ausgemachte Tatsache, daß Frauen weit stärker als Männer eine „Wunsch-
traumwelt" im Film verlangten (vgl. Tabelle 5).[112]

Junge Frauen interessierten sich stärker als junge Männer für Land-
schafts-, Liebes- und Gesellschaftsfilme sowie für Komödien. Zu bewerten ist
diese Beobachtung mit großer Vorsicht. Daß auch Liebesfilme ein emanzi-
patorisches Potential vermitteln konnten, das über die traditionellen Begren-
zungen der weiblichen Existenz hinausreichte, legen zumindest die Proteste kulturkonservativer Kreise nah. Hans Buchner schrieb 1927: „Ein neuer
Typ des Schönheitsideals ist durch den Film mitpropagiert worden, das
‚süße Mädel', das Girl, die gertenschlanke Diana des Asphaltes, die mit dem
Frauenideal eines Rubens oder Michelangelo wenig mehr gemein hat. Ihre
Requisiten sind Puder und Schminke, kniefreier Rock, lockender, tändelnder
Gang, schwingende Hüften, knabenhafte Schlankheit, Herrenschnitt, kurz
Ausgleich der Geschlechtsmerkmale: das neue ‚Es' des 20. Jahrhunderts, der
Hermaphrodit, der Zwitter, mit seinem Abscheu vor jedem Anklang an Mut-
terschaft und echte Weiblichkeit, tanzend, fechtend, boxend, rauchend, am
Steuer des Kraftwagens und Flugzeugs, auf der Yacht und am Sprunghügel,
aber nicht leicht am Herd oder gar an der Wiege ..."[113]

Ostern 1933 setzten in der Meininger Untersuchung Frauen den Film
„Acht Mädels im Boot" in einer Favoritenliste auf die erste Stelle, auf die
zweite Stelle „Morgenrot" und den Film „Der Rebell" auf die dritte Position.

TABELLE 5
Filmpräferenzen erwerbstätiger Jugendlicher 1933
(in Prozent)

Filmart	männliche Jugendliche	weibliche Jugendliche
1. dynamische Filme	74	47
a) Kriminal- u. Sensationsfilme	27	21
b) nationale Filme	22	10
c) sonstige (z. B. Sportfilme)	25	16
2. erotische Filme	17	25
3. humoristische Filme	12	24
4. musikalische Filme	5	8
5. Landschaftsfilme	13	32
6. Technikfilme	8	5

Quelle: Alois Funk, Film und Jugend. Eine Untersuchung über die psychischen Auswirkungen des Films im Leben der Jugendlichen, München 1934, Tab. XVI und XVII, S. 85. (Unter dem Begriff des „dynamischen Films" faßt Funk Kriegs-, Sport-, Kriminal- und Sensationsfilme zusammen; ihnen sei gemeinsam, daß das „Kraftvolle, Heldische und Starkbewegte im Vordergrund" stehe; a. a. O., S. 84.)

Das männliche Publikum favorisierte „Morgenrot", dann kam „Der Rebell" und nun erst „Acht Mädels im Boot". Allgemein seien Frauen weniger an Sensationen und an Zerstreuung interessiert als an gefühlsmäßigen und seelischen Eindrücken und an „Erfahrungen für das eigene Leben".[114] Die vom weiblichen Publikum getroffene Auswahl spricht für das letzte Argument. Filme waren bei Frauen dann erfolgreich, wenn sie ihnen Identifikationsmuster boten. Als sich 1936 ein Münchener Kino darauf versteifte, ein ganzen Monat hindurch mit „Henker, Frauen und Soldaten" einen typischen „Männerfilm" zu zeigen, der Frauen kaum ansprach, mußte es einen deutlichen Besucherrückgang hinnehmen.[115]

3. Jugendliche und Film

a) Die Häufigkeit des Kinobesuchs Jugendlicher

Den Filmkonsum keiner anderen Gruppe förderte das nationalsozialistische Regime in einem ähnlichen Maß wie den von Jugendlichen. Die Begriffe „Jugend", „Film" und „Nationalsozialimus" waren nach Ansicht des Medientheoretikers Hans Traub als alle bürgerlichen Konventionen und Traditionen überwindende und neuartige Ausdrucksformen erschließende Kräfte in ihrem Wesen eng miteinander verknüpft. „Die NSDAP hatte sehr früh dem Film eine lebhafte Anteilnahme zugewandt. Seine bewegte, die Sinne erregende Ausdruckskraft, seine Jugendlichkeit und Unverbrauchtheit, seine Möglichkeiten schneller und an Eindrucksfähigkeit gleichbleibender Verbreitung kamen ihrem revolutionären Bestreben ... wie kaum ein anderer Zweig unseres Kulturschaffens entgegen."[116]

Wenngleich Traubs Behauptung über die frühe Beschäftigung der Partei mit dem Film für die Zeit vor der Machtübernahme – wie oben ausgeführt – kaum den historischen Tatsachen entsprach, hat das nationalsozialistische Regime Vorbehalten gegenüber dem neuen Medium und besonders seinen spezifischen Wirkungen auf Jugendliche tatsächlich zunächst keinen Platz mehr eingeräumt. Im Gegenteil: Kindern und Jugendlichen wurde im Dritten Reich wie nie zuvor der Kinobesuch erleichtert und oft erst ermöglicht. Die Förderung des jugendlichen Kinokonsums erfolgte durch die Neufassung rechtlicher Normen, durch indirekte Einflußnahme des RMVP und vor allem durch direkte Steuerungsmaßnahmen in Schule und HJ. Der Begriff „Jugend" wurde in den nationalsozialistischen Quellen zum Film in etwa analog dem bürgerlichen Recht definiert. Gemeint war im allgemeinen die Altersgruppe zwischen 14 und 18 bis 21 Jahren. Aber auch jüngere Schulkinder waren oft mit umfaßt. Die über Achtzehnjährigen galten als Jugendliche, sofern sie noch zur Schule gingen oder sich in der Lehre befanden. Kein Jugendlicher war, wer den Arbeits- oder Wehrdienst ableistete. Etwa 15 Prozent der Reichsbevölkerung befand sich 1925 in der Altersklasse zwischen 14 und 21 Jahren. Es wird geschätzt, daß von diesen insgesamt etwa neun Millionen Menschen zirka 80 Prozent erwerbstätig waren.[117] Die hohe Erwerbsquote besagt aber nicht, daß sich die Lebensverhältnisse der Jugendlichen in der Weimarer Republik und im Dritten Reich durch eine hohe Homogenität auszeichneten. Es versteht sich, daß sich die sozialen Unterschiede in der Elterngeneration auf die Jugendlichen auswirkten und in einer Weise bei den

Jugendlichen fortsetzten, die hier nicht genauer untersucht und beschrieben werden kann.

Gerade im Hinblick auf die Jugendlichen war dem Kino im Dritten Reich weniger eine Funktion als Unterhaltungs- oder Bildungsinstrument zugedacht, sondern seine Popularität bei den Heranwachsenden sollte dazu genutzt werden, mit der Jugend die Zukunft für den Nationalsozialismus zu gewinnen. Diese Vorstellung knüpfte, „positiv" gewendet, durchaus an der grundsätzlichen Kritik der konservativen Jugendschützer der vorherigen Jahrzehnte am Medium an.[118] Mit der gleichen Entschiedenheit, mit der diese den Film als sozial schädliche Vergewaltigung der kindlichen und jugendlichen Psyche rundweg ablehnten, suchte das Regime ebendiese Wirkungsmacht für die nationalsozialistische Indoktrination zu nutzen. Goebbels scheute sich nicht, den Film neben die Schule zu stellen, indem er ihn als „Erziehungsinstrument" pries. Genau wie die Schule übe der Film seine Mission „gerade am bildungsfähigsten und bildungshungrigsten Teil des deutschen Volkes, an seiner Jugend, aus".[119] Der Propagandaminister wandte sich mit Hitlers Rückendeckung regelmäßig gegen die immer wieder vorgebrachten Bedenken, von bestimmten Filmen sei eine sittliche Gefährdung Jugendlicher zu befürchten.[120] Als Alois Funk 1934 in seiner Dissertation die bekannte These über einen Zusammenhang von jugendlicher Delinquenz und häufigem Kinokonsum erneuerte, wies das offiziöse Fachblatt „Film-Kurier" diese Ansicht als völlig „abwegig", gar als „gefährliches Material" zurück.[121]

Das Kinoverbot für Kinder unter sechs Jahren wurde mit dem Lichtspielgesetz 1934 aufgehoben. Hitler sorgte persönlich dafür, daß eine im Entwurf zum Lichtspielgesetz noch vorgesehene Norm gestrichen wurde, der zufolge ein Jugendlicher mit einer Geldstrafe bis zu 150 Reichsmark bestraft werden sollte, der „Vorführungen von Filmen besucht, die nicht zur Vorführung vor Jugendlichen zugelassen sind, und dabei unwahre Angaben über sein Alter macht, oder sich auf sonstige Weise den Zutritt erschleicht".[122] Auch die gesetzlich vorgesehenen Strafen gegen Kinobetreiber, die Jugendliche nicht von den für sie verbotenen Vorstellungen fernhielten, sollten offenbar nicht verhängt werden. Als das Berliner Amtsgericht im Mai 1935 einen Theaterbesitzer wegen dieses Vorwurfs zu einer Geldstrafe verurteilt hatte, hob die 34. Strafkammer des Berliner Landgerichts als Berufungsinstanz das Urteil umgehend auf. Selbst der Staatsanwalt hatte den Freispruch verlangt.[123]

Über alle Schichten hinweg interessierten sich die Jugendlichen schon lange vor der Übernahme der Macht durch die Nationalsozialisten in weit überdurchschnittlichem Maß für das Kino. Die Attraktivität des Kinos für

TABELLE 6

Häufigkeit des Kinobesuchs erwerbstätiger Jugendlicher 1933
(in Prozent)

	mindestens einmal pro Woche	gelegentlich	nie
Geschlecht			
beide Geschlechter	16,6	48,9	34,5
weiblich	12,0	43,3	44,7
männlich	17,7	50,3	32,0
Wohnort			
Großstadt	18,5	51,3	30,2
Stadt	11,0	43,6	45,4
Kleinstadt/Land	10,2	38,9	50,9

Quelle: Alois Funk, Film und Jugend. Eine Untersuchung über die psychischen Auswirkungen des Films im Leben der Jugendlichen, München 1934, Tab. VIII–X, S. 48 f.

erwerbstätige Großstadtjugendliche zeigte sich in den Ergebnissen einer 1930 durchgeführten und 1932 auszugsweise veröffentlichten Jugendenquete, die auf der Auswertung von 5191 Aufsätzen von Schülern Berliner Berufsschulen, Oberrealschulen, Reformgymnasien und eines Oberlyzeums beruhte.[124] Danach bestanden in der Kinobesuchsfrequenz männlicher und weiblicher Jugendlicher in der Großstadt nur geringe Unterschiede; eine Ausnahme bildeten nur die Schülerinnen an höheren Schulen, meist Töchter bürgerlicher Familien, die sich nur selten Filme ansahen, aber vergleichsweise oft ins Theater gingen. Das Freizeitverhalten dieser Mädchen wurde noch besonders stark von Erziehungsvorstellungen des Bürgertums geprägt. Männliche Schüler höherer Schulen besuchten hingegen sogar häufiger ein Kino als junge Arbeiter und Lehrlinge. Diese Ergebnisse wurden in späteren Untersuchungen differenziert.

Der Mitarbeiter der Filmarbeitsgemeinschaft der deutschen Katholiken Alois Funk ermittelte in seiner 1934 vorgelegten Dissertation, daß 65,5 Prozent der im Erwerbsleben stehenden Jugendlichen zwischen 14 und 18 Jahren regelmäßige (d. h. wöchentliche) oder gelegentliche Kinobesucher waren (vgl. Tabelle 6).[125] Wie groß die Differenz zur Landbevölkerung war, belegt schon die Bedeutung, die hier der Begriff „regelmäßig" hat. In der oben vorgestellten Untersuchung über das Dorf Thürungen (vgl. S. 71) bedeutete „regelmäßig" einen Kinobesuch in sechs Wochen.

Funk stellte aber nicht allein ein großes Interesse der Jugendlichen, sondern hinsichtlich der Kinobesuchsfrequenz auch bemerkenswerte Unterschiede zwischen den Geschlechtern fest. Mädchen sahen sich deutlich seltener Filme an. Auch bei den erwerbstätigen Jugendlichen dürfte auf zwei Kinobesucher etwa eine Kinobesucherin gekommen sein. Die Hälfte der Jugendlichen, die auf dem Land zu Hause waren, ging nie ins Kino. Von den Großstadtbewohnern war nur ein Drittel kinoabstinent. Die Zahlen deuten darauf hin, daß erwerbstätige Großstadtjugendliche 1933 etwa doppelt so häufig ein Kino besuchten wie ihre Altersgenossen auf dem Land. Ursächlich für diesen Unterschied war primär die einfache Erreichbarkeit der Kinos in der Großstadt. Zudem wirkte sich die unterschiedliche zeitliche Belastung der erwerbstätigen Jugendlichen in Stadt und Land aus. Ende der zwanziger Jahre dauerte ihr Arbeitstag in Großstädten inklusive der Wegezeiten durchschnittlich 11 Stunden und 15 Minuten, in kleineren Orten oft noch eine Stunde länger.[126]

Funks Untersuchung belegt, daß die Filmtheater vielfältige soziale Funktionen erfüllten und sich zu keiner Zeit auf Orte bloß kollektiver Filmrezeption reduzieren ließen. Trotz ihrer erst wenige Jahrzehnte während Existenz bildeten sie bereits traditionell einen Treffpunkt von Jugendlichen, die dem Disziplinierungsdruck ihrer Familien entgehen wollten, einen Freiraum für erste Erfahrungen mit dem anderen Geschlecht suchten und sich diese Flucht auch finanziell leisten konnten (vgl. Tabelle 7, S. 88).[127] Nur weniger als ein Fünftel der männlichen Jugendlichen besuchte ein Kino allein, von den Mädchen war es nur jede zwanzigste. In Filmtheater gingen überwiegend Gruppen Gleichaltriger, Mädchen etwas häufiger mit ihrem Freund oder mit Angehörigen. Die Schule spielte 1933 als Anlaß für den Kinobesuch noch nahezu keine Rolle.

Eine hohe Kinobesuchsfrequenz war weniger an die Zugehörigkeit zu einer sozialen Schicht als an bestimmte Altersgruppen, Lebenssituationen und Wohnorte gebunden. Die Ergebnisse der unter erwerbstätigen Jugendlichen erhobenen Enqueten lassen sich mit gewissen Abweichungen auf nicht erwerbstätige Jugendliche und junge Erwachsene übertragen. Wie beliebt das Kino auch bei ihnen war, deutete eine Umfrage an, die der Schauspieler Mathias Wieman 1937 unter 500 Studenten initiierte. Hier gaben nur 8,8 Prozent an, sich nie einen Film im Kino anzuschauen, 5,2 Prozent gingen sehr

TABELLE 7

Begleitung erwerbstätiger Jugendlicher beim Kinobesuch 1933

	männliche Jugendliche (Anteil in %)	weibliche Jugendliche (Anteil in %)
ohne Begleitung	17,1	5,9
Freund	53,1	26,5
Freundin	20,2	42,8
Angehörige	6,2	13,0
Schulverband	0,8	1,8
verschieden	2,6	10,0

Quelle: Alois Funk, Film und Jugend. Eine Untersuchung über die psychischen Auswirkungen des Films im Leben der Jugendlichen, München 1934, Tab. XIII, S. 60.

selten, 16,8 Prozent selten und 69,2 Prozent regelmäßig in ein Kino.[128] Die hohe Zuwendung des akademischen Nachwuchses zum Film überrascht insofern, als sich ältere Akademiker zumindest ihrer Selbstdarstellung nach durch eine ausgesprochene „Kinofeindschaft" auszeichneten.[129] Bei ihnen bildete das Fernbleiben vom Kino eine Art negatives Statussymbol, mit dem sich Elitebewußtsein und Überlegenheitsanspruch behaupten ließen. Der berühmte Volkswirt Werner Sombart bildete unter der deutschen Professorenschaft zweifellos eine Ausnahme, als er sich 1934 nach einer Kritik an seinem Werk im „Film-Kurier" selbstbewußt als regelmäßiger und interessierter Kinobesucher offenbarte und schrieb, er lehne „alle amerikanischen Filme (natürlich mit Ausnahme der Mickey-Maus), alle politischen und auch alle seriösen Filme" ab: „An mechanisierte Klassik habe ich mich noch nicht gewöhnt. Und ich glaube, daß die besten Filme aus viel Musik, reicher Kurzweil aller Art ... und einer kräftigen Portion Sentimalität gebraut werden."[130]

Das Kino hatte seine Entwicklung zu einer jugendspezifischen Freizeitstätte begonnen. Über alle Schichtengrenzen hinweg prägte sich der häufige Kinobesuch zu einem Merkmal aus, mit dem sich die nachwachsende Generation von der Erwachsenengesellschaft unterschied. Das NS-Regime förderte dieses Verhalten in der Erwartung, daß die Anziehungskraft des Kinos das jugendliche Publikum empfänglich für die durch den Film vermittelten Ziele der nationalsozialistischen Erziehung machte. Aus diesem Grund wurden für Jugendliche als einzige soziale Gruppe spezifische Möglichkeiten zum Filmkonsum in den Schulen und über die HJ geschaffen. Daß die intensive Kinonutzung durch das jugendliche Publikum für das Regime durchaus unerwünschte Aspekte enthielt, zeigte sich erst nach dem Beginn des Krieges.

b) Film in den Schulen

Ein wichtiger Teil der Jugendfilmarbeit während des Nationalsozialismus konzentrierte sich auf die Schulen. Hier brauchte das Regime keine neuen Wege zu beschreiten, denn schon in den letzten Jahren der Weimarer Republik waren mit den Landes- und Stadtbildstellen die organisatorischen Voraussetzungen für den Einsatz des Films in Bildungseinrichtungen geschaffen worden.[131] Doch erst die nationalsozialistische Schule erhob den Film zu einem neben dem Buch gleichberechtigten Lehr- und Lernmittel. Diese Qualifizierung hatte für die Schüler bzw. ihre Eltern die praktische Konsequenz, daß ihnen die Finanzierungskosten in Form von Lehrmittelbeiträgen auferlegt wurden. Der Unterrichtsfilm galt seit 1934 „als Lernmittel wie Heft und Buch. Wie für diese so hat der Schüler auch für jenen Unkosten zu tragen."[132] Die Eltern mußten für jedes Schulkind, auf vier Raten verteilt, 80 Pfennig pro Jahr zahlen, für „minderbemittelte" Eltern gab es Ermäßigungen. Die eingenommenen Summen setzten in den Schulen eine Modernisierungswelle in Gang, die in kurzer Zeit zur Ausstattung fast sämtlicher Unterrichtsanstalten mit Filmapparaturen führte. Bis 1943 verfügten nahezu alle Schulen, die an das Elektrizitätsnetz angeschlossen waren, über 16-Millimeter-Projektoren.[133]

Die zentralen Einrichtungen für die Lehrfilmproduktion und den Verleih, seit Juni 1934 die „Reichsstelle für den Unterrichtsfilm", seit 1940 die „Reichsanstalt für Film und Bild in Wissenschaft und Unterricht" (RWU), stützten ihre Arbeit auf die Mitarbeit der Pädagogen, die sich in einem beträchtlichen Maß für den Filmeinsatz im Schulunterricht begeisterten. Schon 1939 hatten sich 79 Prozent aller Lehrer zu Filmvorführern ausbilden lassen.

Nur die Minderzahl der Unterrichtsfilme propagierte explizit nationalsozialistische Inhalte. Dennoch trügt das Bild, daß nur wenige Lehrfilme etwa zur Rassentheorie und zum Euthanasiegedanken bekannt geworden sind; jedenfalls läßt sich die von David Welch aufgestellte These, daß sich die RWU ein großes Maß an Unabhängigkeit bewahrt habe,[134] nicht aufrechterhalten.

In den oberen Klassen kamen auch Filme zur Vorführung, die vom „Rassepolitischen Amt der NSDAP" zur Verfügung gestellt wurden. In den Schulen liefen die Produktionen „Sünden der Väter", „Abseits vom Wege" und „Erbkrank", in denen den Kranken die Schuld für das soziale Elend breiter Bevölkerungsschichten zugewiesen wurde, da ihre Betreuung finanzielle Mittel erforderte, die den Gesunden vorenthalten blieben: „Inhaltlich sind alle drei Filme ähnlich. Sie zeigen das ‚abseits vom Wege' in reizvoller Landschaft gelegene Irrenhaus, in dem ‚Erbuntüchtige', zum Teil erschütternde und grausige Gestalten, mit großem Aufwand von ausgesucht gesunden Ärzten und Pflegepersonal gehegt und gepflegt werden, während ‚erbgesunde' Kinder vielfach in Kellerlöchern und Hinterhäusern ihr Leben fristen. Es besteht kein Zweifel, daß diese Filme ihren Zweck, aufzuklären, aufzurütteln und Verständnis für die rassehygienischen Maßnahmen der Regierung zu wecken, voll erreichen: Dem Eindruck dieser Bilder kann sich niemand entziehen, und wohl keiner wird von diesen Filmen weggehen ohne die feste Überzeugung, daß alles geschehen muß, um unser Volk von diesem erbkranken Nachwuchs, der, wie an Zahlen gezeigt wird, auch finanziell eine ungeheure Belastung darstellt, zu befreien, und daß das zu diesem Zweck geschaffene Gesetz dringend notwendig war."[135]

Selbst für die jüngeren Schulkinder lagen schon 1936 die ersten „rassekundlichen" Produktionen vor. „Gewissermaßen als ‚Vorschule der Rassenkunde' sind die Filme ‚Negerkinder', ‚Kinder aus Lappland' und der im Rohschnitt fertiggestellte Film ‚Fischerkinder an der Nordsee' zu betrachten. Sie sollen den jüngeren Kindern mehr gefühls- als verstandesmäßig einen Eindruck von der Andersartigkeit – auch in Bewegung und Geste – fremdrassiger Kinder geben. Die Wirkung der Gegenüberstellung der ... Negerkinder zu den ... norddeutschen Fischerkindern, die als ausgesprochen ‚deutsch' empfunden werden, scheint nach den ersten Erfahrungen die an diese Filme geknüpften Erfahrungen zu erfüllen."[136]

Noch intensiver als für die rassistischen Ziele des NS-Regimes warben die Schulfilme für das Soldatentum und den Krieg. Schon 1934 legte man nach Aussage des Leiters der Abteilung Film in der Reichspropagandaleitung der NSDAP bei der Auswahl der Unterrichtsfilme größten Wert darauf, daß besonders solche Filme in die Schulen kamen, die ein positives Bild des Militärs zeichneten, etwa „Unsere Marine" und „Unsere Zehntausend".[137] Diese Produktionen hatten die Aufgabe, Nachwuchs für die Armee zu werben. Als Sympathiewerbung wurden den Schulen kostenlos Spielfilme zur Verfügung gestellt, etwa 1937 die als „staatspolitisch und künstlerisch wertvoll"

eingestufte Produktion „Unternehmen Michael", die am Beispiel der Frühjahrsoffensive des Jahres 1918 bei den Schülern „die Einsicht in das Wesen
kommender kriegerischer Verwicklungen" fördern sollte.[138] Aber nicht nur
Spielfilme und die große Anzahl von „Wehrerziehungsfilmen" sollten bei
den Jugendlichen Begeisterung für das Soldatentum wecken. Das Denken
in militärischen Kategorien wurde auf weniger direkte Weise in Filmen der
unterschiedlichsten Fachgebiete vermittelt, indem man z. B. die Anwendung
einer Zeitlupenkamera für technisch-physikalische Abläufe am Beispiel von
Geschossen aus Infanteriegewehren demonstrierte.[139]

Bei der Bewertung der Wirkung dieser Produktionen auf die Schüler muß
berücksichtigt werden, daß die Filme während des Unterrichts gezeigt worden sind. Damit profitierten sie von der Autorität des Lehrers und der Tatsache, daß dem Unterrichtsstoff wohl im allgemeinen von den Schülern ein
hoher Wahrheitswert zugebilligt wurde. Allerdings übertrugen sich auch
die Abneigungen gegen den Schulalltag auf das Unterrichtsmittel Film. Die
hohe Attraktivität des Kinos für Jugendliche blieb nicht ohne weiteres in der
Schule erhalten. Da der überwiegende Teil der Lehrfilme stumm geliefert
wurde, hatte der Kommentar der Lehrer eine große Bedeutung für die Film-
wirkung. In der Regel wird davon auszugehen sein, daß die Pädagogen die
Ziele der nationalsozialistischen Erziehung zumindest nicht gefährdeten. Die
Unterrichtsgestaltung war durch das mitgelieferte schriftliche Lehrmaterial
vorstrukturiert, und überdies befanden sich in der Berufsgruppe der Lehrer
weit mehr engagierte Nationalsozialisten als in der Gesamtbevölkerung.[140]

Regelmäßige Besuche von Schülersondervorstellungen in den Kinos waren Bestandteil des Unterrichts.[141] Eine Vereinbarung zwischen dem RMVP
und dem Reichsminister für Wissenschaft, Erziehung und Volksbildung
legte fest, daß den Schülern bis zu viermal im Jahr „staatspolitische" Filme
gezeigt werden sollten, die von den Gaufilmstellen der NSDAP zur Verfügung gestellt wurden. Die Schulen erhoben hierfür besondere Eintrittsgelder, die 15 Pfennig nicht überschreiten durften.[142] Für die möglichst lücken-
lose „Erfassung" der Schüler hatten die Schulleiter zu sorgen.

c) „Jugendfilmstunden" der HJ

Den zentralen Ort für die Jugendfilmpropaganda im Dritten Reich stellte nicht
die Schule dar, in deren Filmvorführungen Unterrichtsfilme das Schwergewicht bildeten und Spielfilme nur ausnahmsweise gezeigt wurden, sondern
die von der Hitlerjugend (HJ) organisierten Filmveranstaltungen. HJ und der

Bund Deutscher Mädel (BDM) erfaßten nach wenigen Jahren bei weitem die meisten und seit 1939 nahezu alle Jugendlichen im Deutschen Reich.[143] Bis Ende des Jahres 1933 wurden alle anderen Jugendorganisationen entweder verboten oder in die HJ eingegliedert. Eine Ausnahme bildeten die katholischen Jugendverbände, die noch eine Zeitlang durch das Konkordat geschützt waren. Schon Ende 1935 waren fast vier Millionen Jugendliche Mitglieder der HJ.[144] Nach dem Erlaß des Gesetzes über die Hitlerjugend verstärkte sich der Druck zum „freiwilligen" Eintritt noch. Mit der Durchführungsverordnung zum HJ-Gesetz vom 25. März 1939 wurde die „Jugenddienstpflicht" endgültig eingeführt. Alle zehnjährigen Jungen und Mädchen wurden nun automatisch in das „Deutsche Jungvolk" und die „Jungmädel" eingezogen und am „Führergeburtstag" auf Hitler vereidigt. Die Jugenddienstpflicht entsprach damit für diese Altersgruppe der Arbeitsdienst- und Wehrpflicht der älteren Jugendlichen und jungen Erwachsenen.

Einen gewissen Druck, in die HJ einzutreten, mußte der Staat manchmal auf die Eltern, aber nur selten auf die Jugendlichen ausüben. Die HJ versprach den Jugendlichen ein Freizeitprogramm, das sich viele Eltern für ihre Kinder nicht leisten konnten oder ihnen eigentlich nicht erlauben wollten. Viele Jugendliche empfanden die von der nationalsozialistischen Jugendorganisation gemachten Angebote als überaus attraktiv. Sie hatten nun eine „eigene" Organisation, Uniformen, eine bestimmte Verantwortung, besondere Verhaltensmaßregeln, die sich von denen der Welt der Erwachsenen unterschieden, aber von ihr ernst genommen werden mußten. Die Autorität der Organisation machte es vor allem vielen weiblichen Jugendlichen und der Jugend auf dem Land leichter, sich kleine Freiräume gegenüber den Eltern zu erkämpfen und zu behaupten.[145] HJ und BDM trugen dazu bei, Adoleszenz stärker als zuvor als eine biographische Zwischenphase zu konstituieren. Der Dorfforscher Josef Müller beschrieb 1939 in seiner Untersuchung über das mainfränkische Dorf Sulzthal diesen Prozeß als „Familienzerfall": „Nicht selten stehen in unserem Dorfe sogar die staatlichen Organisationen und die Jugendverbände (HJ., BdM.) mit ihren Beeinflussungen im Gegensatz zu den Anschauungen der Familie, und das Kind wird in einen inneren Widerspruch getrieben."[146]

Filmvorführungen waren regelmäßiger Bestandteil der HJ-Veranstaltungen. Die HJ richtete die „Jugendfilmstunden" zum ersten Mal im April 1934 im Kölner „Ufa-Palast" aus. Diese anfangs auf das Winterhalbjahr begrenzte Einrichtung erstreckte sich seit 1936, als die Filmvorführungen zu einem Element des Dienstbetriebes der HJ erklärt wurden, über das ganze Jahr.[147]

Die Bedeutung der Filmarbeit der HJ zeigte sich darin, daß der Beginn der neuen Saison in jedem Jahr mit einer prominent besetzten Eröffnungsfeier begangen wurde, die ein festes Datum im nationalsozialistischen Veranstaltungskalender darstellte. „Alljährlich zum Herbst eröffnen der Reichsminister für Volksaufklärung und Propaganda und der Reichsjugendführer der NSDAP die neue Spielzeit der Jugendfilmstunden gemeinsam. An diesem Tage werden auf Befehl des Reichsjugendführers in allen Filmtheatern des Großdeutschen Reiches parallele Jugendfilmstunden durchgeführt, in denen die Übertragung der Feierstunde und der Ansprachen abgehört werden."[148] Die Okkupation der Theater drückte den Willen des Regimes aus, die wirtschaftlichen Interessen der Theaterbesitzer an einem Tag im Jahr einem staatlichen Auftrag unterzuordnen. Einen finanziellen Verlust erlitten die Theaterbesitzer durch die Jugendfilmstunden ohnehin kaum. Zwar lagen die Eintrittspreise mit 20 Pfennig beträchtlich unter dem durchschnittlichen Preisniveau von etwa 60 Pfennig bis 1 Reichsmark, aber die Jugendfilmveranstaltungen fanden zumeist an den sonst besuchsfreien Sonntagvormittagen statt und brachten somit zusätzliche Einnahmen.[149]

Alle Jugendlichen bis zum 18. Lebensjahr und die Mitglieder der verschiedenen NS-Organisationen waren berechtigt, an den Veranstaltungen teilzunehmen. Für die jüngeren HJ-Mitglieder wurde der Besuch organisiert, was die elterliche Zustimmung erleichterte und zugleich den feierlichen Charakter der Veranstaltung unterstrich. „Schon der gemeinsame Anmarsch in geschlossener Formation gibt der Vorstellung einen ganz anderen Auftakt, eine ganz andere Resonanz."[150] Die Veranstaltungen begannen mit dem Absingen von HJ-Liedern. „Dann wird durch einen Sprecher eine Einführung zu dem Hauptfilm gegeben, in welcher die großen Zusammenhänge aufgezeigt werden, die das Geschehen, das auf der Leinwand abrollen wird, bestimmen."[151] Vor dem Hauptfilm liefen Kulturfilme und die Wochenschau. Im Hauptprogramm wurden überwiegend die gleichen Filme vorgeführt, die auch sonst in den Kinos gezeigt wurden, sofern sie für Jugendliche zugelassen waren, was nur auf etwa ein Viertel aller Spielfilme zutraf.[152]

Wegen des Mangels an jugendfreien Filmen kennzeichneten Wiederholungen das Programm. Denn ganz im Gegensatz zu dem in der Einrichtung der HJ-Veranstaltungen zum Ausdruck kommenden Bemühen um die Distribution von Filmen unter Jugendlichen hat sich das NS-Regime um die Herstellung von Jugendfilmen kaum gekümmert. Bis 1944 wurden nur zehn Jugendspielfilme gedreht; zwei weitere Filme aus der Weimarer Zeit, darunter „Emil und die Detektive", waren im Verleihprogramm geblieben. Ein

Grund für die geringe Produktion von Jugendfilmen muß in der Befürchtung der Filmindustrie gesehen werden, Jugendfilme seien nicht profitabel, weil sie nur einen Teil der Gesamtbevölkerung ansprächen.[153] Selbst wenn die Jugendlichen, oft die einschlägigen Verbote mißachtend, überwiegend Erwachsenenfilme konsumierten, tat sich in der niedrigen Anzahl von jugendspezifischen Filmen eine Lücke in dem sonst umfassend organisierten propagandistischen Zugriff des Staates auf die Heranwachsenden auf. Die Veröffentlichung der für die Ausweitung der Jugendfilmproduktion plädierenden Studie von Anneliese U. Sander „Jugend und Film" 1944 im Zentralverlag der NSDAP Franz Eher Nachf. deutet darauf hin, daß diese Situation als Mangel erkannt wurde und beseitigt werden sollte.[154]

Den größten kommerziellen Erfolg des nationalsozialistischen Jugendfilms stellte Hans Steinhoffs Ufa-Produktion „Hitlerjunge Quex" dar. Goebbels hielt den Film für eine gelungene Verbindung von Kunst und ideeller Gesinnung, was die Gewähr dafür bot, daß der Film während der gesamten Herrschaftszeit des Regimes im Verleih blieb.[155] Die lange Laufzeit, der organisierte Besuch und der Mangel an anderen Jugendfilmen führten dazu, daß „Hitlerjunge Quex" zu der vielleicht meistgesehenen Produktion des Dritten Reiches wurde, der kaum ein Heranwachsender entgangen sein dürfte. Ob der Film tatsächlich bei den Jugendlichen „überaus beliebt" gewesen ist,[156] läßt sich kaum mehr feststellen. Ein Teil der Heranwachsenden mochte den Film aber sicherlich, weil er als gelungener und spannender Abenteuerfilm rezipiert wurde, wie die von Alois Funk wiedergegebene Stellungnahme einer sechzehnjährigen Schülerin andeutet: „Ich denke besonders an die gefährlichen Stellen zurück, z. B. in Hitlerjunge Quex, wo der Mörder des Jungen das Messer an sich nahm."[157] Der Erfolg dieses Films stellt jedoch keinen Beleg für ein besonders ausgeprägtes Interesse der Jugendlichen am nationalsozialistischen Propagandafilm dar. Funk, der sich in seiner 1934 erschienenen empirischen Untersuchung „Film und Jugend" von den „nationalen Produktionen des neuen Deutschland ... die günstigsten Wirkungen" versprochen hatte,[158] stellte durchaus widersprüchliche Wirkungen von Filmen mit einer nationalen Thematik und besonders von Kriegsfilmen fest. Die befragten Erzieher meinten, daß sich etwa zwei Drittel der männlichen Jugendlichen für Kriegsfilme begeisterten, auf das restliche Drittel wirkten sie abschreckend. Diejenigen Kriegsfilme, die in länger zurückliegenden Zeiten, d. h. in der Regel während der „Freiheitskriege", spielten, waren beliebter als die Weltkriegsfilme. Mädchen lehnten Kriegsfilme nach den Beobachtungen der Erzieher überwiegend ab.[159]

Bei männlichen Jugendlichen ebenso beliebt wie Filme mit militärischen Themen waren die Sportkurzfilme, die im Vorprogramm gezeigt wurden. Während der Olympischen Spiele von 1936 hatte sich das Interesse am Sport noch gesteigert, das zunehmend durch Wochenschauberichte befriedigt wurde. Bergleute berichten, daß sie in ihrer Jugend fast jeden Sonntag des Jahres 1936 im Kino verbracht hätten. Weitere Höhepunkte waren die Kämpfe zwischen Max Schmeling und Joe Louis 1936 und 1938, die sich auch Jugendliche bis zum frühen Morgen in der Radiodirektübertragung anhörten.[160] Der Film über Schmelings ersten Kampf, der mit einem K.-o.-Sieg in der 12. Runde geendet hatte, lief unter dem Titel „Max Schmelings Sieg, ein deutscher Sieg" mit großem Erfolg in den Kinos.[161] Von der systematisch geförderten Sportbegeisterung der Jugendlichen erwartete das Regime wohl zu Recht eine Sympathiewerbung für seine Ziele. Eine Übertragung des positiven Bildes vom Sport auf den Staat, der Sport und Technik über HJ und Schule stark förderte und in den Medien positiv besetzte, erscheint jedenfalls naheliegender als die Differenzierung, die in den Deutschland-Berichten der Sopade 1937 vorgenommen wurde. Hiernach seien die Jugendlichen nicht von der „Idee des Nationalsozialismus ... innerlich beseelt ..., es ist die Begeisterung für Sport und Technik ... Der junge Deutsche will nicht mehr Straßenbahnschaffner oder Lokomotivführer, er will Flieger werden."[162] In dem Vorbild des Fliegers verschmolzen in fast idealtypischer Weise die Technik- und Sportbegeisterung der Jugendlichen mit den nationalen und militärischen Erziehungszielen des Regimes. Piloten, Rennfahrer, Entdecker bezeugten, daß die soldatischen Tugenden der Pflichterfüllung, der Verleugnung von Schmerzen und der Bereitschaft zur Opferung des eigenen Lebens die Anerkennung der Gemeinschaft einbrachten.

Die Vorgabe der möglichen Rezeptionsweisen durch die gesprochenen Einleitungstexte und Kommentare entsprechend den Zielen des Regimes sowie die Kontrolle des jugendlichen Filmkonsumverhaltens durch die Anwesenheit von HJ-Führern und Lehrern stellte eine Verbindung zwischen dem Schulfilm und den Jugendfilmstunden her. Die Vorführungen wirkten auf eine vergleichsweise unterhaltsame Weise daran mit, nationalsozialistische Erziehungsziele zu propagieren. Ihre Wirkung muß regional und nach soziokulturellen Milieus differenziert beurteilt werden. In den ländlichen Gebieten war die HJ in Zusammenarbeit mit den Gaufilmstellen oft der einzige Anbieter von Filmen, deren Attraktivität und Akzeptanz trotz der disziplinierenden Begleitumstände entsprechend hoch gewesen sein dürfte. In den Städten hingegen konkurrierten die Jugendfilmstunden über ihre niedrigen

Eintrittspreise mit den kommerziellen Kinoveranstaltungen, was den geringen finanziellen Möglichkeiten der Heranwachsenden entgegenkam. Die
höhere Attraktivität der unkontrollierten kommerziellen Freizeitgestaltung
mußte erkauft werden. „Man brauchte dafür Geld, das hatte man nicht
immer, auch wenn man sehr erfinderisch war beim Zusammenholen von
Geld."[163] In den Städten und hier wiederum in den Milieus der jungen Arbeiter, die oft schon über einige finanzielle Mittel verfügten, sind die Beliebtheit und damit die Wirkungsmöglichkeiten der Jugendfilmveranstaltungen
als eher gering zu bewerten. So berichten Bergleute, die in den dreißiger
Jahren Jugendliche waren, daß sie sich oft mit irgendwelchen Tricks dem
HJ-Dienst entzogen hätten, um Tanzveranstaltungen, Kneipen und Kinos zu
besuchen.[164] Für diese Heranwachsenden verlor das Kino in dem Maße an
Attraktivität, wie es zum Teil von Lehr- und Dienstplänen wurde.

Die Filmvorführungen der HJ trugen zur Anziehungskraft der nationalsozialistischen Jugendorganisation bei, aber sie hatten keinen entscheidenden Anteil daran. Wesentlich wichtiger war, daß es der HJ und dem BDM
gelang, den Jugendlichen einen „eigenen" Raum außerhalb der elterlichen
Kontrolle zu schaffen, der für viele, besonders für die Jugendlichen auf dem
Lande und für Mädchen, ein Stück persönlicher Freiheit bedeutete, auch
wenn diese von den Regeln der Gruppen wieder begrenzt wurde. Zeltlager
und Fahrradtouren kamen dem Interesse an Romantik und Abenteuer entgegen; Uniformen, Geländespiele und Sport gaben der Freizeit den von vielen
Jugendlichen durchaus gewünschten militärischen Anstrich.[165] Filmveran-
staltungen vermittelten Anregungen für diese Aktivitäten, gliederten sie in
Bedeutungsmuster ein, zeigten die „heroischen" Taten der Soldaten und die
Opferbereitschaft der Frauen und Mütter, denen man nacheifern konnte. Die
Filmveranstaltungen trugen dazu bei, das Gewicht zwischen den konkurrie-
renden Erziehungsinstanzen Eltern, Schule und HJ zuungunsten der Eltern
zu verschieben, wobei es vielen Jugendlichen gelang, die Rivalitäten zu ihren
Gunsten auszunutzen.

Die HJ verschaffte vielen Jugendlichen ihr erstes Filmerlebnis und trug
damit unbeabsichtigt dazu bei, die Funktion des Kinos als jugendspezifischer
Treffpunkt und Vergnügungsort auszubauen. Trotz ihres beträchtlichen
Zuschauerzuspruchs bestritten die Jugendfilmstunden jedoch nur einen
marginalen Anteil am gesamten Filmkonsum der Jugendlichen. Selbst 1943
ging jeder Heranwachsende im Durchschnitt nur einmal pro Jahr in eine HJ-
Filmveranstaltung, aber er besuchte mehr als zwanzigmal eine normale Kino-
vorstellung.[166] Allein dieser Zahlenvergleich verdeutlicht die begrenzten

TABELLE 8

Zuschauerzahlen der Jugendfilmstunden 1934/35–1942/43

Spielzeit	Zahl der Veranstaltungen	Besucher
1934/35	.	> 300 000
1935/36	905	425 176
1936/37	1725	897 839
1937/38	3565	1 771 236
1938/39	4886	2 561 489
1939/40	8244	3 538 224
1940/41	12560	4 800 000
1941/42	15800	5 600 000
1942/43	< 45290	11 215 000

Quelle: A[nneliese] U. Sander, Jugend und Film (= Das Junge Deutschland, Sonderveröffentlichung Nr. 6), Berlin 1944 (ND u. d. T.: Jugendfilm im Nationalsozialismus. Dokumentation und Kommentar von Hartmut Reese [= Geschichte der Jugend, Bd. 7], Münster 1984), S. 72.

Wirkungsmöglichkeiten der Jugendfilmstunden. Dennoch ist es bemerkenswert, daß der organisierte Filmbesuch gerade nach dem Beginn des Krieges einen rasanten Ausbau erfuhr (vgl. Tabelle 8). Wahrscheinlich sollte ein Gegengewicht zum unkontrollierten Kinobesuch gebildet werden, der zunehmend als bedrohliche Verwahrlosung gewertet wurde. Auf diesen Zusammenhang wird im vierten Kapitel eingegangen (vgl. unten S. 208).

d) Konkurrenz durch die Filmarbeit der Kirchen

Nach der Einschätzung der nationalsozialistischen Führung verfügte nach der Zerschlagung aller politischen Organisationen allein die katholische Kirche noch über eine im wesentlichen intakt gebliebene Struktur und über die weltanschauliche Kraft, um bei den Jugendlichen als Konkurrent auftreten zu können. Nur die katholische Kirche war noch dazu in der Lage, eine eigene, weitgehend vom nationalsozialistischen Staat, seiner Schule sowie der HJ unabhängige Filmarbeit zu betreiben. Zwar waren die kirchlichen Filminstitutionen seit dem 14. Dezember 1933 Mitglieder der Reichsvereinigung Deutscher Lichtspielstellen und damit in die Reichsfilmkammer integriert, wodurch alle öffentlichen Vorführungen der Kontrolle durch die Leiter der Landesfilmstellen der NSDAP, später der Gaufilmstellenleiter unterlagen,[167] doch mit dem Verweis auf die Mitgliedschaft in der Reichsfilmkammer konnten kirchliche Stellen ihr Recht, Filme öffentlich vorzuführen, gegen die schon 1934 beginnenden Versuche von Polizeibehörden verteidigen, die Veranstaltungen mit dem Hinweis auf eine angebliche Gefährdung von Ruhe und Ordnung zu untersagen. Seit 1938 blieben die Proteste der Kirchen gegen die Eingriffsversuche der Gaufilmstellen aber überwiegend erfolglos. Zudem wurde die Kirchen am 15. März 1940 verpflichtet, öffentliche Filmvorführungen von den Gaufilmstellen genehmigen zu lassen. Diese Genehmigung wurde nahezu immer versagt. Damit waren Filmveranstaltungen nur noch im innerkirchlichen Rahmen möglich.[168]

Die Filmveranstaltungen der katholischen Jugendarbeit zogen dennoch das besondere Mißtrauen des SD auf sich. Schon in seinem 1. Vierteljahresbericht 1939 beklagte der Inlandsnachrichtendienst, daß die Kirche Filme als Mittel verwende, um für sich bei der Pfarrjugend zu werben.[169] Filme wirkten nach Ansicht des SD als Magnete, die Jugendliche an die Kirche bänden. Im April 1943 berichteten die „Meldungen": „Ein besonders wirksames Hilfsmittel der Kirchen in der christlichen Jugenderziehung bedeutet jedoch fraglos der Gebrauch des Films. Er finde bei allen Gelegenheiten sowohl in der Katechese wie in besonderen Feierstunden, Heimabenden und Arbeitsgemeinschaften Verwendung. Die Gefahr der kirchlichen Beeinflussung der Jugend ... sei bei der Beliebtheit, der sich die Vorführung von Filmen, vor allem Farbfilmen, aber auch Bildbändern [= Diapositivserien – G. St.] und Stehbildern erfreuen, außerordentlich hoch."[170] Selbst Angehörige der HJ würden kirchliche Filmveranstaltungen besuchen, „weil Interessantes geboten würde".[171]

Der Vergleich zu den organisatorischen und finanziellen Mitteln der staatlichen Jugendfilmarbeit zeigt jedoch, daß die Außenwirkung der kirchlichen Vorführungen eng begrenzt bleiben mußte. Trotz der Bemühungen einzelner Pfarrer erreichten sie nahezu ausschließlich Jugendliche, die fest im katholischen Milieu verwurzelt waren. Die staatlichen Pressionen und die allgemeinen Einschränkungen durch die Kriegslage waren dafür verantwortlich, daß seit 1943 nahezu keine kirchliche Filmarbeit mehr existierte.[172]

4. Der Film geht ins Werk? Arbeiter und Kino

a) Arbeiter und Kino in den zwanziger Jahren

Das Kino war während der Weimarer Republik erfolgreich in die nach außen so gefestigt erscheinenden proletarischen Milieus gerade an einer Flanke eingedrungen, die lange Zeit als konstitutiv für seine Stabilität gewertet wurde. Die Arbeiter verbrachten ihre Freizeit eben nicht ausschließlich innerhalb des dichten Organisationsgeflechtes, das sich die deutsche Arbeiterbewegung geschaffen hatte.[173] Auch der sozialdemokratische Facharbeiter, der Mitglied von Partei und Gewerkschaft war, im „Konsum" einkaufte, seine Literatur von der „Büchergilde Gutenberg" bezog, dem Männergesangsverein „Vorwärts" angehörte und seinen ältesten Sohn zum Radsportverein „Solidarität" schickte,[174] ging vielleicht einmal im Monat in ein Filmtheater, und sein radelnder Sohn schon einmal in der Woche.

Spätestens als Ende der zwanziger Jahre offensichtlich geworden war, daß die Versuche der sozialistischen Parteien gescheitert waren, in einem größeren Umfang eigene Filmproduktionen und Verleihorganisationen zu etablieren, wurde die Beliebtheit des Kinos bei der Arbeiterschaft erklärungsbedürftig. Bei allen Unterschieden in der Bewertung bildete sich bei bürgerlichen wie sozialistischen Beobachtern der Konsens heraus, daß die Vorliebe der Arbeiter für das bürgerliche Kino zumindest ein Zeichen, wenn nicht gar ein Verstärkungsmoment sozialer Desorientierung war. Der Psychologe Walter Pahl deutete die Beliebtheit der „Unterhaltungsstätte für die proletarische Menschenschicht" als Zeichen einer inneren Verödung, die eine Folge der arbeitsteiligen Produktionsweise sei.[175]

Die Frage, warum sich auch Arbeiter Filme der konservativen Ufa ansahen, sie oft den von Intellektuellen goutierten „Russenfilmen" vorzogen, wurde letztlich mit dem Verweis auf die entfremdeten Lebens- und Arbeitsverhältnisse in der Moderne beantwortet. Fred Frank schrieb 1930 in der sozialdemokratischen Zeitschrift „Kulturwille": „Die trostlosen wirtschaftlichen, geistigen, familiären Verhältnisse, die Verelendung des Lebens, die Entgeistung der Persönlichkeit, die Folgen der Rationalisierung im Privatleben, die Aussichtslosigkeit der meisten Wünsche und Hoffnungen – das alles verleiht dem Kino eine besondere Anziehungskraft. Wäre die gesamte soziale Lage günstiger, hätten wir im höheren Maße die Möglichkeit eigenen wirklichen Erlebens: die Kinos wären weniger besucht."[176] Diese These ging von der Erfahrung aus, daß die Arbeiter den bürgerlichen Film bevorzugten.

Zu Beginn der dreißiger Jahre war man sich weitgehend darüber einig, daß die sozialistische Arbeiterbewegung die Chance, ihre Ziele über den Film an die Mehrheit der Arbeiter zu verbreiten, hoffnungslos an die bürgerlich-konservative Konkurrenz verloren hatte. „Aber an die große indifferente Masse, die den Hugenberg-Theatern ihre Groschen hinbringt, kommen wir nicht im nennenswerten Maße heran."[177] Diese resignierte Aussage stand im Widerspruch zu den immer noch vorgetragenen emphatischen Appellen, die Ziele der organisierten Arbeiterbewegung über das Agitationsinstrument Film unmittelbar einleuchtend und massenwirksam zu verbreiten.[178] Schließlich lag der große Erfolg der „Russenfilme" erst kurze Zeit zurück. Aber selbst mit diesen Filmen ließ sich kaum eine Präferenz der Arbeiter für „proletarische" Filme belegen. Eine ausgeprägte Vorliebe für den sowjetischen Film zeigte nur eine Minderheit von organisierten Arbeitern, und selbst bei ihnen war es nicht eindeutig zu klären, ob das „Bekenntnis" zum ideologisch geprägten Film unabhängig von der tatsächlichen Vorliebe nicht auch deshalb erfolgte, weil die Unterstützung des sowjetischen Films als solidarischer Akt zum Selbstbild eines sozialdemokratischen oder kommunistischen Arbeiters gehörte.

Erich Fromm hatte in einer 1929 bis 1931 durchgeführten Enquete u. a. versucht, mit Hilfe umfangreicher Fragebögen die kulturellen und ästhetischen Einstellungen von Arbeitern und Angestellten zu erforschen.[179] Eine der Fragen war auf den Filmgeschmack gerichtet. Aus den Antworten ergab sich, daß die Wähler kommunistischer und linkssozialistischer Parteien in einem starken Maß russische Filme bevorzugten, die – weniger signifikant – auch von Sozialdemokraten präferiert wurden. Die Wähler bürgerlicher Parteien und der NSDAP sowie Nichtwähler erklärten Filme aus dem konventionellen Angebot zu ihren Lieblingsfilmen. Insgesamt bevorzugten 28 Prozent der Befragten „russische Filme, alleine oder mit anderen guten Filmen", 18 Prozent konventionelle Filme, 3 Prozent gaben keine Lieblingsfilme an. Immerhin 51 Prozent beantworteten die Frage nicht.[180] Die hohe Zahl der verweigerten Antworten deutet auf eine weitverbreitete Distanz der Arbeiterschaft gegenüber dem Kino. Wer die Frage beantwortete, scheint seine Äußerung weitgehend davon abhängig gemacht zu haben, was er seiner politischen Einstellung und seinem Kunstverstand schuldig zu sein glaubte. Die Dominanz der öffentlichen Meinung und des ideologischen Faktors bei der Beantwortung der Frage nach dem Lieblingsfilm ergibt sich aus dem Vergleich mit der ebenfalls gestellten Frage nach dem bevorzugten Theaterstück. Hier antwortete die Mehrheit aller Befragten mit der Nennung von

Stücken, die Fromm als „konventionell" einstufte, etwa Dramen von Goethe und Schiller, Wagner-Opern und Operetten. Diese Werke kenne man entweder noch aus der Schulzeit, oder sie seien als aktuelle Ausprägung des konventionellen Geschmacks gebilligt. Nur Kommunisten und Linkssozialisten erklärten Stücke mit „revolutionären Tendenzen" zu ihren Favoriten, aber auch hier war der Abstand zu konventionellen Stücken nicht so ausgeprägt wie beim Film. Der Mangel an etablierten Kritikmaßstäben für das Medium Film steigerte das Gewicht der aktuellen Presseurteile über die russischen Filme und der Parteiempfehlung in auffälliger Weise. Grundsätzlich war die Beantwortung der Frage nach Lieblingsfilmen, also nach besonders beeindruckenden Werken, die lange im Gedächtnis haften blieben, kaum dazu geeignet, den alltäglichen Kinokonsum zu erforschen.

Angesichts der relativen Erfolglosigkeit des praktischen Kampfes um die Beherrschung des Kinos entwickelte sich Ende der zwanziger Jahre eine Diskussion um die Gefahren, die für die proletarische Kultur und damit auch für den Zusammenhalt des Proletariats als Klasse von den modernen Massenmedien ausgingen. Wenn über die Leinwand wirksam Vorbilder und Glücksverheißungen in die Köpfe der Arbeiter transportiert werden konnten, lag bei einer realistischen Einschätzung der von ihnen tatsächlich konsumierten Filme die Frage nahe, ob die Arbeiterklasse einem Anpassungsprozeß unterworfen wurde, für den der belgische Sozialist Hendrik de Man 1926 den Begriff der „Verbürgerlichung" prägte.[181] Die Masse des Proletariats ahne „instinktmäßig", daß die kulturelle Dominanz des Bürgertums ein Ausdruck ihrer wirtschaftlichen Überlegenheit sei, und strebe durch eine Übernahme der bürgerlichen Kultur einen Ausgleich für die soziale und wirtschaftliche Inferiorität der Arbeiterklasse an. Der Übernahmevorgang sei überaus differenziert und teilweise widersprüchlich, denn er beziehe sich sowohl auf die sittlichen Normen, die von Teilen der Arbeiterschaft oft ebenso eng interpretiert würden wie von den ehrpußligsten Bürgern, als auch auf den Bereich des Konsums. Hier konstatierte de Man bei der Arbeiterschaft eine Neigung zur affektbeladenen symbolischen Repräsentation. „Der Arme beneidet den Reichen weniger um seinen Komfort als um seinen Luxus, weniger um sein Badezimmer als um sein Motorrad, weniger um seine gute Unterwäsche als um sein seidenes Brusttaschentuch."[182] Die Kultur der oberen Klassen übe ihre Vorbildwirkung in vielerlei Weise, besonders aber durch das Großstadtleben, durch Presse, Roman und Kino, auf die unteren aus. „Im Kino lernen der Mann und die Frau vom Volke die Herren und Damen der Gesellschaft in Haltung und Gebärde nachzuahmen; jeder neue sinnliche

Eindruck wird ... ein Antrieb zur unbewußten Nachahmung. Manches Proletarierkind nährt sein Lebelang seinen Neid und seinen sozialen Ehrgeiz mit den Bildern, die ihm der Film vorgezaubert."[183] In einer bürgerlichen Gesellschaftsordnung könne es gar keine andere als eine bürgerliche Massenkultur geben. Die Arbeiter seien vom Kampf ums tägliche Brot so vollkommen in Anpruch genommen, daß Kultur nur Schmuck des Daseins, aber keine neue Erfüllung bilde.

Der Diskussionsbeitrag de Mans über die relative Vergeblichkeit proletarischer Kulturanstrengungen löste einen breiten Disput aus. Kritiker von links unterstellten de Man, er wolle die kulturelle Entproletarisierung der Arbeiterklasse vorantreiben, rechte Kritiker übernahmen das Schlagwort von der Verbürgerlichung, ohne die ihm zugrundeliegende Analyse zur Kenntnis zu nehmen.[184] Die Auswirkungen der Weltwirtschaftskrise rückten ein Phänomen in den Mittelpunkt der Auseinandersetzung, das Max Viktor als „Proletarisierung des Mittelstandes" beschrieb.[185] Die Tatsache, daß sich der „neue" Mittelstand weigere, die psychologischen Konsequenzen aus seiner objektiv proletarischen Klassenlage zu ziehen, machte ihn nach Theodor Geigers Beobachtung für die ständischen Utopieversprechen der NSDAP empfänglich.[186] Neuere Untersuchungen haben gezeigt, daß es während der Weimarer Zeit nicht zu einer faktischen Einebnung des Unterschiedes zwischen Arbeitern und Angestellten gekommen ist. Hingegen wurden im Dritten Reich massive Schritte zur Beseitigung der scharfen Statusgrenze zwischen Arbeitern und Angestellten unternommen, die man als Gefahr für den sozialen Frieden begriff.[187] Fraglich ist jedoch, ob es in diesem Prozeß auch zu einer Angleichung der kulturellen Gewohnheiten, d. h. hier des Kinoverhaltens, gekommen ist.

b) Das Verhältnis der Arbeiterschaft zum „nationalen" Film,
   zu den „Bewegungsfilmen" und zum Film „Triumph des Willens"

Die Einschätzung, daß sich die Präferenzen der Arbeiter im allgemeinen schon vor der Machtübernahme der NSDAP kaum von denen des übrigen Publikums unterschieden, beeinflußte sowohl das theoretische Interesse an ihrem Medienverhalten wie die praktische Kinopolitik im Dritten Reich. Im Gegensatz zur Zeit der Weimarer Republik, als zumindest gefordert wurde, den Kinokonsum der Arbeiter zum bevorzugten Thema empirischer Untersuchungen zu machen,[188] zog ihr Rezeptionsverhalten nach der Machtübernahme nicht die Aufmerksamkeit der wissenschaftlichen und auch nicht die der staatlichen Medienbeobachter auf sich. Mit der Ausnahme der unten ausführlich dargestellten Leipziger Dissertation von Friedrich Schindler zum Medienverhalten von Leuna-Arbeitern (vgl. S. 111 ff.) finden sich in den Quellen zum Kinopublikum nur beiläufige Beobachtungen über den Kinokonsum von Arbeitern.

Das relative Desinteresse am Filmkonsum der Arbeiterschaft steht im Widerspruch zu ihrem Anteil an der Gesamtbevölkerung. Im Jahr 1939 betrug der Anteil der Arbeiter an den Lohnabhängigen 72,9 Prozent, davon waren rund 30 Prozent Frauen. Die Arbeiterinnen waren im Durchschnitt jünger als ihre männlichen Kollegen und öfter unverheiratet. Die Lebensbedingungen der Arbeiter und damit ihr Zugang zu kulturellen Angeboten waren stark vom Stadt-Land-Unterschied geprägt. Weniger als ein Drittel der Arbeiter wohnte in Großstädten. Die Mehrheit der Arbeiterfamilien, die in ländlichen Gebieten und in Kleinstädten lebte, bewirtschaftete Land, etwa 10 Prozent übten einen landwirtschaftlichen Nebenberuf aus, ernährten sich also nicht ausschließlich von der Lohnarbeit, sondern betrieben in der „Freizeit" einen notwendigen Zusatzerwerb.[189]

In der Phase direkt nach der „Machtergreifung" stand die Reaktion der Arbeiter auf die nationalistisch gefärbten Historienfilme der Ufa im Mittelpunkt des Interesses. Solange noch keine nationalsozialistischen Filme auf dem Markt waren, galten diese Produktionen, mit denen sich der Nationalsozialismus – wie im ersten Kapitel ausgeführt (vgl. oben S. 26) – identifizierte, als ein Gradmesser der Zustimmung der Arbeiter zum neuen Regime. Befriedigt konnte schon zu Beginn der nationalsozialistischen Herrschaft konstatiert werden, daß der nationale Film sein Publikum auch in den Arbeitervierteln fand. Darauf deutete zumindest eine Beobachtung aus der NSDAP-Hochburg Braunschweig hin, die dem Ufa-Direktor Stauss im Februar 1933 berichtet wurde: „Schon heute kann gesagt werden, daß auch die Filme [der Ufa – G. St.] Anklang finden, was besonders von denen zu sagen ist, welche patriotischen Einschlag haben. Diese Filme werden anscheinend selbst von den Arbeitern, die links orientiert sind, bevorzugt."[190]

Diese Einzelbeobachtung ist mit Vorsicht zu lesen. Denkbar ist, daß dem Ufa-Direktor geschmeichelt, daß er zu einem noch nationaleren Kurs in der Produktionspolitik gedrängt werden sollte. Woher wußte der Absender, daß es sich beim Publikum tatsächlich um Arbeiter und dazu noch um linke Arbeiter handelte? Von ähnlicher Qualität sind die meisten Aussagen über die angebliche Vorliebe von Arbeitern für den nationalen Film. So belegt die bloße Angabe, daß „Das Flötenkonzert von Sanssouci" in Essen zum

Jahresbeginn 1931 binnen vier Tagen 20 000 Besucher zu verzeichnen hatte, nicht unbedingt einen Erfolg des Films „in den Arbeiterhochburgen", wie Michael Töteberg meint, denn die von Konzernzentralen geprägte Stadt an der Ruhr wies durchaus eine vielfältige Sozialstruktur auf.[191] Es versteht sich, daß in den Arbeitervierteln nicht nur Arbeiter wohnten, und es ist keineswegs sicher, daß sie in den dort gelegenen Kinos die Mehrheit des Publikums stellten. Die Beobachtung läßt zudem nicht den Schluß zu, daß die Zuschauer in diesen Kinos die in den Filmen propagierten Ziele teilten.

Wenn auch die Berichte über einen besonderen Erfolg des nationalen Films bei der Arbeiterschaft anzuzweifeln sind, so spricht wenig dafür, daß er im proletarischen Milieu auf eine besondere Ablehnung gestoßen wäre.[192] Allerdings darf nicht übersehen werden, daß der Nationalsozialismus schon vor der Machtübernahme eine beträchtliche Anziehungskraft auf Teile der Arbeiterschaft ausübte. Neuere Forschungen zum Wahlverhalten,[193] aber auch zu den politischen Konzeptionen der NSDAP belegen,[194] daß die Versuche der Partei, die Arbeiterschaft von sozialistischen Positionen zu lösen und für die eigene Bewegung zu gewinnen, partiell durchaus erfolgreich waren. Und schließlich kann nicht darüber hinweggegangen werden, daß ein erheblicher Teil des Proletariats nie „klassenbewußt" im Sinne der KPD und der SPD gewesen ist, sondern seine politische Heimat in der katholischen Arbeiterbewegung, im Deutschnationalen Arbeiterbund oder in der den Hirsch-Dunckerschen Gewerkvereinen nahestehenden DDP fand.[195] Letztlich beeinflußte die politische Überzeugung die Entscheidung zum Kinobesuch nur wenig. Die oben angesprochenen Untersuchungen Fromms belegten, daß selbst zur Zeit der größten Popularität des sowjetischen Films keine direkte Korrelation zwischen Parteipräferenz und Filmgeschmack existierte. Auch Arbeiter gingen ihren filmischen Vorlieben weitgehend abgelöst von den Vorgaben ihres soziokulturellen Milieus nach, wenn ihr Interesse durch eine geschickte Werbung oder durch die Neugier auf die ersten großen Tonfilme einmal geweckt war.

Goebbels hielt die „nationalen" Filme der Ufa für vollkommen ungeeignet, etwa kommunistische Arbeiter für den Nationalsozialismus zu gewinnen. Er führte in einer Rede im Berliner Haus des Rundfunks im März 1933 aus: „Wenn ich heute einen Film sehe wie ‚Der Choral von Leuthen', dann muß ich sagen: Sieht ein Kommunist diesen Film, dann wird er nur angewidert und abgestoßen aus diesem Film hinausgehen. Das Gegenbeispiel: Sieht heute ein Nationalsozialist den Film ‚Panzerkreuzer Potemkin', dann ist er in Gefahr, Kommunist zu werden, weil der Film so gut gedreht ist."[196] Und er kündigte an, daß der nationalsozialistische Film genauso wirkungsmächtig werden würde wie der Eisenstein-Film: „Ich glaube, wenn ein Kommunist einmal unseren ersten Film sieht, wird er das nicht wiederholen! Da wird er sagen: Das ist gefährlich."[197]

Der Propagandaminister kam auf diese Prophezeiung nicht mehr zurück. Ein Film von solcher Überzeugungskraft ist während des Dritten Reichs wohl nicht hergestellt worden. Im Gegenteil: die frühen „Bewegungsfilme", die ausnahmslos in proletarischen Zusammenhängen spielten, fielen beim Publikum überwiegend durch. Als „Bewegungsfilme" werden hier die drei Produktionen „SA-Mann Brand", „Hans Westmar. Einer von vielen. Ein deutsches Schicksal aus dem Jahr 1929" und „Hitlerjunge Quex" bezeichnet. Mit der Herstellung dieser Filme hatten sich private Produzenten, die bei allen Unterschieden im einzelnen zunächst auf die Unterstützung der Partei bauen konnten, erhofft, von dem überwältigenden politischen Erfolg der NSDAP an der Kinokasse zu profitieren. Diese Erwartung wurde von „SA-Mann Brand" und „Hans Westmar" eindeutig enttäuscht. „Hitlerjunge Quex" hingegen erreichte seine jugendlichen Zuschauer. Auf die Gründe wurde andernorts bereits eingegangen (vgl. S. 94). Der Mißerfolg des Films über den „Helden der Bewegung" Horst Wessel zeichnete sich schon bei der Uraufführung ab, bei der es nicht zu dem üblichen Premierenbeifall kam.[198] Infolge des ausbleibenden Publikumserfolges distanzierte sich das Regime von diesen Spielfilmen. Hatte Goebbels etwa den Film „SA-Mann Brand" mit einigen Abstrichen in seinen Tagebüchern im Juni 1933 noch als gelungen bewertet,[199] schrieb er 1935 in dem Sammelband „Vom Werden deutscher Filmkunst" mit Bezug auf „Hans Westmar" und „SA-Mann Brand": „Wir Nationalsozialisten legen keinen gesteigerten Wert darauf, daß unsere SA über die Bühne oder über die Leinwand marschiert. Ihr Gebiet ist die Straße. Wenn aber jemand an die Lösung nationalsozialistischer Probleme auf künstlerischem Gebiet herangeht, dann muß er sich darüber klar sein, daß auch in diesem Fall Kunst nicht von Wollen, sondern von Können herkommt. Auch eine ostentativ zur Schau getragene nationalsozialistische Gesinnung ersetzt noch lange nicht den Mangel an wahrer Kunst [!]."[200]

Das Scheitern der im Arbeitermilieu angesiedelten „Bewegungsfilme" war eine Ursache dafür, daß nationalsozialistische Symbole im Spielfilm kaum mehr eine Verwendung fanden. Die Forderungen nach Filmen, die in proletarischen Zusammenhängen spielten, verstummten jedoch nicht. Nach Ansicht vieler zeitgenössischer Beobachter konnte das Kino bei Arbeitern nur dann erfolgreich sein, wenn diese sich zumindest in einigen Filmen mit ihrer

Lebenssphäre, ihren Werten und Verhaltensmustern repräsentiert fühlen durften. Die Tatsache, daß die Welt des Arbeiters im Spielfilm des Dritten Reichs, von wenigen Ausnahmen abgesehen, nicht thematisiert wurde,[201] stieß auf eine breite publizistische Kritik. Die Filmplots blieben nun wie schon in der Weimarer Republik in gesellschaftlich „höheren Sphären" angesiedelt, was – wie ein Kritiker der „Ostdeutschen Morgenpost" 1934 schrieb – „dem Arbeitsmenschen unserer Tage wenig oder gar nichts zu sagen hat ... Sollte es nicht möglich sein, daß Kinobesitzer im Verein mit dem Publikum, dessen Meinung durch Rundfragen recht eindeutig festgestellt werden könnte, den Regisseuren ‚auf die Bude' rücken, damit endlich mal etwas mehr Zeitgeist in den Film hineinkommt ...?"[202] Das Ergebnis der hier angemahnten Erhebungen muß, da sie nicht durchgeführt wurden, dahingestellt bleiben.

Die positive Ausnahme von der indifferenten Aufnahme des nationalen Films und der eher ablehnenden Haltung gegenüber den „Bewegungsfilmen" bildete nach Ansicht einiger Filmhistoriker „Triumph des Willens" von Leni Riefenstahl. Wohl nie zuvor war der Start eines Films in Deutschland von einer ähnlichen Pressekampagne unterstützt worden. Reportagen begleiteten schon die Dreharbeiten, im „Völkischen Beobachter" wurde das Buch „Hinter den Kulissen des Reichsparteitagsfilms" vorabgedruckt, ein von Reichssendeleiter Hadamovsky moderiertes Interview mit Leni Riefenstahl im Rundfunk ausgestrahlt.[203] Am 28. März 1935 fand die Premiere im Berliner „Zoo-Palast" statt. Der „Film-Kurier" berichtete am folgenden Tag: „Kein Fenster der umliegenden Häuser, das nicht besetzt war. Über allen wehten die gewaltigen Fahnen der Frontdekorationen, erhob sich über dem Portal im gleißenden Scheinwerferlicht das Symbol der Macht und des Willens, der goldene Riesenadler."[204] Die Schaulust der Bevölkerung galt der zahlreich erschienenen Partei- und Staatsprominenz mit Hitler und Goebbels an der Spitze.

Der Pomp der Uraufführung setzte sich in der Provinz fort, wo die lokalen NSDAP-Führer dem Vorbild Berlins nachzueifern versuchten, indem die Partei das festliche Rahmenprogramm und die Kinoausschmückung übernahm.[205] Der Besuch des Films war in der lokalen Presse zu einer staatsbürgerlichen Pflicht erklärt worden. Anläßlich der westdeutschen Uraufführung forderte Gaupropagandaleiter Bouwers: „Ein jeder Besucher habe die Pflicht, Propagandist zu sein für den Film, er möge dafür sorgen, daß in den nächsten Tagen eine Welle von Kraft und Mut durch ganz Düsseldorf geht."[206] Es blieb nicht bei verbalen Appellen. Am 5. April 1935 hob die Reichsfilmkammer speziell für den Riefenstahl-Film die seit 1933 geltende Mindestpreisbegrenzung auf.[207] Schon der erste Riefenstahl-Parteitagsfilm

„Sieg des Glaubens" hatte von einer ähnlichen Regelung profitiert: für alle Besucher waren die Eintrittspreise um 25 Prozent, für Erwerbslose und Kriegsbeschädigte noch stärker gesenkt worden. Vor allem aber füllte der von NS-Organisationen und Schulen organisierte Besuch die Kinos. Die „Nationalsozialistische Betriebszellenorganisation" hatte es sich zur Aufgabe gemacht, möglichst viele Betriebsbelegschaften geschlossen in die Theater zu führen. Die Folge dieser Maßnahmen war ein grandioser Publikumserfolg. Allein in Nürnberg sahen mindestens 100 000 Besucher den „Sieg des Glaubens".[208] Einen Spitzenwert vermeldete die Presse in der Ortschaft Triptis. Hier erreichte der Film 1934 etwa zwei Drittel der Einwohner.[209]

Nach dem in vielfältiger Weise gesteuerten und organisierten Publikumsansturm der ersten Wochen, der in vielen Theatern für Rekordbesuchszahlen sorgte,[210] ließ das Interesse für „Triumph des Willens" schnell wieder nach. Der Film übe nur eine geringe Anziehungskraft aus, berichtete die Sopade im Juni 1935.[211] Damit er nicht vor leeren Sälen laufen mußte, wurden die Kopien nach wenigen Wochen aus dem Verleih genommen.[212]

Die Nachfrage nach dem Riefenstahl-Film konzentrierte sich nicht nur zeitlich auf wenige Wochen, sie war auch in der Bevölkerung sehr ungleich verteilt. Besonders beliebt war der Film bei denjenigen Teilen des Publikums, die sich von der NSDAP die Erfüllung ihrer nationalen Sehnsüchte versprachen. „Das stärkste Kontingent der Filmbesucher stellten die Sudetendeutschen."[213] Auf dem Land war der Film nicht überall ein überragender Erfolg. Während sich 1936 etwa in dem Dorf Thürungen 25 Prozent der Einwohner für die Komödie „Hermine und die sieben Aufrechten" interessierten, waren es bei „Triumph des Willens" gerade 8 Prozent.[214]

In der Arbeiterschaft lokalisierte die Gestapo das geringste Interesse. Hier wurde offene Ablehnung geäußert: „Über den Film ‚Triumph des Willens' ist seitens der Arbeiterschaft Kritik dahingehend geübt worden, daß der Film lediglich die einzelnen Phasen des Parteitages darstelle und nicht auf die vom Führer in Angriff genommenen großen Arbeitsvorhaben hinweist, die ja auch den Triumph des Willens darstellen und wozu nur die vom Führer eingesetzten Leiter im Film erscheinen und kurze Ansprachen halten. So hätte beispielsweise nach der Ansprache des Dr. Todt sekundenlang dargestellt werden müssen, wie die Arbeiter an der Reichsautobahn tätig sind, nach der Ansprache des Dr. Ley hätten einige Vorführungen aus Industrie und Landwirtschaft gezeigt, nach der Ansprache des Ministers Darré hätten einige Bauernsiedlungen und die Einrichtung derselben durch Handwerker usw. gezeigt werden müssen, nach der Ansprache des Reichspressechefs Dr. Dietrich hätten Zeitungsbetriebe und ähnliches dargestellt werden müssen, ähnlich wie nach der Ansprache des Reichsarbeitsführers Hierl der Arbeitsdienst in einigen Funktionen gefilmt worden war. Auch hier wurde noch das Fehlen der Tätigkeit des Arbeitsdienstes auf dem Lande kritisiert. Aus diesen Gründen hätten die Arbeiter den Film auch nur sehr wenig besucht."[215]

Dieser Gestapobericht widerspricht eindeutig der retrospektiven Interpretation von Thomas Laugstien, der aus der Filmanalyse folgert, Riefenstahl sei mit den Szenen aus dem Lagerleben von HJ und SA, über Wecken, Aufstehen, gemeinsames Essen und Arbeiten eine „Selbstartikulation des Volkes" gelungen: „Das plebejische Element bleibt erhalten, aber es wird als Dominanz- und Unterordnungsverhältnis organisiert. Das Volk sieht sich selbst ... mit dem Blick von oben, aus den Wolken, ordnet sich ein in den faschistischen Diskurs."[216] Die strikte Umsetzung des Führerprinzips im Film wurde eben nicht durch die eher belanglosen Lagerszenen ausgeglichen, in denen Arbeit keine gesellschaftliche Funktion mehr erfüllte. Der Film scheint den Arbeitern keine Identifikationsangebote gemacht zu haben. Er verschaffte ihnen weder die Möglichkeit, dem Alltag zu entfliehen, wo die NSDAP ähnlich allgegenwärtig war, noch bot er den Nutzen, den realitätsorientierte Produktionen haben können. In einem sozialen Umfeld, das dem Nationalsozialismus überwiegend nicht begeistert gegenüberstand, versprach der Konsum von „Triumph des Willens" Arbeitern kaum soziale Vorteile, etwa durch verbesserte Konversationsmöglichkeiten in der Familie oder im Kollegenkreis.[217]

c) Besucherorganisation

Die Bemühungen um die Filmversorgung des ländlichen Publikums zeigten, daß das RMVP eine ausgedehnte Organisation zur Erhöhung des Kinobesuchs bisher unterversorgter Teile der Bevölkerung einsetzen konnte. Bedenkt man die wichtige Rolle, die der Nationalsozialismus nach dem Urteil vieler Historiker dem „Kampf um die Seele der Arbeiterschaft" beimaß,[218] überrascht es, daß ein ähnlicher Aufwand zur Verbesserung der Filmversorgung der Arbeiter nicht getrieben wurde. Die Organisation von Filmveranstaltungen für die Arbeiterschaft gehörte grundsätzlich zum Tätigkeitsbereich der Gaufilmstellen, die diese Aufgabe in Zusammenarbeit mit anderen NS-Organisationen, vor allem mit der Freizeitorganisation „NS-Gemeinschaft Kraft durch Freude" (KdF) der von Robert Ley geführten „Deutschen Arbeitsfront" (DAF), zu erfüllen hatte. Die Situation glich in dieser Hinsicht weitgehend derjenigen der Jugendfilmveranstaltungen, die von den

Gaufilmstellen in Kooperation mit der HJ durchgeführt wurden. Die Alfred Rosenberg unterstellte Theaterbesucherorganisation „Nationalsozialistische Kulturgemeinde", die 1937 mit der KdF verschmolzen wurde, scheint auf dem Gebiet des Films keine Rolle gespielt zu haben. Schon aus diesem Grund tangierte der Kompetenzkonflikt zwischen Rosenberg auf der einen Seite und den im wesentlichen störungsfrei zusammenarbeitenden Goebbels und Ley auf der anderen Seite die Filmversorgung der Arbeiter nicht in einem erkennbaren Ausmaß.[219]

Obwohl es keine Reibungsverluste zwischen der DAF und dem RMVP gab, blieben die Versuche, die Arbeiterschaft mit organisierten Filmveranstaltungen anzusprechen, vergleichsweise gering. Zwar rief z. B. die Gaufilmstelle Halle-Merseburg schon 1934 zu einem filmischen „Propagandafeldzug" auf, der auf Vereine sowie die Innungen und Betriebszellen zielte.[220] Berichte über tatsächlich durchgeführte Veranstaltungen wurden aber nur selten veröffentlicht. Im gleichen Jahr begann der KdF-Gau Groß-Berlin mit der Durchführung von Filmveranstaltungen vor Firmenbelegschaften „während der Freizeit oder nach Arbeitsschluß".[221] In einem Berliner Großbetrieb wurden sinnigerweise „Blut und Boden" und „Erntefest in Bückeberg" vorgeführt. Seit 1935 zeigten die Gaufilmstellen in Zusammenarbeit mit der DAF in einigen Betrieben den vom Reichspropagandaamt der Arbeitsfront hergestellten fünfzehnminütigen Tonfilm „Arbeiter – heute", der die Freuden einer Kreuzfahrt für Arbeiter nach Madeira pries. „Der Nationalsozialismus verwirklicht, was der Marxismus versprach! Deutsche Arbeiter fahren auf eigenen Schiffen in die sonnigen Breiten des Südens und finden dort neue Kraft und Erholung!"[222] Der Film war in diesem Zusammenhang kein eigenständiges Integrationsinstrument, sondern er fungierte als Hilfsmittel, um die KdF-Fahrten in der Arbeiterschaft zu popularisieren. Die allgegenwärtige Werbung für die KdF trug durchaus dazu bei, die Organisation selbst und besonders das vom Amt „Reisen, Wandern, Urlaub" angebotene Touristikprogramm im Bewußtsein der Arbeiterschaft trotz aller Skepsis als bedeutsame „Leistung" des NS-Staates zu verankern.[223] Ein Vertrauensmann der Sopade berichtete 1939, daß er häufig Arbeiter treffe, die erzählten, „Hitler habe doch die großartige Einrichtung der KdF-Fahrten geschaffen", obwohl sie selbst „bisher nicht in der Lage gewesen waren, in all den Jahren an einer einzigen KdF-Fahrt teilzunehmen".[224]

Die Organisation von Kinobesuchen spielte im umfangreichen Unterhaltungsangebot der KdF nur eine marginale Rolle. Seit 1936 war die Kulturarbeit der KdF in den beiden KdF-Ämtern „Deutsches Volksbildungswerk"

TABELLE 9

Besucher ausgewählter Veranstaltungen des Amtes „Feierabend" 1934–1938

	1934	1935	1936	1937	1938
Film	316 968	1 760 274	1 467 862	989 273	857 402
Theater	1 581 573	3 653 040	4 060 670	5 982 987	7 478 633
Varieté, Kabarett	481 855	2 394 942	2 576 800	2 551 507	3 518 833
„Bunte Abende"	1 228 457	4 884 761	6 396 313	4 206 172	4 462 140
Konzerte	576 594	1 408 404	1 635 598	2 087 741	2 515 598
Oper, Operette	540 841	1 458 747	2 342 470	2 902 429	6 639 067
„Volkstum"	258 037	959 378	601 293	331 263	13 666 015
Gesamtzahl*	9 111 663	23 745 116	31 796 702	38 435 663	54 568 467
Anteil des Kinos	3,48 %	7,41 %	4,62 %	2,57 %	1,57 %

* Die Gesamtbesucherzahl umfaßt auch andere Veranstaltungen des Amtes „Feierabend"
(Ausstellungen, Führungen, Reichsautobahn u. a.).

Quelle: Fundamente des Sieges. Die Gesamtarbeit der Deutschen Arbeitsfront von 1933–1940.
Hrsg. von Otto Marrenbach, Berlin 1940, S. 334 f.

und „Feierabend" konzentriert worden. Hier ist allein das KdF-Amt „Feierabend", das die Pflege des Volks- und Brauchtums sowie das Kunst- und Unterhaltungsprogramm steuerte, von Interesse. Im Vergleich zum übrigen Angebot war der Stellenwert von Filmveranstaltungen im Programm des Amtes
„Feierabend" nur gering (vgl. Tabelle 9).

Von den Gaufilmstellen organisierte Filmveranstaltungen für Arbeiter
blieben eine Ausnahme. 1938 unternahm die Gaufilmstelle Düsseldorf den
Versuch, in den Betrieben selbst und in geschlossenen Betriebsveranstaltun-
gen bestimmter Kinos vollständige Filmprogramme vorzuführen. Bis zu diesem Zeitpunkt waren nur kurze Filme vor allem anläßlich der Maifeiern gezeigt worden. Nun sollten die Veranstaltungen in den großen Betrieben im
Monatsrhythmus oder zumindest vier- bis sechsmal pro Jahr stattfinden.
Dem Ziel der „Erziehung und Belehrung der Betriebsangehörigen" sollten
sorgfältig ausgewählte Filme dienen. So wurde vorgeschlagen, in einem Rü-
stungsbetrieb die Produktion „Verräter", in einer Fabrik der Schwerindu-
strie den Vorfilm „Mannesmann" zu zeigen.[225] Die Arbeit der Gaufilmstellen
verfolgte aber nur selten so offensichtlich didaktische Absichten. Sie diente

vor allem dazu, ein von allen Konflikten gereinigtes Bild der „Betriebs- und Volksgemeinschaft" zeichnen. „Der Arbeitsplatz wurde zur Festhalle! Da stand nun unsere Tonfilmmaschine inmitten von Drehbänken, Schraubstök-ken und Werkzeugmaschinen, und rundherum, auf Tischen, Bänken, Stühlen, ja auf der Erde saßen die Arbeitskameraden und sahen unseren Film. Sie alle vergaßen ihre Umgebung, überhörten das Geräusch der Filmapparatur, einzig und allein gepackt von dem einzigartigen Erlebnis des ‚Films im Werk'. Ich glaube kaum, daß eine Vorführung im Kino, die der einzelne gegen Eintrittsgeld besucht, einen so starken Eindruck hätte hervorrufen können, wie dieser Film, wo der Betrieb seinen Arbeitern der Stirn und der Faust dieses Erlebnis schenkte und wo nicht der Mensch zum Film kam, sondern der Film zu ihm!"[226] So selten solche Veranstaltungen waren, auch hier wurden die Bemühungen des Nationalsozialismus deutlich, die traditionellen Unterschiede zwischen Arbeitern und Angestellten einzuebnen.

Der Beginn des Krieges, der die Gaufilmstellen dazu zwang, einen Teil ihrer Projektionseinrichtungen der Wehrmacht zur Verfügung zu stellen, scheint die zaghaften Versuche, Filme in die Fabrikhallen zu bringen, weitgehend gestoppt zu haben.

d) Das Beispiel der Leuna-Arbeiter

Die bisherigen Ausführungen lassen den Schluß zu, daß sich Arbeiter nur schwer für den Film begeistern ließen. Die organisierten Filmveranstaltungen stießen auf keine besondere Resonanz. Filme, die in spezieller Weise mit dem Nationalsozialismus verknüpft waren, wurden von Arbeitern nur wenig besucht und zum Teil offen kritisiert. Ein ähnliches Bild zeigte auch die Aufnahme anderer Großproduktionen. Im Frühjahr 1936 führte die Filmkundeabteilung des Zeitungswissenschaftlichen Instituts der Leipziger Universität unter den Kinobetreibern der Stadt eine Umfrage zum Erfolg des Filmes „Traumulus" durch. Diese Syndikat-Produktion lief zwischen dem 3. März und dem 30. April 1936 in insgesamt siebzehn Leipziger Kinos und verzeichnete ohne die Sondervorführungen der HJ, der Studentenschaft und für die vom Winterhilfswerk erfaßten bedürftigen Bevölkerungsschichten 28 315 Besucher. Damit stellte der Film nach der Aussage der Kinobetreiber einen eindeutigen Publikumserfolg dar, der sich auch darin zeigte, daß zehn Kinos die Laufzeit des Films verlängerten. Vom Publikumsandrang profitierten aber vor allem die Innenstadtkinos. In den Theatern der Fabrikviertel lief „Traumulus" mit kaum durchschnittlichem Erfolg.[227] Obwohl natürlich auch

Arbeiter die Kinos im Zentrum der Stadt besuchten, weist dieses Ergebnis darauf hin, daß der „bürgerliche" Film die Arbeiter nicht in Scharen in die Theater locken konnte.

Das Filminteresse der Arbeiterschaft blieb unabhängig vom gezeigten Film relativ gering. Das Kino profitierte nicht von der verbesserten Einkommenssituation nach die Überwindung der Weltwirtschaftskrise. Selbst die Beschäftigten in den eisen- und stahlverarbeitenden Betrieben, im Bergbau und im Baugewerbe, deren Löhne infolge der Rüstungskonjunktur am stärksten stiegen,[228] verweigerten sich weitgehend dem Kino. Diesen Schluß läßt eine 1939 veröffentlichte Studie des Instituts für Konjunkturforschung über den Kinobesuch in westdeutschen Großstädten zu, die bemerkenswerte Unterschiede in der jährlichen Besuchsfrequenz feststellte. Die Einwohner der Verwaltungs- und Universitätsstadt Bonn gingen im Jahr 1938 durchschnittlich 15,5mal, die Einwohner Kölns 13,1mal und die Düsseldorfer 11,8mal ins Kino. In den Industriestädten Hagen, Mülheim und Remscheid, Orten mit zahlreichen metallverarbeitenden Betrieben, betrug die Besuchszahl pro Einwohner hingegen nur 7,2 bis 7,3.[229]

Zu einem ähnlichen Ergebnis kommt eine Enquete über eine ausgewählte Gruppe von Arbeitern in der Vorkriegszeit, die Friedrich Schindler 1942 in seiner am Leipziger Institut für Zeitungswissenschaft bei Hans A. Münster angefertigten Dissertation „Die Publizistik im Leben einer Gruppe von Leunaarbeitern insbesondere im Hinblick auf Presse, Rundfunk und Film" vorlegte.[230] Schindler hatte 1938 und zu Beginn des Jahres 1939 das Medienkonsumverhalten der Chemiearbeiter mit zwei unterschiedlichen Methoden untersucht. Zum einen verwickelte der Doktorand diejenigen Arbeiter, die in sozialen oder beruflichen Angelegenheiten das Betriebsbüro aufsuchten, in dem Schindler beschäftigt war, in Gespräche über ihre Freizeitbeschäftigungen. Der Betriebsleiter der Ammoniakfabrik hatte zudem genehmigt, die Gratulationsunterhaltung, die anläßlich des Geburtstages jedes Arbeiters stattfand, für das Forschungsprojekt zu nutzen. Daneben verteilte Schindler 300 Fragebögen zum Medienkonsum, von denen die mißtrauischen Arbeiter, die vielfach befürchteten, daß Aussagen zur Freizeit die Ausdehnung der Arbeitszeit oder Lohnsenkungen nach sich zögen, jedoch nur etwa die Hälfte ausgefüllt zurückgaben. Von diesen wiederum stammte in manchen Berufsgruppen die Hälfte von Mitgliedern der NSDAP, was Schindler zu dem Schluß veranlaßte, daß sich „staatspolitische Indifferenz" negativ auf den Rücklauf ausgewirkt habe.[231] Daß dem Regime nahestehende Arbeiter die Fragebögen eher zu beantworten bereit waren, hat die Ergebnisse der Arbeit sicherlich ebenso beeinflußt wie die Vorsicht vieler Befragter, die wahrscheinlich dazu führte, daß die Häufigkeit der monatlichen Kinobesuche untertrieben wurde.

Natürlich wirkte sich die spezifische Lebenssituation der Leuna-Beschäftigten, die nur zu einem Viertel in der Nähe des Werkes und im übrigen weit verstreut in und um Merseburg, Halle, Weißenfels und Naumburg wohnten, auf den Medienkonsum aus, denn bei einer 48-, teilweise sogar 53-Stunden-Woche[232] verbrachten viele noch tägliche Fahrzeiten von drei Stunden in Bussen und Bahnen, was eine tägliche Freizeit von durchschnittlich zweieinhalb bis drei Stunden übrigließ.[233] Zahlreiche Leuna-Arbeiter unterhielten noch einen landwirtschaftlichen Nebenbetrieb, was die verbleibende Freizeit zumindest in den Sommermonaten auf ein Minimum reduzierte.[234] Von Bedeutung war auch, daß viele der Arbeiter keinen Beruf oder zumindest nicht ihren jetzigen Beruf gelernt hatten.[235] Schindlers Ergebnisse können also keineswegs als repräsentativ für den Medienkonsum der Arbeiterschaft im Dritten Reich gewertet werden. Zweifel an der Repräsentativität und der Aussagekraft weckt auch der Fragebogen selbst. Qualitative Fragen stellte Schindler erst gar nicht oder wenn, dann so, daß sie nur eine positive Antwort zuließen, wie z. B.: „Was gefällt Ihnen an der Wochenschau am meisten?"

Im Leben der befragten Leuna-Arbeiter spielte das Kino keine herausragende Rolle. Ein Viertel der 166 Arbeiter, die ihren Fragebogen ausgefüllt hatten, sah sich nie einen Film im Kino an. Zeitmangel, wirtschaftliche Überlegungen und gesundheitliche Probleme wurden als Gründe für den Konsumverzicht genannt. Zwei der Filmgegner äußerten, das Geschehen auf der Leinwand sei nur „Schwindel und Trick" oder „Geflunker"; ein anderer meinte, das Kino sei mit seinen Liebesgeschichten nur etwas „für Weiber".[236] Liebesfilme bildeten aber mit 44 Nennungen die Favoriten derjenigen Arbeiter, die sich gelegentlich oder regelmäßig Filme anschauten, gefolgt von Literaturverfilmungen (33), „Zeitfilmen von volkspolitischer Bedeutung" (31), Kriegsfilmen (22), Operettenfilmen (20), Lustspielen (19) und Kriminalfilmen (6). Alle behaupteten, daß ihnen die Kulturfilme besonders zusagten.[237] Auch in dieser Untersuchung zeigte sich, daß die jüngeren Arbeiter wesentlich häufiger in ein Kino ging als die älteren.[238] Interessanterweise fühlten sich die älteren Besucher stärker von den Propagandafilmen „Triumph des Willens", „Jugend der Welt", „Verräter" und „Friesennot" wie auch von Kriegsfilmen angesprochen.[239] Insgesamt gingen jedoch nur 27 Prozent der Arbeiter regelmäßig, d. h. mindestens einmal in zwei Monaten, ins

Kino.[240] Wie gering der Eindruck des Films aber auf die Arbeiter tatsächlich war, kommt in dem Umstand zum Ausdruck, daß sich die Hälfte der gelegentlichen und ein Drittel der regelmäßigen Kinobesucher an keinen einzigen Titel eines besuchten Films mehr erinnern konnten.

Das Beispiel der Leuna-Arbeiter zeigt, daß es sich bei der Auseinandersetzung um die Verbürgerlichung der Arbeiterschaft durch das Kino in der Spätphase der Weimarer Republik um eine Phantomdiskussion gehandelt hatte. Die Mehrzahl der Arbeiter ging nie oder so selten ins Kino, daß der Film wohl kaum eine Vorbildwirkung ausüben konnte. Vielen fehlte es bei den überlangen Arbeitszeiten an Zeit für den Kinokonsum, manchen aber auch an jedem Interesse. Die neue Freizeitindustrie fand ihre Kunden nur unter den jüngeren Arbeitern, deren Vorliebe für Liebesfilme darauf hinweist, daß das Kino einen bevorzugten Ort zum Ausführen der Freundin darstellte. Weil die Arbeiter kaum in Kinos gingen und der Film fast nie ins Werk kam, konnte dieses Propagandainstrument nur eine geringe Wirkung entfalten. Schindler kam zu dem Ergebnis, daß die Bedeutung des Films „als Führungsmittel bei der Betreuung der Leunaarbeiter" hinter derjenigen der Presse und des Radios zurückbleibe.[241]

Drittes Kapitel

Kinokrawalle, Integration und Ausgrenzung bis 1939

In der Spätphase der Weimarer Republik entwickelten sich die Zuschauersäle der Kinos zu Foren der radikalisierten politischen Auseinandersetzung zwischem dem linken und dem rechten politischen Lager. Neben dem öffentlichen Raum der Straßen und Plätze und zusätzlich zu den für politische Veranstaltungen angemieteten Sälen bildeten die Lichtspieltheater einen bevorzugten Ort kollektiver Protestaktionen.[1]

Publikumsprotest in den Kinos war keine neue Erscheinung. Einzelne oder kleine Gruppen von Zuschauern hatten wohl vom Beginn der Kinogeschichte an lautstark diejenigen Filme kommentiert, mit deren Aussagen sie sich nicht identifizieren konnten. Ähnlich wie in den Sprech- und Musiktheatern richtete sich der Protest in den Kinos zunächst gegen Produktionen, die von den Zuschauern als qualitativ schlecht empfunden wurden. Auch die häufigsten Protestformen waren aus den Theatersälen in die Zuschauerräume der Kinos übernommen worden, obwohl der Regisseur und die Schauspieler als die zentralen Zielpersonen des Protestes die Pfiffe, Buhrufe und mehr oder minder lautstarken Kommentare nur während der feierlichen Filmuraufführung wahrnehmen konnten.

Aus der geschäftlichem Kalkül entspringenden Intention heraus, möglichst viele Besucher anzusprechen, war das Filmprogramm in der Weimarer Republik überaus vielfältig und nicht selten in sich widersprüchlich, es ließ unterschiedliche Interpretationen zu und weckte den Widerspruch des einzelnen Kinogängers, der seine Erwartungen und Wünsche enttäuscht sah. Die private Kritik äußerte das Publikum durchaus nicht nur im Gespräch nach der Vorstellung, viele Besucher scheuten sich nicht, ihrem Unmut schon während der Vorstellung Ausdruck zu geben. In ihrem Protest sammelten sich manchmal Zuschauergruppen, so daß die Äußerungen spontan einen kollektiven Charakter annahmen.[2]

An diesen kollektiven Kinoprotest knüpften die radikalen politischen Parteien der Weimarer Republik an, instrumentalisierten ihn für ihre Ziele und inszenierten schließlich Kinokrawalle systematisch. Die Filmtheater blieben nicht nur Stätten des ausschließlich privaten Filmkonsums, in denen ein individualisiertes Publikum in passiver Haltung die Botschaften eines Massenmediums empfing – mit den Kinosälen war ein neuer öffentlicher Raum entstanden, in dem Aktivisten der radikalen Parteien, insbesondere der NSDAP, Verhaltensweisen in einer Weise ausprägten, die an der These einer durchgängigen Tendenz zur Privatisierung des Konsums von Massenmedien zweifeln lassen.[3] Das Kinopublikum bildete bestimmte Rituale und bisher weitgehend übersehene Traditionen der politischen „Gegenrede" aus.

Der provokative Gehalt solcher Aktionen wurde durch die Tatsache gesteigert, daß der Film zumindest in einzelnen Produktionen im allgemeinen Bewußtsein Aussagen über die tatsächlichen gesellschaftlichen Verhältnisse, mehr noch über kollektive Ängste, Sehnsüchte und Wünsche traf und somit in einem diffusen Sinn nationale Identität verkörperte. Die kollektive Herstellungsweise, synchrone Verbreitung und massenhafte Rezeption der technisch reproduzierten Kunst rückten den Film nach Meinung Walter Benjamins in das Zentrum der aktuellen politisch-kulturellen Umwälzungen; sie „führen zu einer gewaltigen Erschütterung des Tradierten – einer Erschütterung der Tradition, die die Kehrseite der gegenwärtigen Krise und Erneuerung der Menschheit ist. Sie stehen im engsten Zusammenhang mit den Massenbewegungen unserer Tage. Ihr gewaltigster Agent ist der Film."[4] Der Einfluß des Films auf das gesellschaftliche Gefüge beschränkte sich nicht darauf, daß er dem Publikum ein weiteres kommerzielles Unterhaltungsangebot eröffnete und einer neuen Ästhetik den Weg bahnte. Die Kinos boten der öffentlichen politischen Kommunikation Raum, der während der Weimarer Republik am konsequentesten von der NS-Bewegung genutzt wurde.

I. Publikumsproteste in den Kinos der Weimarer Republik

Mitte der zwanziger Jahre begannen die Anhänger der KPD und – etwas später und wohl wesentlich öfter – der NSDAP, die Lichtspielhäuser und ebenso die Sprechbühnen als Stätten politischer Kundgebungen zu nutzen. Die Aktionen kommunistischer Arbeiter richteten sich gegen Filme wie die Berliner Produktion „Der Todesreigen", die die Sowjetregierung als Terrorregime darstellte. Willi Münzenberg berichtete 1925, daß empörte Zuschauer in Leipzig Projektoren zerschlagen und Filmrollen verbrannt hätten.[5] Diese Vorkommnisse blieben vereinzelt und wahrscheinlich im wesentlichen auf lokal organisierte Störaktionen beschränkt, auch wenn das Organ der kommunistischen „Interessengemeinschaft für Arbeiterkultur" 1930 forderte, in der

Arbeiterschaft eine breite Massenbewegung gegen den bürgerlichen Film zu initiieren: „Der Weg muß gefunden werden, diese Proletariermassen zu aktivieren, ihnen die Augen zu öffnen über das Gift, das ihnen auf dem Weg über den bürgerlichen Film eingeimpft wird. Aus der willenlosen Masse der Kinobesucher heraus muß der proletarische Kinobesucher erzogen werden, der keinen antiproletarischen Film ohne Protest vorübergehen läßt."[6] Die größtmögliche Aufmerksamkeit ließ sich durch Protest- oder demonstrative Beifallskundgebungen während der von den Filmkritikern der Tagespresse besuchten Erstaufführungen erzielen. Im Januar 1930 berichtete der Kritiker der „Berliner Börsen-Zeitung" über die Uraufführung des Films „Revolte im Erziehungshaus": Das „stark von kommunistischen Elementen durchsetzte Premierenpublikum fing jedesmal wild an zu pfeifen, wenn auf der Leinwand die Ordnung stiftende Polizei sichtbar wurde, um dann womöglich noch stürmischer zu applaudieren, wenn die Insassen des Erziehungshauses alles kurz und klein schlugen."[7]

Die Nationalsozialisten bedienten sich ganz ähnlicher Aktionsformen. Im Oktober 1930 störten organisierte Anhänger der NSDAP die Aufführung der Komödie „Schatten über Harlem" im Württembergischen Landestheater.[8] Einen Monat später randalierten Mitglieder der NSDAP und des örtlichen NS-Studentenbundes bei einer Vorstellung des Hebräischen Theaters Moskau, Habima, in Würzburg.[9] Am 6. Dezember 1930 berichtete die „Vossische Zeitung" über nationalsozialistische Krawalle während der Aufführung von Leonard Franks Theaterstück „Hufnägel" im Frankfurter Schauspielhaus.[10] Eine Woche später sprengten etwa 200 nationalsozialistische Studenten in Erlangen mit Buhrufen, Stinkbomben und weißen Mäusen die Vorführung eines Films, der das Studentenmilieu verklärte.[11] Der „Vorwärts" berichtete: „Mit dem Absingen des Deutschlandliedes nahmen die Tumulte ein Ende. ‚O alte Burschenherrlichkeit' ist ein gleichgültiger Kitschfilm. Worauf es ankam, war zu zeigen, daß man in Erlangen genauso gut krawallieren kann wie in Berlin."[12]

1. „Im Westen nichts Neues"

Verglichen mit diesen punktuellen und nur auf lokaler Ebene koordinierten Besucherprotesten, bedeutete das von Joseph Goebbels gesteuerte Vorgehen gegen Lewis Milestones Film „Im Westen nichts Neues" im Dezember 1930 eine neue Qualität. Die Verfilmung des überaus erfolgreichen Romans von

Erich Maria Remarque durch die Universal Picture war in Deutschland auf
starke Widerstände gestoßen. Die Reichswehrführung sah das Ansehen der
deutschen Armee verächtlich gemacht, die DNVP wandte sich im preußischen Landtag gegen den Film, und der Ufa-Vorstand wollte nicht nur die
konzerneigenen, sondern alle deutschen Theater für den Film sperren lassen.[13] „Im Westen nichts Neues" wurde dennoch am 4. Dezember gestartet,
aber schon am nächsten Tag ließ der Berliner Gauleiter der NSDAP, Goebbels,
die SA in das Kino marschieren. Am 3. Dezember hatte er in sein Tagebuch
notiert: „Am Freitag gehen wir in den Film ‚Im Westen nichts Neues'. Da
soll den Eunuchen Mores beigebracht werden."[14] Wenig später vermerkte
er den Vollzug: „Schon nach 10 Minuten gleicht das Kino einem Tollhaus.
Die Polizei ist machtlos. Die erbitterte Menge geht tätlich gegen die Juden
vor. Der erste Einbruch in den Westen ... Die Polizei sympathisiert mit uns ...
Draußen Sturm auf die Kassen. Fensterscheiben klirren. Tausende von Menschen genießen mit Behagen das Schauspiel. Die Vorstellung ist abgesetzt,
auch die nächste. Wir haben gewonnen."[15] Tatsächlich hatte Goebbels gesiegt.[16] Am 11. Dezember 1930 widerrief die Filmoberprüfstelle die Zulassung
des Films mit der Begründung, daß er geeignet sei, die öffentliche Ordnung
zu gefährden.[17]

Die von Goebbels inszenierten SA-Krawalle haben das Filmverbot direkt
herbeigeführt, weil sich die politische Führung der Republik zum Erfül-
lungsgehilfen der NSDAP degradieren ließ. Indem er randalierende SA-Leute
in die Kinos schickte, gelang es Goebbels, die im konservativen Lager verbreitete Ablehnung gegen den pazifistischen Film, dem eine tendenziöse
Darstellung des deutschen Militärs nachgesagt wurde, in einen propagandistischen Erfolg für die Nationalsozialisten zu verwandeln. Insofern war tatsächlich ein Einbruch in das bürgerliche Lager geglückt – in „den Westen"
Berlins, wo sich die Wohnviertel des Bürgertums befanden. Im September
1931 wurde der Milestone-Film doch noch für die öffentliche Vorführung
freigegeben, was in der Provinz prompt zu erneuten nationalsozialistischen
Krawallen mit Stinkbomben, Schlägereien mit dem Reichsbanner und Poli-
zeieinsatz führte.[18] Mehr noch als das zeitweilige Verbot des Films bedeutete
das öffentliche Aufsehen, das die inszenierten Publikumskrawalle erregten,
einen außergewöhnlichen Propagandaerfolg, den sich Goebbels persönlich
zuschreiben konnte. Er notierte zufrieden in sein Tagebuch: „Mein Ansehen
in München ist durch die Remarque-Sache mächtig gestiegen."[19] Die Bedeutung der Vorfälle reichte weit über die parteiinterne Profilierung hinaus. Die
NSDAP konnte sich bis in das Bürgertum hinein als eine Kraft stilisieren, die

in der Lage war, diffuses Mißbehagen in politische Aktion umzusetzen und ein klar definiertes Ziel zu erreichen.

2. Kinokrawall als nationalsozialistische Politikform

Solange der NSDAP trotz der vorauseilenden Anbiederung der Ufa die lük-kenlose Beherrschung des Filmangebots in Deutschland noch unmöglich war, verhieß die Erfahrung mit dem Film „Im Westen nichts Neues" aber noch mehr. Durch den gesteuerten Einsatz der Filmkonsumenten verspra-chen sich die Propagandisten der Partei, einen maßgeblichen Einfluß auf das Medium zu gewinnen, der ihnen auf der Seite der Filmproduktion und des Verleihs aus Kapitalmangel, fehlender Nachfrage und eigener organisatori-scher Unfähigkeit bis dahin versagt geblieben war. Die Nationalsozialisten waren durchaus in der Lage, ihre Anhänger zu Kinoprotesten und Boykott-aktionen aufzurufen und deren Durchführung nach dem Prinzip von Befehl und Gehorsam zu inszenieren.

Theoretisch durchgeplant wurde das Verfahren in seiner antisemitischen Variante. An allen Hindernissen, die sich der NSDAP auf ihrem Weg zur Beherrschung der Filmindustrie entgegenstellten und die durch die Instru-mentalisierung der Kinobesucher beseitigt werden sollten, waren nach der 1931 referierten Analyse des Reichsfilmstellenleiters der Partei, Stark, Juden schuld: „Die nat.soz. Bewegung beginnt nun, eine Macht zu werden, mit welcher der Jude auch vor dem 14. September schon lange im geheimen rech-nete. Er weiß genau, daß er nur so lange der unumstrittene Herrscher über das deutsche Lichtspielwesen ist, als ihm nicht eine Macht entgegentritt, die große Teile des Volkes fest organisiert auf ihrer Seite hat. Wir Nationalsozia-listen werden durch die Massen unserer Anhänger auf die Lichtspielhäuser bei der Aufstellung ihrer Programme einen gewissen Druck ausüben, wie das anläßlich des Films ‚Im Westen nichts Neues' geschehen ist. – Von dieser Seite gesehen, ist nicht der jüdische Direktor in Berlin Herr über den Film, son-dern der Kinobesucher. Dieses Passive [sic!] Verfahren zur Umgestaltung der Filmproduktion werden wir durch unser altes bewährtes Mittel, die Partei-presse, unterstützen."[20] Die entsprechende Mobilisierung der Parteimitglie-der wurde 1932 vom Leiter der Abteilung Film in der Reichsorganisations-leitung der NSDAP zu einer zentralen Aufgabe der nationalsozialistischen Filmzeitschrift „Der deutsche Film" erklärt: „Befehlsmäßiger Boykott gewis-ser Filme (jüdisch-besetzte, pazifistische usw.), jüdischer Theaterbesitzer."[21]

So überrascht es nicht, daß Filme und einzelne Theaterbesitzer auch weiterhin Zielobjekte von NS-Krawallen waren. Während einer Aufführung der
„Dreigroschenoper" im Februar 1931 im Nürnberger „Phoebus-Palast" wurde randaliert und mit Stinkbomben geworfen. Am folgenden Tag und mit
ausdrücklichem Bezug auf diese Aktion forderte Julius Streicher in einer
Versammlung die NSDAP-Anhänger dazu auf, in den Theatern und Kinos
zu prüfen, „wie weit man sich erlaube, dem Deutschen für sein gutes Geld
Schmutz und Schund vorzusetzen"; wo das geschehe, solle man „rücksichtslos sein Mißfallen zum Ausdruck bringen".[22]

Aber auch Fälle durch die NSDAP gestützter „positiver" Publikumsaktionen zur Protegierung von der Partei genehmen Filmen sind überliefert.
Am 19. Dezember 1930, eine Woche nach dem Verbot von „Im Westen nichts
Neues", fand die Uraufführung des Preußenfilms „Das Flötenkonzert von
Sanssouci" unter dem Schutz der Polizei statt, die im Gegensatz zu ihrem Verhalten bei dem Milestone-Film dieses Mal gewillt war, die Aufführung stattfinden zu lassen. Im Zuschauersaal hatten sich linke Demonstranten ein-
gefunden, die mit der Parole „Weg mit dem Hugenberg-Kitsch, her mit dem
Remarque-Film" protestierten.[23] Nach einiger Zeit wurde die Vorstellung un-
terbrochen. Ein Polizeioffizier bestieg die Bühne und forderte jeden, der mit
dem Film nicht einverstanden sei, auf, das Kino zu verlassen. Wer nicht Folge
leiste, müsse mit seiner Verhaftung rechnen. Dann ging die Vorstellung weiter, einzelne Störer wurden tatsächlich festgenommen. Zwar waren weiterhin vereinzelte Zwischenrufe zu hören,[24] aber sie gingen im Jubel der Mehrheit des Publikums unter, wie Siegfried Kracauer in seinem Premierenbericht
für die „Frankfurter Zeitung" vom 22. Dezember 1930 berichtete: „Das Ge-
brüll, das den zahmen Protest bald zudeckte, steigerte sich im weiteren Verlauf zu einem Taumel des Entzückens, wie ich ihn selten erlebte. Er über-
bot sich selbst während der Militärmärsche am Ende, die von dem größeren
Teil des Publikums glorreich und taktfest beklatscht wurden."[25] Zum Erstau-
nen Kracauers beteiligten sich an dem Jubel keineswegs nur die Anhänger
der NSDAP: „Ich hätte noch begriffen, wenn die jungen Burschen unter den
Nationalsozialisten, die den Krieg gar nicht kennen, mit Feldgeschrei auf-
getreten wären. Aber das Ungeheuerliche war, daß auch Frauen zu toben
begannen, Mütter, deren Söhne vielleicht gefallen sind, daß sie in einen
Rauschzustand gerieten, der wider die Natur und die Erkenntnis ist. Und als
hinterher [der Schauspieler Otto] Gebühr auf der Bühne erschien, jubelten
sie ihm zu, als sei er der leibhaftige Friedrich der Große, und als hätten sie
immer noch Söhne, die sie hinausschicken können ..."[26] Den Kommunisten,

die – offenbar beflügelt durch das erfolgreiche Vorbild der nationalsozialistischen Vorgehensweise im Fall des Films „Im Westen nichts Neues" – erneut Protestaktionen im Kino als nützliche Form proletarischer Filmkritik entdeckten, gelang es angesichts des starken Polizeischutzes nicht, Goebbels' Erfolg einen eigenen entgegenzustellen und eine Absetzung des Films zu erreichen.[27]

Die Ausnutzung des Kinopublikums für parteipolitische Zwecke war in der Spätphase der Weimarer Republik geradezu zu einer Spezialität der NSDAP geworden, obwohl die starke Position, die hier der „Masse" zufiel, in einem offenbaren Widerspruch zum Führerprinzip stand, dem nach der nationalsozialistischen Weltanschauung gerade die Propaganda unterworfen sein sollte. Denn die Organisation der Aktionen erfolgte überwiegend nicht zentral, sondern blieb der Initiative der örtlichen Parteiführer überlassen, die mit dem Kinoprotest eine Möglichkeit zum direkten Ausdruck ihrer persönlichen Antipathien und Vorlieben entdeckten. Mit eigenmächtig angesetzten Kinoprotesten gewannen die lokalen NS-Größen ein von der Parteiführung weitgehend autonomes Propagandamittel und konnten ihr gegenüber zugleich Tatkraft und Phantasie beweisen. Die Tatsache, daß die regionalen Parteigliederungen in der Lage waren, Teile der Bevölkerung für die Kinoproteste zu mobilisieren, konnte schließlich als weiterer Beweis dafür herhalten, daß die NSDAP der Stimmung derjenigen Ausdruck verleihen konnte, deren Interessen in den Angeboten der Kultur- und Freizeitindustrie nur wenig berücksichtigt wurden. Über die Organisierung von Krawallen in den Kinos gewann die Partei einen eigenständigen Einfluß auf das Filmgewerbe, der ihr bei den Versuchen zum Aufbau einer eigenen Filmproduktion versagt geblieben war.

II. Kinokrawalle ohne antisemitische Zielsetzung nach der „Machtergreifung"

Das Verhältnis der NSDAP zum Kino war vor dem 30. Januar 1933 zwiespältig. Zwar war es der Partei trotz der Rechtswendung der Ufa nicht gelungen, den Film als Propagandainstrument in die Hand zu bekommen, doch sie konnte in Einzelaktionen Teile des Publikums für ihre politischen Ziele aktivieren und auf diese Weise indirekt propagandistische Erfolge erzielen. Die Etablierung der Kinos als Orte kollektiven Protestes stellte jedoch nur in der Phase der permanenten Wahlkämpfe auf dem Weg zur Machtübernahme einen Gewinn für die Parteiführung dar, als ihr nahezu jede öffentliche

Aufmerksamkeit recht war, die sie als Anwalt nationaler Interessen, der Ehre des Militärs, der Studentenschaft oder von Sitte und Moral erscheinen ließ. Da sich die Kinoproteste nahtlos in dieses Propagandakonzept einfügten, unterstützte die NSDAP sie und schuf sich damit eine parteieigene Tradition. Die Taktik, den Staat und nicht etwa die Filmproduzenten und die Verleihfirmen für das Programm verantwortlich zu machen, mußte aber in dem Moment zum Problem werden, in dem die NSDAP die Regierungsgewalt übernahm.

Die folgenden Ausführungen behandeln Kinokrawalle, die sich in den Akten des RMVP und anderer zentraler staatlicher Dienststellen niedergeschlagen haben. Ergänzend ausgewertet wurden Zeitungen, insbesondere der täglich erscheinende „Film-Kurier",[28] nicht jedoch Regionalarchive. Es ist zu vermuten, daß auf dieser Quellenbasis nur ein geringer Teil der tatsächlichen Zuschauerproteste in den Filmtheatern erfaßt wurde.[29] Ausschlaggebend für die Akten- und Publikationswürdigkeit der Vorfälle waren nicht in erster Linie die Zahl der Beteiligten oder die Intensität der Konflikte, über die Auswahl entschied vielmehr das Objekt, gegen das sich die Proteste richteten. Berichtet wurde in der Regel über antisemitische Krawalle und nur ausnahmsweise, wenn regimenahe Gruppen mittels Zuschauerprotesten partikulare Interessen verfolgten. Dafür, daß regimekritische Gruppen die Kinos in Deutschland zu Aktionen genutzt hätten, liegen nahezu keine Hinweise vor. Es kam auch vor, daß die Demonstrationen vom Regime selbst inszeniert wurden.[30]

1. Propagandistischer Anspruch und Filmprogramm im Widerspruch: SA- und Studentenkrawalle

Unmittelbar nach der nationalsozialistischen Machtübernahme wählte das neue Regime das Kino zu einem bevorzugten Schauplatz der Selbstdarstellung von Partei und Staat. Schon am 2. Februar 1933 besuchte Hitler im Berliner „Ufa-Palast am Zoo" die Premiere von Gustav Ucickys „Morgenrot", einem Film, der sich nach der Meinung des Filmhistorikers Klaus Kreimeier durch seine dumpf brütende, gewalttätige Todesmystik auszeichnet.[31] Filme, die dem Ideal der nationalsozialistischen Propaganda entsprachen, blieben im ersten Jahr nach der „Machtergreifung" die Ausnahme. Zu nennen sind neben Ucickys Film „Flüchtlinge" und dem Montagestreifen „Blutendes Deutschland" vor allem die beiden „Bewegungsfilme" „SA-Mann Brand"

und „Hans Westmar" sowie Hans Steinhoffs „Hitlerjunge Quex". Einen stärkeren Eindruck von dem neuen Regime bekam die Bevölkerung durch die
Wochenschau. Hier konnten sich die Kinobesucher von der Stärke des Nationalsozialismus überzeugen, und selbst die Gegner zeigten sich von der
Wucht der Bilder beeindruckt. Victor Klemperer schrieb am 20. April 1933 in
sein Tagebuch: „Wir sahen vorgestern (und hörten) im Film, wie Hitler den
großen Appell abhält: Die Masse der SA-Leute vor ihm, das halbe Dutzend
Mikrophone vor seinem Pult, das seine Worte an 600000 SA-Leute im ganzen Dritten Reich weitergibt – man sieht seine Allmacht und duckt sich."[32]
   Die Mehrheit des Publikums bevorzugte weiterhin Unterhaltungspro-
duktionen, die in einer unsicheren Gegenwart ein Bild privaten Glücks und
gesellschaftlicher Harmonie boten. Im Dezember, traditionell der Monat mit
den meisten Premieren, wurden 1933 folgende Filme uraufgeführt: „Das Lied
vom Glück", „Gasthaus zur treuen Liebe", „Das lustige Kleeblatt", „Das ver-
liebte Hotel", „Des jungen Dessauers große Liebe", „Stimme der Liebe", „Es
gibt nur eine Liebe", „Gretel zieht das große Los", „Inge und die Millionen",
„Keine Angst vor Liebe", „Mein Liebster ist ein Jägersmann" und „Viktor
und Viktoria".[33] Kreimeier konstatiert sogar, daß „im ersten Jahr der Diktatur ... die ‚Sumpfblüten' der Republik, frivole Lebensart und die kokette
Liebe zum Verbrechen" das Filmprogramm dominierten.[34] In den bevorzugten Stätten der nationalsozialistischen Selbstdarstellung lebten unverhohlen
die vor der „Machtergreifung" so scharf kritisierten Erscheinungen der „Ver-
fallskultur" und des „oberflächlichen Kitsches" fort.
   Der Widerspruch zwischen den strengen Idealen der nationalsozialistischen Propaganda und dem von einigen Anhängern der NS-Bewegung als
anzüglich empfundenen Filmprogramm bildete den Hintergrund für ein von
der alltagsgeschichtlichen Forschung bisher übersehenes Phänomen: das
zähe Weiterleben von Zuschauerprotesten nach dem 30. Januar 1933. Das
direkte Aufeinandertreffen von NS-Symbolik und leichter Unterhaltung rief
im Frühjahr 1933 nicht selten krawallartige Unruhen hervor.
   Am 3. April 1933 beschwerte sich ein Kinobesucher des Berliner Kinos
„Capitol" lautstark darüber, daß nach der Wochenschau mit Aufnahmen der
NS-Bewegung die Komödie „Die kleine Schwindlerin" vorgeführt werden
sollte. Anwesende SA-Leute brachen daraufhin die Vorstellung ab und nahmen die Filmkopie mit, brachten sie aber später zurück.[35] Im Unterschied
zu anderen Vorfällen handelte es sich hier offenbar um eine spontane Aktion.
Dafür spricht, daß die örtliche NSDAP eine Untersuchung des Vorganges
zusagte und dem Kinobetreiber den „Schutz der Partei" versprach.[36]

In diesem Vorfall deutete sich ein Konflikt an, der die Kinokrawalle in den ersten Jahren nach der Machtübernahme durch die NSDAP kennzeichnete. Während die Parteiführung schon bald bemüht war, sich der Bevölkerung nach der Zeit radikaler politischer Auseinandersetzungen in der Spätphase der Weimarer Republik als verläßlicher Garant geordneter und sicherer Verhältnisse zu präsentieren, nutzten Teile der Parteibasis die Gunst der Stunde dazu, ihre Forderungen mit den gewalttätigen Mitteln durchzusetzen, zu deren exzessivem Gebrauch sie bisher von der Spitze der NSDAP ausdrücklich aufgefordert worden war und auch in den ersten Monaten nach der „Machtergreifung" ermuntert wurde. Die militanten Teile der Parteibasis trugen ihren Anspruch auf ein im nationalsozialistischen Sinn „gereinigtes" Filmprogramm mit ähnlichen Mitteln vor, mit denen sie in den Monaten nach der Märzwahl entscheidend dazu beigetragen hatten, jegliche den Herrschaftsanspruch der NSDAP noch begrenzende Legalität zu durchbrechen.

Um ihre Forderungen durchzusetzen, bedienten sich SA und SS vor allem des kollektiven Terrors. Mit hilfspolizeilichen Befugnissen ausgestattet, erzwang die „Parteirevolution von unten" personelle Veränderungen in den staatlichen Verwaltungen und besonders in der Polizei, die zu einem Instrument in den Händen der Partei verkam. Allein in Preußen wurden im März und April 1933 mehr als 25 000 jüdische Bürger und politische Gegner des Nationalsozialismus in „Schutzhaft" genommen, mißhandelt und zum Teil ermordet. Die Zahl derer, die in die als „wilde" Lager bezeichneten Prügelkeller der SA und der SS sowie die Folterzentralen der Gestapo verschleppt wurden, ist unbekannt.[37] Am 1. April 1933 organisierte die SA in Berlin den Boykott von Geschäften, die jüdischen Inhabern gehörten, und erzwang die Entlassung zahlreicher jüdischer Angestellter. Diese Aktionen fanden durchaus mit Billigung und Unterstützung der Parteiführung statt, wie ein Brief Hitlers an den Vizekanzler von Papen belegt, der sich gegen die Übergriffe auf ausländische Staatsbürger verwahrt hatte. Hitler erklärte, „das Urteil der Geschichte wird uns einmal den Vorwurf nicht ersparen, daß wir in einer historischen Stunde, vielleicht selbst schon angekränkelt von der Schwäche und Feigheit unserer bürgerlichen Welt, mit Glacéhandschuhen vorgegangen sind statt mit der eisernen Faust".[38]

Im Vergleich mit dem kollektiven Terror, mit dem SA und SS in den ersten Monaten nach der „Machtergreifung" gegen die jüdische Bevölkerung und politische Gegner vorgingen, waren die Kinokrawalle Randerscheinungen, die für das übrige Publikum und die Theaterbetreiber zwar ärgerlich, aber im übrigen folgenlos blieben. Viele Mitglieder der NSDAP und ihrer Verbände hatten sich von der politischen Machtübernahme eine tiefgreifende „Kulturrevolution" im nationalsozialistischen Sinn versprochen. So unbestimmt die Inhalte und Formen dieser angestrebten Kultur auch gewesen sein mögen, zumindest ein negativer Konsens existierte. Nach Ansicht militanter SA-Leute und nationalsozialistisch eingestellter Studenten war es mit ihrer Weltanschauung keineswegs zu vereinbaren, wenn in den Kinos die Darstellung in einem „unwürdigen" Zusammenhang erfolgte, und vor allem erregte Anstoß, daß auf den Leinwänden weiterhin „erotische" Filme oder jüdische Schauspieler zu sehen waren. Mit ihrem Verlangen, das Kinoprogramm in ihrem Sinn zu „reinigen", begaben sich diese Gruppen zweifellos in eine Opposition gegen die Wünsche der Publikumsmehrheit, die mit ihrem Besuchsverhalten dem Unterhaltungsfilm Erfolge bescherte und sich den „Bewegungsfilmen" weitgehend verweigerte. Ihre politische Bedeutung gewannen die Krawalle dadurch, daß sie sich gegen die „eigene" Regierung richteten, die seit der Gründung des RMVP die volle Verantwortung für das Kinoprogramm trug. Mit Krawallen in den Filmtheatern drückte sich eine Opposition innerhalb der NS-Bewegung aus, die sich der gleichen Aktionsformen bediente, die vor der „Machtergreifung" zu den erprobten Kampfmitteln der NS-Bewegung gehört hatten und die Goebbels durch die von ihm inszenierten Proteste gegen den Film „Im Westen nichts Neues" zu ihrem größten Erfolg geführt hatte.

Durch seinen Aufstieg zum Propagandaminister hatte Goebbels die Verantwortung für das gesamte Filmprogramm übernommen. Damit war er zum indirekten Ziel der Kinoproteste geworden. Das Beispiel eines Boykottaufrufs von Kieler Studenten gegen einen von der Zensur freigegebenen sexualaufklärerischen Film, der auf dem Buch eines Schriftstellers basierte, dessen Werke bei der Bücherverbrennung am 10. Mai 1933 auf dem Opernplatz in Berlin auf den Scheiterhaufen geworfen worden waren, verdeutlicht den Zwiespalt. Die „Deutsche Allgemeine Zeitung" berichtete am 5. Juli 1933: „Im Einvernehmen mit den zuständigen städtischen Behörden hat die Kieler Studentenschaft eine Protestaktion eingeleitet, und es ist schließlich gelungen, die sofortige Einstellung der Aufführungen des Films ‚Wege zur guten Ehe' durchzusetzen. Obwohl dieser Aufklärungsfilm, der die ‚Liebe, wie eine Frau sie braucht', demonstrieren will, von der obersten Zensurbehörde am 16. Mai bedenkenlos freigegeben worden ist und seitdem unbeanstandet und unter großem Zulauf in zahlreichen deutschen Kinos gezeigt werden konnte, glaubte die Kieler Studentenschaft deshalb zu ihrem Einspruch verpflichtet zu sein, weil in diesem Werk eine ‚schlecht versteckte Propaganda für die

Ideen Van de Veldes' gemacht werde."[39] Der niederländische Sexualforscher
Theodor H. van de Velde hatte in seinen Werken Fragen der Empfängnisver-
hütung diskutiert, was schon in der Weimarer Republik von der politischen
Rechten als „Abtreibungspropaganda" diffamiert worden war. Mit der Androhung von Krawallen gelang es den Kieler Studenten, den Einfluß dieses
Schriftstellers, dessen „soziale und sexualethische Haltung dem Lebensstil
des deutschen Sozialismus" grundsätzlich widerspreche, auch aus dem Kino
zu vertreiben. „Um unliebsame Zwischenfälle zu vermeiden, hat das Kieler
Lichtspieltheater dem Wunsch der Kieler Studentenschaft nachgegeben und
hat den Van-de-Velde-Film vom Spielplan abgesetzt."[40]

Das von den Studenten durchgesetzte lokale Aufführungsverbot stellte
nicht nur die Autorität des für die Filmfreigabe verantwortlichen Propagandaministers in Frage, es widersprach auch dessen grundsätzlichen Positionen. Goebbels war nicht der Auffassung, mit der nationalsozialistischen
„Machtergreifung" sei der Zeitpunkt gekommen, die Theater, Varietés und
Kinos von freizügigen erotischen Darstellungen zu „reinigen". Immer wieder trat er öffentlich Versuchen lokaler Machtträger entgegen, unter Berufung auf die sittlichen Vorstellungen der Partei „das nationalsozialistische
Deutschland in eine Einöde von Muff und Muckertum zu verwandeln, in
der Denunziation, Bettschnüffelei und Erpressung an der Tagesordnung
wären. Dieselben Moralpächter treten häufig an die vorgesetzten Behörden
mit dem Ansinnen heran, Filme, Theaterstücke, Opern und Operetten zu
verbieten, weil darin Tänzerinnen, Bühnenstars usw. auftreten, die angeblich die schlimmste Gefährdung der öffentlichen Sittlichkeit darstellen. Gäbe
man ihrem Verlangen nach, dann sähen wir bald nur noch alte Jungfern und
Bet-Tanten weiblichen und männlichen Geschlechts über die Leinwand und
die Bretter schreiten. Die Theater wären leer, weil ja das Publikum in ihnen
im allgemeinen nicht das zu finden hofft, was es in den Kirchen oder Bet-
häusern sucht."[41]

Für die Kinobesitzer wurde es unvorhersehbar, durch welche Faktoren
der Zorn lokaler SA-Führer erregt werden konnte. Das Parteiblatt der NSDAP,
„Völkischer Beobachter", berichtete am 13. Juni 1933 von einem Skandal, der
sich bei der Premiere eines der frühen nationalsozialistischen Propagandafilme
ereignete: „Freitag abend kam es anläßlich der Erstaufführung des Films ‚SA-
Mann Brand' zu einem Zwischenfall. SA-Gruppenführer Beckerle teilte dem
Publikum mit, daß die Reklameplakate von einem polnischen Künstler angefertigt seien. In Anbetracht der Tatsache, daß der Besitzer des Kinos (Gloria-
Palast) seinem Wunsche, die Plakate zu entfernen, nicht nachgekommen sei,

forderte er die erschienenen SA- und SS-Mitglieder auf, den Raum zu verlassen. Die Anwesenden kamen diesem Verlangen sofort nach. Daraufhin wurde die Veranstaltung abgebrochen."[42] In nahezu exemplarischer Weise entzündete sich der Konflikt an dem Widerspruch zwischen den wechselhaften politischen Zielen der Regimeführung und Teilen der nationalsozialistischen Basis, die ohne Rücksicht auf den tagespolitischen Kurs auf der Einlösung weltanschaulicher Grundpositionen beharrte. Bekanntlich hatte sich Hitler schon zu Beginn seiner Herrschaft zu einer Verständigungspolitik mit Polen entschlossen, was einen Bruch mit den Traditionen der „Ostpolitik" der Weimarer Kabinette bedeutete, die bezüglich der deutschen Ostgrenze auf die Revision der Versailler Verträge drängten.

Mit der Machtübernahme war aber der Zeitpunkt gekommen, an dem die SA-Mitglieder glaubten, ihren Anspruch auf sozialen Aufstieg und auf politische Mitgestaltung durchsetzen zu können. Diese Forderungen gründeten auf dem Selbstbild der SA, eine kämpferische Elite zu bilden, die ihre Partei an die Regierung gebracht hatte. Sie hatte mit ihrem Engagement in den zahlreichen Wahlkämpfen und den oft gewalttätigen Auseinandersetzungen vor 1933 den größten und gefährlichsten Anteil an der Parteiarbeit zu tragen und der NSDAP jenen dynamischen Charakter verliehen, der ihr den Durchbruch zu einer Massenbewegung ermöglicht hatte.[43] Auch im Kino suchten die Mitglieder der SA eine Möglichkeit, ihren Aktionsdrang auszuleben, für den es nach der „Machtergreifung" schon bald kein eigenständiges Betätigungsfeld mehr gab. Diese Vorfälle und keineswegs allein propagandistische und ästhetische Überlegungen[44] bildeten den Hintergrund für Goebbels' berühmte Mahnung an die Filmindustrie, er lege „keinen gesteigerten Wert" darauf, daß die „SA über die Bühne und die Leinwand marschiert".[45]

Auch nach der Machtübernahme waren viele SA-Männer erwerbslos, der Zusammenschluß mit der Reichswehr zu einem nationalsozialistischen Volksheer blieb ihnen durch den Widerstand der konservativen Reichswehrführung und Hitlers selbst verwehrt, und auch die Übernahme der Polizeigewalt wurde ihnen von Himmler und Göring versperrt. Nachdem die SA mit terroristischen Mitteln ihren Beitrag zur Zerschlagung der anderen Parteien geleistet hatte, sah Hitler ihre wesentliche Funktion als erfüllt an und leitete im Juli 1933 die „Beendigung der Revolution" ein. In einer Ansprache vor den Reichsstatthaltern führte er aus, daß die Partei jetzt der Staat geworden sei und alle Macht jetzt bei der Reichsgewalt liege. Eine andere Autorität, etwa bei einer Organisation oder bei den Ländern, dürfe es nicht geben.[46] Nach dem Willen Hitlers sollte die Partei ausschließlich die Staatsmacht und die

Regierungspolitik organisatorisch stärken und propagandistisch unterstützen und damit zu einem Element der inneren Stabilität werden.[47] Als sich der
Stabschef der SA, Ernst Röhm, dieser Neuausrichtung der SA unter Aufgabe
der von ihm beanspruchten Kontrollfunktion über die staatlichen Bürokra-
tien verweigerte, ließ ihn Hitler zusammen mit Teilen der SA-Führung in
einer brutalen Aktion am 30. Juni 1934 ermorden.

Für die Kinokrawalle hatten die SA-Männer eine strafrechtliche Verfolgung durch die Justiz, etwa wegen Haus- oder Landfriedensbruchs, aber nicht
zu fürchten. Im Gefühl ihres revolutionären Sieges durch die SA begangene
Gesetzesverstöße wurden anfangs von Hitler persönlich gerechtfertigt und
als „Übereifer" durch die Nichteinleitung und Niederschlagung von Verfahren, die Straffreiheitsverordnung vom 21. März 1933 und das Amnestiegesetz
vom 7. August 1934 in der Regel von der Verfolgung ausgenommen.[48]

2. Kinokrawall als Drohmittel: der Reichsbauernführer und andere
   Institutionen

Den massivsten Angriff auf den Verantwortungsbereich des RMVP startete
aus letztlich unklaren Gründen der „Reichsbauernführer" und Reichsminister für Ernährung und Landwirtschaft, Richard Walther Darré. Am
18. „Gilbhardt" (= Oktober) 1933 schrieb Darré unter Umgehung des zuständigen Propagandaministers an Hitler: „Sehr geehrter Herr Reichskanzler! Am
heutigen Tage wurde mir der Film Blut und Scholle vorgeführt, um mein Urteil zu hören. Wenn dieser Film, dessen Hauptdarsteller im Typ und Aussehen fast das Spiegelbild des Reichstagsbrandstifters van der Lubbe darstellt,
vor dem Wahlsonntag gespielt wird, befürchte ich wegen des Aussehens des
Hauptdarstellers große Unruhe unter der ländlichen Bevölkerung. Daher bit-
te ich darum, den Film nicht vor dem 12. November 1933 freizugeben. Heil!
Ihr getreuer Walther Darré."[49] Darrés Intervention traf Goebbels und die
Herstellungsfirma Ufa völlig überraschend, denn der Film galt als geradezu
mustergültig nationalsozialistisch. Das Drehbuch stammte von dem nationalsozialistischen Schriftsteller Richard Schneider-Edenkoben, der Berliner
Schauspieler Griep, der nach Meinung des Bauernministers Marinus van der
Lubbe so ähnlich sah, war Mitglied der „Nationalsozialistischen Jugendbüh-
ne", und der Film war im März schon abgedreht, als noch niemand ahnen
konnte, wie der angebliche oder tatsächliche Reichstagsbrandstifter aussah.
Den Zorn Darrés hatte auch der Titel des Films geweckt, der zunächst den

Arbeitsnamen „Kain" trug und später „Blut und Boden" oder „Blut und Scholle" heißen sollte. Darré beanspruchte das Urheber- und ausschließliche Gebrauchsrecht für das Schlagwort von „Blut und Boden"; er hatte selbst einen Kulturfilm mit dem Titel „Blut und Boden! Grundlagen zum neuen Reich" herstellen lassen, in dem eine Bauernfamilie durch ausländische Getreidespekulanten ihren Hof verliert und in das großstädtische Proletariat gerät.[50] Nun warf er der Ufa Konjunkturhascherei vor.[51] Obwohl die Produktion in „Du sollst nicht begehren" umgetauft wurde, betrieb der Bauernminister seine Kampagne unvermindert weiter. Ende Oktober 1933 kam es im Berliner „Gloria-Palast" während der Filmvorführung zu Zuschauerprotesten, von denen die Ufa zu Recht behauptete: „Die Störung war sichtlich bestellt."[52]

Darré sorgte für eine Presseberichterstattung über den Vorfall,[53] er griff sogar selbst zur Feder und wiederholte am 4. November 1933 in der „Nationalsozialistischen Landpost" unter der Überschrift „Marinus und die Scholle" seine schwer nachzuvollziehenden Vorwürfe gegen die Ufa und das RMVP.[54] Vor allem ließ er in allen für ihn erreichbaren Parteiversammlungen zum Boykott des Films aufrufen. Am 6. November 1934 veröffentlichte der „Film-Kurier" einen etwas versöhnlicheren Leitartikel, der einen Versuch darstellte, die verunsicherte Branche zu beruhigen. Darré betonte aber auch hier, daß die Auswahl der Darsteller ein Kernproblem des „Bauernfilms" sei: „Die vergangene, bauernzerstörende Zeit habe keinen Schauspieler hochzüchten können, der aus innerer Selbstverständlichkeit heraus den deutschen Landmann mit allen Ecken und Kanten, mit seiner Herbheit, seinem Stolz, seiner schöpferischen Zähigkeit und nicht zuletzt mit seiner tiefen Freude an dem heiligen Amt, das er betreue, ohne schulende Einfühlung wahrhaft und wesentlich zu gestalten vermöge."[55] Die Kampagne blieb nicht ohne Wirkung auf das Einspielergebnis. Ufa-Direktor Klitzsch bezifferte die eingetretenen Verluste auf immerhin 300 000 Reichsmark.[56]

Das Vorgehen des Bauernführers zeigt, daß die Versuche, durch inszenierte Unruhen Einfluß auf die Filmpolitik zu gewinnen, nicht auf die lokale Ebene beschränkt blieben. Goebbels mußte sich jedoch nicht nur mit realen Störungen auseinandersetzen, sondern er hatte sich auch permanent der Eingriffsversuche verschiedener Ministerien,[57] der Wehrmacht[58] und anderer Interessengruppen[59] zu erwehren, die ihre Anregungen und Beschwerden zum Teil mit dem Verweis auf mögliche Zwischenfälle unterstrichen. Selbst die chinesische Botschaft drohte 1937 mit Demonstrationen gegen den Film „Alarm in Peking", von dem sich die nationalchinesische Regierung beleidigt fühlte. Über die angemessene Reaktion in diesem Fall waren sich Hitler und Goebbels einig: „Jetzt gibt's auf keinen Fall mehr ein Nachgeben. Wenn einer von den Burschen frech wird, weisen wir ihn aus."[60] Parteiinterne Gegner nutzten die Zuschauersäle der Lichtspieltheater auch zu persönlichen Angriffen gegen den Propagandaminister. 1938 kam es bei der Uraufführung des Films „Preußische Liebesgeschichte" zu Zwischenrufen, die sich gegen die tschechische Schauspielerin Lida Baarova, eine Geliebte von Goebbels, richteten. In der Filmhandlung versuchte die Darstellerin – natürlich vergeblich –, den preußischen König dazu zu bewegen, seine Pflichten zu vernachlässigen. Die Ereignisse im Kino sollen von einem engen Mitarbeiter des Minister, Karl Hanke, mit Hilfe der SS inszeniert worden sein. Angeblich auf Geheiß Hitlers verschwand der Film aus den Kinos.[61]

Selbst die lokalen Filmfunktionäre der Reichspropagandaleitung, die Goebbels direkt unterstellt waren, scheinen immer wieder Druck auf die Programmgestaltung der Kinos ausgeübt zu haben. Nicht ohne Grund erließ der Leiter der Gaufilmstelle Halle-Merseburg, Czarnowski, am 10. Februar 1935 die Anordnung: „Ich mache alle Kreis- und Ortsgruppenfilmstellenleiter darauf aufmerksam, daß sie keinerlei Recht haben, Eingriffe in die Vorführungen der Lichtspieltheater vorzunehmen. Sollten Filme gegen nationalsozialistische Grundsätze verstoßen, ist dieses mir zu melden. Im übrigen ist nur die Polizei berechtigt, Nachkontrollen im Theater durchzuführen."[62]

III. Maßnahmen gegen die Kinokrawalle

Nach dem Sommer 1934 ebbte die Welle von Kinokrawallen ab. Ausschlaggebend waren allgemeine politische und soziale Ursachen, zum Teil drückte sich in dem Rückgang der Erfolg einer gezielten Medienpolitik aus. Die Führung der SA war auf allen Ebenen politisch entmachtet, ihre Mitglieder verunsichert. Zur „Beruhigung" trugen die Veränderungen der Lebenssituation vieler SA-Männer bei. Gerade die „alten Kämpfer" profitierten von der allgemeinen „Normalisierung" der wirtschaftlichen Lage durch die beginnende Aufrüstungspolitik. Sie fanden eine Erwerbstätigkeit, lösten sich allmählich innerlich von militärischen Strukturen ihrer Organisationen und wandten sich wieder mehr ihren Familien und privaten Aktivitäten zu. Dieser Prozeß wurde vom Regime durch eine Vielzahl informeller und formeller Einzelmaßnahmen unterstützt. Die Betriebe stellten freiwillig oder auf Druck von

Parteidienststellen bevorzugt Angehörige der NSDAP ein. Am 24. Juli 1933 verfügte Heß als Führerstellvertreter die bevorrechtigte Arbeitsvermittlung von Parteimitgliedern mit einer Mitgliedsnummer bis 300 000;[63] diese Regelung wurde am 15. Mai 1934 Gesetz.[64] Die sozialpolitischen Aktivitäten der Parteiführung zugunsten der eigenen Anhängerschaft, die zu Lasten der übrigen Bevölkerung erfolgten,[65] können nicht allein als Dankbarkeit für die Unterstützung der „alten Kämpfer" beim Aufstieg der Bewegung gewertet werden. Sie richteten sich durchaus gegen das Gefahrenpotential, das von den unzufriedenen Anhängern der NSDAP ausging. Das Nachlassen der Kinokrawalle beruhte jedoch auch darauf, daß der Raum für Protestaktionen mit kinopolitischen Maßnahmen beschnitten wurde und die Demonstrationen keine publizistische Resonanz mehr finden konnten.

1. Ausbau der Filmzensur

Die Unruhen in den Kinos, ihre stillschweigende Duldung durch die Kommunalbehörden und die öffentliche Resonanz der Aktionen in den seiner Kontrolle unterstellten Tageszeitungen beeinträchtigten zunehmend die Führungsautorität des Propagandaministers. Um sich der Kritik zu entledigen, bediente sich Goebbels der Mittel der Kontrolle und des Verbots. Damit nicht tatsächlich weiter Filme mit jüdischen Darstellern den Weg auf deutsche Leinwände fanden, perfektionierte das RMVP die rechtlichen Mechanismen. Das Lichtspielgesetz vom 16. Februar 1934 legte in § 7 fest, daß Filmen die Zulassung zu verweigern sei, deren Aufführung „das nationalsozialistische Empfinden" verletze. Die Verschärfung der Filmzensur in den Jahren 1934 und 1935 stellte auch eine Erfüllung der in den Störaktionen erhobenen Forderungen dar. Auf diesen Zusammenhang verwies die Begründung des Gesetzes ausdrücklich: „Es kann heute nicht mehr hingenommen werden, daß auf Grund des Zensurgesetzes die Zulassung durch die staatliche Filmprüfstelle Filmen gewährt werden muß, gegen die sich bei ihrer Vorführung Widerspruch in weiten Bevölkerungskreisen erhebt. Mit der Zulassung eines Films durch seine Organe übernimmt der Staat in gewissem Umfang die Mitverantwortung für dessen moralische und auch künstlerische Gestaltung. Das Verbot das nationalsozialistische, religiöse, sittliche oder künstlerische Empfinden verletzender Filme ermöglicht es, künftig die Wahrung der nationalen Würde auch im Film durchzusetzen und Kitsch und Schund dem deutschen Volke fernzuhalten (§ 7)."[66] Schon zensierte Filme konnten nach

Inkrafttreten des Zweiten Gesetzes zur Änderung des Lichtspielgesetzes vom 28. Juni 1935 vom Propagandaminister verboten werden, „wenn er es aus dringenden Gründen des öffentlichen Wohls für erforderlich hält".[67] Die am 3. Juli 1935 erlassene Sechste Verordnung zur Durchführung des Lichtspielgesetzes bestimmte, daß alle vor März 1933 zugelassenen Filme nicht mehr vorgeführt werden durften, es sei denn, sie stellten sich erneut der Zensur.

In einem nächsten Schritt erwirkte Goebbels die verschärfte Überwachung der Lichtspieltheater durch die Polizei. Hermann Göring verfügte in seiner Funktion als Reichs- und Preußischer Minister des Innern am 1. Juli 1935 unter ausdrücklicher Bezugnahme auf planmäßige Störungsversuche bei Filmaufführungen den Schutz der Vorführung zugelassener Filme durch alle Polizeibehörden, denn der Führer und Reichskanzler habe die Zulassung der Filme nicht selten persönlich entschieden, und dementsprechend richteten sich die Proteste gegen ihre Vorführung unter Umständen gegen den öffentlich manifestierten Willen des Führers, wodurch die Autorität des Staates untergraben und die Bevölkerung beunruhigt werde.[68]

Am 17. Oktober 1935 gelang es Goebbels, einen Führererlaß zu erwirken, der seine ausschließliche Kompetenz für den Film bekräftigte und jeden Versuch der Einflußnahme „von Einzelpersonen, Organisationen, Berufsständen, Verbänden und ihren Presseorganen" verbot: „Im nationalsozialistischen Staate ist für eine Sache immer nur *einer* zuständig und verantwortlich. Aus diesem Grunde weise ich darauf hin, daß die Filmzensur ausschließlich der Zuständigkeit des Reichsministers für Volksaufklärung und Propaganda und den von ihm beauftragten Organen untersteht und daß die Ausübung jedes irgendwie gearteten Druckes auf die Entscheidungen dieser Organe unzulässig und untersagt ist."[69]

2. Verbot der Filmkritik

Nachdem Goebbels mit der vollständigen Kontrolle auch die alleinige Verantwortung für den Film erlangt hatte, schaltete er jede publizistische Kritik an seinem Vorgehen aus. Schon im September und Oktober 1933 waren alle Journalisten der Kontrolle des RMVP unterstellt worden. In den ersten zwei Jahren nach der Machtübernahme ließ das Ministerium eine bestimmte Form der kritischen Auseinandersetzung mit dem Film durchaus zu, wenngleich sich die Journalisten in dem Bewußtsein, daß alle in Deutschland gezeigten Produktionen die Zensur durchlaufen hatten und somit eine gewisse staatliche Rückendeckung genossen, merklich zurückhielten. Goebbels ermunterte die Presse in einer Rede vor dem 1. Reichspressetag im November 1934 scheinbar zu einer freimütigeren Filmkritik, aber die Art und Weise, wie er dies tat, machte den versammelten Herausgebern und Chefredakteuren deutlich, daß er nur Verrisse solcher Filme zu tolerieren bereit war, die noch vor seinem Amtsantritt fertiggestellt worden waren. „Wenn Sie dagegen einen Film haben, der entgegen den Richtlinien der nationalsozialistischen Staatsführung immer noch auf dem alten Quatsch beruht – alte Militärfilme, Militärlustspiele, ‚Schützenkönig wird der Felix‘ oder ‚Einmal eine große Dame sein‘ –, und Sie sehen, daß in diesem Film ein Leben dargestellt wird, das es in der Tat gar nicht mehr gibt, dann brauchen Sie gar keinen Anstand zu nehmen, um so einen Film nach Strich und Faden zu verreißen.‘‘[70]

Noch länger möglich war die vorsichtige journalistische Kritik an bestimmten Filmen, besonders an ausländischen, die ja immerhin auch die Zensur des RMVP durchlaufen hatten, wie auch an bestimmten Tendenzen in deutschen Filmen.[71] Geduldet war aber nur die Auseinandersetzung mit irritierenden Phänomenen, die sich nicht in das nationalsozialistische Weltbild einordnen ließen.[72] Die Voraussetzungen dieser Kritik belebte das Regime in einem Dauerfeuer von oft widersprüchlichen kulturpolitischen Forderungen selbst ständig neu. Die Presse bildete noch eine vom Regime geduldete Konfliktzone, insofern es um die Klärung derartiger Postulate ging.

Auch damit war 1936 Schluß. Am 27. November wurde jede wertende Kunstkritik verboten und durch eine beschreibende „Kunstbetrachtung‘‘ ersetzt.[73] Schon im Oktober 1936 hatte Goebbels beschlossen, schärfer gegen die „Radaupresse‘‘ vorzugehen, womit er die nationalsozialistischen Zeitungen meinte. Diese Entscheidung stand in einem direkten zeitlichen und sachlichen Zusammenhang mit dem Unbehagen des Propagandaministers an der Filmkritik in der Presse. Am 17. Oktober 1936 schrieb Goebbels in sein Tagebuch: „Einige Exempel bei der Presse statuiert: zuerst hat einer den Film ‚Wenn wir alle Engel wären‘ furchtbar verrissen, dann einer Schiller ‚erledigt‘. Dem habe ich Flötentöne beigebracht. So was wäre in der Lage, die ganze deutsche Kultur zu zerstören.‘‘[74] Am nächsten Tag folgte der Eintrag: „Die n.s. Presse stänkert zuviel. Daher manchmal die miese Stimmung in der Partei. Das muß aufhören. Da sucht einer den anderen zu überbieten, S.A., S.S. und H.J. Ich werde da einschreiten. Auch im Film wird jetzt schärfer Kurs genommen. Ich werde wieder führen.‘‘[75]

Als die Essener „Nationalzeitung‘‘ im September 1937 einen kritischen Artikel zur Filmproduktion veröffentlichte, verwarnte Goebbels sie scharf,

drohte sogar ein gänzliches Verbot an und ließ den Verfasser aus der Schrift-
leiterliste entfernen.[76]

Die Unterbindung der negativen Filmkritik bedeutete jedoch nicht, daß
das RMVP selbst darauf verzichtete, Filmverrisse zu lancieren. Als nützlich
sollte sich die Presse bei der Auseinandersetzung um die Macht beim führenden deutschen Filmkonzern erweisen. Mit dem ausgeprägten Selbstbewußtsein von Fachleuten, die ihr Geschäft verstanden, hatte die Leitungsebene
der Ufa mit Generaldirektor Ludwig Klitzsch an der Spitze eine eigenständige
Position gegenüber Goebbels' absolutem Machtanspruch zu behaupten versucht. Dieses Hindernis auf dem Weg zur totalen Beherrschung des Filmkonzerns wurde am 18. März 1937 durch die Übertragung des Kapitals der
Ufa in Reichseigentum beseitigt.[77] In der letzten Phase vor der Übernahme
nutzte Goebbels das Mittel der Filmkritik, um der Ufa seine Macht zu demonstrieren. Er notierte am 9. März 1937 in sein Tagebuch: „Klitsch [sic!]
und Hugenberg wollen uns regelrecht übervorteilen. Aber ich bin nun nicht
mehr so dumm. Ich weise die Presse an, den Generalangriff gegen die Ufa an-
zusetzen. Gleich heute geht das los bei der Kritik des Filmes ‚Menschen ohne
Vaterland'. Die Ufa wird sich wundern. Ich werde jetzt stur und eigensinnig
meinen Weg gehen, bis die Ufa unser ist."[78] Die Umsetzung der Anweisung
folgte auf dem Fuße. Am 10. März kanzelte Ewald von Demandowsky, der im
April zum Reichsfilmdramaturgen ernannt wurde, „Menschen ohne Vaterland" in einer Kritik im „Völkischen Beobachter" mit ungewohnt scharfen
Worten als „im Dramaturgischen versagend, in seiner Haltung verlogen und
in seiner Gestaltung im luftleeren Raum bleibend" ab.[79] Nach diesen Vorgängen finden sich keine negativen Bemerkungen zu Filmen in der Presse mehr,
was in der Öffentlichkeit durchaus bemerkt wurde.[80]

3. Kinogestaltung

Im Einzelfall waren die politisch motivierten Kinoproteste nicht leicht von
dem harmlosen Klamauk zu unterscheiden, der für manche Filmbesucher
das eigentliche Kinovergnügen auszumachen schien. In den Zuschauerräumen herrschte vielfach eine ausgesprochen lebhafte Atmosphäre, die sich
klar von derjenigen im bürgerlichen Theater unterschied. Zur Unruhe in den
Kinos trug bei, daß „geschlossene Vorstellungen", bei denen das Publikum
nach der Vorführung das Theater verlassen mußte, noch nicht üblich waren.
Niemand sah sich genötigt, die Anfangszeiten einzuhalten, denn man konnte

das, was man eventuell verpaßt hatte, auch noch in der nächsten Vorstellung sehen. Ein ständiges Kleiderraffen und Stühleklappen zeichnete besonders die sogenannten Tageskinos und die in der Nähe der Bahnhöfe gelegenen Theater aus.[81] Zumindest gelang es bei jenen Filmen, die von Teilen des Publikums als „kitschig" empfunden wurden, oft nicht, die gewünschte weihevolle Rezeptionshaltung zu erzeugen, wie z. B. ein Bericht über die Premiere des Films „Jugend" 1938 in Lindau belegt: „Es gibt immer wieder Publikum, das entweder einen solchen Film nicht versteht oder gedankenlos ins Kino gekommen ist, um sich für zwei Stunden zu amüsieren. Diese Menschen können dann nicht nur an den unpassendsten Stellen lachen, sondern sind auch sonst zu allerhand Unfug aufgelegt, wie Nachahmen von Küssen und ähnlichen Blödeleien. Die dann ertönenden Ruhe-Rufe sind auch nicht dazu angetan, die Stimmung zu vertiefen."[82]

Auch das Phänomen, daß einzelne die Anonymität der Zuschauerräume zu Zwischenrufen mit regimekritischen Inhalten nutzten, lebte im Dritten Reich fort. Auslöser der Spottrufe war oft das Erscheinen von Repräsentanten des Regimes auf der Leinwand, wobei aber nicht jeder zur Zielscheibe wurde. Während die Sopade es schon für berichtenswert erachtete, wenn das Erscheinen Hitlers auf der Leinwand ausnahmsweise kein positives Echo im Zuschauerraum fand,[83] zog ein anderer Repräsentant des Regimes negative Publikumsreaktionen geradezu auf sich. „Erscheint Göring im Film, setzt ein allgemeines, kaum unterdrücktes Kichern im Kino ein", beobachtete ein Informant der Sopade im Juni 1935.[84] Göring wurde zum bevorzugten Objekt des Zuschauerspotts, weil das Publikum in seiner Erscheinung filmische Sehtraditionen mit politischer Kritik koppelte. Offenbar löste sein Auftauchen auf der Leinwand bei manchen Wochenschaubesuchern jene Spottreaktionen aus, die extrem dicken Schauspielern als den traditionellen Trägern komödiantischer Rollen galten. Die Reaktion enthielt aber zugleich eine politische Komponente. Göring verkörperte in seinem Äußeren und in seinem Hang zu einer barocken Lebensführung den Widerspruch zwischen dem asketischen Anspruch des Regimes und einer Herrschaftspraxis, die sich von dem Geruch der Korruption nicht freihalten konnte.

Jede Form von Kritik an den Repräsentanten des nationalsozialistischen Regimes, selbst ein Witz oder das Lachen über einen Witz, war mit einem hohen Risiko verbunden. In der Zeit direkt nach der Machtübernahme lief jeder, der sich abfällig über Göring, Goebbels oder gar Hitler äußerte, Gefahr, zum Opfer der Gewalt von SA und SS oder der Kumpanei von Polizei und Parteiformationen zu werden.[85] Das positive Bild, das sich die überwiegende

Mehrheit der deutschen Bevölkerung von Hitler machte, ließ sich keineswegs auf die gesamte Staats- und Parteiführung übertragen. Im Gegenteil: der Hitler-Mythos kompensierte nicht selten das teilweise miserable Image der anderen Parteigrößen.[86] 1937 berichtete ein Kontaktmann der Sopade aus Berlin: „Ich ging ins Kino, und zwar in den Ufa-Palast. Hier war vor acht Tagen ein besonderer Zwischenfall passiert: Als Göring in den Wochenschauen bei seiner Reise nach Italien auftrat, schrie ein Besucher: ‚Da fährt er los mit 80 Mann und gibt die Devisen aus, die für Butter ausgegeben werden sollten.'"[87] Die Erwähnung von Butter durch den Demonstranten war nicht zufällig. Klagen über eine unzureichende Versorgung mit Speisefett zogen sich durch die gesamte Geschichte des Dritten Reiches.[88]

Der Vorfall im „Ufa-Palast" löste umgehend die Verfolgung durch die Exekutivorgane aus. „Eine halbe Stunde später flutete das Licht auf, es entstand ein Rennen und Jagen, um den Rufer festzustellen; fünf Reihen wurden genau durchforscht, aber niemand wurde gefunden."[89]

Die Staatsorgane gaben sich in der Folgezeit alle Mühe, den Eindruck zu verwischen, der dunkle und anonyme Zuschauerraum der Kinos sei ein Ort, der dem Zugriff des Regimes entzogen sei. Zum Jahrestag der „Machtergreifung" wurde die Anwesenheit des Staates nachdrücklich in das Bewußtsein der Zuschauer des „Ufa-Palastes" gerückt: „Um diesen Makel vom Ufa-Palast abzuwaschen, war der Vorführraum zum 30. Januar besonders hergerichtet worden. Schwarzer Hintergrund aus Samt, links und rechts zehn Meter lange Hakenkreuzfahnen, in der Mitte ein überlebensgroßes Hitlerbild in Goldrahmen. Davor ein riesengroßer Lautsprecher, so daß der Eindruck erweckt wurde, Hitler spräche an Ort und Stelle. Links und rechts außerdem Lorbeerbäume."[90]

Zeremoniell und Architektur offenbarten den angestrengten Versuch, dem Einbruch des Chaos durch den Triumph der Ordnung zu begegnen.[91] Die Ausschmückung mit monumentalen NS-Symbolen und Versatzstücken aus dem sakralen Bereich entwickelte sich zu einem allgemeinen Kennzeichen nationalsozialistischer Kinoarchitektur, die dem Publikum in deutlicher Weise vor Augen führen sollte, daß die Zuschauersäle keine durch Dunkelheit geschützten Orte privaten Vergnügens waren, sondern Stätten der staatlichen Selbstdarstellung, in denen jederzeit ein ruhiges, der Würde des Ortes angemessenes Verhalten erwartet wurde.[92] Diesem Ziel diente auch die Bereinigung des Theaterparks. Zwischen 1934 und 1942 entstanden zirka 1000 neue Kinos. Etwa 500 unökonomische, oft dunkle und unübersichtliche Betriebe mußten schließen.[93]

Eine Bewertung der hier angeführten Beispiele von Spott über einzelne Repräsentanten des NS-Regimes ist ambivalent. Das „Kichern im Kino" unterstrich den Widerspruch zwischen dem von der Propaganda gezeichneten Bild einer uneigennützigen, nur dem Volkswohl verpflichteten Führung und der offensichtlichen Neigung einiger Repräsentanten zum Wohlleben und zur „Bonzokratie". Die in den abgedunkelten Kinosälen nicht vollständig zu unterdrückende Lust einzelner an Kritik und Spott läßt sich aber kaum als fundamentale Gegnerschaft zum Regime interpretieren, sondern wohl mehr als Forderung, die in der von der Leinwand wiedergegebenen „Realität" oft so unheroisch wirkenden Führungsfiguren der Diktatur mit ihrem Propagandabild in Übereinstimmung zu bringen. Es kann durchaus als Zeichen politischer Unmündigkeit gewertet werden, wenn die öffentliche Wahrnehmung von Äußerlichkeiten einer Person, im Fall Görings seiner Gestalt und der Vorliebe für operettenhafte Uniformen, das Interesse an den politischen Inhalten, die sie vertritt oder repräsentiert, überlagert und verdrängt.[94] Aber auch wenn das Lachen über die Führungspersönlichkeiten eher der individuellen Spottlust als einem strategischen Kalkül entsprang, stellten die Störaktionen eine politische Herausforderung dar. Sie durchbrachen den Disziplinierungsdruck des Regimes und stellten sein Interpretationsmonopol in Frage.

4. Weiterleben der Kinokrawalle bei Studenten

Vollständig gelang es nicht, alle dem Regime eigentlich nahestehenden Gruppen von Versuchen zum Filmboykott und demonstrativen Unmutskundgebungen in den Kinosälen abzubringen. Besondere Schwierigkeiten bereiteten die Studenten, die in einzelnen Universitätsstädten immer wieder bestimmte Filme boykottierten. Im Frühjahr 1936 mußte die Reichsleitung der NSDAP die NS-Studentenbünde in einem Rundschreiben auffordern, diesen Vorkommnissen gezielt entgegenzusteuern. „Es hat sich in den letzten Monaten gezeigt, daß einige deutsche Spitzenfilme, die von einer ungeheuren Bedeutung für unsere Weltanschauung sind, von gewissen Kreisen, die als Gegner des Nationalsozialismus zu betrachten sind, sabotiert werden. Es ist notwendig, hier als Gegenstoß alle Kräfte der Partei zu aktivieren. Hier hat der Studentenbund Pionierarbeit zu leisten."[95]

In den drei Jahren nach der „Machtergreifung" hatte sich das Verhältnis zwischen der Studentenschaft und dem NS-Regime merklich abgekühlt. Vor

1933 stellten die Studenten wahrscheinlich diejenige soziale Gruppe, die sich am stärksten vom Nationalsozialismus angesprochen fühlte.[96] Die anfängliche Begeisterung erlahmte aber, als es den Studenten nicht dauerhaft gelang, Einfluß auf die Hochschulpolitik auszuüben. Pflichtveranstaltungen, Arbeitseinsätze in der Landwirtschaft und in Fabriken, die Teilnahme an politischen Schulungskursen, Sport sowie „Kameradschafts-" und Fachschaftsarbeit belasteten die Studenten neben der akademischen Ausbildung und schränkten ihre in Deutschland traditionell relativ ungebundene Existenzweise ein. Die Folge war eine sich rasch ausbreitende Unzufriedenheit, die zwar nur äußerst selten zu einer Fundamentalopposition, aber doch zu Desinteresse und zur Verweigerung von politischem Engagement führte.[97] In einigen Einzelfällen äußerte sich der Dissens in demonstrativen Aktionen, die das Regime nie vollständig unterbinden konnte.[98] Goebbels hatte schon 1935 anläßlich von Vorkommnissen an der Hochschule für Politik gefordert, studentischen Protestaktionen endlich scharf zu begegnen. „Man muß den jungen Herren das Demonstrieren abgewöhnen. Das haben wir mit Erfolg gemacht. Aber man soll es nicht gegen uns exerzieren."[99] Die Einbindung in studentische Traditionen und die Nutzbarmachung für die partikularen, oft nicht mehr bestimmbaren Interessen lokaler Gruppierungen verschaffte den Studentenunruhen jedoch eine Legitimationsbasis, die ihnen eine Lebensdauer bis weit über die Phase des nach der Machtübernahme von der Parteiführung geduldeten und geförderten SA-Terrors hinaus ermöglichte.

Im November 1938 berichtete die NSDAP-Kreisleitung des Gaus Baden über eine geplante Protestaktion von Heidelberger Medizinstudenten gegen den Film „Spiegel des Lebens" mit Paula Wessely und Attila Hörbiger. Der Film zeigte Szenen einer Augendiagnose, was nach Ansicht der Studenten der Scharlatanerie Vorschub leistete und „Spitzen gegen die reine Medizin oder überhaupt gegen Akademiker" enthielt.[100] Die Studenten sahen sich offenbar in ihrer berufsständischen „Ehre" als zukünftige Mediziner verletzt. In dem Film hatten sie ein Objekt gefunden, gegen das sich ihr diffuses Mißbehagen an der antiintellektuellen Phraseologie der Propaganda richten konnte, durch die sie ihr Sozialprestige bedroht sahen.

Die NSDAP-Kreisleitung forderte von dem stellvertretenden Studentenführer Bräunig, dafür zu sorgen, daß die Demonstration unterblieb. Der Studentenfunktionär sah sich nicht in der Lage, die geplante Aktion zu verhindern. Auch der Appell an die Professoren lief ins Leere. Der vom Kreisfilmstellenleiter informierte Dekan der medizinischen Fakultät, Professor Runge, solidarisierte sich mit den Studenten, indem er erklärte, daß der Film auf jeden ernsten Mediziner empörend wirke. Es stände nicht in seiner Macht, die Studenten von ihrer Demonstration abzuhalten, und er könne auch nicht dafür garantieren, daß die Studenten das Kino, in dem der Film gezeigt werde, nicht in Zukunft boykottierten, wenn die Vorführung nicht verhindert werde.

Die betroffene Besitzerin des Heidelberger Kinos erklärte, sie werde vom Verleih verklagt, wenn sie das Programm nicht zeige, und bat die Kreisfilmstelle um Unterstützung. Tatsächlich bestand der Tobis-Verleih auf der Vorführung des Films. Nun entschied sich die NSDAP-Kreisleitung für eine Doppelstrategie. Beamte der Gestapo wurden im Publikum plaziert, damit eventuelle Störer sofort festgestellt werden konnten. In der Sache aber beugte sich die NSDAP-Kreisleitung der Forderung des akademischen Nachwuchses. Nachdem man festgestellt hatte, daß sich die Studenten schon vormittags mit Kinokarten für die Abendvorstellung eingedeckt hatten, beschloß die örtliche Parteiführung, ein Diapositiv mit der Mitteilung auf die Leinwand projizieren zu lassen, der Film sei aus technischen Gründen abgesetzt. Über diese Absicht wurde der Dekan informiert, der wiederum die Fakultät unterrichtete. Als der Text dann in der Abendvorführung eingeblendet wurde, „setzte ein Applaus ein, wie ihn das Capitol noch selten gehört hatte".[101]

Das über die Heidelberger Vorgänge nachträglich informierte RMVP erklärte das nachgiebige Vorgehen der örtlichen Parteistellen für unzulässig. Demonstrationen gegen reichszensierte Filme könnten unter keinen Umständen geduldet und auch der Absetzung des Films „unter dem Druck einzelner unzufriedener Volksgenossen" könne nicht zugestimmt werden.[102] Irgendwelche Repressionen gegen beteiligte Studenten zogen die Ereignisse offenbar nicht nach sich. Ausschlaggebend für das Ausbleiben von Verfolgungsmaßnahmen war, daß die öffentliche Demonstration im letzten Moment abgewendet werden konnte. Schützend wirkte sich die offen geäußerte Solidarität der Professorenschaft mit den studentischen Forderungen aus. Daß weitere Folgerungen für die Studenten nicht bekannt wurden, lag vielleicht auch an dem besonderen Schutz, den die Berufsgruppe der Mediziner im Dritten Reich genoß. Ärzte konnten noch am ehesten auf die Berücksichtigung ihrer Anliegen in der Filmpolitik des RMVP hoffen. Artikel in der ständischen Presse, in denen darauf verwiesen wurde, daß „keinesfalls nur in amerikanischen Filmen ... verbogene Bilder von Ärzten" gezeigt würden, wurden 1937 noch zustimmend im „Film-Kurier" abgedruckt.[103] Die Standesvertreter kritisierten, daß Ärzte im Film üblicherweise als wohlhabend dargestellt würden.[104] Der Grund für die Vorzugsbehandlung der Mediziner kann darin gesehen werden, daß sich Arztfilme besonders zur Propagierung des Führerprinzips eigneten. Patienten müssen sich dem überlegenen Wissen und der Autorität des Arztes beugen, auch wenn sie seine Entscheidungen nicht immer verstehen.[105]

IV. Antisemitische Publikumskrawalle

Ein integraler Bestandteil der Bemühungen, die Bevölkerung für den NS-Staat zu gewinnen, bildete die Bestimmung der Grenzen der „Volksgemeinschaft". Die Ausgrenzungspolitik hatte bis 1939 im Bereich des Films und des Kinos nur einen Adressaten: die jüdische Bevölkerung. Im Unterschied zu den oben erwähnten Versuchen von SA-Männern und Studenten, die Filmpolitik durch Proteste in den Zuschauerräumen „von unten" zu radikalisieren, erfolgten die antisemitischen Aktionen zumindest mit der Billigung, in einigen Fällen sogar auf Initiative des RMVP. Publikumskrawalle gegen den Auftritt jüdischer Künstler im Film, gegen jüdische Kinobesitzer und zuletzt gegen Juden im Filmpublikum inszenierte das nationalsozialistische Regime regelmäßig selbst, und nicht nur einzelne lokale Machthaber.

1. Der „jüdische Einfluß" auf die deutsche Filmindustrie in der NS-Propaganda

Die Machtübernahme der Nationalsozialisten bedeutete für die jüdischen Bürger des Deutschen Reiches das sofortige Ende aller Arbeitsmöglichkeiten im Filmgewerbe und zugleich den Beginn ihrer Vertreibung aus den Kinos. Zu der oft als geradezu eruptiv beschriebenen Entwicklung des kulturellen Lebens der Weimarer Republik[106] hatten jüdische Künstlerinnen und Künstler einen überragenden Beitrag geleistet, der weit über den Bevölkerungsanteil der Juden in Deutschland von etwa einem Prozent hinausreichte. Was für die Kultur allgemein galt, traf für das Filmgewerbe in gleicher Weise zu.[107] Nur wenige Beispiele sollen das verdeutlichen. Der 1926 verstorbene Paul Davidson gehörte zu den Begründern der Ufa, Seymour Nebenzahl produzierte als Leiter der Nero-Filmgesellschaft die Filme von Georg Wilhelm Pabst sowie Fritz Langs „M" und „Das Testament des Dr. Mabuse". Den vielleicht größten Einfluß, den ein einzelner Mensch auf die Kollektivkunst Film im Deutschland der zwanziger Jahre ausübte, spricht die Filmgeschichtsschreibung dem Produktionschef der Decla-Bioscop und der Ufa

Erich Pommer zu.[108] Pommers Arbeiten zählen zu den besten Filmen, die in Deutschland gedreht worden sind; sie prägen noch heute unser Bild vom Kino.[109] Zahlreiche prominente Filmregisseure waren jüdischer Abstammung, u. a. Kurt Bernhardt, Paul Czinner, Ewald André Dupont, Fritz Lang, Ernst Lubitsch, Joe May, Max Ophüls, Lupo Pick, Leontine Sagan, Reinhold Schünzel und Robert Siodmak. Jüdische Vorfahren hatten die berühmten Leinwandstars Elisabeth Bergner, Curt Bois, Ernst Deutsch, Fritz Kortner, Peter Lorre, Max Pallenberg und viele andere. Juden schrieben Drehbücher, komponierten Filmmusik, organisierten die Verwaltung von Filmgesellschaften und saßen in deren Vorständen.

Der hohe Anteil von Juden in der internationalen wie der nationalen Filmindustrie bildete vor und nach der nationalsozialistischen Machtübernahme ein ständiges Ziel der antisemitischen Propaganda. Die Argumentation folgte der in der Denkschrift „Nationalsozialistische Filmpropaganda" von 1931 vorgezeichneten Linie: „Es gibt keine Institution, in welcher sich das destruktive Element – der Jude – derart austobt wie in der Filmindustrie. Er tritt dabei selten an die Öffentlichkeit, sondern begnügt sich mit der Arbeit hinter den Kulissen. Er bestimmt die Filmproduktion und spricht durch seine ihm zur Verfügung stehende Presse das Todesurteil über jeden national wertvollen Film aus. Den guten Deutschen überläßt er gern das Gebiet des schlecht bezahlten Kulturfilms und evtl. noch die Herstellung schwieriger industrieller Werbefilme sowie überhaupt die Vervollkommnung der technischen Einrichtungen – aber Nutznießer und vor allem Richtungsgeber bleibt er."[110] Die Propagandathese von der „Verjudung" der deutschen Filmindustrie in der Weimarer Republik wurde nach 1933 mit den Weihen der „wissenschaftlichen" Literatur versehen.[111] Den Tiefpunkt des antisemitischen Filmschrifttums stellte zweifellos die 1937 unter dem Titel „Film-,Kunst', Film-Kohn, Film-Korruption" publizierte Hetzschrift dar, in der die Verfasser Carl Neumann, Curt Belling und Hans-Walther Betz Juden als Urheber aller tatsächlichen und noch mehr der vermeintlichen Fehlentwicklungen im Filmgewerbe denunzierten.[112] Selbst nachdem die jüdische Bevölkerung schon völlig entrechtet und mit dem gelben Stern stigmatisiert worden war, mußten die Leistungen von Juden im deutschen Film zur Legitimation ihrer Unterdrückung herhalten. Das RMVP verbreitete im Herbst 1941 „unter sämtlichen Volksgenossen im Deutschen Reich" ein Flugblatt, in dem es u. a. hieß: „Denke daran, was der Jude unserem Volk angetan hat, … als er das Theater, den Film, das gesamte Kulturleben beherrschte und dadurch das deutsche Volk seelisch vergiften und moralisch verderben wollte."[113]

2. Vertreibung der Juden aus der Filmindustrie und dem Kinogewerbe

Die Diffamierung der im Filmbereich tätigen Juden blieb keine propagandistische Phrase. Nach seiner Ernennung zum Minister für Volksaufklärung und Propaganda betrieb der radikale Antisemit Goebbels die Vertreibung der Juden aus seinem Verantwortungsbereich besonders schnell und rücksichtslos.[114] Die vom RMVP ergriffenen Maßnahmen zur Entrechtung der deutschen Juden folgten der „Strategie der Einzelregelungen".[115] Ein allgemeines „Judengesetz", das die Rechtsverhältnisse der Juden in Deutschland zusammenfassend normiert hätte, ist bis zum Ende der NS-Herrschaft nicht erlassen worden. Die ständig erweiterten und verschärften sonderrechtlichen Regelungen wurden durch den ungeschriebenen Vorbehalt ergänzt, daß das allgemeine Recht „völkisch" zu interpretieren und damit im Zweifel zum Nachteil der Juden angewandt werden sollte.[116] Diese Politik ermöglichte eine flexible Vorgehensweise bei der Entrechtung und Verdrängung; sie stand unter der Androhung einer Verschärfung der Rechtsbestimmungen und versetzte die Betroffenen in eine permanente Rechtsunsicherheit, ohne ihnen die Hoffnung auf eine Stabilisierung ihrer Lage gänzlich zu rauben. Die ständige Bedrohung jüdischer Existenz in Deutschland wurde noch dadurch erhöht, daß die formellen gesetzlichen Regelungen kaum einen Schutz gegen eine schikanöse Behandlung und willkürliche Schlechterstellung durch die staatliche Verwaltung boten.

Die Geschichte der Verdrängung der Juden aus dem Filmgewerbe vollzog sich in drei Phasen. Zunächst wurden sie aus allen Bereichen der Filmproduktion und -distribution vertrieben. Die Möglichkeit für jüdische Künstler, in der Emigration an ausländischen Filmen mitzuwirken, wurde in einem nächsten Schritt dadurch beschnitten, daß diese Filme vom deutschen Markt ausgeschlossen wurden. Seit dem Novemberpogrom 1938 war Juden der Kinobesuch untersagt. Alle Phasen wurden von antisemitischen Kinokrawallen begleitet und vorangetrieben.

Das Zusammenspiel antisemitischer Ausschreitungen und der in den ersten Wochen nach der „Machtergreifung" zunächst informellen Vertreibung von Juden aus dem Filmbereich verdeutlicht die Mahnung des nationalsozialistischen 1. Vorsitzenden des Verbandes Thüringischer Lichtspieltheaterbesitzer, Oswald Johnsen, in einem Rundschreiben vom 23. Mai 1933 an die Mitglieder der Vereinigung: „Verschiedene Vorkommnisse, die uns immer wieder aus dem ganzen Reich zugetragen werden, verpflichten uns als Führer, an sie die Mahnung zu richten, auf keinen Fall sich zur Mietung von

Filmen herbeizulassen, in denen jüdische Darsteller etwas anderes agieren als wirkliche Juden. Die Volksseele ist jetzt so aufgepeitscht und auch so in Empörung, daß wir es als unsere Pflicht halten anzuraten, Abstand von solchen Filmen zu nehmen, die wahrscheinlich die allerschwersten materiellen Schädigungen nach sich ziehen werden."[117] Der Funktionär riet den Kinobetreibern, sich mit den Ortsgruppen der NSDAP in Verbindung zu setzen, Filme, die eine „gar zu stark betonte jüdische Tendenz oder Schauspieler in den Vordergrund rücken", abzusetzen und für die Zukunft nur noch Verträge abzuschließen, die ihnen das Recht einräumen, Filme mit jüdischen Schauspielern und Regisseuren abzulehnen.[118] Die Theaterbesitzer waren also keineswegs nur Opfer von Kinokrawallen, sondern auch Täter.

Mit dem Inkrafttreten des „Gesetzes über die Errichtung einer vorläufigen Filmkammer" vom 14. Juli 1933 waren die gesetzlichen Voraussetzungen für die Vertreibung der Juden aus dem Filmgewerbe geschaffen.[119] Die Mitgliedschaft aller Filmschaffenden und aller Filmunternehmer in der Filmkammer, die der berufsständischen Neuordnung des gesamten Kulturwesens in der Reichskulturkammer um etwa zwei Monate vorausging,[120] wurde für alle im Filmbereich Tätigen obligatorisch. Nicht aufgenommen wurde, wer die vom nationalsozialistischen Regime definierte „Zuverlässigkeit" nicht gewährleistete.[121] Der Ausschluß von „Nichtariern" war zwar zunächst nicht ausdrücklich im Gesetz bestimmt, aber implizit von dem Zuverlässigkeitskriterium umfaßt. Am 22. Juli 1933 präzisierte die „Verordnung über die Errichtung einer vorläufigen Filmkammer": „Der Filmkammer gehören Berufsgruppen des Filmgewerbes an. (Die Mitglieder dieser Berufsgruppen sind nur Personen arischer Abstammung.)"[122] 1936 richtete die Reichsfilmkammer, in der die vorläufige Filmkammer mit der Gründung der Reichskulturkammer am 22. September 1933 aufgegangen war, eine eigenen Dienststelle „Abstammungsnachweis" ein, die seit Juni 1937 mit Meldebögen entsprechende Erhebungen durchführte.[123]

Für die deutsche Filmindustrie bedeutete die Vertreibung der jüdischen Künstler einen sofort spürbaren Mangel an Spezialisten für die unterschiedlichsten Tätigkeitsbereiche, von dem diejenigen indirekt profitierten, die nicht wegen ihrer „rassischen" Zugehörigkeit in die Emigration gezwungen wurden oder Deutschland aus ihrer politischen Überzeugung freiwillig verließen. So beklagte die Ufa 1936 den massiven Anstieg der Gagen von Schauspielern, „die die Konjunktur zu erfassen verstanden haben, die sich darin kennzeichnet, daß die Weiterbeschäftigung nichtarischer Künstler unmöglich wurde".[124]

Einigen wenigen der in die Emigration getriebenen Schauspielerinnen und Schauspieler gelang es, ihre Karriere in den Filmindustrien der europäischen Nachbarstaaten und der USA fortzusetzen.[125] Schon bald war der politischen Führung klar, daß die Vertreibung jüdischer Darsteller von der Leinwand so lange nicht vollständig abgeschlossen war, wie jüdische, insbesondere die aus Deutschland emigrierten Schauspieler in ausländischen Filmen auftreten konnten, die aufgrund langfristiger Verleihverträge in Deutschland gezeigt wurden. Auf dem Nürnberger Reichsparteitag 1933 enthielt die Rede Hitlers nicht nur die Ankündigung, sich entschlossen gegen den vom Judentum inszenierten „Untergang des Abendlandes" zur Wehr zu setzen, sondern auch eine Kampfansage an die Emigranten, die das deutsche Volk „für fremden Sold … dem Haß der Umwelt" auslieferten.[126] Goebbels' Parteitagsrede, die – wie zwei Tage zuvor diejenige Hitlers – am 4. September 1933 unter dem Titel „Über Judentum und Weltpropaganda" im „Film-Kurier" abgedruckt wurde, enthielt eine längere Passage gegen die angebliche „Hetze von Auslandsjuden".[127]

Am 9. September 1933, also in engstem zeitlichem Zusammenhang mit den beiden Reichsparteitagsreden, berichtete der „Film-Kurier" über einen antisemitischen Krawall anläßlich der Premiere des Films „Das häßliche Mädchen": „Der Film hatte nach der Beendigung Applaus. Dolly Haas wurde begeistert begrüßt. Als sie Max Hansen bei ihrem Wiedererscheinen mit auf die Bühne brachte, ertönten von mehreren Seiten Pfiffe. Das Publikum beendete sofort die Beifallskundgebungen. Die Pfiffe dauerten an, der Vorhang blieb geschlossen, weil auf die Bühne mit faulen Eiern geworfen worden war. Dann hörte man vom Rang Rufe: ‚Wir wollen deutsche Filme! Wir brauchen keine jüdischen Schauspieler, wir haben genug deutsche! Schämt ihr euch nicht, deutsche Frauen, jüdischen Schauspielern zu applaudieren? Fort mit dem Juden Max Hansen, der noch vor einem halben Jahr im Kabarett ein Couplet von Hitler und dem kleinen Juden Cohn gesungen hat.'"[128] Der Wortlaut der Zwischenrufe belegt, daß es sich um eine geplante Aktion handelte. Das RMVP war aber überrascht worden, wodurch es sich offenbar um so stärker genötigt fühlte, die antisemitischen Forderungen zu erfüllen. Es ließ zunächst im „Film-Kurier" darauf hinweisen, daß der Film vor dem Inkrafttreten des „Arierparagraphen am 1. Juli 1933" zensiert worden war, was dem Publikum „in seinem deutsch fühlenden Besucherkontingent" unbekannt gewesen sei. Max Hansen erhielt ein Auftrittsverbot, und die Gestapo wurde beauftragt herauszufinden, ob der dänische Schauspieler tatsächlich Jude sei. Sie ließ ein Gutachten vom „Sachverständigen für Rasseforschung beim Reichsministerium des Innern" anfertigen, das mit der Feststellung, Hansen sei Jude, das erwünschte Ergebnis brachte.[129] Als der dänische Gesandte im September 1934 die Aufhebung des Auftrittsverbots forderte, erwiderte das RMVP, das Verbot werde „mit Rücksicht auf ein Couplet auf den Führer, das vor einigen Jahren von Max Hansen gesungen und auf Grammophonplatten aufgenommen worden ist, und mit Rücksicht auf die nichtarische Abstammung Max Hansens" aufrechterhalten.[130]

Entsprechend den Ankündigungen Hitlers und Goebbels' richtete sich dieser Schritt der antisemitischen Kampagne gegen die Aufführung von ausländischen Filmen, in denen deutsche Juden mitspielten. Das Kalkül war, daß ein ausländischer Produzent, der an dem Export seiner Filme nach Deutschland interessiert war, kaum mehr deutsche, vor allem keine jüdischen Emigranten mehr beschäftigen würde. Als erste Norm, die ein Importverbot für Emigrantenfilmen ermöglichte, wurde eine Bestimmung geschaffen, die eine Trennung von international hergestellten Filme in „deutsche" und „ausländische" erlaubte. Danach galten solche Filme als „deutsch", die „in Deutschland von deutschen Staatsbürgern deutscher Abstammung" hergestellt worden waren.[131]

Der administrative Ausschluß von Filmen, an deren Herstellung emigrierte Juden beteiligt waren, wurde von antisemitischen Publikumskrawallen begleitet. Die „Fränkische Zeitung" berichtete am 10. März 1934: „Donnerstag abend fand im Kapitol am Zoo die deutsche Erstaufführung des in England hergestellten Films ‚Katharina die Große' statt, in dem die Hauptrolle die jüdische Schauspielerin Elisabeth Bergner spielt und in dem ferner der jüdische Regisseur Paul Czinner die Regie führt, der ebenso wie seine jüdische Frau Elisabeth Bergner im vorigen Jahr aus Deutschland ausgewandert ist. Das Publikum nahm gegen den Film eine außerordentlich scharf ablehnende Haltung ein und protestierte lebhaft gegen die Aufführung."[132] Antisemitische Publikumsaktionen fanden zweifellos in einem von allen staatlichen Behörden und auch vom RMVP geduldeten Freiraum statt. Regionale SA-Führungen verteilten an ihre Männer Listen von Filmen, „in denen Juden auftreten oder die von Juden verfaßt sind".[133] Die Provinzzeitungen in dem vom radikal antisemitischen Gauleiter Streicher beherrschten Nürnberg entzogen sich zu diesem Zeitpunkt über das allgemein noch mögliche Maß hinaus der umfassenden Kontrolle der Goebbelsschen Pressezensur. So wurde die Praxis der Filmzensur des RMVP im Kommentarteil der Zeitung unverhohlen als widersprüchlich kritisiert: „So erstaunlich es ist, daß ein Film, in dem die Jüdin Bergner die Hauptrolle spielt und der von ihrem Mann, dem

Juden Czinner gemacht ist, überhaupt erst zur Vorführung in Deutschland zugelassen wird, so erfreulich ist es, daß der inzwischen gesundete Geschmack des deutschen Filmpublikums sofort gegen den Versuch der Juden, sich auf Umwegen über die ausländische Produktion wieder in Deutschland einzuschleichen, so nachdrücklich protestiert, daß eine weitere Vorführung solcher Filme unterbleibt."[134]

Diese Vorwürfe konnte das RMVP nicht unbeantwortet lassen. Der Vorsitzende der zweiten Kammer der Filmprüfstelle, Arnold Bacmeister, legte am 11. Mai 1934 in einem Artikel im „Film-Kurier" dar, daß die Auslegung des § 7 des Lichtspielgesetzes durch seine Dienststelle die Aufführung von ausländischen Filmen mit jüdischen Schauspielern in Deutschland unterbinde. Danach lag ein Verbot nahe, „wenn der Hauptdarsteller eines Films Jude ist, wobei es keinen Unterschied macht, ob die Handlung im Inland oder Ausland spielt, ob es sich um einen Juden deutscher oder nichtdeutscher Nationalität handelt". Ein Verbot werde immer ausgesprochen, wenn der Darsteller „sich beim deutschen Volk durch besonders ehrloses oder unwürdiges Verhalten (Emigrant!) besonders mißliebig gemacht hat oder er durch die abstoßende, moralisch anfechtbare Rolle, die er im Rahmen der Filmhandlung spielt, den deutschen Beschauer an die üblen Erfahrungen erinnert", die dieser in der Vergangenheit mit dem Judentum gemacht habe. Anstößig waren danach insbesondere Beziehungen von Juden zu nichtjüdischen Frauen.[135]

Diese Klarstellung der rigiden antisemitischen Zensurpraxis führte aber keineswegs zu einem Ende der Proteste. Den radikalen Antisemiten ging es letztlich gar nicht darum, ob ein Schauspieler Jude war oder nicht; ihnen reichte das angeblich „jüdische" Aussehen eines Darstellers völlig aus, um einen Anlaß für einen Kinokrawall herzugeben. Im Dezember 1934 kam es in einer Abendvorstellung des Films „Mädel aus Wien" in München u. a. deshalb zu Tumulten, weil das auf der Leinwand gezeigte Bild nicht der Wunschvorstellung von einem „deutschen Wien" entsprach. Bevor die Vorstellung abgebrochen wurde, ertönte es aus dem Publikum: „Deutsche, raus aus dem Judenfilm! Zeigt deutsche Filme! München ist Kunststadt und will keinen Kitsch sehen."[136] Nach Angaben des „Film-Kuriers" hätten die Besucher des in England unter der Regie von Carmine Gallone gedrehten, mit Magda Schneider besetzten Films hauptsächlich beanstandet, „daß ein jüdisch aussehender Darsteller sich um ein deutsches Mädchen bemüht".[137]

Daß sich die antisemitischen Kinokrawalle keineswegs nur gegen Filminhalte und physisch vom Publikum nicht angreifbare Regisseure und Schauspieler richteten, sondern in einem engen Zusammenhang mit Aggressionen gegen die lokale jüdische Bevölkerung standen, wurde bei einem Vorfall in Ludwigshafen deutlich, über den der „Film-Kurier" am 24. Oktober 1934 berichtete: „Am Samstag, den 20. d. Mts. kam es in der Abendvorstellung im Ufa-Palast ‚Pfalzbau', Ludwigshafen, zu Tumultszenen. Als bei der Diapositivreklame durch zwei Platten für jüdische Waren-Geschäfte Propaganda gemacht wurde, begann das Publikum hiergegen zu lärmen und nahm geschlossen Stellung gegen eine weitere Vorführung dieser Scheinwerfer-Reklame. Die Direktion versuchte die Vorführung fortzusetzen. Das Publikum protestierte jedoch hierauf noch heftiger gegen eine weitere Vorführung. Die Diapositive wurden aus dem Vorführungsraum geholt und im Theater zertrümmert. Hierauf sah[!] sich die Feuerwehr und Polizei genötigt, das Theater zu räumen und für diesen Abend zu schließen."[138]

Es dauerte einige Jahre, bis alle alten Filme aus den deutschen Kinos verschwunden waren. Im Juni 1935 wies ein Artikel im „Film-Kurier" darauf hin, daß immer wieder Filme gezeigt würden, die vor dem 30. Januar 1933 zensiert worden waren. Sie seien besonders dann verboten, wenn emigrierte Schauspieler mitspielten.[139] Die Pressemitteilung ist als Ankündigung für die kurze Zeit später erfolgende rechtliche Normierung des Verbots dieser Filme zu werten. Alle Filme, die vor der „Machtergreifung" zensiert worden waren, mußten gemäß der Sechsten Verordnung zur Durchführung des Lichtspielgesetzes vom 3. Juli 1935 der Filmprüfstelle zu einer Nachzensur vorgelegt werden.[140] Im Folgejahr wurde die gesetzliche Verbotsregelung auf solche ausländischen Filme ausgedehnt, an deren Herstellung Filmschaffende mitgewirkt hatten, die irgendwann einmal an einer Produktion mit einer „dem deutsche[n] Ansehen abträgliche[n] Tendenz oder Wirkung" beteiligt gewesen waren.[141] Damit war die Vertreibung jüdischer Schauspieler von den Leinwänden im Dritten Reich abgeschlossen.

Die Fixierung einer rechtlichen Norm mit dem Ziel eines Importverbotes für Filme, an denen Künstler mitwirkten, die offene Kritik an den Zuständen in Deutschland geäußert hatten, wäre nicht nötig gewesen. Schließlich kontrollierte der Staat durch die Zensur, welche ausländischen Filme im Reich gezeigt wurden und welche nicht. Mit der gesetzlichen Regelung, die notwendig eine öffentliche Bekanntmachung bedeutete, verfolgte das Regime eine doppelte Zielstellung. Sie war zum einen eine deutliche Warnung an ausländische Filmfirmen. Wer jüdische Künstler beschäftigte oder solche, die dem nationalsozialistischen Regime kritisch gegenüberstanden, dem war der deutsche Markt verschlossen. Weil sich damit die Beschäftigungsmöglichkeiten einschränkten, wurden zugleich diejenigen Künstler bestraft, die

gegen das NS-Regime Stellung bezogen hatten, vor allem die auf jedes Engagement oft existentiell angewiesenen Emigranten. Wer seine Chancen auf
eine Rolle, eine Regiearbeit oder eine Filmmusik im Gastland nicht ver-
mindern wollte, hielt sich in seinen Äußerungen zu den Verhältnissen in
Deutschland zurück. Das nationalsozialistische Regime verfolgte mit den gesetzlichen und administrativen Regelungen zum Ausschluß ausländischer
Filme mit jüdischen Darstellern vom deutschen Markt noch ein zweites Ziel.
Sie dienten der Befriedigung der eigenen Klientel, die den Widerspruch zwischen dem offiziellen Antisemitismus und dem öffentlichen Auftreten von
Juden im Film für jederzeit aktivierbare Krawallaktionen nutzte.

V. Antisemitische Filme

1. Der Fall „Petterson & Bendel"

Der Ausschluß jüdischer Darsteller aus dem Filmgeschäft bedeutete nicht,
daß in nationalsozialistischen Filmen keine Juden auftraten. Bei der Herstellung antisemitischer Hetzfilme verzichtete man durchaus nicht auf die un-
freiwillige „Mitarbeit" von Juden, die in gestellten oder durch die Bedingungen erzwungenen Szenen Vorwände zu ihrer eigenen Denunziation liefern
sollten. Sie wurden zu scheinbar aggressiven Handlungen gezwungen, ver-
kleidet, später in größter Not gefilmt, um ihre Ausgrenzung, Unterdrückung
und Ausrottung als Antwort auf angebliche – im Film drastisch belegte – Provokationen zu rechtfertigen.

Ein frühes Beispiel bilden die 1933 gedrehten Aufnahmen zu dem Film
„Hans Westmar. Einer von vielen. Ein deutsches Schicksal aus dem Jahre
1929", dem die Geschichte Horst Wessels zugrunde lag. Eine Szene wurde in
der Berliner Grenadierstraße gedreht, wo viele aus dem Osten eingewanderte
Juden wohnten. Die Filmfirma nötigte die jüdischen Anwohner dazu, Darsteller in SA-Uniformen mit Pflastersteinen aus Kork zu bewerfen und dabei
„Nazi verrecke", „Tod den Faschisten" und „Rot Front" zu rufen. Der Vorstand der Jüdischen Gemeinde entwarf einen Brief an die Staatspolizei und
den Propagandaminister in der berechtigten Sorge, daß „die Leute, die diesen Film sehen, nicht wissen werden, daß das Geschehen nur in Szene gesetzt
wurde, und in verständlicher Aufregung über das Verhalten der Juden, die
in dem Film auftreten, geneigt sein werden, an den Juden, die am Drehort
wohnen, Vergeltung zu üben".[142]

Etwa zwei Jahre später sollte sich erweisen, daß die jüdische Bevölkerung in Deutschland allen Anlaß dazu hatte, von antisemitischen Filmen eine Verschärfung ihrer Lage zu befürchten. In Joseph Goebbels' Tagebüchern findet sich am 15. Juli 1935 ein bemerkenswerter Eintrag, der sich auf den zurückliegenden 13. Juli bezieht: „Abends: Telegramm aus Berlin. Judendemonstration gegen einen antisemitischen Film."[143] Der hier vermerkte Vorgang würde einen nahezu singulären Akt eines von Juden kollektiv und in der Öffentlichkeit vorgetragenen Protestes bedeuten. Zwar hatten deutsche Juden nach der nationalsozialistischen Machtübernahme durchaus auf vielfältige Weise in Briefen und Eingaben offenen Protest gegen ihre Diffamierung und Diskriminierung geübt.[144] Für den Zeitraum bis zum Kriegsbeginn ist jedoch nur ein Fall kollektiven Protestes in Form einer öffentlichen Demonstration belegt, was sich zweifellos durch die unvergleichliche Härte ebenso der informellen Judenverfolgung wie der strafrechtlichen Sanktionierung erklärt.[145]

Was war angeblich geschehen? Am 12. Juli, einem Freitag, hatte der schwedische Spielfilm „Petterson & Bendel" in dem Berliner Kino „U. T. am Kurfürstendamm" Premiere. Den Inhalt des Films beschrieb der „Film-Kurier" am kommenden Tag als ausgesprochen antisemitisch: „Ein junger Arbeitsloser findet einen Kompagnon, einen kleinen gerissenen Galizier, den die Schweden schon etliche Male zum Land hinausgeworfen und der sich jetzt mit einem Schweden zusammen ‚aufs Geschäft' werfen will. (So kamen sie überall an – zerrissen und zerlumpt und dann nach kurzer Zeit Direktor!) Die Geschäfte blühen, die Svenska-Kroner gedeihen und werden mehr und mehr. – Petterson macht es natürlich Vergnügen, die gemeinsame Firma zu repräsentieren. Sein Mädel vernachlässigt er, weil ihm Bendel einredet, daß er einer andern, die Geld hat, schön tun muß um des Geschäftes willen, bis Bendel vor der drohenden Pleite türmt und – dem andern die Firma, sich aber das Geld verschreibt. Petterson aber holt sich noch seinen Anteil – und sein Mädel wieder, das schon fast verzweifelte."[146]

Der Premierenkritiker des „Film-Kuriers" registrierte Beifall des Publikums und „spürte" darin „den kommenden Erfolg dieses Films". Von irgendwelchen Protesten meldete er nichts. Nachträglich erklärte der „Film-Kurier", daß sein Berichterstatter in der abendlichen 9-Uhr-Vorstellung nicht anwesend gewesen sei.[147] Er war durch groß aufgemachte Artikel in der Tagespresse in einen Erklärungsnotstand geraten, denn z. B. „Der Angriff" berichtete zwei Tage später in seinem Leitartikel von einer ganz anderen Stimmung unter den Premierengästen. Seitens der angeblich zahlreich erschienenen

jüdischen Besucher habe es massive Proteste gegeben: „Da müssen wir Juden
doch etwas unternehmen. In den beiden ersten Vorstellungen bleibt noch alles ruhig. Einzelne jüdische Gesichter sind stark verkniffen. Aber am Abend
ist es soweit, man hat sich gefunden, und nun wird der Theaterskandal in
Szene gesetzt. ‚Es ist ja so heiß hier – o Gott‘ – ‚Das ist ja nicht auszuhalten‘ –
Pfeifen, leises Mausepfeifen zuerst, dann gemeinsames Reden und Schimpfen
und dann Pfeifen, regelrechtes Störungspfeifen. Die Kontrolleure erkennen
deutlich die jüdischen Profile, aber es geht schon dem Ende zu, ehe etwas
unternommen werden könnte. Als es hell wird, sind alle friedvolle Engel."[148]
    Am Montag, dem 15. Juli, dem Erscheinungstag dieses Artikels, versam-
melte sich nach einer Meldung des Deutschen Nachrichtenbüros vor dem
„U. T." eine Menschenmenge, die gegen die angeblichen Provokationen jüdischer Theaterbesucher demonstrierte. „Empörte Volksgenossen" hätten die
jüdischen Besucher der benachbarten Cafés und Gaststätten durch ihr bloßes
Erscheinen zur Flucht bewegt. Im Café Bristol sei es zu lebhaften Auseinandersetzungen gekommen, bei denen eine Fensterscheibe zu Bruch gegangen
sei. Das Erscheinen von Überfallkommando und Polizei habe weitere Zusam-
menstöße verhindert.[149] Diese Vorgänge wiederholten sich am Dienstag,
dem 16. Juli. Beteiligt waren mehrere hundert Personen. Es blieb keineswegs
bei eingeschlagenen Fensterscheiben, zahlreiche Menschen, unter ihnen auch
Ausländer, wurden verletzt.[150]
    Bei diesen Vorgängen handelte es sich um ein angekündigtes Pogrom,
denn „Der Angriff" hatte in dem zitierten Leitartikel vom selben Montag, der
schon am Vorabend verfaßt gewesen sein mußte, geraunt, daß die Juden-
schaft nach dieser offenen Demonstration „ihre Freude" erleben würde: „Es
gibt immerhin Nationalsozialisten, die etwas mehr Erfahrung in der Aufrol-
lung von Sitzreihen besitzen als Kurfürstendammherren. Versteht man diesen
Ton? ... Wir wissen, daß wir es mit einer routinierten Rasse zu tun haben, die
immer wieder die harte Hand spüren muß. Sonst kann sie nicht anders – sie
muß unverschämt werden. Die harte Hand bedeutet: Juden werden in Berlin
nicht noch einmal demonstrieren."[151]
    Goebbels beabsichtigte aber keineswegs, der nur mühevoll befriedeten
SA nun wieder freie Hand einzuräumen, randalierend über den Kurfürstendamm und durch seine Seitenstraßen zu ziehen. Zwar war es im Frühsommer
1935 zu einer Welle antisemitischer Ausschreitungen gekommen, für die die
Geschichtsschreibung neben Julius Streicher nicht zuletzt den Propagandaminister verantwortlich macht.[152] Aber die Resonanz auf diese Ereignisse,
die nicht das Ausmaß des Kurfürstendamm-Pogroms erreichten und kaum

Widerhall in der Presse fanden, war in der Bevölkerung wie in Teilen der Staatsführung negativ.[153] Um nicht den Eindruck in der Berliner Bevölkerung aufkommen zu lassen, die gesetzlosen Zeiten der „Machtergreifung von unten" nach dem 30. Januar 1933 wiederholten sich zwei Jahre später, ließ Goebbels durch das Deutsche Nachrichtenbüro eine vom SA-Führer der Gruppe Berlin-Brandenburg, Uhland, unterzeichnete Anordnung verbreiten. Darin wurde den SA-Männern auferlegt, sich auch in Zivilkleidung von allen Demonstrationen und Kundgebungen fernzuhalten. Außerhalb ihrer beruflichen Verpflichtungen hätten alle SA-Männer ihre Dienstkleidung zu tragen, was durch Appelle in den Sturmlokalen überprüft würde.[154]

Offenbar hatte die Berliner Bevölkerung zivil gekleidete SA-Männer und damit letztlich die Partei für die Vorgänge am Kurfürstendamm verantwortlich gemacht. Für diese Interpretation spricht eine Augenzeugennachricht, die sich in einem Bericht der Gruppe Neu Beginnen über die Lage in Deutschland im Juli 1935 findet. Danach hielten sich zum fraglichen Zeitpunkt zahlreiche SA-Leute in Zivil, manche auch in Uniform, im Bereich des Kurfürstendamms auf: „Am Lehniner- und Olivaer Platz und am Anfang des Kurfürstendamms standen je ein höherer SA-Führer, die den Trupps Anweisungen gaben."[155] Die Parteimitglieder selbst waren nach Aussage des Gestapolageberichts für den Monat August fest davon überzeugt, „daß die behördlichen Maßnahmen zur Bekämpfung von Einzelaktionen zwar offiziell im Interesse des Ansehens im Auslande von der Partei gebilligt, in Wirklichkeit aber der Kleinkrieg gegen die Juden von ihr geduldet und gefördert wurde".[156]

In einer über die Tagespresse verbreiteten Mitteilung der Staatspolizeistelle Berlin über die Vorfälle auf dem Kurfürstendamm wurde dagegen die Rolle der SA als ordnungstiftendes Element betont. Die „verständlichen Demonstrationen gegen das anmaßende Verhalten der Juden" hätten „dunkle Elemente angelockt, die glauben, bei solchen Gelegenheiten ungestraft ihre staatsfeindlichen Ziele verfolgen und durch Tumulte Staat und Bewegung in Mißkredit bringen zu können".[157] Die Gestapo berichtete sogar über einen geheimnisvollen Wagen der russischen Botschaft, der während der Ereignisse mehrfach langsam den Kurfürstendamm entlanggefahren sei.[158] Polizei und SA seien aber umgehend eingeschritten. „Die Gliederungen der Bewegung, insbesondere PO und SA, haben sich sofort der Polizei zur Verfügung gestellt, um durch schnellste Wiederherstellung der Ruhe der Minierarbeit dieser dunklen Kräfte den Boden zu entziehen. Der Zusammenarbeit von Polizei und Gliederungen der Bewegung gelang es dann auch tatsächlich in kürzester Zeit, weitere Störungen zu unterbinden."

Der interne Gestapolagebericht zeichnete aber ein ganz anderes Bild, das den Schluß zuläßt, daß die Schutzpolizei mit ihrem Eingreifen lange gezögert hat: „Im Zusammenhang mit diesen Vorgängen muß erwähnt werden, daß sich die Polizei, die in diesen Fällen zum Einschreiten gezwungen war, in einer äußerst schwierigen Lage befand, da ihr Vorgehen zum größten Teil von der Bevölkerung nicht verstanden wurde. Die Beamten wurden von den Demonstranten und dem übrigen Publikum mit Zurufen, wie Judenknechte, empfangen."[159] Die Berliner Schutzpolizei war nicht gerade dafür bekannt, daß sie sich von pöbelnden Massen einschüchtern ließ. In diesem Fall lagen die Dinge aber anders, denn die Demonstranten konnten glaubhaft machen, daß ihr Vorgehen von der Partei gedeckt war. „Äußerungen, die von Festgenommenen gelegentlich gemacht wurden, ließen erkennen, daß seitens der Parteidienststellen das Einschreiten der Polizei genau beobachtet und registriert wurde. Die Straßendienstbeamten, denen das Verfahren allgemein bekannt ist, werden dadurch in der Ausübung ihres Amtes unsicher, da sie schwere berufliche Schädigungen, die ihnen ebenfalls von den Demonstranten angedeutet worden sind, befürchten."[160] Allein aus diesem Grund sah sich die Schutzpolizei gezwungen, auf die Hilfe uniformierter SA-Männer zurückzugreifen.[161] Eine abweichende Darstellung liefert ein Augenzeugenbericht, nach dem die Polizei zunächst einen SA-Mann verhaftet hatte, woraufhin sie von den Demonstranten beschimpft und bedrängt wurde. Die Polizei habe die Säbel gezogen und sogar ihre Pistolen schußbereit gemacht. Die Situation habe sich erst entspannt, als ein höherer Polizeioffizier die Freilassung des Verhafteten anordnete.[162] Ein anderer Augenzeuge stellte ein Einverständnis zwischen Polizei und SA fest, das auf Absprachen hindeutet: „Die Polizei war nie da, wo was los war."[163] Die Gestapo ihrerseits berichtete über die Beobachtung, daß die antisemitischen Ausschreitungen von einzelnen Dienststellen der NSDAP gefördert worden seien. Als einzige Parteiorganisation genannt wurden die Goebbels unterstellten Kreispropagandastellen. Diese hätten an die Ortsgruppen in großer Zahl Klebezettel, auf denen „Judenköpfe" aufgedruckt gewesen seien, mit der Anweisung verteilt, sie an geeigneten Stellen anzubringen.[164]

Die Reaktionen in den Berliner Presseorganen deuten darauf hin, daß Goebbels die Vorfälle um das „U. T." entschlossen ausgenutzt, wenn nicht gar von vornherein in allen Einzelheiten inszeniert hat. Als Berliner Gauleiter standen ihm fraglos die personellen Ressourcen für eine solche Inszenierung zur Verfügung. Wegen seiner sozialistischen Rhetorik und seiner spektakulären Aktionen vor der „Machtergreifung" war er bei der Berliner

SA immer noch geschätzt.[165] In der spezifischen Aktionsform des Kinokrawalls besaß der Propagandaminister, wie aus den Krawallen um die Verfilmung von Remarques Roman „Im Westen nichts Neues" bekannt ist, über einige Erfahrungen, auf die „Der Angriff" in seiner oben zitierten Pogromankündigung stolz verwiesen hatte. Auch die Tatsache, daß sich die Angriffe gegen Juden auf dem Kurfürstendamm, der Prachtstraße des Berliner Westens, ereigneten, fügte sich nahtlos in Goebbels' Gedankenwelt ein. Schon lange vor seiner Ernennung zum Propagandaminister hatte er, dessen Judenfeindschaft mit antikapitalistischen Vorstellungen verknüpft war,[166] für ein gewalttätiges Vorgehen gegen Juden an diesem Ort plädiert, der für ihn geradezu idealtypisch den Tummelplatz jüdischer Kapitalisten verkörperte.[167] Daß Goebbels nicht zögerte, SA-Leute randalieren zu lassen, um die vorgebliche „Volksmeinung" als Argument gegen Widerstände in der Regimeführung einzusetzen, sollte sich noch während der Stalingradkrise erweisen: Ende Januar 1943 warfen „auf Geheiß von Goebbels" SA-Männner die Fensterscheiben des bekannten Berliner Feinschmeckerlokals „Horcher" in der Lutherstraße ein, das die besondere Protektion Görings genoß.[168] Diese Aktion leitete die Schließung der Luxusrestaurants ein.

Andererseits häuften sich gerade im Sommer 1935 die Warnungen der Staatsführung, daß Kinokrawalle, auch antisemitisch begründete Störaktionen, nicht mehr hingenommen werden würden. Für Reichsinnenminister Frick, der wenige Tage vor den Ereignissen eine spezielle Verfügung gegen Kinokrawalle erlassen hatte, mußten die Vorfälle einen besonderen Affront bedeuten. Frick hatte allen Polizeibehörden den Schutz von Kinos bei der Vorführung zugelassener Filme zur Pflicht gemacht, was den Umkehrschluß zuläßt, daß sich die Polizei bis dahin zurückgehalten hatte. Zur Begründung hatte Frick ausgeführt: „In den letzten Monaten sind in einigen Städten des Reiches planmäßige Störungsversuche bei der Aufführung von Filmen unternommen worden, obwohl diese Filme von den amtlichen Filmprüfstellen zugelassen worden sind. Kundgebungen gegen zugelassene Filme haben auch in den Fällen stattgefunden, in denen der Führer und Reichskanzler persönlich und ausdrücklich entschieden hatte, daß von einem Verbot der öffentlichen Aufführung aus besonderen Gründen Abstand genommen werde. Solche Kundgebungen richten sich somit sogar unter Umständen gegen den ausdrücklichen und öffentlich bekundeten Willen des Führers und sind in höchstem Maße geeignet, die Staatsführung zu gefährden und Unruhe in die Bevölkerung zu tragen."[169] Selbst der Propagandaminister hatte sich 1935 schon entschlossen, die antisemitisch motivierten Publikumskrawalle, die

schließlich seine Autorität in Frage stellten, nicht länger hinzunehmen.
Zunächst versuchte man, gegen die ausufernden Gerüchte vorzugehen, alle
ausländischen Filmstars mit exotischem Aussehen seien Juden, um den antisemitischen Randalierern weniger Vorwände zu liefern. Schon im Februar
1935 wurde der Öffentlichkeit „amtlich" und unter Berufung auf eine von
Hitler persönlich angeordnete Untersuchung mitgeteilt, daß die grassierende
„Behauptung sich als unwahr erwiesen hat, daß Frau Pola Negri jüdischer
Abstammung sei. Sie ist Polin, also Arierin."[170] Ein weiterer Beleg für die
nachlassende Duldsamkeit gegenüber antisemitischen Kinokrawallen findet
sich am 25. Juni 1935 im „Film-Kurier". Dort wird berichtet, daß ein namentlich genannter Kinobesitzer in Stuttgart sich mit einer kurzen Rede an das
Kinopublikum gewandt habe, nachdem es in seinem Theater in den Vortagen
wegen des Auftritts eines „nichtarischen" Schauspielers zu antisemitisch motivierten Störungen gekommen sei. Der Kinobetreiber habe die Randalierer
gebeten, sich zu überlegen, daß der Film nach dem Reichslichtspielgesetz
in Deutschland zur Aufführung zugelassen sei und daß die Störungen den
Vertrieb deutscher Filme im Ausland sicher nicht erleichtern würden. Die
Ausführungen gipfelten in einem Appell an die Werte der „Volksgemeinschaft": „Aber auch vom Standpunkt der Volksgemeinschaft möchte ich in
dieser Angelegenheit den Störenfrieden noch etwas sagen. Es sind hier im
Theater 1600 Volksgenossen versammelt, die den Tag über gearbeitet haben,
ihre 1,– RM oder noch mehr Eintrittsgeld an der Kasse ablieferten, um sich
heute abend von des Tages Last und Mühen zu entspannen und zu unterhalten. Diesen Volksgenossen wird also der Abend von den Störenfrieden
verdorben."[171] Daß die Ansprache tatsächlich und mit diesem Inhalt gehalten wurde, kann durchaus bezweifelt werden. Ihr Abdruck in dem Fachblatt
belegt jedoch, daß antisemitische Kinokrawalle Mitte 1935 noch nahezu alltäglich waren und daß das RMVP nicht mehr länger bereit war, sie ohne jede
Reaktion zu dulden.

Dieser Widerspruch zu der offiziell verkündeten Linie machte das Presse-
echo der Vorgänge um so bemerkenswerter, denn es ließ den Schluß zu, daß
die als persönlicher Wille Hitlers deklarierten Anordnungen des Regimes
nicht ernst genommen wurden, und zwar nach der von Goebbels verbreiteten Interpretation nicht einmal von den vom ersten Tag der Machtübernahme an schikanierten und entrechteten Juden. Selbst die Parias der nationalsozialistischen Gesellschaft wagten es immer noch, den Herrschaftsanspruch
des Regimes in Frage zu stellen. Wenn der Propagandaminister das von ihm
sonst gepflegte Bild eines Staates, in dem dank der autoritären Führung nun

Ruhe und Ordnung eingekehrt sei, gerade im Kinowesen, also in einem von ihm selbst verantworteten Bereich, durch die ebenfalls von ihm gesteuerte Presse aufs Spiel setzen ließ, kann man das Vorliegen guter Gründe unterstellen. Ein Hinweis auf ein solches Kalkül findet sich in dem erwähnten Tagebucheintrag vom 15. Juli 1935, in dem Goebbels über die Reaktion Hitlers auf das Telegramm aus Berlin auf die angeblich jüdische Demonstration berichtet: „Nun ist Schluß beim Führer. Er will gleich Levetzow absetzen und Frick ein Ultimatum stellen. Es ist auch wirklich haarsträubend. Nun wird es wohl bald schnackeln."

Sofort nach dem Eintreffen der Nachricht war für den Propagandaminister die Schuldfrage geklärt. Verantwortlich sei ein Versagen der Berliner Polizeiführung unter Konteradmiral a. D. Magnus von Levetzow und Reichsinnenminister Wilhelm Frick. Gegen beide hegte Goebbels seit langem eine tiefe Abneigung. Schon 1927 hatte er dem Führer der Reichstagsabgeordnetenfraktion der NSDAP Frick öffentlich Verrat an den revolutionären Prinzipien der Partei vorgeworfen.[172] Levetzow stand im Mittelpunkt einer von Goebbels betriebenen Kampagne, deren Ziel es war, den jungen SA-Gruppenführer Wolf-Heinrich Graf von Helldorff, einen Freund des Propagandaministers, auf den Posten des Polizeipräsidenten der Reichshauptstadt zu befördern. Im November 1934 hatte Goebbels bei Hitler vergeblich die Ablösung Levetzows betrieben und versucht, den seit März 1933 als Potsdamer Polizeipräsident amtierenden Helldorff als dessen Nachfolger durchzusetzen.[173] Mit Hilfe der Pressekampagne über die Vorgänge um den schwedischen Film sollte dieses Vorhaben nun gelingen. Offenbar hatte Hitler tatsächlich Goebbels' Interpretation über das Versagen der Berliner Polizei übernommen. Den eigentlichen Anlaß für die Absetzung Levetzows und die Ernennung Helldorffs zu seinem Nachfolger bildeten aber nicht die vorgeblichen Proteste des jüdischen Publikums im „U. T.", sondern die folgenden Krawalle. Goebbels notierte am 19. Juli in seinem Tagebuch: „Mittwoch: ... Krawall am Kurfürstendamm. Juden verprügelt. Auslandspresse dröhnt ,Pogrom'. Nun ist's aber aus mit Levetzow. Donnerstag: ... Levetzow abgesetzt, Helldorff ernannt. Bravo! ... Helldorff ganz glücklich. Abends feiern wir ein wenig. Es wird viel gelacht. Draußen heult der Sturm. Ich habe heute viel zu tun. Und Berlin machen wir wieder sauber. Mit vereinten Kräften."[174]

Die antisemitischen Ausschreitungen des Sommers 1935 waren weniger ein Produkt des blinden Aktionismus radikaler Gruppen in der SA, die das „Judenproblem von unten aufrollen" wollten, um die Regierung zu einer radikalen Lösung der „Judenfrage" zu zwingen, wie manche Historiographen meinen,[175] in ihnen drückte sich vielmehr ein herrschaftsinterner Konflikt aus, in dem der überzeugte Antisemit Goebbels seine politischen Positionen mit Hilfe des von ihm selbst aktivierten „Volkszorns" durchzusetzen versuchte. Wegen der befürchteten negativen Auswirkungen im Ausland stieß die „Judenhetze" in der Regierung, etwa im Reichswirtschaftsministerium und bei der Reichsbank, durchaus auf ernstzunehmende Widerstände. Insofern bedeutete die Verkündung der „Nürnberger Gesetze" am 15. September 1935 einen Herrschaftskompromiß. Sie befriedigten die Forderungen der Antisemiten, indem sie die normativen Grundlagen für eine alle Lebensgebiete umfassende Diskriminierung der Juden schufen. Die Wirtschaftspolitiker erwarteten von den gesetzlichen Regelungen ein Ende der „spontanen" Mißhandlungen, die das Augenmerk der Auslandspresse und entsprechende Boykottaufrufe nach sich gezogen hatten. Daß Goebbels keineswegs bereit war, das von ihm so erfolgreich eingesetzte Instrument der antisemitischen Ausschreitungen aufzugeben, deutete seine Tagebuchnotiz vom 19. September 1935 an: „Verbot aller Ausschreitungen, vor allem in Judenfragen und in Filmsachen. Ob es nützt? Ich glaube es kaum."[176]

Motiviert durch den mit Hilfe der Berichterstattung über die Vorgänge auf dem Kurfürstendamm erreichten Rücktritt des Berliner Polizeipräsidenten, nutzte Goebbels den schwedischen Film tatsächlich noch ein zweites Mal, um ein weiteres politisches Ziel durchzusetzen. Etwa einen Monat nach der Premiere ließ er eine neue Pressekampagne um „Petterson & Bendel" starten, mit der die Enteignung der jüdischen Kinobesitzer vorangetrieben werden sollte. Am 20. August berichtete der „Film-Kurier", daß der Film nach Feststellungen des RMVP in einem Berliner Kino in einer durch Schnitte veränderten Version gelaufen sei. In dem betreffenden Theater sei die Originalkopie um „die den Nichtariern unangenehmen Dialoge tendenziös verkürzt und verstümmelt" worden.[177] Schon zuvor war man in der Presse Gerüchten entgegengetreten, die antisemitische Färbung des Films sei in der schwedischen Fassung gar nicht enthalten, sondern erst in die deutschsprachige Version hineingebracht worden.[178] Nach der Entdeckung der veränderten Kopie sei sofort eine Untersuchung angeordnet worden, die ergeben habe, daß dem Kino eine vollständige Kopie ausgeliefert worden sei. Nun werde nachgeforscht, wer die Fälschung vorgenommen habe und ob es sich bei dem Theater, das nach der „Machtergreifung" seinen Besitzer gewechselt habe, um ein „getarntes Unternehmen" handele.[179]

Am nächsten Tag wurde die Stoßrichtung der Meldungen um die angeblichen Fälschungen deutlich. In einem Pressegespräch teilte Staatskommissar

Hans Hinkel mit, daß falsche Kopien in einem größeren Umfang entdeckt
worden seien. Hinkel war erst am 25. Juli 1935 von Goebbels zum „Sonder-
beauftragten für die Überwachung und Beaufsichtigung der Betätigung aller
im Reichsgebiet lebenden nichtarischen Staatsangehörigen auf künstlerischem und geistigem Gebiet" ernannt worden. Durch einen Vergleich mit der
Zensurkarte habe man in vier Berliner Kinos Änderungen an der Originalkopie feststellen können. Bei zwei Theatern handele es sich um „gleich-
geschaltete" Unternehmen, deren ehemaliger jüdischer Besitzer formalrecht-
lich ausgeschieden sei. Anscheinend sei dieser aber noch der „eigentliche ge-
schäftliche und geistige Leiter": „Dies beweist, daß die Juden immer noch
ihre Hände an Stellen im Spiel haben, deren Bedeutung für die Gesundung
des deutschen Volkes zu wichtig ist, als daß sich nicht rücksichtsloses Vorgehen und völlige Ausschaltung des Judentums aus unseren kulturschaffen-
den Berufen rechtfertige."[180] Allen an den Fälschungen Beteiligten werde die
Zulassung durch die Filmkammer entzogen.

Auch bei diesem Vorfall legt das rasche Ausnutzen der Lage den Verdacht
nahe, daß die ganze Situation von vornherein vom RMVP inszeniert worden
war. Hinkel kündigte an, daß nun grundsätzlich überprüft werden müsse,
ob „nichtarische", d. h. jüdische Kinobesitzer hinreichend vertrauenswür-
dig seien, ein Lichtspieltheater zu leiten. Wo sich ein Verdacht auf Unzuver-
lässigkeit ergebe, werde den Kinobesitzern eine Frist gesetzt, in der sie „ihren
Betrieb sauberen und zuverlässigen Personen zu übergeben haben".[181]

Tatsächlich leitete die Kampagne um „Petterson & Bendel" die endgültige Enteignung der jüdischen Besitzer von Lichtspieltheatern ein, die durch
weitere, ganz offensichtlich inszenierte „Proteste der Bevölkerung" vorbereitet wurden. Am 15. August 1935 berichtete der „Film-Kurier" über „Kundgebungen gegen jüdische Kinobesitzer" in Hannover: „Vor den vier Lichtspielhäusern ‚Luna', ‚Imperator', ‚Universum' und ‚Goethehaus' kam es zu
Demonstrationen großer Volksmassen, die sich dagegen auflehnten, daß sich
diese in kulturpolitischer Hinsicht wichtigen Unternehmen noch immer in
jüdischen Händen befinden. Die Kundgebungen verliefen so diszipliniert,
daß die Polizei nirgends einzuschreiten brauchte. – Die vier Lichtspielhäuser
wurden geschlossen."[182] Zwei Wochen später waren die Kinos in Hannover
von einem „arischen" Besitzer übernommen.[183] Die offizielle Enteignung des
gesamten noch verbliebenen jüdischen Kinobesitzes im Reich folgte auf dem
Fuße. Die jüdischen Kinobesitzer wurden durch eine Verfügung der Reichsfilmkammer vom 17. Oktober 1935 gezwungen, ihre Theater bis zum 10. Dezember 1935 an „Arier" zu verkaufen.[184]

2. Antisemitische Filme seit 1938

Die Vorgänge um „Petterson & Bendel" hatten erwiesen, wie geschmeidig sich der Film in die rassen- und machtpolitischen Ziele des Propagandaministers einfügen ließ. So verwundert es nicht, daß der erste ausgeprägt antisemitische Spielfilm, den Goebbels selbst herstellen ließ, nach einem ähnlichen Muster fabriziert war. Auch bei „Robert und Bertram" handelte es sich um eine Gaunerkomödie, die nach der Premiere am 7. Juli 1938 jedoch beim Publikum, bei Hitler und in der Folge auch bei Goebbels durchfiel.[185] Ebenfalls kein besonderer wirtschaftlicher Erfolg war dem 1939 von der Wien-Film GmbH produzierten Film „Leinen aus Irland" beschieden, in dem ein jüdischer Dunkelmann die Existenz böhmischer Heimweber bedroht. Die Tatsache, daß die Einspielergebnisse des Films kaum seine Herstellungskosten übertrafen,[186] kontrastiert scharf mit der angeblich positiven Aufnahme, die der Produktion vom SD am 19. April 1940 bescheinigt wurde: „Nach Meldungen aus Troppau, Bielefeld und Breslau wurde der Film ‚Leinen aus Irland' dort sehr günstig aufgenommen. In Troppau hätten die Besucher durch Zwischenrufe wie ‚Saujud', ‚Ausbeuter' ihre innere Anteilnahme bezeugt."[187]

Der SD erweckte durch die Herausstellung vereinzelter Vorkommnisse den Eindruck, das Publikum lasse sich durch Filme in seinem Antisemitismus bestärken. Als Beleg für einen allgemein verbreiteten Judenhaß können sie jedoch nicht dienen. Die von Ian Kershaw im Rahmen des „Bayern-Projektes" durchgeführte Untersuchung über die Verankerung des Antisemitismus hat gezeigt, daß der fanatische Judenhaß der Nationalsozialisten nur eine geringe Resonanz in der Bevölkerungsmehrheit fand.[188] Der unterschwellig vorhandene und von der NSDAP systematisch verstärkte Antisemitismus genügte aber, daß es bei den Unterdrückungsmaßnahmen gegen Juden – in auffälligem Gegensatz zu den Aktionen gegen Behinderte und Geisteskranke – zu keinen Protesten der Bevölkerung kam. Bei Parteimitgliedern war der Antisemitismus als negatives Integrationsmittel imstande, die auseinanderstrebenden Interessenfraktionen zusammenzuhalten. Ähnliches gilt eventuell für die östliche Grenzbevölkerung, für die demonstrative Bekundung von Judenfeindschaft – wie die Hetzrufe in Troppau belegen – ein Mittel darstellte, um zu zeigen, daß sie ihre Eingliederung in die nationalsozialistische Gesellschaft des Deutschen Reichs vollzogen hatte.

Warum das RMVP seit Mitte 1940 eine Reihe von Filmen in die Kinos brachte, die an antisemitischer Gehässigkeit alles bisher Gezeigte in den

Schatten stellen sollten, ist in der Forschung umstritten. Daß sie den Völkermord an den Juden propagandistisch vorbereiten sollten, wie Dorothea Hollstein meint, ist jedoch eher unwahrscheinlich.[189] Gegen diese These spricht, daß die Vorgeschichte der Filme „Der ewige Jude", „Die Rothschilds" und „Jud Süß" in den Herbst 1939 zurückreichte.[190] Obwohl der Zeitpunkt des Entschlusses zur Massenvernichtung in der Forschung nach wie vor umstritten ist (die genannten Daten reichen von Sommer 1940 bis Juli 1941),[191] wird vom Herbst 1939 jedenfalls auch nicht von Martin Broszat gesprochen, der die These aufgestellt hat, die Mordaktionen seien das Ergebnis einer kumulativen Radikalisierung, die sich im Herbst 1941 faktisch zu einem Programm verdichtet habe.[192] Gegen die Hollstein-These spricht aber vor allem, daß der Genozid zwar gerüchteweise bekannt wurde, aber in der Regel als Geheimsache behandelt wurde. Den Verantwortlichen war klar, daß Massenmord nicht zur Popularisierung taugte. Ohne einen verbreiteten Antisemitismus und die sich mit dem Krieg vertiefende Gleichgültigkeit dem Schicksal anderer gegenüber wären die Tötungsaktionen allerdings auch nicht durchführbar gewesen.

Zur Bestätigung und Festigung der antijüdischen Vorurteile trugen die Propagandafilme durchaus bei. Ihr Start wurde durch eine breitangelegte Pressekampagne vorbereitet, über deren Erfolg der SD am 10. Oktober 1940 berichtete: „In diesem Zusammenhang wird immer auf die große Spannung hingewiesen, die die Ankündigung des Films ‚Die Rothschilds' überall ausgelöst habe."[193] Indirekt verdeutlicht der Bericht über die positive Resonanz auf „Jud Süß", daß die Erwartungen hinsichtlich des Rothschild-Films enttäuscht wurden: „Jud Süß" sei „ungleich stärker und überzeugender als der Film ‚Die Rothschilds'".[194] Manchen Besuchern gefiel der Film aber besser als „Jud Süß".[195] Auch die Einspielergebnisse bestätigen eine schlechte Resonanz nicht. Obwohl der Rothschild-Film schon zwei Monate nach der Uraufführung am 17. Juli 1940 wieder aus dem Verleih genommen wurde, spielte er in dieser kurzen Zeit ungefähr das Doppelte seiner Herstellungskosten ein.[196] Etwa 8,5 Millionen Besucher sahen „Die Rothschilds".

Die Gründe für die rasche Zurückziehung des Rothschild-Films sind nicht klar. Zumindest bei einigen Besuchern löste der Aufstieg der Bankiersfamilie Bewunderung aus.[197] Ob diese Wirkung aber den Verantwortlichen bekannt wurde, muß dahingestellt bleiben. Wahrscheinlich wollte das RMVP vermeiden, daß die mit über 2 Millionen Reichsmark doppelt so teure Produktion „Jud Süß" der direkten Konkurrenz eines anderen antisemitischen Films ausgesetzt war.[198] Diese Rechnung ging auf: „Jud Süß" spielte 6,2 Millionen

Reichsmark ein. Einer Schätzung auf dieser Grundlage zufolge haben über 20 Millionen Zuschauer den antisemitischen Hetzfilm gesehen.[199] Der SD berichtete am 28. November 1941 über eine außergewöhnlich positive Aufnahme des Films, in die sich aber kritische Töne aus der Bevölkerung mischten.[200] Der Film sei spannend sowie künstlerisch und schauspielerisch überzeugend. Sein Ziel habe der Film jedenfalls erreicht. Es sei zu „offenen Demonstrationen gegen das Judentum" gekommen. In Berlin hätten Besucher zur Vertreibung der Juden vom Kurfürstendamm und zur Entfernung der letzten Juden aus Deutschland aufgerufen.

An der Drastik einzelner Szenen wurde jedoch vorsichtige Kritik geäußert. Eltern und Erzieher zweifelten, ob der Film für Jugendliche geeignet sei, was „mit Rücksicht auf seine außerordentlich starke psychologische Nachwirkung fast durchweg verneint wurde".[201] Überhaupt gehe der Film in „der realistischen Darstellung abscheuerregender Episoden ungewöhnlich" weit.[202] Gerade dieser Umstand machte jedoch den nahezu pornographischen Reiz von „Jud Süß" auf das Publikum aus. Der SD berichtete jedenfalls, daß die Vergewaltigungsszene besonders starke Beachtung gefunden habe.

Schon vier Monate später lief als letzter der ausgeprägt antisemitischen Propagandafilme die jeder Spielhandlung entkleidete „Dokumentation" „Der ewige Jude" in den Kinos an. Diese Produktion fiel beim Publikum eindeutig durch. Schon zwei Wochen nach der Premiere am 29. November 1940, bei der der Film allein in Berlin mit 66 Kopien gestartet worden war, lief er in der Hauptstadt gerade noch in einem Theater. Selbst „Jud Süß" war zu diesem Zeitpunkt noch in fünf Berliner Kinos zu sehen.[203] Der SD versuchte am 20. Januar 1941, die Ursachen für die negative Publikumsresonanz aufzuzeigen.[204] Der Film sei mit großer Spannung erwartet worden und habe die Wünsche nach einprägsamer „Aufklärung" auch erfüllt. Als gelungen seien allgemein die Karten und Statistiken über die Ausbreitung des Judentums gewertet worden, „der Vergleich mit den Ratten wurde als besonders eindrucksvoll hervorgehoben".

Als Grund für den raschen Einbruch der zunächst außerordentlich guten Besucherzahlen vermutete der SD, daß der Film zu schnell auf „Jud Süß" gefolgt sei, der den Bedarf an antisemitischen Filmen gedeckt habe. Aber auch die „Widerlichkeit des Dargestellten" habe sich negativ ausgewirkt. Insbesondere die Schächtszenen hätten örtlich zu einer regelrechten Mundpropaganda gegen den Film geführt. Es sei vorgekommen, daß Zuschauer angewidert das Theater verlassen hätten; Frauen und selbst junge Männer seien ohnmächtig geworden. Bei dem Film „Der ewige Jude" versagte die

Spekulation auf die Zugkraft von Horrorszenen. Nur überzeugte Nationalsozialisten, „der politisch aktivere Teil der Bevölkerung", wollten die „Ner-
venbelastung" auf sich nehmen, um sich in ihren Vorurteilen bestätigen
zu lassen.

Über konkrete Auswirkungen der antisemitischen Filme auf die Lage der
noch im Deutschen Reich lebenden Juden ist kaum etwas bekannt. Angeblich haben Jugendliche in Wien nach dem Besuch von „Jud Süß" den ersten
Juden, den sie auf der Straße trafen, zu Tode getreten.[205] Belegt ist, daß diese
Produktionen den Wachmannschaften von Konzentrationslagern mit grauen-
haften Konsequenzen für die Lagerinsassen vorgeführt wurden. Der ehemalige SS-Rottenführer Stefan Baretzki sagte im Auschwitz-Prozeß aus: „Da-
mals wurden uns Hetzfilme gezeigt, wie ‚Jud Süß' ... Und was für Folgen das
für die Häftlinge hatte! Die Filme wurden der Mannschaft gezeigt. Und wie
haben die Häftlinge am nächsten Tag ausgesehen."[206]

Antisemitische Zuschauer entnahmen diesen Filmen immer wieder neue
Bestätigung für ihre schon zuvor festliegenden Vorurteile gegenüber Juden.
Dieser Mechanismus funktionierte offenbar in allen, auch in den gebilde-
ten Besucherschichten. So notierte eine Zahnärztin, die sich als Christin und
zugleich als Nationalsozialistin verstand, nach dem Besuch des Films „Carl
Peters", in dem das Scheitern des deutschen Kolonialhelden jüdischen Ma-
chenschaften zugeschrieben wurde, im April 1941 in ihr Tagebuch: „Und in
Deutschland? Das Judenpack hätten wir nun wenigstens draußen. Von der
Seite droht uns keine Gefahr mehr."[207]

VI. Das jüdische Publikum in den Kinos des Dritten Reiches

1. Die Verbannung des jüdischen Kinopublikums

Das Kino erfüllte für die jüdische Bevölkerung zuallererst die gleichen Funktionen wie für den Rest des Publikums. Man suchte und fand vor allem Unterhaltung und Entspannung vom Alltag. Kinos waren aber auch Orte, in
denen der Antisemitismus auf der Leinwand und zugleich in den Publikumsreaktionen manifest wurde. Victor Klemperer verzeichnete in seinem Tagebuch nach dem Besuch des Films „Kerak und die Nachtigall": „... ein so
schauerlicher Hintertreppenmist, daß es keine Notiz lohnt. Aber darin die
Rolle eines waffenschiebenden Levantiner-Scheusals. Gleich flüstert ein Mädel neben mir: ‚Der Jude!' "[208]

Da die Komplexität des Mediums es dem nationalsozialistischen Kino unmöglich machte, alle Aussagen auf nur eine Interpretationsmöglichkeit zu
reduzieren, suchten Juden in den Wochenschaubildern immer wieder nach
Hinweisen, die auf ein Ende ihrer verzweifelten Situation hindeuteten. Weil
nach dem Verlauf der Saarlandabstimmung am 13. Januar 1935 vielen bewußt war, daß der Nationalsozialismus nur von außen beseitigt werden
konnte, wurden besonders Bilder von europäischen Krisen mit Hoffnungen verknüpft. So erklärt sich, daß Aufnahmen von Volksfrontkämpfern in
Spanien bei Victor Klemperer im August 1936 einen großen Eindruck hinter-
ließen.[209]

In den Jahren nach der „Machtergreifung" entwickelte sich der Besuch
der Filmtheater für Juden immer mehr zur letzten Möglichkeit, an kulturellen Veranstaltungen teilzunehmen, weil die Dunkelheit und Anonymität
der Vorführsäle der großstädtischen Kinos ein Erkennen und die darauf folgende schikanöse Behandlung wenig wahrscheinlich machte.[210] Die Aussage
in einem Bericht der Gaupropagandaleitung Sachsen vom 6. April 1938 an
den Vizepräsidenten der Reichsfilmkammer, Weidemann, bei der Premiere
des Sascha-Guitry-Films „Roman eines Schwindlers" hätten sich „auffal-
lend" viele Juden im Publikum befunden, „die am Schluß lebhaft Beifall
klatschten", ist aber vor allem aus der Forderung des Verfassers nach der Absetzung der französischen Produktion zu erklären. Er wisse nicht, ob Sascha
Guitry Jude sei, „zweifellos aber ist er vollkommen jüdisch-liberalistisch beeinflußt". Der Film erinnere „lebhaft an Heinrich Heine" und sei „geeignet,
den Besucher in einer Weise zu beeinflussen, die einer jüdisch zersetzenden
Tendenz vollkommen gleichkommt".[211] Der Filmstellenleiter imaginiert in
einer antisemitischen Phantasmagorie eine Einheit von „jüdischem" Film-
autor und „jüdischer" Filmerzählung, die besonders viele Juden anlocke und
sie begeistere und das nichtjüdische Publikum jüdisch-zersetzendem Einfluß
aussetze. Noch im Januar 1945 wurde die Synchronisation des dänischen
Films „Das Ballett tanzt" untersagt, „weil der Darsteller des Ballettmeisters,
der eine nicht unwesentliche Rolle spielt, offensichtlich Jude ist".[212]

Die Vorgänge um „Petterson & Bendel" bildeten nicht nur den Anlaß zur
Enteignung der jüdischen Kinobesitzer, sie fielen darüber hinaus in die Zeit,
in der die Verbannung der Juden auch aus dem Kinopublikum begann. Die
Weimarer Lichtspiele „Burgtheater" brüsteten sich im August 1935, als erstes
Kino im Reich Juden den Eintritt untersagt zu haben. Das Verbot wurde auf
Veranlassung der DAF, Gaubetriebsgemeinschaft freie Berufe, erlassen.[213] Zu
Beginn des Jahres 1938 verschlechterte sich die Lage der deutschen Juden

nach einer relativen Beruhigung der Situation 1936/37 drastisch. Im Zusammenhang mit der Sudetenkrise und dem „Anschluß" Österreichs kam es in vielen Ortschaften zu schweren Übergriffen. Die Kinos wurden in die Kampagne gegen die jüdische Bevölkerung einbezogen. „Schon seit einigen Wochen war eine ausgesprochene Beunruhigung der Massen zu verspüren ... Auch tauchten schon an verschiedenen Läden, Kinos etc. die Schilder auf: Juden unerwünscht, etc."[214] Ein generelles Kinobesuchsverbot für Juden existierte zwar bis zum Pogrom im November 1938 nicht; einzelne Antisemiten unter den Theaterbesitzern in der Provinz ließen aber ihnen persönlich bekannte Juden nicht in ihre Theater, in deren Besitz sie nicht selten erst durch die „Arisierungsmaßnahmen" gekommen waren.[215]

Das erste Kinobesuchsverbot für Juden, das sich nicht nur auf ein einzelnes Theater, sondern auf eine ganze Region bezog, datierte noch aus der Zeit vor den Novemberpogromen. Der „Film-Kurier" veröffentlichte am 3. August 1938 eine Notiz, nach der Juden in der Stadt und im Kreis Darmstadt der Zutritt zu den Filmtheatern untersagt war.[216] Die Verantwortlichen einzelner Ortsgruppen der NSDAP waren sich sicher, daß solche Maßnahmen von der Meinung der Bevölkerung getragen wurden. Am 4. April 1937 vermerkte der Monats- und Stimmungsbericht einer NSDAP-Ortsgruppe aus Münster in Westfalen: „Unter den Vgn. [Volksgenossen] begegnet man bei scharfem Zuhören sehr häufig der Frage: Wie kommt es, daß man in den Kinos, besonders Rolandtheater, immer noch Juden antrifft? Nach Auffassung der Volksstimmung wäre es hier wohl am Platze, wenn sich die Presse der Aufgabe unterzöge und ihren Einfluß geltend macht, daß die Kinobesitzer es den Vgn. nicht mehr zumuten können, in Gemeinschaft mit Juden Filme anzusehen."[217]

2. Filmveranstaltungen des Jüdischen Kulturbundes

Am 7. November 1938 verübte der junge Jude Herschel Grynszpan ein Attentat auf den Legationssekrätär der Deutschen Botschaft in Paris, Ernst vom Rath. Dieses Ereignis diente zum Vorwand für den staatlich organisierten Terror der Pogrome in der Nacht vom 9. zum 10. November, für die Zerstörung jüdischer Einrichtungen, für das Niederbrennen von Synagogen, für Gewalt und Mord an Juden. Am 12. November wurde Juden verboten, öffentliche Kultureinrichtungen, Theater, Konzerte und auch Kinos zu besuchen. Lange vor dem Beginn der Deportationen war ihnen damit eine der letzten Möglichkeiten zur Teilhabe am kulturellen Leben, eine der Bedingungen für eine menschenwürdige Existenz in Deutschland, genommen. Die Kinos, die man nun nur noch von außen sah, bildeten für die jüdische Bevölkerung eine ständige Erinnerung an ihre bedrohte und entrechtete Situation.[218] Auf die Zeit vor dem Kinoverbot zurückblickend, schrieb Victor Klemperer am 25. Dezember 1938 in sein Tagebuch: „Und dann von Zeit zu Zeit das Kino, das Auswärtsessen. Es war doch ein Stückchen Freiheit und Leben – mag es auch noch so jämmerlich gewesen sein und uns mit Recht schon als Gefangenschaft gegolten haben."[219]

Die letzte legale Möglichkeit für Juden, Filme zu sehen, bildeten nun die Veranstaltungen des Jüdischen Kulturbundes. Am 22. Dezember 1938 erhielt der Jüdische Kulturbund in Berlin die Genehmigung zur Aufführung von deutschen und ausländischen Filmen.[220] Für die zu diesem Zeitpunkt überraschende Erlaubnis zur Erweiterung des Tätigkeitsspektrums der Kulturbundarbeit gab es mehrere Gründe. Die Einnahmen aus dem Kinobetrieb sollten den dem RMVP unterstellten Kulturbund auf eine solide finanzielle Basis stellen, was als Argument gegen seine Verschmelzung mit der vom SD kontrollierten „Reichsvereinigung der Juden in Deutschland" diente. Zudem erwartete man sich eine leichtere Überwachung der Juden.[221] Die Filmvorführungen fanden im Kulturbundsaal in der Berliner Kommandantenstraße 58/59 statt, in dem mit beträchtlichem Aufwand eine feuersichere Vorführkabine installiert worden war. Der Zutritt war nur Juden erlaubt, die gültige Kulturbundkarten vorzuweisen hatten. Zur Premiere am 29. Dezember 1938 lief der amerikanische Spielfilm „Chicago". In der Folgezeit zeigte der Kulturbund Produktionen der Produktionsgesellschaften Ufa, Tobis und Terra sowie amerikanische Filme aus dem Verleih von Metro-Goldwyn-Mayer und Fox. Große Erfolge waren „Bel ami" mit 18 Vorstellungen und 12 396 Reichsmark Bruttoeinnahmen, „Hoheit tanzt inkognito" mit 26 Vorstellungen und 11 353 Reichsmark Bruttoeinnahmen und „Der Blaufuchs" mit 17 Vorstellungen und 9696 Reichsmark Bruttoeinnahmen.[222]

In der ersten Spielzeit lief der Palästinafilm „Land der Verheißung" in sieben Vorstellungen. Jüdische Organisationen hatten schon 1935 die Genehmigung zur Vorführung dieses zionistischen Films erhalten.[223] Das Regime wollte deutsche Juden mit der Unterstützung solcher Vorführungen zur Auswanderung bewegen. Tatsächlich verzeichnete „Land der Verheißung" nach seiner deutschen Uraufführung am 26. Mai 1935 einen beträchtlichen Erfolg. Allein in Berlin lief der Film zwei Wochen. Dort und in mindestens 38 weiteren Orten sahen ihn über 80 000 Besucher. Nichtjuden war der Zutritt verboten.[224]

Das Filmprogramm des Kulturbundes wurde wöchentlich gewechselt; an den Wochentagen fanden zwei, an den Sonntagen drei Veranstaltungen statt. Im dem halben Jahr zwischen dem 29. Dezember 1938 und dem 30. Juni 1939 gab es in der Kommandantenstraße insgesamt 314 Vorführungen, die 129 088 Reichsmark Bruttoeinnahmen einbrachten.[225] Die Verleihgebühren entsprachen mit 35 Prozent des Umsatzes nach Abzug der Vergnügungssteuer (9,4 bis 15,0 Prozent) den Vorschriften der Reichsfilmkammer. Die Eintrittspreise waren mit 90 Pfennig bis 2 Reichsmark relativ hoch, jedoch stand für die von der Jüdischen Winterhilfe Betreuten ein Kontingent von Freikarten zur Verfügung.[226] Einigen ermöglichte die Filmarbeit ihre wirtschaftliche Existenz. Etwa 25 Personen fanden als Vorführer, Platzanweiser oder Garderobenpersonal eine Beschäftigung im Kinobetrieb.[227] Auch in den Zweigstellen des Kulturbundes in Breslau, Frankfurt a. M., Hamburg, Hannover, Köln, Leipzig und Stettin veranstaltete der Kulturbund Filmvorführungen. In Hamburg wurde eine eigene Tonfilmanlage installiert; die anderen Städte versorgte man mit einem Wanderprojektor.[228] Das Zahlenmaterial erlaubt die Aussage, daß die Kinoveranstaltungen das mit Abstand begehrteste kulturelle Angebot des Kulturbundes darstellten. Von den 8841 Besuchern, die der Kulturbund Breslau vom 6. März bis zum 26. Juni 1939 verzeichnete, kamen allein 7060 zu den Filmvorführungen (darunter 259 zu einer Schülervorstellung), in Hamburg 15 768 von insgesamt 18 779, in Köln 5752 von 6190.[229]

Die Lebensbedingungen der in Deutschland verbliebenen Juden verschlechterten sich in der zweiten Hälfte des Jahres 1939 weiter. Nun durfte der Kulturbund auch keine Abendvorführungen mehr veranstalten. Um so bemerkenswerter ist, daß die zweite Spielzeit der Filmbühne des Kulturbundes einen noch größeren Publikumszuspruch fand. Seit dem 24. September 1939 besuchten an 236 Spieltagen 160 921 Menschen die 481 Vorführungen. Große Erfolge waren „Robert Koch" mit 11 760 Besuchern und „Rosemarie" mit 9082 Besuchern. Erfolgreich liefen „Der Postmeister" und „Befreite Hände" sowie die Operettenfilme „Opernball", „Es war eine rauschende Ballnacht", „Irrwege der Liebe", „Südseenächte" u. a. m. Beständig ausverkauft waren die Vorführungen älterer Filme wie „Anna Karenina" und „Shanghai Express" an den Sonntagvormittagen.[230]

Die in der Provinz lebenden Juden konnten von den Veranstaltungen des Jüdischen Kulturbundes nicht erreicht werden. Wie groß auch hier der Wunsch nach Filmen war, läßt sich aus einem Leserbrief erahnen, der am 17. Januar 1939 im „Jüdischen Nachrichtenblatt" abgedruckt wurde: „Wir in der Provinz schlagen ein jüdisches Nachrichtenblatt auf, und inmitten der

Nachrichten, wie's mit unserer Wanderung zu den Enden der Welt weiter-
gehen möge, steht die Ankündigung eines Films für die Unsern, im Jüdischen Kulturbund zu Berlin. Da schweben über dem Inserat nun leicht der
Wunsch, der lächelnde Verzicht, der heitere Gleichmut und die schönste aller
Freuden: Mitfreude, die um alle Tiefen und Weiten für die anderen weiß und
zu sagen vermag, daß wir es ihnen gönnen."[231]

3. Kinobesuch nach dem Verbot

Am 31. Juli 1941 beauftragte Göring den Chef der Sicherheitspolizei und des
SD, Heydrich, alle Vorbereitungen „sachlicher und materieller Art zu treffen für eine Gesamtlösung der Judenfrage im deutschen Einflußbereich".[232]
Juden im Alter zwischen 18 und 45 Jahren war die Auswanderung ab August
desselben Jahres nicht mehr gestattet. Am 1. September 1941 wurde die
Kennzeichnungspflicht mit dem gelben Stern erlassen.[233] Vom 19. September
1941 an durften Juden ihren Wohnbezirk nicht mehr verlassen. Schon am
11. September 1941 hatte die Staatspolizeileitstelle Berlin den Kulturbund
unter Berufung auf § 1 der Verordnung des Reichspräsidenten zum Schutze
von Volk und Staat vom 28. Februar 1933 aufgelöst.[234]
    Mit der Einführung des Zwangs, den gelben Stern zu tragen, war die Über-
tretung des Kinobesuchsverbotes lebensgefährlich geworden. Akten der Polizeibehörden[235] und Erinnerungen belegen aber, daß Juden die stigmatisie-
rende Kennzeichnung ablegten, um weiter ins Kino gehen zu können. Dieser
Akt erforderte vor dem Hintergrund, daß schon der Vorwurf, den Stern verdeckt zu haben, ausreichte, um verhaftet, ins KZ eingeliefert und ermordet zu
werden, einen beträchtlichen Mut, den überwiegend junge Menschen auf-
brachten. In Berlin, wo im September 1940 noch 72 327 Juden, davon etwa
11 000 Männer und 15 000 Frauen unter 45 Jahren, lebten,[236] ließ die Anonymität der Metropole das Risiko der Entdeckung vergleichsweise gering
erscheinen.[237] Inge Deutschkron berichtet, daß sie den Stern für einen Filmbesuch entfernte. Der von ihr beschriebene Kinobesuch läßt sich kaum als
Flucht in die Zerstreuung interpretieren. Die Aussicht auf den Premieren-
besuch vermittelte ihr ein triumphales Gefühl der Selbstbehauptung, das
während der Veranstaltung dem Eindruck der Fremdheit wich.[238] Dieses Gefühl des Ausgegrenztseins ließ sich auch im Kino nicht mehr überwinden.
Victor Klemperer berichtet in seinem Tagebuch im August 1942 von einer
Ausnahme. Unter den jüdischen Zwangsarbeiterinnen bei den Dresdener

Zeiss-Ikon-Werken wurde eine Frau entdeckt, die „zu fünfundsiebzig Prozent arisch" war. Die Frau durfte den gelben Stern ablegen und kam in eine andere Arbeitsgruppe; sie „sei gleich ins Restaurant und gleich ins Kino gegangen, und das tue sie nun täglich".[239]

Den untergetauchten Juden in Berlin, deren Zahl auf bis zu 5000 geschätzt wird, boten die Kinosäle die Möglichkeit, sich für kurze Zeit einigermaßen sicher vor einer Entdeckung zu fühlen. Bevorzugter Unterschlupf waren die sogenannten Tageskinos, wie das „Biograph" in der Münzstraße, in denen ein Nonstopprogramm lief und die man nicht nach der Vorstellung verlassen mußte.[240] Das Kino war vor allem Teil des rassistischen Unterdrückungssystems; es bot aber auch die Chance, ihm vorübergehend zu entkommen. Die Verfolgungsbehörden wußten jedoch um diese Funktion der Filmtheater und unterzogen sie besonders häufig Kontrollen.[241]

VIERTES KAPITEL

Publikumsverhalten in deutschen Kinos 1939–1942

Die propagandistische Vorbereitung der Deutschen auf den Angriff gegen Polen im September 1939 bereitete dem Regime beträchtliche Schwierigkeiten. In Teilen der Bevölkerung existierte durchaus eine latente ideologische Kriegsbereitschaft, die schon am Ende der Weimarer Republik in einer Welle von kriegsverherrlichenden Fronterlebnisberichten und Militärfilmen einen deutlichen Ausdruck gefunden hatte.[1] Die deutsche Gesellschaft war in den ersten Jahren der nationalsozialistischen Herrschaft in zahllosen Einzelmaßnahmen sukzessive in eine „Volksgemeinschaft" transformiert worden, die in ihren Strukturmerkmalen systematisch militärischen Organisationsformen angeglichen worden war. Das „Führerprinzip" von Befehl und Gehorsam in der „Betriebsgemeinschaft", der öffentlichen Verwaltung und den Zwangsorganisationen prägte das Leben jedes einzelnen ebenso wie die militaristische Wortwahl in der täglichen Propagandaflut. Dennoch entwickelte sich in der Bevölkerung bis 1939 keine Begeisterung für einen zukünftigen Krieg. Die Stimmungs- und Lageberichte der Zeit sprechen im Gegenteil dafür, daß die überwiegende Mehrzahl der Deutschen auf konkrete Bedrohungslagen, die Wiedereinführung der allgemeinen Wehrpflicht, die Remilitarisierung des Rheinlandes, den Einmarsch in Österreich und die Sudetenkrise mit Kriegsfurcht reagierte.[2]

I. Kino und Krieg

Die ausgeprägte Angst vor kriegerischen Verwicklungen spiegelte sich direkt in den Besucherräumen der Kinos. Bis zum Überfall auf Polen wirkten sich die außen- und innenpolitischen Krisen des Regimes erkennbar negativ auf das Kinointeresse der Bevölkerung aus. So hatte man in der Spielzeit 1937/38 in Essen und Düsseldorf in jedem Monat eine Besuchssteigerung gegenüber dem Vorjahresmonat registriert; nur im März 1938 gingen die Besuchszahlen um 3,2 Prozent (Essen) bzw. 6,9 Prozent (Düsseldorf) zurück. Der „Film-Kurier" berichtete: „Der Rückgang im März ist eine überall beachtete

Erscheinung, die mit den politischen Ereignissen (Eingliederung Österreichs) zusammenhing."[3] Die Filmindustrie erklärte die schwachen Besucherzahlen im September und Oktober 1938 mit der Beunruhigung der Bevölkerung durch die Zuspitzung der Krise um die Tschechoslowakei, die mit der in der Münchener Konferenz vereinbarten Abtretung des Sudetengebietes an das Deutsche Reich vorläufig beendet wurde. Der Besucherrückgang im November 1938 sei „durch die Judenvorgänge", das als „Reichskristallnacht" verharmloste Pogrom vom 9./10. November, hervorgerufen worden.[4] Auch der Einmarsch der deutschen Truppen in die Tschechoslowakei und in das Memelgebiet im März 1939 ließ die Besucherzahlen sinken.[5] Der Kinobesuch stabilisierte sich aber jedesmal innerhalb weniger Wochen, als sich die Kriegsbefürchtungen nicht bewahrheiteten.

Nachdem diese Krisensituationen immer ohne größeres Blutvergießen und ohne Sanktionen seitens der Westmächte zugunsten Hitlers ausgegangen waren, war die Bewunderung der Bevölkerung für sein außenpolitisches Geschick nahezu einhellig. Auch dieses Phänomen spiegelte sich in den Kinos. Auf die Wochenschauen, die von der politischen Entspannung der Münchener Konferenz berichteten, reagierte das Publikum nach einer Beobachtung Victor Klemperers durch „sehr starkes Klatschen. Offenbar fiel allen eine Last von der Seele."[6]

1. Deutsch-polnische Filmbeziehungen vor dem Krieg

Daß Hitler seine Ziele auch gegenüber Polen auf friedlichem Wege erreichen würde, erschien besonders glaubwürdig, denn schließlich hatte er schon kurz nach seiner Machtübernahme die bisherige, aggressiv antipolnische Ostpolitik gegen Widerstände aus den konservativen Machteliten beendet. Während der Weimarer Republik war das Verhältnis der deutschen Außenpolitik zu Polen von Bemühungen geprägt gewesen, im Zusammenwirken mit der Sowjetunion eine Revision der deutschen Ostgrenzen zu Lasten Polens herbeizuführen.[7] Der Abschluß des deutsch-polnischen Nichtangriffspaktes am 26. Januar 1934 bedeutete eine Revision dieser Politik mit dem Ziel, das von Marschall Piłsudski autoritär regierte Polen als Bundesgenossen für eine spätere militärische Expansion gegen die Sowjetunion zu gewinnen. Der Presse war schon seit dem Beginn der Ausgleichspolitik im September 1933 eine zurückhaltende Kommentierung der polnischen Nationalitätenpolitik gegenüber der deutschen Minderheit und der Schwierigkeiten mit dem

Transitverkehr durch den Korridor auferlegt worden.[8] Die gegenseitigen Verbote über die Verbreitung polnischer und deutscher Zeitungen wurden im Frühjahr 1934 aufgehoben.[9] Gerade weil der deutsch-polnische Vertrag einen Bruch mit den traditionellen Prinzipien der deutschen Außenpolitik dargestellt hatte, diente er in den Folgejahren der nationalsozialistischen Propaganda als Beleg für die Friedensliebe des Dritten Reiches.[10]

Auch auf dem Gebiet des Films machte sich das entspanntere Verhältnis zu Polen bemerkbar. Nachdem mit Abschluß des Nichtangriffspaktes ein polnischer Boykott aufgehoben worden war, florierte der deutsche Filmexport in das Nachbarland. 1936 liefen 68 deutsche Spielfilme in polnischen Theatern, womit Deutschland nach den USA die meisten Filme an Polen verkaufte.[11] In umgekehrter Richtung funktionierte der Filmaustausch allerdings nur schlecht: 1934 importierte Deutschland nur einen Film aus Polen, 1935 drei, 1936 keinen, 1937 zwei und 1938 einen.[12] Immerhin lief 1935 sogar ein Film in polnischer Sprache in einem Berliner Kino, was während der Weimarer Republik wohl nicht möglich gewesen wäre.[13] Der polnische Tenor Jan Kiepura avancierte bei der Ufa zu einem hochbezahlten Star des deutschen Musikfilms.[14]

Die deutsch-polnische Annäherung wurde durch mehrere Koproduktionen unterstrichen. Im Januar 1936 fand in Dresden die Uraufführung der gemeinsamen Produktion „August der Starke" über den sächsischen Kurfürsten und polnischen König statt. In einem Telegramm an Hitler drückten der deutsche Produzent Hans Hammer und der polnische Botschafter Józef Lipski die Hoffnung aus, mit dem Film „die Idee der Verständigung beider Nationen gefördert" zu haben.[15] Der Spielfilm bekam die Prädikate „staatspolitisch wertvoll" und „künstlerisch wertvoll" zugesprochen. Im Januar 1937 hatte die Produktion „Der Ritt in die Freiheit" Premiere, die die Geschichte eines Ulanenregiments während des Novemberaufstandes 1830 erzählte. Goebbels vermerkte dazu in seinem Tagebuch: „Gut gemacht. Anständig in Handlung, Regie, Gesinnung und Darstellung. Ich bin froh, daß ich ihn unterstützt habe."[16] Im Februar 1938 wurde die musikalische Komödie „Abenteuer in Warschau" uraufgeführt. Daneben produzierte die Ufa einige Kulturfilme, etwa über „Polnische Bauernfeste" und die „Heimat der Goralen", sowie Städteporträts über Warschau, Krakau und Wilna.

Die gemeinsamen Filmprojekte dürfen nicht darüber hinwegtäuschen, daß auf beiden Seiten das langgehegte Mißtrauen weiterlebte. Goebbels notierte im März 1937 in sein Tagebuch: „Und unsere Freunde sind die Polen noch keineswegs. Wir dürfen uns da keinen Illusionen hingeben."[17] Vorbehalte blieben auch auf der polnischen Seite bestehen. Gegen den Wilna-Film legte der polnische Botschafter Protest ein; es werde zuviel Armut gezeigt.[18] Daß die deutsche Seite umgekehrt der Meinung war, gerade in diesen Filmen ein zu positives Bild Polens gezeichnet zu haben, zeigte sich in der Tatsache, daß sie im Krieg aus dem Verleih genommen wurden.[19]

2. Filmpropaganda zur Vorbereitung des Überfalls auf Polen

Das relativ entspannte deutsch-polnische Verhältnis verschlechterte sich im Herbst 1938. Motiviert durch die in den zurückliegenden Jahren erreichten außenpolitischen Erfolge, formulierte die deutsche Führung nun wieder territoriale Forderungen mit dem Ziel, Polen in ein gegen die Sowjetunion gerichtetes Bündnis zu zwingen. Am 24. Oktober ließ der deutsche Außenminister Ribbentrop dem polnischen Botschafter in Berlin „Vorschläge" über eine „Generalbereinigung aller bestehenden Reibungspunkte" unterbreiten, die von Polen als Gegenleistung für die Verlängerung des Nichtangriffspaktes die Duldung des Anschlusses von Danzig an das Reichsgebiet und den Beitritt Polens zum Antikominternpakt verlangten. Als die polnische Seite die deutschen Forderungen unbeantwortet ließ, begann eine Pressekampagne über die schlechte Behandlung der deutschen Minderheit in Polen, die aber zunächst noch regional auf ostdeutschen Zeitungen beschränkt blieb.[20] Am 21. März 1939 wiederholte Ribbentrop in fast ultimativer Form die deutschen Ansprüche, die fünf Tage später von der polnischen Regierung zurückgewiesen wurden. Die inzwischen erfolgte Besetzung des Memelgebietes durch die Wehrmacht veranlaßte die polnische Regierung, die britische Garantieerklärung über die nationale Integrität Polens anzunehmen. Aber auch nachdem Hitler Ende April die Zugehörigkeit Danzigs zum Deutschen Reich postuliert hatte,[21] blieb die antipolnische Pressekampagne noch relativ verhalten.[22] Erst als die deutschen Vorbereitungen für den Überfall schon weit gediehen waren, wurde Polen Anfang August zum zentralen Aggressionsobjekt der deutschen Propaganda.

Der Film kam in diesem Propagandafeldzug spät und zunächst nur passiv zum Einsatz. Man warf der polnischen Seite vor, die deutsche Minderheit durch den Einsatz von Propagandafilmen zu bedrohen. Unter der Überschrift „Aber in Polen muß der Film zur Deutschenhetze herhalten" berichtete die Zeitschrift der Gaufilmstelle Halle-Merseburg: „Wie aus Warschau gemeldet wird, zeigen zahlreiche polnische Lichtspieltheater, die sich nahezu sämtlich in jüdischen Händen befinden, den berüchtigten amerikanischen Hetzfilm ‚Bekenntnisse eines Nazi-Spions'. Unter der Überschrift ‚Wir bitten um Schutz' wendet sich nun die ‚Kattowitzer Zeitung' mit einem ersten Appell an die polnischen Behörden, diesen Film zu verbieten. Das Blatt weist zu Recht darauf hin, daß der Film in hohem Maße geeignet ist, die öffentliche Ruhe und Sicherheit zu stören."[23] In einer bemerkenswerten Parallele zu den Auswirkungen der antisemitischen Kinokrawalle in Deutschland erkärte die Zeitung, ein „Verbot der Aufführung sei im Interesse der Sicherheit von Leben und Gut der polnischen Staatsbürger deutscher Nationalität dringend erforderlich; es besteht in weitesten Kreisen die begründete Befürchtung, daß es nach den Aufführungen dieses Films zu Ausschreitungen gegen die in Kattowitz ansässigen Deutschen kommt."[24]

Im August 1939 begann die deutsche Presse mit einer Welle von Greuelmeldungen über die Verfolgung der deutschen Minderheit.[25] Die Zeitungskampagne wurde nun von entsprechenden Bildern in der Wochenschau begleitet. Am 25. August 1939 meldete der „Film-Kurier": „Selten hat ein dokumentarischer Film einen so starken Eindruck auf die Zuschauer gemacht wie die neue Folge der Wochenschau mit ihrem Bericht von der Not der aus Polen geflüchteten Deutschen. Nach einer filmischen Darstellung der Situation in Danzig führt uns die Tonkamera in die Flüchtlingslager längs der polnischen Grenze. Der erste Teil der Aufnahmen ist stumm, aber schon ein Blick auf die Menschen zeigt, wie furchtbar ihre Erlebnisse gewesen sind ... Da stehen Männer, die ein Leben voller Entbehrungen gezeichnet hat, neben verhärmten Frauen und unterernährten Kindern ... Viele Frauen können nicht sprechen, sie schluchzen nur vor sich hin."[26]

Der Erfolg der Schreckensbilder war zwiespältig. Der „Film-Kurier" berichtete, daß Frauen vor Mitgefühl zu ihren Taschentüchern gegriffen hätten, während die Gesichter der Männer „hart und entschlossen gewesen" seien.[27] Einige fühlten sich von der Greuelpropaganda abgestoßen. Der ehemalige deutsche Botschafter in Italien, Ulrich von Hassell, schrieb am 29. August 1939 in sein Tagebuch: „Gestern abend im Kino widerlicher Eindruck des Ausnutzens menschlichen Unglücks zu Propagandazwecken: Vorführen weinender Frauen mit Kindern, die mit tränenerstickter Stimme die Leiden in Polen schilderten."[28]

Obwohl das Regime nun alle Medien intensiv dazu nutzte, die polnische Seite als Aggressor darzustellen, blieben in der deutschen Bevölkerung Forderungen nach einer kriegerischen Bestrafung Polens oder gar eine mit dem August 1914 vergleichbare Kriegsbegeisterung aus. Zwar wurde vereinzelt eine Niederwerfung Polens für unumgänglich gehalten, aber bei der Mehrheit überwog die Angst vor einem neuen Krieg – verbunden mit der Hoffnung, Hitler werde auch dieses Mal sein Ziel ohne Gegenwehr erreichen.[29] In den Tagen vor dem Überfall und auch noch in den ersten Wochen des Krieges selbst verzeichneten Beobachter im ganzen Land eine bedrückte Stimmung.[30] Der Gauleiter von Schwaben, Karl Wahl, berichtete: „Nichts von alledem, was ich 1914 ... erlebte, habe ich auf dieser Reise feststellen können: keine Begeisterung, keine Freude, kein Jubel. Überall, wohin man kam, herrschte eine bedrückende Ruhe, um nicht zu sagen Niedergeschlagenheit. Das ganze Volk schien von einem lähmenden Entsetzen gepackt zu sein, das weder zu Beifalls- noch zu Mißfallensäußerungen befähigte."[31]

3. Der Kriegsbeginn

Am 1. September 1939 begann der deutsche Überfall auf Polen. Innerhalb von fünf Wochen waren die polnischen Truppen besiegt, die vom 17. September an einen Zweifrontenkrieg gegen die Wehrmacht und die sowjetische Rote Armee zu führen hatten. Obwohl es vielen Deutschen trotz der vorbereitenden Propaganda nicht klar war, worum es in dem Krieg eigentlich ging,[32] verschwanden die verbreiteten Angstgefühle durch die geringen deutschen Verluste und den kurzen Zeitraum bis zur Kapitulation Warschaus.[33] Immerhin scheint das offenkundige Ausbleiben der Kriegsbegeisterung die Führung des Regimes zunächst in einen Erklärungszwang gebracht zu haben. Die Möglichkeit, daß die Bevölkerung den Krieg nicht gewollt habe, wurde dabei nicht in Betracht gezogen. Statt dessen differenzierte Hitler in seiner Rede in Danzig am 19. September 1939 zwischen mehreren Arten von Begeisterung mit dem Schluß, daß die des Septembers 1939 derjenigen des Augusts 1914 überlegen sei: „Vielleicht wird mancher sagen: ,Das deutsche Volk ist nicht so begeistert wie 1914.' Oh, es ist noch viel begeisterter! Nur ist diese Begeisterung heute eine Begeisterung, die im Innern lodert, die die Menschen hart macht. Es ist nicht der oberflächliche Hurra-Patriotismus, sondern es ist die ernste Begeisterung von Menschen, die wissen, was ein Krieg ist ..."[34] Auch Goebbels erklärte, gerade im Rekurs auf den Beginn des Ersten Weltkrieges zeige sich, daß die deutsche Bevölkerung dieses Mal „nicht im Strohfeuer einer momentanen Begeisterung" in den Krieg gezogen sei, die jetzige Auseinandersetzung werde „vom deutschen Volk mit Klarheit und Erbitterung geführt".[35]

Um jeden Zweifel an der Rechtmäßigkeit und dem durchschlagenden Erfolg der militärischen Aktion zu unterdrücken, war mit Kriegsbeginn das staatliche Informationsmonopol perfektioniert worden. Das Abhören ausländischer Sender wurde verboten und Verstöße mit harten Strafen belegt.[36] Wer sich dennoch öffentlich in irgendeiner Form ablehnend zum Krieg äußerte, mußte mit seiner Verhaftung rechnen und konnte wegen „Zersetzung der Wehrkraft" zum Tode verurteilt werden.[37] Die Gestapo bekam am 3. September 1939 die Order, jeden „Versuch, die Geschlossenheit und den Kampfwillen des deutschen Volkes zu zersetzen, rücksichtslos zu unterdrücken. Insbesondere ist gegen jede Person sofort durch Festnahme einzuschreiten, die in ihren Äußerungen am Sieg des deutschen Volkes zweifelt oder die Rechtmäßigkeit des Krieges in Frage stellt ..."[38]

Die Terrormaßnahmen waren aber wohl nicht dafür ausschlaggebend, daß sich die allgemeine Einstellung zum Krieg wandelte. Schon bald zeigte sich, daß die Kriegsbegeisterung in der Bevölkerung nicht wegen einer verbreiteten pazifistischen Grundstimmung, sondern wohl mehr wegen der befürchteten Nachteile einer militärischen Auseinandersetzung ausgeblieben war. Natürlich ist kaum zu ermitteln, inwieweit es sich bei dem Gefühl, in Kriegszeiten zu seinem Land stehen zu müssen, um einen verordneten und manipulierten Patriotismus handelte. Selbst die kritischen Inlandsvertrauensleute der sozialistischen Exilgruppen konnten aber nun keine Antikriegsstimmung mehr feststellen; vielmehr entdeckten sie zahlreiche Belege für eine Solidarisierung der Bevölkerung mit der Regimeführung.[39]

a) Besucheransturm in den Kinos

Eine wichtige Rolle für den Stimmungsumschwung spielten die Kinos, die seit Kriegsbeginn von der deutschen Bevölkerung in einem zuvor nicht beobachteten Ausmaß als Informationsmittel genutzt wurden. Der Besucheransturm war nicht unbedingt zu erwarten gewesen. Wie oben ausgeführt (vgl. S. 168 f.), hatten sich die außenpolitischen Abenteuer des Regimes und die nach innen gerichteten Gewaltinszenierungen (Novemberpogrome) bis zu diesem Zeitpunkt eher negativ auf den Kinobesuch ausgewirkt. Der Kinobesuch in Frankfurt a. M. stieg im vierten Quartal 1939 um 28 Prozent an, wovon nach der Interpretation der Kinostatistikerin Margrit Wilkens 13 Prozent allein auf den Einfluß des Krieges zurückzuführen waren.[40] Der Besucheranstieg ließ sich auch in anderen Städten und auf dem Land beobachten (vgl. Tabelle 10). Besonders hoch war der Zustrom in den Vororttheatern

TABELLE 10

Kinobesuch im Deutschen Reich 1937/38 bis 1942

Rechnungs- bzw. Kalenderjahr	Besuche (in Mio.)	Zunahme (in %)	Besuche je Einwohner	Zunahme (in %)
1937/38	396,4	.	7,6	.
1938/39	441,6	11,40	8,4	10,53
1939	623,7	41,24	10,5	25,00
1940	834,1	33,73	13,3	26,67
1941	892,3	6,98	14,3	7,52
1942	1 062,1	19,03	14,3	0,00

Die Daten beziehen sich seit 1939 auf das Reichsgebiet inklusive Österreichs, seit 1940 inklusive des Sudetenlandes, Memels, Danzigs, seit 1942 inklusive Luxemburgs, Elsaß-Lothringens und des Warthegaus (ohne Böhmen und Mähren).

Quelle: Jürgen Spiker, Film und Kapital. Der Weg der deutschen Filmwirtschaft zum national-sozialistischen Einheitskonzern (= Zur politischen Ökonomie des NS-Films, Bd. 2), Berlin 1975, S. 197, Tab. 22.

der großen Städte, was darauf hinweist, daß zu Kriegsbeginn die Wochen-schauen mehr als die Hauptfilme des Programms den Grund für den Kino-besuch bildeten. Um einen aktuellen visuellen Eindruck vom Kriegsverlauf zu bekommen, nahm es das Publikum in Kauf, sich den Spielfilm, den es Wochen zuvor schon in der Innenstadt gesehen hatte, noch ein zweites Mal anzuschauen.[41]

Das Ausmaß des Besucheransturms überraschte selbst den stets optimi-stischen Propagandaminister. Goebbels vermerkte am 21. Oktober 1939 in seinem Tagebuch: „Die Gelderfolge unserer Filme sind geradezu verblüffend. Wir machen richtige Kriegsgewinne."[42] Die Entwicklung bedeutete also durchaus eine völlig neue Qualität, die einer Erklärung bedarf. Der wesent-liche Grund dafür, daß das Publikum in den ersten Wochen des Überfalls auf Polen wie nie zuvor in die Kinos strömte, lag in der stark gewachsenen Anzie-hungskraft der Wochenschauen. Die Wochenschauen waren besser als jedes andere Medium in der Lage, der Bevölkerung einen sinnlich wahrnehm-baren Eindruck vom Kriegsgeschehen zu vermitteln. Daß überraschende Er-eignisse und politische Konflikte beim Publikum ein Gefühl des Informa-tionsmangels erzeugen, der durch einen verstärkten Konsum von Medien ausgeglichen wird, um die neue Situation einordnen zu können, liegt auf der Hand.[43] Neu war jedoch, daß die Bevölkerung die Wochenschau nun zum ersten Mal nicht nur als ergänzendes Unterhaltungsprogramm, sondern tatsächlich als Informationsmittel nutzte, das über den Stand des Angriffskrieges aktuellen Aufschluß geben konnte. Von dem allgemeinen Informationshunger profitierten im übrigen auch die einheimischen und trotz der strengen Verbote sogar die ausländischen Rundfunkstationen in starkem Maß.[44]

Das Bedürfnis nach Informationen über den Fortgang des Krieges erfaßte die Landbevölkerung in gleicher Weise wie die Stadtbewohner. Der SD meldete Anfang Oktober 1939: „Auf dem Gebiet des Films teilt München mit, daß es eine auffallende Erscheinung sei, wie die Bauern, die man früher nie in den Lichtspieltheatern sah, in die Stadt kämen, nur um die Wochenschauen und die politischen und militärischen Beiprogramme zu sehen. Der Titel des Hauptspielfilms interessiere sie dabei nicht."[45] Der Krieg beseitigte endgültig die auf dem Land noch weit verbreiteten grundsätzlichen Vorbehalte gegenüber dem Film. Der Besuch des Kinos, der bis dahin oft als unnötige Geldverschwendung gegolten hatte und mit dem Geruch der Leichtlebigkeit behaftet gewesen war, versprach nun aktuelle Nachrichten vom Stand des Krieges, bestätigte augenfällig den Erfolg der deutschen Truppen und beruhigte damit die Zivilbevölkerung über das Schicksal der eingezogenen Söhne, Ehemänner und Väter.

Erst der Krieg befreite das Kino vom Stigma eines überflüssigen Vergnügens und eröffnete dem Propagandafilm ein Wirkungsfeld in der Provinz. Goebbels resümierte im Februar 1942 zu Recht, daß die Wochenschau dem Spielfilm den Weg bereitet habe und damit der Krieg „der große Bahnbrecher der Filmgeltung im ganzen Volke" sei.[46] Die Attraktion der Wehrmachtssiege gewann die ländlichen Milieus, die sich trotz der Bemühungen der Gaufilmstellen als weitgehend resistent gegenüber den neuen Medien erwiesen hatten, für den nationalsozialistischen Film. Nun forderte die Landbevölkerung sogar ein Recht auf Wochenschauinformationen ein. Wenn ein Kino nicht mehr betrieben werden konnte, weil der Betreiber zur Wehrmacht eingezogen war, beschwerte man sich.[47]

Die Hersteller der Wochenschauen nutzten das Gefühl der Zuschauer, Augenzeugen der Ereignisse zu sein, entschlossen aus, um durch geschickte Montagen die „innere Wirklichkeit" des Krieges zu konstruieren: „Man brauchte nur unsere Soldaten neben den Polen zu sehen …, um ohne weitere Erläuterung zu begreifen, daß dieser Vernichtungssieg kein Zufall, sondern ein Richtspruch der Geschichte war."[48]

Die erste längere filmische „Dokumentation" über den Krieg, eine Zusammenstellung von Wochenschaumaterial, erschien unter dem Titel „Feldzug in Polen" im Februar 1940 in den Kinos. Fritz Hippler, der Leiter der Abteilung Film im RMVP, hatte das Material der Kriegsberichterstatter und Propagandakompanien zusammengestellt. Die Kriegsschuld wurde England zugeschoben. Wohl auch, weil es noch unklar war, welche Folgen die britischen und französischen Kriegserklärungen vom 3. September 1939 haben würden, blieb die Besuchermehrheit in ihren Reaktionen reserviert; nur bei besonders eindringlichen Szenen wurde geklatscht.[49] Die Ruhe des „Sitzkrieges" vom Winter 1939/40 schien vielen trügerisch zu sein, und die Stimmung blieb abwartend und gefaßt. Bei einzelnen Zuschauern aber kam es zu euphorischen Ausbrüchen: „Für die verschiedenartige Erlebnisweise der Kriegssituation ist es kennzeichnend, daß es am Ende der Vorstellung mehrfach zu Debatten in der Richtung kommt, daß es die einen als richtig empfinden, den Film in einer ernsten Haltung entgegenzunehmen, daß andere darüber empört sind, daß nicht das ganze Haus sich in spontanen Beifallskundgebungen zusammenfinde. Dafür ein Beispiel: In einer Zwiesprache erregt sich eine Frau über die Tatsache, daß immer nur ein kleiner Teil des Publikums seinen Beifall bezeugt habe. Der sie begleitende Mann erwiderte: ‚Dafür ist die Sache zu ernst, wir brauchen keinen Hurra-Patriotismus!' Die Frau erwiderte ziemlich hastig: ‚Das ist egal, Sieg ist Sieg!'"[50] Aus einem ganz ähnlichen, von der Luftwaffe hergestellten Film, der unter dem Titel „Feuertaufe" die Leistung der „jungen" Waffengattung beschwor, erlangte Norbert Schultzes Marsch „Bomben auf Engelland" eine beträchtliche Popularität.[51]

Den Höhepunkt erreichte die Wochenschauberichterstattung mit dem Beginn der Westoffensive gegen die Niederlande, Belgien und Frankreich am 10. Mai 1940. Um dem enormen Interesse der Bevölkerung gerecht zu werden, ließ Goebbels in allen Kinos zu niedrigen Eintrittspreisen Wochenschausondervorstellungen vorführen und einige spezielle Wochenschaukinos eröffnen.[52] Die Wochenschauen erreichten jetzt mit teilweise 1500 Metern fast Spielfilmlänge.[53] Für kurze Zeit verkehrte sich in der Programmhierarchie das Verhältnis von Wochenschau und Spielfilm. Nun lockte die Wochenschau als Zugnummer das Publikum in die Kinos, und der Spielfilm sank auf den Status eines Beiprogramms herab. Selbst das Hauptprogramm sollte sich nach den Inhalten der Wochenschauen ausrichten. Weil in der Bevölkerung Stimmen laut wurden, daß Lustspielfilme nicht zu den heroischen Bildern der Wochenschauen paßten, sollten diese Unterhaltungsfilme allmählich aus dem Programm gezogen werden.[54]

b) Verhaltensmaßregeln in Spielform: „Tran und Helle"

Die durch die Wochenschauen gewachsene Reichweite des Kinos schien das Medium Film auch zur Belehrung der Bevölkerung über die angemessene Bewältigung der Kriegssituation im Alltag zu prädestinieren. Da auch dem RMVP zu Kriegsbeginn noch unklar war, welche spezifischen Verhaltensanforderungen auf das Publikum zukamen, eignete sich der Spielfilm wegen seiner langen Produktionszeiten nicht für diese Form der Propaganda. Andererseits sollte der scheinbar dokumentarische Gehalt der Wochenschau nicht durch offen belehrende Elemente entwertet werden. Man entschied sich für kurze Humoresken, die von der zentralen Wochenschauredaktion in Berlin nach konkreten inhaltlichen Vorgaben des Propagandaministers gestaltet wurden.[55] Als Nebeneffekt des Beiprogramms versprach man sich, daß es das Interesse an der Kinoberichterstattung auch in den relativ ereignislosen Perioden aufrechterhalten würde. Goebbels befürchtete besonders in der Phase des „Sitzkrieges" zwischen dem Sieg über Polen und dem noch nicht begonnenen Angriff im Westen, daß die Wochenschau aus Mangel an Kampfszenen beim Publikum an Attraktivität verlieren könnte.[56]

Der erste Film der „Tran-und-Helle"-Serie lief seit dem 29. September 1939, dem Tag der Kapitulation Warschaus, in den deutschen Kinos.[57] Die beiden Volksschauspieler Jupp Hussels und Ludwig Schmitz behandelten in Dialogform Themen, die Rückschlüsse darauf zulassen, in welchen Bereichen das Verhalten der Bevölkerung als problematisch angesehen wurde. Sie sprachen über Hamstern und Tauschhandel, über den „richtigen" Umgang mit Kriegsgefangenen, warben für die NSV-, WHW- und Metallsammelaktionen, belehrten darüber, daß Feldpostbriefe stets optimistisch zu sein hätten, und wiesen darauf hin, daß der Feind seine Ohren überall habe. Die Figur des „Tran" verkörperte den Typus des bauernschlauen, ideologisch unbedarften Bürgers, dem die eigenen Interessen allemal mehr bedeuteten als diejenigen des nationalsozialistischen Staates. „Helle" stellte dagegen den makellosen Volksgenossen dar, der seinen Mitspieler ständig über dessen „Fehlverhalten" aufklärt und belehrt.

Dem einigermaßen renitenten Tran scheint dabei eine Ventilfunktion zugekommen zu sein. Er beging stellvertretend Normverletzungen und wurde dafür nur durch die penetrante Besserwisserei des Strebers Helle bestraft. Daß der allein seinem privaten Hedonismus verpflichtete Durchmogler, bei dem man immer das Gefühl hat, er täte auch nach erfolgter Belehrung das, wovon er sich einen kleinen Vorteil verspricht, als eigentlicher Sympathieträger fungierte, trug neben dem seriellen Wiedererkennungseffekt zu der großen Popularität der Filme bei, stellte aber auch die „aufklärende" Absicht in Frage.

Den hohen Stellenwert, den die „Tran-und-Helle"-Serie als propagandistisches Beeinflussungsmittel einnehmen sollte, verdeutlicht die ungewöhnlich intensive Wirkungskontrolle. Die SD-Berichte spiegeln wider, daß die Filme die erhoffte Beliebtheit beim Publikum rasch erreichten.[58] Sehr bald gingen die ersten Themenvorschläge aus der Bevölkerung ein. „Zahlreiche Meldungen besagen, daß die politische Aufklärungsfilmreihe ‚Tran und Helle' im ganzen Reich besonders gut aufgenommen wird und tatsächlich viel zur Erziehung der Bevölkerung beitrage. Es ist angeregt worden, daß man auf ähnliche Weise gewisse Begebenheiten und Persönlichkeiten aus feindlichen Kreisen in kürzester und schlagendster Form glossieren könnte."[59]

Es scheint ein Spezifikum der Filme gewesen zu sein, daß sie dem Publikum den Eindruck vermittelten, jeder könnte über die Themenwahl mitbestimmen.[60] In erster Linie fühlten sich Nationalsozialisten angesprochen. Allgemein tauchte der Wunsch auf, „Tran und Helle" zu einer Art Familienserie auszubauen.[61] Einige Zuschauer verknüpften ihr Lob für die Filme geschickt mit einer Kritik an den von vielen als langweilig empfundenen Parteiveranstaltungen. „Allgemein geschätzt wird an diesen Bildstreifen, daß Fragen der politischen Volkserziehung hier mit so viel Humor der Bevölkerung nahegebracht werden, wodurch praktisch mehr als mit vielen theoretischen Schulungskursen u. dergl. erreicht würde."[62]

Als die Serie im Juni 1940 wegen der Überlänge der Wochenschauen über den „Westfeldzug" für etwa sechs Wochen eingestellt wurde, war sie schon so populär, daß ihr Ausbleiben allgemein bedauert wurde.[63] Die neuen Filme stießen nach der weithin begrüßten Wiederaufnahme auf eine stärkere inhaltliche Kritik: „Allerdings wird mit einer gewissen Enttäuschung ziemlich einmütig festgestellt, daß ein Teil der Bildstreifen hinter der aktuellen und überzeugenden Wirkung der früheren zurückbleibe, und zwar gilt dies für die Filmstreifen über die ‚Bewinkelung von Kraftfahrzeugen' und die ‚Heirat aus materiellen Gründen'."[64] Dagegen hätten dem Publikum die Folgen zum Kettenbriefunwesen und zum „anonymen Denunziantentum" gut gefallen.[65] Im Denunziantenstreifen gab Jupp Hussels als Helle den denkwürdigen Satz von sich: „Der größte Schuft im ganzen Land, das ist und bleibt der Denunziant."[66]

Das Publikum entwickelte ein zwiespältiges Verhältnis zu „Tran und Helle". Einerseits blieb das Bedürfnis nach humorvollen Filmen in dem trister werdenden Alltag stark, andererseits wurden die behandelten Themen

immer mehr als „an den Haaren herbeigezogen" empfunden: „Die Filme dro-
hen zur ‚humoristischen Einlage' herabzusinken und ihre erzieherische und
propagandistische Wirkung zu verlieren."[67] Nach dem Beginn des Krieges im
Westen hatten viele Menschen kein Verständnis mehr für den flachen Spaß
der Serie. Die im SD-Bericht vom 29. August 1940 erhobene Forderung nach
ernsthaften Aufklärungsfilmen wurde von Goebbels schon am übernächsten
Tag aufgenommen. In der Ministerkonferenz vom 31. August führte er „zu
den ‚Tran-und-Helle'-Motiven aus, daß nur Stoffe verwendet werden sollten,
die witzige Situationen und Bemerkungen erlauben. In Fällen, in denen das
nicht möglich ist, soll auf dem Wege der richtigen ernsten Aufklärung vorgegangen werden."[68]

Damit liegt hier ein weiteres Beispiel dafür vor, daß die vom SD beobach-
teten Publikumsreaktionen die Filmproduktionspolitik direkt beeinflußten.
Schon zweieinhalb Wochen später gingen Goebbels die „witzigen Situatio-
nen" aus. Er ließ die Serie mit dem Streifen „Im Luftschutzkeller" einstellen.
Im besetzten Lothringen gab es noch ein kurzes Nachspiel, aber dort verfehl-
ten die Filme die angestrebte propagandistische Wirkung vollends, weil „der
Eindruck entsteht, als gäbe es in Deutschland immer noch eine große Anzahl
Unzufriedener".[69]

4. Schwindendes Interesse an den Wochenschauen

Eine entsprechende propagandistische Begleitung sollte die Authentizität
der Kriegswochenschauen unterstreichen und damit ihre Glaubwürdigkeit
weiter erhöhen,[70] denn über den guten Ruf der Wochenschaubilder ließ sich
auch die angeschlagene Glaubwürdigkeit der übrigen Informationspolitik
des Propagandaapparates festigen. Der Bevölkerung die Gewißheit zu vermitteln, daß der Film – und keineswegs nur die Wochenschau – die Realität
abbildete und nicht manipulierte, gehörte zu Goebbels' zentralen Zielen.
Schon 1937 wies er seine Mitarbeiter an, „alle illusionszerstörenden Bilder
und Berichte über Film und Theater aus der Presse zu verbannen. Denn sie
verleiden dem Publikum nur die Freude am Schauen, die Reinheit der Phantasie und die Kindlichkeit des Empfindens."[71] Im Sommer 1938 untersagte er
erneut jede „Desillusionierung der Filmarbeit durch die Presse".[72] In der
in diesem Jahr uraufgeführten Filmrevue „Es leuchten die Sterne" belehrt
der Regisseur eine Darstellerin, die in Probeaufnahmen gepatzt hatte: „Die
Kamera läßt sich nichts vorschwindeln, gar nichts!" Daß das Publikum an

der Illusion, der Film bilde die Wirklichkeit realitätsgetreu ab, nicht zweifelte, gehörte zu den Grundpostulaten des nationalsozialistischen Films.[73] Was in der Wochenschau gezeigt wurde, war allein deshalb glaubwürdig, weil es dem Publikum das Gefühl vermittelte, die Wahrheit mit eigenen Augen zu sehen. Wie entscheidend diese vermeintliche Augenzeugenschaft war, berichteten die Vertrauensleute der sozialistischen Exilgruppe „Neu Beginnen" im März 1940: "Most of the people do not believe the Nazi propaganda, but nevertheless a great deal retained. At the same time no one believes the propaganda from abroad, but the people listen to all they can hear and discuss it in confidential circles. The truth is that they only believe what they see."[74]

Je stärker jedoch die Wochenschauen ausgeweitet wurden, um so rascher geriet das Vertrauen der Bevölkerung in ihre Verläßlichkeit ins Wanken. Dieser Erosionsprozeß begann schon früh und relativ unabhängig von den Erfolgen der Wehrmacht. Erste Zweifel an der Glaubwürdigkeit der Wochenschauberichte verzeichnete Goebbels schon vor der Offensive im Westen. Goebbels vermerkte am 6. April 1940 in seinem Tagebuch, daß sich in der Bevölkerung die Meinung ausbreite, die Rundfunk- und Filmberichte seien gestellt.[75] Der SD hatte am 9. Februar 1940 entsprechende Mutmaßungen des Publikums gemeldet: „Aus allen Teilen des Reiches wird mitgeteilt, daß in der Wochenschau Nr. 5 der Bildstreifen, der ein Spähtruppunternehmen in Spichern zum Gegenstand hatte, auf sehr laute Kritik gestoßen ist. Aus der Art der bildlichen Darstellung schloß das Publikum, daß es sich unmöglich um eine kriegsmäßige Aktion, sondern um eine gestellte Filmaufnahme handeln müsse. Es wurde vielfach als ausgeschlossen bezeichnet, daß ein Kameramann mit dem Rücken zur Feindseite einen vorgehenden Spähtrupp filmen könne, der seinerseits in einzelnen Augenblicken (Wassertrinken eines Soldaten am Dorfbrunnen, Passieren eines zerschossenen Kraftwagens) jede Vorsicht außer acht lasse. In einem Dresdner Kino sind anwesende Soldaten in lautes Lachen ausgebrochen."[76]

Die Zweifel an dem Informationswert der Wochenschaubilder gründeten auf der Kluft zwischen der persönlichen Erfahrung mit dem Alltag des Krieges und dessen heroisierender Darstellung in der Wochenschau. Da die Vertrautheit der Soldaten mit dem tatsächlichen Geschehen in den Frontgebieten am größten war, empfanden sie diese Differenz am schnellsten und intensivsten. Vereinzelt wurde das Gerücht verbreitet, deutsche Soldaten dürften die Wochenschau nicht besuchen, weil sie die Aufnahmen sofort als Fälschungen erkennen würden.[77] Bei einem Besuch in Frankreich kurz nach dem Waffenstillstand scheinen deutsche Soldaten dem verantwortlichen

Minister Goebbels persönlich zu verstehen gegeben haben, daß sie mit der Darstellung der Kriegsereignisse in der Wochenschau unzufrieden waren. Er vermerkte am 2. Juli 1940 in seinem Tagebuch, daß es bei einer großen Kinovorführung der Wochenschau vor Soldaten einigen Ärger gegeben habe.[78] Zwar beeinflußten umgekehrt die Wochenschaubilder auch das Eigenbild und die Wahrnehmung der Soldaten, sie hielten aber der Überprüfung an der Realität des Krieges nicht stand.[79]

Die Zweifel der Soldaten am Wahrheitswert der Wochenschauberichterstattung erfaßte schnell große Teile der Bevölkerung.[80] Je länger der Krieg dauerte, desto größer wurde die persönliche Erfahrung der deutschen Zivilbevölkerung mit ihm. Gleichzeitig sank mit den Erzählungen von Wehrmachtsangehörigen, die für kurze Zeit in ihre Heimatorte zurückkehrten, die Abhängigkeit von den Informationen der Wochenschauen.[81] Faktisch blieben diese von den persönlichen Erfahrungen und Interpretationen des einzelnen Soldaten geprägten Berichte zu fragmentarisch, um ein alternatives Referenzsystem zur offiziellen Propaganda bilden zu können, aber sie schürten Zweifel.

Das Mißtrauen der Bevölkerung erfaßte alle Medien. Während der Besetzung Norwegens seit dem 9. April 1940 erreichte das RMVP „eine Flut von Briefen aus dem Volke: wir wollen die ganze Wahrheit wissen."[82] Das RMVP versuchte, dem Eindruck, die Wochenschauberichte seien gefälscht, durch Berichte über hohe Verluste in den Propagandakompanien zu begegnen. Im April 1940 veröffentlichte die Presse die Nachricht, daß seit Beginn des Krieges schon 23 Kriegsberichterstatter gefallen seien.[83] Wohl aus dem gleichen Grund wurden im Vorspann des Wochenschaukompilationsfilms „Feuertaufe" die Namen der gefallenen Mitarbeiter genannt. Die hohen Verlustzahlen waren aber weniger Folge des Bemühens, die Bevölkerung mit möglichst authentischem Material über die Lage an den Fronten zu informieren, sie waren vielmehr Ausdruck der besonderen Struktur der nationalsozialistischen Kriegsberichterstattung. Die Informationsbeschaffung über das Kampfgeschehen oblag nicht zivilen Journalisten, sondern den unmittelbar der Truppe zugeordneten Angehörigen von Propagandakompanien, die einem ähnlich hohen Risiko ausgesetzt waren wie andere Soldaten. Die Verlustzahlen werden durch die Höhe der personellen Ausstattung der Propagandakompanien relativiert, die 1943 zirka 15 000 Soldaten umfaßten.[84]

Es spricht einiges dafür, daß die Zweifel des Publikums an der Authentizität der Wochenschauberichterstattung einen Grund dafür bildete, daß schon wenige Monate nach dem Kriegsbeginn die Unterhaltungsfunktion des Kinos wieder in den Vordergrund des Besucherinteresses rückte, obwohl die Tendenz noch keineswegs eindeutig war.[85] Der aufgesetzte Optimismus begann das Publikum zu langweilen. „Die Wochenschauaufnahmen sind so stereotyp, daß selbst ich, der ich fast kein Kino besuche, sie bald schon auswendig kenne. Außerdem muten sie in ihrer zurechtgestutzten Art an, wie wenn Kinder mit Bleisoldaten spielen: es klappt da auch immer alles wie am Schnürchen, große + kleine Schlachten, Krieg, alles."[86] Die Wochenschauen bekamen wieder ihre ursprüngliche Funktion als zusätzliches Angebot zum Hauptfilm mit mehr oder minder hohem Unterhaltungswert, aber völlig unklarem Wahrheitsgehalt zurück. Wenn die Wochenschau vorüber war, verlangte ein großer Teil des Publikums, vom Hauptfilm unterhalten und von einem Alltag abgelenkt zu werden, der immer stärker vom Krieg bestimmt wurde. Dieser Aspekt war durchaus von Kriegsbeginn an durch die Regierung gefördert worden. Schon auf der kulturpolitischen Pressesitzung am 4. Oktober 1939 wurden die anwesenden Redakteure aufgefordert, die Bevölkerung zum Besuch der Theater, Konzerthallen, Varietés und Kinos zu ermuntern. Das Motiv der Regierung war zunächst, dem Ausland das Bild zu vermitteln, das kulturelle Leben in Deutschland halte trotz des Krieges ein hohes Niveau.[87]

Im Bereich der Filmversorgung, aber schon bald auch nur hier, stimmte dieses Bild sogar mit der Realität überein. Je länger der Krieg dauerte, desto mehr wurden die Kinos die nahezu einzigen Orte, an denen das Unterhaltungsbedürfnis der Bevölkerung überhaupt noch öffentlich Befriedigung fand. Viele Veranstaltungen, Konzerte, Theaterabende, Kirmes- und Tanzvergnügen wurden zumindest zeitweise eingestellt, so daß allein die Filmtheater eine für fast alle jederzeit verfügbare Zerstreuungsmöglichkeit boten. Otto Suhr verglich 1940 den Besucheransturm auf die Kinos mit dem seit Kriegsbeginn ebenfalls stark angestiegenen Zigarettenverbrauch, „der herhalten muß, um andere fehlende Genußmöglichkeiten zu ersetzen, aber auch den Soldaten über tote Minuten des Wartens hinwegtrösten hilft".[88] Offenbar waren die Kinos diejenigen Orte, von denen sich die gesamte Bevölkerung noch am ehesten versprach, den Krieg und die von ihm verursachten Ungewißheiten über das Schicksal der Angehörigen und die eigene Zukunft ertragen zu können. Aber die Sehnsucht danach, dem Krieg im Kino zu entkommen, erfüllte sich letztlich nicht. Ein Soldat schrieb 1941 an seine Eltern, daß er, nachdem er davon erfahren hatte, daß ein Bekannter gefallen war, ins Kino gegangen sei: „Da sah man die neueste Wochenschau von Rußland, und die Ablenkung war umsonst."[89]

Vielfach scheint die Bevölkerung auf die Anforderungen des Krieges weniger mit asketischer Selbstdisziplin als mit einem ausgeprägten Lebens- und Vergnügungshunger reagiert zu haben. In einem Lagebericht der Gruppe „Neu Beginnen" hieß es im April 1940 über das Verhalten des deutschen Volkes im Krieg: „Es lebt, und nach den überfüllten Wirtshäusern und Vergnügungslokalen zu schließen, gibt man sehr viel Geld für Lustbarkeiten aus. Es herrscht bisweilen sogar eine ausgelassene Stimmung. Man lebt und will genießen."[90] Manch einer nutzte die Lichtspielhäuser, um sich den seit dem Kriegsbeginn massiv erhöhten Arbeitsanforderungen zu entziehen. Anläßlich einer Lagebesprechung beim für Berlin zuständigen Reichsverteidigungskommissar Ende Oktober 1939 berichtete der Vertreter der DAF, daß die Polizei bei einer Razzia 150 bummelnde Arbeiterinnen der AEG aus Kinos, Theatern und Kneipen geholt und zum Mitgehen gezwungen habe.[91]

Die Frage, ob die in der Bevölkerung allgemein verbreiteten Zweifel an der Glaubwürdigkeit der Kriegsberichterstattung und die damit einhergehende Zuwendung zu eher eskapistischen Unterhaltungsformen zu einer Abnahme der Loyalität zum Regime geführt haben, muß wohl verneint werden. Auch wer wollte, konnte sich kein ungeschminktes Bild der Lage machen. Letztlich blieben die meisten Menschen trotz ihres eigenen Erfahrungsschatzes, aller umlaufenden Gerüchte, Witze und Parolen, der Erzählungen heimkehrender Frontsoldaten und der fragmentarischen, mit gezielten Fehlinformationen durchsetzten Nachrichten der ausländischen Radiosender und bei allem geweckten Mißtrauen doch auf die Nachrichtenpolitik der eigenen Regierung angewiesen, die allein dem Geschehen einen umfassenden Sinn gab. Daß Goebbels' Apparat log, wurde mit den Notwendigkeiten der Kriegssituation entschuldigt; wenn die Täuschung des Gegners gelang, erfüllte diese „Leistung" manche sogar mit Stolz.[92] Kaum jemand scheint von dieser Regierung noch ernstlich erwartet zu haben, wahrheitsgetreu informiert zu werden. Alle Hoffnungen und Wünsche konzentrierten sich darauf, an den Fronten den Sieg zu erringen und in der Heimat von irgendwelchen Entbehrungen möglichst verschont zu bleiben. Wenn die staatliche Informationspolitik diesen Zielen untergeordnet werden mußte, nahm man das hin. Für die Mehrheit der Bevölkerung fiel die Abwägung zwischen Freiheitsrechten, zu denen das Recht auf freie und verläßliche Information zu zählen ist, und ökonomischer Sicherheit noch eindeutig zugunsten des Regimes aus. Diese Einstellung, die sich auf die Meriten des Regimes bei der Überwindung der Arbeitslosigkeit gründete,[93] war durch die offensichtlich stets zu optimistische Kriegsberichterstattung kaum erschüttert worden. Die Erhebungen der amerikanischen Militärbehörden in der unmittelbaren Nachkriegszeit und demoskopische Untersuchungen in der ersten Hälfte der fünfziger Jahre deuten darauf hin, daß diese Wertehierarchie den Fall der nationalsozialistischen Herrschaft überdauerte.[94]

II. Das Publikumsverhalten in den eroberten Gebieten

Die Kriegspolitik des nationalsozialistischen Regimes brachte der deutschen Filmindustrie mit der Bevölkerung der besetzten und zerstörten Staaten ein neues Publikum, auf dessen Ansprüche das RMVP in jeweils spezifischer Weise reagierte. Nach dem „Anschluß" Österreichs und des Sudetenlandes, der Zerstörung des tschechoslowakischen Staates und dem Überfall auf Polen hatte sich die Amortisationsbasis der deutschen Filmindustrie Ende 1939 entscheidend vergrößert. Die deutschen Filmstudios verfügten schon zu diesem Zeitpunkt im Vergleich zu der Zeit vor 1933, als im Deutschen Reich 5054 Kinos mit 1 988 251 Sitzplätzen registriert worden waren, über einen um etwa die Hälfte vergrößerten „Heimatmarkt".[95] Im Oktober 1939 konstatierte die Leitung der Ufa befriedigt, daß die deutsche Filmproduktion nicht mehr auf den Export angewiesen war. „Diese Entwicklung hatte bereits im letzten Jahre zur Folge, daß die Amortisation selbst kostspieliger Spielfilme im großdeutschen Wirtschaftraum selbst möglich geworden war."[96]

Die Lichtspieltheater erfüllten in den in Tabelle 11 (S. 186) aufgeführten und in den später von deutschen Truppen besetzten Gebieten über die Abschöpfung von Kaufkraft und deren Nutzbarmachung für die deutsche Kriegswirtschaft hinaus jeweils andere Funktionen. Untersucht werden soll hier beispielhaft nur die Kinosituation im ehemaligen Polen. Die Kulturpolitik in Polen war keineswegs repräsentativ für die deutsche Besatzungsherrschaft in anderen Staaten, sondern stellte einen Extrempunkt dar. Das Land diente als „praktisches Experimentierfeld und ‚Laboratorium'" für die nationalsozialistische Lebensraumpolitik.[97]

Nach dem Ende des Septemberfeldzugs teilten das Deutsche Reich und die Sowjetunion das polnische Staatsgebiet untereinander auf. Die am 1. November 1919 im Versailler Vertrag an Polen abgetretenen Territorien, das Gebiet um Lodz, der Bezirk Cziechanow und Landesteile, die im Osten an Oberschlesien grenzten, insgesamt etwa ein Viertel des polnischen Staatsgebietes, wurden annektiert und ebenso wie Danzig dem Reich einverleibt. Diese Gebiete hatten etwa 10,1 Millionen Einwohner: 8,9 Millionen Polen, 0,6 Millionen

TABELLE 11

Der deutschen Filmindustrie im Oktober 1939 zur Verfügung stehende Kinos

	Kinos	Sitzplätze
„Altreich"	5 506	2 060 327
Österreich und Sudetenland	1 116	350 100
Böhmen und Mähren	1 115	364 095
Danzig	24	9 566
Ostoberschlesien, Posen, Pomerellen	177	64 000
Polen	347	135 000
insgesamt	8 285	2 983 088

Quelle: Ufa. Denkschrift über die Notwendigkeit steuerfreier Sonderrücklagen in der Filmwirtschaft, Berlin, Oktober 1939.

Juden, 0,6 Millionen Deutsche und 11 000 Ukrainer.[98] Im übrigen Teil des
von deutschen Truppen besetzten polnischen Staatsgebietes proklamierte
Hans Frank, bis dahin Oberverwaltungschef beim Oberbefehlshaber Ost,
am 26. Oktober 1939 die Errichtung des Generalgouvernements. Das Amt des
Generalgouverneurs übernahm Frank selbst. Unter der Leitung Franks
und Himmlers, der am 7. Oktober 1939 zum „Reichskommissar zur Festigung
deutschen Volkstums" in den okkupierten Gebieten ernannt worden war,
begann die rücksichtslose Unterdrückung der polnischen und jüdischen
Einwohner.[99] Während die ethnische, soziale und ökonomische Struktur der
„eingegliederten Ostgebiete" durch Enteignung, Deportation, Vertreibung
und Vernichtung der polnischen und jüdischen Bevölkerung und durch den
gesteuerten Zuzug von Deutschen aus dem Baltikum mit dem Ziel der völ-
ligen „Eindeutschung des Bodens" verändert wurde, diente das Generalgouvernement in erster Linie als Wirtschafts- und Arbeitskraftressource,
„wo jeder Dreck vom Reich hineingeschickt wird und alles, was gut ist, her-
ausgeholt wird".[100]

Mit der Eroberung des Landes begann ein Programm zur totalen Diskriminierung der polnischen Bevölkerung, die in den Folgejahren Tag für
Tag als niederrangiges und gedemütigtes Volk von Knechten behandelt
wurde.[101] Die Presseanweisung Nr. 1306 vom 24. Oktober 1939 forderte, daß
nun „der letzten Kuhmagd in Deutschland" klargemacht werden müsse, daß

das Polentum Untermenschentum bedeute.[102] Die Besatzungsmacht entrechtete die nichtdeutsche Bevölkerung der okkupierten Gebiete nach einem entsprechend der rassistischen Hierarchie der Nationalsozialisten abgestuften
System. Sie differenzierte in „rassisch wertvolle" Polen, Ukrainer und Weiß-
russen, die übrigen Polen sowie Zigeuner und Juden.[103] Die Trennung der
Deutschen von den übrigen Bevölkerungsgruppen wurde mit den Methoden
des Terrors, mit einer Vielzahl von Verwaltungsmaßnahmen, aber auch durch
das alltägliche Verhalten der deutschen Bewohner in den Annexionsgebieten
vorangetrieben.

1. Kino in den „eingegliederten" Gebieten

Auch die Kinos hatten bei der Zerstörung der kulturellen Identität der polnischen Bevölkerung und für die Selbstvergewisserung des deutschen Be-
völkerungsanteils vom Beginn der Besatzungsherrschaft an eine wichtige
Funktion zu übernehmen. „Polen besitzen grundsätzlich nicht die für die
Ausübung einer reichskulturkammerpflichtigen Tätigkeit erforderliche Zuverlässigkeit", verordnete das RMVP am 9. März 1940.[104] Mit dieser Begründung wurden in den „eingegliederten Ostgebieten" die polnischen Besitzer
der Lichtspielhäuser enteignet.[105]

So rasch wie die Vertreibung der polnischen Kinobesitzer vollzog sich
aber die Einsetzung deutscher Betreiber nicht überall. Im Warthegau und im
Generalgouvernement wurden die Theater zunächst der Reichspropagandaleitung übertragen, die die Häuser nur für Soldaten der Wehrmacht, deutsche Beamte und die deutsche Minderheit öffnete. Der Betrieb durch private
Unternehmer blieb hier zunächst untersagt. In Ostoberschlesien hingegen
nahmen deutsche Besitzer sofort die Vorführtätigkeit auf.[106] Ungeregelt blieb
aber, in wessen Hände die Filmtheater letztlich gelangen sollten. Die „Haupt-
treuhandstelle Ost" setzte zunächst kommissarische Verwalter ein. Obwohl
ihnen mit den Theatern eine lukrative Einkommensquelle zur Verfügung
gestellt wurde, kam es zu schweren Veruntreuungen. Insgesamt sank die Anzahl der Kinos erheblich.[107]

Der Rückgang an ortsfesten Theatern wurde teilweise durch die von den
neugegründeten Gaufilmstellen Danzig-Westpreußen und Warthegau organisierten Filmvorführungen im ländlichen Raum ausgeglichen.[108] Grundsätzlich plante Goebbels einen großzügigen Ausbau der Kinoinfrastruktur in
den östlichen und westlichen Grenzregionen, ein Vorhaben, das durch die

enormen Überschüsse der Filmindustrie seit Kriegsbeginn in greifbare Nähe zu rücken schien.[109]

Als Goebbels im Oktober 1939 berichtet wurde, daß die Stimmung in Danzig und Westpreußen noch „sehr gedrückt" sei, ordnete er die verstärkte Tätigkeit von Kinos und Theatern an.[110] Der Einsatz dieser Instrumente scheint tatsächlich dazu beigetragen zu haben, daß die anfänglichen Depressionen in der deutschen Einwohnerschaft dieser Gebiete rasch überwunden wurden. Die ersten Filme über den Septemberfeldzug fanden in den Ostgebieten des Reiches und bei der deutschen Bevölkerung in den besetzten Territorien ein außergewöhnlich zahlreiches Publikum. In Ostpreußen wurde die Tobis-Sonderwochenschau „So wurde Polen geschlagen" aufgrund der großen Resonanz von der Gaufilmstelle übernommen und bis in das letzte Dorf gebracht.[111] Auch die Zusammenstellung von Wochenschauberichten unter dem Titel „Der Feldzug in Polen" hatte „in den Grenzgebieten, in den neuen Reichsgauen und allgemein auf dem Land" überdurchschnittlichen Erfolg.[112] Einige der in Polen stationierten deutschen Wehrmachtsangehörigen, die selbst an dem Krieg teilgenommen hatten, empfanden die Diskrepanz zwischen ihren Erlebnissen und dieser Filmpropaganda jedoch als nahezu unerträglich.[113]

Am 11. Juli 1940 berichtete der SD ausführlich über die Situation des Kinos in den Annexionsgebieten. Trotz der noch bestehenden Schwierigkeiten bei der Filmdistribution seien die „Volksdeutschen" für jede Vorstellung dankbar, weil sie ihnen einen „repräsentativen Ausdruck nationalsozialistischer deutscher Kultur" vermittle. Die technischen Probleme müßten vor allem deswegen rasch überwunden werden, weil die Kriegswochenschauen als der dokumentarische Beweis des deutschen Sieges bei der polnischen Bevölkerung besonderen Eindruck machten. Dennoch forderte die deutsche Bevölkerung, z. B. in Hohensalza, Kinobesuchsbeschränkungen für Polen, die im Generalgouvernement, aber zunächst nicht im Okkupationsgebiet bestanden.[114] Offenbar diente der Film der deutschen Bevölkerung in den Ostgebieten als wichtiger Beleg dafür, daß ihre Integration in den NS-Staat endgültig war und daß der von vielen in der polnischen Regierungszeit befürchtete oder real gewordene Verlust der nationalen Identität überwunden war. Ein ähnliches Phänomen hatte sich auch bei der Eingliederung des Saarlandes gezeigt. Aus Saarbrücken wurde im Januar 1935 gemeldet, daß die Vorführung des mißglückten Propagandastreifens „SA-Mann Brand" ein außergewöhnlicher Erfolg gewesen sei.[115] Die Forderungen nach Besuchseinschränkungen für Polen sind somit weniger als Ausdruck einer weiterbestehenden Angst vor der Auflösung in der umgebenden polnischen Bevölkerung zu interpretieren, sondern – bei aller Vorsicht gegenüber der SD-Quelle – als unter den Deutschen des Gebietes weit verbreitete Unterstützung der rassistischen Segregationspolitik.

Am 28. April 1941 berichtete der SD über die zunehmende Verärgerung der Deutschen darüber, daß sie zusammen mit den Polen an den Kinokassen warten müßten und daß ihnen zugemutet werde, in den Theatern neben Polen zu sitzen.[116] Gefordert wurde, die besten Kinos und die „Spitzenfilme" ausschließlich Deutschen vorzubehalten. Polen sollten besondere, das hieß zunächst ältere und schlechtere Filme zu sehen bekommen. Oft kämen Deutsche in die Stadt und fänden die Kinoplätze schon von Polen besetzt. Deshalb werde in Thorn die Regelung begrüßt, die Lichtspielhäuser sonn- und feiertags für Polen zu sperren. Aus „stimmungsmäßigen und propagandistischen Gründen" sei aber diese Regelung ebensowenig zweckmäßig wie ein totales Kinoverbot für Polen nach dem Beispiel Mogilnos, weil die Polen dann in die Nachbarstädte auswichen und die Gefahr bestehe, daß sich das „Unterhaltungsbedürfnis der polnischen Bevölkerung in anderer Richtung Luft" mache. Unter den Deutschen sei man sich aber einig, daß bei allen kulturellen Veranstaltungen und beim Kinobesuch eine scharfe Trennung von Polen und Deutschen notwendig sei.

Auch die Gestaltung des Filmprogramms sollte die Eingliederung des deutschen Publikums in die Kultur des Dritten Reiches fördern, eine moralische Begründung für den Krieg und die Unterdrückung der Polen liefern und vor allem der polnischen Bevölkerung keinerlei Identifikationsangebote machen. Diesen Anforderungen, die offenbar von besonders überzeugten Nationalsozialisten in den okkupierten Ostterritorien erhoben wurden, wurde das RMVP nach dem Eindruck des SD, der sich in den „Meldungen aus dem Reich" zum Sprachrohr dieser Kreise machte, nicht gerecht. Das deutsche Publikum in den Annexionsgebieten vermerkte nach den Angaben des SD kritisch, daß Unterhaltungsfilme den wesentlichen Teil der Kinoprogramme stellten. Die politische und kulturelle Integration der volks- und baltendeutschen Bevölkerung könne jedoch vor allem durch Produktionen unterstützt werden, die „aufklärerisch, erzieherisch und volksbildend" wirkten.[117] Dazu seien nach Meinung überzeugter Nationalsozialisten besonders Kulturfilme über die „praktische Aufbauarbeit im Reich, die Arbeit der nationalsozialistischen Organisationen und Gliederungen sowie die großen repräsentativen Veranstaltungen des Dritten Reichs (Reichsparteitagsfilme) und die Schönheiten der deutschen Landschaft" geeignet.[118]

Die kulturelle Integration der deutschen Bevölkerung in den okkupierten Gebieten sollte nicht allein über die demonstrative Präsentation des nationalsozialistischen Deutschlands erreicht werden. Auch nach der Zerschlagung des polnischen Staates bestand offenbar ein anhaltendes Bedürfnis nach einer Begründung für die Unterdrückung der Polen, das das RMVP mit der Produktion der Spielfilme „Feinde" und „Heimkehr" befriedigen wollte. Die Bavaria-Produktion „Feinde", die angebliche Greueltaten von „Deutschenhassern" zum Inhalt hatte, stieß jedoch in den Annexionsgebieten auf unerwartete Kritik.

Offenbar entsprach die Handlung des Films, der nach der Uraufführung am 7. November 1940 ungewöhnlich rasch in den Ostgebieten zum Einsatz kam, nicht der historischen Erfahrung der dortigen Bevölkerung, die „den Polenterror aus eigenem Erleben kenne", wie der SD am 27. Januar 1941 meldete.[119] Die Ermordung von 60 000 Deutschen, von der im Vorspanntext des Films gesprochen wurde,[120] bot als Übertreibung der deutschen Propaganda[121] in den Eingliederungsgebieten keine ausreichende Rechtfertigung für den Krieg. Das Schwergewicht des Films, das auf den Mordtaten polnischer Marodeure an Volksdeutschen lag, sei falsch gesetzt.[122] Schwieriger sei der Widerstand gegen den anhaltenden „offiziellen Terror" gewesen. Durch eine Unbedachtheit stelle der Film sogar das Recht der Volksdeutschen auf das polnische Gebiet in Frage. Einer der deutschen Flüchtlinge freut sich nach Überschreiten der Grenze zu Deutschland über die „wiedergewonnene Heimaterde", dabei sei doch schon das Land, aus dem er gekommen sei, „nachdrücklich als deutsches Land zu bezeichnen". Kritisiert wurde auch, daß nicht das „Deutschtum", sondern die Liebe der Grund für die Filmheldin gewesen sei, die Flüchtlinge über die Grenze zu führen. Überdies sei der Hauptdarsteller Willy Birgel kein glaubwürdiger Kämpfertyp. Die vom SD zitierten Kritiker konnten keine Zweifel an ihrer nationalen Motivation, an ihrem Selbstverständnis als unentwegte Kämpfer für nationale Selbstbehauptung, geschweige denn an der historischen Legitimität ihrer Anwesenheit in Polen dulden.

Ebenso, wie man dem Kino die Kraft zur Stiftung der eigenen kulturellen Identität zutraute, befürchtete das deutsche Publikum, daß der Film unbeabsichtigt eine ganz ähnliche Wirkung auf die entrechtete und unterdrückte polnische Bevölkerung ausüben könnte. Aus diesem Grund stießen alle Produktionen mit religiösen Anklängen bei den Deutschen auf Ablehnung.[123] Dabei ist unklar, um welche Filme es sich handelte, denn wirklich religiöse Filme wurden in den Kinos nicht gezeigt.[124]

Konkrete Ängste waren mit einigen Kriminalfilmen und vor allem mit den Produktionen verbunden, in denen nationale Befreiungskämpfe thematisiert wurden. Von dem Film „Der Polizeifunk meldet" befürchteten die Deutschen, daß er polnischen Widerstandsbestrebungen eine Anleitung zur Spionage biete: „Dieser Film sei für die polnische Bevölkerung ebenso ungeeignet wie gefährlich, denn derartige Filmhandlungen würden von den Polen sofort auf ihren Kampf gegen das Deutschtum umgedeutet ..."[125] „Der Feuerteufel" und „Das Lied der Wüste" wurden in Kattowitz beanstandet, weil sie dazu geeignet seien, „die Polen in ihrem Kampf gegen die deutsche Verwaltung aufzumuntern und für diesen Kampf seelisch zu festigen".[126] Auch der antibritische Propagandafilm „Der Fuchs von Glenarvon", dessen Handlung in Irland angesiedelt war, „werde von Polen und Tschechen sofort auf ihren Freiheitskampf gegen Deutschland umgedeutet ..."[127] Da diese Filme in den anderen Landesteilen laufen konnten, ohne daß Wirkungen auf Emanzipationsbestrebungen zu befürchten waren, kam aus der deutschen Bevölkerung wiederholt der Vorschlag einer Sonderzensur für die östlichen Grenzprovinzen, das Generalgouvernement und das Protektorat.[128] Tatsächlich untersagte Goebbels infolge der SD-Berichte die Vorführung der Filme „Der Fuchs von Glenarvon" und „Der Feuerteufel" im Generalgouvernement und im Protektorat.[129]

2. Kino im Generalgouvernement

Wenige Tage nach der Ernennung Franks zum Generalgouverneur fand am 31. Oktober 1939 eine Beratung zwischen ihm und Goebbels über die Grundzüge der Kulturpolitik im Generalgouvernement statt, in der sich der Propagandaminister für eine möglichst vollständige Unterbindung jeglicher kultureller Aktivität in der polnischen Bevölkerung einsetzte. Goebbels forderte die Einziehung aller Radioapparate, die sich im polnischen Besitz befanden, die Einstellung jener Teile der polnischen Presse, die in irgendeiner Form politisch Stellung bezogen, sowie die Schließung aller Theater und Kabaretts. Das gleiche sollte für die Kinos gelten, die nur noch in großen Städten gelegentlich in Betrieb genommen werden sollten. Das kulturelle Leben stelle einen Kristallisationskern für den polnischen Nationalismus dar. Den Polen solle „nicht immer wieder vor Augen geführt werden ..., was ihnen verlorengegangen sei". Frank meinte, daß nur noch Filme vorgeführt werden dürften, in denen sich die Größe des Dritten Reiches dokumentiere.[130]

Die Schließung der Kinos erwies sich aber als nicht wünschenswert. Zwar wurden sofort alle Theater beschlagnahmt[131] und dem am 18. März 1940 eingesetzten „Treuhänder für sämtliche Lichtspieltheater im Generalgouvernement" mit Sitz in Krakau unterstellt, der den Betrieb Reichsdeutschen, Volksdeutschen, Ukrainern und auch einigen Polen übertrug.[132] Insgesamt fanden im Generalgouvernement nur noch in 112 Kinos Vorführungen statt; ihre Zahl erhöhte sich nach dem Überfall auf die Sowjetunion und der Eingliederung Galiziens auf 200 zur Jahresmitte 1942.[133] Diese Theater blieben aber entsprechend den mit Frank abgestimmten Richtlinien der Kulturpolitik, in deren Zentrum die großzügige Förderung der Volksdeutschen und der im ehemaligen Polen tätigen Reichsdeutschen bei gleichzeitiger Unterdrückung polnischer Wünsche stand,[134] nicht mehr für die gesamte Bevölkerung in gleicher Weise geöffnet (vgl. Tabelle 12). Ein scharfes System der Segregation bestimmte, daß die komfortablen Innenstadttheater allein von Deutschen besucht werden durften, andere, schlechter ausgestattete Häuser nur von

TABELLE 12

Segregationsschema für die Kinos im Generalgouvernement (Stand: Mitte 1942)

Distrikt	Kinos für …							Kinos insgesamt
	Deutsche	Polen	Ukrainer	Deutsche und Polen	Deutsche und Ukrainer	Polen und Ukrainer	Deutsche, Polen und Ukrainer	
Krakau	7	15	—	20	—	—	—	42
Radom	8	8	—	12	—	—	—	28
Lublin	3	5	—	8	—	—	—	16
Warschau	3	19	—	18	—	—	—	40
Lemberg	4	15	8	1	2	37	7	74
insgesamt	25	62	8	59	2	37	7	200

Quelle: Boguslaw Drewniak, Der deutsche Film 1938–1945. Ein Gesamtüberblick, Düsseldorf 1987, S. 720.

Ukrainern, und eine dritte Kategorie war nur für Polen geöffnet. In kleineren Orten fanden in denselben Theatern für diese Bevölkerungsgruppen getrennte Vorführungen statt. Juden war der Kinobesuch generell verboten.

Bei der verschwindend geringen Zahl der Deutschen im Generalgouvernement, die zum Zeitpunkt der Okkupation nur 65 000 bei einer Gesamtbevölkerung von etwa 11 Millionen betrug,[135] war der Betrieb von Theatern, die allein der deutschen Bevölkerung vorbehalten waren, finanziell kaum attraktiv.[136] Den Ausgleich hatte die polnische und ukrainische Bevölkerung zu tragen. Eine Regierungsverordnung vom 29. April 1940 bestimmte, daß „bei Vorführungen für Nichtdeutsche ... außerdem [zusätzlich zur Filmsteuer von 12 Prozent – G. St.] ein Zuschlag von 5 v. H. des Eintrittspreises" zu zahlen war.[137]

Die Trennung der Lichtspieltheater nach Bevölkerungsgruppen erleichterte die Differenzierung des Filmprogramms, die entsprechend dem Willen des RMVP nach qualitativen Gesichtspunkten vorzunehmen war. Polen sollten nur schlechte Filme zu sehen bekommen.[138] Die polnische Filmproduktion wurde eingestellt. Das Verleihmonopol „Film- und Propagandamittel-Vertriebsgesellschaft mbH" ließ nur noch einige Kurzfilme mit einer Länge von 200 bis 800 Metern zumeist zur Landwirtschaftspropaganda produzieren. Von einigen dieser Filme wurden auch deutschsprachige Kopien angefertigt; der bekannteste dieser Filme trug den Titel „Ordnung schafft Brot". Den polnischen Antisemitismus sollte ein Film mit dem bezeichnenden Titel „Żydzi, wszy, tyfus" (Juden, Läuse, Typhus) schüren.[139] Nur in diesen Filmen wurden noch einige polnische Filmschauspieler beschäftigt.[140] Eine Wochenschau in polnischer Sprache existierte seit Mai 1940 zunächst unter dem Titel „Wiadomości Filmowe Generalnej Guberni" (Filmnachrichten des Generalgouvernements); später wurde sie in „Tygodnik Dźwiękowy Guberni Generalnej" umbenannt.[141] Der Besuch der deutschen Wochenschau war Polen bis Juni 1940 untersagt.[142]

Obwohl im Generalgouvernement überwiegend deutsche Filme, die teilweise polnisch untertitelt waren, vorgeführt wurden, besuchte auch die polnische Bevölkerung die Theater in großer Zahl.[143] Exakte Besucherzahlen fehlen zwar, aber nach einer Aufstellung des Bulletins der Heimatarmee verzeichneten allein die Warschauer Kinos schon im Januar 1940 wieder 116 000 Zuschauer, im Januar 1941 235 000 und ein Jahr später 501 000. Zum Vergleich: Im Jahr 1938 hatten die Warschauer Kinos 15,37 Millionen Besucher.[144] Ob neben Jugendlichen „Kriegsgewinner und Personen mit opportunistischer Einstellung", wie der polnische Filmhistoriker Jerzy Toeplitz meint, den größten Anteil am Publikum stellten, wird sich wohl kaum mehr feststellen lassen.[145] Die Boykottaufrufe der polnischen Untergrundbewegung blieben jedenfalls weithin unbeachtet.[146] Die Gründe für diesen Mißerfolg des Widerstands sehen polnische Historiker im Hunger nach Zerstreuung in einem schweren Alltag und im Mangel an anderen Vergnügungs- und Freizeitmöglichkeiten, aber auch in dem durch die Kriegsereignisse veränderten Selbstverständnis und in neuen Verhaltensmustern der Jugend. Denn Jugendliche bildeten nach übereinstimmenden Berichten das Gros des Kinopublikums.[147] Infolge der von den Deutschen erzwungenen Beschränkungen in den schulischen und anderen Ausbildungsmöglichkeiten verfügten viele Jugendliche über mehr Zeit als je zuvor.[148] Zugleich nahmen sie durch die Beteiligung an Widerstandsaktionen und vor allem durch den täglichen Kampf ums Dasein, den Schwarzmarkt, der manche in den Besitz größerer Geldbeträge brachte, schneller den Habitus von Erwachsenen an. Für diese Jugendlichen hatten die Eltern ihre Vorbildfunktion und moralische Autorität weitgehend eingebüßt, ihre Ge- und Verbote besaßen kaum mehr eine Bedeutung.[149]

Wenn die Widerstandsgruppen jedoch Sabotageakte gegen Kinos unternahmen, Tränengas- und Stinkbomben warfen, Filmapparaturen zerstörten und sogar bewaffnete Überfälle auf die Theater verübten, konnten sie sich auf die Solidarität der polnischen Bevölkerung stützen, die die Sanktionen der Besatzungsmacht ins Leere laufen ließ.[150] Der Mut eines einzelnen Besuchers zerstörte auch den Erfolg des einzigen großangelegten Versuchs in Warschau, die polnische Bevölkerung über simultane Freiluftveranstaltungen vor dem Hauptbahnhof, im Ujazdowskipark und auf dem Altstadtmarkt mit Propagandafilmen zu beeindrucken. Gezeigt wurde hier am 19. und 20. Juli 1941 eine Dokumentation über den Ostfeldzug. Als sich nach den Bildern über freiwillige Hilfstruppen der Wehrmacht ein Sprecher mit der Frage an das Publikum wandte: „Und wo sind die Polen?", antwortete eine Stimme aus der Menge: „In Auschwitz."[151]

Trotz der oben wiedergegebenen Erklärungsversuche für das anhaltende Besucherinteresse bleibt es letztlich rätselhaft, was das polnische Publikum in die Kinos der Besatzungsmacht lockte. Die vorgeführten Spielfilme und eindeutiger noch die Wochenschauen wurden – wie wohl jedem polnischen Besucher bewußt war – in manipulativer Absicht gezeigt; die vorgeführten Filme waren von geringer Qualität, befanden sich meist in offensichtlichem Widerspruch zu der vom Publikum täglich erfahrenen Lebenswirklichkeit und diffamierten nicht selten das eigene Volk als minderwertig. Das durch

einen Kinobesuch zu erwerbende Sozialprestige tendierte gegen null – im Gegenteil, der Besuch eines Filmtheaters galt weithin als unpatriotischer Akt.[152]
Und trotzdem waren die Kinos gut besucht.

Dieses Phänomen berührt die Grundproblematik der vorliegenden Arbeit, denn am Beispiel des Okkupationskinos in Polen stellt sich die allgemeine Frage, ob das Kino letztlich unabhängig von der Qualität der Filme, aber
auch von den propagandistischen Intentionen der Filmverantwortlichen und
selbst ohne kollektive Legitimation funktionierte. Kann, wenn dies so wäre,
das Kinoverhalten überhaupt als ein tauglicher Gradmesser für die Konsensbereitschaft eines Publikums herangezogen werden? Eine befriedigende Antwort könnte wohl nur durch die Erforschung der jeweils individuellen Motivation zum Kinobesuch gefunden werden.

Tomasz Szarota zitiert einen Bericht der Vertretung der Exilregierung aus
dem Herbst 1942, der die Probleme des Kinobesuchs idealtypisch für den
polnischen Normalbürger „Kowalski" darstellt: „Manchmal ist ihnen so trau-
rig und schwer zumute, daß sie wenigstens für eine Stunde vergessen wollen,
daß in ihrer Wohnung Hunger und Dunkelheit herrschen, daß man den Sohn
der Nachbarin erschossen hat, daß die Schwägerin die Nachricht vom Tode
ihres Vaters in Auschwitz erhalten hat – und so gehen sie ins Kino. Ein sehr
schwaches Vergnügen: während sie vor der Kasse stehen, zittern sie, daß die
nur allzu gut bekannten Burschen vom Zivilen Kampf ihnen ätzende Säure
auf die Kleidung schütten könnten, wie es gestern der Pawlowska von gegenüber passiert ist, und das auf ihr einziges Kleid. Der Film ist widerlich,
dumm, nachlässig zusammengestopfelt, schlecht gespielt. Die Wochenschau
bejubelt die deutschen Siege. Auf dem Heimweg heftet eine unsichtbare
Hand den Kowalskis einen Zettel auf den Rücken: ‚Nur ein Schwein geht ins
Kino rein' – was für eine Schande."[153]

Nach dieser Quelle besuchten die Menschen die Kinos, um sich für eine
kurze Zeitspanne von den Beschwernissen und dem Unglück des Alltags
unter der deutschen Besatzung abzulenken, obwohl sie sich des materiellen
Risikos – zerstörte Kleidung war für die meisten ein kaum ersetzbarer Verlust – und der Gefahr der sozialen Stigmatisierung im voraus völlig bewußt
waren. Zerstreuung wurde von Filmen erwartet und wahrscheinlich auch
erlangt, in denen sich die eigenen Unterdrücker feierten und die dem Leben
gar keinen „Sinn" mehr gaben.

Damit unterschied sich die Situation des polnischen Publikums funda-
mental von derjenigen der deutschen Konsumenten der sogenannten Ablen-
kungsfilme in der Spätphase des Krieges. Die Beliebtheit dieser Filme erklärt

die Filmgeschichtsschreibung damit, daß die Glücksversprechen der Filme dem deutschen Publikum durch Übertragungsmechanismen die Rekonstruktion eines sinnerfüllten Lebens ermöglichten.[154] Diesen Zweck erfüllte der Filmkonsum für die polnische Bevölkerung eindeutig nicht, denn die deutsche Okkupationsmacht verbarg auch im Kino keineswegs, daß sie für Polen nur eine Existenz als billige Arbeitskräfte am unteren Ende einer Sklavenhaltergesellschaft vorsah.

Offenbar kam es bei der konkreten Entscheidung zum Kinobesuch nicht unbedingt darauf an, was auf der Leinwand gezeigt wurde. Man sah sich einen Film an, wenn man das Geld und die Zeit dafür aufbringen konnte. Der Kinobesuch war schon lange vor der Besetzung für viele zur Gewohnheit geworden. Eventuell gingen „die Kowalskis" schon seit zwanzig Jahren jeden Freitagabend ins Kino. Habitualisierter Medienkonsum war gegen Veränderungen weitgehend resistent.[155] Das schlechte Filmangebot und die große Zahl geschlossener Kinos beschränkten die Möglichkeit, sich einem anderen Film oder einem anderen Vergnügen zuzuwenden, oft vollständig.

Daß die Boykottaufrufe der Widerstandsbewegung keine größere Resonanz fanden, kann aber nicht als ein Sichabfinden mit dieser Perspektive gewertet werden, sondern drückte eine Sehnsucht nach Normalität aus, von der man aber genau wußte, daß sie immer wieder enttäuscht werden würde. Damit „lernte" die polnische Bevölkerung wahrscheinlich früher als andere Konsumenten einen distanzierten Umgang mit dem Medium „Film".

Die sozialen und politischen Folgen einer übergroßen Kluft zwischen der in den Medien dargestellten „Realität" und dem subjektiven Realitätseindruck sind weitgehend unerforscht. Allerdings deuten einige Ergebnisse der Medienwirkungsforschung darauf hin, daß eine solche Entwicklung ein Gesellschaftssystem tendenziell destabilisiert.[156] Die Kinopolitik der deutschen Okkupationsmacht trug wahrscheinlich dazu bei, das soziale Gefüge in Polen zu zerstören. Daß sie völlig ungeeignet war, die polnische Bevölkerung in das nationalsozialistische Herrschaftssystem einzufügen, war aus deutscher Sicht ohne Belang, denn eine Integration war ohnehin nicht beabsichtigt.

III. Kinoalltag in den ersten Kriegsjahren

1. Lebensmittelversorgung und der Film

Von Kriegsbeginn an blieben die Lichtspieltheater von Einspar- und Aus-kämmaktionen nahezu freigestellt. Der Kinokonsum als repräsentativer Aus-druck der gestiegenen Massenkaufkraft sollte nicht gerade in einer Zeit gefährdet werden, als das Regime wie nie zuvor auf die Zustimmung der Bevölkerung angewiesen war. Als im ersten Kriegswinter Mängel in der Koh-lenversorgung auftraten, verfügte Goebbels, daß – falls Schließungen vorge-nommen werden müßten – zunächst die Privattheater, dann die staatlichen Bühnen und erst zuletzt die Kinos geschlossen werden sollten.[157] Tatsächlich mußte nur Anfang Februar 1940 kurzzeitig der Betrieb in einigen Theatern, aber auch in Schulen und schließlich doch auch in wenigen Lichtspielhäu-sern eingestellt werden.[158]

Neben propagandistischen Erwägungen und dem Ziel, der deutschen Be-völkerung über den Erhalt zumindest einer allgemein beliebten Möglichkeit zur Freizeitgestaltung „Normalität" zu suggerieren,[159] hatte die Bevorzu-gung des Unterhaltungssektors ganz pragmatische wirtschaftliche Gründe: mit dem Filmkonsum sollte ein Ventil für überschüssige Kaufkraft offen-gehalten werden. Goebbels notierte im Oktober 1939 in seinem Tagebuch: „Ich grübele über Rundfunk, Film und Theater. Ich gebe neue Anweisung, die Arbeiten an all diesen Dingen weiter zu intensivieren. Das Volk hat sie gerade in dieser Situation nötig. Und außerdem muß es auch irgendwo sein Geld ausgeben können, wenn es sich sonst nicht viel dafür kaufen kann."[160] Durch den Besucheransturm nach dem Kriegsbeginn zusätzlich motiviert, plante man im RMVP sogar, die Kaufkraft der Bevölkerung durch eine Son-dersteuer auf Kino- und Theaterkarten abzuschöpfen.[161]

Insbesondere befürchtete Goebbels, daß jenes Geld, das nicht durch den Unterhaltungssektor gebunden werden konnte, den Markt für Nahrungsmit-tel durcheinanderbrächte. Schon in den Tagen vor dem Überfall auf Polen vermerkte er: „Das deutsche Volk gibt im Jahr 850 Millionen rund für Kultur- und Unterhaltungszwecke aus. Das alles würde sich sonst auf den Lebens-mittelmarkt werfen. Also müssen wir unsere Kulturarbeit intensivieren."[162] Goebbels' Tagebucheintrag steht im Zusammenhang mit der Lebensmittel-rationierung, die schon vor dem Überfall auf Polen am 27. August 1939 einge-führt worden war. Seiner Propaganda gelang es, der Bevölkerung den frü-hen Beginn eines Zuteilungsverfahrens erfolgreich als langfristige Vorsorge darzustellen. Die Nahrungsmittelrationierung verhindere, daß es jemals wieder zu einer ähnlich bedrängten Ernährungssituation wie im Ersten Weltkrieg kommen werde.[163] Die schlechte Lebensmittelversorgung in der zweiten Kriegshälfte, die von der Feindpropaganda noch weit übertrieben dargestellt worden sei, galt in der politischen Rechten als einer der Gründe für den angeblichen Zusammenbruch der „Heimatfront", die der kämpfenden Truppe in den Rücken gefallen sei.[164] Die Erfahrung des Ersten Weltkrieges diente der NSDAP gerade in diesem Bereich als direkte Handlungsanleitung für die Gegenwart. Wegen der Ängste des Regimes vor einer Wiederholung von Hungerunruhen und Streiks mußte sich die deutsche Bevölkerung in ihrem täglichen Leben nur langsam an Bedingungen des Krieges anpassen. Die Rationen blieben lange großzügig bemessen. Reichswirtschaftsminister Funk war davon überzeugt, daß „scharfe Maßnahmen für die Partei aus psychologischen Gründen" nicht tragbar seien.[165]

Das für die Beeinflussung der Stimmung zuständige RMVP bemühte sich, alle Meldungen über Einschränkungen in den Konsummöglichkeiten zu unterbinden.[166] In den Kinos liefen die Reklamefilme für Lebensmittelprodukte ebenso weiter wie Wochenschauberichte, in denen anhand prächtiger Bilder von landwirtschaftlichen Produkten unterstrichen wurde, daß der Krieg die gute Ernährungslage unbeeinträchtigt lasse.[167] Daß die deutsche Industrie im Krieg die Gelegenheit erblickte, die Märkte in den eroberten Gebieten mit ihren Produkten zu besetzen, war ein weiterer Grund dafür, daß die Werbebranche nur geringe kriegsbedingte Einschränkungen erfuhr.[168]

Erst nach der Ablehnung von Hitlers „Friedensangebot" an die Westmächte vom 6. Oktober 1939 durch den französischen Premierminister Deladier (10. Oktober) und seinen britischen Amtskollegen Chamberlain (12. Oktober) wurde der deutschen Bevölkerung allmählich bewußt, daß es sich nicht mehr um eine Wiederholung der vorangegangenen „Blumenkriege" handelte. Die Lebensmittelrationierung war keine vorübergehende Maßnahme, sondern würde den Alltag auf unabsehbare Zeit bestimmen. Reklamefilme mit Lebensmittelbildern empfanden nun viele als unangemessen. Am 8. November 1939 meldete der SD: „Nach wie vor werden kritische Stimmen gegen jene Werbe- und Reklamefilme laut, in denen noch heute auf der Leinwand, zum Teil aus Reklamezwecken (z. B. Maggi's Suppenwürfel), oder um die gute Versorgungslage Deutschlands zu demonstrieren, Massenanhäufungen von Lebensmitteln oder auserlesene Speisen und Getränke gezeigt werden."[169] Daß bereits zu einem so frühen Zeitpunkt und bei einer tatsächlich noch guten Ernährungssituation schon Kritik an der Kinowerbung geübt wurde,

verweist darauf, daß sich das NS-Regime in der Bevölkerung am glaubwür-
digsten als Garant ökonomischer Sicherheit und wachsenden Wohlstandes
legitimiert hatte. Bilder, die Zweifel an diesem Eindruck wecken konnten,
wurden weithin als unerträglich empfunden. Die Ablehnung hatte nicht unbedingt materielle Gründe. Offensichtlich erwarteten Teile der Bevölkerung
vom Krieg die „Reinigung" der Gesellschaft von allen unverstandenen und
abgelehnten Erscheinungen der Moderne, zu denen auch die Reklame zählte.

Nach den SD-Berichten fanden hingegen die belehrenden Vorfilme, in
denen die industriellen Verfahren zur Ersatzstoffgewinnung dargestellt wurden, eine positive Resonanz. „Stark besprochen werden nach Meldungen aus
Neustadt a. d. W., Kiel und Hamburg Kulturfilme, die sich mit der Wissenschaft und deren Anwendung und Nutzbarmachung in der Industrie beschäftigten. So wurden Filmstreifen über neue Verfahren zur Rohstoffgewin-
nung stark diskutiert. Dabei wurde geäußert: ‚Die deutsche Wissenschaft ist
ja unübertrefflich, da ist noch mit viel Überraschungen zu rechnen.' In der
Kieler Meldung wird darauf hingewiesen, daß eine derartige filmische Ver-
arbeitung wissenschaftlicher Themen sogar von einfachen Menschen gern
gesehen würde. Man höre oft die Äußerung: Es lohne sich schon wegen dieser Filme, ins Kino zu gehen."[170] Obwohl die in den „Meldungen" oft doku-
mentierte Vorliebe der SD-Mitarbeiter für die Kulturfilme nicht unbedingt
mit dem Geschmack des gesamten Publikums korrespondierte,[171] sondern
ihren Intentionen zuzurechnen ist, das Kino stärker als nationalsozialistisches Erziehungsinstrument einzusetzen, war das Interesse an der Ersatzstoffproduktion allgemein groß. Die Abhängigkeit von Rohstoffimporten
galt seit den Erfahrungen mit der Blockade der Ententemächte im Ersten
Weltkrieg als wesentliches Hindernis der deutschen Kriegsführung, und
zudem hing die angestrebte Autarkie auch im Bewußtsein der Bevölkerung
eng mit der Ernährungssituation zusammen. Im 1936 verkündeten Vierjahresplan war der Aufbau einer Ersatzstoffproduktion damit begründet worden, daß die Devisen, die beim Import von Rohstoffen eingespart werden
könnten, für die Lebensmitteleinfuhr zur Verfügung ständen.[172]

Die Lebensmittelrationen blieben bis Mitte 1940 unverändert. Am 13. Juli
1940 wurde die Brotzuteilung für Erwachsene auf 2250 Gramm wöchentlich
abgesenkt, dagegen für Jugendliche von 2400 Gramm auf 2600 Gramm erhöht. Diese Maßnahme, die eigentlich Familien mit mehreren Kindern be-
günstigen sollte, wurde in der Bevölkerung weithin als Kürzung aufgenommen.[173] Im Herbst desselben Jahres traten erhebliche Schwierigkeiten bei
der Schlachtviehbeschaffung auf, so daß in einigen Regionen die Fleisch-

und Fettmarken wochenlang nicht aufgerufen werden konnten.[174] Um diese Nahrungsmittel entstanden in der Folgezeit immer wieder Gerüchte, die einschneidende Zuteilungskürzungen prophezeiten.[175] Am 2. Juni 1941 erfolgte tatsächlich die erwartete Fleischkürzung von 500 Gramm auf 400 Gramm wöchentlich, und nun wurden auch Kartoffeln und Pferdefleisch markenpflichtig.[176]

Vor dem Hintergrund ständiger Kürzungsgerüchte, die sich oft genug wenig später bewahrheiteten, und weil es immer weniger markenfreie Waren zu kaufen gab, verschärfte sich die Kritik an den Werbefilmen, die Lebensmittel zeigten. Die Filmreklame für „Parsala", in der Fleisch- und Fischgerichte zu sehen waren, führte im Oktober 1941 „zunächst zu humoristischen, später aber unwilligen Äußerungen der Zuschauer".[177] Bei der Werbung für das Eiereinlegemittel „Garantol" kam es zu empörten Rufen, weil die knapp bemessene Eierzuteilung das Einlegen überhaupt nicht zulasse.[178] Auf eine ähnliche Resonanz stieß die „Opekta"-Werbung. Erstens bekomme man in den Geschäften dieses Einmachmittel nicht, zweitens gebe es nicht genügend Obst zum Einmachen, wozu man drittens „schließlich auch nicht genügend Zucker habe".[179] Nun fühlte sich das Publikum auch durch die filmische Werbung für die Ersatzstoffe verhöhnt und provoziert. Der Werbestreifen für das Eierersatzmittel „Milei" behauptete, daß man damit Wiener Schnitzel, Mayonnaise, Salate und Torten „wie in alter Zeit" herstellen könne. Die Zuschauer äußerten im Kino laut, daß sie andere Erfahrungen gemacht hätten.[180] Der SD vertrat die Auffassung, daß die Reklamefilme keine werbende Wirkung mehr hätten, sondern nur auf die bestehenden Mängel hinwiesen.[181] Die Bekleidungshäuser zeigten „friedensmäßige" Wäschestücke und Mäntel, die nur im Ausnahmefall wirklich zu erwerben seien. Man benötige keine Reklame für Agfa, wenn es keine Filme mehr zu kaufen gebe.[182]

Nach einem Jahr Krieg bedeutete die Filmreklame für das Publikum eine schmerzhafte Erinnerung an die Konsummöglichkeiten der Friedenszeit.[183] Vor diesem Hintergrund nahm die Reichsfilmkammer Werbefilme vorläufig aus dem Programm und verfügte Schnitte bei „unzeitgemäßen Szenen". Der endgültige negative Eintrag in die Zensurkarte wurde aber vermieden, weil man immer noch hoffte, der Krieg sei bald siegreich beendet. In die Zensurlisten wurden Vorführverbote für Werbefilme gar nicht aufgenommen. Die aus diesem Verfahren entstandene Regelungsunsicherheit nutzten zahlreiche Institutionen, um eigenmächtig Vorführverbote auszusprechen.[184] Völlig eingestellt wurde auf eine persönliche Intervention Hitlers hin allein die Kinowerbung für Tabakwaren. „Der Führer verbietet das Rauchen auch in

Spielfilmen, aber auch Werbefilme für Rauchen. Er geht aufs Ganze. Und er wird auch hier sein Ziel erreichen."[185]

Die massive Ablehnung der Werbefilme ist offenbar darauf zurückzuführen, daß sich die deutsche Bevölkerung offenbar nur allmählich daran gewöhnte, einen Unterschied zwischen der alltäglichen Lebenserfahrung und der im Kino vorgeführten fiktionalen Realität zu akzeptieren. Aber weder die Unzufriedenheit mit den Wochenschauinformationen noch das Gefühl, von Werbefilmen verhöhnt zu werden, führten zu einem Rückgang des Besucherinteresses. Der Besucheranstieg seit Kriegsbeginn verstetigte sich. Goebbels notierte am 25. März 1941 in seinem Tagebuch zum Filmbesuch: „Wir machen trotz des Krieges die besten Geschäfte."[186]

2. Auseinandersetzung um den amerikanischen Film 1940/41

Auch die Gründe für das Bemühen, die deutsche Bevölkerung gegen Informationen aus dem Ausland abzuschotten, wurzelten in den Erfahrungen des Ersten Weltkrieges. Wie oben dargestellt wurde (vgl. S. 198), gehörte es zu den zentralen Thesen Hitlers, daß die Niederlage wesentlich aus dem zersetzenden Einfluß der feindlichen Propaganda resultiert habe. Die Möglichkeiten, sich durch ausländische Medien zu informieren, waren schon lange vor dem Überfall auf Polen auf vielfältige Weise eingeschränkt worden. Bei den einzelnen Mediengattungen gestaltete sich die Durchsetzung der Medienkontrolle unterschiedlich schwierig. Die Unterbindung des Imports ausländischer Zeitungen, die aufgrund der geringen Fremdsprachenkenntnisse der deutschen Bevölkerung ohnehin nur einen beschränkten Verbreitungsgrad hatten, machte, verglichen mit den modernen Medien Rundfunk und Film, noch die wenigsten Probleme. Kaum zu kontrollieren war hingegen der Einfluß ausländischer Radiosendungen. Zwar erließ Hermann Göring als Vorsitzender des Ministerrats für die Reichsverteidigung am Tag des Überfalls auf Polen die „Verordnung über außerordentliche Rundfunkmaßnahmen", die das Abhören ausländischer Sender verbot und eine kategorische Bestrafung bis zur Todesstrafe androhte.[187] Da es aber am Unrechtsbewußtsein fehlte, informierte sich ein großer Teil der deutschen Bevölkerung weiterhin und offenbar in wachsendem Maß heimlich durch ausländische Rundfunksendungen.[188]

Beim Film stellte sich das Problem in anderer Weise. Welche Produktionen im Deutschen Reich vorgeführt wurden, ließ sich durch die Zensur ohne

Schwierigkeiten kontrollieren. In den deutschen Kinos liefen auch nach der „Machtergreifung" ausländische Filme, teils weil die deutsche Filmindustrie den Bedarf nicht decken konnte, teils weil man, am eigenen Filmexport interessiert, Importe zulassen mußte, teils weil man an langfristige bilaterale Verträge gebunden war.[189] Dieser Umstand war bis zum Überfall auf Polen nahezu unumstritten; im Ausland gedrehte Filme waren traditionell ein Teil der Kinoprogramme, und sie unterlagen gleichfalls der Zensur.

Mit Kriegsbeginn wuchsen jedoch die Besorgnisse, daß sich die indirekten Einflüsse der ausländischen, besonders der amerikanischen Filme negativ auf die Widerstandskraft der „Heimatfront" auswirken könnten. Amerikanische Filme stellten den größten Teil der Filmimporte. 1933 bis 1938 liefen 473 ausländische Filme im Deutschen Reich; 248 stammten aus den USA.[190] Ihre Qualität wurde vom deutschen Publikum allgemein und selbst von den Spitzenfunktionären des Regimes anerkannt. Nach der Vorführung des Films „Es geschah in einer Nacht" notierte Goebbels neidvoll in seinem Tagebuch, daß man von diesem Film lernen könne. „Uns in vielem überlegen." Den deutschen Film „Leichte Kavallerie", den er sich im Anschluß anschaute, empfand er dann als „Filmschwarte" und zum „Sterben langweilig".[191] Noch 1941 erklärte er sich von der US-Produktion „Die gute Erde" „tief ergriffen".[192] Vor dem Krieg hatte auch Hitler eine Vorliebe für Micky-Maus-Filme entwickelt. Goebbels schenkte ihm zum Weihnachtsfest 1937 „30 Klassefilme der letzten 4 Jahre und 18 Micky-Maus-Filme … Er [Hitler – G. St.] freut sich sehr darüber."[193] Noch 1941 kam die Hochachtung vor der Popularität des amerikanischen Films in der Gründung der Deutschen Zeichenfilm GmbH zum Ausdruck, in der die Trickfilmaktivitäten der Filmunternehmen konzentriert werden sollten. Der Tätigkeitsschwerpunkt dieser Firma lag im Kulturfilmbereich, wo man sich ohnehin in einer führenden Rolle sah, aber diese Sparte sollte unter dem ausdrücklichen Verweis auf „die großen Möglichkeiten des gezeichneten Films, wie sie in aller Welt durch die Micky-Maus bekannt geworden sind", auf eine neue Stufe gehoben werden.[194]

Gerade weil der US-Film den einheimischen Produkten oft technisch und schauspielerisch so augenfällig überlegen war, war die Bewunderung für ihn mit vielfältigen Ängsten vor einer schleichenden Beeinflussung seines deutschen Publikums verbunden. Trotz aller Importkontrollen ließ es sich nicht vermeiden, daß die in amerikanischen Filmen transportierten Einstellungen, Werte und Verhaltensweisen oft weit von denen deutscher Produktionen abwichen. Das stieß auf die Besorgnisse kulturkonservativer Kreise, die nicht selten hilflos-komisch anmuteten. So schrieb etwa eine Autorin der

Zeitschrift „Reichs-Elternwarte" 1939 über Walt-Disney-Filme: „Und eines Tages könnte es sein, daß nicht der Löwe mehr das Sinnbild der Stärke, daß nicht der Adler mehr Sinnbild der erhabenen Kraft ist, sondern daß die Maus zum Sinnbild des hohen und edlen Menschentums erhoben wird."[195] Die negative Auseinandersetzung mit ausländischen Filmen in der Presse, die nach dem Verbot der Kunstkritik die einzig verbliebene Möglichkeit publizistischer Filmkritik bildete, blieb ohne jede erkennbare Folge.

An der Frage, wie sich die Regierung zum Import amerikanischer Filme nach dem Beginn des Krieges zu verhalten habe, läßt sich beispielhaft aufzeigen, auf welche Weise das RSHA über die im SD monopolisierte „Meinungsforschung" die angebliche Stimmungslage in der Bevölkerung zur Durchsetzung der eigenen medienpolitischen Ziele instrumentalisierte. Dabei zeigt sich, daß die „Meldungen" über die Bevölkerungsmeinung im engeren Führungskreis des Regimes zum Teil mit großer Aufmerksamkeit rezipiert wurden. Die oft kaum verzögerte, zum Teil an Pawlows Hund gemahnende Reaktion auf die SD-Berichte in dem kritisierten Fachministerium belegen nicht nur die Macht des RSHA, sondern sie verweisen auch auf die tatsächliche Rolle der öffentlichen Meinung im Dritten Reich, und sie tun es um so mehr, als das vorgebrachte Meinungsbild offenkundig stärker die Ängste im SD als die Forderungen der Bevölkerung repräsentierte.

Das RSHA entdeckte in der fortdauernden Präsenz amerikanischer Filme in deutschen Kinos eine Lücke in der vom Regime angestrebten totalen Beherrschung aller Informationskanäle. Da dem verantwortlichen RMVP nicht mehr vorzuwerfen war, daß es „deutschfeindliche" Filme durch die Zensur gelassen hätte, konzentrierte sich die Kritik auf nicht genau definierte schädigende Auswirkungen des amerikanischen Films, die im mentalen Bereich, besonders bei leicht zu beeinflussenden Bevölkerungsgruppen, etwa Jugendlichen, zu befürchten seien. Damit konstruierte der SD einen Zusammenhang zwischen dem erlaubten Konsum amerikanischer Filme und dem streng verbotenen Hören ausländischen Sender, „die das Volk seelisch beeinflussen und zermürben sollen".[196] Adressat des Vorwurfs, den defaitistischen Charakter des amerikanischen Films nicht wahrzunehmen und die von ihm ausgehenden Gefahren nicht durch ein Verbot zu beseitigen, war das RMVP.

Das RSHA startete schon im „Jahreslagebericht 1938" seine Kritik an der Einfuhr amerikanischer Filme, die vom Publikum nach Aussage des SD fast einhellig abgelehnt würden.[197] Nach dem Überfall auf Polen begann der SD eine kontinuierliche Kampagne gegen Filme aus den USA. Am 18. Oktober

1939 wurde zunächst eine Einzelkritik an amerikanischen Filmen vorgebracht, die nach Ansicht des SD darauf beruhte, daß solche Produktionen „keinerlei inneren Bezug zum Zeitgeschehen haben bzw. diesem entgegenlaufen".[198] Goebbels reagierte ungefähr zwei Wochen später, indem er auf einer Ministerkonferenz des RMVP dem Reichsfilmintendanten Hippler die Anweisung erteilte, amerikanische Spielfilme aus dem Verleih zu nehmen. Hippler führte aus, daß ein solcher Schritt als Bruch bestehender Verträge Nachteile mit sich brächte, weil man in der Folge von Wochenschaumaterial abgeschnitten wäre, das die US-Firmen zu günstigen Bedingungen lieferten.[199] Goebbels folgte Hipplers Argumentation, daß die Wochenschau gerade während des Krieges ein besonders wichtiges, auch unter Verwendung von Fremdberichten so interessant wie möglich zu gestaltendes Propagandainstrument darstelle, und zog seine Anweisung zum Ausschluß amerikanischer Filme wieder zurück.

Tatsächlich erfreuten sich Filme aus den USA ungeachtet des Krieges weiterhin einer besonderen Beliebtheit bei den deutschen Kinozuschauern. Der „Film-Kurier" berichtete am 31. Dezember 1939, daß die Berliner „Urania Filmbühne, die eine Anzahl der entzückendsten Micky-Maus-Filme zu einigen Sonderaufführungen zusammenstellte …, damit einen solchen Erfolg hatte, daß das gleiche Programm auch nach den weihnachtlichen Festtagen wieder in Sonderaufführungen an Sonnabend und Sonntag gezeigt werden soll".[200] Im RSHA wurde diese Zuschauerpräferenz ebensowenig akzeptiert wie die Entscheidung des Propagandaministers, die US-Filme vorerst im Verleih zu behalten. Der SD schaffte weitere Belege für die angeblich schlechte Publikumsresonanz auf die Hollywood-Produktionen heran. Im Januar 1940 beklagten sich die Einwohner Allensteins darüber, daß in den dortigen Filmtheatern überwiegend amerikanische Filme gezeigt würden.[201] Diese Filme seien vor allem deshalb gefährlich, weil die Bevölkerung den Eindruck erhalten müsse, es handele sich um Produktionen des Kriegsgegners England. Selbst die überaus beliebten unsynchronisierten Micky-Maus-Filme fielen unter das sprachliche Verdikt: „Die hierzu gesungenen und gespochenen Texte waren englisch. Die Erwachsenen und anwesende Eltern zeigten sich über diesen Tatbestand offen entrüstet."[202] Besonders ablehnend reagierten die SD-Berichterstatter auf den amerikanischen Film „Scotland Yard erläßt Haftbefehl" – wahrscheinlich, weil hier eine englische Institution positiv gezeichnet wurde, die auf einem Gebiet tätig war, das auch das RSHA zu seinen Aufgaben zählte: „In dem Film kommt die angebliche Überlegenheit der englischen Polizeizentrale zum Ausdruck. Besondere Verwunderung erregte es, wenn der Berichterstatter der Frankfurter Oderzeitung in seiner Kritik sogar von ‚Englands Meisterdetektiven' spricht."[203] Diese Meldung verdeutlicht, daß die SD-Mitarbeiter die kritischen Stellungnahmen nach eigenen Empfindlichkeiten auswählten. In dieser Zeit war es durch die Spitzel des SD zu einer existentiellen Gefahr geworden, sich in irgendeiner Form positiv über die englische Kultur zu äußern.[204]

Am 9. und 14. Februar 1940 erhob der SD in den „Meldungen" indirekt den Vorwurf gegen das zuständige RMVP, laufend gegen § 15 Abs. 2 der „Verordnung über die Vorführung ausländischer Filme" aus dem Jahr 1936 zu verstoßen.[205] Danach war der Import von Filmen untersagt, in denen Schauspieler auftraten, die sich kritisch zum nationalsozialistischen Deutschland geäußert hatten. Bemerkenswerterweise erinnerte sich das deutsche Publikum nur an die „Hetzreden" weiblicher Filmstars. „Nach Meldungen aus München erregte es dort Befremden, daß gegenwärtig Filme mit Shirley Temple zur Aufführung gelangen, weil diese Filmschauspielerin im Vordergrund der gegnerischen Propaganda der USA stehe. Besondere Beanstandung fanden Presseartikel, die den Film ‚Fräulein Winnetou' in positiver Weise besprochen haben."[206] Auch die zahlreichen Filme mit Jeanette Macdonald stießen angeblich auf Ablehnung, weil der Filmstar als „Deutschenhetzerin" aufgefallen sei.[207]

Goebbels versuchte, sich gegen die ideologische Position des RSHA mit einem pragmatischen Argument zu behaupten. Er wies auf der Ministerkonferenz des RMVP vom 16. Februar 1940 einen Mitarbeiter an, die finanziellen Einbußen zu berechnen, die aus einem sofortigen Verbot der amerikanischen Filme entstehen würden.[208] Im RSHA wurden die weltanschaulichen Gefährdungen, denen die deutsche Bevölkerung durch das amerikanische Kino ausgesetzt war, höher bewertet als eventuelle materielle Verluste. Ein schwerwiegender Verstoß gegen die rassistischen Grundlagen der nationalsozialistischen Ideologie wurde in dem Farbfilm „Ramona" entdeckt. In diesem Western heiratet ein Weißer eine Indianerin, nachdem sie sich hat taufen lassen.[209]

Gerade bei den für die Kriegsführung entscheidenden Bevölkerungsgruppen wurden amerikanische Filme angeblich negativ aufgenommen. Die „Meldung" vom 8. April 1940 führte an, daß sich Soldaten mit Pfiffen und Zwischenrufen gegen US-Produktionen wandten und teilweise sogar die Absetzung der Filme erzwängen. Zudem monierte der SD die nach seiner Ansicht ungeschickte Verleihpraxis. In der Rheinpfalz, einem Operationsgebiet im Krieg gegen Frankreich, würden laufend amerikanische Filme gezeigt, die nach der Ansicht von „Parteikreisen" nicht dazu geeignet seien, „die starke innere Widerstandskraft der Grenzbevölkerung" zu erhalten.

Offenbar weil der SD über Hinweise auf massive Störungen von Soldaten in den Kinos berichtet hatte, was Goebbels stets als ernsten Angriff auf seine Machtbefugnis begriff, reagierte der Propagandaminister dieses Mal sofort. Schon zwei Tage nach der Verteilung dieser „Meldung" wurde das Thema in der Ministerkonferenz aufgegriffen: „Da in letzter Zeit immer häufiger durch amerikanische Filme regelrechte Skandalszenen in deutschen Kinos ausgelöst würden, wünscht der Minister von Herrn Hippler bis Freitag eine Vorlage, die endgültig ein bis Mittwoch nächster Woche durchführbares Verbot aller amerikanischen Filme in Deutschland zur Aufrechterhaltung der öffentlichen Ruhe und Ordnung ermöglicht. Herr Hippler möge sich mit dem Auswärtigen Amt wegen der Form der Begründung dieses Verbotes den Vereinigten Staaten gegenüber besprechen."[210] Trotz des Ärgers, den der SD-Bericht bei Goebbels ausgelöst hatte, war diese Stellungnahme eher an die Adresse des RSHA gerichtet, als daß sie tatsächlich in die Realität umgesetzt werden sollte. Die amerikanischen Filme blieben jedenfalls weiter im Verleih.

Der SD reagierte auf das Ausbleiben des Verbotes immer ungeduldiger. In der „Meldung" vom 23. Mai 1940 zählte der Berichterstatter auf, wie oft schon die zunehmend negative Publikumsresonanz konstatiert worden war, und auch die Liste der Orte, in denen eine Ablehnung festgestellt worden sei, wurde immer länger.[211] Wie schon in den vorhergehenden Berichten konstruierte der SD ein Publikumsmodell, nach dem die vom SS-Apparat positiv besetzten Gesellschaftsschichten eine besonders negative, die in ihrer weltanschaulichen Haltung noch nicht gefestigten Gruppen eine eher positive Einstellung zum US-Kino einnahmen. Insbesondere auf dem Land sei der Publikumszuspruch schlecht, während sich die Jugendlichen in den Vorstadtkinos gern dem verderblichen Einfluß der amerikanischen Filme aussetzten. Soldaten hingegen verließen immer dann das Kino, wenn ihnen ein Hollywood-Produkt als „zu amerikanisch" erscheine.

Der SD warb um Goebbels' Unterstützung, indem er behauptete, die deutsche Bevölkerung empfinde den amerikanischen Film als dem deutschen künstlerisch nicht ebenbürtig. Vor allem aber mache die politische Lage die Vorführung dieser Produktionen unverständlich, „wo doch die amerikanische Neutralität durchaus nicht deutschfreundlich" sei. Kritisch bemerkt werde auch, daß in diesen Produktionen Schauspieler aus den „Feindstaaten" Frankreich und Großbritannien mitwirkten. Aufgrund der Publikumsproteste seien die Theaterbesitzer gezwungen, die Filme vorzeitig aus dem

Programm zu nehmen oder sie erst gar nicht anlaufen zu lassen. Von dieser Entwicklung sei mit dem Zeitungswesen ein zweiter vom RMVP verantworteter Bereich betroffen. Auch in der Presse werde den vom Publikum abgelehnten US-Produktionen immer noch Raum für positive Kritiken und Werbung gegeben. „Man wünsche gerade, daß man sich auch im kulturpolitischen Teil der Zeitung auf die Führung und Lenkung durch die deutsche Presse verlassen könne."[212]

Der SD hatte durch seine Berichterstattung gegen den hinhaltenden Widerstand des RMVP den Boden für die Verbannung amerikanischer Produktionen vom deutschen Markt bereitet. Goebbels verweigerte sich diesen Forderungen, weil ihm bewußt war, daß der US-Film entgegen der SD-Berichterstattung tatsächlich beim Publikum überaus beliebt war. Erst die erfolgreiche Beendigung des „Westfeldzuges" verschaffte dem RMVP die Sicherheit, sich den Verzicht auf den amerikanischen Film leisten zu können. Am 25. Juli 1940 lief mit dem Musical „Irrwege der Liebe" wahrscheinlich die letzte US-Produktion in Berlin.[213] Es ist aber nicht auszuschließen, daß amerikanische Filme in der Provinz noch längere Zeit im Verleihverkehr geblieben sind. Sicher ist, daß amerikanische Filme in einigen von deutschen Truppen besetzten Gebieten der Sowjetunion noch zur Jahreswende 1942/43 vorgeführt wurden. Im Nordkaukasus blieb nach der deutschen Besetzung z. B. der amerikanische Film „Hundert Mann und ein Mädchen" ebenso im Kinoprogramm wie die sowjetischen Spielfilme „Peter der Große", „Wolga – Wolga" und „Maskerade".[214]

Die Verbannung des amerikanischen Films sollte einen Beitrag zur Herstellung der kulturellen Hegemonie in Europa durch das nationalsozialistische Deutschland bilden. Im Zuge der Besetzung immer weiterer europäischer Staaten war die Schließung des deutschen Marktes für den amerikanischen Film hierfür nur ein erster Schritt. Es sei ein unwürdiger Zustand, daß Europa in der Vergangenheit so stark auf die amerikanischen Filmimporte angewiesen gewesen sei, führte Goebbels im Juni 1941 auf einer Tagung der Internationalen Filmkammer in Berlin aus. Der Film biete nun die Chance, die kulturelle Atomisierung des Kontinents zu überwinden, was einen „gewaltigen Schritt vorwärts auf dem Wege zur geistigen Ordnung Europas" bedeute.[215] Goebbels nahm im Februar 1941 abschließend zum Aufführungsverbot Stellung. In seinen Ausführungen spielte die vom SD vorgeschobene öffentliche Meinung keine Rolle; der Boykott wurde vielmehr mit einer Mischung aus ökonomischen und rassistischen Argumenten begründet. Nicht – wie Präsident Roosevelt behauptet habe – aus Angst vor der Wahrheit seien die amerikanischen Filme verboten worden, sondern „in Wirklichkeit hätten die amerikanischen Filmjuden seit Jahren eine wüste Hetze gegen die Aufführung deutscher Filme in den USA getrieben und schließlich jeglichen Export nach den Vereinigten Staaten unmöglich gemacht".[216] Die amerikanischen Filme seien also nur als legitime Reaktion auf diese Politik vom deutschen Markt verbannt worden.

Tatsächlich liefen deutsche Filme noch Mitte 1941 in den USA, wenn sie von der Motion-Picture-Division des State Departements als Wochenschau eingestuft worden waren.[217] Allerdings stießen die gezeigten Bilder durchaus auf Unbehagen und trugen nicht unbedingt zur Sympathiewerbung für das nationalsozialistische Deutschland bei.

3. Wiederentdeckung der „jugendgefährdenden Kraft" des Kinos

a) Die Zunahme des jugendlichen Kinobesuchs

In der Einschätzung der Filmbegeisterung von Jugendlichen vollzog sich mit dem Beginn des Krieges eine bemerkenswerte Wende. Zumindest in Teilen der Regimeführung schwand die bis dahin uneingeschränkt positive Einstellung zum jugendlichen Filmkonsum. Joseph Goebbels vertrat in seiner Rede zur Eröffnung der Jugendfilmstundensaison 1941/42 am 12. Oktober 1941 eine überholte Position, als er ein Bild des Kinos zeichnete, in dem die bürgerlichen Vorbehalte gegenüber dem Theaterbesuch Heranwachsender nur noch eine sentimentale Erinnerung waren. „Als ich noch in euerem Alter stand, galt es als unfein und wurde gerade deshalb von uns Jungens bevorzugt gepflegt, ins Kino zu gehen. Wir mußten uns noch heimlich in die verqualmten Säle oder in die zu Filmvorführungen umgebauten Scheunen stehlen ..."[218] In der Gegenwart hätten die Theater den Geruch abgeschüttelt, „Brutstätten staatsfeindlicher und zerstörerischer Anschauungen" zu sein. Sie seien im Gegenteil Stätten nationaler Erziehung geworden.[219]

Die Aufwertung des Kinos zur nationalsozialistischen Nebenschule widersprach jedoch zu diesem Zeitpunkt den Erfahrungen, die von den Kommunalverwaltungen und der Polizei mit dem Verhalten einiger Gruppen jugendlicher Filmkonsumenten gemacht wurden. Aber weniger die Empirie speiste die Wiederentdeckung der seit nahezu einem Jahrzehnt als bevorzugtes jugendspezifisches Propagandainstrument gebrauchten Filmtheater als Orte der Jugendgefährdung und jugendlicher „Verwahrlosung", vielmehr konzentrierte sich die Aufmerksamkeit der für die Sicherheit und Ordnung verantwortlichen Kräfte mit Ausbruch des Krieges erneut auf alle Plätze, von denen traditionell ein Bedrohungspotential für die innere Stabilität befürchtet wurde. Als die Verschlechterung der polizeilichen Kontrollmöglichkeiten im Verlauf des Krieges in einen immer größeren Widerspruch zu dem ins Paranoide gesteigerten Kontrollbedürfnis an der „inneren Front" geriet, lebten die von Goebbels für überwunden erklärten Vorwürfe einer negativen Vorbildwirkung von Filmen wieder auf. Offenbar war das kulturkonservative Mißtrauen bestimmter Eliten gegenüber dem Medium Film auch nach dessen Aneignung durch das nationalsozialistische Regime nicht beseitigt, sondern nur verdeckt worden.

Das Wiederaufleben des Diskurses über die angeblich vom Kino bewirkte Verwahrlosung der Jugend hatte einen demographischen und sozialen Hintergrund. Die Zahl der Vierzehn- bis Achtzehnjährigen war zwischen 1933 und 1939 um 68 Prozent angestiegen.[220] Dieser enorme Zuwachs beruhte darauf, daß der Geburtenrückgang des Ersten Weltkrieges in dieser Altersgruppe nun ausgeglichen war. Es gab nicht nur auffällig mehr Jugendliche, sie fielen wegen der kriegsbedingten Abwesenheit vieler Erwachsener im Straßenbild auch stärker auf. Seit 1939 waren immer mehr Männer zur Wehrmacht eingezogen, viele Frauen in die Kriegswirtschaft eingebunden. Der Alltag wurde von Tag zu Tag unübersichtlicher. Die Kriegsumstände eröffneten den Jugendlichen neue Möglichkeiten, sich der familiären Kontrolle zu entziehen. Von dieser Situation profitierten die Kinos. 1943 gingen 36,88 Prozent der zehn- bis siebzehnjährigen Jungen und 13,97 Prozent der gleichaltrigen Mädchen 48- bis über 160mal pro Jahr ins Kino.[221] Der SD berichtete im April 1940, „daß in Filmtheatern zur Zeit Jugendliche in größerer Anzahl zu beobachten sind".[222] Wenn es bei diesen Treffen zu Verstößen gegen die öffentliche Ordnung kam, gaben die Verantwortlichen nicht allein den Jugendlichen die Schuld, sondern führten sie wie der Oberbürgermeister von Dortmund auf die Sonderbedingungen des Krieges, „die Einberufung der Väter zum Heeresdienst, die Verdunklungsmaßnahmen und ähnliche Umstände" zurück.[223] Ein weiterer Grund für die nach Meinung der Beobachter exzessive Nutzung der Filmtheater lag in dem kriegsbedingten Verschwinden der mit dem Kino konkurrierenden Konsum- und Unterhaltungsangebote.[224]

Es gab durchaus systemkonforme Erklärungen für die auffällig gestiegene Attraktivität des Kinos. Neben der nicht unbedingt negativ beurteilten Ersatzfunktion für fortgefallene Vergnügungsmöglichkeiten vermutete der

SD in dem durch die Kriegsereignisse verstärkten Informationsbedürfnis ein wesentliches Besuchsmotiv, das junge Männer, denen der Kriegsdienst bevorstand, noch stärker in die Kinos treibe als die übrige Bevölkerung: „Vor allem das stark gestiegene Interesse der männlichen Jugendlichen an militärischen Vorgängen erwecke bei diesen den Wunsch, die Wochenschau nicht zu versäumen."[225]

Diese Interpretation ist durchaus glaubwürdig. Das Interesse an militärischen Dingen war für männliche Jugendliche in der Alltagskommunikation traditionell von einem hohen Nutzen, der durch die Aussicht, bald selbst Soldat zu werden, beträchtlich gesteigert wurde. Der Erste Weltkrieg war häufig Beithema im Schulunterricht; viele Lehrer „lockerten" ihre Lektionen durch Erzählungen aus dem Krieg, der in der Schule wie in vielen Elternhäusern ständig präsent geblieben war. Und die Mehrheit der Jugendlichen nahm diese Berichte nicht unwillig oder passiv, sondern oft begeistert zur Kenntnis. „Zur Pflichtlektüre im Deutschunterricht gehörte in großem Umfang Weltkriegsliteratur. Doch wir haben sie auch auf eigene Faust verschlungen. In der Regel waren es Bücher vom Schlage der ‚Sieben vor Verdun' oder ‚Gruppe Bosemüller'. Hier triumphierte auch im Grauen der Materialschlacht die Frontkameradschaft, und wer starb, erhielt wenigstens noch das Eiserne Kreuz ... Die UFA-Filme, teils privat genossen, teils als Gemeinschaftsempfang statt des Schulunterrichts, taten ein übriges."[226]

Die Selbstverständlichkeit, mit der sich die jungen Männer für den Kriegsdienst gewinnen ließen, ist wohl zum Teil auf die Vorbildwirkung des Soldatenbildes zurückzuführen, das durch die Medien vermittelt worden war. Vor allem in der Phase der schnellen Siege 1939 bis 1942 profitierten alle Filmgattungen, Militärspielfilme ebenso wie die Kriegswochenschauen, von der Nachfrage der Jugendlichen. Dabei stellte der SD eine größere Kriegsbegeisterung bei den Jugendlichen auf dem Land fest. Über die Wochenschauzusammenstellung „Feldzug in Polen" berichteten die „Meldungen" am 6. März 1940: „Die stärkste Wirkung übte er in den Grenzgebieten, in den neuen Reichsgauen und allgemein auf dem Land, wohin er durch Tonfilmwagen gebracht worden war, aus. Dort wurden die Vorstellungen, vor allem die Nachmittagsvorstellungen für die Jugend, geradezu gestürmt."[227] Über die Produktion „Feuertaufe", die die Zerstörungskraft der Luftwaffe im Krieg gegen Polen verherrlichte, berichtete der SD, daß besonders Jugendliche für diese Waffengattung eingenommen würden. Der Krieg war in diesem Film als verheerend für die Polen, aber als so gefahrlos für die deutschen Soldaten dargestellt, daß kritisch angemerkt wurde, man könne meinen, es sei „ein ernstlicher polnischer Widerstand" gar nicht geleistet worden.[228] Der Eindruck entstand, soldatischer Ruhm sei ebenso sicher wie risikolos zu erwerben. Bei vielen jungen Männern entwickelten sich Neidgefühle gegenüber den etwas älteren.[229] Die Sopade berichtete im Januar 1940 über die Stimmung in der Bevölkerung nach dem Überfall auf Polen: „Man kommt ja doch zurück ... Es sind ja nur 10000 gefallen, was macht das schon bei einem 90-Millionen-Volk."[230]

b) Kinos als Treffpunkte oppositioneller Jugendgruppen

Die meisten SD-Berichte sind von einem polizeilichen Mißtrauen gegenüber der sozialen Funktion der Kinos für die Heranwachsenden geprägt. Tatsächlich gehörten Filmtheater zu den bevorzugten Treffpunkten Jugendlicher, die sich während des Krieges außerhalb der nationalsozialistischen Organisationen informell organisierten und schon allein deshalb in eine Konfrontation mit den Partei- und Staatsinstitutionen gerieten. Für ein Regime, dessen totalitärer Kontrollanspruch sich auf die gesamte Gesellschaft erstreckte, bedeutete die Existenz dieser oft nur lockeren Jugendgruppen eine ernstzunehmende Herausforderung.

Jugendopposition im Nationalsozialismus ging keineswegs immer mit einem abweichenden Kinoverhalten oder einer besonders intensiven Filmrezeption einher. Soweit bekannt ist, hatten Film und Kino für konfessionelle Jugendgruppen, für viele bündische Zusammenschlüsse und für studentische Widerstandsgruppen keine herausragende Bedeutung. Allein für zwei Gruppierungen aus einem jeweils städtischen Umfeld, aber mit einem ganz unterschiedlichen sozialen Hintergrund läßt sich ein spezifischer Umgang mit dem Kino belegen. Der Lebensstil der meist bürgerlichen Familien entstammenden „Swing-Jugendlichen" war in einer bis dahin vorbildlosen Weise von Einflüssen geprägt, die durch die modernen Massenmedien Rundfunk, Schallplatten, Zeitschriften und Film vermittelt wurden. An dieser Stelle soll jedoch nur auf die in proletarischen Lebenszusammenhängen aufgewachsenen „Edelweißpiraten" eingegangen werden, da bei ihnen der territoriale Aspekt der Kinos im Vordergrund stand. Diese auch als „Cliquen" bezeichneten meist informellen Freundeskreise standen kollektiv unter dem Verdacht oppositioneller Bestrebungen, asozialer Verwahrlosung oder individualistischer Abkehr von den Anforderungen der „Volksgemeinschaft".[231] Ein ausgeprägtes Territorialverhalten kennzeichnete diese Jugendgruppen, die sich seit 1936 in westdeutschen Großstädten gebildet hatten und in der Kriegszeit teilweise beträchtliche Anhängerzahlen erreichten.[232] Im „eigenen" Gebiet war jeder Gleichaltrige, der nicht zur Gruppe gehörte, ein Gegner, den man zu vertreiben suchte. Neben Rummelplätzen und bestimmten Kneipen wurde auch die Gegend um die Kinos als öffentlicher Raum von den Jugendlichen kollektiv besetzt[233] und gegen den Kontrollanspruch der staatlichen Ordnungskräfte und vor allem der HJ-Streifen, deren Autorität von den meist männlichen Jugendlichen in keiner Weise akzeptiert wurde, verbal und manchmal auch mit Gewalt verteidigt. Ein ehemaliger „Edelweißpirat" berichtet: „Wichtig ist weiterhin, daß wir ab und zu in unserem sehr weitläufigen eigenen Bezirk … und in der Mülheimer Altstadt, wo die Kinos waren, auftauchten, Krach schlugen, einfach um zu dokumentieren, daß wir da waren, daß uns die NSDAP am Arsch lecken könne, daß wir nur darauf warteten, was wir auch lautstark ausdrückten, daß sie doch nur kommen sollten."[234] Die zentralen urbanen Räume um die Kinos eigneten sich als Orte der verdichteten gesellschaftlichen Kommunikation besonders zur Inszenierung jugendlicher Revolte. Mit hohem persönlichem Risiko führten die Jugendlichen eine Art von ritualisiertem Kampfspiel auf, in dem bewußt negative Reaktionen der Ordnungskräfte provoziert wurden.

Das große Selbstbewußtsein der Jugendlichen rührte nicht zuletzt aus ihrer ökonomischen Lage. Viele verdienten etwa als Hilfsarbeiter schon mehr als 100 Reichsmark im Monat. Obwohl sie einen Teil ihrer Einkünfte an ihre Eltern abgeben mußten, konnten sie sich den häufigen Kinobesuch finanziell leisten. Vierzehn- bis achtzehnjährige Arbeiter befanden sich in einer von Erziehungsinstanzen relativ unkontrollierten Altersphase zwischen Schulabgang und dem Arbeits- und Wehrdienst. Neben der identitätsstiftenden Funktion, die Mutproben bei jugendlichen Männlichkeitsritualen von der sozialpsychologischen Forschung zugeschrieben wird,[235] darf die politische Dimension dieses Verhaltens nicht außer acht gelassen werden. Die gemeinsame Aktion bestätigte und stärkte eine Gruppenidentität außerhalb der staatlich formierten Jugend. Je stärker die Kontrollkompetenz des Staates und der Partei im öffentlichen Raum in Frage gestellt wurde, desto massiver mußte, der inneren Logik des Systems folgend, der Herrschaftsanspruch bekräftigt werden. Eines der Mittel hierzu war die Kriminalisierung der Jugendopposition innerhalb der bestehenden rechtlichen Normen und die Schärfung dieses Instrumentariums gegen die angeblich um sich greifende „Verwahrlosung der Jugend".

Gerade die schon weitgehend vom Elternhaus gelösten Jugendlichen wurden zum Ziel der nach Kriegsbeginn verschärften Jugendgesetze, die faktisch eine nächtliche Ausgangssperre bedeuteten. Am 9. März 1940 erließ der Reichsminister des Innern die „Polizeiverordnung zum Schutze der Jugend", die es Jugendlichen verbot, sich während der Dunkelheit auf öffentlichen Straßen und Plätzen „herumzutreiben" (§ 1) und nach 21 Uhr ohne Begleitung durch Erziehungsberechtigte Gaststätten (§ 2), Varieté- und Kabarettveranstaltungen sowie Lichtspieltheater (§ 3) zu besuchen.[236] Die Gleichsetzung der Filmtheater mit den traditionell als jugendgefährdend eingestuften Varietés und Kabaretts verdeutlicht, daß der Polizeiapparat Goebbels' Einstufung der Kinos als nationale Erziehungsstätten keineswegs teilte.

Die Durchsetzung der Polizeiverordnung stieß jedoch auf beträchtliche Akzeptanzprobleme. Der Reichsjugendführer mußte für das zweite Vierteljahr 1940 konstatieren, daß besonders die Jugendlichen in den Großstädten die Bestimmungen weitgehend mißachteten: „In Magdeburg wurden an zwei Sonderrazzien nahezu 200 Jugendliche nur wegen Umhertreibens in der Dunkelheit angehalten, fast 100 Jugendliche wurden wegen unerlaubten Betretens der Filmtheater festgestellt."[237] Allein in Breslau zählten die Behörden vom 1. September bis 31. Dezember 1940 pro Monat über 1000 Verstöße gegen die Jugendschutzbestimmungen,[238] obwohl Übertretungen seit dem 4. Oktober 1940 mit Jugendarrest bedroht waren. HJ-Angehörige konnten nach einem Erlaß des Reichsjugendführers schon seit dem 19. September 1940 bestraft werden.[239] Die Regelstrafe waren Geldbußen bis zu 10 Reichsmark.

Oft gelang es den Jugendlichen aber, durch einen Trick der Bestrafung zu entgehen. Sie erklärten einen zufällig anwesenden Erwachsenen zum Erziehungsberechtigten. „Jugendliche suchen sich in vielen Fällen bei einer Kontrolle eine erwachsene Person aus, die dann leider angibt, mit dem Schutz des betreffenden Jugendlichen betraut zu sein. Um eine Bestrafung ihrer Kinder zu verhindern, wird die Umgehung der Polizeiverordnung in den meisten Fällen von den Eltern bestätigt."[240] Die Unterstützung der Eltern und vor allem die spontane Hilfe völlig fremder Personen belegen, daß die Polizeiverordnung dem Rechtsempfinden der Bevölkerung vielfach nicht entsprach. Der Kinobesuch Jugendlicher zu nächtlicher Zeit galt offenkundig nicht als eine Verhaltensweise, die die Polizei etwas anging. Dem Versuch der Kriminalisierung junger Kinobesucher setzte die Bevölkerung Zivilcourage entgegen. Wegen des allgemeinen Einverständnisses zwischen den Jugendlichen, ihren Eltern und zufällig involvierten Kinobesuchern sowie der unklaren Sanktionierung der Falschangaben erforderte die Hilfeleistung für die Jugendlichen keine außergewöhnliche Risikobereitschaft. Insbesondere gegenüber Soldaten waren sich die zivilen Polizeibehörden ihrer mangelnden

Autorität sehr bewußt. „Die Polizei kann die ihr gegenüber gemachten Angaben derartiger Personen, besonders Armeeangehöriger nicht nachprüfen."[241] Zu dem offen geäußerten Unmut über die Kontrollmaßnahmen trugen auch Ungeschicklichkeiten der Kontrolleure bei, die sich in Einzelfällen von den Jugendlichen noch im Vorführsaal die Ausweise zeigen ließen, nachdem schon die Wochenschau begonnen hatte, was „lebhaftes Schimpfen seitens der anderen Besucher" zur Folge hatte.[242]

c) „Jugendgefährdung" durch erotische Filme

Im Zuge der Wiederentdeckung der Kinos als Orte, in denen sich Jugendliche der Kontrolle durch ihre Familien wie durch die nationalsozialistischen Jugendorganisationen entzogen, gerieten auch die vorgeführten Filme wieder in das Fadenkreuz der Kritik seitens des SD. Galten die vorstädtischen Kinos als diejenigen Zonen, in denen sich „Jugendverwahrlosung" zeigte und zu oppositioneller Aktivität verdichtete, so zogen bestimmte Filmgattungen erneut den Verdacht auf sich, negative Auswirkungen auf die jugendliche Psyche hervorzurufen. Dies galt besonders für „erotische" und amerikanische Filme. Das verantwortliche Propagandaministerium traf dabei der Vorwurf, die Zensur nicht sorgfältig genug auszuüben, weil immer noch Filme die Vorbilder für das – nach Ansicht des SD – die nationalsozialistische Gesellschaft schädigende Verhalten von Teilen der Jugend lieferten. Die Hypothese von einer beinahe hypnotischen Wirkungsmacht des Films auf die jugendliche Psyche bildete die Begründung für die Notwendigkeit strenger Inhaltskontrollen.[243]

Im Zuge der nach Kriegsbeginn verschärften Fahndung nach zuvor als geringfügig eingestuften Normverletzungen geriet ein schon traditionelles Verhaltensmuster jugendlichen Filmkonsums, der Besuch von Erwachsenenfilmen, in den Blickpunkt des SD. Für die Jugendlichen schien allein die Tatsache, daß ein Film für sie verboten war, eine unwiderstehliche Anziehungskraft auszulösen. Schon 1930 ergab eine Enquete zum Freizeitverhalten, daß 88 Prozent der Großstadtjugendlichen von Filmen beeindruckt waren, die sie gar nicht sehen durften.[244] Diese Erfahrung nutzten die Kinobesitzer auch nach 1933, um ihre Veranstaltungen zu füllen, indem sie mit reißerischen Titeln und der zentralen Aussage „Für Jugendliche verboten" sogenannte Nachtvorstellungen ankündigten. Damit ließ sich das Interesse selbst dann wecken, wenn vollkommen harmlose Kulturfilme oder gar filmische Meisterwerke wie Friedrich Wilhelm Murnaus „Tabu" gezeigt wurden.[245]

An der Neugier auf vermeintliche erotische Sensationen änderte das 1934 erfolgte Verbot, bei Filmankündigungen mit dem Hinweis „Für Jugendliche verboten" zu werben, nichts.[246] Im Juni 1935 erließ die Filmprüfstelle aus Jugendschutzgründen ein auf Nachtvorstellungen beschränktes Verbot für die beiden Filme „Das Weib bei fernen Völkern" und „Die Tempeltänzerin". Aber auch weiterhin strömten die Jugendlichen in Filme mit so verfänglichen Titeln wie „Weltrekord im Seitensprung", „Ehe in Dosen" und „Frau nach Maß". In einer Nachtvorstellung des Films „Eva" stellten angeblich Minderjährige die Mehrheit der Besucher.[247] Am 31. Januar 1940 berichteten die „Meldungen": „Die in Regensburg veranstalteten Nachtvorstellungen mit den Aufklärungs- und Sittenfilmen ‚Feind im Blut' und ‚Unter Ausschluß der Öffentlichkeit' waren in der Hauptsache von Jugendlichen zwischen 17 und 20 Jahren besucht. ‚Aufklärungsfilme', die als ‚Nachtvorstellungen' mit entsprechenden Werbeannoncen und Plakaten angekündigt werden, würden beim Publikum weit eher den Drang nach sexuellen Sensationen hervorrufen, als auf eine sachliche Unterrichtung hinweisen, wie sie vom volksbiologischen Denken des Nationalsozialismus aus erforderlich sei."[248]
Der SD-Bericht verdeutlichte die zwei wichtigsten Positionen in dem Meinungsstreit um erotische Filmszenen im Dritten Reich, in dem kulturkonservative Vorbehalte und eine biologistische, menschenzüchterische Richtung aufeinanderstießen. Die genannten Filme standen mehr in der Tradition der „Hygienefilme", durch die seit Richard Ostwalds „Es werde Licht" mit reißerischen Mitteln vor den Gefahren der Geschlechtskrankheiten gewarnt wurde, als daß sie rassistische Ideale propagierten. Im Vergleich zu den fünfziger Jahren war das öffentliche Bild von Erotik im Dritten Reich recht freizügig. Nacktheit war weder in den Fotoillustrierten noch in Spielfilmen tabuisiert.[249] Selbst in jugendfreien Filmen finden sich Entkleidungsszenen, wie etwa in dem Tobis-Film „Zwei in einer großen Stadt" in der Regie Volker von Collandes aus dem Jahr 1941, in dem ein Besuch des Berliner Strandbades Wannsee der Rote-Kreuz-Helferin Gisela die Gelegenheit gibt, sich auszuziehen. Sexualität und Sinnlichkeit nahmen nach zeitgenössischen Wertmaßstäben im nationalsozialistischen Film durchaus einen breiten, nach Ansicht vieler besorgter Eltern und Lehrer einen allzu breiten Raum ein.[250] Der SD vertrat in der Debatte um den erotischen Film interessanterweise weniger die biologistische Position, sondern machte sich in den „Meldungen" zum Fürsprecher jener Bevölkerungskreise, die der öffentlichen Darstellung sexueller Themen grundsätzlich ablehnend gegenüberstanden. „In Elternkreisen werde häufig die Auswahl der für jugendfrei erklärten Filme

nicht verstanden. Spielfilme wie z. B. ‚Das Lied der Liebe‘, ‚Fanny Elssler‘, ‚Liebe geht, wohin sie will‘, ‚Konzert in Tirol‘, ‚Das unsterbliche Herz‘ und ‚Urlaub auf Ehrenwort‘ wurden mehrfach als für Jugendliche ungeeignet bezeichnet …"[251] Jugendgefährdende Anzüglichkeiten wurden in Werbetrailern[252] und sogar in Kulturfilmen[253] entdeckt.

Einen Monat nach dem Erlaß der „Polizeiverordnung zum Schutze der Jugend" im März 1940 widmeten die „Meldungen" den Abschnitt „Kulturelle Gebiete" vollständig dem Besuch von für sie verbotenen Filmen durch Jugendliche, einem Phänomen, das „im Rahmen der gegenwärtig im großen Umfang durchgeführten und vom Reichsverteidigungsrat angeordneten Maßnahmen als Vorbeugung gegen allenfalls einreißende Jugendverwahrlosung besondere Beachtung" verdiene.[254] Ähnlich wie bei dem nächtlichen Kinoverbot für Jugendliche konnte der SD aber auch beim Besuch der Erwachsenenfilme nur eine weitgehende Mißachtung der gesetzlichen Bestimmungen durch die Betroffenen feststellen, die die Kontrollen durch die Polizei und die HJ-Streifendienste ignorierten.[255]

Als Ausweg aus dem Dilemma, ein bestehendes Gesetz nicht durchsetzen zu können, was in den Verantwortungsbereich des RSHA fiel, forderte der SD die vorbeugende Beseitigung der möglichen Jugendverbotsgründe. Schon bei der Produktion sollte darauf geachtet werden, daß möglichst alle Filme auch vor Jugendlichen vorgeführt werden könnten. Damit war die Verantwortung wieder an das RMVP zurückgegeben. Geschickt wurde in den „Meldungen" behauptet, daß diese Forderung der öffentlichen Meinung entspreche. Selbst die Jugendlichen würden keine Lockerung der Zensur fordern, aber die Frage stellen, „warum aus einem Film, der wegen einiger weniger Szenen ein Jugendverbot erhalten habe, diese Szenen nicht von vornherein weggelassen werden".[256] Allerdings enttäuschten die erotischen Erwachsenenfilme die Erwartungen ihres jugendlichen Publikums wegen ihrer Harmlosigkeit. „In vereinzelten Fällen liegen Äußerungen von Jugendlichen über jugendverbotene Filme vor, wonach sie in dem Film nichts fanden, was nach ihrer Meinung zum Verbot Anlaß geben könnte."[257]

Die tatsächliche Bedeutung des Films und des Kinos für das jugendliche Sexualverhalten läßt sich weder den Vorstellungen des RMVP noch den Warnungen des SD entnehmen. Dieses Thema entzieht sich weitgehend der historischen Analyse, denn die Jugendlichen selbst verleugneten bei Befragungen ihr Interesse für Liebesfilme fast völlig.[258] Auch im Dritten Reich nutzten Jugendliche die Dunkelheit der Kinosäle für erste erotische Erkundungen,[259] ein Verhalten, das sicherlich durch die allgemein beengten Wohnverhältnisse gefördert wurde. 1927 verfügten weniger als ein Drittel der erwerbstätigen Jugendlichen über ein eigenes Zimmer und nur 80 Prozent über ein eigenes Bett.[260] Diese Wohnbedingungen dürften sich in den Folgejahren kaum verändert haben. Meist bildeten die Kinosäle aber nicht die Orte erster eigener Liebesversuche, sondern sie erfüllten eine Art Ersatzfunktion für eine nicht gelebte Sexualität, die ein junger Arbeiter beschrieb: „Man hat ja doch kein Mädchen, da ist es im Kino besser als zu Hause."[261] Die SD-Berichte hingegen unterstellten den Heranwachsenden bei zahlreichen Gelegenheiten ein völlig unwahrscheinliches Sexualverhalten, was eher auf eine durch eine sexuelle Fixierung gestörte Wahrnehmung der Berichterstatter als auf die gesellschaftliche Realität verweist.[262]

d) „Jugendgefährdung" durch den amerikanischen Film

Auch in der Auseinandersetzung zwischen dem RMVP und dem RSHA um die Vorführung amerikanischer Filme in deutschen Kinos nach dem Beginn des Krieges (vgl. S. 201 ff.) argumentierte der SD mit einer angeblichen Gefährdung von Jugendlichen, um die eigenen kulturpolitischen Ziele durchzusetzen. Am 23. Mai 1940 berichteten die „Meldungen": „Es wird bestätigt, daß die [amerikanischen – G. St.] Filme vor allem in den Vorstadtkinos der Großstädte noch sehr zahlreichen Besuch finden, woran Jugendliche besonders stark beteiligt sind. Dagegen finden diese Filme auf dem flachen Lande nach zahlreich vorliegenden Meldungen immer geringeres Interesse."[263] Durch die Gegenüberstellung mit dem „unverdorbenen" Filmgeschmack der Landbevölkerung unterstrich der SD die Bedrohlichkeit der amerikanischen Produktionen für die besonders gefährdeten Jugendlichen in den „Vorstadtkinos der Großstädte", denn für jeden nationalbewußten Deutschen habe der Konsum von US-Filmen schon fast pathologische Folgen: „Eine deutsche Kriegswochenschau und ein darauf folgender amerikanischer Spielfilm würden sich gegenwärtig ins Gesicht schlagen und den deutschen Menschen in schwer ertragbare Widersprüche stellen."[264]

Die amerikanischen Filme wurden keiner inhaltlichen Analyse hinsichtlich der Frage unterzogen, was in ihnen denn jugendgefährdend sei. Äußerlich reduzierte sich ihre Ablehnung durch den SD auf den Umstand, daß sie aus einem Land stammten, dessen bis zum 11. Dezember 1941 andauernde Neutralität für „deutschfeindlich" gehalten wurde, und daß in ihnen manchmal Schauspieler auftraten, die sich gegen den Nationalsozialismus ausgesprochen hatten. Welche zersetzenden Wirkungen auf die Jugend vom

Einfluß der angelsächsischen Kultur tatsächlich befürchtet wurden, läßt sich am Beispiel der Swing-Bewegung dokumentieren.

Anhänger der Swing-Szene waren überwiegend Jugendliche aus der Mittelschicht norddeutscher Großstädte, die sich für Jazz und Swing begeisterten.[265] Mit dem Verbot der „Neger"-Musik bildete sich in informellen Gruppen eine Jugendkultur aus, deren anglophiler Musikgeschmack, „lässige" Verhaltensformen, lange Haare und „englische" Kleidung vom Regime als offene Herausforderung der nationalsozialistischen Jugenderziehung und zunehmend als Identifikation mit dem äußeren Feind begriffen wurden. Die Swing-Jugendlichen machten neben bestimmten Kneipen und Tanzcafés auch Kinos zu ihren bevorzugten Treffpunkten, insbesondere diejenigen, in denen amerikanische Filme gespielt wurden.[266]

Die Reichsjugendführung beschrieb 1942 den Einfluß des Jazz und angelsächsischer Filme in dem Bericht „Cliquen- und Bandenbildung unter Jugendlichen": „Ähnlicher Beliebtheit [wie der Jazz – G. St.] erfreute sich der englisch-amerikanische Film; die in diesen Filmen gezeigte Lässigkeit in Haltung und Lebensführung gefiel so, daß sich die Jugendlichen nach eigener Angabe bewußt bemühten, einen verlotterten Eindruck zu machen. Das ‚Amerikanische' in Haltung und Auftreten galt ihnen als Ideal. Dementsprechend stehen die Angehörigen der Swing-Jugend dem heutigen Deutschland und seiner Politik, der Partei und ihren Gliederungen, der Hitler-Jugend, dem Arbeits- und Wehrdienst samt dem Kriegsgeschehen ablehnend oder zumindest uninteressiert gegenüber. Sie empfinden die nationalsozialistischen Einrichtungen als ‚Massenzwang'. Das große Geschehen der Zeit rührt sie nicht an; im Gegenteil, ‚sie schwärmen für alles, was nicht deutsch, sondern englisch ist'."[267]

Obwohl der Swing vor dem Krieg selbst Anhänger unter den Mitarbeitern des SD gefunden hatte[268] und sich die Swing-Bewegung als unpolitisch verstand, erschien sie dem RSHA als so bedrohlich, daß sie mit überaus harten Sanktionen bekämpft werden sollte. Himmler skizzierte persönlich in einem Brief an seinen Stellvertreter Heydrich am 26. Januar 1942 den Strafrahmen, mit dem das „Umsichgreifen dieser anglophylen [sic!] Tendenz in einer Zeit, in der Deutschland um sein Überleben kämpft", einzudämmen sei. Alle „Rädelsführer", die Mädchen ebenso wie die Jungen, seien für zwei bis drei Jahre in Konzentrationslager einzuweisen. Dort müßten sie verprügelt werden, strafexerzieren, arbeiten. Die gleiche Strafe habe sympathisierende Eltern und Lehrer zu treffen. Die Jugendlichen dürften nie mehr zum Studium zugelassen werden.[269]

Auch die Angehörigen anderer Jugendgruppen, die sich Ende der dreißiger Jahre in Opposition zur HJ bildeten, ließen sich von filmischen Vorbildern inspirieren. Seit dem Herbst 1938 verfolgten HJ-Streifendienste und die Gestapo in Duisburg die von ihnen so genannte „Stadtparkgruppe", eine Gruppe von Jugendlichen, die bündisches Brauchtum pflegten. In der Anklageschrift, die den Beteiligten vorwarf, gegen die „Verordnung zum Schutz von Volk und Staat" vom 28. Februar 1933 und die „Anordnung des Reichsführers SS und Chefs der deutschen Polizei vom 20. Juni 1939 betr. die bündische Jugend" verstoßen zu haben, führte die Staatsanwaltschaft aus: „Das ganze Treiben und auch der Liederschatz dieser Jugendlichen war stark mit kitschiger Romantik durchsetzt. Vornehmlich wurden östliche Länder dadurch verherrlicht, daß man Kosakenlieder bevorzugte. Auch Kinoschlager mit exotischem Einschlag wurden gern und häufig gemeinschaftlich gesungen. In letzter Zeit schreckte man nicht zurück, sogar sittlich anstößige Lieder öffentlich zu singen."[270]

Die Nutzung des Kinos zur Mobilisierung der Jugendlichen für das nationalsozialistische System zeigte zumindest bei Teilen der großstädtischen Jugend nicht die angestrebte Wirkung. Zwar sahen die Heranwachsenden so häufig Filme wie nie zuvor, aber Goebbels' Traum vom Kino als nationaler Erziehungsstätte erfüllte sich nicht. Gerade die Organisierung des Besuchs durch HJ und Schule minderte die Anziehungskraft des „offiziellen" Kinos, die gerade für Jugendliche darin bestand, daß der Film Einblicke in die Räume versprach, die ihnen außerhalb des Kinos noch verwehrt waren. Der Film übte nur insoweit eine Wirkung auf Teile der großstädtischen Jugend aus, als er unbeabsichtigt subkulturelle Identifikationsangebote machte, die in ihrer Zivilität und Internationalität konträr zu den angestrebten soldatischen und chauvinistischen Erziehungszielen standen. Das Vorbild amerikanischer Filme beschränkte sich keineswegs auf klar identifizierbare jugendliche Subkulturen, sondern es wirkte offenbar auf die Mehrzahl der Jugendlichen in industriell und städtisch geprägten Regionen, weniger wohl auf dem Land.

Das Interesse der Jugendlichen an Liebesfilmen, die sie nicht sehen durften, und an amerikanischen Filmen, die sie nicht sehen sollten, darf nicht zu dem Schluß führen, daß die in einer direkten Weise nationalsozialistische Inhalte vermittelnden filmischen Angebote des Regimes auf Ablehnung gestoßen wären. Propagandafilme im historischen Gewand wie „Bismarck" und „Der Fuchs von Glenarvon"[271] und sogenannte Kolonialfilme wie „Deutsches Land in Afrika"[272] fanden nach den „Meldungen" bei den Heranwachsenden eine durchaus positive Resonanz. Der Publikumserfolg der Propagandafilme lag zum Teil in dem hohen Aufwand begründet, mit dem sie produziert und in den Kinos gestartet wurden.[273] Der große Werbeetat und die entsprechende Pressebegleitung machte die Propagandafilme bei allen Bevölkerungsgruppen überdurchschnittlich erfolgreich. Goebbels hatte durchaus recht, als er in der Rede vor der Reichsfilmkammer ausführte, daß „teure Filme große Gewinne" einbrächten.[274]

Die Zurückdrängung traditioneller Kommunikationszusammenhänge trug auf der anderen Seite zur Herausbildung einer jugendspezifischen Kultur bei, die ihre Leitsymbole in populären Schlagern und Filmen suchte. Die ehemalige Funktionärin des BDM und Leiterin eines Lagers des weiblichen Arbeitsdienstes im „Wartheland" Melita Maschmann beschrieb die Schwierigkeiten, die ihr 1942/43 eine Gruppe Mädchen bereitete: „Jede Art von politischer Schulung langweilte sie. Unsere Volkstänze und die Lieder, die wir mit ihnen sangen, fanden die meisten von ihnen lächerlich. Dagegen schwärmten sie für Schlager und amerikanische Tänze. Ihre Gespräche drehten sich um sexuelle Fragen, und einige von ihnen hatten, trotz ihrer Jugend, auf diesem Gebiet schon reiche Erfahrung."[275]

IV. Filmische Propagierung von „Erbgesundheitspolitik" und Krankenmord

„Lieber Brack! Wie ich höre, ist auf der Alb wegen der Anstalt Grafeneck eine große Erregung. Die Bevölkerung kennt das graue Auto der SS und glaubt zu wissen, was sich in dem dauernd rauchenden Krematorium abspielt. Was dort geschieht, ist ein Geheimnis und ist es doch nicht mehr. Somit ist dort die schlimmste Stimmung ausgebrochen, und es bleibt meines Erachtens nur übrig, an dieser Stelle die Verwendung der Anstalt einzustellen und allenfalls in einer klugen und vernünftigen Weise aufklärend zu wirken, indem man gerade in der dortigen Gegend Filme über Erb- und Geisteskranke laufen läßt. Ich darf Sie um Mitteilung bitten, wie dieses schwierige Problem gelöst wurde."[276] Dieser Brief Himmlers vom 19. Dezember 1940 an den in der Kanzlei des Führers für die Ermordung von Behinderten und Geisteskranken zuständigen Viktor Brack wirft ein Schlaglicht auf die Funktion, die dem Film in der wenige Wochen nach Kriegsbeginn in großem Maßstab angelaufenen „Euthanasie"-Aktion zukommen sollte. Sein Einsatz zur Werbung um Verständnis und Unterstützung der Bevölkerung für die Ermordung kranker Menschen gehört neben der Produktion antisemitischer Filme zu den düstersten Kapiteln der nationalsozialistischen Filmpolitik.[277]

Schloß Grafeneck bei Reutlingen in Württemberg war Ende 1939 als erste von insgesamt sechs großen Tötungsanstalten eingerichtet worden. Hier wurden seit dem 1. Februar 1940 im Rahmen der „Aktion T 4" Menschen vergast, die man aus Krankenanstalten im süddeutschen Raum herantransportiert hatte.[278] In kurzer Zeit entwickelte sich in der regionalen Bevölkerung eine über soziale und konfessionelle Grenzen hinaus weit verbreitete Ablehnung der Mordaktionen, die der Öffentlichkeit nicht verborgen blieben. Gerüchte „von einem Massenmord an den Pfleglingen" überschlugen sich; Straßenarbeiter traten an den Wegrand und nahmen schweigend ihre Mützen ab, wenn die Transportwagen erschienen, einzelne psychiatrische Anstalten verweigerten die Mitarbeit, katholische und protestantische Pfarrer protestierten.[279] An dieser Stimmung konnten auch „Aufklärungsfilme" nichts mehr ändern. In Grafeneck wurde die Ermordungsaktion eingestellt, aber schon einen Monat später nahm die Vernichtungsanstalt Hadamar bei Limburg den Betrieb auf. Die Logistik der systematischen Krankenmorde wurde komplizierter und für die Bevölkerung schwerer durchschaubar gestaltet, indem nun – wie der Leiter der Betheler Anstalten, Bodelschwingh, schrieb – „das Verfahren durch Einschub der Zwischenanstalten und Ausschalten einzelner Gruppen ... vorsichtiger geworden" war.[280]

Der Brief Himmlers an Brack deutet an, daß der Propagandaapparat schon lange vor dem berühmt gewordenen Spielfilm „Ich klage an" über einen beträchtlichen Bestand an Filmen zur Propagierung rassenpolitischer Vorstellungen, von der Sterilisation bis hin zur „Euthanasie", verfügte. Eine große Verbreitung hatten die drei Kurzfilme „Erbkrank", „Sünden der Väter" und „Abseits vom Wege" erlangt. In 500 Kopien wurden sie allein 1936 in 681 öffentlichen und 3912 geschlossenen Vorführungen der NSDAP gezeigt;[281] darüber hinaus kamen sie in Schulen zum Einsatz. Seit April 1937 wurde mit beträchtlichem Aufwand der „rassebiologische Aufklärungsfilm" „Opfer der Vergangenheit" in die Kinos gebracht, der vom Rassepolitischen Amt in Zusammenarbeit mit der Reichspropagandaleitung hergestellt worden war. Über den Inhalt vermerkte Goebbels in seinem Tagebuch: „Dann einen Film aus Irrenanstalten zur Begründung des Sterilisationsgesetzes. Grauenhaftes Material. Mit tollen Aufnahmen. Das Blut gefriert einem bloß beim Anschauen. Da ist die Unfruchtbarmachung nur ein Segen. Darum sind auch unsere Kirchen so dagegen. Die brauchen unsere Idioten, teils als Gläubige, teils um an ihnen ihre Nächstenliebe zu erproben. Furchtbare Geistesverirrung! Aber wir schreiten darüber hinweg, zur Tagesordnung."[282] Der Film sollte nach dem ausdrücklichen Wunsch Hitlers in allen 5300 Filmtheatern des Reiches gezeigt werden. Die Reichspropagandaleitung war angehalten, hohe Besucherzahlen durch die Aktivierung der NSDAP-Ortsgruppen sicher-zustellen.[283] Es kam aber anders: der Film fiel beim Publikum durch.[284]

Bei den Spielfilmen existierte in dieser Frage keine eindeutige Linie. Im Dezember 1936 berichtete das RMVP an das Reichsjustizministerium, daß es gegen das Projekt der Märkischen Film GmbH mit dem Titel „Verpfuschtes Leben" interveniert habe, weil eine Freigabe der „Euthanasie" von der nationalsozialistischen Gesundheitsführung abgelehnt werde.[285] Rassenpolitik, Bevölkerungspolitik, die züchterische Inanspruchnahme der Frau und Elemente der Modernisierung der Sexualmoral waren im Spielfilm eher un-auffällig und unentwirrbar miteinander verknüpft.[286] Ein aufmerksamer Kinogänger hatte schon 1938 bemerkt, daß in zahlreichen Filmen uneheliche Kinder eine Rolle spielten, und dieses Phänomen in einen Zusammenhang mit „bevölkerungspolitischen Bestrebungen" gebracht. Die Tatsache, daß seine Beobachtung – versehen mit einem leicht kritischen Unterton gegenüber „dieser illegitimen Perspektive" – in der Tagespresse veröffentlicht wurde,[287] deutet darauf hin, daß der Konflikt zwischen den Vertretern eher traditioneller Moralvorstellungen und denen einer das gesamte Volk einbeziehenden biologistisch-rassistischen Zielsetzung nicht entschieden war. Eventuell als Reaktion auf nicht überlieferte negative Publikumsberichte verbot Goebbels 1941 die Darstellung der Thematik des unehelichen Kindes im Film.[288]

Eine gewisse Freizügigkeit in der Darstellung der weiblichen Erotik in den Medien galt Hitler und Goebbels nicht zuletzt als wirkungsvolles Mittel zur Bekämpfung der Homosexualität. Hitler verlangte 1936 von Goebbels eine „größere Lockerung in der sexuellen Frage" mit dem Hinweis auf die angeb-liche „Gefahr der 175erei in den Bünden und Verbänden".[289] Wie man sich im RMVP die züchterische Indienstnahme des Films vorstellte, erklärte der Reichsfilmintendant Fritz Hippler 1942: „Nein, die Frau, richtig ausgewählt in ihrem äußeren Habitus als auch nach ihren inneren Qualitäten und Attri-buten, kann durch mehrfach erfolgenden Einsatz im Film ganz unbewußt und doch nachdrücklich das allgemeine Geschmacksniveau und Schönheits-ideal einer sehr großen Anzahl von Männern sehr vorteilhaft beeinflussen, also nicht nur allgemein ‚bevölkerungspolitisch', sondern auch im besonde-ren Sinn einer qualitativen Hochziehung wertvoll wirken."[290]

So unfreiwillig komisch sich die Äußerungen Hipplers heute lesen, so we-nig ist daran zu zweifeln, daß er und andere Filmverantwortliche tatsächlich vom Einfluß des Mediums auf die Bevölkerung bis in die Partnerwahl und das generative Verhalten überzeugt waren. Gerade dieses Ziel erfüllten viele

Spielfilme nach Ansicht überzeugter Nationalsozialisten nicht. Parteimitglieder wandten sich immer wieder mit Protestschreiben an das RMVP, um die Zurücknahme einzelner Filme zu erreichen, die ihrer Meinung nach dem nationalsozialistischen Frauenbild kraß zuwiderliefen. So protestierte z. B. ein Funktionär des Hauptamtes für Volksgesundheit der NSDAP 1936 gegen den Film „Die klugen Frauen": „Ich muß sagen, ich bin als Nationalsozialist und vor allem als Rheinländer über diesen Film geradezu erschüttert. Es stellt doch dieses Filmwerk all das, was wir in bezug auf Frauen, Frauenehre und das Verhalten der Frauen feindlicher Besatzung gegenüber bisher als richtig hielten und auch nach außen kundgaben, geradezu auf den Kopf. Ich kann nicht begreifen, wie man in deutschen Lichtspielhäusern mit einem Film geradezu dafür Propaganda machen kann, daß Frauen aus ‚politischen Gründen' eventuell auch mit dem Landesfeind ins Bett gehen sollen, wenn dadurch für die Stadt oder das Land irgendein Vorteil herausgeschunden werden kann."[291]

Andere behielten ihre Kritik an den durch Spielfilme vermittelten Vorbildern für die Partnerwahl für sich und vertrauten sie nur ihren privaten Unterlagen an. Ein Beispiel, auf welche Weise rassistisches Denken mit traditionellem Standesdünkel vereinbar war, findet sich im Nachlaß des Präsidenten der Reichsschrifttumskammer, Hans Friedrich Blunck, der 1943 nach einem Kinobesuch schrieb: „Gute Darstellung, aber eine wirklich jammervolle und niederziehende Handlung. Zwei Gelehrte, die zwei natürlich engelsreine junge Tänzerinnen einer ‚Revue' heiraten. Abgesehen von der Unwirklichkeit: Wie sollen solche Wesen eine kulturführende Schicht tragen? Mischheiraten der Stände können erfrischend wirken, aber wie solche Jungfern einmal Söhne und Führer erziehen sollen, wie eine solche Verwirrung vor der Frage nach Eltern und Abstammung erzieherisch wirken soll, ist mir dunkel, verehrtes Promi [Propagandaministerium – G. St.]!"[292]

Die zweifelhaften Erfolge bei der Verbreitung „volksbiologischen Denkens" durch den Film konnten nichts daran ändern, daß die Regimespitze zur Jahreswende 1940/41 in einer vorsichtigen „Euthanasie"-Propaganda eine unabweisbare Notwendigkeit zu erkennen meinte. Der Widerstand gegen die Tötungsanstalt Grafeneck hatte gezeigt, daß die fast öffentliche Ermordung von Psychiatriepatienten durch den Staat in der Bevölkerung keineswegs auf einen stillen Konsens traf. Die Beschwichtigung der um sich greifenden Proteste schien aber auch die Voraussetzung dafür zu sein, bestimmte kirchliche und administrative Eliten für ein medizinisch und rechtlich abgesichertes „Euthanasie"-Programm zu gewinnen, das der ersten, „wilden" Phase der

Tötungsaktionen folgen sollte.[293] Damit war die Entscheidung zur Einstellung der bis dahin von der T-4-Zentrale verfolgten Dokumentarfilmprojekte
zugunsten eines breitenwirksamen Spielfilms gefallen. Jene Vorhaben hatten
das primäre Ziel gehabt, Mediziner in die Techniken der Massentötung ein-
zuführen und den Spitzen von Partei, Verwaltung und Wehrmacht Argu-
mentationsmuster für die „Beseitigung lebensunwerten Lebens" aufzuzeigen.[294] Der Anfang der Tötungsaktion hatte aber erwiesen, daß das Personal
der Anstalten weit weniger Bedarf an propagandistischer Überzeugungsarbeit hatte als die zutiefst verunsicherte Bevölkerungsmehrheit.

Nachdem mehrere Drehbuchentwürfe abgelehnt worden waren, wurden
der Autor Harald Bratt und der Regisseur Wolfgang Liebeneiner mit der Rea-
lisierung des Films „Ich klage an" beauftragt. Liebeneiner galt als überaus
begabter Spezialist für „gehobene Unterhaltung, die er mit leichter Hand
und nahezu verdächtiger undeutscher Virtuosität anzurichten" verstand,
hatte sich aber auch als Regisseur von Propagandafilmen wie „Bismarck"
einen Namen gemacht.[295] Bratt war mit dem Drehbuch zu dem Propagandafilm „Leinen aus Irland" hervorgetreten.

Der Inhalt des Films, der auf Hellmuth Ungers Roman „Sendung und Gewissen" basierte,[296] soll hier nur kurz dargestellt werden: Eine junge Frau ist
an multipler Sklerose erkrankt. Bei fortschreitender Lähmung bittet sie ihren
Gatten und einen Freund – beide sind Ärzte – um Sterbehilfe. Der Freund
lehnt ab, der Ehemann gibt ihr Gift. Er wird vor einem Gericht wegen des
Tötungsdeliktes angeklagt und spricht, bevor der Film – ohne das Urteil zu
nennen – endet, ein Schlußwort, das den Zuschauern die Intention des Films
noch einmal verdeutlicht: „Ich klage die Vollstrecker überwundener Anschauungen und überholter Gesetze an. Es geht hier nicht um mich, sondern
um die Hunderttausenden jener hoffnungslos Leidenden, deren Leben wir
gegen die Natur verlängern müssen und deren Qualen wir damit ins Wider-
natürliche steigern ... und es geht um jene Millionen von Gesunden, denen
kein Schutz vor Krankheit zuteil werden kann, weil alles, was dazu notwendig wäre, verbraucht werden muß, um Wesen am Leben zu erhalten, deren
Tod für sie eine Erlösung und für die Menschheit die Befreiung von einer
Last wäre ...“[297]

Der Film erhielt die Prädikate „künstlerisch wertvoll, volksbildend, feier-
tagsfrei". Die Premiere fand am 29. August 1941 im Berliner „Capitol-Palast"
statt. Erst am 2. September gab das Reichspropagandaamt den Zeitungsredak-
tionen die Presseanweisung zum Film bekannt: „Die Besprechung des Films
‚Ich klage an' wird nunmehr freigegeben ... Das in dem Film angeschnittene

Problem darf weder positiv noch negativ behandelt werden, sondern der Film soll rein sachlich besprochen werden. Der Film behandelt das Problem der ‚Euthanasie'. Dieser Ausdruck ist keineswegs zu gebrauchen. Dagegen kann erwähnt werden, daß in dem Film das Problem angeschnitten wird, ob einem Arzt das Recht zugestanden werden kann, auf Wunsch unheilbar Kranker deren Qualen zu verkürzen. Bei Behandlung dieses Films ist natürlich größter Takt am Platze."

Die zurückhaltende Sprachregelung der Presseanweisung deutet an, daß der Film zwei Funktionen zu erfüllen hatte. Er hatte nicht nur die Aufgabe, den „Euthanasie"-Gedanken zu popularisieren, durch die Beobachtung der Publikumsresonanz auf die Vorführungen sollte zugleich ermittelt werden, wie sich das aktuelle Meinungsbild zu der vom Staat betriebenen Tötung von Behinderten und Geisteskranken in der Bevölkerung darstellte. Wie bei keinem anderen NS-Film wurden die Publikumsreaktionen auf den Film „Ich klage an" aufgezeichnet; diese Reaktionen wären durch eine dröhnende Pressekampagne verfälscht worden.

Der SD gab am 15. Januar 1942 in einem Anhang zur Nr. 251 der „Meldungen aus dem Reich" seine Bewertung der Publikumsresonanz auf den Film, die in ihrer Ausführlichkeit ein einmaliges Dokument in der Rezeptionsforschung des Dritten Reiches darstellt.[298] Allgemein bewertete der SD die Aufnahme beim Publikum positiv. Der Film habe „stärkste Beachtung" gefunden, werde „durch Mundpropaganda" weiterempfohlen und intensiv besprochen. Es zeige sich, „daß der größte Teil der deutschen Bevölkerung der Tendenz des Films, wenn auch mit manchen Vorbehalten, zustimmt, daß man schwerleidenden Menschen, für die es keine Heilung mehr gibt, auf einem durch Gesetze vorgezeichneten Weg einem raschen Tode zuführen möge". Im Folgenden wurde jedoch die zunächst so umfassend konstatierte positive Resonanz für einzelne Bevölkerungsgruppen zurückgenommen. Vor allem die Kirchen – die katholische deutlicher als die evangelische – lehnten den Film nahezu einhellig ab. Es komme zu regelrechten Boykottaufrufen durch katholische Geistliche, die durch Hausbesuche versuchten, die Gläubigen vom Kinobesuch abzuhalten. Hervorgehoben wurden die jede „Euthanasie" scharf verurteilenden Äußerungen des münsterschen Bischofs Graf von Galen. In katholischen Gebieten werde sogar vermutet, der Film stelle einen Rechtfertigungsversuch des Staates gegenüber dem Bischof dar.

Tatsächlich übertrieb der SD die vom katholischen Klerus getragene Ablehnung des Films keineswegs. Der Berliner Bischof Konrad von Preysing schieb im Oktober 1941 in der „Information des Klerus im Bistum Berlin", daß gegen den Film, der eine „treffsichere und unaufdringliche Propaganda für die Euthanasie und die Vernichtung des ‚lebensunwerten Lebens‘ " darstelle, entschieden Stellung zu beziehen sei.[299] Auch in einer öffentlichen Predigt, die er am 2. November 1941 in der St.-Hedwigs-Kathedrale hielt, sprach von Preysing dem Staat jedes Recht zur Tötung sogenannten lebensunwerten Lebens ab.[300] Viele katholische Pfarrer nutzten die ihnen noch zur Verfügung stehenden Einflußmöglichkeiten, um die Gläubigen von dem Besuch des Films abzuhalten. Einige wurden für ihre Haltung vor den Sondergerichten angeklagt und wegen „Heimtücke" und „Kanzleimißbrauchs" mit Gefängnisstrafen belegt.[301] Auch evangelische Geistliche hatten diesen Preis für ihren Mut zu zahlen. Der Pfarrer an der Petruskirche in Berlin-Lichterfelde, Gustav von Lutzki, warnte Konfirmanden seiner Gemeinde vor dem Besuch des Films „Ich klage an". Es sei falsch, Menschen, auch wenn sie noch so krank seien, zu töten. Nach der Denunziation bei der Gestapo durch einen seiner Konfirmationsschüler wurde von Lutzki, der zur Bekennenden Kirche gehörte, vor dem Sondergericht III beim Landgericht Berlin angeklagt. Unter anderem weil er durch seine Äußerungen zu dem Film „Ich klage an" Mißtrauen gegen staatliche Stellen, besonders gegen die Genehmigungs- und Zensurinstanz RMVP, gesät und damit „das Gefühl der öffentlichen Sicherheit in seinem Bestande" gefährdet habe, verurteilte ihn das Gericht am 27. Juli 1942 wegen Kanzleimißbrauchs und Vergehens gegen § 2 des Heimtückegesetzes vom 20. Dezember 1934 zu zwei Jahren Gefängnis.[302]

Die Haltung der Ärzteschaft war weniger von ethischen Imperativen als von standespolitischen Interessen geprägt. Viele Mediziner lehnten eine öffentliche Erörterung der „Euthanasie" ab, die ja schon praktiziert werde. Durch eventuelle gesetzliche Regelungen und die Installierung entscheidungsbefugter Ärztekommissionen fühlten sie sich in ihrer Autorität eingeschränkt. Nach dem Dafürhalten dieser Mediziner könne man es dem Verantwortungsgefühl des Arztes allein überlassen, den Zeitpunkt zu bestimmen, wann es Zeit sei, „helfend einzugreifen".[303] Insgesamt standen jüngere Ärzte, insofern sie nicht konfessionell gebunden waren, den zentralen Aussagen des Films positiver gegenüber als ältere. Als äußerst problematisch für die Ärzteschaft erwies sich jedoch die Wahl der multiplen Sklerose als diagnostizierte Krankheit, die die „Euthanasie" zur Folge hatte. Die Entstehungsursachen dieser Krankheit wurden in den dreißiger und vierziger Jahren in der medizinischen Literatur höchst widersprüchlich diskutiert. Die – anders als im Film dargestellt – in der Regel langwierig verlaufende Krankheit ließ sich nur schwer mit den Zielen einer „ausmerzenden

Erbpflege", die sich immer auch gegen „Asoziale" richtete, in Übereinstimmung bringen, um so mehr, als von der Krankheit alle Gesellschaftsschichten in gleichem Ausmaß betroffen waren.[304] Aufgrund des Films mußten nun die Patienten befürchten, daß ihre Ermordung nur noch eine Frage der Zeit sei. Dementsprechend fürchteten die Ärzte, „daß eine Unruhe in den durch diese Krankheit betroffenen Bevölkerungsteil getragen werden könne".[305]

Tatsächlich wandten sich verzweifelte Patienten an ihre Ärzte, die wiederum versuchten, über ihre Fachverbände die Streichung des Hinweises auf die multiple Sklerose zu erreichen. In diesem Sinn schrieb der Direktor der Deutschen Forschungsanstalt für Psychiatrie, Ernst Rüdin, am 21. September 1941 an den Leiter der T-4-Aktion, Paul Nitsche: „Es bedeute ja auch eine unsagbare Härte all den vielen Polysklerotikern und ihren Angehörigen gegenüber, hier in einem preisgekrönten, offiziellen Film ihre Krankheit als nicht nur unheilbar, sondern als rapid verlaufend und nach kurzer Zeit zu einem qualvollen Tode führend dargestellt zu sehen. Man wisse wirklich als Arzt nicht mehr, wie man sich diesen armen Menschen und ihren Angehörigen gegenüber zu verhalten habe."[306] Dieser Brief ist ein direkter Beleg dafür, daß der Film „Ich klage an" tatsächlich einen integralen Bestandteil der propagandistischen Begleitung der „Euthanasie"-Maßnahmen bildete.[307]

Die Juristen im Publikum meinten zwar, daß ein Regelungsbedarf bestünde, sie hielten jedoch die Formulierung der Gesetzestexte für schwierig, „da es kaum möglich sei, alle in Frage kommenden Krankheitsfälle gesetzlich zu erfassen, und andererseits die Medizin Fortschritte mache und heute unheilbare Krankheiten morgen als heilbar bezeichnet werden können".[308]

Worum es in dem Film tatsächlich ging, das Recht des Staates zur Tötung kranker Menschen, war nach dem SD-Bericht allen Bevölkerungsschichten klar. Dieser Tendenz stimme die Mehrheit zu, aber auch sie äußere Vorbehalte, die eine massive Kritik an der bisher geübten Praxis beinhalte. Der „einfache Arbeiter" denke an die durch die Kranken verursachten finanziellen Belastungen und stimme der im Film erhobenen Forderung nach einer gesetzlichen Zulassung staatlicher Sterbehilfe eher zu als „Volksgenossen aus intellektuellen Kreisen". In den daran geknüpften Bedingungen kam jedoch ein gehöriges Mißtrauen gegenüber dem NS-Staat, aber auch ein naives Vertrauen zur Ärzteschaft zum Ausdruck. Grundsätzlich habe nicht der Staat, sondern nur der Arzt das Recht zur Sterbehilfe. Jede individuelle Willkür sei durch die Einsetzung von Ärztekommissionen und die Hinzuziehung des Hausarztes auszuschließen. Der Kranke müsse seine Zustimmung geben, bei Geisteskranken sei das Einverständnis der Angehörigen erforderlich.[309]

Die große Besucherzahl des Films läßt sich also keineswegs als Zeichen der Zustimmung werten. „Ich klage an" rangiert in der Liste der zwischen 1940 und 1942 meistgesehenen Spielfilme an elfter Stelle; etwa 18 Millionen Besucher sorgten dafür, daß 5,3 Millionen Reichsmark eingespielt wurden.[310] Es scheint dem Film gelungen zu sein, die Aufmerksamkeit der Bevölkerung von der zunehmend verdeckt durchgeführten Vernichtungsaktion abzulenken und die „Euthanasie" wieder zu einem privaten Problem zu machen. Die Vermischung vorgeblich humaner Sterbehilfe mit dem propagierten volkswirtschaftlichen Interesse an der Vernichtung „überflüssiger Esser" schuf Schuldgefühle in der gesamten Bevölkerung und nahm ihr damit die moralische Legitimation zur Auflehnung gegenüber den immer noch praktizierten Vernichtungsaktionen. Die Reaktionen auf den Film zeigten jedoch, daß es der NS-Staat auch weiterhin nicht wagen konnte, die Tötung Geisteskranker und Behinderter offen vor den Augen der Bevölkerung durchzuführen.

Die filmische Propagierung des „Euthanasie"-Projektes wurde nach der Premiere des Films „Ich klage an" eingestellt. Im Herstellungsprogramm blieben aber Spielfilme, die den rassistischen Züchtungsgedanken in einer weniger direkten Weise verbreiten sollten. Woran dabei gedacht wurde, zeigt ein Bericht des Mitarbeiters des „Reichsausschusses für den Volksgesundheitsdienst" Hansjoachim Lemme an den Goebbels-Adjutanten Ernst Lothar Reich, der sich eingehend mit dem Film „Violenta" auseinandersetzt. Der Film beruhte auf einer Novelle von Ernst Zahn, in der „die leibliche Tochter eines verkommenen, kriminellen Ehepaares" nach einem Liebeserlebnis eine positive Wandlung erfuhr. „Leider muß der Praktiker dazu sagen, daß solche Vorfälle bei den Mitgliedern ausgesprochen asozialer Sippen überhaupt nicht vorkommen."[311] In dem Film handelte es sich auch nicht mehr um eine leibliche, sondern um eine angenommene Tochter. Anerkennend bemerkte Lemme, daß „dieser Film geradezu schulbuchmäßig zeigt, wie man ohne Beeinträchtigung der künstlerischen Wirkung doch den Forderungen der Erb- und Rassenkunde gemäß handeln kann. Es wäre wünschenswert, wenn auch in Zukunft auf solche kleinen Dinge geachtet würde. Es kommt nicht darauf an, Filme zu machen, die sich immer nur mit dem Rassegedanken beschäftigen; es ist uns wichtiger zu erreichen, daß jene kleinen Schattierungen, die der Besucher als selbstverständlich in sich aufnimmt, ohne sie besonders zu vermerken, die aber andererseits dem Film erst seine plastische Wirkung verleihen, mit den Forderungen der Erb- und Rassenkunde und -pflege übereinstimmen."[312]

FÜNFTES KAPITEL

Publikumsverhalten in deutschen Kinos 1942–1945

I. Film und Kino nach dem Überfall auf die Sowjetunion

1. Die Kontinuität antibolschewistischer und antirussischer Propaganda

Nachdem es dem Regime während der ersten beiden Kriegsjahre gelungen war, die Auswirkungen des Krieges weitgehend vom Alltag der deutschen Bevölkerung fernzuhalten, schwand seit 1941 die gerade in den Kinos aufrechterhaltene scheinbare Normalität immer schneller dahin. Daran änderten die nun auf die Leinwände kommenden Ablenkungs- und Durchhaltefilme nichts mehr, die im Gegenteil dem Geschehen oft nur noch eine bitter-makabre Pointe aufsetzten. Als das Regime keine Ordnung, keinen Wohlstand und auch kein Kriegsglück mehr garantieren konnte, schwand die Loyalität der Bevölkerungsmehrheit zur nationalsozialistischen Regierung jedoch nicht; sie wurde nur in dem Maße widerwilliger geleistet, wie das eigene Überleben in den Vordergrund des alltäglichen Handelns rückte.

Auch in den Kinos löste sich die „Volksgemeinschaft" auf. Die Auswirkungen der Kriegswende egalisierten die deutsche Gesellschaft nicht, sondern verschärften ihre Segmentierung und Atomisierung. Jede Gruppe verteidigte durch Ausgrenzung einer jeweils schwächeren zäh ihre Privilegien, zu denen nun der freie Zugang zu den Kinos gehörte. Nachdem nahezu alle Juden vertrieben und deportiert worden waren, standen jetzt die Fremdarbeiter am Ende der gesellschaftlichen Hierarchie. Ihnen gegenüber behauptete die deutsche Bevölkerung ein ausschließliches Recht zum Kinokonsum gegen die Versuche von Teilen des Regimes, die ausländischen Arbeiter über eine gleichberechtigte Teilhabe am Kulturleben für den „gesamteuropäischen Kampf gegen den Bolschewismus" zu gewinnen. Am Beispiel der Fremdarbeiter wird besonders deutlich, daß soziale Segmentierung und Radikalisierung zwei Seiten eines Prozesses waren.

Hitler und die deutsche Wehrmachtsführung hofften, beim Angriff auf die Sowjetunion am 22. Juni 1941 das Überraschungsmoment ausnutzen zu können. Anders als beim Überfall auf Polen, als die Probleme um Danzig und den Korridor sowie die Schwierigkeiten der „Volksdeutschen" in der unmittelbaren Vorkriegsphase Stoff für die propagandistische Vorbereitung geliefert hatten, fehlte damit direkt vor dem Beginn des „Unternehmens Barbarossa" eine entsprechende Einwirkung auf die Bevölkerung zur aktuellen Rechtfertigung des Einmarsches.[1] Die Bekanntgabe des Angriffs auf die Sowjetunion erschreckte die Deutschen und löste „teilweise Bedrückung, vereinzelt auch schockartige Wirkungen" aus.[2]

An dieser Bestürzung änderte die langjährige und intensive Darstellung des Bolschewismus als „Weltfeind" jeder Kultur nichts, in die der Film bis zum Hitler-Stalin-Pakt einbezogen war.[3] Die filmische Auseinandersetzung mit dem Kommunismus hatte schon 1933 mit Hans Steinhoffs „Hitlerjunge Quex" begonnen, der in seinen formalen Elementen nicht ungeschickt und mit großem Erfolg bei seinem jugendlichen Publikum das Vorbild des sowjetischen Films aufgegriffen hatte. Eine recht gute Resonanz scheinen auch Gustav Ucickys „Flüchtlinge" und Peter Hagens schwerblütige Produktion „Friesennot" gefunden zu haben, die die Bedrängnis von Rußlanddeutschen unter bolschewistischer Herrschaft thematisierten.[4] Insgesamt blieb jedoch die Zahl der antibolschewistischen Filme gering. Einer der Gründe hierfür war, daß es sich für ein Regime, das sich selbst als revolutionär verstand, als nicht einfach erwies, die nationale Sache gegenüber dem Anliegen der bolschewistischen Aufrührer eindeutig positiv abzugrenzen.[5]

Die Vorkriegspropaganda hatte das russische Volk als besonders gewalttätig und verschlagen hingestellt. An diese rassistische Propagandastrategie konnte nach dem Überfall bruchlos angeknüpft werden. Aber ihre Wirkung blieb zwiespältig. Sie erzeugte bei vielen Überlegenheitsgefühle und ließ Forderungen nach unnachsichtiger Vergeltung laut werden. Man schwadronierte in einem Ausmaß über „die Minderwertigkeit des russischen Soldaten", daß selbst der SD vor einer „‚offensichtlichen Unterschätzung' des Gegners" warnte.[6] Die langjährige antibolschewistische Propaganda trug dazu bei, daß sich die anfängliche Angststimmung nach dem Beginn des Krieges mit der Sowjetunion rasch wieder legte. Die Absenkung der moralischen Normen rückte mitmenschliche Gefühle gegenüber dem Feind in die Nähe des Vaterlandsverrats. Wochenschaubesucher fragten sich nach dem Kinobesuch gemäß der „Meldung" des SD vom 31. Juli 1941, ob die „Untaten mit der nötigen Härte gesühnt würden".[7] Andererseits weckten die Wochenschauaufnahmen, mit denen die Brutalität der sowjetischen Kriegsführung belegt werden sollte, besonders beim weiblichen Publikum Angstgefühle: „Häufig wird berichtet, daß Frauen diesen Bildern wegen ihrer Grausamkeit und des ekelerregenden Zustandes der Hingemordeten nicht gefolgt seien und mit vorgehaltenen Händen dagesessen hätten, um abzuwarten, bis diese Bildreihe zu Ende war ..."[8] Bei Frauen stießen die in den Wochenschauen gezeigten Greuelbilder „von den Mordtaten der Bolschewisten" auch in der Folgezeit oft auf Ablehnung. Der SD-Berichterstatter vermutete als Gründe eine gewisse Übersättigung sowie den „Gedanken an die vermutlich ähnliche Behandlung deutscher Kriegsgefangener".[9] Problematisch wurde die Karikierung der russischen Bevölkerung als barbarische Untermenschen, als es sich als unumgänglich erwies, die Sowjetunion als ernstzunehmenden Gegner darzustellen, der durchaus zu kulturellen Leistungen fähig war. „Mit einiger Verwunderung habe man das vielstöckige Bürohaus der Sowjets betrachtet. Den Bolschewisten hätte man eigentlich derartige Bauten nicht zugetraut."[10]

2. Nahrungsmittelkrise und das Kino

Das Scheitern des deutschen Vorstoßes auf Moskau im Winter 1941/42 machte die von der Propaganda genährte Aussicht auf eine reiche Beute, die von einem nur mit primitiven Mitteln kämpfenden Gegner verteidigt werde, zunichte und leitete einen tiefgehenden Verlust des Vertrauens der deutschen Bevölkerung in die Fähigkeiten der Regimeführung ein. Die unerwartet massive Gegenwehr der sowjetischen Truppen zerstörte die Hoffnungen auf die Beseitigung der ständig drückender werdenden Nahrungsmittelknappheit und die wirtschaftliche Saturierung Deutschlands. Die ersten Wochenschaubilder „vom Vormarsch durch wogende Kornfelder" direkt nach dem Überfall auf die Sowjetunion hatten nach einer „Meldung" des SD vom Juli 1941 noch „beruhigend auf die Bevölkerung" gewirkt.[11] Von der raschen Eroberung Rußlands und besonders der „Kornkammer" Ukraine hatte man sich allgemein das Ende aller Ernährungsprobleme versprochen.[12]

Tatsächlich trat das Gegenteil ein. Auch im Winter 1941/42 entstanden wieder Versorgungsengpässe bei Kartoffeln und Gemüse, und als die erwartete Frühjahrsoffensive zunächst ausblieb, verstärkten sich die Gerüchte um erneute Kürzungen der Lebensmittelrationen, deren Qualität und Menge schon seit geraumer Zeit als unzureichend empfunden wurden.[13] Als am 19. März 1942 die befürchteten Rationierungen tatsächlich bekanntgegeben wurden, die am 6. April in Kraft traten, erreichte die Stimmung einen Tiefpunkt.[14] Die Sorgen um das tägliche Brot verdrängten im Frühjahr 1942 immer stärker das Interesse für das Geschehen an der Front.[15]

Trotz des Markensystems erlebte die Bevölkerung täglich, daß der Krieg die sozialen Ungleichheiten keineswegs einebnete. Die Schuld für die unausgewogene Verteilung der Kriegslasten auf die „Volksgemeinschaft" lastete die Bevölkerung durchaus der Regimeführung an: „Die Beobachtungen der Bevölkerung im täglichen Leben beweisen, daß es immer noch und immer wieder Volksgenossen gebe, die es verständen, ihre eigene Lage durch allerlei Geschäfte und Schiebungen zu verbessern. Insbesondere seien die vielen über die Lebenshaltung höhergestellter Persönlichkeiten im Umlauf befindlichen Gerüchte geeignet, bei den Volksgenossen den Eindruck zu erwecken, daß es diesen, überhaupt den bessergestellten Kreisen, aufgrund des ‚Vitamin B' gelinge, sich besser durch den Krieg zu helfen als der Masse des Volkes."[16] Die Unzufriedenheit war unter den Arbeitern in den Großstädten und Industriegebieten, die ihre Nahrungsmittelvorräte oft nicht aus eigenen Gärten ergänzen und sich wegen der langen Arbeitszeiten nicht um Tauschäquivalente kümmern konnten, besonders groß.[17] In den Zuschauersälen der Kinos wurde jetzt die Kritik an der Werbung für Lebensmittel mit „kritischen Äußerungen über sozial bessergestellte Schichten, die alles leichter haben könnten", verknüpft.[18]

Der Krieg offenbarte zwar den illusionären Charakter der klassenlosen „Volksgemeinschaft" des Nationalsozialismus, aber die Lösung der Probleme wurde nach den „Meldungen" von einem sehr nationalsozialistischen Mittel erhofft. Besonders die Arbeiter erwarteten von der Staatsführung, daß sie die Auswüchse der Korruption mit exekutiver Gewalt beseitige. Sie forderten schärfere Maßnahmen „gegenüber den Schiebungen prominenter Personen".[19] Über das Kriegsstrafrecht sollte die vorenthaltene soziale Gerechtigkeit hergestellt werden.

3. Schein der Normalität

Auf den ersten Blick trug das Programmangebot der Kinos der ernsten Kriegslage durchaus Rechnung. Im Jahr 1942 kamen die wenigsten heiteren Spielfilme und die meisten mit einer manifesten politischen Funktion auf die Leinwände. Gerd Albrecht errechnet ihren Anteil für dieses Jahr auf beträchtliche 25 Prozent gegenüber einer Durchschnittsquote von 14 Prozent. Der Anteil der heiteren Filme sank auf 34,6 Prozent; während der gesamten NS-Herrschaft betrug er durchschnittlich 47,8 Prozent.[20] Berücksichtigt man die Vorbereitungszeit, die Produktionsdauer und das langwierige

Zensurverfahren, liegt jedoch der Schluß nahe, daß die geänderte Programmstruktur keine Reaktion auf die Kriegssituation darstellte. Sie war im wesentlichen das Ergebnis von Entscheidungen, die in den beiden Vorjahren getroffen worden waren, zu einer Zeit also, als man im RMVP den Eindruck hatte, das Publikum werde von den Wochenschauen in die Kinos gezogen und empfinde die Spielfilme als ein der heroischen Situation oft unangemessenes Beiwerk. Das ernstere Programm stellte also ein Eingehen auf vermeintliche Publikumswünsche dar, die sich zu dem Zeitpunkt, als die Filme tatsächlich in die Theater kamen, schon wieder gewandelt hatten. Negative Rückwirkungen auf den Kinobesuch hatte die Welle politischer Filme nicht. Auch Produktionen, die nach der Analyse der Filmhistoriker eindeutig eine manifeste politische Funktion erfüllten, scheinen vom zeitgenössischen Publikum überwiegend als gelungene Unterhaltung rezipiert worden zu sein.[21]

Zu den Spielfilmen, deren propagandistische Aussage nach Goebbels' Ansicht der schwieriger gewordenen Lage an der Ostfront im Winter 1941/42 entsprach, gehörte Veit Harlans Film „Der große König", der den preußischen Herrscher „in seiner Größe und in seiner Einsamkeit" mit Hitler gleichsetzte. „Die Zeit, die Friedrich der Große im Siebenjährigen Krieg durchzustehen hatte, hat ungeheuer viel Ähnlichkeit mit der Zeit, mit der wir heute fertig werden müssen. Am Beispiel mag also das deutsche Volk erkennen, wo wir stehen und wohin wir marschieren müssen."[22] Nur der historische Rekurs verwies die Bevölkerung auf die Mühen und Entbehrungen des Krieges. Als der Film tatsächlich ein großer Kassenerfolg wurde, gestand sich Goebbels ein, er habe „im geheimen gefürchtet, daß dieser Film zu schwer, zu ernst und zu konsequent wäre, um wirklich populär zu werden".[23]

Goebbels zog aus dem Erfolg des Fridericus-Films nicht den Schluß, daß das Publikum nun, als es die veränderte Kriegslage vermehrt zu spüren bekam, heroische oder besonders nationalsozialistische Filme verlange. Das Volk sei im Gegenteil „in einer guten Stimmung zu erhalten und die moralische Widerstandskraft zu stärken. Der Ernst des Krieges tritt schon, ohne daß wir ihn rufen, an uns heran; er braucht nicht ständig aufs neue beschworen zu werden."[24] Der infolge der Rückschläge an der Ostfront und der verschlechterten Nahrungsmittelversorgung in der Zivilbevölkerung um sich greifende Pessimismus sollte durch eine vermehrte Produktion von Unterhaltungsfilmen überwunden werden.

Mit der Erkenntnis, daß „gute Laune ... ein Kriegsartikel" sei, stieß Goebbels regimeintern auf beträchtlichen Widerstand und bei der Bevölkerung auf einige Verwunderung. Eine Minderheit forderte umgekehrt eine stärkere nationalsozialistische Indoktrination der Bevölkerung und vor allem der Soldaten. „Es gibt bei uns immer noch Ideologen, die glauben, daß der U-Boot-Mann, wenn er verdreckt und verölt aus dem Maschinenraum kommt, am liebsten zum Mythos des 20. Jahrhunderts greift", diktierte Goebbels am 27. Februar 1942 in sein Tagebuch.[25]

Das Fehlen nationalsozialistischer Symbole und einer explizit nationalsozialistischen Thematik in nahezu allen Spiel- und Kulturfilmen sorgte beim Publikum für Gesprächsstoff und reizte zu Witzen, wie in einem Stimmungsbericht der Gaupropagandaleitung Osthannover im September 1942 kritisch bemerkt wurde: „So muß man sich nur darüber wundern, wenn beispielsweise in einem neuzeitlichen Kulturfilm der Reichsbahn, der von der Tobis bearbeitet ist, der Eisenbahner, der darin besonders volkstümlich herausgestellt wird, seinem Jungen, der in Hitler-Jugend-Uniform auftritt, mit einem Guten-Tag- oder Guten-Morgen-Gruss entgegentritt. Das sind Instinktlosigkeiten, die der ‚kleine Mann' sehr wohl beobachtet. Wir reden zur gleichen Zeit das Volk an, vor allem die Parteigenossenschaft, sich durch den deutschen Gruß offensichtlich vor den vielen Fremdvölkischen zur Gemeinschaft des Volkes und zum Führer zu bekennen ... Wir sind nicht weit von der Entwicklung, die Weißferdel in einem Witz behandelt, daß überall im besetzten Gebiet der deutsche Gruß eingeführt sei und sich diese Maßnahme so weit gut angelassen hätte, wenn sie sich bewähre, wollte man sie auch in der Hauptstadt der Bewegung einführen."[26]

Bis 1939 hatte zumindest in deutschen Komödien niemand mit „Heil Hitler" gegrüßt, und auch danach blieb der nationalsozialistische Gruß eine seltene Ausnahme.[27] Die Beschwerden aus der Partei wies der Leiter der Abteilung Film im RMVP, Fritz Hippler, mit dem Argument zurück, daß die Verwendung des „Deutschen Grußes" erst recht Schwierigkeiten nach sich zöge, „zumal durch eine dadurch hervorgerufene Betonung, daß der Film in der heutigen Zeit spielt, die vielen interessierten Kreise, Organisationen, Fachschaften, deren Interessengebiete in solchen Handlungen berührt würden, dann besonders empfindlich sind und mit einer die Produktion erschwerenden Kritik schnell bei der Hand sind".[28] Zudem seien die Filme auch für den europäischen Markt bestimmt, wo die Grußformel einer propagandistischen Wirkung eher hinderlich sei. Das Fehlen des Hitlergrußes in den allermeisten deutschen Spielfilmen stieß nach den Berichten des SD jedoch auch in den von der Wehrmacht eroberten Gebieten auf Verwunderung.[29]

Dem RMVP blieb die Aufrechterhaltung des Scheins ziviler Normalität grundsätzlich wichtiger als die von überzeugten Nationalsozialisten und

auch vom SD implizit geforderte Heroisierung des Kinos. Diese Gewichtung
zeigte sich selbst bei der propagandistischen Aufarbeitung der Vernichtung
der 6. Armee in Stalingrad. Nach Hitlers Vorstellungen sollte das Volk nach
der Bekanntgabe der Niederlage zu einer „achttägigen Stolz- und Trauer-
kundgebung" aufgerufen werden. In dieser Zeit sollten die Kinos und Theater geschlossen bleiben.[30] Goebbels verkürzte die Schließungszeit auf nur
drei Tage, nachdem er das Einverständnis Hitlers eingeholt hatte.[31]

Zur Vorspiegelung ziviler Zustände gehörte, daß Werbefilme weiter im
Programm blieben. Entsprechende Proteste wurden ignoriert. Noch immer
liefen Streifen, die ursprünglich zum Kauf von Mondamin, Garantol und
Kindernahrung anreizen sollten. Nun aber, wo es nicht mehr viel zu kaufen
gab, wirkten sie als Versprechen auf die gute Zeit, die nach dem gewonnenen
Krieg anbräche. Dieser Zusammenhang wird durch die Tatsache deutlich,
daß die wenigen Vorführverbote, die die Filmoberprüfstelle gegen Werbefilme aussprach, meist auf die Dauer des Krieges befristet wurden: „Der Film
wird zur öffentlichen Vorführung im deutschen Reich ... mit der Maßgabe
zugelassen, daß er erst nach dem Krieg eingesetzt wird."[32] Völlig eingestellt
wurden die Werbeprogramme aber erst im August 1944,[33] und sie erfüllten
bis dahin immer noch ihren Zweck.[34] Häufiger als Verbote waren Schnittauflagen, die nun „anstößig" wirkende Szenen betrafen. Dieses Schicksal erlebten sogar Propagandaproduktionen von NS-Organisationen. Die BDM-Funk-
tionärin Melita Maschmann berichtet: „Kurz vor Kriegsausbruch hatte ich an
der Herstellung eines Films über das ‚BDM-Werk Glaube und Schönheit' mitgewirkt, der zeigen sollte, wie vielseitig die Möglichkeiten einer sinnvollen
Freizeitbetätigung waren, die die siebzehn- bis zwanzigjährigen Mädchen in
dieser Teilorganisation der HJ fanden. Der Film konnte später nur verstümmelt gezeigt werden, weil die Aufnahmen von reitenden, tennisspielenden
und gänsebratenden Mädchen im Krieg nicht mehr aktuell waren."[35]

Präzise Schnittauflagen betrafen besonders ausländische Filme, deren
Herstellung nicht von Anfang an durch das RMVP kontrolliert worden war.
So lautete 1944 die Anweisung für den dänischen Film „Frechheit siegt":
„Entfernt werden muß die Großaufnahme des Brathuhns und der Gänsekeu-
le ..."[36] Neben den Nahrungsmittelbildern, die nur wegen der Mangelsituation nicht gezeigt werden sollten, waren weiterhin alle Szenen und Filme verboten, die nicht den ideologischen Postulaten des Nationalsozialismus oder
dem Zwang zu einer optimistischen Lebenseinstellung entsprachen. Ge-
schnitten werden mußten Swingtanzszenen,[37] Verweise auf die Psycho-
analyse[38] oder realistische Stierkampfbilder.[39] Einen tschechischen Film, der

„entartete Bilder" zeigte,[40] einen weiteren, der eine „morbide Atmosphäre"
ausstrahlte,[41] Filme, die okkulte Themen behandelten,[42] und jene, die im
Verdacht standen, daß Juden mitspielten,[43] ließ das RMVP nicht zur Aufführung zu.

Insgesamt scheinen die Proteste aus der Bevölkerung gegen zu opulente
Filme eher seltener geworden zu sein. Die Tatsache, daß das RMVP trotz
der sich verschärfenden Kriegslage nur wenig unternahm, um das Spielfilm-
programm mit soldatischen Filmen und nationalsozialistischen Symbolen
aufzuladen, sondern nur allzu offensichtliche Widersprüche zur Alltagsrealität durch Schnittauflagen tilgte, erzeugte offenbar bei der Mehrheit der Bevölkerung das Gefühl, die Regimeführung habe das Ziel nicht aus den Augen
verloren, nach dem weithin immer noch für wahrscheinlich gehaltenen Sieg
für ein besseres Leben in allen gesellschaftlichen Schichten zu sorgen.

II. „Fremdarbeiter" und die Propaganda zur „Europäisierung" des Krieges

Seit dem Überfall auf Polen im September 1939 bildeten die im Gebiet des
„Großdeutschen Reiches" beschäftigten ausländischen Arbeitskräfte einen
wesentlichen Teil des potentiellen Kinopublikums in Deutschland. Im August 1944 waren ein Viertel der in der gesamten gewerblichen Wirtschaft,
ein Drittel der im Metall-, Chemie-, Bergbau- und Baubereich und die Hälfte
der in der Landwirtschaft und in der engeren Rüstungsindustrie Beschäftigten Ausländer.[44] Aber nicht allein ihre Zahl hätte dazu führen müssen, daß
die ausländischen Arbeitskräfte zumindest in einigen Regionen als Kinobesucher massiv in Erscheinung traten, auch ihre Altersstruktur und ihre
Lebensumstände prädestinierten sie zu einem überdurchschnittlichen Kinokonsum. Die in das Reich verpflichteten und gezwungenen Arbeitskräfte waren überwiegend jung, oft noch jugendlich, was ebenso einen Faktor für eine
erhöhte Zuwendung zum Medium darstellte wie der Verlust familiärer und
sozialer Bindungen, der aus ihrer Verbringung in das Reichsgebiet zwangsläufig folgte. Das komplexe Zusammenwirken von Grundpostulaten der nationalsozialistischen Ideologie, regimeinternen Auseinandersetzungen, einer
wechselhaften Propaganda und ihren Folgen auf verschiedenen Machtebenen und nicht zuletzt in der deutschen Bevölkerung sorgte dafür, daß die
ausländischen Arbeiter im Kinopublikum ein Randphänomen blieben.

Die Tatsache, daß die nichtdeutsche Wohnbevölkerung ausgerechnet während der nationalsozialistischen Herrschaft besonders zahlreich war, erstaunt

nur auf den ersten Blick. Sie war zunächst eine Folge der im Vergleich mit einigen Nachbarstaaten günstigen wirtschaftlichen Situation seit Mitte der dreißiger Jahre. Mit der Überwindung der Weltwirtschaftskrise hatte sich die Massenarbeitslosigkeit in einen Arbeitskräftemangel gewandelt, der behoben werden mußte, wenn die Aufrüstungspläne des Regimes nicht scheitern sollten. Eine Lösung des Überbeschäftigungsproblems lag in der umfassenden Modernisierung der Volkswirtschaft durch Rationalisierung und Betriebsstillegungen.[45] Um die gewaltigen Rüstungsvorhaben nicht zu gefährden, war aber auch eine Erhöhung der Arbeitskräftezahlen notwendig. Denkbar waren die Anwerbung von Arbeitskräften im Ausland, die zunächst vor allem in der Landwirtschaft eingesetzt werden sollten, oder die verstärkte Beschäftigung deutscher Frauen.

Beides war ideologisch problematisch. Der Einsatz von Ausländern in der Landwirtschaft, die durch den Rüstungsboom nahezu eine Million Arbeitskräfte an die Industrie verloren hatte,[46] zerstörte das nationalsozialistische Ideal, daß „der deutsche Boden nur so lange dem deutschen Volke im echten Sinne des Wortes erhalten bleibt, als er auch von deutschstämmigen Menschen bewirtschaftet wird".[47] Noch stärker wog allerdings das Argument gegen den verstärkten Arbeitseinsatz deutscher Frauen, von dem eine „Gefährdung der volksbiologischen Kraft des Deutschen Volkes" befürchtet wurde.[48] Dennoch hatten sich seit 1936 Forderungen nach einer Ausweitung der Frauenarbeit in der Industrie vermehrt.[49] Schon im Dezember 1935 war der weibliche Arbeitsdienst als Pflichtjahr in Haus- und Landwirtschaft für diejenigen Mädchen eingeführt worden, die nicht in der Industrie, in Büros oder im kaufmännischen Bereich arbeiteten. Der Anteil der Frauenerwerbsarbeit blieb jedoch, verglichen etwa mit Großbritannien, auf einem niedrigen Niveau.

Die Beschäftigung ausländischer Arbeiter stieg dagegen permanent an. Die angespannte Lage auf dem deutschen Arbeitsmarkt milderte sich zunächst mit dem „Anschluß" Österreichs und des Sudetengebietes. Seit 1936 strömten zusätzlich polnische Arbeitskräfte nach Deutschland, die als Saisonarbeiter in der Landwirtschaft tätig waren. Ihre Anzahl, die in einem Kontingentabkommen mit der polnischen Regierung festgelegt war, erhöhte sich von 10 000 im Jahr 1937 auf 90 000 1939. Zu den offiziell registrierten Arbeitern kamen noch viele, die ohne Genehmigung die Grenze überschritten und sich selbst eine Beschäftigung suchten. Ihre Anwesenheit wurde von den Verwaltungen toleriert.[50] In großem Maßstab lief die Ausbeutung der polnischen Arbeitskräfteressourcen für die Zwecke der deutschen Kriegswirtschaft mit dem Überfall auf Polen an. Schon am 19. September 1939 wurden in Gnesen und Gdingen die ersten Arbeitertransporte in das Reich zusammengestellt. Genau wie die etwa 300 000 Kriegsgefangenen wurden die polnischen Zivilarbeiter zumeist in der ostelbischen Landwirtschaft eingesetzt.[51]

1. Kinosituation der Fremdarbeiter bis zum Herbst 1943

Die ständig ansteigende Zahl von polnischen Arbeitskräften und das teilweise unbefangene Verhalten der deutschen Bevölkerung ihnen gegenüber lösten in den Partei- und Staatsdienststellen eine Welle der Besorgnis aus. Das angestrebte Herr-Knecht-Verhältnis zwischen Deutschen und Polen wollte sich oft nicht einstellen, oder es wurde in seiner Strenge durch die Erfordernisse des Alltags gemildert. Sexualrassistische Ängste kamen auf, wenn polnische Männer mit deutschen Mädchen tanzen gingen. „Wenn die Polen all das, was sie vor dem Kriege taten, nun auch tun durften – woran merkte man dann den Sieg? Wenn die deutschen Mädchen sich mit Polen abgaben (anstatt mit deutschen Männern) – wodurch definierte sich dann das Herrenmäßige am eigenen Wesen?"[52] Da man aus ökonomischen Zwängen nicht auf die polnischen Arbeiter verzichten konnte, mußte man der Parteibasis wenigstens das Recht einräumen, sie schlecht zu behandeln.

Als Antwort auf die von Teilen der NSDAP und dem RSHA erhobenen Forderungen nach einer strengen Kontrolle, Segregation und Repression der polnischen Zivilarbeiter in Deutschland erarbeiteten verschiedene Dienststellen ein umfangreiches Regelungswerk, das als „Polenerlasse" am 8. März 1940 in Kraft trat. Die einzelnen Bestimmungen, die bis Kriegsende ständig erweitert wurden, reglementierten das Leben der polnischen Arbeiter von der Anwerbung an, ihr Verhalten bei der Arbeit, in der knappen Freizeit, beim Kirchgang und gegenüber der deutschen Bevölkerung. Um sicherzustellen, „daß der polnische Arbeiter zu jeder Zeit und von jedermann als solcher erkannt wird", wurde den polnischen Zivilarbeitern das Tragen eines deutlich sichtbaren Kennzeichens, des Polenabzeichens, auferlegt.[53] Nach diesem Vorbild wurde im September 1941 der gelbe Stern für die jüdische Bevölkerung eingeführt. Die polnischen Arbeiter sollten möglichst geschlossen in Lagern untergebracht werden. Verstöße gegen die Arbeitsdisziplin waren von drakonischen Strafen bedroht. Die Benutzung öffentlicher Verkehrsmittel war ihnen untersagt. Um Kontakte zwischen Deutschen und Polen – gemeint waren vor allem polnische Männer und deutsche Frauen –

zu unterbinden, wurde Polen die Teilnahme an kulturellen Veranstaltungen und der Besuch von Vergnügungsstätten untersagt, d. h., seit März 1940 durften sie auch nicht mehr in die Kinos.[54] Das RMVP trug diese Maßnahmen in vollem Umfang mit. Gegen Bemühungen der Wehrmacht, ein Kinoprogramm für gefangene polnische Offiziere zu organisieren, war Goebbels schon im Januar 1940 scharf eingeschritten.[55]

Das Kinoverbot für Polen wurde in der Regel strikt eingehalten. In Einzelfällen kam es aber durchaus vor, daß deutsche Bauern die bei ihnen beschäftigten polnischen Landarbeiter zu Filmveranstaltungen mitnahmen. Als der Ortsbauernführer eines unterfränkischen Dorfes im Juni 1940 zusammen mit zwei deutschen und einem polnischen Landarbeiter eine Vorführung besuchte, machte ihn der anwesende NSDAP-Zellenleiter auf das Verbot für Polen aufmerksam. Daraufhin verließ der Bauer mit dem Polen den Saal und forderte seine beiden deutschen Arbeiter auf, ihnen zu folgen. Der Zellenleiter informierte die Gestapo, die eine strenge Verwarnung aussprach.[56]

Die polnischen Arbeiter stellten nur einen Teil der im Reichsgebiet beschäftigten Ausländer. Obwohl im September 1941 mehr als eine Million Polen, seit Ende April 1940 oft zwangsweise, in Deutschland arbeiteten, stieg der Bedarf an Arbeitskräften in der Landwirtschaft und zunehmend auch im Bergbau und in der Industrie weiter an. Bis Herbst 1941 wurde etwa die gleiche Zahl ziviler Arbeitskräfte in anderen Staaten angeworben: 272 000 Italiener, 122 000 Belgier, 109 000 Jugoslawen, 93 000 Niederländer, 49 000 Franzosen, 35 000 Ungarn. Diese Gruppe war de jure den deutschen Arbeitern gleichgestellt, sie arbeitete zu gleichen Arbeitsbedingungen und Löhnen und war keinen kodifizierten Beschränkungen in ihrer Freizeitgestaltung und beim Kinobesuch unterworfen.

Nichtpolnische Kriegsgefangene bekamen in ihren Lagern sporadisch Filme vorgeführt. Daß diese Veranstaltungen trotz der vom Film erwarteten günstigen Wirkung seltene Ausnahmen blieben, war nicht allein durch den Mangel an Projektoren begründet. Goebbels befürchtete Neidgefühle in der deutschen Bevölkerung und legte deshalb besonderen Wert darauf, „daß möglichst am Tage zuvor in den benachbarten dörflichen Gemeinden ebenfalls Filmvorführungen stattfinden, um nicht durch eine nachteilige Behandlung der deutschen Volksgenossen in der Bevölkerung eine ungünstige psychologische Rückwirkung hervorzurufen".[57]

Die teils vorauseilende, oft aber auch durch entsprechende Initiativen von unten „erzwungene" unbedingte Privilegierung des deutschen Publikums zuungunsten der Ausländer bildete seit Beginn der Integration der

„Fremdarbeiter" in die Kriegswirtschaft ein grundlegendes Muster, das sich als resistent gegenüber allen bündnispolitischen Wechselfällen und rassistisch motivierten Unterscheidungen erwies. Bis zum Kriegsende blieb die Einstufung der ausländischen Arbeiter in die Kategorien „Westarbeiter", denen der Kinozugang grundsätzlich erlaubt war, und „Polen" sowie später „Ostarbeiter", denen er ausnahmslos untersagt war, das entscheidende Kriterium auch für ihre Chance zum Filmkonsum. Innerhalb der rassisch-ethnisch gegliederten Gruppen ergänzten Differenzierungen nach der Arbeitsleistung das Diskriminierungs- und Belohnungssystem. Die tatsächliche Arbeits- und Lebenssituation aller ausländischen Arbeitskräfte war aber zudem entscheidend von dem Verhalten der deutschen Vorgesetzten, Arbeitskollegen und Nachbarn sowie des Personals der Lager abhängig, das mehr oder weniger von rassistischen und politischen Maßstäben beeinflußt war, nach denen das Regime über den Wert von Menschen urteilte. Über die Möglichkeit für ausländische Arbeiter zum Kinobesuch entschieden oft die Theaterbesitzer nach eigenem Gutdünken, offensichtlich unrechtmäßiges Verhalten wurde durch die lokalen Verwaltungen gedeckt. In vielen Lichtspielhäusern verwies man die ausländischen Arbeiter auf die schlechtesten Plätze oder ließ sie nur zu Sonderveranstaltungen in die Kinos, die meist Sonntag vormittags stattfanden.[58] Diese diskriminierenden Maßnahmen waren nicht durch Verordnungen einer zuständigen Behörde gedeckt, aber bis Mitte 1943 schritt das RMVP auch nicht gegen sie ein.

2. Veränderung der Propaganda nach dem „Stalingradschock"

Der Grund für den Versuch zu einer Lockerung der Kinopolitik gegenüber den ausländischen Arbeitern lag in den militärischen Rückschlägen der deutschen Armeen. Mit dem Jahreswechsel 1942/43 geriet der Krieg gegen die Sowjetunion in die Defensive.[59] Schon vor der Vernichtung der 6. Armee bei Stalingrad hatten sich die militärische Lage der Wehrmacht und, damit verbunden, die kriegsökonomische Situation in Deutschland dramatisch verschlechtert. Zu Beginn des Jahres 1943 konnten die monatlichen Verluste an der Ostfront von 150 000 Mann kaum mehr zur Hälfte ersetzt werden, und zugleich stieg der Arbeitskräftebedarf der auf Hochtouren laufenden Rüstungsindustrie ständig an.[60] Die Niederlage der 6. Armee in Stalingrad, die durch die Kapitulation am 31. Januar bzw. 2. Februar 1943 besiegelt wurde, markierte nicht nur die militärische Wende des Kriegsgeschehens, sondern zugleich einen Stimmungsumbruch. Die Bevölkerung begann zu begreifen, daß der Krieg auch mit einer Niederlage enden konnte. Aus der Sicht des RMVP bedeutete schon das Aufblitzen dieser Möglichkeit eine Gefahr für den gesellschaftlichen Konsens im nationalsozialistischen Deutschland und zugleich eine innen- und außenpolitische Herausforderung. Der deutschen Bevölkerung war nicht allein die Vernichtung einer ganzen Armee zu erklären, die Niederlage eröffnete zugleich die Gelegenheit zur Mobilisierung verborgener Reserven an Arbeitskräften und Ressourcen. Das Verhältnis zu den Millionen in das Reich verbrachten Arbeitskräften und Kriegsgefangenen sollte sich zum zentralen Problem der nun anlaufenden Propagandakampagne entwickeln.

Von den führenden Männern des Regimes erkannte Goebbels wohl am klarsten, daß eine erfolgreiche Weiterführung des Krieges die Umstellung der bisher verfolgten innen- und außenpolitischen Zielsetzungen erforderte. Die Verschärfung der Lage an der Ostfront erlaubte dem Propagandaminister eine grundlegende Umdefinition der Kriegsursachen und -ziele, die seine Stellung im nationalsozialistischen Machtapparat weit über seine engere Zuständigkeit hinaus stärken sollte. Zentrale Begriffe der schon im Spätherbst 1942 beginnenden Kampagne waren der „totale Krieg" und der gesamteuropäische „Kampf gegen den Bolschewismus". Der Menschenbedarf der Wehrmacht war nur durch umfangreiche Einberufungen zu decken, die der Rüstungsindustrie entzogenen Männer mußten durch zusätzliche Arbeitskräfte ersetzt und die gesamte Volkswirtschaft in eine Kriegsökonomie überführt werden. Die „Totalisierung" des Krieges konnte nicht ohne zusätzliche Belastungen für die deutsche Bevölkerung erfolgreich sein. Die Ankündigungen, daß die Lasten des Krieges zwar schwerer, aber nun endlich auch gerecht auf alle Schichten des Volkes verteilt würden, sollte Goebbels' innenpolitischem Konzept die allgemeine Unterstützung sichern. Als zweites Bindemittel bediente sich die Propaganda der nach dem „Stalingradschock" um sich greifenden Furcht vor den Folgen einer Niederlage gegen die Sowjetunion, die nur durch die gesteigerten Kriegsanstrengungen jedes einzelnen Deutschen zu verhindern sei. Am 18. Februar 1943 gelang es Goebbels in der berüchtigten Rede im Berliner Sportpalast vor Mitgliedern der Partei und ihrer Gliederungen, vor Soldaten der Wehrmacht und ausgewählten Repräsentanten der Gesellschaft, Arbeitern, Wissenschaftlern und Künstlern, für seinen Appell an den unbedingten Opferwillen des Volkes die scheinbare Zustimmung der deutschen Gesellschaft einzuholen und nach innen und außen zu dokumentieren.

Die Neubegründung des Kampfes gegen die Sowjetunion bildete den Kern des außenpolitischen Teils der Initiative. War bisher die Eroberung von „Lebensraum im Osten" das zentrale Argument zur Legitimierung des Krieges mit der Sowjetunion gewesen, trat nun die Verteidigung der europäischen Zivilisation gegen die „bolschewistischen Horden", die Deutschland stellvertretend für alle westlichen Staaten vollziehe, in den Mittelpunkt der Kriegspropaganda. Damit rückte die Sowjetunion nicht nur weit vor den Westalliierten zum eigentlichen Gegner Deutschlands auf, ebenso wichtig war, daß sich der rassistisch motivierte offensive Kampf gegen das östliche „Untermenschentum" in eine aufgezwungene Abwehr des behaupteten bolschewistischen Vernichtungswillens umdefinieren ließ.[61]

Die Anwesenheit der nicht selten zwangsrekrutierten ausländischen Arbeiter im Reich diente als Beleg dafür, daß eine Solidarisierung der europäischen Völker mit den deutschen Interessen in dieser Auseinandersetzung schon begonnen habe. Das im Juli 1943 in Umlauf gebrachte „Merkblatt über die allgemeinen Grundsätze für die Behandlung der im Reiche tätigen ausländischen Arbeitskräfte" erläuterte den örtlichen Propagandisten der Partei den Zusammenhang: „Der Kampf gegen die vernichtenden Kräfte des Bolschewismus wird mehr und mehr eine europäische Angelegenheit. Erstmalig in der Geschichte dieses Kontinents beginnen sich, wenn auch in manchen Ländern noch als kleine Ansätze, die Umrisse einer europäischen Solidarität abzuzeichnen. Eine sichtbare praktische Auswirkung ist die Beschäftigung von Millionen ausländischer Arbeiter fast aller europäischen Staaten des Festlandes im Reich, darunter eine große Zahl von Angehörigen der besiegten Feindmächte."[62]

3. Das Scheitern der Integrationsbemühungen

Primärer, aber durchaus nicht einziger Adressat der Kampagne war die deutsche Bevölkerung. Mit den ausländischen Arbeitern befand sich eine wichtige Zielgruppe der Propaganda zur Gewinnung von Bündnispartnern für einen vom nationalsozialistischen Deutschland angeführten „Kampf gegen den Bolschewismus" innerhalb des Reiches. Gerade weil es Goebbels bewußt war, daß eine Neuausrichtung der Propaganda eine Abkehr von der bisherigen diskriminierenden Praxis bedeuten würde, sollte das grundsätzliche Ziel, Arbeiter aus allen Staaten für die deutsche Sache zu gewinnen, abgestuft verfolgt werden.

Jeder denkbaren internen Kritik an den propagandistischen Bemühungen sollte durch die im Referat Pro VS des RMVP erarbeitete Konzeption „Arbeitsplanung Betreuung fremdvölkischer Arbeitskräfte" begegnet werden, deren Grundsätze ebenso für die Kriegsgefangenen und die ausländischen Kriegsfreiwilligen galten, soweit sie sich – etwa als Verwundete – in Deutschland aufhielten.[63] Bekräftigt wurde das Prinzip der hierarchischen Differenzierung nach Nationalitäten, die in vier Gruppen (A: Angehörige germanischer Völker, B: Angehörige nichtgermanischer Völker, C: Angehörige nichtgermanischer – slawischer – Völker und D: Polen, fremdvölkische Arbeitskräfte nichtpolnischen Volkstums aus dem Generalgouvernement und den eingegliederten Ostgebieten, Ostarbeiter) gegliedert wurden. Die „klassischen" Themen der nationalsozialistischen Propagandaarbeit im Ausland, der Kampf gegen „Plutokratie", „Freimaurertum" und für die „Antikomintern", erfuhren eine Ergänzung um den „Aufbau der europäischen Neuordnung".

Filmvorführungen bildeten die Basis der Propagandaarbeit, für die insgesamt fünf Millionen Reichsmark eingeplant wurden. Vom Filmkonsum sollten nun auch die am Ende der Hierarchie stehenden Polen und die sowjetischen Zivilarbeiter und Kriegsgefangenen nicht mehr gänzlich ausgeschlossen werden.[64] Aber schon der Versuch, die Arbeiter aus den westlichen Staaten im Kino tatsächlich gleichberechtigt zu behandeln, stieß auf beträchtliche Widerstände.

a) Zivilarbeiter aus westlichen Staaten in deutschen Kinos

Äußerlich betrachtet stellte sich der Kinozugang für die Millionenschar der in den besetzten westlichen Staaten rekrutierten Zivilarbeiter als problemlos dar. Franzosen, Niederländer und Belgier, um nur die größten Gruppen zu nennen, hatten grundsätzlich das gleiche Recht, sich in einem Kino einen Film anzuschauen, wie die deutsche Bevölkerung.[65] Abgesehen von sprachlichen Problemen, schien die filmische Propaganda kaum mit besonderen Schwierigkeiten rechnen zu müssen. Faktisch hatte sich aber seit dem Beginn der Ausländerbeschäftigung in der Kriegswirtschaft vielerorts ein System von informellen Besuchseinschränkungen herausgebildet, mit dessen Hilfe die Theaterbesitzer im Verein mit lokalen Behörden den Zugangsanspruch der ausländischen Arbeiter auf bestimmte Zeiten und Kinos eingrenzten oder ganz aushebelten. Diese Diskriminierungen hatten sich auch deshalb entwickeln können, weil das RMVP als zuständiges Ministerium jahrelang nicht gegen den offenen Rechtsbruch eingeschritten war.

Erst im Rahmen der Neuausrichtung der Propaganda nach dem „Stalin-gradschock" sah sich das Ministerium bemüßigt, seine grundsätzliche Position zur Zugangsregelung unmißverständlich zu verkünden. In dem entsprechenden Rundschreiben vom 16. Juni 1943 wurde betont, „daß die geistige und kulturelle Betreuung der ausländischen Arbeiter einmal mit Rücksicht auf die Hebung der Arbeitsfreudigkeit und des Leistungswillens, zum anderen wegen der entsprechenden Vereinbarungen in zwischenstaatlichen Verträgen eine unbedingte Notwendigkeit ist".[66] Gemäß diesem Grundsatz hätten die ausländischen Arbeitskräfte mit Ausnahme der als solche kenntlich gemachten „Ostarbeiter" und Polen Zutritt zu den regulären Filmvorführungen. Daß dadurch unter Umständen Schwierigkeiten entstehen könnten, sei in den besonderen Verhältnissen auf dem Gebiet des Filmtheaterwesens begründet. Derartige Schwierigkeiten könnten jedoch nicht dadurch beseitigt werden, daß von örtlichen Dienststellen Regelungen getroffen würden, die entweder die deutsche Bevölkerung benachteiligten oder den Besuch der ausländischen Arbeiter entgegen den erlassenen Bestimmungen einschränkten. Es sei nicht tragbar, für ausländische Arbeiter besondere Sitzreihen in den Filmtheatern zu reservieren, um sie von den deutschen Besuchern zu trennen; es sei auch undurchführbar, die Ausländer auf Sonderveranstaltungen zu verweisen. Für die Theaterbesitzer bleibe lediglich die Möglichkeit, kraft ihres Hausrechts solche ausländischen Arbeiter nicht zuzulassen, die durch ihre besonders unsorgfältige Bekleidung Anlaß zu öffentlichem Ärgernis geben könnten.[67]

Die in diesem Schreiben angesprochenen Schwierigkeiten bezogen sich auf Beschwerden aus der deutschen Bevölkerung, die es teilweise ablehnte, in den Kinos neben Ausländern zu sitzen. Die rassistisch begründete Unterteilung der ausländischen Arbeiter in „germanisch" und „fremdvölkisch" mit den polnischen und russischen Arbeitern auf der untersten Stufe einer vielfach gegliederten Sozial- und Rechtshierarchie stieß in der Bevölkerung auf Unverständnis.[68] Die Komplexität der praktischen Verhaltensanforderungen scheint damit in einer unakzeptablen Weise um so mehr erhöht worden zu sein, als die Begegnung mit Fremden, die zum Teil mit den gleichen formalen Rechten ausgestattet waren, nicht zur Alltagsroutine im Dritten Reich gehörte.[69] Ausländer, die keine Fremdarbeiter waren, hielten sich kaum mehr in Deutschland auf. Selbst die wenigen ausländischen Studenten lebten oft von ihren Kommilitonen isoliert. „Mißtrauen, Angst und Hochmut oder auch nur Gleichgültigkeit schaffen eine Barriere, die sie von den anderen Studenten trennt."[70]

Die Folge war, daß die gleichmäßige Ausgrenzung aller Fremden gefordert wurde. Teile der deutschen Bevölkerung beharrten auf ihrem Kinoprivileg gegenüber allen Ausländern – unabhängig von deren Herkunft. Der Unmut wurde um so stärker, je mehr infolge der fortschreitenden Zerstörung der Innenstädte durch die alliierten Bombardierungen das Angebot an Kinoplätzen knapper wurde. Der Anspruch ausländischer Zivilarbeiter auf Gleichbehandlung mit ihren deutschen Kollegen wurde als Widerspruch zum nationalsozialistischen Dogma der unbedingten Bevorzugung der Deutschen begriffen, dem mit zahlreichen Klagen über die angebliche Unsauberkeit, Faulheit und Frechheit von Ausländern begegnet wurde.

Je kritischer die Lage an den Fronten wurde und je stärker sich die kriegsbedingten Konsumeinschränkungen auch auf die deutsche Bevölkerung auswirkten, desto häufiger wurden Stimmen laut, die ein absolutes Kinoverbot für alle ausländischen Arbeitskräfte verlangten. Zum Wortführer der Forderungen nach „einschneidenden Maßnahmen" machte sich der SD. Am 6. Mai 1944 wurden Beschwerden aus der Bevölkerung beim „Reichsführer SS" zusammengefaßt und an das RMVP weitergeleitet: „Den ausländischen Arbeitern ist – mit Ausnahme der Polen und Ostarbeiter – der Besuch von Kino- und Theaterveranstaltungen im allgemeinen freigestellt. Verschiedentlich konnte aber beobachtet werden, daß, besonders in kleineren Städten, die Bedürfnisse der deutschen Bevölkerung beim Besuch von Kino- und Theatervorstellungen nicht befriedigt werden konnten, da die ausländischen Arbeitskräfte die Plätze bereits besetzt hatten. Es bedarf keiner Erörterung, daß insbesondere der deutsche Fronturlauber derartigen Zuständen verständnislos gegenübersteht, desgleichen müssen solche Wahrnehmungen beim deutschen Arbeiter Verbitterung hervorrufen, der im Gegensatz zum Ausländer nach Betriebsschluß noch persönliche Dinge zu erledigen hat und erst später dem Kinobesuch nachgehen kann."[71]

Das RSHA verwendete hier die von ihm selbst durchgesetzte Unterbringung der Mehrheit der ausländischen Arbeiter in Lagern als Argument gegen eine gleichberechtigte Kinonutzung. Daß die Forderungen nach einer deutlichen Privilegierung gegenüber allen Ausländern – unabhängig von deren jeweiliger „Volkstumszugehörigkeit" – angeblich vor allem von den Bewohnern der Provinz, von Arbeitern und Frontsoldaten erhoben wurden, muß nicht mit der Realität übereingestimmt haben. Der SD stellte zur Unterstreichung seiner eigenen politischen Ziele regelmäßig die angebliche Meinung von gesellschaftlichen Gruppen heraus, die als besonders loyal (Landbevölkerung) oder als entscheidend für die Kriegsführung (Arbeiter und Soldaten) galten, um die Dringlichkeit des Anliegens zu unterstreichen. Obwohl dieser keinerlei Differenzierungen zulassende populäre Rassismus den Intentionen des RSHA nicht völlig entsprach, machte es sich ihn gegenüber dem RMVP zu eigen, indem es einen klaren Rechtsbruch von untergeordneten Behörden und einzelnen Theaterbesitzern als vorbildliche Maßnahme empfahl: „Einzelne Stellen sind aus diesem Grunde dazu übergegangen, in den Kinos bestimmte Stuhlreihen für ausländische Arbeitskräfte vorzusehen oder erst dann an die Ausländer Zutrittskarten zu verkaufen, wenn von Seiten der deutschen Bevölkerung keine Ansprüche mehr gestellt werden. Die letztgenannten Maßnahmen sind bei den Dienststellen der Reichsfilmkammer bzw. den Reichspropagandaämtern auf erheblichen Widerstand gestoßen, da an sich festgesetzt wurde, daß die Ausländer im allgemeinen freien Zutritt zu den Lichtspielhäusern und Theatern haben. Es wäre nunmehr zu prüfen, ob nicht unter Berücksichtigung der Bedürfnisse der deutschen Bevölkerung in Orten, in denen nur ein oder wenige Kinos vorhanden sind, den ausländischen Arbeitskräften bestimmte Beschränkungen auferlegt werden. Es ist selbstverständlich, daß derartige Maßnahmen insofern eine Lücke haben würden, als der Ausländer mangels Kennzeichnung nicht immer als solcher erkenntlich ist. Eine Unterscheidung des Ausländers von Deutschen wird sich aber in kleineren Orten – um diese wird es sich in erster Linie handeln – ohne weiteres möglich machen lassen."[72]

Das RSHA nutzte die Beschwerden von deutschen Kinobesuchern, um indirekt eine Kennzeichnung auch der sogenannten Westarbeiter in gleicher Weise wie zuvor der Polen, Ostarbeiter und Juden anzuregen – zu einem Zeitpunkt, als bei der Deutschen Arbeitsfront, dem „Generalbevollmächtigten für den Arbeitseinsatz" und nicht zuletzt beim Oberkommando der Wehrmacht die – folgenlose – Diskussion darüber geführt wurde, ob die diffamierenden Abzeichen für die Arbeitskräfte aus Polen und der Sowjetunion wieder abzuschaffen seien, um deren Leistungsbereitschaft zu erhöhen.[73] Folgerichtig wies das RMVP den Vorstoß des RSHA am 16. Juni 1944 zurück. Ähnlich wie das RSHA argumentierte man mit der Kriegssituation, die die Anwesenheit einer „Millionenarmee fremdvölkischer Arbeitskräfte" notwendig gemacht habe. Das RMVP erwarte vom Kino, daß es auch die ausländischen Arbeiter von ihrer bedrückenden Alltagssituation ablenke. Gerade wegen der Mängel bei der Ernährung und Unterbringung müsse den ausländischen Arbeitern Zerstreuung geboten werden. Die meisten ausländischen Arbeiter seien nicht freiwillig nach Deutschland gekommen. Ihr Leistungswille, der durch Zwangsmaßnahmen allein nicht zu steigern sei, bilde aber

einen kriegsentscheidenden Faktor. Man habe den Ausländern die Gleich-
stellung mit ihren deutschen Kollegen versprochen. Kinobesuchsbeschränkungen müßten von ihnen als diffamierend empfunden werden, was in den
Herkunftsländern nicht verborgen bleibe und dort die Anwerbung neuer
Arbeitskräfte erschwere. In der negativen Grundeinstellung gegenüber den
ausländischen Arbeitskräften war man sich aber durchaus mit dem RSHA
einig: „Der deutsche Volksgenosse muß sich damit abfinden, daß der Krieg
neben sonstigen Unannehmlichkeiten auch Millionen von Fremdarbeitern
in das Reich gebracht hat …"[74] Es müsse hingenommen werden, daß diese
manchmal in ein Kino gingen. Das Antwortschreiben an das RSHA offenbarte eine tiefe Einsicht in die Macht untergeordneter Instanzen im zentral
organisierten Führerstaat, gerade wenn es um die Verschärfung der Lebensbedingungen für die ungeliebten Ausländer ging. „Wenn auch von Ihnen
eine Ausnahmeregelung zunächst nur für bestimmte Sonderfälle vorgeschlagen wird, kann mit Sicherheit damit gerechnet werden, daß alsbald unter
Berufung auf diesen Sonderfall eine Flut von Anträgen eingehen wird, wenn
nicht örtliche Stellen von sich aus Sonderregelungen einführen. Zweifels-
ohne würde in kurzer Zeit der Kinobesuch von ausländischen Arbeitern
entweder sehr eingeschränkt oder durch örtliche Stellen eigenmächtig verboten sein."[75]
Die Integration der ausländischen Arbeiter in das kulturelle Leben, das
allgemein seit Mitte 1943 mehr und mehr nur noch aus Filmvorführungen bestand, stieß nicht nur auf den Widerstand der SS, die durchaus darauf verweisen konnte, daß sich auch durch terroristische Mittel eine hohe Arbeitsproduktivität erreichen ließ. Schwierigkeiten ergaben sich selbst innerhalb
des Propagandaapparates der NSDAP. Im Frühsommer 1944 lehnten die in
Berlin versammelten Gaufilmstellenleiter „die Zulassung von fremdländi-
schen Arbeitern zu den Filmveranstaltungen in kinolosen Orten und zwar
gleichgültig in welcher Form und mit welcher Beschränkung aus politischen
Gründen" kategorisch ab.[76] Der Widerstand gegen die Pläne des RMVP, gemeinsame Filmvorführungen für die deutsche Bevölkerung und die ausländischen Arbeiter zu organisieren, wurde damit begründet, daß diese Veranstaltungen häufig von Reden der politischen Leiter begleitet würden. Offenbar
enthielten diese Ansprachen Passagen, die nicht dazu geeignet waren, die
Arbeitsproduktivität der ausländischen Arbeiter zu erhöhen. Das RMVP
kam den Forderungen auf halbem Wege entgegen, indem es zu den Veranstaltungen der Gaufilmstellen nur „Gastarbeiter der germanischen Nationen",
d. h. meist Belgier und Niederländer, zuließ.[77]

Nur de jure blieb den Westarbeitern der Zutritt zu den Filmtheatern ohne jede Diskriminierung erlaubt. Tatsächlich unterschied sich aber ihre Situation nach ihrer nationalen Herkunft sowie nach ihrem Aufenthaltsort und war zudem großen zeitlichen Schwankungen unterworfen. Eine gewisse Sonderstellung genossen die französischen und italienischen Arbeiter, die als einzige Gruppe manchmal Filme aus ihren Heimatländern zu sehen bekamen. Das mit dem Deutschen Reich verbündete Italien bemühte sich bis zum Sturz Mussolinis am 25. Juli 1943 ebenso wie das Vichy-Regime um die filmische Betreuung der Arbeiter aus ihren Ländern, indem man Filme und sogar Projektoren zur Verfügung stellte.[78] Das Vichy-Regime bot an, eigene Vorführer einzustellen und zu bezahlen, die unter der Aufsicht der Gaupropagandaämter in den Lagern unentgeltlich Unterhaltungs- und Propagandafilme sowie „Filme gegen den Bolschewismus" vorführen sollten.[79]

Die zunächst privilegierte Situation der italienischen Zivilarbeiter im Reich verschlechterte sich drastisch, nachdem Italien am 3. September 1943 einen Waffenstillstand mit den Alliierten geschlossen hatte.[80] In den folgenden Wochen wurden mehrere hunderttausend italienische Soldaten von den bis zu diesem Zeitpunkt mit ihnen verbündeten deutschen Truppen entwaffnet und zum Teil nach Deutschland in Kriegsgefangenschaft verbracht. Von nun an bis zum Kriegsende gehörten italienische Militärinternierte und Zivilarbeiter neben den Polen und Russen zu den am schwersten schikanierten Arbeitskräften, denn in großen Teilen der deutschen Bevölkerung wurde die italienische Entscheidung zum Kriegsaustritt als „Verrat" gebrandmarkt, für den die Italiener kollektiv verantwortlich gemacht wurden. Dieser Vorwurf besaß eine gewisse Tradition. Schon im Ersten Weltkrieg war Italien Verrat vorgeworfen worden, als es Österreich-Ungarn im Mai 1915 und dem Deutschen Reich im April 1916 den Krieg erklärt hatte, obwohl Italien mit beiden Staaten seit 1882 im „Dreibund" alliiert gewesen war. Um so leichter schlugen die teilweise auch rassistisch begründeten Ressentiments der deutschen Bevölkerung gegenüber den italienischen Fremdarbeitern in offenen Haß um.[81] „Eines Tages befand ich mich vor der Kinokasse zusammen mit drei oder vier französischen Kameraden. Ein Mädchen hielt mich auch für einen Franzosen und lächelte mich an. Aber bald danach, als sie merkte, daß ich ein Italiener war, ihrer Meinung nach ‚eine Wetterfahne', blitzte sie mich grimmig an."[82]

Während der kurzen Existenz der „Repubblica Sociale Italiana" kam es wieder zu einzelnen Filmlieferungen aus Italien, was auf das Unverständnis der anderen ausländischen Arbeitskräfte stieß. Der SD-Leitabschnitt Wien meldete am 10. Juli 1944 als Meinungsbild französischer Arbeiter: „Sehen Sie, die Italiener sind Verräter und für die werden dauernd Filme gespielt. Für uns aber gibt man im Jahr höchstens einen Film. Wenn wir so schlecht behandelt werden, sollen wir noch für eine Zusammenarbeit sein."[83] Die nach rassistischen und politischen Kriterien vielfach untergliederte Kinobesuchsregelung hatte sich nicht nur im Verhältnis zwischen der deutschen Bevölkerung und den ausländischen Arbeitskräften, sondern auch zwischen den verschiedenen nationalen Gruppen der „Fremdarbeiter" entsolidarisierend ausgewirkt.

Die Erwartung des RMVP, die ausländischen Arbeitskräfte über den Film für die nationalsozialistischen Ziele zu gewinnen, scheint selbst bei den Gruppen, die relativ gut behandelt wurden, in der Regel nicht in Erfüllung gegangen zu sein. Zwar wußten die Arbeiter die Abwechslung durch Kino bei ihrem eintönigen, vom Rhythmus der Arbeit und des Lagerlebens bestimmten Alltag durchaus zu schätzen.[84] Statt der meist gezeigten deutschen Filme hätten sie jedoch einheimische Produktionen bevorzugt. Viele trieb die Erwartung in die Kinos, durch die Wochenschauen Informationen aus ihren Heimatländern zu bekommen.[85] Propagandafilme stießen auf Ablehnung.[86] Ein französischer Arbeiter forderte 1944: „Wir wollen spannende Filme, sowie die französischen und keine Propagandafilme oder Sentimentalitäten. Oft kann man sich ja nicht ansehen, was die Deutschen zeigen. Da sind die wenigen französischen Filme, die hier gespielt werden, direkt eine Erholung."[87]

Propagandafilme und die propagandistisch eingesetzten Wochenschauen wurden von den Arbeitern zum Teil in einer Weise interpretiert, die die Absichten des RMVP völlig konterkarierte. Wenn die Wochenschau Filmberichte über die vom Kriegsgegner angerichteten Zerstörungen zeigte, scheinen nicht wenige Schadenfreude empfunden zu haben. 1941 wurde ein neunzehnjähriger tschechischer Arbeiter von seiner deutschen Begleiterin denunziert, als er in einem Kino in der Berliner Badstraße bei Wochenschaubildern brennender Häuser, die angeblich von der Roten Armee angezündet worden waren, äußerte, die Sowjets handelten richtig.[88]

b) Filmvorführungen in Ostarbeiterlagern

Im Frühjahr 1942 begannen die Massentransporte sowjetischer Arbeitskräfte in das Reich. Im August 1944 bildeten 2,1 Millionen Arbeiter aus der Sowjetunion die mit Abstand größte Gruppe unter den ausländischen Zivilarbeitern; außer ihnen waren zu diesem Zeitpunkt noch 631 000 Kriegsgefangene in der deutschen Kriegswirtschaft beschäftigt.[89] Die sowjetischen Kriegsgefangenen und Zivilarbeiter erhielten entsprechend der nationalsozialistischen Rassenlehre eine negative Sonderstellung. Ihre Lage entsprach derjenigen der polnischen Arbeiter, d. h. Unterbringung in Lagern, mangelhafte Ernährung, willkürliche Mißhandlungen, Kennzeichnung mit dem „Ostabzeichen", Todesstrafe bei Geschlechtsverkehr mit Deutschen, Einweisung in Konzentrationslager bei Arbeitsverweigerung und „Bummelei". Auch für sie galt das strikte Kinobesuchsverbot.

Nach dem „Stalingradschock" veränderte das Propagandaministerium seine Strategie gegenüber den ausländischen Arbeitskräften aus Polen und der Sowjetunion. Ohne grundlegende Abkehr von dem rassistischen Hierarchiemodell, in dem sie nach den Juden die unterste Stellung zugewiesen bekamen, sollten auch die Angehörigen der slawischen Völker für den Kampf gegen die Sowjetunion gewonnen werden. Goebbels war sich des Widerspruchs zur bisherigen Strategie seines Ministeriums durchaus bewußt, als er auf den Nutzen der Arbeitskräfte aus dem Osten für die Existenz des nationalsozialistischen Regimes in Deutschland hinwies: „Man kann diese Menschen der Ostvölker, die von uns ihre Befreiung erhoffen, nicht als Bestien, Barbaren usw. bezeichnen und dann von ihnen Interesse am deutschen Sieg erwarten. … Demgegenüber ist bei allen sich bietenden Gelegenheiten der Freiheitswille, der Kampfwille gegen das bolschewistische Terrorregiment, wie er die von den Sowjets unterdrückten Völker beseelt, ihr Soldatentum sowie ihre Arbeitswilligkeit hervorzuheben. Als Beweis ist … der Einsatz der Ostarbeiter im Reichsgebiet und die Arbeit anzuführen, durch die die Ostvölker in industriellen oder landwirtschaftlichen Betrieben ihrer Heimat unter deutscher Führung das Ihre für den Sieg, für die deutsche Rüstung und die Sicherung des Ernteertrags leisten."[90]

Die Direktiven des Ministers verdeutlichen den Maßstab, an dem sich die gesamte Ostpropaganda auszurichten hatte. Im Mittelpunkt der Werbestrategie des RMVP stand die deutsche Bevölkerung, die für eine veränderte Einstellung gegenüber den Menschen in den eroberten Territorien der Sowjetunion selbst wie gegenüber den Fremdarbeitern und Kriegsgefangenen aus dem Osten erst gewonnen werden mußte. Der rassistisch motivierte „Russenhaß" war mittlerweile so tief verwurzelt, daß eine propagandistische Kehrtwendung kaum mehr möglich war. An diesen Widerständen, als deren Sprachrohr sich das RSHA erwies, scheiterte der von Goebbels direkt nach der Niederlage in Stalingrad unternommene Vorstoß, gegen die schlechte Behandlung der „Ostarbeiter" vorzugehen und im Zuge der

Neuausrichtung der Propaganda auch das diffamierende „Ostabzeichen" abzuschaffen.[91]

Auch die Ansätze, durch Verbesserungen in den von Anfang an katastro-
phalen Arbeits-, Ernährungs- und Lebensbedingungen die als kriegswichtig
erkannte Leistungsbereitschaft der „Ostarbeiter" zu steigern, blieben auf
einzelne Betriebe und Branchen beschränkt. An dem generellen Kinoverbot
änderte sich nichts. Allein zum Weihnachtsfest 1942 durften „Ostarbeiter"
in einigen Orten Gaststätten und auch Kinos besuchen. Schon diese Lockerung des Kinoverbots stieß auf kaum verdeckten Unwillen in der deutschen
Bevölkerung. Laut wurde der Unmut anläßlich der Entscheidung, „Ostarbeitern" am 7. Januar 1943 einige Stunden früher arbeitsfrei zu geben, damit sie
das orthodoxe Weihnachtsfest feiern konnten. „Man habe es zwar hingenommen, daß Ostarbeitern zu Weihnachten so große Freiheiten eingeräumt wurden, daß sie sogar öffentliche Lokale und Kinos besuchen konnten, obwohl
es auch hier teilweise unliebsame Auftritte gegeben habe, die durch von Ostarbeitern überfüllte Lokale und Kinos entstanden seien."[92]

Nicht alle Deutschen verhielten sich feindselig oder mit der geforderten
Distanz. Wer mit „Fremdarbeitern" unter einem Dach wohnte, behielt oft
die Umgangsformen bei, die auch gegenüber deutschem Dienstpersonal üblich gewesen waren. Viele Familien durchbrachen gegenüber den bei ihnen
als Haushaltshilfen beschäftigten „Ostarbeiterinnen" die rigiden Verhaltensmaßregeln, die beispielsweise getrennte Mahlzeiten verlangten. Manche
Frauen gingen freundschaftlich mit den Hausgehilfinnen um, schenkten ihnen Kleidungsstücke und ließen sich von ihnen beim Kinobesuch begleiten,
nachdem sie ihnen geraten hatten, das „Ostabzeichen" abzulegen. Dieses Verhalten galt dem SD als Beispiel dafür, in „welchem Maße deutschen Frauen
das Gefühl zur Wahrung des notwendigen Abstandes abgehe".[93] Auch Bauern nahmen bei ihnen beschäftigte „Ostarbeiter" mit zum Kinobesuch, was,
wenn es bekannt wurde, strenge Verwarnungen der Gestapo nach sich zog.[94]

Trotz der beträchtlichen Widerstände verabschiedete sich das RMVP
nicht vollständig von seinen Plänen, auch im Reich mit filmischer Propaganda um die Loyalität der Arbeitskräfte aus der Sowjetunion zu werben. Formal
gestattet wurde der Zutritt zu normalen Kinos schließlich einer kleinen
Gruppe von „Ostarbeitern", ehemaligen Hilfswilligen und Angehörigen der
landeseigenen Verbände, die seit dem 19. Juni 1944 zusätzlich zum „Ostabzeichen" einen Ärmelstreifen trugen. Indem man die Regelung aber erst spät
bekanntmachte, war dafür gesorgt, daß dieses Privileg kaum wahrgenommen werden konnte.[95]

Allein durch die den Blicken der Öffentlichkeit weitgehend entzogenen Filmveranstaltungen in den Lagern ließen sich Widerstände aus der Bevölkerung umgehen. Die Kinoprogramme in den „Ostarbeiter"-Lagern setzten sich im wesentlichen aus deutschen Spielfilmen und Wochenschauen zusammen, die zum Teil mit fremdsprachigen, meist russischen oder ukrainischen Untertiteln versehen waren. Das nach Einschätzung der Propagandaführung beim deutschen Publikum wirkungsvollste Einflußmittel, die Wochenschau, galt aber gegenüber den „Ostarbeitern" als kontraproduktiv und gefährlich. Am 10. Februar 1944 erfolgte das Verbot, Wochenschauen vor „Ostarbeitern" vorzuführen.[96] Da kaum speziell für „Fremdarbeiter" hergestellte Filme existierten, sollte die für die besetzten Territorien der Sowjetunion konzipierte Filmpropaganda ausdrücklich auch bei den nach Deutschland verbrachten Arbeitskräften aus diesen Gebieten um Unterstützung für die deutschen Kriegsziele werben.[97]

Ein halbes Jahr nach dem Angriff auf die Sowjetunion wurde im November 1941 die Filmpropaganda in den besetzten und einer deutschen Zivilverwaltung unterstellten Gebieten des Landes in der Zentralfilmgesellschaft Ost m. b. H. (ZFO) zusammengefaßt. Das Unternehmen stellte eine gemeinsame Gründung des Reichsministeriums für die besetzten Ostgebiete und des RMVP dar.[98] Die ZFO erhielt für die einzelnen okkupierten Territorien die drei Tochterunternehmen Ostland-, Ukraine- und Deutsche Kaukasus-Filmgesellschaft und als vierte Tochter die Elbrus Film-Arbeitsgemeinschaft. Aufgaben der ZFO und ihrer Tochtergesellschaften waren der zentrale Filmverleih in den besetzten Gebieten, der Betrieb der ausnahmslos beschlagnahmten Kinos sowie die Herstellung und die Synchronisation oder Untertitelung von Propagandafilmen. Bei diesen Filmen lassen sich zwei Gruppen unterscheiden. Bei der ersten handelte es sich um kurze „Dokumentar"-Berichte mit propagandistischem Gehalt im Stil der Wochenschauen, in denen der Besuch von Partei- und Staatsprominenz in den besetzten Gebieten, der Aufbau zerstörter Einrichtungen oder ausgewählte kulturelle Ereignisse aufgezeichnet wurden. Die zweite Gruppe bildeten kurze Filme mit Spielhandlung, die der antibolschewistischen und antisemitischen Propaganda dienten, für eine Arbeitsverpflichtung nach Deutschland warben oder konkrete Handlungsanweisungen der deutschen Besatzung in verschiedenen Bereichen von der Hygiene bis zur landwirtschaftlichen Produktion vermitteln sollten. Die Produktion von Filmen der zweiten Gruppe wurde nach eher zögerlichem Beginn seit Mitte 1942 ausgebaut.[99] Die gegen Ende des Jahres 1942 zur Verfügung stehenden Filme sind in Tabelle 13 aufgeführt.

TABELLE 13
Filme der Zentralfilmgesellschaft Ost im November 1942*

Titel	Inhalt
1. Arbeiterfilm	Lebens- und Arbeitsbedingungen deutscher Industriearbeiter
2. Bauernfilm	Lebens- und Arbeitsbedingungen der deutschen Landbevölkerung
3. Der Führer und sein Volk	Hitler bewegt sich ohne Leibwache durch die Bevölkerung
4. Das Waldarbeiterlager	antisemitische Propagandalager
5. Genosse Edelstein	gegen das Stachanow-System
6. Der letzte Hammerschlag	gegen das System der Kolchosen
7. Roter Nebel	bolschewistische Terrorherrschaft
8. Schweinepech	gegen den Schwarzhandel
9. Der 22. Juni	Werbung von Facharbeitern in das Reich
10. Dubinuschka	Zeichentrickfilm gegen Kolchosen
11. Die Reise nach Deutschland	Arbeiter und Bauern aus Rußland besuchen Deutschland
12. Der Weg ins Reich	Einsatz von Facharbeitern in Deutschland
13. Der Arbeitstag des deutschen Bauern	Anleitung zu höheren Erträgen
14. Deutschlandfilm	Kulturfilm über Deutschland

*   Die Quelle verzeichnet mit „Der Spiegel der Zeit" (ukrainische und russische Version) und dem „Dokumentarfilm über den Wiederaufbau in den neuen Ostgebieten" noch zwei weitere Filme, deren Fertigstellung noch unbestimmt war.

Quelle: Bericht der Geschäftsführung der Zentralfilmgesellschaft Ost m. b. H. für die Aufsichtsratssitzung am 11. 11. 1942, Anlage 3, in: BA, R 55, 506, Nr. 250–276, hier Nr. 271–276.

Da die ZFO über Filme verfügte, die in slawischen Sprachen synchronisiert oder entsprechend untertitelt waren, fiel ihr zwangsläufig die Rolle des Filmlieferanten für die propagandistische Beeinflussung der im Reich befindlichen Ostarbeiter zu. Die Zusammenarbeit zwischen der Gesellschaft und den Dienststellen in Deutschland war aber keineswegs konfliktfrei. Wie häufig im Filmgeschäft bewegten sich die Auseinandersetzungen vor allem um finanzielle Fragen, denn obwohl die Auswertungsmöglichkeiten der ZFO in den besetzten Gebieten durch die Erfolge der Roten Armee immer weiter schrumpften, war sie nicht dazu bereit, ihre Kopien der deutschen Inlands-„Fremdarbeiter"-Propaganda zu Sonderkonditionen zur Verfügung zu stellen.[100]

Die nach Osten gerichtete Propaganda drang über die „Fremdarbeiter"-Lager zurück in das Reich, wie umgekehrt die Briefe und Berichte der nach Deutschland verschleppten und verpflichteten Arbeitskräfte in den von der Wehrmacht gehaltenen Gebieten einen wichtigen Maßstab für die Glaubwürdigkeit der deutschen Versprechungen bilden sollten. Während die anfängliche Ostpropaganda, die den Bewohnern der Sowjetunion nur ein Sklavendasein in Aussicht stellte, mit der brutalen Besatzungspolitik übereinstimmte, war die neue Propagandapolitik nach dem „Stalingradschock" von keinem entsprechenden Wandel in den Herrschaftsmethoden begleitet. Sie konnte die menschenunwürdige Behandlung der „Ostarbeiter" in Deutschland, die bis zum Schluß des Krieges anhielt, nicht vergessen machen. Die vom SD zwischen dem 1. Mai 1942 und dem 23. Mai 1943 nach dem Muster der „Meldungen aus dem Reich" angefertigten „Meldungen aus den besetzten Ostgebieten" weisen aus, daß unter den Bewohnern der von deutschen Truppen eingenommenen Gebiete der Sowjetunion recht klare Vorstellungen über die Lebensbedingungen der nach Deutschland verpflichteten und gezwungenen Arbeitskräfte bestanden, wodurch der deutschen Propaganda die Glaubwürdigkeit genommen und damit die Wirkungsmöglichkeit von vornherein beschränkt wurde.[101] Auch zwischen der Einsatzbereitschaft der auf deutscher Seite kämpfenden „landeseigenen" Verbände und den Lebensbedingungen der „Ostarbeiter" bestand nach den Erfahrungen der zuständigen Männer in der Führung der Wehrmacht, im Ostministerium und im RMVP ein enger Zusammenhang.[102] Und keine Propaganda konnte schließlich über die täglich praktizierte menschenverachtende Besatzungspolitik hinwegtäuschen.[103]

Im Mai 1944 kontrollierte die Abteilung Ost des RMVP, auf welche Weise die beabsichtigten intensiveren propagandistischen Anstrengungen um die Arbeitskräfte aus der Sowjetunion regional umgesetzt wurden.[104] In einem Rundspruch wurden alle Reichspropagandaämter zur Abgabe eines Berichtes über die „filmische Betreuung der Ostarbeiter" aufgefordert. Verlangt wurden Angaben darüber, welche synchronisierten oder untertitelten Filme vorgeführt wurden, welche Zeitabstände zwischen den Veranstaltungen lagen und ob jeweils die neuesten Wochenschauen zum Einsatz kamen.[105]

Die Frage nach den Wochenschauen, deren Vorführung vor „Ostarbeitern" schon im Februar 1944 untersagt worden war, muß die lokalen Repräsentanten des RMVP verunsichert haben. Sie konnten nicht sicher sein, ob sie eines Verstoßes gegen die Verbotsanweisung „überführt" werden sollten und in welchem Umfang und in welcher Form das Ministerium überhaupt eine „filmische Betreuung" der Arbeiter aus der Sowjetunion und Polen wünschte.

Nur wenige Ämter waren überhaupt in der Lage, dem RMVP genaues Zahlenmaterial zu liefern. Die Antworten der Propagandaämter belegten, daß den Arbeitern regional und von Lager zu Lager verschieden ganz unterschiedliche Möglichkeiten zum Kinokonsum geboten wurden. In einigen Gebieten kamen überhaupt keine Filme zum Einsatz,[106] in vielen war das Filmangebot minimal. So wurden etwa in der Zuständigkeitsregion der Reichspropagandaleitung Hamburg von Februar bis Mai 1944 genau vier synchronisierte Spielfilme und kaum ein deutschsprachiger Film vorgeführt. Das Vorführverbot für die Wochenschau wurde überall eingehalten.[107] Das Reichspropagandaamt Berlin organisierte zwischen August 1942 und Juni 1944 in seinem Bereich 352 Filmvorführungen vor Arbeitern aus dem Osten, die Filme hatten über 80 000 Zuschauer. Gezeigt wurden 45 deutsche Filme mit russischen Untertiteln, zwölf deutsche Film mit ukrainischen Untertiteln und ein russisch synchronisierter Film.[108] Im Raum Dresden wurden Anfang 1944 in jedem Monat zwischen 23 und 41 Veranstaltungen durchgeführt, die 8000 bis 13 000 Zuschauer erreichten.[109]

Die Angabe von einigen tausend Besuchern sagt wenig darüber aus, ob und wie häufig der einzelne Arbeiter tatsächlich einen Film zu sehen bekam. Selbst wenn sich ein Propagandaamt um die Organisation von Vorführungen bemühte, war für den einzelnen Arbeiter die Chance zum Filmkonsum minimal. Das Reichspropagandaamt Bochum schickte beispielsweise täglich einen Filmwagen durch die Lager, in denen die mitgebrachten Filme pro Besuch zweimal vorgeführt wurden. Angesichts der Zahl der im Ruhrgebiet beschäftigten Arbeitskräfte war der Einsatz eines einzigen mobilen Projektors aber völlig ungenügend. In einem Fernschreiben an die Abteilung Ost des RMVP hieß es resignierend: „bei den ueber tausend lagern, in denen weissruthener, west- und ostukrainer und russen untergebracht sind, wuerde es 1 ⅓ jahr dauern, wenn jedes lager einmal bespielt werden sollte." Aus „Wechselschichtgründen" könnten zudem viele Arbeiter die Filme gar nicht sehen.[110]

Entschied sich ein Propagandaamt dafür, die Filme nicht in den Lagern, sondern in ausschließlich für Arbeiter aus der Sowjetunion bestimmten

Sondervorführungen in örtlichen Kinos zu zeigen, traf es auf die schon beschriebene Obstruktion der Theaterbesitzer und des deutschen Publikums, das unbedingten Vorrang genoß. Das Reichspropagandaamt Bayreuth berichtete im Mai 1944: „Es ist ... äußerst schwierig, infolge der derzeitigen Überlastung diese Vorführungen noch unterzubringen. Dazu kommt noch, daß Ostarbeiter-Betreuungen nur an den arbeitsfreien Sonntagen stattfinden können. ... Auch die Besitzer der Lichtspieltheater sind von den Vorführungen selbstverständlich nicht immer erbaut."[111] Das Reichspropagandaamt Berlin beschränkte die Sondervorstellungen von vornherein auf Lichtspielhäuser „mit Holzbestuhlung".[112] Wenn die deutsche Bevölkerung mit den ausländischen Arbeitskräften um irgendeine Ressource konkurrierte, stand der Verlierer fest. Die Gaufilmstelle Moselland formulierte in einem Schreiben vom Juni 1944 die Prioritäten: „es ist namentlich nicht zu verantworten, daß wir bei dem weiten bäuerlichen gebiet unseres gaues die einzige kulturelle betreuung, die uns mit hilfe der tonfilmwagen auf den dörfern möglich ist, zu gunsten der sowjetarbeiter noch weiter einschränken oder ganz aufgeben."[113] Häufigere Vorführungen in den Lagern scheiterten aber auch am Mangel an synchronisierten oder untertitelten Filmen, an der geringen Anzahl der Filmwagen und daran, daß es für diese Wagen kein Benzin gab.[114]

Der Besuch der Filmveranstaltungen war gut, da es für die Arbeiter kaum andere Möglichkeiten zur Gestaltung der knappen Freizeit gab.[115] Jede Vorführung des Reichspropagandaamtes Berlin schauten sich im Durchschnitt 231 Arbeiter an, in Thüringen waren es 271, in Baden 316.[116] Die Propagandaämter meinten einhellig, einen im Sinne des NS-Regimes positiven Effekt verzeichnen zu können: „In den bisherigen Vorstellungen wurde auf jeden Fall die Erfahrung gemacht, daß der Film ein wirksames Mittel zur Steigerung der Arbeitsfreudigkeit darstellt, wie dies auch aus den Berichten von den verschiedenen Betrieben hervorgeht."[117] Tatsächlich schrieb es die Leitung der saarländischen Firma Karcher auch den von ihr initiierten Freizeitveranstaltungen, Film- und Varietévorführungen sowie kleinen Weihnachtsgeschenken zu, daß die dort beschäftigten sowjetischen Arbeitskräfte das Leistungsniveau der deutschen Arbeiter erreichten.[118] Ein wohl realistischeres Bild zeichnete ein Bericht über die Resonanz auf eine russischsprachige Rundfunksendung im April 1944: „Die Ostarbeiter brachten der Sendung größtes Interesse entgegen und hörten wohldiszipliniert und aufmerksam zu. Es wäre ein erhebendes Gefühl gewesen, wieder einmal russische Lieder und gute russische Musik zu hören, sagten sie, brachten aber gleichzeitig zum Ausdruck, daß eine Erhöhung des Verpflegungssatzes für Ostarbeiter

eher zu einer Leistungssteigerung führen würde, wie diese Propaganda. Eine
Leistungssteigerung bei der jetzigen Verpflegungsnorm wäre beim besten
Willen nicht möglich."[119]

Beim Film ging das Konzept, die Arbeiter durch kulturelle Angebote die
mangelhafte Ernährung und tägliche Diskriminierung vergessen zu lassen,
ihnen Spiele statt Brot zu geben, noch weniger als beim Rundfunk auf. Eine
kulturelle Verbindung zu den Herkunftsländern konnte der Einsatz von
Filmen in den Ostarbeiterlagern niemals herstellen. Neben dem quantitati-
ven Mangel an Filmen in ausreichender Zahl und Frequenz trat ein quali-
tatives Versagen. Die gezeigten Produktionen erreichten schon aus sprachlichen Gründen einen Großteil ihres Zielpublikums nicht. Die allgemeine
Mangelsituation verhinderte, daß deutsche Spielfilme synchronisiert und
nicht nur untertitelt wurden. Die mit russischen Texten versehenen Filme
konnten nach der Beobachtung des Reichspropagandaamtes Bayreuth von
den Analphabeten unter den Arbeitern nicht verstanden werden.[120] Vorgeführt wurden überwiegend deutsche Filme, die nicht speziell nach propagandistischen Überlegungen ausgewählt waren.[121] Nach Ansicht der lokalen
Repräsentanten des RMVP waren die gezeigten Filme nicht unbedingt für die
Arbeiter geeignet. Sie mahnten an, daß „nur gute Propagandafilme" gezeigt
werden dürften.[122] Aber gerade bei der Vorführung von Propagandafilmen
kam es zu unerwünschten Effekten. Der SD-Bericht vom 29. Dezember 1942
meldete, man habe „bei der Aufführung des Films ‚Heimkehr' die Wahrnehmung gemacht, daß die Ostarbeiter und Ostarbeiterinnen bei diesem Film
weinten, da sie glaubten, ihr eigenes Schicksal zu sehen und die Wolhynien-
deutschen für ihre Landsleute hielten. Nach Mitteilung eines Lagerführers
in Herford hätten besonders die Frauen stark unter dem Eindruck des Films
gestanden und seien teilweise noch am nächsten Tag arbeitsunfähig gewesen."[123] Dem Risiko, daß die Fremdarbeiter Filminhalte nach ihren Erfahrungen interpretierten, hätte die Propagandaführung letztlich nur entgehen
können, wenn sie für diese Zielgruppe eigene Filme produziert hätte, wozu es
aber kaum kam.[124]

Immerhin blieb die filmische Propaganda von den Schwierigkeiten verschont, die die Wirkung der speziell für die Arbeiter aus der Sowjetunion
konzipierten Rundfunksendungen begrenzte. Die im Frühjahr 1944 gesen-
deten Rundfunkansprachen ehemaliger Fliegeroffiziere der Roten Armee,
die von den Arbeitern in den Lagern im Gemeinschaftsempfang gehört werden mußten, waren aus technischen Gründen in vielen Orten kaum zu hören.[125] Da die Lagerleiter die russische Sprache zumeist nicht beherrschten,

befürchteten sie, statt der deutschen Sender versehentlich einen sowjetischen zu empfangen.[126] Weitere Probleme entstanden dadurch, daß einige ehemalige Offiziere der Roten Armee weitere Rundfunkpropaganda verweigerten, solange die Arbeiter aus der Sowjetunion das diskriminierende „Ostabzeichen" tragen mußten.[127] Probleme dieser Art waren durch die langen Produktionszeiten und die vielfach gestaffelten Zensur- und Eingriffsmöglichkeiten bei der Filmpropaganda ausgeschlossen.

III. Kino im Untergang

Auch noch im Jahr 1944 ging jeder Einwohner des Deutschen Reiches durchschnittlich 14,4mal in ein Kino, genauso häufig wie im Spitzenjahr 1943.[128] Die Führung des NS-Regimes interpretierte den bis in die letzten Kriegstage anhaltenden Besucherandrang als Beweis für die ungebrochene Loyalität der Bevölkerung. Nach dem Beginn der großen Offensive der Roten Armee im Januar 1945, die das Ende der nationalsozialistischen Herrschaft bedeuten sollte, diktierte Goebbels in sein Tagebuch: „Erstaunlich ist, daß trotz der schwierigen Verhältnisse die Einspielergebnisse der deutschen Filmindustrie immer noch im Wachsen sind. Das deutsche Volk beweist auf manchen Gebieten eine Lebensbejahung und Lebenskraft, die außerordentlich erstaunlich wirkt; ein Beweis dafür, daß wir nicht die geringste Veranlassung haben, an diesem Volke zu verzweifeln. Es wird uns durch dick und dünn folgen."[129] Daß der anhaltende Besucherstrom tatsächlich ein Beleg für die Unterstützung des Publikums für die Kriegspolitik war, darf jedoch bezweifelt werden. Je bedrückender die Lebensbedingungen wurden, desto intensiver nutzte die Bevölkerung jede Möglichkeit, sich zu vergnügen. Für viele, die dem Kriegsalltag entgehen und sich für zwei Stunden unterhalten wollten, existierte schlichtweg keine Alternative zum Kino mehr.

1. Aufrechterhaltung des Spielbetriebs

Je kritischer die Kriegslage wurde, desto stärker bemühte sich das RMVP bei der grundsätzlichen Entscheidung für die unterhaltenden Funktionen des Kinos, dessen propagandistische Rolle zu stärken. Der Propagandaminister behielt sich seit April 1944 die persönliche Entscheidung darüber vor, mit welcher Kopienanzahl Filme anlaufen und in welchen Theatern sie gezeigt

werden sollten.[130] Noch im Januar 1945 erwartete Goebbels von der Macht
der Propaganda, daß sie dem Kriegsverlauf die entscheidende Wende geben
könne. Die Bevölkerung werde nur dann den Krieg erfolgreich beenden,
wenn „wir im Besitz der Führungsmittel bleiben".[131]Auch wenn das RMVP
vieles dafür tat, die Filmtheater als letzte Vergnügungsstätten aufrechtzuerhalten, wurde der Spielbetrieb durch die zunehmende Verlagerung des
Kriegsgeschehens in das Reichsgebiet schwer beeinträchtigt. Die Bombardie-
rung der Innenstädte traf auch die dort konzentrierten Kinos. Die Zerstörung
der Theater führte im Einzelfall zu drastischen Besucherrückgängen. So sank
der Besuch in München nach schweren Bombenangriffen von 1,58 Millionen
im Juni 1943 auf 0,66 Millionen im Juli 1943.[132]

Der Gesamtbesuch litt aber nur relativ wenig unter der Zerstörung der
Innenstadttheater, weil die Bevölkerung, die in großem Umfang auf das Land
evakuiert oder geflohen war, stärker die Kinos in den kleineren Orten nutzte.[133] Die Zahl der Kinobesucher, die 1943 mit 1,12 Milliarden ihren absoluten Höchststand erreicht hatte, sank 1944 nur unwesentlich auf 1,10 Milliarden ab.[134]

Die organisatorische Voraussetzung dafür, daß es trotz der Verluste bei
den Theatern gelang, die Besuchszahlen auf hohem Niveau zu stabilisieren,
war die erfolgreiche Erschließung neuer Spielstätten. Während die personal-
aufwendigen Musik- und Sprechbühnen durch die Einberufung des technischen Personals und den Einsatz der Schauspieler und Musiker zur Truppenbetreuung ihren Betrieb einschränken und schließlich oft ganz einstellen
mußten, blieben die Filmtheater bis zum Kriegsende weitgehend verschont.
Je länger der Krieg andauerte, desto eindeutiger setzten sich die Kinos als
„Gewinner" im Konkurrenzkampf der Unterhaltungsstätten durch.

Zwar hatte sich Goebbels selbst an die Spitze der Bemühungen zur „Totalisierung" des Krieges gestellt und beharrlich die Einziehung weiterer Jahrgänge in die Wehrmacht und die Ersetzung der männlichen Arbeitskräfte
durch Frauen gefordert, als die Wehrmacht aber verlangte, auch im kulturellen Bereich und damit in den Kinos nach wehrfähigen Männern zu suchen,
wies er dieses Ansinnen brüsk zurück. Dabei versicherte er sich schon früh
der Unterstützung Hitlers. Goebbels vermerkte am 11. Februar 1943 in seinem Tagebuch: „Der Führer vertritt mit Recht die Meinung, daß, wenn wir
jetzt auch noch das Kulturleben zum Erliegen bringen, das Volk allmählich in
den Zustand einer großen Hoffnungslosigkeit hineingerät. Ein paar tausend
Menschen, die auf dem Kultursektor tätig sind, verbreiten für Millionen
Freude und Entspannung, die sie in dieser Zeit nötiger haben, denn je."[135]

Bei dieser Haltung blieb das Propagandaministerium. Die letzten Vergnügungsstätten des „kleinen Mannes" sollten unter allen Umständen erhalten
bleiben. Goebbels dozierte in der Ministerkonferenz vom 27. Juli 1944 vor
seinen leitenden Mitarbeitern: „Niemand soll glauben, dass ich damit an-
fange, die Theater und Kinos zu schliessen, oder die kleinen Bierstampen, in
denen der Arbeiter abends sein Dünnbier trinkt. Damit würde ich alles in
allem 30–40 000 Menschen freimachen, aber 70 Millionen die letzte Lebens-
freude nehmen."[136]

Zu diesem Zeitpunkt stand die Beschützerrolle des Propagandaministers
für die Film- und Kinowirtschaft schon im Widerspruch zu seinen erweiterten Funktionen. Die Ereignisse um das Attentat vom 20. Juli 1944 hatten
Goebbels einen entscheidenden Machtzuwachs gebracht. Der Propagandaminister war von Hitler zum „Reichsbevollmächtigten für den totalen Kriegseinsatz" ernannt und mit umfassenden Vollmachten zur Mobilisierung der
deutschen Gesellschaft für den Krieg und besonders zur Ausschöpfung der
letzten Arbeitskräftereserven ausgestattet worden. Im August 1944 verfügte
Goebbels die Schließung aller Theater, Varietés, Kabaretts und der meisten
Orchester zum 1. September.[137] Daß diese rigide Aktion überhaupt zur
Durchführung gelangte, war sicherlich Ausdruck der schwindenden Macht
des „Theaterschirmherrn" Hermann Göring, dem das Versagen der Luftver-
teidigung angelastet wurde.[138]

Die Kinos blieben weiterhin verschont. Hier beschränkten sich die Maßnahmen auf den halbherzigen Versuch, noch wehrfähige Männer „auszu-
kämmen". Männliche Kräfte durften seit August 1944 nicht mehr als Platzanweiser tätig sein.[139] Während alle anderen Vergnügungsstätten ihren
Betrieb allmählich einstellen mußten, wurde der Filmvertrieb sogar ausgeweitet. Allerdings war die 1943 gestartete „Flachlandaktion", in deren
Rahmen die ländlichen Gebiete mit Schmalfilmen versorgt werden sollte, im
Ansatz steckengeblieben. Mit dieser Maßnahme hatte das RMVP der Tatsache Rechnung tragen wollen, daß im Zuge der Evakuierungen und der Ab-
setzbewegungen aus den besonders vom Luftkrieg bedrohten Städten ein
immer größerer Bevölkerungsanteil in der Provinz Zuflucht gesucht hatte.
Das Projekt versandete jedoch wegen der Probleme bei der Rohfilmherstel-
lung und fehlender Kapazitäten der Kopieranstalten.[140] Die im Frühjahr 1944
diskutierten Pläne, die zerstörten Kinos in einem größeren Umfang durch
Freilichtvorführungen zu ersetzen, scheiterten oft an den Verdunklungs-
vorschriften oder daran, daß in der Nähe nicht genügend Luftschutzräume
zur Verfügung standen.[141] Wenn man diese Probleme in den Griff bekam,

waren die Freilichtkinos beim Publikum durchaus beliebt, wie ein Bericht aus Hannover belegt: „Das Hannoversche Freilicht-Filmtheater umfaßt 550 Sitzplätze und ist, wie die anliegende Aufnahme beweist, ständig wie ein normales Filmtheater besucht. Bei Regen wird die Vorstellung abgebrochen, was von den Besuchern aber immer mit viel Humor in Kauf genommen wird. Das Rauchverbot der übrigen Filmtheater findet hier keine Anwendung, so daß ein weiterer Anreiz zum Besuch gerade des Freilicht-Filmtheaters gegeben ist."[142]

Partiell erfolgreicher war der vom RMVP seit dem Sommer 1944 unternommene Versuch, in den vom Bombenkrieg hart getroffenen Städten neue Spielstätten für den Filmtheaterbetrieb zu erschließen. Bereits im September 1944 waren zehn Stadttheater, Varietébühnen und auch Turnhallen in Kinosäle umgewandelt worden.[143] Das anvisierte Ziel, 270 Theater und Varietés als Filmbühnen zu nutzen, konnte aber nicht erreicht werden. Die Umwandlung sollte demonstrieren, daß nun auch die privilegierten Schichten einen Teil der Lasten des Krieges zu tragen hätten, wovon der „kleine Mann" direkt profitieren würde. Schließlich galten die Theater im Vergleich zu den Kinos nicht nur als wenig massenwirksam, sondern als elitär.

2. Desintegrationserscheinungen

Tatsächlich war das anhaltende Interesse der Bevölkerung am Film zumindest kein Ausdruck der „Geschlossenheit der Volksgemeinschaft". Der Kinobesuch wurde zum Gegenstand von Verteilungskämpfen, in denen jede Bevölkerungsgruppe einer anderen die Möglichkeit zum Filmkonsum neidete. Die ausländischen Arbeiter waren die Hauptbetroffenen dieser Auseinandersetzungen. Selbst die im Sommer 1944 formulierten Pläne, in den zu Filmvorführräumen umfunktionierten Stadttheatern sogenannte Volkskinos mit einem Einheitspreis von 50 Pfennig einzurichten, wurden mit dem Hinweis abgelehnt, in diesem Fall würden „im wesentlichen ausländische Arbeiter diese Theater bevölkern".[144]

Aber auch innerhalb der deutschen Bevölkerung nahmen die Versuche, das eigene „Kinoprivileg" auf Kosten anderer zu behaupten, an Heftigkeit zu. Dazu trug der Umstand bei, daß sich immer mehr vor dem Bombenkrieg geflohene Menschen auf dem Land und in den Kleinstädten zusammendrängten und dort ihren Anspruch auf einen Filmtheaterbesuch geltend machten, wodurch sich die einheimische Bevölkerung bedroht fühlte.[145] Dabei kam es teilweise zu skurrilen Frontstellungen. Das Frauenamt der DAF wandte sich im Mai 1944 mit der Forderung an das RMVP, gegen den Kinobesuch von Kindern einzuschreiten: „Von unseren Mitarbeiterinnen aus den Gauen wird uns mitgeteilt, daß man in der letzten Zeit ein Überhandnehmen des Kinobesuchs von Kindern wahrnehmen konnte. Als Beispiele werden die Filme ‚Romantische Brautfahrt' und ‚In flagranti' angeführt, die jugendfrei sind. Die Folge davon war, daß bei der Aufführung dieser Filme die Kinos überfüllt waren mit Kindern von 4 Jahren an aufwärts. Diese Kinder waren zum Teil von ihren Müttern, zum Teil von größeren Geschwistern begleitet. Erwachsene Besucher konnten kaum Eintrittskarten bekommen, weil diese bereits an die Kinder verkauft waren. Wir halten diese Erscheinung sowohl für die Kinder nicht wünschenswert als auch nicht im Interesse der werktätigen Bevölkerung, der auf diese Weise der ohnehin seltene Kinobesuch erschwert wird."[146] Das RMVP nahm die Beschwerde ernst und reagierte, indem es der Reichsfilmkammer und den Gaufilmstellen die Möglichkeit einräumte, einzelne Kinos an Samstagen und Sonntagen für Jugendliche zu sperren. Wichtiger war, daß Jugendlichen ohne Begleitung Erziehungsberechtigter generell der Eintritt zu den letzten Vorstellungen, „gleichgültig zu welcher Tageszeit sie beginnen", untersagt wurde.[147] Der Verteilungskampf um die Kinokapazitäten beendete die Förderung der Kinobesuchs Jugendlicher im Dritten Reich endgültig. Auch innerhalb der „Volksgemeinschaft" leisteten viele um des eigenen Vorteils willen keine Solidarität mehr.

3. Wirkung der Greuel- und Durchhaltepropaganda

Die Untersuchung der Funktion, die das Kino für die deutsche Bevölkerung im letzten Kriegsjahr erfüllte, wird durch die schlechte Quellenlage erschwert. Schon im Frühjahr 1943 hatte Goebbels von Himmler die Umwandlung der „Meldungen aus dem Reich" in die „SD-Berichte zu Inlandsfragen" und die Reduzierung des Empfängerkreises auf die jeweils fachlich zuständigen Verwaltungsspitzen erreicht. Die Informationen über die sich mit der Kriegslage verschlechternde Stimmung der Bevölkerung hatten für Teile der Regimeführung die Grenze zum Defaitismus überschritten. Daneben stießen die über die „Meldungen" vorangetragenen Versuche des SD, auf die Kompetenzbereiche anderer Ressorts Einfluß zu nehmen, und die Forderung des SD nach der Beurteilung der fachlichen Fähigkeiten der höheren Beamtenschaft auf starke Widerstände. Im Sommer 1944 erzwang der

„Sekretär des Führers" Martin Bormann die weitgehende Einstellung der Berichterstattung des SD.[148] Damit endete die Weitergabe der vom SD in den
Kinos erkundeten Meinung.[149]

Wegen der sich verschlechternden Informationslage ließen sich die Wirkungen der Propaganda in der Endphase des Krieges kaum mehr planen und
vorhersehen. Das galt besonders für die Greuelpropagandakampagne, deren
mögliche demoralisierende Wirkung Goebbels durchaus bekannt war.[150] Gerade gegenüber der Sowjetunion war er aber von ihrem Nutzen fest überzeugt. Hatte die Greuelkampagne zunächst an die eingespielten Muster der
Vorkriegspropaganda angeknüpft, so sollte sie nach der Kriegswende in Stalingrad die deutsche Bevölkerung in Angst und Schrecken vor dem Gegner
hinter der NS-Führung einigen und letzte Reserven mobilisieren. Goebbels
führte im Januar 1943 aus: „Einer dieser Grundsätze [der Propaganda –
G. St.] sei der, daß, gleichgültig wie die einzelnen Deutschen zum Nationalsozialismus stehen, wenn wir besiegt würden, jedem der Hals abgeschnitten werde."[151]

Die Greuelpropaganda ließ sich mit den Forderungen der Bevölkerung
nach einer realitätsgetreueren Informationspolitik rechtfertigen. Diese Entwicklung deutete der Tätigkeitsbericht der Abteilung Pro im RMVP vom
3. September 1944 an: „In der Bevölkerung werde neuerdings kritisiert, daß
in unseren Wochenschauen immer ,deutsche Überlegenheit im Luftkrieg und
bei Panzergefechten' gezeigt werde. Da dieses Bildmaterial jedoch im schrof-
fen Gegensatz zu den OKW-Berichten stehe, laufe die Wochenschau gefahr,
ihre bisher vorhandene Glaubwürdigkeit zu verlieren. ... RPA Danzig macht
den Vorschlag, auch einmal Bildberichte jener geordneten Rückzüge zu bringen, von denen im Wehrmachtsbericht so oft gesprochen werde."[152] Die
Zerstörung der Städte hatte die Glaubwürdigkeit der stets optimistischen
Propaganda auf einen Tiefpunkt sinken lassen. Schon lange kritisierte die
Bevölkerung, daß die seltenen Wochenschauberichte über die Folgen der
alliierten Bombenangriffe nicht ihre Leiden, sondern die Zerstörungen an
Baudenkmälern herausstellten. Der SD hatte am 8. Juli 1943 anläßlich eines
Wochenschauberichts über Schäden am Kölner Dom berichtet: „Besonders
aus Arbeiterkreisen kommen Äußerungen, daß kein Verständnis dafür auf-
gebracht werden könne, daß die Vernichtung kultureller Dinge in den Vordergrund geschoben werde und die Todesopfer tausender Mütter und Kinder
kaum erwähnt würden."[153] Als die Wochenschau dann tatsächlich Bilder
von der Flucht der Bewohner der westlichen Grenzorte vor den heranrückenden Truppen der Alliierten zeigte, glaubten die Reichspropagandaämter eine

Belebung des Widerstandswillens konstatieren zu können. „Die Besucher seien aufgewühlt und von tiefstem Hass erfüllt worden. Gerade die Wochenschau sei besonders geeignet, eine bedingungslose Bereitschaft der Bevölkerung für alle Forderungen des Krieges hervorzurufen."[154]

Wenn er sich überhaupt eingestellt hatte, hielt dieser Effekt nur kurze Zeit an. Andere psychische Bedürfnisse als die nach Haßgefühlen waren für das Überleben wichtiger. In der letzten Kriegsphase ist häufig das Phänomen konstatiert worden, daß die Bevölkerung im Angesicht des vielleicht nahen eigenen Todes nicht mehr an die Realität des Alltags und die Hoffnungslosigkeit aller Zukunftspläne erinnert werden, sondern den Augenblick genießen wollte. Ende März 1945 berichtete der SD: „Ein Großteil des Volkes hat sich daran gewöhnt, nur noch für den Tag zu leben. Es wird alles an Annehmlichkeiten ausgenützt, was sich darbietet. Irgendein sonst belangloser Anlaß führt dazu, daß die letzte Flasche ausgetrunken wird, die ursprünglich für die Feier des Sieges, für das Ende der Verdunklung, für die Heimkehr von Mann und Sohn aufgespart war."[155]

Als letzte Propagandamaßnahme ließ Goebbels noch Anfang 1945 eine Greuelkampagne anlaufen, deren Glaubwürdigkeit nun von den Berichten über die Erfahrungen der aus den Ostgebieten flüchtenden Menschenmassen untermauert werden sollte.[156] Der Erfolg war eher negativ. Viele hielten die Berichte für „zu schockierend".[157] Arbeiter äußerten die Meinung, „der Bolschewismus sei gar nicht so schlimm, wie er dargestellt werde, und der halte sich nur an den intellektuellen Kreisen schadlos".[158] Die für die deutsche Führung kontraproduktiven Effekte der Greuelaktion belegt die wohl letzte Erhebung zur Propagandawirkung im Dritten Reich. Auf Anregung des RMVP ließ das SS-Hauptamt noch im Frühjahr 1945 eine Umfrage bei Soldaten aus vierzig verschiedenen Truppeneinheiten durchführen. Die Soldaten beurteilten die Greuelpropaganda eindeutig als lähmend. Zum Teil sei das Versagen von Teilen der Wehrmacht an der Ostfront darauf zurückzuführen, daß „die Bolschewisten einen derartigen Schrecken und eine panische Angst verbreiteten, daß die Männer jeder Begegnung und vor allem jedem Nahkampf ausweichen".[159] In der Zivilbevölkerung hatte die Greuelpropaganda den Vorwurf zur Folge, „daß unsere Kriegsführung deutsche Menschen dem Sowjetschrecken ausgesetzt hat".[160] Die Greuelpropaganda war gleichsam der Offenbarungseid – das Eingeständnis, daß die Regimeführung nicht mehr in der Lage war, den Soldaten wie der Zivilbevölkerung irgendeinen Schutz vor den angeblichen und tatsächlichen Grausamkeiten der Kriegsgegner zu gewähren.

Trotz der partiellen Einstellung der Meinungserhebung durch den SD war
Goebbels über die zur Jahreswende 1944/45 um sich greifende Verzweiflung
in der Bevölkerung gut orientiert. „Aus den Briefen, die bei mir eingehen, ist
fast nur Hoffnungslosigkeit zu entnehmen."[161] Die Bevölkerung sehnte das
Ende des Krieges herbei, und die zunehmende Verzweiflung verschaffte sich
verstärkt auch wieder in laut gesprochenen Kommentaren zu den Wochenschauberichten in den Kinos einen Ausdruck. In dem Potsdamer Kino „Residenz" wurde im Oktober 1944 ein Mann verhaftet, der zu den Bildern der
Wochenschau über die Bombenschäden im Westen Deutschlands geäußert
hatte, es sei noch gar nicht genug zerstört worden. Goebbels' Ankündigung,
nun werde man sich die Finger blutig arbeiten, hatte er mit dem Satz kommentiert: „Der aber nicht."[162]

War die Greuelkampagne ein schlecht durchdachtes Mittel, die Bevölkerung zum Widerstand gegen einen übermächtigen Feind zu motivieren, ging
der filmischen Durchhaltepropaganda eine längerfristige Planung voraus.
Das heroische Verhalten der Zivilbevölkerung im Angesicht des Feindes sollte das Thema des bombastischen Spielfilms „Kolberg" werden, der zwischen
Oktober 1943 und August 1944 von Veit Harlan mit einem enormen Men-
schen- und Materialaufwand gedreht wurde.[163] Da der Film erst am 30. Januar 1945 in der eingeschlossenen französischen Stadt La Rochelle und am
31. Januar im Berliner „Tauentzien-Palast" und dem „Ufatheater" am Alexan-
derplatz uraufgeführt wurde, konnte er sein Ziel, die gesamte Bevölkerung
zum anhaltenden Widerstand zu motivieren, zweifellos nicht mehr erfüllen.

Wie schon die symbolträchtige Premiere in dem umzingelten Atlantik-
hafen angedeutet hatte, versuchte das RMVP, die wenigen Kopien, die es
noch herstellen lassen konnte, Ende Februar 1945 auf die Brennpunkte des
Kriegsgeschehens zu verteilen und zugleich die Träger der Macht zu befriedigen. Allein der letztgenannte Effekt scheint tatsächlich erzielt worden
zu sein. Goebbels vermerkte am 12. Februar 1945 in seinem Tagebuch: „Der
Führer äußert sich sehr begeistert über die Wirkung des ‚Kolberg'-Films, der
vor allem bei seiner Vorführung im Generalstab einen ungeheuren Eindruck
erzielt habe."[164] Die Masse der Bevölkerung erreichte der Film nicht mehr.
Der Referent des Leiters Film beim Reichsfilmintendanten Dr. Bacmeister,
Dr. Pries, berichtete am 27. Februar 1945 an Goebbels: „Nach seiner Uraufführung in La Rochelle und Berlin ist der Film ‚Kolberg' bisher in Breslau und
Danzig zum Einsatz gelangt. Eine weitere Kopie wird in verschiedenen Orten des Gaues Oberschlesien eingesetzt. Drei Kopien sind mit Sonderkurier
nach Frankfurt/Oder, Neisse und Königsberg gesandt. Am Montag wird eine

Kopie nach Essen gehen. Zug um Zug nach Fertigstellung werden die übrigen Gauhauptstädte mit Kolberg-Kopien beliefert."[165] Außerdem wurde Göring, Himmler, Großadmiral Dönitz und General Guderian je eine Kopie zur Besichtigung zur Verfügung gestellt. Weitere Kopien sollten an die kämpfenden Truppen gehen, wozu es nicht mehr kam.

Welchen Illusionen sich die Propagandafunktionäre noch hingaben, wie groß ihre Unkenntnis der tatsächlichen Lage war und in welchem Ausmaß sie der eigenen Propaganda verfallen waren, zeigt ein Brief an einen schlesischen Kreisleiter, der Ende Februar 1945 geschrieben wurde: „Der Film wird gerade in Deiner so hart bedrängten Stadt die Wirkung auslösen, die Du haben willst. Er wird die Menschen zur letzten Bereitschaft auffordern und beweisen, dass durch Opfer und Kampf der Sieg erfochten werden kann. Ich weiss nicht, wie Du den Film einsetzen willst, schlage aber vor, ihn nicht in Freiluftvorstellungen, sondern ruhig unter Abrechnung beim Deutschen Filmvertrieb durch die Theaterbesitzer laufen zu lassen."[166]

Vor dem Hintergrund der bevorstehenden Niederlage, der Bombenangriffe und der sich rasant verschlechternden Lebensverhältnisse verloren Durchhalte- und Greuelpropaganda jede Bedeutung. Das Verhältnis von „Verführung und Gewalt",[167] das bis fast zuletzt das Regime stabilisiert hatte, war längst zugunsten der Repression aus dem Gleichgewicht geraten. Mit der Tatsache, daß nur noch der ungebremste Terror die „innere Front" aufrechterhielt, hatte sich ein großer Teil der Bevölkerung resigniert abgefunden.[168] Auch durch das Kino ließen sich die Deutschen nicht mehr zu noch größeren Anstrengungen motivieren, wie der Reichsfilmintendant im Dezember 1944 in einem Schreiben ausgerechnet an einen der herausragendsten Repräsentanten des SD, SS-Gruppenführer Ohlendorf, indirekt eingestand. Indem er konstatierte, daß man im Filmbereich „an vielen Stellen nicht 1944, sondern erst 1934 schreibt", räumte er letztlich ein, daß der Film und das Kino eigentlich nie die Hoffnungen erfüllten, die das Regime in sie gesetzt hatte.[169]

Zweifellos war die Wirkungsmacht von Medien während der gesamten nationalsozialistischen Herrschaft überschätzt worden. In den letzten Kriegstagen war die Bevölkerung jeder Propaganda überdrüssig; man reagierte auf die Durchhalteparolen nur noch „nüchtern", distanziert, zum Teil regelrecht verärgert.[170] Allerdings konzentrierte sich die Ablehnung auf die Presse und die Wandparolen an den Fassaden der ausgebrannten Häuser. Der Film blieb von der Kritik weitgehend verschont, weil das Publikum nun offenbar die Wochenschauen ignorierte oder sofort „vergaß", um das Kino als Ort der Unterhaltung und Ablenkung nutzen zu können.

Dieses Bild vom nationalsozialistischen Kino überdauerte den Sturz des Dritten Reichs ebenso wie die sich in der zweiten Kriegshälfte verdichtenden Zweifel am Wahrheitsgehalt und Nutzwert von massenmedial verbreiteten Informationen. In mehreren Erhebungen befragt, ob man grundsätzlich eine Regierung vorzöge, die der Bevölkerung Sicherheit und die Möglichkeit eines guten Einkommens böte, oder eine Regierung, die Meinungs-, Presse- und Informationsfreiheit sowie freie Wahlen garantiere, optierten bis 1949 jeweils zwei Drittel der Befragten für die wirtschaftliche Sicherheit.[171] Schon wenige Monate nach dem Ende des Zweiten Weltkriegs erforschte die amerikanische Militärregierung zwischen dem 19. November 1945 und dem 21. Februar 1946 in einer Serie von fünf Umfragen den Kinobesuch und die Einstellung der deutschen Bevölkerung zum amerikanischen und zum deutschen Film in der von ihr verwalteten Zone. Eines der wichtigsten Ergebnisse dieser Studie war, daß 94 Prozent der Deutschen, die schon wieder in die Lichtspieltheater gingen, und 55 Prozent derjenigen, die noch nicht wieder die Gelegenheit dazu hatten, wieder alte deutsche Filme sehen wollten, also Filme, die während des Dritten Reiches hergestellt worden waren und deren Vorführung zu diesem Zeitpunkt von der amerikanischen Nachrichtenkontrolle verboten war.[172] Die Erinnerung an die propagandistische Inanspruchnahme war schon so vollständig verdrängt, daß die Bevölkerung selbst gegenüber den Besatzungsbehörden ihre Vorliebe für den nationalsozialistischen Film bekannte. 4 Prozent der Befragten vertraten die Auffassung, daß in deutschen Filmen weniger Propaganda als in amerikanischen gemacht worden sei, und nur 2 Prozent meinten, sie wollten keine deutschen Filme mehr sehen. Es ist zu vermuten, daß die Verdrängung der Erinnerung an den eigenen Umgang mit dem Kino des Dritten Reiches zu der das Publikumsinteresse der fünfziger Jahre kennzeichnenden Ablehnung jedes politischen Films beigetragen hat.

SECHSTES KAPITEL

Zwischen Volkserziehung und Amüsierbetrieb – Erfolge und Grenzen der nationalsozialistischen Filmpolitik

I. Das Scheitern der „Meinungsforschung" und der „Publikus"

Das nationalsozialistische Regime verfolgte mit der „Reinigung" der Leinwand von den „dekadenten Verfallserscheinungen" der Weimarer Zeit und mit dem Umbau der Kinos in Stätten staatlich-kultureller Repräsentation das Ziel, das Medium Film in ein wirksames Instrument zur politischen Führung der gesamten Bevölkerung zu verwandeln. Akzeptiert man das von der bisherigen Forschung erarbeitete und hier im wesentlichen, allerdings mit bedeutsamen Einschränkungen bestätigte Ergebnis, daß die Schaffung der Voraussetzungen für eine schlagkräftige Filmpropaganda gelang, scheint es naheliegend zu sein, auch die Konsequenz zu teilen, daß der angestrebte Erfolg erreicht wurde.

Nach der Untersuchung des Publikumsverhaltens läßt sich jedoch diese nur „positive" Bilanz des Verhältnisses zwischen Regime, Kino und Bevölkerung nicht aufrechterhalten. Einer umstandslosen Indienstnahme des Mediums standen nicht allein die tradierten Rezeptionsgewohnheiten des Publikums entgegen. Gesellschaftliche Wandlungsprozesse sowie die nicht-intendierten Effekte von Herrschaftspraxis und Krieg beeinflußten die Nutzung des Kinos; sie eröffneten dem Medium Film neue Wirkungsmöglichkeiten, aber begrenzten sie zum Teil auch wieder. Die Funktion und Bedeutung des Kinos für das nationalsozialistische Herrschaftssystem kann nicht angemessen beschrieben werden, wenn sein Publikum als passiver Konsument filmischer Botschaften begriffen wird. Ebenso läßt sich die Frage, ob und inwieweit der Film einen spezifischen Beitrag zur Modernisierung der deutschen Gesellschaft des Dritten Reiches geliefert hat, nur beantworten, wenn untersucht wird, in welcher Weise die Bevölkerung das Kino tatsächlich genutzt hat.

Die differenzierende Darstellung der Besuchergewohnheiten in ihren sozialökonomischen Bedingungen, die die Kinonutzung maßgeblich prägten, bildet eine unerläßliche, aber nicht hinreichende Voraussetzung für die

Untersuchung der Wirkung des Films im Dritten Reich. Denn die nationalsozialistische Herrschaft löste in den allgemeinen Lebensbedingungen wie in
den Wertvorstellungen und ebenso im Kinowesen tiefgreifende Dynamisie-
rungsprozesse aus, die das Verhältnis des Publikums zum Medium Film oft
nur kurzfristig veränderten, partiell aber auch dauerhaft beeinflußten. Nur
Entwicklungen, die eine gewisse Konstanz gewannen und damit über die
Dauer des Dritten Reiches hinausreichten, lassen sich in die analytische Kategorie der sozialen Modernisierung einordnen. Das Spezifische des Kinos im
Nationalsozialismus entzieht sich damit weitgehend einer strukturellen Untersuchung. Was das deutsche Kino im Dritten Reich von der Situation in anderen Ländern mit einem ähnlichen wirtschaftlichen Standard unterschied,
läßt sich nur erfassen, wenn untersucht wird, welche Aufgaben ihm vom
Regime zugedacht waren, ob es diese Funktionen erfüllte und in welcher
Weise das Publikum seine „eigenen" Interessen am Medium durchsetzte.

Ein Einfluß der Bevölkerung auf die Filmpolitik setzt voraus, daß das
Regime über Kanäle verfügte, mit deren Hilfe es über die Wünsche und
Bedürfnisse des Publikums informiert wurde. Schon bei dieser eher technischen Fragestellung offenbart sich die Widersprüchlichkeit der nationalsozialistischen Herrschaft und das eklektische Wesen ihrer ideologischen
Grundlagen. Ein Bemühen um die „öffentliche Meinung" fand in der Weltanschauung keine Legitimation. Die öffentliche Meinung war hier nur ein
Objekt der Manipulation für die Ziele Hitlers; der Aufbau einer Publikumsforschung hätte bedeutet, ihr einen eigenständigen Wert zuzumessen. Niemand hätte ausschließen können, daß sich die Ergebnisse einer offenen, mit
demoskopischen Techniken durchgeführten Meinungsforschung auch als
Ablehnung von Teilfeldern der Politik interpretieren ließen. Von einer mo-
dernisierungstheoretischen Fragestellung aus gesehen, belegt dieser Befund,
daß das Regime bewußt auf die Entwicklung sozialwissenschaftlicher Methoden verzichtete und die angebotene Unterstützung durchaus kompetenter Vertreter der „planenden Intelligenz" zurückwies, wenn zu befürchten
war, daß ihre Arbeit das zentrale Arkanum der nationalsozialistischen Herrschaft, die Stellung Hitlers, relativieren und damit verletzen könnte. Die
ontologisch gesetzte Beziehung zwischen Führer und Volk ließ prinzipiell
keine rationale Überprüfung zu.

Andererseits rechtfertigte der Umstand, daß die Partei in ihrer Aufstiegsphase und vor allem Goebbels persönlich durch die Mobilisierung des
Kinopublikums für den Boykott des Films „Im Westen nichts Neues" einen
überragenden Propagandaerfolg verzeichnen konnte, das wissenschaftliche

Interesse an der Erforschung der Filmrezeption durchaus. Die Existenz eines Forschungstabus war jedenfalls in den ersten Jahren nach der „Machtergreifung" den interessierten und zum Teil überaus engagierten Forschern ganz offensichtlich nicht bewußt. Vor allem die Vertreter der noch jungen Zeitungswissenschaft versprachen sich von einem Regime, das seine Macht der Propaganda verdankte, die endgültige Etablierung ihrer Disziplin durch eine Ausweitung des Untersuchungsfeldes auf die zeitgenössisch neuen Medien Film und Rundfunk, einschließlich der Erhebung ihrer Wirkungen. Trotz der erzwungenen Emigration führender Sozialforscher gelang einzelnen Zeitungswissenschaftlern, besonders der Leipziger Gruppe um Hans A. Münster, die Formulierung tragfähiger Konzepte einer empirischen Massenkommunikationsforschung. Eine praktische Erprobung fanden diese Modelle aber nahezu ausschließlich im Rahmen der sogenannten Dorfforschung. Daß die modernsten Formen der empirischen Medienforschung ausgerechnet als Beitrag zur Stärkung der ländlichen Lebensweise, die aus weltanschaulichen Gründen erwünscht war, dienen durften, ihre Anwendung in anderen Bereichen aber weitgehend untersagt wurde, verweist darauf, daß die Ablehnung demoskopischer Techniken nur vordergründig ideologische Ursachen hatte.

Wichtiger war, daß der Verzicht auf die Berücksichtigung wissenschaftlicher Erkenntnisse und empirischer Methoden dem Propagandaminister einen Handlungsvorteil einbrachten, der aus den unter den Bedingungen einer Diktatur kaum vermeidlichen Mängeln der demoskopischen Techniken resultierte. Nur Wissenschaftler, die sich schon als überzeugte Nationalsozialisten ausgewiesen hatten, bekamen die Möglichkeit, Publikumserhebungen durchzuführen. Sie vermieden es schon bei der Konzeption der Fragebögen, abweichenden Meinungen Raum zu geben, was dazu führte, daß ihre Ergebnisse letztlich kaum über Verbreitungsstudien hinausreichten. Schließlich äußerte sich auch die befragte Bevölkerung nur vorsichtig. Eine Anonymisierung der Antworten war weder zugesichert, noch wurde sie erwartet. Nach ihrem Filmkonsum befragte Arbeiter verweigerten ihre Mitarbeit, weil sie um ihren sozialen Besitzstand fürchteten. Sie vermuteten, daß die Untersuchung ihres Freizeitverhaltens einen Beitrag zur effektiveren Organisation der Erwerbsarbeit bilden und damit einen Rationalisierungsschub auf ihre Kosten vorbereiten sollte.

Zusammengenommen unterlegten diese Faktoren die Ergebnisse der wissenschaftlichen Publikumsforschung mit einem Grundtenor der allgemeinen Zufriedenheit, der dadurch gesteigert wurde, daß sich meist allein das nationalsozialistisch gesinnte Filmpublikum äußerte.

Die Überrepräsentation nationalsozialistischer Stimmen kennzeichnete die an Partei- und Staatsorganisationen geknüpfte „Meinungsforschung", die den Kernbereich der Stimmungserkundung im Dritten Reich ausmachte, noch wesentlich stärker. Den umfassendsten und einflußreichsten Apparat zur Beobachtung der Meinungskonstellationen und der Stimmung in der deutschen Bevölkerung unterhielt der Sicherheitsdienst der SS. Der Inlandsnachrichtendienst nutzte die Meinungsforschung auch als Hilfsmittel zur Entdeckung innenpolitischer Gegner und begriff sie damit als polizeiliche Aufgabe. Nicht diese Zielsetzung prägte aber die Berichterstattung über die Resonanz von Filmen in den „Meldungen aus dem Reich", sondern die Tatsache, daß der SD mit seinem methodischen Instrumentarium, der Auswertung von Spitzelberichten, kein „neutraler" Beobachter sein konnte und wollte. Der SD stellte nach eigenem Verständnis vielmehr eine Kontrollinstanz dar, die anderen Partei- und Staatsinstitutionen übergeordnet war. Die geschickte Auswahl und Zusammenstellung der Bevölkerungsmeinung legitimierte den Eingriff in den Verantwortungsbereich des Propagandaministeriums. Da sich der SD als Hüter der nationalsozialistischen Weltanschauung begriff, die es vor allem unter den Bedingungen des Krieges vor Aufweichungstendenzen zu schützen und weiterzuentwickeln galt, gewichtete er regelmäßig jene Meinungen stark, die ein ideologisiertes Filmprogramm verlangten.

Diese Auswahlasymmetrie entwertete alle Versuche zur Publikumsforschung im Dritten Reich. Allein für besonders nationalsozialistisch gesinnte Kinobesucher waren Meinungserhebungen ein Mittel, ihre Interessen im und am Kino zu artikulieren und in einem begrenzten Umfang durchzusetzen. Durch die Fehlgewichtung ging von den Umfragen ein beträchtliches Radikalisierungspotential aus. Rückkopplungen zwischen dem Kinopublikum und der Propagandaführung existierten zwar, aber der größte Teil der Bevölkerung war von ihnen nicht erfaßt. Ein Korrektiv gegen die politische Inanspruchnahme des Kinos konnte und sollte die Publikumsforschung nicht darstellen.

Aus der Tatsache, daß sich kein hinreichend legitimierter und glaubwürdiger Vertreter des „Normalgeschmacks" herausbilden konnte, resultierte eine spezifische Machtposition des Propagandaministers. Die Mängel der wissenschaftlichen wie der parteieigenen Meinungsforschung waren so offensichtlich, daß Goebbels als selbsternannter Vertreter der Gesamtheit der Kinobesucher, als „Publikus", handeln konnte. Im Zweifel bewertete Goebbels seine Erfahrungen im Wettbewerb um die Gunst der Bevölkerung mit

einem gewissen Recht höher als die Erkenntnisse von „professionellen"
Publikumsforschern. Er hatte sich in zahllosen Propagandafeldzügen eine
Feinfühligkeit für die Interessen des Publikums, für seine Vorlieben und
Abneigungen, sowie einen fast hellseherischen Instinkt für noch gar nicht
zutage getretene Wandlungen im allgemeinen Geschmack erworben. Diese
personengebundene Form der Orientierung am Publikum prägte die Filmpolitik entscheidend und führte zu einer stärkeren Selbstbescheidung in
der propagandistischen Zielsetzung, als aus den Filmwirkungserhebungen
zu entnehmen gewesen wäre, die dem RMVP in großem Umfang vorlagen.
Eben weil Goebbels seine Entscheidungen auf sein eigenes Empfinden für die
Wünsche der Durchschnittsbesucher und nur, wenn es sich aus machttak-
tischen Gründen nicht vermeiden ließ, auf die Berichte des SD und anderer Institutionen stützte, vermied er etwa die stärkere Durchtränkung der
Spielfilme mit NS-Symbolen und die Beschneidung „erotischer" Szenen,
zögerte nach Kriegsbeginn den Ausschluß amerikanischer Filme vom deutschen Markt hinaus und bewahrte den Film vor einer totalen Ausrichtung
auf den Krieg. Daß dieser Mechanismus bei den antisemitischen Filmen nicht
griff, belegt, daß der Propagandaminister hier keinen Konflikt mit der Erwartungshaltung der Kinobesucher befürchtete. Die eher durch die augen-
fälligen Schwächen der Meinungserhebungspraxis sowie durch persönliche
Animositäten als ideologisch begründete Ablehnung einer unter den Bedingungen einer Diktatur ohnehin nicht möglichen „neutralen" Publikumsforschung schlug damit letztlich in einen Vorteil für das Regime um, denn
die weitgehende Nichtbeachtung der Forderungen nach einer offenen Nutzung aller Elemente des Filmprogramms zur direkten politischen Propaganda
sicherte dem Kino den dauerhaften Zuspruch jener Teile des Publikums, die
durch eine allzu unverhohlene Politisierung vom Filmkonsum abgeschreckt
worden wären.

Die Tatsache, daß Goebbels auf die Entwicklung einer institutionali-
sierten Meinungsforschung weitgehend verzichten konnte, läßt nicht den
Schluß zu, daß dem Regime mit dem Kino ein reibungslos funktionierendes
Manipulationsinstrument zur Verfügung stand. Die Wirkungsmöglichkeiten
des Kinos wurden durch die differenzierten, aber schon festgefügten Strukturen und Traditionen des Kinobesuchs begrenzt, die sich im Dritten Reich
nur graduell veränderten. Und nicht jede tatsächliche Entwicklung vollzog
sich in Übereinstimmung mit den Interessen des Regimes.

II. Homogenisierung oder Differenzierung des Medienkonsums?

Den augenfälligsten Erfolg der nationalsozialistischen Film- und Kinopolitik stellte die Vervierfachung der Besuchszahlen innerhalb eines Jahrzehnts dar. Dieser Anstieg vollzog sich zweifellos in Übereinstimmung mit den Intentionen des Regimes. Der Zuspruch des Kinopublikums war die eindrucksvollste, oft herausgestellte Bestätigung eines kulturellen Anspruchs, der den Massengeschmack, ein Mindestmaß an filmischer Qualität und ideologische Anforderungen miteinander versöhnen wollte. Zum Teil beruhte die gewachsene Publikumszuwendung auf Anstrengungen im Bereich der Filmdistribution. Die Verbesserung der Möglichkeiten der Bevölkerung zum Filmkonsum war kein Ziel an sich, sondern sollte die Chancen zur Selbstdarstellung des Regimes und seiner kulturellen Leistungsfähigkeit erhöhen sowie die Voraussetzungen für einen gleichmäßigen Erfolg von Propagandaaktionen schaffen. Denn dem Kino wurde die Potenz zugebilligt, alle sozialen Schichten in gleicher Weise anzusprechen. Gerade dieses Versprechen machte es für die nationalsozialistische Propaganda interessant, da sich damit die Erwartung verknüpfte, daß die Wirkungsmöglichkeiten des Films nicht durch die traditionellen Sinnvermittlungsinstanzen der sozialmoralischen Milieus in Frage gestellt und begrenzt wurden. Aber weniger die direkten propagandistischen Einsatzmöglichkeiten des Films als das ihm allgemein unterstellte soziale Homogenisierungspotential sollte sich als der bestimmende Faktor der nationalsozialistischen Kinopolitik erweisen. Mit dem Siegeszug der modernen Massenmedien Film und Rundfunk verband sich die Hoffnung, daß sie die im Verlauf der Modernisierung herausgebildete soziale Differenzierung überwinden und zu einer homogeneren Gesellschaft beitragen würden.

Damit ging die nationalsozialistische Kinopolitik von Anfang an von zweifelhaften Voraussetzungen aus. Der Kinobesuch war zu keinem Zeitpunkt Ausdruck einer schrankenlosen Individualisierung, die in egalitäre Verhaltensmuster in der „Massengesellschaft" umschlug. Wer zu welchen Gelegenheiten mit wem ins Kino ging, folgte gesellschaftlichen Regeln, differierte nach Wohnort, Schicht, Alter, Geschlecht und wirtschaftlichen Möglichkeiten, und auch das Verhalten in den Besuchersälen war weitgehend habitualisiert. Die nationalsozialistische „Machtergreifung" schien zunächst diese festgefügten Strukturen mit negativen Folgen für den Kinobesuch aufzubrechen. Die Vertreter der Filmindustrie vermerkten besorgt, daß die zeitlichen und finanziellen Ressourcen der Bevölkerung durch die NS-Gliederungen so stark in Anspruch genommen würden, daß für den Kinobesuch nichts mehr

übrigbliebe. Damit drohte die paradoxe Situation, daß die nationalsozialistische Filmpropaganda ihre Zielgruppen nicht mehr erreichen konnte, weil das
erhoffte Publikum seine Zeit in NS-Organisationen verbrachte und sein Geld
für Uniformen ausgab.

Dieser Widerspruch löst sich bei der Untersuchung der Kinonutzung einzelner Bevölkerungsgruppen auf. Das RMVP bemühte sich keineswegs darum, die Gesamtheit der Bevölkerung zu einem stärkeren Kinokonsum zu bewegen. Im Gegenteil, die Vergünstigungen für Arbeitslose, für Soldaten und
selbst für Mitglieder der uniformierten Parteigliederungen, die sich während
der Weltwirtschaftskrise am Markt ausgebildet hatten, wurden im ökonomischen Interesse der Kinobetreiber zurückgeschnitten. Das Regime legte von
Anfang an einen größeren Wert auf die vorsichtige Weiterentwicklung der
vorgegebenen Bedingungen als auf die revolutionäre Umgestaltung der Film-
vertriebsformen und eine stürmische Expansion der Besucherzahlen. Die
Gründe für diese Zurückhaltung lagen in der wirschaftlichen Situation. Zum
Zeitpunkt der „Machtergreifung" befanden sich die Kinobetriebe in einer
tiefen Krise, die die infrastrukturellen Grundlagen für eine erfolgreiche Filmpolitik auszuhöhlen drohte. Die Modernisierungsbemühungen konzentrierten sich zunächst auf die Schaffung ökonomisch tragfähiger Kinobetriebe.

Erhebliche Anstrengungen im sozialen Bereich unternahm man jedoch,
um diejenigen Bevölkerungsgruppen, die bisher noch nicht oder nur unter
restriktiven Auflagen vom Film erreicht worden waren, für das Medium
zu gewinnen. Eine wichtige Zielgruppe bildete die Landbevölkerung. Kino
war und ist ein urbanes Vergnügen, die Theater waren für die ländliche
Bevölkerung wegen der Entfernung zu den Städten oft schwer zu erreichen,
dazu kamen die spezifische hohe zeitliche Belastung durch die bäuerliche
Erwerbstätigkeit, geringere Einkommen und oft auch mentale Vorbehalte.
Wer ein Kino besuchte, machte schließlich im Rahmen des Dorfes öffentlich,
daß er über freie Zeit verfügte; er geriet damit in den Verdacht des Müßigganges und der Geldverschwendung für einen durchsichtigen Schwindel.
Ein beträchtlicher Anteil der Gesamtbevölkerung blieb somit für Filmpropaganda unerreichbar. Auch weil die NS-Führung befürchtete, daß die schlechte Ausstattung der Provinz mit kulturellen Einrichtungen die Migrations-
bewegungen in die Städte beschleunigen würde, entwickelte sich die Schaffung einer Kinoinfrastruktur im ländlichen Raum zur Hauptaufgabe der
Filmarbeit der NSDAP.

Die Auswirkungen der Parteifilmveranstaltungen auf dem Land sind differenziert zu bewerten. Obwohl die Veranstaltungen 1940 etwa 50 Millionen

Konsumenten erreichten, blieb die traditionelle Distanz gegenüber dem Film in der ländlichen Bevölkerung bis zum Kriegsbeginn groß. Daran änderte die Tatsache wenig, daß die Gaufilmstellen überwiegend Unterhaltungsfilme vorführten. Da diese Filme oft veraltet waren, fühlte sich die Landbevölkerung weiterhin gegenüber der Stadt benachteiligt. Eine Homogenisierung des Freizeitverhaltens bahnte sich allein in der jüngeren Generation an. Weil die Filme überwiegend Identifikationsmuster aus der städtischen Lebenswelt zeigten, was ausweislich der Besucherstruktur gerade von Jugendlichen positiv rezipiert wurde, ist es fraglich, ob die Veranstaltungen das ihnen zugedachte Ziel, gegen die „Landflucht" zu wirken, tatsächlich erfüllten.

Die Jugendlichen standen im Zentrum der nationalsozialistischen Kinoarbeit. Mit der gleichen Entschiedenheit, mit der die Jugendschutzbewegung noch während der Weimarer Republik den Film als sozial schädliche Überwältigung der kindlichen und jugendlichen Psyche verdammt hatte, suchte die Filmpolitik nun die ähnlich absolut gedachte Wirkungsmacht des Mediums für die Indoktrination der nachwachsenden Generation zu nutzen. Damit hatte das Regime die Argumente der konservativen Kulturkritik gegenüber dem Medium zugleich aufgegriffen und für die eigenen Zwecke nutzbar gemacht. Kindern und Jugendlichen wurde wie nie zuvor der Kinobesuch erleichtert und oft erst ermöglicht. Das Lichtspielgesetz von 1934 beseitigte das Kinoverbot für Kinder, und Hitler sorgte persönlich dafür, daß eine zunächst vorgesehene Geldstrafe für Jugendliche, die sich in Erwachsenenfilme geschlichen hatten, nicht eingeführt wurde. Die Schule erhob den Film zu einem neben dem Buch gleichberechtigten Lehr- und Lernmittel und machte den Besuch von Sondervorstellungen in den Kinos zum regelmäßigen Unterrichtsbestandteil.

Neben dem normalen Kinoprogramm und dem Schulfilm bildeten die Jugendfilmstunden der HJ die dritte Säule der nationalsozialistischen Jugendkinopolitik. Die von den Gaufilmstellen organisierten Sondervorstellungen der örtlichen Kinos waren Teil des Dienstplans, die Formationen marschierten geschlossen an, es wurden die üblichen Lieder gesungen, eine Rede gehalten, ein Kulturfilm vorgeführt. Als Hauptprogramm liefen jugendfreie Filme des normalen Verleihangebots. Die Wirkung war regional und nach soziokulturellen Milieus differenziert. In den ländlichen Gebieten fungierte die HJ oft als einziger Anbieter von Filmveranstaltungen, deren Attraktivität und Akzeptanz bei den Jugendlichen vergleichsweise hoch gewesen sein dürfte. In den Städten konkurrierten sie hingegen über den niedrigen Eintrittspreis mit den kommerziellen Kinos. Für viele Heranwachsende, die in

Städten lebten, verlor das organisierte Kino in dem Maße an Attraktivität, in dem es zum Bestandteil von Lehr- und Dienstplänen wurde.

Entgegen den Angaben zeitgenössischer Schätzungen, die den weiblichen Publikumsanteil regelmäßig mit etwa 60 bis 70 Prozent angaben, war die Kinobesuchsfrequenz von Frauen in allen Alters- und Berufsgruppen um nahezu ein Drittel niedriger als diejenige der Männer, was sich durch die traditionelle Fixierung auf Heim und Familie, die schlechtere Einkommenssituation und eine höhere zeitliche Belastung durch die Familienarbeit erklärt. Die Kinobesuchsfrequenz der Frauen differenzierte sich vor allem nach den Kriterien des Alters und des Wohnorts. Junge Frauen gingen wesentlich häufiger in ein Filmtheater als ältere, wer in einer Stadt wohnte, öfter als Landbewohnerinnen. Auf dem Land waren die Unterschiede im Kinobesuchsverhalten zwischen den Geschlechtern stärker ausgeprägt. Verglichen mit konkurrierenden Freizeitaktivitäten, etwa dem regelmäßigen Besuch einer Gaststätte, war der weibliche Kinobesuch im Dritten Reich jedoch sozial nur noch wenig tabuisiert. Zu keinem Zeitpunkt hat das Regime Pläne verfolgt, Frauen aus dem Kinopublikum zu vertreiben.

Gegenüber den Arbeitern unternahm das Regime kaum Anstrengungen, um ihr Interesse am Film zu erhöhen. Die von den Gaufilmstellen und der KdF angebotenen Veranstaltungen blieben so vereinzelt, daß sich keine Anknüpfung an die während der Weimarer Republik schon weitgehend gescheiterten Versuche der sozialistischen Parteien zum Aufbau proletarischer Besucherorganisationen erkennen läßt. Auch die intensive Diskussion um die Folgen des Filmkonsums für das politische Bewußtsein der Arbeiter fand im Dritten Reich keine Fortsetzung. Die wenigen Quellen zum Kinobesuchsverhalten von Arbeitern lassen die Aussage zu, daß sich ihr Filmgeschmack nur wenig von dem der übrigen Bevölkerung unterschied. Der Erfolg von Propagandafilmen scheint bei den Arbeitern im Dritten Reich jedoch eher unterdurchschnittlich gewesen zu sein. Aber auch ihr generelles Interesse für den Film war schwächer ausgeprägt als das anderer Bevölkerungsgruppen. Da sich an der „Kinoferne" der Arbeiterschaft während der Friedensjahre des Dritten Reiches nichts änderte, konnte der Film wenig zur Erosion der proletarischen Milieus beitragen.

Insgesamt ist in den ersten sechs Jahren der nationalsozialistischen Herrschaft keine Egalisierung im Kinobesuchsverhalten feststellbar. Damit hatte die Kinopolitik des Regimes ihr zentrales Ziel verfehlt, ausgerechnet mit Hilfe des modernen Massenmediums Film den sozialen und kulturellen Differenzierungsprozeß, der die Moderne prägt, umzukehren. Die weiterhin sehr unterschiedliche, in großen Teilen der Bevölkerung nur geringe Kinonutzung verhinderte zudem, daß der Film in diesem Zeitraum ein allgemein wirkendes Propagandainstrument des nationalsozialistischen Staates darstellte. Die wesentliche Ursache für den Besucheranstieg in der Vorkriegszeit bildeten die gestiegenen Einkommen, die nun wieder einen regelmäßigen Gang ins Kino erlaubten. Folgt man der These, daß ein steigender Grad an Mediennutzung ein Ausweis von Modernität ist, muß man konstatieren, daß die deutsche Gesellschaft in ihrem Kinokonsumverhalten keinen Modernisierungsschub erlebte, sondern sich wegen ihrer mit der Überwindung der Weltwirtschaftskrise verbesserten ökonomischen Lage allmählich wieder der Normalität in den Nachbarstaaten annäherte.

Verglichen mit dem wirtschaftlichen Faktor, waren die Bemühungen der Propagandaführung um einen stärkeren Filmkonsum von nur geringer Bedeutung. Ein hoher Grad „an sozialer Mobilisierung", den Michael Prinz in diesem Bereich bemerkt haben will, findet bis 1939 jedenfalls keinen Beleg.[1] Die Möglichkeiten des Regimes zur Meinungsbeeinflussung durch den Film verbesserten sich allein bei denjenigen, die regelmäßig Kinos besuchten, besonders also bei den Jugendlichen. Die Unterminierung der traditionellen Milieus und ihr partieller Ersatz durch NS-Organisationen verminderte den Einfluß von sozialen Bezugssystemen, die in der Lage gewesen wären, die Wirkung des Kinos zu absorbieren oder gar zu konterkarieren, konnte ihn jedoch keineswegs aufheben. Der kulturelle Rahmen, in dessen Grenzen die filmischen Angebote interpretiert werden konnten, war zwar einem Vereinheitlichungsprozeß unterworfen, der es der Bevölkerung tendenziell erschwerte, die filmischen Angebote anders als vom Regime gewünscht zu interpretieren, eine gleichmäßige Wirkung der Propaganda hätte sich aber nur durch die Anpassung der unterschiedlichen Rezeptionsgewohnheiten des Publikums an das homogenisierte Programm erreichen lassen.

III. Kinoprotest und Herrschaft

Die Beseitigung der offenen Foren der öffentlichen Kommunikation, vor allem der freien Meinungsäußerung in der Presse, überdeckte, daß die breite Kluft zwischen dem Selbstbild des Regimes und der Realität in kaum einem gesellschaftlichen Bereich geschlossen wurde. Vollständig ließ es sich aber nicht verhindern, daß sich die sozialen Konfliktpotentiale und Konfrontationslinien auch in der Öffentlichkeit äußerten. Dabei darf Öffentlichkeit

nicht als jene von Jürgen Habermas idealtypisch untersuchte Sphäre gedacht
werden, in der sich ein bürgerliches Publikum auf gleichberechtigter Basis
rational verständigt. Daß diese Definition von Öffentlichkeit weder den Bedingungen in der nationalsozialistischen Diktatur noch einer massenmedial
vermittelten Kommunikation gerecht wird, liegt auf der Hand. In Anlehnung
an Peter Hüttenbergers Arbeit über die Verfolgung von „Heimtücke" durch
das Sondergericht München wurde in der vorliegenden Arbeit Öffentlichkeit
lokal und funktional definiert. Kinos waren im Dritten Reich öffentliche
Orte, weil in ihnen eine Kommunikation über die engsten Primärgruppen
hinaus erfolgte und sie „dennoch nicht durch die Organe des Regimes vollständig zu kontrollieren" waren.[2] Zu diesen Orten zählten Gaststätten, ge-
sellige Zirkel, der Arbeitsplatz und eben auch die Kinosäle.

Die Nutzung der Kinos durch das Publikum zur Erzeugung von Öffentlichkeit läßt sich nach ihren Auswirkungen auf die nationalsozialistische
Herrschaft in drei Kategorien einteilen.

1. In die erste Gruppe fallen die Störrufe einzelner, der Applaus an den
„falschen" Stellen und die Verweigerung von Zustimmung. Solche Hand-
lungsweisen werden rasch dem Bereich des Zufälligen, Unpolitischen und
Privaten zugeordnet. Die Äußerungen aus dem Kinopublikum entsprachen
noch weniger dem Modell einer vernünftig argumentierenden Rede und
Gegenrede, als es selbst in alkoholbeschwingten Stammtischrunden der Fall
gewesen sein dürfte. Meist handelte es sich um spontane Reaktionen auf bestimmte Wochenschauszenen, die mit halblauter Stimme an den Sitznach-
barn gerichtet oder in die Dunkelheit der Zuschauersäle gerufen wurden.
Diese Form der intervenierenden Kommunikationsakte wurzelte in der Vergangenheit des Kinos als Jahrmarktsvergnügen, das dem Publikum – im
Vergleich zum bürgerlichen Theater – ein breites Spektrum an Äußerungs-
formen, etwa gesprochene Kommentare und die Imitation von Leinwand-
darstellern, zugestand. Die Praxis der verbalen, physischen und symbolischen Gegenrede der Besucher behauptete sich hartnäckig gegen den Disziplinierungsdruck, der zwar mit der Verbürgerlichung des Kinos schon lange
vor der nationalsozialistischen Machtübernahme begonnen, sich im Dritten
Reich durch die Inanspruchnahme der Theater für staatliche Repräsentation
und Kampagnen der Partei aber massiv verstärkt hatte. Die soziale Position und der Erfahrungshorizont derjenigen, die sich äußerten, ließen sich
nicht bestimmen. Sie dürften aber denen der Träger des Heimtückediskur-
ses entsprochen haben, d. h., es handelte sich überwiegend um Vertreter von
Gruppen, die von langfristigen gesellschaftlichen Transformationsprozessen

negativ betroffen, durch Weltkrieg, Inflation und Weltwirtschaftskrise verarmt waren und die sich mit ihren in den Nationalsozialismus gesetzten Hoffnungen getäuscht sahen. Die Unzufriedenheit hatte vielfältige Quellen. Die Tatsache, daß Göring zu ihrer zentralen Zielfigur wurde, verweist darauf, daß sie auch in der Erfahrung der sozialen Ungleichheit wurzelte und durch das „Bonzentum" der Parteifunktionäre ständig neue Nahrung erhielt.

Die Zwischenrufer durchbrachen das Interpretationsmonopol des Regimes, indem sie ihm die eigene Weltsicht entgegensetzten. Die Störrufe lassen sich darüber hinaus als Versuch der Vergewisserung interpretieren, ob man mit seiner Kritik tatsächlich so isoliert war, wie es die gleichgeschalteten Medien vermittelten. Damit befanden sich diese Handlungen auf der niedrigsten Schwelle zu einer Oppositionsbildung, auch wenn ihnen die politisch-strategische Dimension fehlte. Das Regime interpretierte ohnehin jede negative Äußerung über seine Repräsentanten, Einrichtungen und Ziele als politisch und reagierte mit dem Einsatz seiner Verfolgungsorgane.

2. Eine völlig andere Funktion für die nationalsozialistische Herrschaft als die individuellen Störaktionen, denen ein Destabilisierungspotential nicht abgesprochen werden kann, hatte die kollektive Nutzung der Kinosäle für politische Protesthandlungen. Solche Handlungen waren prinzipiell nur regimenahen Gruppierungen möglich, was aber nicht unbedingt bedeutete, daß sie zentral gesteuert waren und nur in Übereinstimmung mit den Interessen der Propagandaführung stattfanden. Lokale Funktionsträger der Partei mobilisierten SA-Männer und Studenten auch gegen den Willen des für die Kinos verantwortlichen Ministeriums zur kollektiven Artikulation ihrer Interessen, die in der Regel auf eine Radikalisierung der nationalsozialistischen Kulturpolitik zielten.

Verantwortlich für die Beliebtheit des Kinos beim Publikum war nicht zuletzt die relative Vielfalt des Films im Dritten Reich, der Unterhaltungsangebote für nahezu jedermann bereithielt. Insofern unterschied sich der Film im Dritten Reich nur graduell vom Film der Weimarer Republik. Vom nationalsozialistischen Standpunkt aus betrachtet, war die Kehrseite der Offenheit in den Identifikationsmöglichkeiten eine weltanschauliche Beliebigkeit, die von zeitgenössischen Beobachtern oft mit dem Begriff „Kitsch" umschrieben wurde. Diesen Preis für den Erfolg beim breiten Publikum zu zahlen, waren gerade überzeugte Anhänger der NS-Bewegung nicht bereit, die sich von der Machtübernahme einen grundlegenden kulturpolitischen Wandel versprochen hatten. Die während der Weimarer Republik wesentlich von der NS-Bewegung entwickelte Tradition, die Kinosäle als Schauplätze der politischen Auseinandersetzung zu nutzen, lebte im Dritten Reich als herrschaftsinterner Konflikt weiter.

Ausgerechnet in der eigenen Klientel stieß die Filmpolitik des RMVP auf die massivsten Widerstände, deren Ausdrucksformen auf den ersten Blick auf eine ernsthafte politische Opposition hindeuten. Tatsächlich lassen sich die von Teilen der SA und Studenten getragenen Kinoproteste als Akte der Selbstartikulation durch spezifische Milieus deuten. Ihre Träger handelten aus der Haltung heraus, daß ihre kulturpolitischen Interessen und ihre wohlerworbenen Ansprüche auf machtpolitische Partizipation nicht genügend berücksichtigt würden. Die Formen, in denen die Proteste vorangetrieben wurden, entsprachen einerseits dem nationalsozialistischen Instrumentarium des politisch motivierten Kinokrawalls, andererseits aber auch jenen Mitteln der symbolischen „Aneignung", die traditionell den Unterschichtenprotest auszeichneten. Neben der Verwendung direkter Gewalt ist insbesondere die Umfunktionierung des Privatbesitzes am Kino in einen „öffentlichen Raum" durch die offensive Formulierung politischer Forderungen an die Allgemeinheit und vor allem an die Regimeführung hervorzuheben. Auch die abgestuften Reaktionen auf die Kinoproteste lassen diesen Vergleich zu. Zwar blieben die Sanktionen begrenzt, die Hinzuziehung der Polizei erneuerte jedoch regelmäßig das Hausrecht der Kinobetreiber. Auf einer sekundären Ebene wurde im Zuge von Neubaumaßnahmen sukzessive die unübersichtlichen Kinos beseitigt und durch überschaubare, „sachliche", also leichter zu kontrollierende Räumlichkeiten ersetzt. Der Fassadenschmuck und die Dekoration der Innenräume demonstrierten, daß die Kinos keine Orte darstellten, die dem allumfassenden Verfügungsanspruch von Partei und Staat entzogen waren. Erst durch die Verschärfung der Filmzensur, eine Maßnahme, die durchaus eine Erfüllung der Forderungen der Parteibasis nach einer „Reinigung" des Filmprogramms bedeutete, die Ausdehnung des Filmkritikverbots auf die Parteipresse und innenarchitektonische Maßnahmen, die viele Kinos in Orte staatlicher Repräsentation verwandelten, gelang es allmählich, die Krawalle zum Verschwinden zu bringen.

Die Kinokrawalle stellten einen Makel am Bild der geschlossenen „Volksgemeinschaft" dar, sie kratzten an der Autorität des Propagandaministers, eine Destabilisierung der nationalsozialistischen Herrschaft bewirkten sie jedoch nicht. Im Gegenteil: die Möglichkeit, in den Kinos zu randalieren, erhielt der nach der „Machtergreifung" zunehmend funktionslos gewordenen SA auch nach der Niederschlagung des „Röhm-Putsches" ein Feld, auf dem sie ihren Aktionismus mit den erprobten Mitteln ausleben konnte. Da es den Gruppen durch die Demonstrationen gelang, zeitweise Einfluß auf das Programm einzelner Kinos zu gewinnen, vermittelte sich ihnen der Eindruck, an der Herrschaftsausübung zu partizipieren. Der Kinokrawall ermöglichte den SA-Männern einen allmählichen Abschied von der „Kampfzeit" und gab ihnen Zeit, sich sukzessive an die Normen der sich stabilisierenden NS-Gesellschaft zu gewöhnen. Insofern wirkten die befristete Offenlassung eines Betätigungsfeldes und die Möglichkeit, auf die Gestaltung des Programms einzelner Kinos zeitweise einzuwirken, integrativ.

Anders als beim Versuch der SA, massiven Einfluß auf die staatliche Verwaltung, die Polizei und besonders das Militär zu gewinnen, kam sie ernstzunehmenden Interessen auf diesem Feld nicht ins Gehege. Die hauptsächlich angegriffenen emigrierten jüdischen Schauspieler waren aus nationalsozialistischer Sicht nicht schutzwürdig. Die betroffenen Filme sollten ohnehin aus dem Programm zurückgezogen werden; dieser Prozeß beschleunigte sich nur. Wenn die Interessen der Kinobetreiber massiv tangiert wurden, konnten sie sich auf den polizeilichen Schutz verlassen. Die Kinoproteste waren zwar dazu geeignet, die Autorität des Propagandaministers in Frage zu stellen, aber Goebbels war eine gewisse Zeit bereit, diesen Preis zu zahlen. Er begriff sich in den ersten Jahren nach der „Machtergreifung" noch nicht als alleinverantwortlich für das Kinoprogramm und empfand zudem eine tiefe Sympathie für eine Aktionsform, die er als Berliner Gauleiter selbst entwickelt hatte.

3. Wirkte sich der dezentral organisierte Kinoprotest durch seine integrative Funktion stabilisierend auf die NS-Herrschaft aus, so handelte es sich bei den zentral gesteuerten antisemitischen Kinokrawallen um eine terroristische Form der Herrschaftsausübung selbst. Am Beispiel der Vorgänge um den schwedischen Film „Petterson & Bendel" wird deutlich, auf welch perfide Weise der Propagandaminister von ihm selbst inszenierte Publikumskrawalle einsetzte, um regimeinterne Auseinandersetzungen für sich zu entscheiden, zugleich die Ausgrenzung der jüdischen Bevölkerung voranzutreiben und die Enteignung jüdischer Kinobesitzer zu vollenden. Mit der Unterstellung, Juden hätten eine Demonstration gegen einen antisemitischen Film in einem Kino am Kurfürstendamm veranstaltet, leitete Goebbels eine Reorganisation der Berliner Polizeiführung ein, die seine politische Basis erneuerte. Was für den Propagandaminister ein machttaktisches Kabinettstück darstellte, bedeutete für die Berliner Juden blutige Unterdrückung. Jenseits von Goebbels' persönlichem Kalkül bewahrte sich der Nationalsozialismus an der Herrschaft mit der Zulassung räumlich begrenzter Kinoproteste den Schein jener

Dynamik, die ihm in der Aufstiegsphase geholfen hatte, zu einer politischen Kraft zu werden.

Die hier idealtypisch aufgeführten drei Formen von Publikumsprotesten in den Kinos des Dritten Reiches verdeutlichen die Problematik, den Begriff der „Öffentlichkeit" zur inhaltlichen Bestimmung von Widerstand heranzuziehen. In ihren äußeren Formen lassen sich alle Aktionen umstandslos in gängige Widerstandstypisierungen einordnen. Klaus Gotto, Hans Günther Hockerts und Konrad Repgen haben nach dem Kriterium des Risikogrades vier Stufen des Widerstandes unterschieden, die von Unzufriedenheit und Resistenz über öffentlichen Protest bis hin zum aktiven Widerstand, der sich global gegen das Regime richtet, verlaufen.[3] Eine ähnliche, um zwei Kriteriengruppen erweiterte Skala hat Detlev Peukert entworfen. Danach war eine Normverletzung um so herausfordernder für das Regime, je stärker staatsbezogen, d. h. auch öffentlich, ihr Wirkungsraum und je genereller die Reichweite der Systemkritik war.[4]

Die hier untersuchten Protestaktionen erzeugten Öffentlichkeit außerhalb der Medien, was aber nicht notwendig bedeutete, daß sie eine „Gegen"-Öffentlichkeit konstituierten. Funktional einen widerständigen Gehalt für den Herrschaftszusammenhang beinhalteten allein die individuellen Störrufe. Sie erneuerten kulturelle Identität und stellten das Interpretationsmonopol des staatlich gelenkten Films in Frage. Diese Form des Protestes richtete sich gegen den allgegenwärtigen Disziplinierungsdruck, nicht aber gegen Ziele der nationalsozialistischen Politik. Ihre Wirkung blieb gering. Das Ausbleiben einer Solidarisierung der übrigen Besucher zeigte deutlich, daß die überwiegende Mehrheit bereit war, sich den Verhaltensanforderungen zu beugen. Die kollektiven Aktionen hingegen bestärkten durch ihre integrierende Wirkung die NS-Herrschaft selbst dann, wenn sie sich gegen Teilfelder der Politik richteten. Damit erweisen sich auch alle Versuche, die verschiedenen Formen von Widerständigkeit nach dem Organisationsgrad zu ordnen, als für das Phänomen des Kinoprotestes nicht anwendbar.

Wenn Demonstrationsakte organisiert waren, erfüllten sie in der Regel eine Funktion innerhalb der nationalsozialistischen Herrschaftsausübung. Lokale Funktionsträger, bestimmte Gauleiter, aber auch Goebbels selbst inszenierten und organisierten Protestaktionen, um sich im internen Machtgefüge besser zu positionieren. Solange und insofern nonkonformes Verhalten zumindest partiell von NS-Eliten auf ganz unterschiedlichen Machtebenen gefördert und gedeckt wurde, war es in den Anfangsjahren des Dritten Reiches durchaus dazu geeignet, konkurrierende Funktionsträger öffentlich straflos herauszufordern. Daß sich die Proteste inhaltlich gegen Elemente der offiziellen Kinopolitik richteten, war eine unverzichtbare Voraussetzung dieses Kampfmittels. Ein radikaler Standpunkt legitimierte die Aktionen ideologisch, ein Ausdruck von Opposition war er nicht.

Verallgemeinerbar verweist dieses Ergebnis auf die Unzulänglichkeit von phänomenologischen Definitionen dissenten Verhaltens im Nationalsozialismus. Durch die Vernachlässigung der Motive und Zielvorstellungen der Handelnden sowie der Funktionen der Handlungen für den Herrschaftszusammenhang birgt der Rekurs auf die Erscheinungsformen die Gefahr einer uferlosen Ausdehnung des Widerstandsbegriffs.

Auch wenn die in den Friedensjahren des Dritten Reiches überraschend häufigen Kinokrawalle in erster Linie als „Argument" in regimeinternen Auseinandersetzungen genutzt wurden, verweisen sie auf eine allgemeine Entwicklung, die das NS-Kino von dem der Weimarer Republik unterschied. Das Publikum erkannte im Kino das Antlitz des NS-Staates, der für sich einen unumschränkten kulturellen Führungsanspruch reklamierte. Damit war der Staat auch für alle vorgeführten Filme und für jeden Vorgang im Kino direkt verantwortlich.

IV. Kino und Krieg

Das Bedürfnis, sich durch den Augenschein davon zu überzeugen, daß die Realität mit ihrer scheinbar dokumentarischen Widerspiegelung in den Wochenschauen übereinstimmte, lockte die Bevölkerung zu Beginn des Zweiten Weltkriegs in einem vorher nicht gekannten Ausmaß in die Kinos. Bis zu diesem Zeitpunkt hatten die Filmtheaterbesitzer bei innen- und außenpolitischen Krisen jeweils einen Einbruch bei den Besucherzahlen zu verzeichnen gehabt. Wohl zum ersten Mal verloren die Wochenschauen den Status eines zusätzlichen Vergnügens und erlangten denjenigen eines Informationsmittels, von dem sich das Publikum aktuelle Nachrichten vom Fortgang des Krieges und die Beruhigung über das Schicksal der eingezogenen männlichen Familienmitglieder versprach. Dementsprechend war der Zustrom zu den Kinos nun in allen Bevölkerungsgruppen hoch. Erst die Anziehungskraft der in den Wochenschauen gezeigten Siege der deutschen Soldaten beseitigte die in den ländlichen Gebieten noch bestehenden Vorbehalte gegenüber dem Kino. Insofern egalisierte der Krieg die bis dahin altersmäßig, sozial und regional stark unterschiedlichen Besuchsfrequenzen, etablierte den regelmäßigen

Kinobesuch als allgemein akzeptiertes Freizeitverhalten und vereinte damit zum ersten Mal tatsächlich die „Volksgemeinschaft" vor der Leinwand. Nicht das Kino mobilisierte die Bevölkerung für den Krieg, sondern der Krieg mobilisierte die Bevölkerung für das Kino. Die Besucherkreise, die, durch die Kriegsereignisse motiviert, nun zum ersten Mal in die Kinos strömten, erlebten sie als Orte, in denen der Staat sich unter Verwendung sakraler Elemente selbst zelebrierte. Daß man sich im Angesicht der Siegesmeldungen „würdevoll" zu verhalten hatte, war für sie eine bleibende Erfahrung.

Die Verankerung des „Ins-Kino-Gehens" als fester Bestandteil bei der Gestaltung der arbeitsfreien Zeit sollte sich als dauerhafter erweisen als seine Nutzung zur Informationsbeschaffung. Denn die starke Ausweitung der Wochenschauberichterstattung konnte ebensowenig wie ihre Professionalisierung verhindern, daß das Vertrauen der Bevölkerung in die Verläßlichkeit der Informationen rasch erodierte. Dennoch hielt der vom Kriegsbeginn ausgelöste Kinoboom an. Diese Entwicklung ist mit dem Verweis auf das gestiegene Ablenkungsbedürfnis und die Einschränkungen in anderen Freizeitbereichen nur unzureichend erklärt.

Die Problematik läßt sich anhand der Kinosituation im Generalgouvernement illustrieren. Zunächst plante die deutsche Besatzungsmacht ein nahezu vollständiges Kinobesuchsverbot für die dortige polnische Bevölkerung. Aus finanziellen Gründen öffnete man die Kinos, die in deutschen Treuhandbesitz überführt worden waren, aber bald wieder. Ein scharfes Segregationssystem, das nicht zuletzt entsprechende Forderungen der deutschen Bevölkerung in den eroberten Gebieten erfüllte, bestimmte, daß die gut ausgestatteten Theater den Deutschen vorbehalten waren, die nächste Kategorie den Ukrainern und die dritte den Polen. Juden war der Filmbesuch, wie auch im Reichsgebiet seit 1938, generell verboten. In den für die polnische Bevölkerung zugelassenen Theatern wurden deutsche Spielfilme gezeigt, die im Vorprogramm von antipolnischen und antisemitischen Kurzfilmen in polnischer Sprache, später auch von einer speziellen Wochenschau begleitet waren. Obwohl es die polnische Widerstandsbewegung nicht versäumte, Boykottaufrufe zu erlassen und die Kinos zum Ziel von Anschlägen zu machen, waren die Theater überaus gut besucht.

Offenbar steuert sich der Kinobesuch letztlich weitgehend unabhängig von der Aussage und der Qualität der gezeigten Filme, von den propagandistischen Intentionen eines Regimes und selbst von kollektiver Gratifikation. Das Kinobesuchsverhalten war in einem Maß habitualisiert, daß selbst massive politische Negativeinflüsse das Publikum nicht aus den Theatern fernhalten konnten. Zumindest taugen die Besuchszahlen einzelner Filme nicht als Gradmesser der Konsensbereitschaft einer Bevölkerung mit ihrer Regierung, und zwar weder in Polen noch in Deutschland. Für die historische Analyse aussagekräftiger als die Tatsache, daß man ins Kino ging, sind die Interessen, die damit indirekt ausgedrückt oder direkt formuliert wurden.

Zu vermuten ist, daß der Kinobesuch vor allem einen kollektiven Akt symbolischer Selbstbehauptung eines modernen kulturellen Standards darstellte, von dem sich das Publikum weder durch einen aggressiven Okkupanten noch durch widrige Lebensumstände oder ein miserables Filmangebot abbringen ließ. Wahrscheinlich lernten die Polen nur früher und intensiver einen distanzierten und möglicherweise ironischen Umgang mit dem Medium, über dessen Wahrheitswert sich niemand Illusionen hingeben konnte. Ironisch heißt in diesem Zusammenhang, daß das Vergnügen am Kinobesuch wohl auch in der Kluft zwischen der arroganten Selbstdarstellung der Besatzer im Film und ihrem ebenso gewalttätigen wie kläglichen Verhalten im Alltag nistete. Die Tatsache, daß Jugendliche noch stärker als zuvor die Mehrheit im Kinopublikum stellten, weist darüber hinaus. Die Zerstörung der sozialen Strukturen, insbesondere der Erziehungs- und Bildungsinstitutionen, und das vom Besatzungsregime brutal erzwungene Sichabfinden der Erwachsenen mit der eigenen Unterdrückung untergrub das gesellschaftliche Wertesystem und ließ Vorbilder abrupt verblassen. Die Leerstelle an Werten und Handlungsmaximen, die von der angepaßten Erwachsenenwelt nicht mehr erwartet werden konnten, suchten die Jugendlichen durch den Konsum von Massenmedien zu füllen.

Wie an der besser belegbaren Situation der deutschen Kriegsjugend gezeigt werden konnte, bedeutete das nicht, daß die Werteübermittlung in Übereinstimmung mit den Zielen des Regimes erfolgen mußte. Mit Kriegsbeginn hatte die positive Einstellung des NS-Regimes zum Kino erste Risse bekommen. Alle Einrichtungen, von denen traditionell eine Bedrohung für die gesellschaftliche Stabilität befürchtet wurde, gerieten erneut in das Blickfeld der Sicherheitsorgane, und damit wurden auch die Kinos als Brutstätten jugendlicher Verwahrlosung wiederentdeckt.

Vieles, etwa die Selbstverständlichkeit, mit der sich junge Männer für den Dienst in der Wehrmacht gewinnen ließen, spricht dafür, daß die überwiegende Mehrheit der Jugendlichen die Medien in herrschaftskonformer Weise rezipierte. Bestimmte Gruppen von Heranwachsenden und jungen Erwachsenen nutzten aber die im Kriegsalltag entstandenen Freiräume, die Abwesenheit der Väter und die Verpflichtung der Mütter zur Arbeit in der

Rüstungsindustrie zur Ausprägung einer Jugendkultur, die schon allein durch ihre Existenz außerhalb der HJ in Opposition zum Regime geriet. Als Verdichtungsräume der öffentlichen Kommunikation gehörten Kinos zu den Fixpunkten dieser Jugendkultur. „Edelweißpiraten" und Swing-Jugendliche nutzten oft Filmtheater als Versammlungsorte und bezogen auch aus Filmen ihre Symbolik, mit der sie eine subkulturelle Gruppenidentität gegen den totalen Anspruch des Regimes ausdrückten. Diesen Anspruch lückenlos durchzusetzen gelang selbst durch die verschärfte Kontrolle der Kinos sowie die Verhängung nächtlicher Ausgangssperren und Kinobesuchsverbote für Jugendliche letztlich nicht, weil die Kriminalisierung von Jugendlichen, die für sie verbotene Filme besuchten, in der Bevölkerung auf beträchtliche Akzeptanzprobleme stieß.

Die Motivation der „Edelweißpiraten" und Swing-Jugendlichen zum Kinobesuch wies beträchtliche Unterschiede auf. Die Wertvorstellungen und das Gruppenverhalten der „Edelweißpiraten" waren überwiegend von schon traditionellen Handlungsmustern proletarischer Großstadtjugendlicher geprägt, bestimmten Männlichkeitsritualen und einem Revierdenken etwa, durch die sie sich in eine Diskrepanz zur normierten NS-Gesellschaft brachten. Zu dem romantisierenden Eigenbild von einem „freien" Leben lieferten Filme und Schlager nur Versatzstücke, deren Bedeutung eher geringer einzuschätzen ist als etwa die der bündischen Traditionen, auf die diese Gruppen zurückgriffen. Die Swing-Jugendlichen konstruierten ihr soziales Anderssein hingegen ausschließlich über massenmedial vermittelte Vorbilder. Insofern bildeten sie die wahrscheinlich erste Gruppe, die – nach sozialwissenschaftlichen Kategorien – ein konsumentistisches Ethos lebte.[5] Ihre Identität bestimmte sich nach einem Amalgam aus amerikanischer Musik, Kleidungsstil und Haarmode in „englischem" Stil sowie dem „lässigen" Verhalten der Hollywoodstars.

Das Beispiel des jugendlichen Filmkonsumverhaltens zeigt, daß die tendenzielle Zerstörung der traditionellen gesellschaftlichen Bezugssysteme und ihr partieller Ersatz durch mediale Identifikationsangebote nicht notwendig die vom Regime gewünschten Ergebnisse brachte. Die von den „Sozialisationsagenten" Familie, Schule und Kirchen vermittelten Verhaltensweisen, Wertvorstellungen und moralischen Normen waren durch die Kriegsverhältnisse einem Wandel ausgesetzt, der durch die Einflüsse des Kinos eine der alltäglichen Herrschaftsausübung abträgliche Beschleunigung erfuhr. Das Beispiel der Swing-Jugend verdeutlicht, daß vom Modernisierungspotential der Massenmedien eine tendenzielle Gefahr für den Herrschaftsanspruch des

Regimes ausging. Der dem gesellschaftlichen Modernisierungsprozeß immanente, vom Nationalsozialismus noch systematisch geförderte Niedergang der traditionellen Sozialstrukturen erschwerte dem einzelnen die Ableitung seiner Identität aus der Gruppe. Die Massenmedien gewannen ihren Einfluß auf die Lebensgestaltung, weil die Unterschiede zwischen den sozialen Gruppen nicht mehr als selbstverständlich akzeptiert werden konnten und statt dessen jeder selbst über seinen Lebensstil zu bestimmen hatte. Das Individuum wurde auf den Konsum von Ideen und Vorbildern verwiesen, die auch der Film bis in die abgelegensten Dörfer verbreitete.

Dieser Prozeß wirkte besonders auf die Jugend und ließ sich auch durch die Ersatzangebote des Dritten Reiches, allen voran die HJ, nicht dauerhaft blockieren. Im Fall der Swing-Jugend hatte der Druck der nationalsozialistischen Kultur sogar das Verlangen gesteigert, sich vom „Massenzwang" abzugrenzen. Nicht die den Jugendlichen von den Verfolgungsorganen vorgeworfene Identifikation mit dem äußeren Feind, sondern die Transformation der letztlich nicht lückenlos zu kontrollierenden Angebote der Massenmedien in ein nicht mehr steuerbares Bedeutungssystem stellte eine Bedrohung für das Regime dar.

Auch wenn sich durch einen bestimmenden medialen Einfluß an dieser Stelle in einem Modernisierungsvorgang tendenziell ein Resistenzpotential entfaltete, das geeignet war, die Intentionen der Machthaber zu relativieren und zu konterkarieren, boten traditionelle Wertvorstellungen der Propaganda noch einen breiteren Widerstand. Für eine zielgerichtete Manipulation des Publikums im nationalsozialistischen Sinn ließ sich der Film zumindest dann nicht nutzen, wenn die propagierten Maßnahmen tief verwurzelten ethischen Imperativen widersprachen.

Die Resistenz der moralischen Werte breiter Bevölkerungsschichten gegen den Versuch ihrer Ablösung durch eine rassistische Werteordnung erwies sich bei dem Versuch, mit Hilfe eines Spielfilms die Tötungsaktion an Behinderten und Geisteskranken zu legitimieren. Der Film „Ich klage an" sollte eine doppelte Funktion erfüllen: er warb für die „Euthanasie" und diente zugleich als Test dafür, wie stark die gesellschaftlichen Widerstände gegen die Durchführung der Krankenmorde waren. Es zeigte sich, daß das hohe Publikumsinteresse für den Film keinen Beleg dafür darstellte, daß die Aktion auf eine breite Unterstützung rechnen konnte. Obwohl davon auszugehen ist, daß der SD als eine selbst in die Morde verwickelte Institution die Reaktionen des Publikums beschönigt hat, berichteten die „Meldungen" von einer breiten Front gegen die Tötungen, die in jeder Form besonders von der katholischen Bevölkerung abgelehnt wurden. Zumindest die anfängliche Praxis stieß in allen aufgeführten gesellschaftlichen Gruppen auf massive Kritik.

Die deutsche Bevölkerung mußte sich nach Kriegsbeginn an eine immer tiefere Kluft zwischen den filmischen Inszenierungen und der Alltagsrealität gewöhnen. Auf besonders starke Kritik stießen Werbefilme, die Bilder von Nahrungsmitteln zeigten, die es kaum mehr zu kaufen gab. Die massive Ablehnung solcher Filme offenbart, daß sich das Kinopublikum nur widerwillig mit der Erfahrung vertraut machte, daß der Film die Wirklichkeit eben nicht dokumentarisch widerspiegelte. Während sich bei der Kritik an der Darstellung von Lebensmitteln keine direkten Auswirkungen auf die Maßnahmen des RMVP ermitteln lassen, bereiteten die wiederholten SD-Berichte über angebliche Publikumskrawalle den Ausschluß amerikanischer Filme vom deutschen Markt vor. An diesem Beispiel lassen sich die Reaktionen aufzeigen, die die Vorlage der „Meldungen" im verantwortlichen Ministerium auslöste. Goebbels verlegte sich auf eine Hinhaltetaktik, ließ auf günstige Bezugsmöglichkeiten für Wochenschaumaterial aus den USA verweisen, bindende Verträge, die nur mit großem wirtschaftlichem Schaden gebrochen werden könnten, und signalisierte ständig die Bereitschaft, den Forderungen des SD nachzukommen. Eben weil ihm bewußt war, daß der amerikanische Film entgegen der SD-Berichterstattung beim Publikum überaus beliebt war, verbannte er ihn erst nach dem Sieg im „Westfeldzug" von den Leinwänden. Nun sah er die Chance, Europa der kulturellen Hegemonie durch das nationalsozialistische Deutschland zu unterwerfen.

V. Integration und Auflösung

Die Auswirkungen des Krieges auf die Lebenssituation in Deutschland nach dem Überfall auf die Sowjetunion brachten endgültig einen grundlegenden Wandel in der Rezeptionshaltung breiter Kreise des Kinopublikums. Die Bevölkerung akzeptierte den Film als Mittel zur Darstellung der Ziele und Erfolge des Regimes immer weniger, weil ständig deutlicher wurde, daß die Wochenschauen kein vertrauenswürdiges Mittel waren, um sich über den Stand des Krieges zu informieren. Die Greuelbilder von den angeblichen Grausamkeiten der Roten Armee festigten zwar zunächst noch die Gefühle moralischer Überlegenheit gegenüber dem Feind, sie erinnerten jedoch zugleich daran, daß auch die deutschen Soldaten den Schrecken des Krieges ausgesetzt waren. Ihnen galt die Empathie des Publikums, die sich in einem

Verdrängungswunsch äußerte. Besonders Frauen wollten solche Filme nicht mehr sehen. Nun ging man ins Kino, um dem immer beschwerlicher werdenden Alltag für zwei Stunden zu entgehen. Das RMVP kam diesem Wunsch entgegen, indem es die Filmtheater bis zum Kriegsende weitgehend von „Auskämm"-Aktionen freistellte, verstärkt Unterhaltungsfilme produzieren ließ und keine NS-Symbole in Spielfilmen zuließ.

Wie wenig die Bevölkerung akzeptierte, daß die gesellschaftliche Realität sich in den Theatersälen spiegelte, zeigte sich an dem breiten Widerstand gegen den freien Zugang zu den Kinos für ausländische Arbeitskräfte, die seit Beginn des Krieges einen ständig wachsenden Anteil am Publikum stellten. Die Zivilarbeiter aus westlichen Ländern waren de jure der deutschen Bevölkerung weitgehend gleichgestellt und keinen kodifizierten Beschränkungen in ihrer Freizeitgestaltung unterworfen. Entgegen dieser rechtlichen Lage entschieden die Theaterbesitzer mit Unterstützung der lokalen Behörden eigenmächtig über ihre tatsächliche Möglichkeit, ins Kino zu gehen. Sie verwiesen die Ausländer auf die schlechtesten Plätze oder auf Sondervorstellungen an den Sonntagvormittagen. Gegen diesen offensichtlichen Rechtsverstoß versuchte das RMVP erst nach der Niederlage in Stalingrad und im Zusammenhang mit der maßgeblich von Goebbels vorangetriebenen Initiative zur Neubegründung des Krieges gegen die Sowjetunion als europäischer Abwehrkampf gegen den Bolschewismus seit Mitte 1943 einzuschreiten. Der Vorstoß des RMVP, die Kinos auch für die „Ostarbeiter" zu öffnen, scheiterte rasch an Widerständen aus dem RSHA. Die Kinosituation der übrigen Zivilarbeiter verschlechterte sich aufgrund des entsprechenden Drucks aus der deutschen Bevölkerung sogar. Ihre je nach Herkunftsland höchst unterschiedliche Filmversorgung schürte Neid zwischen den verschiedenen Arbeitergruppen und trug zu einer Entsolidarisierung bei. Die überwiegend miserablen Lebensumstände der ausländischen Arbeiter, an denen die herablassende Behandlung durch die deutsche Bevölkerung einen wesentlichen Anteil hatte, verhinderten jedoch, daß sich durch das Kino Bundesgenossen für die nationalsozialistische Sache gewinnen ließen.

Mit der zunehmenden Zerstörung der Innenstädte definierte das deutsche Publikum die Möglichkeit zum Kinobesuch als Privileg, das es zäh gegen alle „Fremdarbeiter" verteidigte. Der Anspruch der ausländischen Zivilarbeiter auf eine Gleichbehandlung wurde als Widerspruch zum nationalsozialistischen Dogma der unbedingten Bevorrechtigung der Deutschen begriffen, der zahlreiche Klagen über die angebliche Unsauberkeit und Frechheit von Ausländern auslöste. Die deutsche Bevölkerung akzeptierte die komplexen

Verhaltensanforderungen nicht, die sich aus der nach rassistischen Kriterien gestuften Sozial- und Rechtshierarchie der ausländischen Arbeitskräfte für sie selbst ergaben. Sie forderte eine einfache Lösung: ein Kinoverbot für alle Ausländer. Durch entsprechende Eingaben aus der Bevölkerung radikalisierte sich die nationalsozialistische Kinopolitik entgegen den Intentionen, die Goebbels selbst verfolgte, da das Regime bis in die letzte Kriegsphase hinein „Stimmungsfragen" der eigenen Bevölkerung in einem höheren Maße Rechnung trug als den kulturellen Ansprüchen einer Gruppe, auf deren Unterstützung man nur vorübergehend angewiesen zu sein glaubte. Zum Wortführer der Forderungen nach Ausgrenzung machte sich die SS, die nun unter Verweis auf das begrenzte Platzangebot in den Kinos forderte, auch den „Westarbeitern" Besuchsbeschränkungen aufzuerlegen. Weil die „Westarbeiter" an den Kinokassen aber nicht immer als solche zu erkennen seien, verlangte Himmler im Mai 1944 implizit sogar ihre Kennzeichnung.

Die gemeinsame Verteidigung der als bedrohter Besitzstand begriffenen Möglichkeiten zum Filmkonsum gegen konkurrierende Ansprüche verdeutlicht, daß sich das Kinobesuchsverhalten der deutschen Bevölkerung im Krieg nicht in ein allgemeines Modernisierungskonzept eingliedern läßt. Die nun erreichten Spitzenwerte in der Kinobesuchsfrequenz waren kein Kennzeichen einer entwickelten Konsum- und Freizeitgesellschaft amerikanischer Prägung, sondern der Ausdruck eines Mangels. Im Ansturm auf die Kinos drückte sich der Versuch aus, durch rationales Handeln ein Informationsdefizit zu überwinden. Die Aggressivität gegenüber den Fremden gehorchte aber keiner strategischen Vernunft, sondern deutete auf einen Verlust der Affektkontrolle hin.

Das Begehren nach Privilegierung trug vormoderne Züge, während andere Phänomene durchaus auf einen Entwicklungssprung verwiesen. In der Zeit des Dritten Reiches „lernte" das Publikum, Filme distanziert zu rezipieren. Je offensichtlicher die Kluft zwischen den filmischen Inszenierungen und der persönlich erfahrenen Realität besonders seit der Wende des Krieges vor Moskau wurde, desto mehr wuchs das Mißtrauen gegenüber dem Vorbildcharakter der auf der Leinwand gezeigten Verhaltensnormen und dem Wahrheitswert der im Kino gesehenen Informationen. Gerade durch die Inanspruchnahme des Films zur Manipulation der Gefühle, Überzeugungen und Verhaltensweisen seiner Zuschauer zerstörte das Regime den von ihm selbst formulierten Anspruch an das Kino, nicht nur eine Stätte der Unterhaltung, sondern zugleich eine politisch-moralische Erziehungsanstalt zu sein. Entgegen den Absichten der Propagandafunktionäre hatte das NS-Kino das Bewußtsein erneuert, daß Film und Realität nicht in einem direkten Abbildverhältnis stehen. Dieses Mißtrauen gegenüber den filmischen Bildern trug in der letzten Kriegsphase dazu bei, daß eine Distanz zur politischen Führung entstand. Nachdem die Bevölkerung den Filmverantwortlichen lange vorgeworfen hatte, daß ihre Leiden am Krieg im Kino keinen angemessenen Ausdruck fänden, wollten, als Bilder der zerstörten Städte und der Flüchtlingsströme in den Wochenschauen gezeigt wurden, viele nicht mehr darauf hingewiesen werden, daß das Regime niemandem mehr Schutz gewähren konnte.

Die Zweifel am Wahrheitsgehalt der Medien und am Nutzen wahrheitsgetreuer Informationen überdauerten den Untergang des Dritten Reiches. Umfragen der westlichen Besatzungsmächte belegen, daß die Geringschätzung der Medien bis in die fünfziger Jahre fortdauerte. Die einseitige Politisierung des Kulturlebens begünstigte einen gerade im Filmbereich nach 1945 zu beobachtenden Rückzug in die Idylle, der sich in der Vorliebe für die heile Welt des Heimatfilms äußerte. Zu untersuchen bleibt, inwieweit sich die restaurativen Züge der Adenauer-Zeit wie die Rekonfessionalisierung und der Rückzug auf vermeintlich unpolitische Werte von Familie und Natur als Reaktion auf die nationalsozialistische Medienpolitik deuten lassen.

In den Jahren vor 1939 war das Kino für die Mehrheit ein verzichtbares Mittel der Unterhaltung gewesen; seine Nutzung als Informationsmittel beschränkte sich auf eine Episode zu Beginn des Krieges. Nur in dem Zeitraum der schnellen Siege ließ das nationale Hochgefühl das Bedürfnis der Bevölkerung nach immer neuen Belegen der Erfolge der nationalsozialistischen Politik mit der filmischen Selbstdarstellung des Regimes übereinstimmen. Eine anhaltende Bedeutung hatte diese Phase nicht nur durch den Umstand, daß Kinokonsum erstmals zu einer gesellschaftlich allgemein akzeptierten Verhaltensweise wurde. Die Kinogänger hatten erfahren, daß die mediale Konstruktion von Realität ein geeignetes Mittel war, um sich von den Ängsten, Unsicherheiten und Zweifeln der eigenen Existenz abzulenken. Das Kino blieb bis zur Niederlage Profiteur einer Kriegskonjunktur, auch als die Entwicklung an den Fronten und der Bombenkrieg die Selbstpräsentation der Herrschenden und ihrer Politik tagtäglich mehr als die Tarnung einer Katastrophe entlarvten. Die Erfahrung, daß auch durch Filme „gelogen und betrogen" werden konnte und wurde, ließ das Publikumsinteresse keineswegs schwinden. Als in den letzten Kriegsjahren die Konfrontation mit der Realität für viele Menschen kaum mehr erträglich war, wurde die filmische Unterhaltung zum dringenden Bedürfnis. Das Kino repräsentierte in der Wahrnehmung des

Publikums nicht mehr den nationalsozialistischen Staat, sondern bot im Gegenteil eine individuelle Fluchtmöglichkeit vor seinen Anforderungen, die in dem immer trister werdenden Kriegsalltag begehrt wurde. Das allgemeine Bedürfnis nach einer Abkehr von der Realität blockierte in den letzten Monaten der nationalsozialistischen Herrschaft die Wirkung der filmischen Greuel- und Durchhaltekampagnen. Der anhaltende Andrang an den Kassen war kein Erfolg sozialer Mobilisierung, sondern Ausdruck des Versuchs, sich in ein privates Rückzugsgebiet zu retten, das dem einzelnen Halt in einer sich überstürzenden Gesellschaft versprach. Dieses Refugium wurde geradezu eifersüchtig gegenüber jeder „Störung" verteidigt. Als der Platz „in der ersten Reihe" knapp wurde, manifestierte die deutsche Bevölkerung ihren „Eigensinn" durchaus rebellisch, indem sie über die rassistischen Vorgaben der Propagandaadministration noch hinausging. Seit mit der zunehmenden Zerstörung der Kinos niemandem mehr ein Sitz zu garantieren war, verlor jedoch die Abwehr der konkurrierenden Ansprüche ausländischer Arbeiter ihre integrierende Wirkung. Nun brach ein verdeckter Verteilungskampf innerhalb des deutschen Publikums aus.

Erst in der letzten Kriegsphase zerriß für die Bevölkerung die Identität von Staat und Kino vollständig. Nun begriff das deutsche Publikum nicht allein die physische Anwesenheit von ausländischen Arbeitern als Zumutung, sondern auch die propagandistische Nutzung der Leinwand. Aber anders als im Fall der Ausländer, die man im Einverständnis und Zusammenspiel mit Teilen der nationalsozialistischen Bürokratie erfolgreich aus den Kinosälen vertreiben konnte, war die Eliminierung der filmischen Propaganda unmöglich. Ein kollektiver Prozeß psychischer Verdrängung scheint ebenso wirkungsvoll gewesen zu sein, der die Ausblendung von nun als unpassend empfundenen Propagandaforderungen erlaubte. Die Reduktion des Kinos auf seine eskapistischen Funktionen ließ es nicht nur während des aktuellen Besuchs, sondern dauerhaft als herrschaftsfreien Raum erscheinen.

Die Filmtheater sind als politikferne Orte der Entspannung im Gedächtnis geblieben; ihr Besuch gehörte in den Bereich der Privatsphäre und stand mit Krieg und Nationalsozialismus nur in einem zeitlichen Zusammenhang. Die Negierung der propagandistischen Funktionen des NS-Kinos in der kollektiven Erinnerung erlaubte es der deutschen Bevölkerung, zu vergessen und vergessen zu machen, in welchem Ausmaß sie selbst Einfluß auf die gesellschaftlichen Verhältnisse genommen hatte.

VI. Resümee

Die Bedürfnisse des Publikums stellten die in konkreten Konfliktlagen oft entscheidende Variable der nationalsozialistischen Film- und Kinopolitik dar. Das Kino war mehr als ein Disziplinierungsmittel und ein Transmissionsriemen des Führerwillens; es bildete ein Geflecht von komplexen Kommunikationsprozessen zwischen verschiedenen Regimeinstanzen und der Bevölkerung, die über weite Phasen ohne klare Richtung verliefen. Dieses Wirkungsgefüge war stark von strukturellen Elementen geprägt, die propagandistische Intentionen in bestimmte Bahnen drängten und ihre Erfolgsaussichten von vornherein begrenzten.

Das grundlegende Hindernis für eine wirksame Filmpropaganda bildete der Umstand, daß wesentliche Teile der Bevölkerung nur selten, viele Bewohner der ländlichen Regionen, aber auch Arbeiter überhaupt nicht ins Kino gingen. Die Bemühungen, die gesamte Bevölkerung zu Kinogängern und damit für die filmische Propaganda erreichbar zu machen, blieben während der Friedensjahre des Dritten Reiches aus wirtschaftlichen Gründen halbherzig. Der Anstieg der Besucherzahlen verdeckte, daß sie nicht zu einer Homogenisierung, sondern letztlich zu einer verstärkten Differenzierung nach dem Alter führten: der Kinobesuch entwickelte sich tendenziell zu einem jugendspezifischen Freizeitvergnügen. Auch die beträchtlichen Anstrengungen, das Publikum zu einer würdevollen Rezeptionshaltung zu disziplinieren, blieben in diesem Zeitraum nicht zuletzt wegen der Interessenkonflikte innerhalb des Herrschaftszusammenhangs nur partiell erfolgreich. Der Propaganda gelang es jedoch, den Staat als den dominanten Bezugspunkt im Kommunikationsprozeß durchzusetzen. Daraus folgte aber auch, daß sich die im Film dargestellte Realität an den ideologischen Postulaten des Nationalsozialismus messen lassen mußte. Im Einzelfall, etwa bei der Okkupation Polens, konnte nachgewiesen werden, daß die Forderungen aus dem Publikum, die offensichtliche Diskrepanz zwischen Anspruch und Wirklichkeit zu überwinden, zu einer Radikalisierung der nationalsozialistischen Herrschaftsmethoden beigetragen haben.

Erst der Krieg beseitigte die traditionelle Kinoabstinenz breiter Bevölkerungsschichten, deren Rezeptionshaltung sich im Angesicht der heroisierenden Wochenschauberichte von den Fronten in einem Prozeß der Selbstdisziplinierung den Forderungen des Regimes anpaßte. In den ersten Kriegsjahren ließen die kollektive Sehnsucht nach nationaler Größe und die Wünsche nach Selbstvergewisserung die Propaganda unbestritten ihr Ziel erreichen, die Kinos zu einem repräsentativen Ort staatlicher Selbstdarstellung sowie zu einem allgemein akzeptierten Informationsinstrument auszubauen. Das Kino beförderte zugleich unter städtischen Jugendlichen entscheidend die Ausbildung eines medienorientierten Milieus, in dem die durch den Film vermittelten Vorbilder und Verhaltensmuster in einer Weise interpretiert wurden, die aus der Sicht des Sicherheitsapparates als gefährlich eingestuft wurde. Tatsächlich offenbarte die vom Regime intendierte Modernisierung der gesellschaftlichen Kommunikationsstrukturen ihre Ambivalenz: die durch den Film vermittelten Lebensmuster und Wertvorstellungen trugen tendenziell zur Einebnung der starren Milieugrenzen bei. Das Kino schwächte jedoch zugleich die traditionellen Bastionen des Widerstandes gegen Modernität und schuf damit ein Entfaltungsfeld für die Ausprägung von relativierenden Lebensstilen, die sich dem absoluten Anspruch des Nationalsozialismus entzogen und die Differenzierung der Gesellschaft verstärkten.

In diesem Phänomen liegt die spezifische Modernisierungsleistung des Konsums der modernen Massenmedien im Dritten Reich, aber es darf nicht überbewertet werden. Nur wenige Jugendliche ließen sich unter dem Einfluß des Kinos zur Resistenz gegenüber dem Regime motivieren, und umgekehrt reichte die Prägekraft des Mediums nicht aus, um tief verwurzelte ethische Grundsätze zu durchbrechen. Die politische, kulturelle und soziale Orientierung, die das Kino entfaltete, trat neben die traditionellen Sinnvermittlungsinstanzen, konnte sie jedoch nur dort partiell ersetzen, wo sie schon in dem sozialen Wandlungsprozeß, den vor allem die Kriegsverhältnisse brachten, geschwächt waren. Zu einer umfassenden Transformierung der sozialen Strukturen in eine „Massengesellschaft" genügte die Potenz des Kinos bei weitem nicht.

Von dem durch die Kriegsverhältnisse beschleunigten Bedeutungsverlust der traditionellen Milieus profitierten Film und Regime nur so lange im gleichen Maß, wie der Krieg für das Dritte Reich erfolgversprechend verlief. Mit der heranrückenden Niederlage schwand die Glaubwürdigkeit der Propaganda. Die Akzeptanz des Kinos scheint sich jedoch noch gesteigert zu haben, weil es eine kurze Flucht vor der nun als kaum mehr erträglich empfundenen Realität bot. Die bereitwillige Befriedigung der eskapistischen Wünsche trug dazu bei, daß die Bevölkerung dem Regime bis zuletzt die Loyalität bewahrte, konnte aber die Erosion des Vertrauens in die Fähigkeiten der politischen Führung nicht mehr kompensieren. Die innere Kohärenz der „Volksgemeinschaft vor der Leinwand" zerbrach: die Erfahrung, daß der

Nationalsozialismus das Bedürfnis nach gesicherten Lebensverhältnissen nur noch während des Kinobesuchs stillen konnte, führte in der Niederlage dazu, daß während der letzten Kriegsphase im Publikum ein heftiger Verteilungskampf um die knappen Plätze entbrannte.

Der nationalsozialistische Film und sein Publikum bildeten weder eine Einheit, noch standen sie sich dichotomisch gegenüber. Entgegen der ideologisch motivierten Verachtung der „öffentlichen Meinung" registrierte das nationalsozialistische Regime das Publikumsverhalten in den Kinos als Gradmesser der Zustimmung zu seiner Politik. Umgekehrt bestimmte nach dem Eindruck des Publikums das Regime noch stärker, als es zunächst tatsächlich der Fall war, von Anfang an die Programmagenda der Kinos. Demzufolge bezog sich jede Kritik am Kino indirekt auf die nationalsozialistische Herrschaftspraxis. Obwohl die Entwicklung einer wissenschaftlichen Publikumsforschung unterbunden wurde, wirkten die kritischen Stimmen nicht allein auf die Präsentationsformen der Propaganda, sondern im Einzelfall durchaus auf die praktische Umsetzung politischer Ziele zurück. Diente die Erwartungshaltung des Publikums als Argument für mächtige Interessengruppen, konnte die Propaganda sie selbst dann nicht übergehen, wenn sie im Widerspruch zu den eigenen Zielen stand. Die Untersuchung des Publikumsverhaltens erlaubt es somit, jene Felder genauer zu bestimmen, in denen die nationalsozialistische Herrschaft die Konsensfähigkeit der deutschen Bevölkerung nur wenig belastete, etwa der Antisemitismus, sowie jene, die sie überforderte. Auf der moralischen Ebene markierte das Thema „Euthanasie", auf dem sozialpsychologischen Gebiet die Integration von Fremden und im privatökonomischen Bereich die Bedrohung der Konsummöglichkeiten die Grenzen der Zustimmungsbereitschaft. Im Zweifelsfall vermied es das Regime regelmäßig, die Akklamation der Bevölkerung zugunsten ideologischer und politischer Ziele zu riskieren.

Anmerkungen

Anmerkungen zur Einleitung

1 Joseph Goebbels, 11-Uhr-Konferenz vom 21. 4. 1945. Zit. nach Peter Reichel, Der schöne Schein des Dritten Reiches. Faszination und Gewalt des Faschismus, München u. a. 1991, S. 190 f.

2 Zu der Einrichtung der Ministerkonferenzen und ihren Teilnehmern vgl. die Einleitung zu: Kriegspropaganda 1939–1941. Geheime Ministerkonferenzen im Reichspropagandaministerium. Hrsg. und eingel. von Willi A. Boelcke, Stuttgart 1966, bes. S. 26–119.

3 Vgl. z. B. Wilfried von Bredow und Rolf Zurek, Film und Gesellschaft in Deutschland. Dokumente und Materialien, Hamburg 1975, S. 145.

4 Vgl. etwa Gabriele Lange, Das Kino als moralische Anstalt. Soziale Leitbilder und die Darstellung gesellschaftlicher Realität im Spielfilm des Dritten Reichs (= Münchner Studien zur neueren und neuesten Geschichte, Bd. 7), Frankfurt a. M. u. a. 1994, S. 19.

5 John Belton, Audiences, in: Film History, Bd. 6 (1994), S. 419–421, hier S. 419.

6 Ein Teil der zeitgenössischen Untersuchungen über die Gewohnheiten und Vorlieben der britischen Kinogänger sind gesammelt in: Mass-Observation at the Movies. Hrsg. von Jeffrey Richard und Dorothy Sheridan, London u. a. 1987. Vgl. auch Julian Poole, British Cinema Attendance in Wartime: Audience Preference at the Majestic, Macclesfield, 1939–1946, in: Historical Journal of Film, Radio and Television, Bd. 7 (1987), S. 15–34; Jeffrey Richards, Cinemagoing in Worktown: Regional Film Audiences in 1930s in Britain, in: Historical Journal of Film, Radio and Television, Bd. 14 (1994), S. 147–166.

7 Vgl. etwa Friedrich P. Kahlenberg, Spielfilm als historische Quelle? Das Beispiel „Andalusische Nächte", in: Aus der Arbeit des Bundesarchivs. Beiträge zum Archivwesen, zur Quellenkunde und zur Zeitgeschichte. Hrsg. von Heinz Boberach und Hans Booms, Boppard a. Rh. 1978, S. 511–532, hier S. 531 f.; David Weinberg, Approaches to the Study of Film in the Third Reich: a Critical Appraisal, in: Journal of Contemporary History, Bd. 19 (1984), S. 105–126, hier S. 122.

8 Vgl. z. B. Saul Friedländer, Kitsch und Tod. Der Widerschein des Nazismus, München u. a. 1984; Stephen Lowry, Pathos und Politik. Ideologie in den Spielfilmen des Nationalsozialismus (= Medien in Forschung und Unterricht, Ser. A, Bd. 31), Tübingen 1991.

9 Vgl. z. B. Hans-Jürgen Brandt, Filmtheorie und dokumentarische Praxis: Hippler, Noldan, Junghans (= Medien in Forschung und Unterricht, Ser. A, Bd. 23), Tübingen 1987.

10 „Im Vergleich zu den anderen Künsten ist der Film durch seine Eigenschaft, primär auf das Optische und Gefühlsmäßige, also Nichtintellektuelle, einzuwirken, massenpsychologisch und propagandistisch von besonders eindringlicher und nachhaltiger Wirkung. Er beeinflußt nicht die Meinung exklusiver Kreise von Kunstkennern, sondern er erfaßt die breiten Massen." Fritz Hippler, in: Film-Kurier vom 5. April 1944.

11 Vgl. z. B. die Rede von Joseph Goebbels vor Filmschaffenden am 28. Februar 1942: „Wenn ich heute den ganzen Südosten als einen zusammenhängenden Komplex ansehe oder den Osten oder den Norden oder einen großen Teil des Westens und mir vorstelle, daß allein diese Komplexe einmal unter die deutsche Führung geraten, d. h. wirtschaftlich, geistig, kulturell, politisch auf das tiefste von der deutschen Führungshegemonie beeinflußt

und geführt werden, so kann man sich ungefähr vorstellen, welche Zukunftsaufgaben hier der modernen technischen Führungsmittel harren." Zit. nach Gerd Albrecht, Film im 3. Reich, Karlsruhe 1979, S. 99–129.

12 Vgl. z. B. Arthur Maria Rabenalt, Film im Zwielicht. Über den unpolitischen Film des Dritten Reichs und die Begrenzung des totalen Anspruchs, München 1958; Fritz Hippler, Die Verstrickung, Düsseldorf 1981; Leni Riefenstahl, Memoiren. 1902–1945, für das Taschenbuch neu eingerichtete Ausg., 2. Aufl., Frankfurt a. M. u. a. 1994. Als neonazistisch einzustufen ist die Arbeit von Michèle Sakkara, Die große Zeit des deutschen Films 1933–1945, Starnberger See 1980. Für diese Werke gilt das Urteil: "At best these books are trying to turn a profit on Nazi nostalgia, at worst they represent a neo-Nazi view of film history." Jan-Christopher Horak, [Sammelrezension], in: Historical Journal of Film, Radio and Television, Jg. 2 (1982), S. 105-108, hier S. 106.

13 Vgl. Karsten Witte, Die Filmkomödie im 3. Reich, in: Die deutsche Literatur im 3. Reich. Themen, Traditionen, Wirkungen. Hrsg. von Horst Denkler und Karl Prümm, Stuttgart 1976, S. 347–365, hier S. 347, und ders., Lachende Erben, Toller Tag. Filmkomödie im Dritten Reich, Berlin 1995, S. 42 f.

14 Tatsächlich wird die These, daß der Film das „einflußreichste Propaganda-Instrument" des nationalsozialistischen Regimes dargestellt habe, ohne jeden Beleg vertreten. Vgl. Hilmar Hoffmann, „Und die Fahne führt uns in die Ewigkeit". Propaganda im NS-Film, Bd. 1, Frankfurt a. M. 1988, S. 8.

15 Einen ausgezeichneten Einblick in die Debatte vermittelt Ian Kershaw, Der NS-Staat. Geschichtsinterpretationen und Kontroversen im Überblick, Reinbek bei Hamburg 1988, S. 253–288.

16 Zur Wirkung der Theorien von Ferdinand Tönnies, Gustave Le Bon und Émile Durkheim auf die Medienforschung vgl. Melvin L. DeFleur und Sandra Ball-Rokeach, Theories of Mass Communication, 3. Aufl., New York 1975.

17 Zitelmann vertritt die These, daß Hitler ein „vehementer Anhänger der modernen Industriegesellschaft war und auch deren soziale Folgen, d. h. die Erhöhung der sozialen Mobilität, bejahte". Rainer Zitelmann, Hitler. Selbstverständnis eines Revolutionärs, Hamburg u. a. 1987, S. 459. Nach Aly und Heim gipfelten die von ideologisch wenig festgelegten Technokraten vorangetriebenen Bemühungen zur Steigerung der ökonomischen Effizienz im Dritten Reich in der Vernichtung der Juden und großer Teile der Bevölkerung des europäischen Ostens. Götz Aly und Susanne Heim, Vordenker der Vernichtung. Auschwitz und die deutschen Pläne für eine neue europäische Ordnung, durchges. Ausg., Frankfurt a. M. 1993. Diese Beiträge diskutiert vergleichend und auf Gemeinsamkeiten verweisend Norbert Frei, Wie modern war der Nationalsozialismus?, in: Geschichte und Gesellschaft, Jg. 19 (1993), S. 367 bis 387. Vgl. auch Axel Schildt, NS-Regime, Modernisierung und Moderne. Anmerkungen zur Hochkonjunktur einer andauernden Diskussion, in: Tel Aviver Jahrbuch für deutsche Geschichte, Bd. 23 (1994), S. 3–22.

18 Ralf Dahrendorf, Gesellschaft und Demokratie in Deutschland, München 1965; David Schoenbaum, Die braune Revolution. Eine Sozialgeschichte des Dritten Reiches, Köln u. a. 1968.

19 Vgl. Hannah Arendt, Elemente und Ursprünge totaler Herrschaft, Frankfurt a. M. 1962, S. 578.

20 Vgl. Gerd Albrecht, Nationalsozialistische Filmpolitik. Eine soziologische Untersuchung über die Spielfilme des Dritten Reichs, Stuttgart 1969.

21 Diesen Einwand gegen die Anwendung des Modernisierungsbegriffs auf den durch die Herrschaft des Nationalsozialismus ausgelösten sozialen Wandel erhebt auch Ian Kershaw, Der NS-Staat, a. a. O. (vgl. Anm. 15), S. 286 f.

22 Den Zusammenhang untersucht Franz Dröge, Der zerredete Widerstand. Soziologie und Publizistik des Gerüchts im Zweiten Weltkrieg, Düsseldorf 1970.

23 Carl J. Friedrich, The Unique Character of Totalitarian Society, in: Totalitarianism. Hrsg. von Carl J. Friedrich, Cambridge, Mass., 1954, und ders., Totalitäre Diktatur, Stuttgart 1957.

24 Vgl. hierzu Hadley Cantril, Die Invasion vom Mars, in: Medienforschung. Bd. 2: Wünsche, Zielgruppen, Wirkungen. Hrsg. von Dieter Prokop, Frankfurt a. M. 1985, S. 14–28.

25 Die Geschichtsschreibung der Goebbels-Propaganda fand in den fünfziger Jahren entsprechende empirische Belege. Ward Rutherford behauptete, in Wien hätten Jugendliche nach dem Besuch des Films „Jud Süß" den ersten Juden, den sie auf der Straße antrafen, zu Tode getreten. Ward Rutherford, Hitler's Propaganda Machine, London 1958, S. 122.

26 Gerhard Maletzke, Psychologie der Massenkommunikation. Theorie und Systematik, Hamburg 1963, S. 16.

27 Vgl. Charles Robert Wright, Mass Communication. A Sociological Perspective, 5. Aufl., New York 1969, S. 12–16, und Michael Schenk, Medienwirkungsforschung, Tübingen 1987, S. 17–21.

28 Vgl. z. B. Leonard W. Doob, Public Opinion and Propaganda, New York 1949, und ders., Goebbels' Principles of Propaganda, in: Public Opinion Quarterly, Bd. 14 (1950), S. 419 bis 442.

29 Vgl. Goebbels' Tagebücher. Aus den Jahren 1942–1943. Mit anderen Dokumenten hrsg. von Louis P. Lochner, Zürich 1948; Das Tagebuch von Joseph Goebbels 1925/26. Mit weiteren Dokumenten hrsg. von Helmut Heiber, Stuttgart 1960; Joseph Goebbels, Tagebücher 1945. Die letzten Aufzeichnungen, Hamburg 1977; Die Tagebücher von Joseph Goebbels. Sämtliche Fragmente. T. 1: Aufzeichnungen 1924–1941. Hrsg. von Elke Fröhlich, 4 Bde. und Registerbd., München u. a. 1987; T. 2: Diktate 1941–1945, 15 Bde., München u. a. 1993–1995; Joseph Goebbels, Tagebücher 1924–1945. Hrsg. von Ralf Georg Reuth, 4 Bde., München 1992. Kritik an der Edition von Elke Fröhlich übt Bernd Sösemann, Inszenierungen für die Nachwelt. Editionswissenschaftliche und textkritische Untersuchungen zu Joseph Goebbels' Erinnerungen, diaristischen Notizen und täglichen Diktaten, in: Neuerscheinungen zur Geschichte des 20. Jahrhunderts. Hrsg. von Lothar Gall (= Historische Zeitschrift, Sonderh. 16), München 1992, S. 1–45.

30 Goebbels-Reden. Hrsg. von Helmut Heiber, 2 Bde., Düsseldorf 1971/72.

31 Kriegspropaganda 1939–1941, a. a. O. (vgl. Anm. 2); Wollt Ihr den totalen Krieg? Die geheimen Goebbels-Konferenzen 1939–1943. Hrsg. von Willi A. Boelcke, Stuttgart 1967.

32 Boris von Borresholm, Dr. Goebbels. Nach Aufzeichnungen aus seiner Umgebung, Berlin 1949; Werner Stephan, Joseph Goebbels. Dämon einer Diktatur, Stuttgart 1949; Wilfred von Oven, Mit Goebbels bis zum Ende, 2 Bde., Buenos Aires 1949/50; Friedrich Christian Prinz zu Schaumburg-Lippe, Dr. G. Ein Porträt des Propagandaministers, Wiesbaden 1963.

33 Vgl. Rudolf Semmler [richtig: Semler], Goebbels. The Man next to Hitler, London 1947; Curt Riess, Joseph Goebbels. Eine Biographie, Baden-Baden 1950; Heinrich Fraenkel und Roger Manvell, Goebbels. Eine Biographie, Köln u. a. 1960; Helmut Heiber, Joseph Goebbels, Berlin 1962; Viktor Reimann, Dr. Joseph Goebbels, Wien u. a. 1971; Ernest K. Bramstedt,

Goebbels und die nationalsozialistische Propaganda 1925–1945, Frankfurt a. M. 1971; Ralf Georg Reuth, Goebbels, 2. Aufl., München u. a. 1991; Ulrich Höver, Joseph Goebbels – ein nationaler Sozialist, Bonn u. a. 1992.

34 Deutschland „und nicht das deutsche Volk allein" standen „unter dem Einfluß jener geistigen Opiate, die die Goebbelssche Propagandakunst tagtäglich hervorbrachte. Aber diese ... Zeit demonstrierte aller Welt, welche ungeheuerliche Macht, welche zerstörerische suggestive Kraft aller Propaganda innewohnen kann ..." Kriegspropaganda 1939–1941, a. a. O. (vgl. Anm. 2), S. 11.

35 Diese These vertritt auch Peter Longerich, Propagandisten im Krieg. Die Presseabteilung des Auswärtigen Amtes unter Ribbentrop (= Studien zur Zeitgeschichte, Bd. 33), München 1987, S. 9 f.

36 Vgl. bes. Bernd Sösemann, Inszenierungen für die Nachwelt, a. a. O. (vgl. Anm. 29).

37 Vgl. Karl-Dietrich Abel, Presselenkung im NS-Staat. Eine Studie zur Geschichte der Publizistik in der nationalsozialistischen Zeit (= Einzelveröffentlichungen der Historischen Kommission zu Berlin beim Friedrich-Meinecke-Institut der Freien Universität Berlin, Bd. 2), Berlin 1968.

38 Vgl. Norbert Frei, Nationalsozialistische Eroberung der Provinzzeitungen. Eine Studie zur Pressesituation in der bayerischen Ostmark, in: Bayern in der NS-Zeit. Hrsg. von Martin Broszat und Hartmut Mehringer. Bd. 2: Herrschaft und Gesellschaft im Konflikt, Teil A, München u. a. 1979, S. 1–90.

39 Vgl. Peter Longerich, Propagandisten im Krieg, a. a. O. (vgl. Anm. 35).

40 Vgl. Ortwin Buchbender, Das tönende Erz. Deutsche Propaganda gegen die Rote Armee im Zweiten Weltkrieg (= Militärpolitische Schriftenreihe, Bd. 13) Stuttgart-Degerloch 1978.

41 Einen Überblick unter Ausschluß des Kinowesens vermittelt Volker Dahm, Nationale Einheit und partikulare Vielfalt. Zur Frage der kulturpolitischen Gleichschaltung im Dritten Reich, in: VfZ, Jg. 43 (1995), S. 221–265.

42 Vgl. z. B. Klaus Kreimeier, Die Ufa-Story. Geschichte eines Filmkonzerns, München u. a. 1992. So stilistisch gelungen diese Arbeiten oft sind – wenn die Autoren die Quellen, aus denen sie ihre Erkenntnisse beziehen, nur unzureichend oder gar nicht offenlegen, bleiben ihre Untersuchungen von zweifelhaftem wissenschaftlichem Wert. Dieser Vorwurf richtet sich z. B. gegen die jüngst erschienene Arbeit des Filmkritikers und Regisseurs Hans-Christoph Blumenberg, der die These aufstellt, das Drehbuch für die letzte, nicht mehr fertiggestellte Großproduktion der Ufa sei im wesentlichen von Goebbels persönlich verfaßt worden. Hans-Christoph Blumenberg, Das Leben geht weiter. Der letzte Film des Dritten Reichs, Berlin 1993.

43 Vgl. etwa Jürgen Kocka, Sozialgeschichte zwischen Strukturgeschichte und Erfahrungsgeschichte, in: Sozialgeschichte in Deutschland. Entwicklungen und Perspektiven im internationalen Zusammmenhang. Hrsg. von Wolfgang Schieder und Volker Sellin. Bd. 1: Die Sozialgeschichte innerhalb der Geschichtswissenschaft, Göttingen 1986, S. 67–88. In jüngster Zeit deutet sich eine vorsichtige Öffnung der sozialwissenschaftlich orientierten Geschichtsforschung für kulturhistorische Fragestellungen an. Vgl. Hans-Ulrich Wehler, Von der Herrschaft zum Habitus, in: Die Zeit vom 25. Oktober 1996.

44 Vgl. Carola Lipp, Alltagskulturforschung im Grenzbereich von Volkskunde, Soziologie und Geschichte. Aufstieg und Niedergang eines interdisziplinären Forschungskonzepts, in: Zeitschrift für Volkskunde, Jg. 89 (1993), S. 1–33. Siehe auch Peter Steinbach, Geschichte des

Alltags – Alltagsgeschichte. Erkenntnisinteresse, Möglichkeiten und Grenzen eines „neuen" Zugangs zur Geschichte, in: Neue politische Literatur, Jg. 31 (1986), S. 249–273.

45 Max Horkheimer und Theodor W. Adorno, Dialektik der Aufklärung, Frankfurt a. M. 1971, S. 113 f.

46 Vgl. Jürgen Habermas, Strukturwandel der Öffentlichkeit. Untersuchungen zu einer Kategorie der bürgerlichen Gesellschaft, Frankfurt a. M. 1990, S. 260 f.

47 Ein qualitativ herausragendes Beispiel für diese Forschungskonzeption liefert Manfred Gailus, Straße und Brot. Sozialer Protest in den deutschen Staaten unter besonderer Berücksichtigung Preußens, 1847–1849 (= Veröffentlichungen des Max-Planck-Instituts für Geschichte, Bd. 96), Göttingen 1990. Möglichkeiten zur Interpretation von Herrschaftsbeziehungen im Nationalsozialismus jenseits des Täter-Opfer-Gegensatzes diskutiert Alf Lüdtke, Die Praxis von Herrschaft: Zur Analyse von Hinnehmen und Mitmachen im deutschen Faschismus, in: Terror, Herrschaft und Alltag im Nationalsozialismus. Probleme einer Sozialgeschichte des deutschen Faschismus. Hrsg. von Brigitte Berlekamp und Werner Röhr, Münster 1995, S. 226–245.

48 Zur Quellendiskussion vgl. Walther Hubatsch, Probleme des geschichtswissenschaftlichen Films, in: Geschichte in Wissenschaft und Unterricht, Jg. 4 (1953), S. 476–479; Fritz Terveen, Der Film als historisches Dokument. Grenzen und Möglichkeiten, in: VfZ, Jg. 3 (1955), S. 55–66; Georges Sadoul, Photographie et cinématographe, in: L'histoire et ses méthodes. Hrsg. von Charles Samaran, Paris 1961, S. 771–782.

49 Marc Ferro, Der Film als „Gegenanalyse" der Gesellschaft, in: Schrift und Materie der Geschichte. Vorschläge zur Aneignung historischer Prozesse. Hrsg. von Marc Bloch u. a., Frankfurt a. M. 1977, S. 247–271, hier S. 247. Ein ähnliches Urteil fällt rückblickend der englische Historiker Nicholas Pronay: "Film and sound-recordings as historical record material were then highly unfamiliar territory for historians. Their training, in analysing and classifying records in terms of historical evidence and familiarity with the process which created them, had not extended to films or recorded sounds." Nicholas Pronay, Introduction, in: Propaganda, Politics and Film 1918–1945. Hrsg. von Nicholas Pronay und D. W. Spring, London u. a. 1982, S. 1–19, hier S. 2.

50 Paul Hartmann, Im Kino sitzen alle in der ersten Reihe, in: Der Film und seine Welt. Reichsfilmblatt-Almanach. Hrsg. von Felix Henseleit, Berlin 1933, S. 35.

51 Bayern in der NS-Zeit. Hrsg. von Martin Broszat und Hartmut Mehringer, 6 Bde., München u. a. 1977–1983.

52 Vgl. Alf Lüdtke, Wo blieb die „rote Glut"? Arbeitererfahrungen und deutscher Faschismus, in: Alltagsgeschichte. Zur Rekonstruktion historischer Erfahrungen und Lebensweisen, Frankfurt a. M. u. a. 1989, S. 224–282.

53 Vgl. z. B. „Die Jahre weiß man nicht, wo man die heute hinsetzen soll". Faschismuserfahrungen im Ruhrgebiet. Hrsg. von Lutz Niethammer (= Lebensgeschichte und Sozialkultur im Ruhrgebiet 1930 bis 1960, Bd. 1), Berlin u. a. 1983; Klaus-Michael Mallmann und Gerhard Paul, Das zersplitterte Nein. Saarländer gegen Hitler (= Widerstand und Verweigerung im Saarland 1935–1945, Bd. 1), Bonn 1989; dies., Herrschaft und Alltag. Ein Industrierevier im Dritten Reich (= Widerstand und Verweigerung im Saarland 1935–1945, Bd. 2), Bonn 1991; dies., Milieus und Widerstand. Eine Verhaltensgeschichte der Gesellschaft im Nationalsozialismus (= Widerstand und Verweigerung im Saarland 1935–1945, Bd. 3), Bonn 1995.

54 Einflußreich war der Aufsatz von Joseph T. Klapper, What We Know about the Effects of Mass Communication. The Bring of Hope, in: Public Opinion Quarterly, Bd. 21 (1957), S. 453–474.

55 Vgl. etwa Winfried Schulz, Information und politische Kompetenz. Zweifel am Aufklärungsanspruch der Massenmedien, in: Gleichheit oder Ungleichheit durch Massenmedien? Homogenisierung – Differenzierung der Gesellschaft durch Massenkommunikation. Hrsg. von Ulrich Saxer (= Schriftenreihe der Deutschen Gesellschaft für Publizistik- und Kommunikationswissenschaft, Bd. 10), München 1985, S. 105–118.

56 Vgl. Harold D. Lasswell, The Structure and Function of Communication in Society, in: The Structure and Function of Communication in Society, in: The Communication of Ideas. A Series of Addresses. Hrsg. von Lyman Bryson, New York [1948], S. 37–51, hier S. 37. Einen informativen Überblick vermittelt Michael Schenk, Publikums- und Wirkungsforschung. Theoretische Ansätze und empirische Befunde der Massenkommunikationsforschung, Tübingen 1978.

57 Einen integrativen Forschungsansatz zur Erklärung der gesellschaftlichen Auswirkungen medienbezogenen Handelns bieten einige in jüngster Zeit in den angelsächsischen Ländern entstandene Arbeiten, die sich unter dem Begriff „cultural studies" zusammenfassen lassen. Vgl. Raymond Williams, Innovationen. Über den Prozeßcharakter von Literatur und Kultur, Frankfurt a. M. 1977; Ien Ang, Desperately Seeking the Audience, London u. a. 1991; David Morley, Television, Audiences and Cultural Studies, London u. a. 1992. Zur Rezeption in Deutschland vgl. Friedrich Krotz, Kommunikation als Teilhabe. Der „Cultural Studies Approach", in: Rundfunk und Fernsehen, Jg. 40 (1992), S. 412–431; ders., Fernsehrezeption kultursoziologisch betrachtet. Der Beitrag der cultural studies zur Konzeption und Erforschung des Mediengebrauchs, in: Soziale Welt, Jg. 46 (1995), S. 245–265.

58 Vgl. z. B. die Überblicksdarstellung: Hans van der Loo und Willem van Reijen, Modernisierung. Projekt und Paradox, München 1992, bes. S. 118–128.

59 Der erste Hinweis auf diese Bestände stammt von E. Maksimova, Pjat'dnej v Osobom archive, in: Izvestija vom 18.–21. Februar 1990. Vgl. auch: Streng geheim! Im Zentralen Staatlichen Sonderarchiv der UdSSR, in: Sowjetunion heute, Nr. 8, 1990, S. 32–34; Götz Aly und Susanne Heim, Das zentrale Staatsarchiv in Moskau („Sonderarchiv"). Rekonstruktion und Bestandsverzeichnis verschollen geglaubten Schriftguts aus der NS-Zeit, Düsseldorf 1992; Hans Schenk, Die deutschen Bestände im Sonderarchiv in Moskau, in: Der Archivar, Jg. 45 (1992), S. 457–470. Aber auch in diesen Beständen, die vor allem wichtiges Material zur Rundfunkgeschichte erwarten lassen und deren Rang durch die Bestände zu den bisher noch unveröffentlichten Ministerkonferenzen des RMVP gekennzeichnet wird, ist der Bereich Film kaum vertreten. Zu den rundfunkgeschichtlichen Quellen vgl. Klaus Scheel, Quellen zur Geschichte des nationalsozialistischen Rundfunks im „Sonderarchiv Moskau", in: Studienkreis für Rundfunk und Geschichte, Mitteilungen, Jg. 19 (1993), S. 192–200.

60 Die systematische Auswertung dieser Berichte ist bisher nicht erfolgt, aber als Desiderat erkannt. Vgl. z. B. David Weinberg, Approaches to the Study of Film …, a. a. O. (vgl. Anm. 7), S. 122 f.

61 Vgl. Jörg Bohse, Inszenierte Kriegsbegeisterung und ohnmächtiger Friedenswille. Meinungslenkung und Propaganda im Nationalsozialismus, Stuttgart 1988.

Anmerkungen zum ersten Kapitel

1 Vgl. z. B. Martin Broszat, Der Staat Hitlers. Grundlegung und Entwicklung seiner inneren Verfassung, 11. Aufl., München 1986, S. 34 f.

2 Vgl. hierzu Ernest K. Bramstedt, Goebbels und die nationalsozialistische Propaganda 1925–1945, Frankfurt a. M. 1971, S. 588 f.

3 Vgl. Martin Broszat, Der Staat Hitlers, a. a. O. (vgl. Anm. 1), S. 33–35.

4 Die unterschiedlichen Propagandakonzeptionen von Hitler, Strasser und Goebbels und ihre praktische Umsetzung behandelt für die Zeit bis 1933 Gerhard Paul, Aufstand der Bilder. Die NS-Propaganda vor 1933, Bonn 1990.

5 Adolf Hitler, Mein Kampf, 2 Bde., München 1932 [1. Aufl. 1925], Bd. 1, S. 193.

6 Mit dem Argument, daß der alliierte Sieg ein Produkt der psychologischen Kriegführung gewesen sei, die auf britischer Seite vor allem der Verleger Harmsworth Northcliffe meisterhaft beherrscht habe und die in linken Kreisen in Deutschland auf fruchtbaren Boden gefallen sei, rechtfertigte sich General Ludendorff in seinen 1919 publizierten, vielgelesenen „Kriegserinnerungen" ebenso wie Großadmiral von Tirpitz in seinen „Erinnerungen". Erich Ludendorff, Meine Kriegserinnerungen 1914–1918, Berlin 1919, S. 285; Alfred von Tirpitz, Erinnerungen, Leipzig 1919, S. 273–277.

7 Die Wirkungsgeschichte der Propagandathese am Beispiel der konservativen „Süddeutschen Monatshefte" beschreibt Ernest K. Bramstedt, Goebbels ..., a. a. O. (vgl. Anm. 2), S. 26–34.

8 Die Reichspropagandaleitung formulierte 1931 in ihren Richtlinien: „Welch furchtbare Waffe ein geschickt geleiteter Presse- und Propaganda-Apparat in der Hand eines rücksichtslosen und brutalen Gegners darstellt, hat das deutsche Volk während des Weltkrieges am eigenen Leib spüren müssen. Die vorzüglich geleitete, systematisch arbeitende englische Northcliffe-Presse hat durch ihren Presse- und Propaganda-Feldzug nicht nur erreicht, daß die Deutschen während des Krieges fast im gesamten Ausland als Hunnen und Barbaren verschrien waren, sondern es ist ihr sogar gelungen, den Haß gegen den Militarismus in Deutschland selbst zu schüren, durch ihre geschickten Berichte und Notizen in weiten Kreisen des Volkes den Willen an den Sieg zu untergraben. Hierbei haben sie natürlich die deutschen Linkskreise eifrig unterstützt." Richtlinien der Reichspropagandaleitung, in: Wille und Weg, Jg. 1 (1931), S. 43–63, hier S. 43 f.

9 Adolf Hitler, Mein Kampf, a. a. O. (vgl. Anm. 5), Bd. 1, S. 203.

10 A. a. O., S. 196 f.

11 A. a. O., S. 198 und S. 202.

12 A. a. O., S. 197.

13 A. a. O., S. 200.

14 A. a. O., S. 195 f.

15 A. a. O., S. 199.

16 A. a. O., Bd. 2, S. 648–654.

17 So zumindest das einhellige Urteil der internationalen Forschung in den fünfziger und sechziger Jahren: "Goebbels, moreover, tended to trust his own common sense, intuition, or experience, more than formal reports." Leonard W. Doob, Goebbels' Principles of Propaganda, in: Public Opinion Quarterly, Bd. 14 (1950), S. 419–442, hier S. 422. Siehe auch Ernest K. Bramstedt, Goebbels ..., a. a. O. (vgl. Anm. 2), S. 16.

18 Aus diesem Grund finden sich in seinen Tagebüchern zahllose Eintragungen ähnlich derjenigen vom 28. Februar 1933: „Ich schreibe ein *wirkungsvolles* Plakat gegen die K. P. D. und die S. P. D." (Hervorhebung vom Autor). Tagebucheintrag vom 28. Februar 1933, in: Joseph Goebbels, Die Tagebücher. Sämtliche Fragmente. Hrsg. von Elke Fröhlich. T. 1: Aufzeichnungen 1924–1941, 4 Bde. und Registerbd., München u. a. 1987, Bd. 2, S. 384.

19 So vermerkte Goebbels am 21. Februar 1933 in seinem Tagebuch: „Wir haben uns in den vergangenen Wahlkämpfen so umfassende Kenntnisse auf diesem Gebiet [der Propaganda – G. St.] angeeignet, daß wir schon vermöge unserer besseren Routine unschwer über alle Gegner triumphieren können." Tagebucheintrag vom 21. Februar 1933, in: a. a. O., S. 381.

20 Adolf Hitler, Mein Kampf, a. a. O. (vgl. Anm. 5), Bd. 1, S. 92 f.

21 Vgl. z. B. Rede vom 9. Juni 1927, in: H. Preiß, Adolf Hitler in Franken. Reden aus der Kampfzeit, Nürnberg 1939, S. 69.

22 Adolf Hitler, Mein Kampf, a. a. O. (vgl. Anm. 5), Bd. 1, S. 302. „In gerissener Geschicklichkeit kneten sie die öffentliche Meinung und formen aus ihr das Instrument eines Kampfes für die eigene Zukunft." A. a. O., Bd. 2, S. 723.

23 Adolf Hitler, Schlußrede auf dem Reichsparteitag am 12. September 1938. Zit. nach Rainer Zitelmann, Hitler. Selbstverständnis eines Revolutionärs, Hamburg u. a. 1987, S. 355 f.

24 Adolf Hitler, Vor dem Volksgerichtshof. Erster Verhandlungstag, 26. Februar 1924, in: ders., Sämtliche Aufzeichnungen 1905–1924. Hrsg. von Eberhard Jäckel zusammen mit Axel Kuhn, Stuttgart 1980, S. 1066.

25 Adolf Hitler, Mein Kampf, a. a. O. (vgl. Anm. 5), Bd. 2, S. 520.

26 In einer Rede vor den Vertretern der Auslandspresse führte Goebbels am 6. April 1934 aus: „Die öffentliche Meinung bildet sich nicht allein aus Stimmung und Ressentiment. Sie ist zum großen Teil das Ergebnis der willensmäßigen Beeinflussung ... Öffentliche Meinung wird gemacht ..." Joseph Goebbels, Signale der neuen Zeit. 25 ausgewählte Reden, 2. Aufl., München 1934, S. 128.

27 [Walther] Schulze-Wechsungen, Politische Propaganda, in: Unser Wille und Weg, Jg. 4 (1934), S. 323–332.

28 Meldungen aus dem Reich. Hrsg. von Heinz Boberach, Neuwied u. a. 1965. Wesentlich umfangreicher, wenn auch immer noch nicht vollständig, sind die Berichte veröffentlicht als: Meldungen aus dem Reich. Die geheimen Lageberichte des Sicherheitsdienstes der SS 1938–1945. Hrsg. von Heinz Boberach, 17 Bde. und Registerbd., Herrsching 1984.

29 Vgl. Brühler und Schwarz, Zusammenfassung des Referates von Stark, Der Film als Propagandamittel. Gehalten auf der Propagandatagung am 26. April 1931, in: BA (BDC), Reichsgeschäftsführung der NSDAP.

30 Vgl. A[rnold] Raether, Was man als Amtswalter von der Organisation der Filmpropaganda wissen muß, in: Unser Wille und Weg, Jg. 3 (1933), H. 2, S. 21–24.

31 Adolf Hitler, Mein Kampf, a. a. O. (vgl. Anm. 5), Bd. 2, S. 526.

32 In der Tradition von Gustave Le Bon wurde die These aufgestellt, die Bildersprache des Kinos wirke besonders suggestiv auf die Volksmenge, die weder reflexiv noch logisch denken könne, aber durch Metaphern, Stereotype und Beispiele leicht zu beeinflussen sei. Vgl. z. B. H. Dünschmann, Kinematograph und Psychologie der Volksmenge. Eine sozial-politische Studie, in: Konservative Monatsschrift, Jg. 69 (1912), S. 920–930.

33 Vgl. Klaus Petersen, Zensur in der Weimarer Republik, Stuttgart u. a. 1995, S. 17–31.

34 G[eorg] Stark, Nationalsozialistische Filmpropaganda. Denkschrift, herausgegeben von der Reichsfilmstelle der Nationalsozialistischen Deutschen Arbeiter-Partei. Berlin, Mai 1931 [Typoskript], in: BA (BDC), Reichsgeschäftsführung der NSDAP.

35 Vgl. [Georg] Stark, Der Film als Propagandamittel. Ungefähre Inhaltsangabe des Referats, gehalten auf der Propagandatagung am 26. April 1931, S. 2–4, in: BA (BDC), Reichsgeschäftsführung der NSDAP.

36 Carlo Mierendorff, Hätte ich das Kino!!, Berlin 1920.

37 A[xel] E[ggebrecht], Die bürgerliche Film-Gefahr, in: Die Rote Fahne vom 14. Juni 1922.

38 Nach den ersten Versuchen mit Dokumentarfilmen über die russische Hungerkatastrophe des Jahres 1921 veranstaltete die Internationale Arbeiterhilfe (IAH) regelmäßig Vorführungen sowjetischer Filme. In den Jahren 1926 und 1927 gründete die KPD die beiden Filmfirmen „Prometheus" und „Weltfilm". Vgl. hierzu Willi Münzenberg, Erobert den Film! Winke aus der Praxis für die Praxis proletarischer Filmpropaganda, Berlin 1925. Zur ästhetischen Filmdebatte im Umfeld der KPD vgl. Film und revolutionäre Arbeiterbewegung in Deutschland 1918–1932, 2 Bde., Berlin 1975; Manfred Nössig, Johanna Rosenberg und Bärbel Schrader, Literaturdebatten in der Weimarer Republik. Zur Entwicklung des marxistischen literaturtheoretischen Denkens 1918–1933, Berlin u. a. 1980, S. 159–165 und S. 404–412. Siehe bes. Heinz B. Heller, Literarische Intelligenz und Film. Zu Veränderungen der ästhetischen Theorie und Praxis unter dem Eindruck des Films 1910–1930 in Deutschland (= Medien in Forschung und Unterricht, Ser. A, Bd. 15), Tübingen 1985, S. 145–156.

39 Vgl. Gerhard Paul, Aufstand der Bilder, a. a. O. (vgl. Anm. 4), S. 187.

40 [Georg] Stark, Der Film als Propagandamittel, a. a. O. (vgl. Anm. 35).

41 A. a. O., S. 5–7. Zu den ausländischen Vorbildern vgl. auch Marian Kolb, Die Lösung des Filmproblems im nationalsozialistischen Staate, in: Nationalsozialistische Monatshefte, Jg. 2 (1932), H. 21, S. 21–28.

42 [Georg] Stark, Der Film als Propagandamittel, a. a. O. (vgl. Anm. 35), S. 4.

43 Nach einem Besuch von Eisensteins „Kampf um die Erde" schrieb er 1930 in sein Tagebuch: „Aber trotzdem ist der Film gefährlich, und wir sollen daran lernen. Hätten wir Geld. Ich würde einen n.s. Film schreiben, der sich gewaschen hat." Tagebucheintrag vom 16. Februar 1930, in: Joseph Goebbels, Die Tagebücher, T. 1, a. a. O. (vgl. Anm. 18), Bd. 1, S. 500.

44 Vgl. Gerhard Paul, Aufstand der Bilder, a. a. O. (vgl. Anm. 4), S. 188–190. Zur Thematik vgl. auch Thomas Hanna-Daoud, Die NSDAP und der Film vor der Machtergreifung (= Medien in Geschichte und Gegenwart, Bd. 4), Weimar u. a. 1996.

45 Vgl. Helmut von Wilucki, Bewährte moderne Propagandamethoden, in: Unser Wille und Weg, Jg. 2 (1932), S. 230–233, hier S. 233.

46 Vgl. [Georg] Stark, Der Film als Propagandamittel, a. a. O. (vgl. Anm. 35), S. 18 f.

47 Vgl. a. a. O., S. 21.

48 Ebd.

49 Tagebucheintrag vom 3. Februar 1930, in: Joseph Goebbels, Die Tagebücher, T. 1, a. a. O. (vgl. Anm. 18), Bd. 1, S. 494.

50 „Bei dieser Gelegenheit möchte ich darauf hinweisen, daß geschäftstüchtige Spießer seit dem 14. September 1930 ihr nationalsozialistisches Herz entdeckt haben und nun aus dem Anwachsen der Bewegung für sich Nutzen ziehen wollen. Sie versuchen, unter allen möglichen Firmennamen, in denen stets das Wort ‚nationalsozialistisch' vorkommt, die

Parteigliederungen zu bearbeiten." [Georg] Stark, Der Film als Propagandamittel, a. a. O. (vgl. Anm. 35), S. 12.

51 Vgl. a. a. O., S. 17.

52 J. Goebbels, Rundschreiben Nr. 1 der Reichsfilmstelle der NSDAP. 15. Januar 1931, in: BA, NS 22, 6.

53 Das erste Programm enthielt die vier Filme „Kampf um Berlin", „Deutschland erwacht", „N.S.-Bildbericht Nr. 2" und „Angriff"-Werbefilm, das zweite Programm den Frauenorden- film „Unser Wirken – unser Wollen" sowie den „N.S.-Bildbericht Nr. 3".

54 Vgl. Anordnung Nr. 3 vom 2. September 1932, gez. der Reichsorganisationsleiter, in: BA, NS 22, 428. In einem von Raether unterzeichneten Typoskript werden 16 Landesfilmstel- len aufgeführt. Raether, Der Film und seine Organisationen vom Standpunkt der N. S. D. A. P. [handschriftlich eingefügtes Datum: 10. VIII. 32], in: BA, NS 22, 6.

55 Anordnung Nr. 11 vom 4. Oktober 1932, gez. Reichsorganisationsleiter, G. Strasser, und Reichspropagandaleiter, Dr. Goebbels, in: BA, NS 22, 428.

56 Diese Einschätzung traf z. B. auf die Helios-Lichtspiele von Carl Neumann in der Berli- ner Friedrichstraße 233 zu. Vgl. hierzu Carl Neumann, Curt Belling und Hans-Walther Betz, Film-„Kunst", Film-Kohn, Film-Korruption. Ein Streifzug durch vier Film-Jahrzehnte, Berlin 1937, S. 138–144. Zu Carl Neumann vgl. auch Wolfgang Becker, Film und Herrschaft (= Zur politischen Ökonomie des NS-Films, Bd. 1), Berlin 1973, S. 24 und S. 26.

57 Vgl. [Georg] Stark, Der Film als Propagandamittel, a. a. O. (vgl. Anm. 35), S. 13.

58 Kurt Tucholsky, Französischer Kriegsfilm, in: ders., Gesammelte Werke, Reinbek bei Hamburg 1960, Bd. 5, S. 361 f. Dieses Urteil war zweifellos polemisch zugespitzt. Michael Töteberg meint, daß die Ufa den Krieg nicht anders als ein „x-beliebiges Kulturfilm-Thema" angegangen sei. Michael Töteberg, Vermintes Gelände. Geschäft und Politik: Der Weltkrieg, in: Das Ufa-Buch. Kunst und Krisen – Stars und Regisseure – Wirtschaft und Politik. Hrsg. von Hans-Michael Bock und Michael Töteberg, Frankfurt a. M. 1992, S. 204 f.

59 Vgl. Klaus Kreimeier, Die Ufa-Story. Geschichte eines Filmkonzerns, München u. a. 1992, S. 197.

60 [Georg] Stark, Der Film als Propagandamittel, a. a. O. (vgl. Anm. 35), S. 8.

61 „Die letzte Kompagnie", „Luise, Königin von Preußen", „Yorck", „Die elf Schill'schen Offiziere", „Der schwarze Husar", „Marschall Vorwärts", „Theodor Körner" und „Der Rebell".

62 Zur Analyse dieser Filme vgl. Gerhard Schoenberner, Das Preußenbild im deutschen Film. Geschichte und Ideologie, in: Preußen im Film. Eine Retrospektive der Stiftung Deut- sche Kinemathek. Hrsg. von Axel Marquardt und Heinz Rathsack (= Katalog zur Ausstellung „Preußen. Versuch einer Bilanz", Bd. 5), Reinbek bei Hamburg 1981, S. 9–38. Am gleichen Ort siehe auch Hans Feld, Potsdam gegen Weimar oder Wie Otto Gebühr den Siebenjährigen Krieg gewann, S. 68–73; Helmut Regel, Die Fridericus-Filme der Weimarer Republik, S. 124 bis 134; Friedrich P. Kahlenberg, Preußen als Filmsujet in der Propagandasprache der NS-Zeit, S. 135–163; Wilhelm van Kampen, Das „Preußische Beispiel" als Propaganda und politisches Lebensbedürfnis. Anmerkungen zu Authentizität und Instrumentalisierung im Preußen- film, S. 164–178; Jan-Christopher Horak, Liebe, Pflicht und die Erotik des Todes, S. 205–218; Gertrud Koch, Der höhere Befehl der Frau ist ihr niederer Instinkt. Frauenhaß und Männer- Mythos in Filmen über Preußen, S. 219–233.

63 Zit. nach Friedrich P. Kahlenberg, Preußen als Filmsujet ..., a. a. O. (vgl. Anm. 62), S. 139.

64 Rudolf Arnheim war 1928 bis 1933 Redakteur der „Weltbühne" und von August 1933 bis 1938 Redakteur und Übersetzer am Internationalen Institut für Lehrfilmwesen des Völkerbundes in Rom. 1940 Einwanderung in die USA. Neben zahlreichen Kritiken publizierte er auch filmtheoretische Schriften. Als Arnheims Hauptwerk gilt: Film als Kunst, Berlin 1932. Béla Balász bemühte sich in seinen Schriften: Der sichtbare Mensch oder die Kultur des Films, Wien u. a. 1924, und Der Geist des Films, Halle (Saale) 1930, um die Integration des Films in die Ästhetik. Siegfried Kracauer veröffentlichte 1924 seine erste Filmkritik in der „Frankfurter Zeitung", ging nach Jahren des Exils in Paris 1941 nach New York. 1947 erschien die große Studie: From Caligari to Hitler. A Psychological History of the German Film, Princeton 1947.

65 Für Völkerverständigung warben vor allem die Werke des Regisseurs Georg Wilhelm Pabst. Der realistische Kriegsfilm „Westfront 1918" wurde 1930 uraufgeführt, „Kameradschaft", in dem deutsche Bergleute ihren französischen Kollegen bei einem Grubenunglück zu Hilfe kommen, 1931.

66 „Der blaue Engel" hatte am 1. April 1930 im Berliner „Gloria-Palast" Premiere. Vgl. hierzu Josef von Sternberg, Das Blau des Engels. Eine Autobiographie, München u. a. 1991, S. 257–274; Siegfried Kracauer, Von Caligari zu Hitler, Frankfurt a. M. 1984, S. 225–233.

67 Gustave Le Bon, Psychologie des foules, Paris 1885. Zur Rezeption vgl. z. B. Alois Funk, Film und Jugend. Eine Untersuchung über die psychischen Wirkungen des Films im Leben der Jugendlichen, Phil. Diss. München 1934.

68 Schon auf der ersten Tagung der Deutschen Soziologischen Gesellschaft im Jahr 1910 hatte Max Weber die Durchführung einer Presseenquete angeregt. Vgl. Lutz Hachmeister, Studien zur Geschichte der Kommunikationswissenschaft in Deutschland, Berlin 1987, S. 13. Zur Geschichte der Kommunikationsforschung vgl. Melvin L. DeFleur und Sandra Ball-Rokeach, Theories of Mass Communication, 3. Aufl., New York 1975, und Shearon A. Lowery und Melvin L. DeFleur, Milestones in Mass Communication Research: Media Effects, New York u. a. 1983.

69 Hervorzuheben sind die Studien von Walter Auerbach, Presse und Gruppenbewußtsein, Berlin 1929; Fritz Giovanoli, Zur Soziologie des modernen Zeitungswesens, in: Zeitschrift für Völkerpsychologie und Soziologie, 1930, S. 175–192 und S. 267–281, sowie Ernst Manheim, Die Träger der öffentlichen Meinung. Studien zur Soziologie der Öffentlichkeit, Brünn u. a. 1933. Auf einer rein phänomenologischen Ebene blieb Walter Schmitt, Das Filmwesen und seine Wechselbeziehungen zur Gesellschaft. Versuch einer Soziologie des Filmwesens, Phil. Diss. Heidelberg 1932.

70 Diese vom Autor für die überwiegende Haltung der universitären Literaturwissenschaft geprägte Wertung des Kinos läßt sich durchaus auf die akademische Forschung insgesamt übertragen. Vgl. Heinz B. Heller, Literarische Intelligenz und Film, a. a. O. (vgl. Anm. 38), S. 7.

71 René König, Einleitung, in: Das Fischer-Lexikon. Bd. 10: Soziologie, umgearb. und erw. Neuausg., Frankfurt a. M. 1980, S. 8–14, hier S. 14. Zum neueren Forschungsstand vgl. Otthein Rammstedt, Theorie und Empirie des Volksfeindes. Zur Entwicklung einer „deutschen Soziologie", in: Wissenschaft im Dritten Reich. Hrsg. von Peter Lundgreen, Frankfurt a. M. 1985, S. 253–313.

72 „Die Verfasser gerade der Schriften, die ausführlich die politisch-publizistischen Möglichkeiten des Films darstellten, waren vielfach Kommunisten [Anm. 1: Ehrenburg, Balász] und Juden [Anm. 2: Ehrenburg, Arnheim]." Ilse Boettcher, Film und Tageszeitung. Vergleich

ihrer Struktur und ihrer Wirkungsmöglichkeit (= Wesen und Wirkungen der Publizistik, Bd. 9), Leipzig 1937, S. 1.

73 Erich Fromm, Arbeiter und Angestellte am Vorabend des Dritten Reiches. Eine sozial-psychologische Untersuchung. Bearb. und hrsg. von Wolfgang Bonß, Stuttgart 1980.

74 Studien über Autorität und Familie. Forschungsberichte aus dem Institut für Sozialforschung (= Schriften des Instituts für Sozialforschung, Bd. 5), Paris 1936.

75 Andries Sternheim, Zum Problem der Freizeitgestaltung, in: Zeitschrift des Instituts für Sozialforschung, Jg. 1 (1932), S. 336–355, hier S. 345. Zu Sternheim vgl. Rolf Wiggershaus, Die Frankfurter Schule. Geschichte. Theoretische Entwicklung. Politische Bedeutung, München u. a. 1986, S. 158 f. und S. 161.

76 Vgl. Michael Pollak, Paul Lazarsfeld – Gründer eines multinationalen Wissenschaftskonzerns, in: Geschichte der Soziologie. Studien zur kognitiven, sozialen und historischen Identität einer Disziplin. Hrsg. von Wolf Lepenies, Frankfurt a. M. 1981, S. 157–203.

77 Paul Lazarsfeld, Jugend und Beruf, Jena 1931; Marie Jahoda, Paul Lazarsfeld und Hans Zeisel, Die Arbeitslosen von Marienthal, Leipzig 1933.

78 Als eine der frühen Arbeiten vgl. z. B. Paul Felix Lazarsfeld, Remarks on Administrative and Critical Communications Research, in: Studies in Philosophy and Social Science (= Zeitschrift für Sozialforschung), Jg. 9 (1941), S. 2–16.

79 Siehe „Design of Propaganda in German Foreign Newsreel (‚Auslandstonwochenschau')" vom 19. März 1942, „The Radio Propaganda Atmosphere of the German Public" vom 21. März 1942 und „Nazi Use of Films in Psychological Warfare" vom 22. Februar 1943. Vgl. dazu das grundlegende Werk von Petra Marquardt-Bigman, Amerikanische Geheimdienstanalysen über Deutschland 1942–1949 (= Studien zur Zeitgeschichte, Bd. 45), München 1995, bes. S. 45–51 und S. 67–96.

80 Vgl. Radio Research 1942–1943. Hrsg. von Paul F. Lazarsfeld und Frank Stenton, New York 1944.

81 Zum Stand der empirischen Filmwirkungsforschung in Großbritannien vgl. Tom Harrison, Film and Home. The Evaluation of Their Effectiveness by 'Mass Observation', in: Propaganda, Politics and Film 1918–1945. Hrsg. von Nicholas Pronay und D. W. Spring, London 1982, S. 234–245.

82 Vgl. Lutz Hachmeister, Theoretische Publizistik. Studien zur Geschichte der Kommunikationswissenschaft in Deutschland (= Beiträge zur Medientheorie und Kommunikationsforschung, Bd. 25), Berlin 1987, S. 22–41.

83 Vgl. Karl d'Ester, Zeitungswissenschaft als Faktor der politischen Erziehung, in: Zeitungswissenschaft, Jg. 9 (1934), S. 2–12; Emil Dovifat, Die Erweiterung der zeitungskundlichen zu einer allgemein-publizistischen Lehre und Forschung, in: Zeitungswissenschaft, Jg. 9 (1934), S. 12–20; Hans Traub, Die Tageszeitung als Mittel der Staatsführung, in: Zeitungswissenschaft, Jg. 8 (1933), S. 295–300; Hans A. Münster, Zeitung und Zeitungswissenschaft im neuen Staat, in: Zeitungswissenschaft, Jg. 8 (1933), S. 273–288.

84 Emil Dovifat, Die Erweiterung ..., a. a. O. (vgl. Anm. 83).

85 Vgl. z. B. Karl d'Ester, Zeitungswissenschaft ..., a. a. O. (vgl. Anm. 83), S. 9.

86 Vgl. Emil Dovifat, Die Erweiterung ..., a. a. O. (vgl. Anm. 83), S. 17. Als Beginn der theoretischen Publizistik gilt die Schrift von Karl Jaeger, Von der Zeitungskunde zur publizistischen Wissenschaft, Jena 1926. Jäger forderte, Mitteilungen in jeder Form als Ausdruck des gesellschaftlichen Bewußtseins zu begreifen und zum Forschungsgegenstand der zur

Publizistik zu erweiternden Zeitungswissenschaft zu machen; Rundfunk und Film erwähnte er aber nicht ausdrücklich.

87 Hinderer wollte die soziale Funktion der Medien in den Mittelpunkt der publizistischen Forschung und Lehre rücken. Sie bestehe darin, „daß die geistig-seelische Haltung des Empfangenden denen des Gestalters gleichgerichtet werde". D. Hinderer, Film und Rundfunk als Objekt der Wissenschaft. Die Publizistik und die Zeitungswissenschaft vor neuen Aufgaben, in: Zeitungswissenschaft, Jg. 9 (1934), S. 20–23, hier S. 23.

88 Vgl. Michael Grüttner, Studenten im Dritten Reich, Paderborn u. a. 1995, S. 331–341, hier S. 331. Siehe auch Sylvia Straetz, Hans A. Münster (1901–1963). Sein Beitrag zur Entwicklung der Rezipientenforschung, Frankfurt a. M. 1984, S. 61 f.

89 Goebbels formulierte 1931 in dem programmatischen Vorwort zur ersten Ausgabe der Zeitschrift der Reichspropagandaleitung der NSDAP „Wille und Weg": „Die nationalsozialistische Bewegung kommt aus der politischen Praxis. Sie ist nicht am Schreibtisch erfunden, sondern im lebendigen Leben gestaltet worden. Das unterscheidet sie von allen anderen politischen Organisationen, die wir heute in Deutschland feststellen können." [Joseph] Goebbels, Wille und Weg, in: Wille und Weg, Jg. 1 (1931), S. 2–5, hier S. 2.

90 Vgl. Tagebucheintrag vom 9. Mai 1937, in: Joseph Goebbels, Die Tagebücher, T. 1, a. a. O. (vgl. Anm. 18), Bd. 3, S. 138.

91 [Walther] Schulze-Wechsungen, Politische Propaganda, in: Unser Wille und Weg, Jg. 4 (1934), S. 323–332, hier S. 324.

92 Traub begann 1926 nach seiner Dissertation über „Die Augsburger Abendzeitung und die Revolution im Jahre 1848" seine Tätigkeit als Assistent am „Deutschen Institut für Zeitungskunde", dem späteren „Institut für Zeitungswissenschaft an der Universität Berlin". Mit enormem Fleiß trieb er maßgeblich den Aufbau des Instituts voran. 1932 habilitierte er sich an der Rechts- und Staatswissenschaftlichen Fakultät der Universität Greifswald. Eine Biographie über Hans Traub, den nach Ansicht Franz Droeges „wohl bedeutendste[n] Publizistikwissenschaftler der Vergangenheit", ist ein lange überfälliges Desiderat. Franz Droege, Der Funktionalismus in der Kommunikationswissenschaft. Henk Prakke zum 70. Geburtstag am 26. April 1970, in: Publizistik, Jg. 15 (1970), S. 93–97, hier S. 94. Einen ersten Versuch in dieser Richtung unternimmt Frank Biermann, Hans Traub (1901–1943), in: Zeitungswissenschaftler im Dritten Reich. Sieben biographische Studien. Hrsg. von Arnulf Kutsch, Köln 1984, S. 45–78.

93 Hans Traub, Zeitung, Film und Rundfunk. Die Notwendigkeit ihrer einheitlichen Betrachtung, Berlin 1933.

94 Hans Traub, Grundbegriffe des Zeitungswesens, Stuttgart 1933, S. 14. Zu Traub vgl. Lutz Hachmeister, Theoretische Publizistik, a. a. O. (vgl. Anm. 82), S. 32–35.

95 Vgl. Manfred Lichtenstein, Der Lebenslauf des Films. Die Ufa-Lehrschau, in: Das Ufa-Buch. Kunst und Krisen – Stars und Regisseure – Wirtschaft und Politik. Hrsg. von Hans-Michael Bock und Michael Töteberg, Frankfurt a. M. 1992, S. 396–398.

96 Vgl. Hans Traub, Die Ausstellung der Ufa-Lehrschau, in: Die Ufa-Lehrschau. Der Weg des Films von der Planung bis zur Vorführung (= Filmschaffen – Filmforschung. Schriften der Ufa-Lehrschau, Bd. 3), Berlin 1941, S. 11–43, und ders. Die Bücherei der Ufa-Lehrschau, in: a. a. O., S. 44–52. Das breite Spektrum seiner Tätigkeiten beschrieb Traub 1938 in seinem Lebenslauf: „Ich erhielt die Stellung eines wissenschaftlichen Leiters [der Lehrschau der Ufa], dem neben dem weiteren Ausbau der Lehrschau selbst, Gründung und Leitung einer großen

Bücherei von Fachschriften, Herausgabe von literarischen Monatsberichten, Besuch von Kongressen, Vorträge, Führungen in- und ausländischer Besucher der Ufa anvertraut waren. Meine Lehrtätigkeit an den Universitäten in Greifswald und Berlin wurde dabei fortgesetzt und die Abteilungen des Instituts für Zeitungswissenschaft in Berlin mit Hilfskräften verantwortlich weitergeleitet ... Das Geh. Preußische Staatsarchiv zog mich zur Unterrichtung der künftigen Archivare hinzu." Lebenslauf Hans Traub 1938 [Typoskript], [wahrscheinlich anläßlich eines Antrages zur Aufnahme in die Reichskulturkammer verfaßt – G. St.], in: BA (BDC), RKK 2100, Box 0459, File 05.

97 Traub galt als ein mit einer „Arierin" verheirateter „Vierteljude"; gegen seine Beschäftigung als wissenschaftlicher Leiter der Ufa-Lehrschau erhob Goebbels keine Bedenken. Vgl. Karteikarte vom 15. April 1940: Traub, Dr. Hans, in: BA (BDC), RKK 2100, Box 0459, File 05. Traub starb 1943 an den Folgen einer Erkrankung, die er sich während des Ersten Weltkrieges zugezogen hatte.

98 Vgl. Hans Bohrmann und Arnulf Kutsch, Der Fall Walther Heide. Zur Vorgeschichte der Publizistikwissenschaft, in: Publizistik, Jg. 20 (1975), S. 805–808.

99 Vgl. Verordnung über das Inkrafttreten und die Durchführung des Schriftleitergesetzes vom 19. Dezember 1933, in: RGBl. I, 1933, S. 1085–1088.

100 Vgl. Brief des RMVP an Prof. Dr. Heide vom 9. April 1941, in: BA, R 55, 269, Bl. 9: „Der Gesamtzuschuss für die Zeitungsinstitute erhöht sich dadurch [inklusive des hier zugesagten Betrages von 6000 Reichsmark für ein Institut für Zeitungswissenschaft in Prag – G. St.] von 117000 RM auf 123000 RM jährlich." Die großzügige Finanzierung des DZV war Goebbels schon 1938 aufgefallen. In dem Tagebucheintrag vom 9. Januar 1938 vermerkte er: „Geheimrat Heide und seine Organisation sind zu gut dotiert. Abstoppen!" Joseph Goebbels, Die Tagebücher, T. 1, a. a. O. (vgl. Anm. 18), Bd. 3, S. 395.

101 Vgl. Arnulf Kutsch, Rundfunkwissenschaft im Dritten Reich. Geschichte des Instituts für Rundfunkwissenschaft der Universität Freiburg (= Rundfunkstudien, Bd. 2), München u. a. 1985, S. 49 f.

102 Die nationalsozialistische Wissenschaft könne ihre Voraussetzung nicht im Volk sehen, „indem nämlich dann jede Gruppe, Konfession und Richtung ihre Voraussetzung mit dem gleichen Rechte fordern könnte". Karl Kurth, Kritik der Publizistik, in: Zeitungswissenschaft, Jg. 13 (1938), S. 497–504, hier S. 498. Vgl. auch ders., Zeitungswissenschaft oder Lesersoziologie?, in: Zeitungswisssenschaft, Jg. 13 (1938), S. 301–306.

103 Zit. nach: 25 Jahre Institut für Zeitungswissenschaft an der Universität Leipzig, in: Zeitungswissenschaft, Jg. 17 (1942), S. 40–47, hier S. 46.

104 Lehrplan der Zeitungswissenschaft in Kraft, in: Zeitungswissenschaft, Jg. 10 (1935), S. 288–290.

105 Vgl. y. [= Hermann Frey], DZV-Tagung in Berlin, in: Zeitungswissenschaft, Jg. 11 (1936), S. 624–626, hier S. 624.

106 Einen derartigen Zusammenschluß unter der Bezeichnung „Fakultät für Staatsführungskunst" forderte z. B. 1938 der Präsident der Reichsrundfunkkammer. Vgl. Brief des Präsidenten der Reichsrundfunkkammer an den Reichsminister für Wissenschaft, Erziehung und Volksbildung vom 3. Juni 1938, in: BA, R 49.01, 924, Bl. 8 v.

107 „Zur Sicherung der Fortentwicklung des Filmwesens, insbesondere der Filmkunst, im Geiste des Nationalsozialismus wird die ‚Deutsche Filmakademie mit dem Arbeitsinstitut für Kulturfilmschaffen' als Anstalt des Reichs gegründet." Erlaß des Führers und Reichskanzlers

über die Errichtung der Deutschen Film-Akademie vom 18. März 1938, in: RGBl. I, 1938, S. 305.

108 Vgl. Almuth Püschel, „… die bedeutendste der Welt". Das Projekt der Filmstadt Babelsberg 1937–1943, in: Brandenburg in der NS-Zeit. Studien und Dokumente. Hrsg. von Dietrich Eichholtz, Berlin 1993, S. 139–167, sowie Tagebucheintrag vom 23. Februar 1940, in: Joseph Goebbels, Die Tagebücher, T. 1, a. a. O. (vgl. Anm. 18), Bd. 4, S. 51, sowie Tagebucheintrag vom 3. Februar 1940, in: a. a. O., S. 59.

109 So etwa W[alter] P[anofsky], Wie steht es mit der Filmkunde?, in: Film-Kurier vom 4. November 1938.

110 Die Filmakademie begann. In Babelsberg werden keine Theoretiker ausgebildet, in: Der Angriff vom 2. November 1938.

111 Schon rückblickend schrieb Anfang 1938 der „Film-Kurier": „An sich war der Film wie auch der Rundfunk als ‚Randgebiet' in den zeitungswissenschaftlichen Forschungsplan zunächst aufgenommen: damit war die Einstellung der Zeitungswissenschaft zum Film klar umrissen. Trotzdem drohte durch einen gewissen Übereifer das ‚Randgebiet Film' das eigentliche Aufgabengebiet der Zeitungswissenschaft zu beeinträchtigen. Der ‚Deutsche Zeitungswissenschaftliche Verband' (DZV.) sah sich daher in richtiger Erkenntnis der Sachlage gezwungen, den zeitungswissenschaftlichen Instituten und Seminaren die Beschäftigung mit filmkundlichen Fragen zu untersagen: lediglich vom Publizistischen her wird in einer Lehrplanvorlesung auch der Film behandelt. Mit dieser Entscheidung fiel die Zeitungswissenschaft für eine weitere filmkundliche Forschungsarbeit aus." W[alter] P[anofsky], Wo bleibt die Filmkunde? Die Errichtung der Filmakademie verpflichtet die Hochschulen zu stärkerem Interesse am Film, in: Film-Kurier vom 21. April 1938.

112 Vgl. hierzu: Lutz Hachmeister, Theoretische Publizistik, a. a. O. (vgl. Anm. 82), S. 48 f.

113 Dieser Zusammenhang wird oft übersehen, wenn die Arbeiten Münsters als positives Gegenbeispiel für das Methodendefizit der deutschen Publizistik während des Nationalsozialismus herausgestellt werden. Vgl. z. B. Hans Wagner, Kommunikationswissenschaft – ein Fach auf dem Weg zur Sozialwissenschaft. Eine wissenschaftsgeschichtliche Besinnungspause, in: Publizistik, Jg. 38 (1993), S. 491–526, hier S. 493.

114 Die Ergebnisse dieser Enquete wurden veröffentlicht in: Hans A. Münster, Jugend und Zeitung, Berlin 1932.

115 Vgl. Hans A. Münster, Zeitung und Politik, Leipzig 1935, S. 26.

116 Hans A. Münster, Die Forschungstätigkeit, in: Bericht über die Tätigkeit des Instituts für Zeitungswissenschaft an der Universität Leipzig im 21. Jahre ihres Bestehens. Jahresberichte des Instituts für Zeitungswissenschaft an der Universität Leipzig 1937, S. 2–8, hier S. 3.

117 Vgl. R. Roeder, Propagandawissenschaft?, in: Die Bewegung. Zentralorgan des Nationalsozialistischen Deutschen Studentenbundes, Jg. 5 (1937), Nr. 50, S. 8.

118 Vgl. dazu Sylvia Straetz, Hans A. Münster …, a. a. O. (vgl. Anm. 88), S. 51–55.

119 Hans A. Münster, Die Forschungstätigkeit, a. a. O. (vgl. Anm. 116), S. 2.

120 Vgl. Walter Steinhauer, Ein Film im Spiegel wissenschaftlicher Betrachtung. Eine Rundfrage der Filmkunde-Abteilung des Leipziger Zeitungswissenschaftlichen Instituts über den Syndikat-Film „Traumulus", in: Der Film vom 18. Juli 1936, 3. Beilage.

121 Nicht auf statistischen Erhebungen beruhte die Dissertation von Hans Joachim Giese, Die Filmwochenschau im Dienste der Politik (= Leipziger Beiträge zur Erforschung der Publizistik, Bd. 5), Dresden 1940. Giese versprach zwar im Vorwort, einen Einblick „in das Wesen

und die Wirkungsmöglichkeiten" von Wochenschauen zu geben, beschränkte sich aber auf einige phänomenologische Erörterungen und eine lexikalische Darstellung des Standes der aktuellen Filmberichterstattung in verschiedenen Ländern. Nicht an Münsters Institut erstellt wurde die Leipziger Dissertation des Psychologen Wolfgang Wilhelm, Die Auftriebswirkung des Films, Bremen 1940. Diese Arbeit beruhte auf einigen Interviews, abstrahierte aber weitgehend vom sozialen Hintergrund der Befragten.

122 Vgl. Hans A. Münster, Kultur im Grenzdorf, in: Sachsen. Zeitschrift des Heimatwerkes Sachsen, Jg. 2 (1938), H. 3, S. 26 f. Siehe auch Sylvia Straetz, Das Institut für Zeitungskunde in Leipzig bis 1945, in: Von der Zeitungskunde zur Publizistik. Biographisch-institutionelle Stationen der deutschen Zeitungswissenschaft in der ersten Hälfte des 20. Jahrhunderts. Hrsg. von Rüdiger vom Bruch und Otto B. Roegele, Frankfurt a. M. 1986, S. 75–103, hier S. 88 f. Allgemein zum „Reichsberufswettkampf der deutschen Studenten" vgl. Michael Grüttner, Studenten im Dritten Reich, a. a. O. (vgl. Anm. 88), S. 336–341.

123 Alfred Schmidt, Publizistik im Dorf (= Leipziger Beiträge zur Erforschung der Publizistik, Bd. 2), Dresden 1939.

124 Friedrich Schindler, Die Publizistik im Leben einer Gruppe von Leunaarbeitern insbesondere im Hinblick auf Presse, Rundfunk und Film, Phil. Diss. Leipzig 1942.

125 A. a. O., S. 29 f.

126 Vgl. a. a. O., S. 196.

127 A[nneliese] U. Sander, Jugend und Film (= Das Junge Deutschland, Sonderveröffentlichung Nr. 6), Berlin 1944 (ND u. d. T.: Jugendfilm im Nationalsozialismus. Dokumentation und Kommentar von Hartmut Reese [= Geschichte der Jugend, Bd. 7], Münster 1984).

128 Vgl. hierzu z. B. Arnulf Kutsch, Rundfunkwissenschaft …, a. a. O. (vgl. Anm. 101), S. 233.

129 Elisabeth Noelle, Amerikanische Massenbefragungen über Politik und Presse, Frankfurt a. M. 1940. Außer in Noelles Arbeit wurde die Entwicklung der umfragegestützten Medienforschung in den USA nur in einigen kürzeren Aufsätzen bewertet. Vgl. z. B. Lothar Decker, „Wissenschaft" im Dienste der Propaganda, in: Zeitungswissenschaft, Jg. 14 (1939), S. 139 f.; „Institute for Propaganda Analysis" in New York, in: Zeitungswissenschaft, Jg. 14 (1939), S. 200 f.

130 Elisabeth Noelle, Amerikanische Massenbefragungen über Politik und Presse, a. a. O. (vgl. Anm. 129), S. 1.

131 Ebd.

132 W[alter] P[anofsky], Die noch immer nicht ins Filmtheater gehen. Psychologische Studie über Ursachen der Filmfremdheit. Eine Umfrage, in: Film-Kurier vom 10. Januar 1939.

133 So notierte Goebbels z. B. am 27. Juni 1937 in seinem Tagebuch: „Ufa macht Tanzfilm. Ich inhibiere, daß dabei der philosophische Tanz der Palucca, Wigmann u. ä. in den Vordergrund tritt. Tanz muß beschwingt sein und schöne Frauenkörper zeigen. Das hat mit Philosophie nichts zu tuen." Joseph Goebbels, Die Tagebücher, T. 1, a. a. O. (vgl. Anm. 18), Bd. 3, S. 187. Und am 14. Juli 1937 vermerkte er zu dem Film „Capriolen": „Kalt, intellektuell, überpointiert und eisiger Witz. In manchen Partien direkt peinlich." A. a. O., S. 202.

134 Tagebucheintrag vom 28. Juli 1938, in: a. a. O., S. 471.

135 „Eine interessante Darstellung. Ich komme gut dabei weg." A. a. O., S. 209.

136 Edmund Th. Kauer, Der Film. Vom Werden einer neuen Kunstgattung, Berlin 1943, S. 130 f.

137 Marlies Steinert, Hitlers Krieg und die Deutschen. Stimmung und Haltung der deutschen Bevölkerung im Zweiten Weltkrieg, Düsseldorf u. a. 1970, S. 17; Heinz Boberach, Einleitung, in: Meldungen aus dem Reich, a. a. O. (vgl. Anm. 28), Bd. 1, S. 11–40, hier S. 11.

138 Das Zitat stammt aus einem Gespräch zwischen Ohlendorf und dem Masseur Himmlers, Kersten. Felix Kersten, Totenkopf und Treue. Heinrich Himmler ohne Uniform, Hamburg o. J., S. 253.

139 Der führende Zeitungswissenschaftler Emil Dovifat wies 1937 auf den Unterschied hin: „Heute ist der Begriff ‚Öffentliche Meinung', der z. B. in den angelsächsischen Ländern, vor allem aber den Vereinigten Staaten in der Aussprache über die Presse ganz vorne steht, in Deutschland ganz zurückgetreten. Man spricht nicht mehr von ‚Meinung', sondern von Überzeugung und politischem Glauben ...“ Emil Dovifat, Zeitungslehre. Bd. 2: Theoretische Grundlagen – Nachricht und Meinung – Sprache und Form, Berlin 1937, S. 108.

140 Vgl. Marlies Steinert, Hitlers Krieg ..., a. a. O. (vgl. Anm. 137), S. 23 f.

141 Im März 1943 wandte sich Goebbels auch gegen die Verwendung des Begriffs „Stimmung", „denn man könne nicht von Stimmung reden, wenn die Häuser abgebrannt und die Städte verwüstet sind. Er wünscht, daß nur noch von einer guten Haltung gesprochen werde." Zit. nach: „Wollt ihr den totalen Krieg?". Die geheimen Goebbels-Konferenzen 1939–1943. Hrsg. und ausgew. von Willi A. Boelcke, Stuttgart 1967, S. 345.

142 So schlug im September 1930 die Berliner SS unter Kurt Daluege den Putsch des Gruppenführers Ost der SA, Walther Stennes, nieder.

143 Vgl. Alwin Ramme, Der Sicherheitsdienst der SS. Zu seiner Funktion im faschistischen Machtapparat und im Besatzungsregime des sogenannten Generalgouvernements in Polen (= Militärhistorische Studien, N. F., Bd. 12), Berlin 1970, S. 33–35.

144 Zit. nach Shlomo Aronson, Heydrich und die Anfänge des SD und der Gestapo, Phil. Diss. Berlin 1967, S. 264.

145 Vgl. Anordnung des Chefs der Sicherheitspolizei, SS-Gruppenführer Heydrich, für den Sicherheitsdienst des Reichsführers SS und die Geheime Staatspolizei – S. B. Nr. 4975/37 – betr. Zusammenarbeit zwischen Sicherheitsdienst und Geheimer Staatspolizei. Berlin, 1. Juli 1937. Gedruckt in: Berichte des SD und der Gestapo über Kirchen und Kirchenvolk in Deutschland 1934–1944. Bearb. von Heinz Boberach (= Veröffentlichungen der Kommission für Zeitgeschichte bei der katholischen Akademie in Bayern, R. A, Bd. 12), Mainz 1971, S. 905 f.

146 Zur Aufgabenverteilung zwischen SD und politischer Polizei vgl. Klaus Drobisch, Die Judenreferate des Geheimen Staatspolizeiamtes und des Sicherheitsdienstes der SS (SD) 1933 bis 1939, in: Jahrbuch für Antisemitismusforschung, Bd. 2 (1993), S. 230–254, bes. S. 239 f.

147 Alwin Ramme, Der Sicherheitsdienst der SS, a. a. O. (vgl. Anm. 143), S. 46.

148 Bericht über den derzeitigen Stand der Lageberichterstattung des SD-RFSS [1937], S. 1, in: CChIDK, Fond 500, Opis' 3, Nr. 15, Bl. 73–85.

149 Neuere Regionalstudien zur Gestapo und zum SD kommen zu dem Schluß, daß zwar der Anspruch des nationalsozialistischen Repressionsapparates totalitär gewesen ist, nicht aber die Wirklichkeit. Vgl. hierzu zusammenfassend Klaus-Michael Mallmann und Gerhard Paul, Allwissend, allmächtig, allgegenwärtig? Gestapo, Gesellschaft und Widerstand, in: ZfG, Jg. 41 (1993), S. 984–999.

150 Bericht über den derzeitigen Stand ..., a. a. O. (vgl. Anm. 148), S. 3.

151 Die Zusammenfassung der zentralen Ämter der Sicherheitspolizei und des SD. Der

Reichsführer SS und Chef der Deutschen Polizei, Berlin, den 27. September 1939, in: CChIDK, Fond 500, Opis' 3, Nr. 7, Bl. 2 f.

152 Vgl. Geschäftsverteilungsplan des RSHA (Stand: 1. 2. 1940), in: CChIDK, Fond 500, Opis' 3, Nr. 7, Bl. 12–20, hier Bl. 15.

153 Vgl. Heinz Boberach, Einleitung, a. a. O. (vgl. Anm. 137), S. 17.

154 Erlaß vom 2. August 1941. Zit. nach Heinz Boberach, Einleitung, a. a. O. (vgl. Anm. 137), S. 16 f.

155 Vgl. Rundschreiben des SD-Leitabschnitts Stuttgart vom 21. August 1940. Gedruckt bei Marlies Steinert, Hitlers Krieg ..., a. a. O. (vgl. Anm. 137), S. 44.

156 Vgl. Alwin Ramme, Der Sicherheitsdienst der SS ..., a. a. O. (vgl. Anm. 143), S. 55.

157 Vgl. Heinz Boberach, Einleitung, a. a. O. (vgl. Anm. 137), S. 18–20.

158 Vgl. Wiederaufführung antibolschewistischer Filme „Weiße Sklaven" („Panzerkreuzer Sebastopol") und „Dorf im roten Sturm" („Friesennot"). RSHA an alle SD-(Leit-)Abschnitte etc., Vom 17. September 194[?] [unleserlich, wahrscheinlich: 1 – G. St.], in: BA, R 58, 990, Bl. 134.

159 Ähnliche Erfolge der SD-Berichte stellte das RSHA bei der Justiz fest. Vgl. Auswirkungen der „Meldungen aus dem Reich" auf dem Gebiete des Rechtslebens. RSHA an alle Führer der SD-(Leit-)Abschnitte und Hauptaußenstellen. Vom 3. November 1941, in: BA, R 58, 990, Bl. 50–58.

160 Tagebucheintrag vom 7. Februar 1940, in: Joseph Goebbels, Die Tagebücher, T. 1, a. a. O. (vgl. Anm. 18), Bd. 4, S. 36.

161 Vgl. z. B. den Tagebucheintrag vom 20. Februar 1941: „Der S.D. Bericht lobt sehr unsere Filmarbeit." A. a. O., S. 509.

162 So notierte Goebbels am 4. März 1941 in seinem Tagebuch: „Moskau hat in Leipzig [auf der Messe – G. St.] großen Erfolg, z. T. demonstrativen. Ich lasse das etwas näher durch den S.D. beobachten." A. a. O., S. 524.

163 Vgl. z. B. den Tagebucheintrag vom 5. März 1941, in: a. a. O., S. 525.

164 Tagebucheintrag vom 22. Februar 1942, in: Joseph Goebbels, Die Tagebücher. Sämtliche Fragmente. Hrsg. von Elke Fröhlich. T. 2: Diktate 1941–1945, 15 Bde., München u. a. 1993–1995, Bd. 3, S. 357. Goebbels hielt grundsätzlich nichts vom dem „Fragebogen-Unwesen". Vgl. Tagebucheintrag vom 28. März 1942, in: a. a. O., S. 568.

165 Eine Übersicht über diese Lageberichte und ihre Fundorte liefert Marlies Steinert, Hitlers Krieg ..., a. a. O. (vgl. Anm. 137), S. 607–609. Da Regionalstudien ständig weitere Berichtsinstanzen über die Bevölkerungsmeinung erschließen, ist diese Liste aber keineswegs vollständig. So fertigten z. B. in Hamburg selbst die leitenden Mitarbeiter der Fürsorge monatliche „Stimmungsberichte" an. Vgl. Stimmungsberichte der Oberfürsorgerinnen im Krieg 1939–1943, in: Opfer und Täterinnen. Frauenbiographien des Nationalsozialismus. Hrsg. von Angelika Ebbinghaus (= Schriften der Hamburger Stiftung für Sozialgeschichte des 20. Jahrhunderts, Bd. 2), Nördlingen 1987, S. 106–150.

166 Erlaß über die Errichtung des Reichsministeriums für Volksaufklärung und Propaganda vom 13. März 1933, in: RGBl. I, 1933, S. 104.

167 Verordnung über die Aufgaben des Reichsministeriums für Volksaufklärung und Propaganda vom 30. Juni 1933, in: RGBl. I, 1933, S. 449.

168 Vgl. z. B. den Tagebucheintrag vom 2. Dezember 1936: „Beim Führer zu Mittag. Er beklagt sich über die Aufblähung der Reichsämter, vor allem der Ministerien. Machen alle

denselben Fehler: große Apparate, aber die sind dann zu schwerfällig, um zu arbeiten. Ich lehne das ab. Kleiner Apparat, aber ausgesucht und sehr aktiv." Joseph Goebbels, Die Tagebücher, T. 1, a. a. O. (vgl. Anm. 18), Bd. 2, S. 742.

169 Die Angaben beinhalten „fortdauernde" und „einmalige" Ausgaben. BA, R 50.01, 1059.

170 Vgl. Geschäftsverteilungspläne des RMVP, in: BA, R. 50.01, 1061 (1936), 774 (1937), 621 (1942). Der Geschäftsverteilungsplan des Jahres 1942 findet sich auch in: BA (BDC), RKK 2028, VP 2039.

171 Der Geschäftsverteilungsplan vom 1. Oktober 1933 wies der Abteilung V drei Referate zu. Er ist abgedruckt in: Zur Geschichte des Reichsministeriums für Volksaufklärung und Propaganda, in: Reichsministerium für Volksaufklärung und Propaganda. Bestand R 55. Bearb. von Wolfram Werner (= Findbücher zu Beständen des Bundesarchivs, Bd. 15), Koblenz 1979, S. VI–XXXVII, hier S. VIII.

172 Geschäftsverteilungsplan des RMVP, 10. Februar 1936, in: BA, R 50.01, 1061.

173 Schon im November 1939 vermerkte Goebbels in seinem Tagebuch: „Der S.D. Stimmungsbericht wird immer unzuverlässiger. Er setzt sich in der Hauptsache aus vagen Angaben von Mittelsmännern, meistens anonymen zusammen, die gar nicht mehr zu kontrollieren sind." Tagebucheintrag vom 8. November 1939, in: Joseph Goebbels, Die Tagebücher, T. 1, a. a. O. (vgl. Anm. 18), Bd. 3, S. 634.

174 Vgl. Tätigkeitsbericht, Leiter Pro i. V. und Chef des Propagandastabes an den Minister. 5. September 1944, in: BA, R 55, 601, Bl. 101–111, hier Bl. 101. Vgl. auch Kriegspropaganda 1939–1941. Geheime Ministerkonferenzen im Reichspropagandaministerium. Hrsg. und eingel. von Willi A. Boelcke, Stuttgart 1966, S. 140 f.

175 Vgl. Oswald Rentrop, Die Reichspropagandaämter, in: Zeitungswissenschaft, Jg. 13 (1938), S. 1–8.

176 Vgl. Geschäftsverteilungsplan des RMVP vom 1. November 1942, in: BA (BDC), RKK 2028, VP 2039. Lageberichte für den Zeitraum vom 15. März 1943 bis zum 21. März 1945 finden sich in: BA, R 55, 600–603 und 620.

177 Erlaß des Führers und Reichskanzlers über die Änderung der Behördenbezeichnungen im Geschäftsbereich des Reichsministeriums für Volksaufklärung und Propaganda vom 9. September 1937, in: RGBl. I, 1937, S. 1009.

178 Vgl. Kriegspropaganda 1939–1941, a. a. O. (vgl. Anm. 174), S. 185.

179 Vgl. z. B. Tagebucheintrag vom 3. Januar 1942, in: Joseph Goebbels, Die Tagebücher, T. 2, a. a. O. (vgl. Anm. 164), Bd. 3, S. 45. Siehe auch Doris Kohlmann-Viand, NS-Pressepolitik im Zweiten Weltkrieg. Die „Vertraulichen Informationen" als Mittel der Presselenkung (= Kommunikation und Politik, Bd. 23), München u. a. 1991, S. 82–85.

180 Brief von Dr. Krieg, Hauptreferat Pro. V, an Dr. Schäffer, Referat Pro. PA, vom 20. März 1942, in: BA, R 55, 603, Bl. 166.

181 A. a. O, Bl. 187.

182 Vgl. Das Filmjahr 1934, in: Film und Bild, Jg. 2 (1935), S. 96.

183 Vgl. Oswald Rentrop, Die Reichspropagandaämter, a. a. O. (vgl. Anm. 175), S. 7 f.

184 Joseph Goebbels, Wesen und Aufbau der nationalsozialistischen Propaganda. Zit. nach Hans Traub, Der Film, in: Zeitungswissenschaft, Jg. 9 (1934), S. 371–374, hier S. 372.

185 Der Verleihumsatz der Ufa mit der Reichspropagandaleitung betrug 1936/37 625 000 Reichsmark, 1937/38 940 000 Reichsmark und 1938/39 1 465 000 Reichsmark. Die Zahlenangaben

stammen aus dem Gesprächsprotokoll betr. Überlassung von Tonfilmwagen, Vorführgeräten und dergl. an die RPL [durch die Ufa] vom 16. April 1940, in: BA, R 80, Ba 2, P 6007, Nr. 346 f.

186 Vgl. Über die Organisation von Filmabenden, in: Film und Bild, Jg. 1 (1934/35), S. 18.

187 Vgl. Film und Bild, Jg. 1 (1934/35), S. 26.

188 Wie gefielen die Filme der Gaufilmstelle?, in: Film und Bild, Jg. 3 (1936/37), S. 380. Eine ähnliche Ermahnung war auch schon ein Jahr zuvor erfolgt: „Mit der Abrechnung ist der rote Berichtszettel der Gaufilmstelle einzusenden. Die Eintragungen sind gewissenhaft vorzunehmen. Leere Redensarten sind zu vermeiden. Die Gaufilmstelle braucht diese Berichte zu ihrer Orientierung unbedingt." Den Filmstellenleitern zur Beherzigung, in: Film und Bild, Jg. 1 (1934/35), S. 112.

189 Ebd.

190 Heinz Cnyrim, Die Kanzlei des Führers als Mittler zwischen Volk und Führer, in: Die Deutsche Volkswirtschaft, Jg. 1 (1941), S. 1223 f., hier S. 1223. Zu den Funktionen der Kanzlei des Führers vgl. Jeremy Noakes, Philipp Bouhler und die Kanzlei des Führers der NSDAP. Beispiel einer Sonderverwaltung im Dritten Reich, in: Verwaltung contra Menschenführung im Staat Hitlers. Studien zum politisch-administrativen System. Hrsg. von Dieter Rebentisch und Karl Teppe, Göttingen 1986, S. 208–236.

191 Tagebucheintrag vom 9. Oktober 1939, in: Joseph Goebbels, Die Tagebücher, T. 1, a. a. O. (vgl. Anm. 18), Bd. 3, S. 603.

192 Tagebucheintrag vom 30. Januar 1943, in: Joseph Goebbels, Die Tagebücher, T. 2, a. a. O. (vgl. Anm. 164), Bd. 7, S. 224.

193 Tagebucheintrag vom 1. April 1944, in: a. a. O., Bd. 12, S. 35.

194 Ministerkonferenz vom 21. Mai 1941, in: „Wollt ihr den totalen Krieg?", a. a. O. (vgl. Anm. 141), S. 173.

195 Tagebucheintrag vom 3. Februar 1942, in: Joseph Goebbels, Die Tagebücher, T. 2, a. a. O. (vgl. Anm. 164), Bd. 3, S. 243.

196 Ebd.

197 Vgl. z. B. den Tagebucheintrag vom 23. Februar 1940: „Im Übrigen haben sich meine Voraussagen bzgl. des Erfolgs der einzelnen Filme fast in allen Fällen bewahrheitet." Joseph Goebbels, Die Tagebücher, T. 1, a. a. O. (vgl. Anm. 18), Bd. 4, S. 52.

198 So findet sich beispielsweise in seinem Tagebuch die Notiz: „Der Tobisfilm ‚D III 88' erringt bei der Jugend einen stürmischen Erfolg. Man muß diese Filme hin und wieder im Publikum sehen, da man sonst in seinem Urteil zu einseitig wird." Tagebucheintrag vom 6. November 1939, in: a. a. O., Bd. 3, S. 632.

199 Tagebucheintrag vom 18. März 1937, in: a. a. O., S. 83.

200 Vgl. Tagebucheintrag vom 11. Oktober 1937, in: a. a. O., S. 298, und Tagebucheintrag vom 19. Oktober 1937, in: a. a. O., S. 306.

201 Tagebucheintrag vom 20. Oktober 1937, in: a. a. O., S. 308.

202 Vgl. Tagebucheintrag vom 29. Januar 1941, in: Joseph Goebbels, Die Tagebücher, T. 1, a. a. O. (vgl. Anm. 18), Bd. 4, S. 482.

203 „Heß ruft an: er hat zum ‚Gasmann' eine Reihe von Ausstellungen. Ganz humorlos. Am besten ziehen wir uns selbst die Zwangsjacke an und sperren uns höchst eigenhändig ins Zuchthaus ein." Tagebucheintrag vom 18. Februar 1941, in: a. a. O., S. 507.

204 Vgl. Tagebucheintrag vom 22. März 1941, in: a. a. O., S. 547 f.

205 Vgl. Tagebucheintrag vom 20. Dezember 1940, in: a. a. O., S. 440.
206 Vgl. Tagebucheintrag vom 17. Juli 1940, in: a. a. O., S. 242.
207 Tagebucheintrag vom 19. Juli 1940, in: a. a. O., S. 244.
208 Vgl. Tagebucheintrag vom 19. August 1940, in: a. a. O., Bd. 4, S. 287.
209 Terra-Film „Der verzauberte Tag" in der Luftschutzgemeinschaft. Leiter F/Reichs-
filmintendant an Herrn Reichsminister [Goebbels], in: BA, R 55, 663, Nr. 203.

Anmerkungen zum zweiten Kapitel

1 In den deutschen Großstädten gelang es den Kinos etwa in den Jahren 1908 bis 1910,
sich ein Mittelschichtpublikum zu erschließen. Vgl. Dieter Prokop, Soziologie des Films, erw.
Ausg., Frankfurt a. M. 1982, S. 64.

2 Vgl. Margrit Wilkens, Statistik des Lichtspieltheaterwesens. Mit besonderer Berücksichtigung der Verhältnisse von Frankfurt a. M., Wirtschafts- und sozialwiss. Diss. Frankfurt
a. M. 1942, S. 2. Im Rechnungsjahr 1928/29 (1. 4. – 31. 3.) wurden 352,533 Millionen Kinokarten verkauft, 1932/33 238,407 Millionen.

3 Die Einkommensangaben beruhen auf den von Rüdiger Hachtmann korrigierten Daten.
Vgl. Rüdiger Hachtmann, Lebenshaltungskosten und Reallöhne während des „Dritten Reiches", in: Vierteljahrschrift für Sozial- und Wirtschaftsgeschichte, Bd. 75 (1988), S. 33–73,
hier Tab. 5, S. 46.

4 Leonard Achner, Verbrauchsverschiebungen durch Lohnabbau, in: Zeitschrift für
Volksernährung und Diätkost, Jg. 6 (1931), S. 265–269, hier S. 267.

5 Angaben nach Wladimir Woytinsky, The Social Consequences of the Economic Depression (= ILO, Studies and Reports, Ser. C, Nr. 21), Genf 1936, S. 331.

6 Vgl. hierzu Heidrun Homburg, Vom Arbeitslosen zum Zwangsarbeiter. Arbeitslosenpolitik und Fraktionierung der Arbeiterschaft in Deutschland 1930–1933 am Beispiel der
Wohlfahrtserwerbslosenpolitik und der kommunalen Wohlfahrtshilfe, in: Archiv für Sozialgeschichte, Bd. 25 (1985), S. 251–298; Rüdiger Hachtmann, Arbeitsmarkt und Arbeitszeit in
der deutschen Industrie 1929 bis 1939, in: Archiv für Sozialgeschichte, Bd. 27 (1987), S. 177
bis 227; Heinrich August Winkler, Der Weg in die Katastrophe. Arbeiter und Arbeiterbewegung in der Weimarer Republik 1930 bis 1933 (= Geschichte der Arbeiter und der Arbeiterbewegung seit dem Ende des 18. Jahrhunderts, Bd. 11), Berlin u. a. 1987, S. 19–55.

7 Vgl. Paulheinz Diedrich, Mordende Millionen. Eine Denkschrift gegen die wirtschafts-,
kultur- und sozialfeindliche Vergnügungsbesteuerung der deutschen Lichtspieltheater und
für die Revision und gerechte Gestaltung der Bestimmungen des Reichsrats über die Vergnügungssteuer. Im Auftrag des Reichsverbandes deutscher Lichtspieltheaterbesitzer e. V.,
Berlin, im Dezember 1932, bes. S. 11.

8 Vgl. Zur Lage der Filmwirtschaft, in: Wochenbericht. Schriften des Instituts für Konjunkturforschung, Jg. 6 (1933), S. 146.

9 Die neuen Besucherzahlen, in: Film-Kurier vom 24. November 1933.

10 Vgl. Die Kurve des Kinobesuchs. Institut für Konjunkturforschung über die Entwicklung im Jahre 1932. Ergebnisse aus 28 Städten, in: Film-Kurier vom 9. März 1933.

11 1936 betrieben 2644 von 3496 Kinobesitzern nur ein Kino. Der größte Kinobesitzer
war die Ufa mit 110 Theatern. Vgl. Jürgen Spiker, Film und Kapital. Der Weg der deutschen

Filmwirtschaft zum nationalsozialistischen Einheitskonzern (= Zur politischen Ökonomie des NS-Films, Bd. 2), Berlin 1975, Tab. 13, S. 138.

12 Leopold Kölsch, Der Kampf gegen Chaos – Zersetzung – Krisenfolgen, in: Der Film und seine Welt. Reichsfilmblatt-Almanach. Hrsg. von Felix Henseleit, Berlin 1933, S. 116 f., hier S. 116.

13 Vgl. Die Kurve des Kinobesuchs, a. a. O. (vgl. Anm. 10).

14 Vgl. Margrit Wilkens, Statistik des Lichtspieltheaterwesens, a. a. O. (vgl. Anm. 2), S. 1.

15 Damit standen 1933 noch 29 Kinoplätze pro 1000 Einwohner gegenüber 30 im Jahr 1930 zur Verfügung. Vgl. Max Kullmann, Die Entwicklung des deutschen Lichtspieltheaters, Kallmünz 1935 (Wirtschaftswiss. Diss. Nürnberg 1935), S. 51.

16 Vgl. Der Spioplan. Der Entwurf wird zur Debatte gestellt, in: Film-Kurier vom 18. Februar 1933.

17 Leopold Kölsch, Der Kampf gegen Chaos ..., a. a. O. (vgl. Anm. 12), S. 116.

18 Vgl. Max Kullmann, Die Entwicklung ..., a. a. O. (vgl. Anm. 15), S. 124. Die Umstellungskosten werden auf insgesamt 50 bis 55 Millionen Reichsmark geschätzt. Vgl. Walter Strom, Die Umstellung der deutschen Filmwirtschaft vom Stummfilm auf den Tonfilm unter dem Einfluß des Tonfilmmonopols, Freiburg i. Br. 1934, S. 77. Auf 55 bis 60 Millionen Reichsmark veranschlagt die Kosten Alexander Jason, Handbuch der Filmwirtschaft, Bd. 3, Berlin 1932, S. 10. Da die meisten Theaterbesitzer über keine Kapitalreserven verfügten, waren sie zur Pacht der teuren Tonfilmapparaturen gezwungen.

19 Für detaillierte Informationen zu diesen Vorgängen vgl. Jürgen Spiker, Film und Kapital, a. a. O. (vgl. Anm. 11), S. 80–89.

20 Die Spitzenorganisation der Deutschen Filmindustrie e. V. (Spio) war 1923 als Dachverband der sechs bedeutendsten filmwirtschaftlichen Vereinigungen (Verband der Film-Industriellen e. V., Arbeitsgemeinschaft der Filmverleiher Deutschlands e. V., Reichsverband Deutscher Lichtspieltheaterbesitzer e. V., Bund Deutscher Lehr- und Werbefilmhersteller e. V., Verband Deutscher Filmateliers e. V. und Deutsche Vereinigung für Filmaußenhandel) gegründet worden. Die Kinobesitzer waren zwar in der Spio repräsentiert, tatsächlich vertrat die Organisation aber im wesentlichen die Interessen der Filmkonzerne. Vgl. Jürgen Spiker, Film und Kapital, a. a. O. (vgl. Anm. 11), S. 71–77.

21 Max Kullmann, Die Entwicklung ..., a. a. O. (vgl. Anm. 15), S. 85.

22 Vgl. a. a. O., S. 85 f.

23 Zu diesem Zusammenhang vgl. Adelheid von Saldern, Mittelstand im „Dritten Reich". Handwerker – Einzelhändler – Bauern, Frankfurt a. M. 1979.

24 Vgl. Film-Kurier vom 18. Juli 1933.

25 Vgl. Film-Kurier vom 23. Juni 1933.

26 Vgl. Film-Kurier vom 17. Juli 1933.

27 Kino-Bausperre bis 31. März 1935, in: Film-Kurier vom 5. September 1934.

28 Joseph Goebbels, Rede in den Tennishallen, Berlin, am 19. Mai 1933. Zit. nach: Der Weg zum deutschen Film liegt frei. Reichsminister Dr. Goebbels vor den Filmschaffenden, in: Film-Kurier vom 19. Mai 1939.

29 Margrit Wilkens, Statistik des Lichtspieltheaterwesens, a. a. O. (vgl. Anm. 2), S. 3.

30 V. Fasolt, Ist Kinobesuchssteigerung möglich?, in: Film-Kurier vom 14. Oktober 1935.

31 Denkschrift zur Arbeitsausschuß-Sitzung der Ufa am 11. April 1934, in: BA, R 80, Ba 2, P 6015.

32 Ebd.

33 Vgl. Hendrik de Man, Zur Psychologie des Sozialismus, Bonn-Bad Godesberg 1976 [1. Aufl. Jena 1926], bes. S. 181–204.

34 Vgl. Heinrich August Winkler, Der Weg in die Katastrophe, a. a. O. (vgl. Anm. 6), S. 111.

35 Siegfried Kracauer prägte den Begriff in dem Artikel: Kult der Zerstreuung. Über die Berliner Lichtspielhäuser, in: Frankfurter Zeitung vom 4. März 1926.

36 Von einem kommunistischen Standpunkt aus geißelte Clara Zetkin das Dilemma: „Das Kinounwesen raubt karge Mußestunden, vernichtet wertvollste Kräfte, die dem Befreiungskampf des Proletariats gehören müßten. … Mindestens dreiviertel der Gewohnheitsbesucher sollten statt dort in Betriebsbesprechungen, Sitzungen und Organen der Arbeiterschaft, in gewerkschaftlichen und politischen Versammlungen, bei sozialistischen Bildungsveranstaltungen anwesend sein. Arbeiter und Angestellte, bei denen es nie reicht, Beiträge für eine wirtschaftliche und politische Kampfesorganisation zu entrichten, verausgaben allwöchentlich Mark auf Mark für den Besuch der Kinotheater. Und das Schlimmste: Sie verlassen die Veranstaltungen mit geschwächten Kräften, die Seele besudelt, krankhafte Triebe fieberhaft gesteigert, Frische der Entschließung, Wagemut, Kraftüberschuß in verderbliche Bahnen gelenkt." C[lara] Zetkin, Gegen das Kinounwesen, in: Der Sozialdemokrat vom 11. Dezember 1919, S. 6.

37 Vgl. Dieter Langewiesche, Freizeit und „Massenbildung". Zur Ideologie und Praxis der Volksbildung in der Weimarer Republik, in: Sozialgeschichte der Freizeit. Untersuchungen zum Wandel der Alltagskultur in Deutschland. Hrsg. von Gerhard Huck, Wuppertal 1980, S. 223–247, hier S. 244 f.

38 Vgl. etwa Carlo Mierendorffs emphatisches Diktum: „Das Publikum des Kino ist das klassenlose Publikum." Carlo Mierendorff, Hätte ich das Kino!!, Berlin 1920, S. 14.

39 I[an] C. Jarvie, Film und Gesellschaft. Struktur und Funktion der Filmindustrie, Stuttgart 1974, S. 82 f. Vgl. auch Stephanie Henseler, Soziologie des Kinopublikums. Eine sozialempirische Studie unter besonderer Berücksichtigung der Stadt Köln (= Studien zum Theater, Film und Fernsehen, Bd. 7), Frankfurt a. M. 1987, S. 19–23. Als unstrukturiert definiert Herbert Blumer eine Gruppe, die nicht organisiert ist, keine Traditionen, Regeln, Rituale, emotionale Bindungen, Status- und Rollensysteme und keine etablierte Führungsschicht ausgeprägt hat. Herbert Blumer, Collective Behaviour, in: New Principles of Sociology. Hrsg. von A. M. Lee, New York 1946, S. 167–222, hier S. 186.

40 Emilie Altenloh, Zur Soziologie des Kino. Die Kino-Unternehmung und die sozialen Schichten ihrer Besucher, Leipzig 1913.

41 Die Lichtspieltheater im Deutschen Reich 1935. Bearbeitet im Statistischen Reichsamt (= Statistik des Deutschen Reichs, Bd. 505), Berlin 1937, S. 7.

42 So dienten die Vorführsäle in Gemeinden unter 5000 Einwohnern zu über 60,5 Prozent und in Gemeinden unter 2000 Einwohnern zu 86,4 Prozent auch als Gasträume oder Tanzsäle. Vgl. a. a. O., S. 11.

43 Vgl. a. a. O., S. 8.

44 Vgl. Curt Belling, Die Filmarbeit der NSDAP, in: Der deutsche Film, Jg. 1 (1936) S. 117 f., hier S. 117.

45 Vgl. Theo Quadt [Leiter der Fachgruppe Filmtheater in der Reichsfilmkammer], Die Entwicklung der Filmtheater im nationalsozialistischen Deutschland, in: Der deutsche Film, Jg. 2 (1938), H. 9, S. 255 f., hier S. 256.

46 Ebd.

47 Hermann Meyer, Standort und Spielraum des Filmtheaters, in: Filmtheaterführung. Bd. 2: Die Vorträge des zweiten Schulungsjahres 1935/36 der Fachschule der Filmtheaterbesitzer, [Berlin 1936], S. 142–165.

48 Die Gesamtzahl der monatlichen Kinobesuche in Berlin wurde von Hermann Meyer auf vier Millionen geschätzt. Von dieser Zahl sind die auswärtigen Kinobesucher abzuziehen. Meyer operierte offenbar mit den Zahlen von 1933. Tatsächlich war der Zahl der Kinobesucher in Berlin 1936 schon auf über 61 Millionen (1933 noch 48,8 Millionen) gestiegen. 1936 gingen monatlich also etwa 5 Millionen Menschen in der Stadt in ein Kino. Vgl. Besucherrekord in Berliner Kinos, in: Film-Kurier vom 2. Februar 1938.

49 Margrit Wilkens, Statistik des Lichtspieltheaterwesens, a. a. O. (vgl. Anm. 2), S. 47.

50 Vgl. David Schoenbaum, Die braune Revolution. Eine Sozialgeschichte des Dritten Reichs, Köln u. a. 1968, Tab. 1, S. 31.

51 Vgl. Boguslaw Drewniak, Der deutsche Film 1938–1945. Ein Gesamtüberblick, Düsseldorf 1987, S. 617.

52 Curt Belling, Die Filmarbeit der NSDAP, a. a. O. (vgl. Anm. 44), S. 118.

53 Vgl. hierzu die Rede des stellvertretenden Reichspropagandaleiters Fischer auf der Jahrestagung der Reichsfilmkammer 1938: Das großdeutsche Filmschaffen. Professor Dr. Lehnich eröffnete die Jahrestagung der Reichsfilmkammer, in: Völkischer Beobachter vom 11. März 1939.

54 Vgl. Joachim S. Hohmann, „Ländliche Soziologie" im Dienst des NS-Staates. Zu einem vergessenen Kapitel deutscher Wissenschaftsgeschichte, in: ZfG, Jg. 42 (1994), S. 118–128.

55 Brief von Heinrich Wiedenmann an den Reichsorganisationsleiter Robert Ley vom 3. November 1936, in: BA, NS 22, 905.

56 Film-Kurier vom 31. Dezember 1936.

57 Alfred Schmidt, Publizistik im Dorf (= Leipziger Beiträge zur Erforschung der Publizistik, Bd. 2), Dresden 1939.

58 Vgl. a. a. O., S. 185.

59 Vgl. a. a. O., S. 169.

60 A. a. O., S. 165.

61 Vgl. a. a. O., S. 177 und S. 174.

62 Vgl. a. a. O., S. 171.

63 A. a. O., S. 161.

64 Auch im vogtländischen Dorf Schönberg hatten insgesamt nur weniger als die Hälfte der Bewohner bis 1937 eine Veranstaltung der Gaufilmstelle besucht. Hans A. Münster, Kultur im Grenzdorf, in: Sachsen. Zeitschrift des Heimatwerkes Sachsen, Jg. 2 (1938), H. 3, S. 26 f. Zur Kinosituation in der bayerischen Provinz vgl. auch Martin Broszat, Eine Armutsregion im Spiegel vertraulicher Berichte: Der Bezirk Ebermannstadt 1929 bis 1945, in: ders. und Elke Fröhlich, Alltag und Widerstand. Bayern im Nationalsozialismus, München 1987, S. 75–325, hier S. 269.

65 Hans Kimstädt-Wildenau, Die Ortsgruppe Dubro (Krs. Schweinitz) berichtet über ihre Filmarbeit im Jahre 1936, in: Film und Bild, Jg. 4 (1937), S. 430.

66 Vgl. Josef Müller, Deutsches Bauerntum zwischen gestern und morgen, Würzburg 1940, S. 10 f.

67 Vgl. Josef Müller, Ein deutsches Bauerndorf im Umbruch der Zeit. Sulzthal in Mainfranken. Eine bevölkerungspolitische, soziologische und kulturelle Untersuchung (= Schriften

aus dem Rassenpolitischen Amt der NSDAP bei der Gauleitung Mainfranken zum Dr. Hellmuth-Plan, Bd. 18), Würzburg 1939, S. 105.

68 Vgl. hierzu David Schoenbaum, Die braune Revolution, a. a. O. (vgl. Anm. 50), S. 213 f.

69 Vgl. hierzu Klaus-Michael Mallmann und Gerhard Paul, Herrschaft und Alltag. Ein Industrierevier im Dritten Reich (= Widerstand und Verweigerung im Saarland 1935–1945, Bd. 2), Bonn 1991, bes. S. 20–38.

70 Alfred Schmidt, Publizistik im Dorf, a. a. O. (vgl. Anm. 57), S. 180.

71 Meldungen aus dem Reich. Die geheimen Lageberichte des Sicherheitsdienstes der SS 1938–1945. Hrsg. von Heinz Boberach, 17 Bde. und Registerbd., Herrsching 1984, Bd. 3, Nr. 59 vom 28. Februar 1940, S. 821.

72 A. a. O., S. 820 f.

73 A. a. O., Bd. 4, Nr. 76 vom 12. April 1940, S. 986.

74 A. a. O., Nr. 79 vom 19. April 1940, S. 1025.

75 Vgl. Alfred Schmidt, Publizistik im Dorf, a. a. O. (vgl. Anm. 57), S. 176.

76 Vgl. Boguslaw Drewniak, Der deutsche Film …, a. a. O. (vgl. Anm. 51), S. 617 f.

77 Leistungsbericht des Hauptamtes Film der RPL. und Gaufilmstellen gelegentlich des 10jährigen Bestehens der Filmorganisation der NSDAP am 10. Mai 1941, in: BA, NS 22, 905.

78 Vgl. ebd..

79 Vgl. Meldungen aus dem Reich, a. a. O. (vgl. Anm. 71), Bd. 4, Nr. 82 vom 26. April 1940, S. 1062 f.

80 Vgl. a. a. O., S. 1063.

81 Vgl. Heiner Schmitt, Kirche und Film. Kirchliche Filmarbeit in Deutschland von ihren Anfängen bis 1945 (= Schriften des Bundesarchivs, Bd. 26), Boppard a. Rh. 1979, S. 251 f.

82 „Gegen Filmvorführungen besteht ein gewisses ungünstiges Vorurteil, weil von privater Seite mit großem Schund auf technisch völlig unzulänglichen Apparaturen aufgewartet wurde." Akten der Kreisfilmstelle Sangershausen, zit. nach Alfred Schmidt, Publizistik im Dorf, a. a. O. (vgl. Anm. 57), S. 161.

83 Vgl. Alfred Schmidt, Publizistik im Dorf, a. a. O. (vgl. Anm. 57), S. 157 und S. 185.

84 Vgl. a. a. O., S. 183.

85 Vgl. Meldungen aus dem Reich, a. a. O. (vgl. Anm. 71), Bd. 2, Nr. 5 vom 18. Oktober 1939, S. 366.

86 Alfred Schmidt, Publizistik im Dorf, a. a. O. (vgl. Anm. 57), S. 155 f. Der Ausgang des Boxkampfes wurde von den Nationalsozialisten als Bestätigung der Rassentheorie gewertet. „Schmeling hat für Deutschland gefochten und gesiegt. Der Weiße über den Schwarzen, und der Weiße war ein Deutscher." Tagebucheintrag vom 20. Juni 1936, in: Joseph Goebbels, Die Tagebücher. Sämtliche Fragmente. Hrsg. von Elke Fröhlich. T. 1: Aufzeichnungen 1924–1941, 4 Bde. und Registerbd., München u. a. 1987, Bd. 2, S. 630.

87 Meldungen aus dem Reich, a. a. O. (vgl. Anm. 71), Bd. 2, Nr. 76 vom 12. April 1940, S. 987.

88 Ministerkonferenz vom 15. April 1940, in: BA, R 50.01, 1 c, Bl. 14.

89 Meldungen aus dem Reich, a. a. O. (vgl. Anm. 71), Bd. 2, Nr. 7 vom 23. Oktober 1939, S. 384.

90 Emilie Altenloh, Zur Soziologie des Kino, a. a. O. (vgl. Anm. 40), S. 78.

91 A. a. O., S. 88 und S. 91.

92 A. a. O., S. 74.

93 Siegfried Kracauer, Die kleinen Ladenmädchen gehen ins Kino, in: Frankfurter Zeitung vom 11.–19. März 1927.

94 Vgl. Ute Frevert, Frauen an der „Heimatfront", in: Nicht nur Hitlers Krieg. Der Zweite Weltkrieg und die Deutschen. Hrsg. von Christoph Kleßmann, Düsseldorf 1989, S. 51–69, bes. S. 53 f.

95 Vgl. Ist der Film ein weibliche Kunst? Ein unberechtigter Vorwurf, in: Film-Kurier vom 3. Juni 1938. Auch in den USA veranschlagte man den weiblichen Publikumsanteil allgemein auf 65 bis 70 Prozent, bis Leo A. Handel 1950 seine Untersuchung „Hollywood Looks at Its Audience" veröffentlichte. Handel kam zu dem Ergebnis, daß ebenso viele Männer wie Frauen die Vorstellungen besuchten. Leo A. Handel, Hollywood Looks at Its Audience. A Report of Film Audience Research, Urbana 1950, S. 99–102.

96 Denkschrift zur Arbeitsausschuß-Sitzung der Ufa …, a. a. O. (vgl. Anm. 31).

97 Vgl. Alfred Schmidt, Publizistik im Dorf, a. a. O. (vgl. Anm. 57), S. 181.

98 Zur Arbeitsbelastung der Landfrauen vgl. z. B. Josef Müller, Ein deutsches Bauerndorf …, a. a. O. (vgl. Anm. 67), S. 75.

99 Vgl. Die Lichtspieltheater im Deutschen Reich 1935, a. a. O. (vgl. Anm. 41), S. 27.

100 Vgl. a. a. O., S. 182.

101 Zur Frauenerwerbstätigkeit im Nationalsozialismus vgl. Dörte Winkler, Frauenarbeit im „Dritten Reich", Hamburg 1977, bes. S. 198.

102 Vgl. Mein Arbeitstag – mein Wochenende. 150 Berichte von Textilarbeiterinnen. Gesammelt und hrsg. vom Deutschen Textilarbeiter-Verband – Hauptvorstand, Arbeiterinnensekretariat, Berlin 1930, Nachwort, S. 217–227, hier S. 219.

103 Die weiblichen Angestellten. Arbeits- und Lebensverhältnisse. Eine Umfrage des Zentralverbandes der Angestellten. Bearb. von Susanne Suhr, Berlin 1930, S. 24.

104 Verordnung über die neue Fassung der Arbeitszeitverordnung vom 26. Juli 1934 und Anlage Arbeitszeitverordnung, in: RGBl. I, 1934, S. 803–813. Vgl. Dörte Winkler, Frauenarbeit …, a. a. O. (vgl. Anm. 101), bes. S. 69–71.

105 Vgl. a. a. O., S. 42–54.

106 Forschungsziele eines Universitätsseminars: Typologie des Films, Soziologie und Psychologie des Publikums, in: Film-Kurier vom 13. Juni 1933.

107 42 000 Arbeiter über den Kinobesuch, in: Licht-Bild-Bühne vom 14. Mai 1934. Weitere Ergebnisse der Umfrage unter den Siemens-Beschäftigten behandelt Carola Sachse, Siemens, der Nationalsozialismus und die moderne Familie. Eine Untersuchung zur sozialen Rationalisierung in Deutschland im 20. Jahrhundert, Hamburg 1990, S. 200.

108 Vgl. z. B. Erich Fromm, Arbeiter und Angestellte am Vorabend des Dritten Reiches. Eine sozialpsychologische Untersuchung. Bearb. und hrsg. von Wolfgang Bonß, Stuttgart 1980, S. 158.

109 42 000 Arbeiter über den Kinobesuch, a. a. O. (vgl. Anm. 107).

110 Die weiblichen Angestellten, a. a. O. (vgl. Anm. 103), S. 45 f.

111 Alois Funk, Film und Jugend. Eine Untersuchung über die psychischen Auswirkungen des Films im Leben der Jugendlichen, München 1934, Tab. X, S. 49.

112 Vgl. z. B. Walter Panofsky, Was will das Publikum auf der Leinwand sehen?, in: Film-Kurier vom 24. September 1938.

113 Hans Buchner, Im Banne des Films, München 1927, S. 151 f. Vgl. den Sammelband: Neue Frauen zwischen den Zeiten. Hrsg. von Petra Bock und Katja Koblitz, Berlin 1995.

114 Vgl. Forschungsziele eines Universitätsseminars ..., a. a. O. (vgl. Anm. 106).

115 Vgl. Hermann Meyer, Standort und Spielraum des Filmtheaters, a. a. O. (vgl. Anm. 47), S. 150.

116 Hans Traub, Die Ufa. Ein Beitrag zur Entwicklung des deutschen Filmschaffens, Berlin 1943, S. 96.

117 Angaben nach: Bernhard Mewes, Die erwerbstätige Jugend. Eine statistische Untersuchung, Berlin u. a. 1929, S. 6 und S. 9.

118 Die Vorbehalte der kulturkonservativen Pädagogik gegen das Kino allgemein und gegen bestimmte Formen wurden in Deutschland schon früh formuliert: „Wir haben gesehen, wie die Erfindung der Kinematographie ... in ihren Schundfilms außerordentlich verderblich wirken kann, indem sie den Wirklichkeitssinn trübt, den Geschmack verroht, zu Verbrechen anreizt und sonst schädlich einwirkt, namentlich auf die kindliche Psyche." Albert Hellwig, Schundfilms. Ihr Wesen, ihre Gefahren und ihre Bekämpfung, Halle 1911, S. 135. Für eine Analyse der kulturpessimistischen Kinokritik vor allem in der Zeit vor dem Ersten Weltkrieg vgl. Thomas Hausmanninger, Kritik der medienethischen Vernunft. Die ethische Diskussion über den Film in Deutschland im 20. Jahrhundert, München 1992, S. 102–201.

119 Joseph Goebbels, Der Film als Erzieher. Rede zur Eröffnung der Filmarbeit der HJ vom 12. Oktober 1941. Gedruckt in: ders., Das eherne Herz. Reden und Aufsätze aus den Jahren 1941/42, München 1943, S. 37–46, hier S. 38. Ähnlich führte Goebbels in seiner Rede zum 25jährigen Bestehen der Ufa aus: „Die modernste Kunst [der Film – G. St.] mit ihrer ungeheuren Breiten- und Tiefenwirkung wurde vom zeitnahen nationalsozialistischen Volksstaat zu einem der ersten Mittel der nationalen Volkserziehung und nationalen Volksführung erhoben." Zit. nach: Deutsche Allgemeine Zeitung vom 5. März 1943.

120 Vgl. z. B. den Protest des Reichs- und Preußischen Ministers für Wissenschaft, Erziehung und Volksbildung gegen den Film „Ich für dich, du für mich", mit dem auch in Schulen für den Arbeitsdienst geworben wurde. Der Film habe bei Eltern „die Besorgnis geweckt, daß die Teilnahme ihrer Kinder am Arbeitsdienst deren sittliche Gefährdung mit sich bringe". Brief des Reichs- und Preußischen Ministers für Wissenschaft, Erziehung und Volksbildung an den Reichsminister für Volksaufklärung und Propaganda vom 10. Januar 1935, in: BA, R 43 II, 388, Bl. 136. Goebbels antwortete: „In Übereinstimmung mit dem Führer und Reichskanzler bin ich ... der Auffassung, daß der Film unbedenklich auch in Schulen vorgeführt werden kann." Antwortschreiben vom 13. Januar 1935, in: BA, R 43 II, 388, Bl. 138.

121 Film und Jugend. Rundfrage unter Erziehern und Jugendlichen anläßlich einer Dissertation – gefährliches Material, in: Film-Kurier vom 28. November 1934.

122 Sitzung des Reichsministeriums aus der Niederschrift der Ministerbesprechung vom 16. Februar, in: BA, R 43 II, 388, Bl. 44.

123 Vgl. Die Kontrolle der Jugendlichen, in: Film-Kurier vom 17. August 1935.

124 Robert Dinse, Das Freizeitverhalten der Großstadtjugend. 5000 Jungen und Mädchen berichten (= Schriftenreihe des Deutschen Archivs für Jugendwohlfahrt, H. 10), Eberswalde u. a. 1932.

125 Alois Funk, Film und Jugend, a. a. O. (vgl. Anm. 111), S. 48.

126 Vgl. Berhard Mewes, Die erwerbstätige Jugend, a. a. O. (vgl. Anm. 117), S. 68.

127 Schon 1913 hat Emilie Altenloh in ihrer klassischen Studie auf den Zusammenhang von schichtspezifischen Erziehungsformen und Kinokonsum hingewiesen. Emilie Altenloh,

Zur Soziologie des Kino, a. a. O. (vgl. Anm. 40), S. 58 f. Vgl. auch Alois Funk, Film und Jugend, a. a. O. (vgl. Anm. 111), S. 66.

128 Der wissenschaftliche Nachwuchs hatte fünf Fragen zu beantworten: 1. Gehen Sie ins Kino oder nicht? 2. Welche Filme haben Ihnen gefallen? 3. Warum? 4. Welche Filme haben Ihnen nicht gefallen? 5. Warum? Die Beliebtheitsskala führten „Traumulus", „Truxa", „Verräter" und „Friesennot" an, die Negativliste „Unter heißem Himmel", „Ave Maria", „Menschen ohne Vaterland" und „Weiße Sklaven". Vgl. Was fordert der Student vom Film? Das Ergebnis von 500 Fragebogen, in: Die Bewegung, Jg. 5 (1937), Nr. 31, S. 3 [Verfasser: Kurt Zilius, Kulturamtswalter der Gaustudentenführung Berlin].

129 Vgl. W[alter] P[anofsky], Die noch immer nicht ins Filmtheater gehen. Psychologische Studie über Ursachen der Filmfremdheit. Eine Umfrage, in: Film-Kurier vom 10. Januar 1939.

130 [Werner Sombart:] Prof. Sombart antwortet, in: Film-Kurier vom 29. Oktober 1934.

131 Zur rechtlichen Situation des Lehrfilms vor 1933 vgl. Walter Günter und Georg Marcks, Lehr- und Kulturfilm. Gesetze und Verordnungen über das Filmwesen. Unter besonderer Berücksichtigung von Schule, Jugendpflege und Volksbildung, Stand 1. 2. 1933, Berlin 1933.

132 Der Film als Unterrichtsmittel an der neuen deutschen Schule, in: Film und Bild, Jg. 1 (1934/35), H. 2, S. 21 f.

133 Vgl. David Welch, Educational Film Propaganda and the Nazi Youth, in: Nazi Propaganda. The Power and the Limitations. Hrsg. von David Welch, London 1983, S. 65–87, hier S. 68.

134 Ebd.

135 G. Pröbsting, Filme zur Rassenkunde und Rassenhygiene, in: Film und Bild in Wissenschaft, Erziehung und Volksbildung, Jg. 2 (1936), S. 155 f., hier S. 155.

136 G. Pröbsting, Rassenbiologie und Unterrichtsfilm, in: Film und Bild in Wissenschaft, Erziehung und Volksbildung, Jg. 2 (1936), S. 356–359, hier S. 358.

137 Vgl. Carl Neumann, Film und Wehrerziehung, in: Erziehung zum Wehrwillen. Pädagogisch-methodisches Handbuch für Erzieher. Hrsg. von Jakob Szliska, o. O. 1937, S. 500.

138 „Unternehmen Michael". Hrsg. i. A. der Reichspropagandaleitung der NSDAP, Amtsleitung Film (= Staatspolitische Filme, H. 7), o. O. u. J., S. 28.

139 Vgl. Joachim Kömmnick, Die Zeitlupe in Verwendung bei technisch-physikalischen Prozessen, in: Film und Bild in Wissenschaft, Erziehung und Volksbildung, Jg. 2 (1936), S. 359–362.

140 Vgl. Willi Feiten, Der nationalsozialistische Lehrerverband. Entwicklung und Organisation, Weinheim 1981, S. 38.

141 „Wir sahen ‚Fridericus Rex', ‚Hitlerjunge Quex', Filme über Schiller, Robert Koch, Horst Wessel." Erinnerung Karl-Albert K., Jahrgang 1925, in: Jugend im nationalsozialistischen Frankfurt. Ausstellungsdokumentation, Zeitzeugenerinnerungen, Publikum (= Kleine Schriften des Historischen Museums, Bd. 19), Frankfurt a. M. 1987, S. 248.

142 Gemeinsame Richtlinien des Reichsministers für Wissenschaft, Erziehung und Volksbildung, des Reichsministers für Volksaufklärung und Propaganda und der Reichspropagandaleitung der NSDAP (Abteilung Film) über die Zusammenarbeit zwischen den amtlichen Bildstellen und den Gaufilmstellen der NSDAP. Vom 14. Juli 1934, in: BA, R 43 II, 388, Bl. 48–51 v.

143 Zur HJ vgl. bes. Peter D. Stachura, Nazi Youth in the Weimar Republic, Santa Barbara u. a. 1975; ders., Das Dritte Reich und die Jugenderziehung. Die Rolle der Hitlerjugend 1933–1939, in: Nationalsozialistische Diktatur 1933–1945. Eine Bilanz. Hrsg. von Karl Dietrich Bracher, Manfred Funke und Adolf Jacobsen, Düsseldorf 1983, S. 224–244; Hans-Christian Brandenburg, Die Geschichte der HJ, Köln 1982. Zum BDM vgl. bes. Dagmar Reese, Straff, aber nicht stramm – herb, aber nicht derb. Zur Vergesellschaftung von Mädchen durch den Bund Deutscher Mädel im sozialkulturellen Vergleich zweier Milieus, Weinheim u. a. 1989; Gabriele Kinz, Der Bund deutscher Mädel. Ein Beitrag zur außerschulischen Mädchenerziehung im Nationalsozialismus, Frankfurt a. M. 1990; Birgit Jürgens, Zur Geschichte des BDM (Bund Deutscher Mädel) von 1923 bis 1939, Frankfurt a. M. 1994.

144 Vgl. Arno Klönne, Hitlerjugend. Die Jugend und ihre Organisation im Dritten Reich, Frankfurt a. M. 1960, S. 19.

145 Vgl. Ute Frevert, Frauen an der „Heimatfront", a. a. O. (vgl. Anm. 94), S. 59–61.

146 Josef Müller, Ein deutsches Bauerndorf …, a. a. O. (vgl. Anm. 67), S. 83.

147 Vgl. A[nneliese] U. Sander, Jugend und Film (= Das Junge Deutschland, Sonderveröffentlichung Nr. 6), Berlin 1944 (ND u. d. T.: Jugendfilm im Nationalsozialismus. Dokumentation und Kommentar von Hartmut Reese [= Geschichte der Jugend, Bd. 7], Münster 1984), S. 71.

148 Ebd.

149 Zum Preisniveau vgl. Die Lichtspieltheater im Deutschen Reich 1935, a. a. O. (vgl. Anm. 41), S. 32.

150 Curt Belling und Alfred Schütze, Der Film in der Hitler-Jugend, Berlin 1937, S. 81. Vgl. auch den Erinnerungsbericht von Heinrich W., Jahrgang 1924: „Jeden Sonntag holten wir, Trommler und Pfeiffer, ich gehörte zu den Trommlern [einer Spielschar der HJ – G. St.], vor allem Jungvolk in den Stadtteilen ab und marschierten mit klingendem Spiel in die Innenstadt zu einem der Kinos, das dann national wertvolle Filme, wie ‚Hitlerjunge Quex' oder ‚Fridericus Rex', spielte." In: Jugend im nationalsozialistischen Frankfurt, a. a. O. (vgl. Anm. 141), S. 271.

151 W. Häcker, Der Aufstieg der Jugendfilmarbeit, in: Das Junge Deutschland. Amtliches Organ des Jugendführers des Deutschen Reichs, Jg. 31 (1937), S. 237.

152 Vgl. A[nneliese] U. Sander, Jugend und Film, a. a. O. (vgl. Anm. 147), S. 19.

153 A. a. O., S. 52–66.

154 Ebd.

155 Vgl. Jan Christopher Horak, Wo liegt Deutschland? „Hitlerjunge Quex" von Hans Steinhoff, in: Das Ufa-Buch. Kunst und Krisen – Stars und Regisseure – Wirtschaft und Politik. Hrsg. von Hans-Michael Bock und Michael Töteberg, Frankfurt a. M. 1992, S. 332 f. Siehe auch Otto Kriegk, Der deutsche Film im Spiegel der Ufa. 25 Jahre Kampf und Vollendung, Berlin 1943, S. 219.

156 So das Urteil von Jerzy Toeplitz, Geschichte des Films. Bd. 3: 1934–1939, 2., durchges. Aufl., Berlin 1982, S. 255.

157 Alois Funk, Film und Jugend, a. a. O. (vgl. Anm. 111), S. 104.

158 Ebd.

159 Vgl. a. a. O., S. 97–105.

160 Vgl. Michael Zimmermann, Ausbruchshoffnung. Junge Bergleute in den dreißiger Jahren, in: „Die Jahre weiß man nicht, wo man die heute hinsetzen soll". Faschismuserfah-

rungen im Ruhrgebiet. Hrsg. von Lutz Niethammer (= Lebensgeschichte und Sozialkultur im Ruhrgebiet 1930 bis 1960, Bd. 1), Berlin u. a. 1983, S. 97–132, hier S. 107.

161 Die Weltaufführungsrechte an diesem Film lagen bei Max Schmeling selbst, dem sie wegen seiner voraussichtlich geringen Chancen von der amerikanischen Filmgesellschaft RKO angeboten worden waren. Im zweiten Kampf Schmeling–Louis behielt die RKO die Filmrechte, aber nun gewann Louis nach zwei Minuten. Vgl. hierzu: Im Reiche der Micky Maus. Walt Disney in Deutschland 1927–1945. Eine Dokumentation zur Ausstellung im Filmmuseum Potsdam. Hrsg. von J. P. Storm und M. Dreßler, Berlin 1991, S. 127 f.

162 Deutschland-Berichte der Sozialdemokratischen Partei Deutschlands (Sopade) 1934 bis 1940. Hrsg. von Klaus Behnken, 7 Bde., Salzhausen u. a. 1980, Bd. 4, S. 843.

163 Zit. nach Michael Zimmermann, Ausbruchshoffnung, a. a. O. (vgl. Anm. 160), S. 108.

164 A. a. O., S. 106.

165 Vgl. Bernd Stöver, Volksgemeinschaft im Dritten Reich. Die Konsensbereitschaft der Deutschen aus der Sicht sozialistischer Exilberichte, Düsseldorf 1993, S. 369 f.

166 Die Angaben beruhen auf: A[nneliese] U. Sander, Jugend und Film, a. a. O. (vgl. Anm. 147), S. 59 (Gesamtbesuch) und S. 72 (Besuch der Jugendfilmstunden).

167 Vgl. Heiner Schmitt, Kirche und Film, a. a. O. (vgl. Anm. 81), S. 154 f.

168 A. a. O., S. 251 f.

169 Vgl. Meldungen aus dem Reich, a. a. O. (vgl. Anm. 71), Bd. 2, 1. Vierteljahresbericht 1939, S. 231.

170 A. a. O., Bd. 13, Nr. 374 vom 8. April 1943, S. 5086.

171 A. a. O., S. 5089.

172 Heiner Schmitt, Kirche und Film, a. a. O. (vgl. Anm. 81), S. 252 f. (belegt die weitgehende Einstellung der kirchlichen Filmarbeit im Jahr 1942).

173 Vgl. z. B. Dieter Langewiesche, Politik – Gesellschaft – Kultur. Zur Problematik von Arbeiterkultur und kulturellen Arbeiterorganisationen in Deutschland nach dem 1. Weltkrieg, in: Archiv für Sozialgeschichte, Bd. 22 (1982), S. 359–402, hier S. 398–402.

174 Die Charakterisierung in Anlehnung an Hans-Josef Steinberg, Die Haltung der Arbeiterschaft zum NS-Regime, in: Der Widerstand gegen den Nationalsozialismus. Die deutsche Gesellschaft und der Widerstand gegen Hitler. Hrsg. von Jürgen Schmädeke und Peter Steinbach, 2. Aufl., München 1986, S. 867–874, hier S. 868.

175 Die „geistige und seelische Erlebnisfähigkeit" der Proletarier sei „durch die von inneren Beziehungen zum Subjekt des Arbeitenden gelöste Beschäftigung und durch das Fehlen jeder lebendigen tragenden Gemeinschaftlichkeit in der Arbeit stark abgestumpft." Walter Pahl, Die psychologischen Wirkungen des Films unter besonderer Berücksichtigung ihrer sozialpsychologischen Bedeutung, Phil. Diss. Leipzig 1926.

176 Fred Frank, Er, der Kinobesucher, in: Kulturwille. Monatsblätter für Kultur der Arbeiterschaft, Jg. 7 (1930), H. 7/8, S. 129 f.

177 Oskar Quint vor dem sozialistischen Kulturtag in Frankfurt a. M. im September 1929. Zit. nach Rainer Stübling, Kultur und Massen. Das Kulturkartell der modernen Arbeiterbewegung in Frankfurt a. M. von 1925 bis 1933, Offenbach a. M. 1983, S. 114 f.

178 „In einem Vierteljahrhundert sind Funk und Film aus dem Nichts erobert worden. Was machen wir damit? Kitsch, Nichtigkeiten. Das niedergehende Bürgertum hat keine geistige Sicherheit mehr. Aufsteigend ist das Proletariat. Die größte Idee der letzten hundert Jahre: der Sozialismus. Er allein kann den technischen Wundern Sinn und Inhalt geben. Die

Arbeiterschaft muß, soviel sie kann, schon heute Film und Funk beeinflussen." Heinrich Wiegand, Sozialistischer Kulturtag. Film, Funk, Musik, in: Kulturwille. Monatsblätter für Kultur der Arbeiterschaft, Jg. 6 (1929), H. 11, S. 220.

179　Vgl. Erich Fromm, Arbeiter und Angestellte am Vorabend des Dritten Reiches. Eine sozialpsychologische Untersuchung, Stuttgart 1980, S. 157–165.

180　A. a. O., S. 165.

181　Hendrik de Man, Zur Psychologie …, a. a. O. (vgl. Anm. 33), bes. S. 181–204. Vgl. hierzu und zum Folgenden auch Heinrich August Winkler, Der Weg in die Katastrophe …, a. a. O. (vgl. Anm. 34), S. 100–119.

182　Hendrik de Man, Zur Psychologie …, a. a. O. (vgl. Anm. 33), S. 196.

183　A. a. O., S. 199 f.

184　Vgl. Hendrik de Man, Verbürgerlichung des Proletariats?, in: Neue Blätter für den Sozialismus, Jg. 1 (1930), H. 2, S. 106–118.

185　Max Viktor, Verbürgerlichung des Proletariats und Proletarisierung des Mittelstandes. Eine Analyse der Einkommensumschichtung nach dem Kriege, in: Die Arbeit, Jg. 8 (1931), S. 17–31.

186　Theodor Geiger, Panik im Mittelstand, in: Die Arbeit, Jg. 7 (1930), S. 637–654.

187　Vgl. bes. Michael Prinz, Vom neuen Mittelstand zum Volksgenossen. Die Entwicklung des sozialen Status der Angestellten von der Weimarer Republik bis zum Ende der NS-Zeit (= Studien zur Zeitgeschichte, Bd. 30), München 1986.

188　Vgl. Andries Sternheim, Zum Problem der Freizeitgestaltung, in: Zeitschrift des Instituts für Sozialforschung, Jg. 1 (1932), S. 336–355.

189　Einen ausgezeichneten Überblick über die Lebensverhältnisse der deutschen Arbeiter vermittelt Josef Mooser, Auflösung der proletarischen Milieus. Klassenbindung und Individualisierung in der Arbeiterschaft vom Kaiserreich bis in die Bundesrepublik Deutschland, in: Soziale Welt, Jg. 34 (1983), S. 270–306.

190　Erich Mandke an Emil Georg von Stauss, Braunschweig, den 24. Februar 1933, in: BA, R 80, Ba 2, P 614, Bl. 209.

191　Michael Töteberg, Prügelei im Parkett. „Das Flötenkonzert von Sanssouci", in: Das Ufa-Buch. Kunst und Krisen – Stars und Regisseure – Wirtschaft und Politik. Hrsg. von Hans-Michael Bock und Michael Töteberg, Frankfurt a. M. 1992, S. 276 f., hier S. 277.

192　Zu den Protestaktionen kommunistischer Arbeiter in Kinos vgl. das folgende Kapitel.

193　Hervorzuheben sind die Arbeiten von Jürgen W. Falter. Vgl. z. B. Jürgen W. Falter, Warum die deutschen Arbeiter während des „Dritten Reiches" zu Hitler standen. Einige Anmerkungen zu Günter Mais Beitrag über die Unterstützung des nationalsozialistischen Herrschaftssystems durch Arbeiter, in: Geschichte und Gesellschaft, Jg. 13 (1987), S. 217–231.

194　Vgl. z. B. Joachim Bons, Der Kampf um die Seele des deutschen Arbeiters. Zur Arbeiterpolitik der NSDAP 1920–1933, in: Internationale wissenschaftliche Korrespondenz zur Geschichte der deutschen Arbeiterbewegung, Jg. 25 (1989), S. 11–41.

195　Der Anteil der Arbeiter, die die „marxistischen" Parteien KPD und SPD unterstützten, wird für Ende der zwanziger Jahre auf etwas mehr als die Hälfte geschätzt. Vgl. Heinrich August Winkler, Der Weg in die Katastrophe, a. a. O. (vgl. Anm. 34), S. 108–110.

196　Joseph Goebbels, Rede vom 25. März 1933 im Berliner Haus des Rundfunks. Zit. nach: Goebbels-Reden. Hrsg. von Helmut Heiber, 2 Bde., Düsseldorf 1971/72, Bd. 1, S. 82–107, hier S. 94 f.

197 Ebd.

198 Vgl. Der Kinematograph vom 14. Dezember 1933.

199 Vgl. Tagebucheintrag vom 14. Juni 1933, in: Joseph Goebbels, Die Tagebücher, T. 1, a. a. O. (vgl. Anm. 86), Bd. 2, S. 433.

200 Oskar Kalbus, Vom Werden deutscher Filmkunst, 2 Bde., Altona-Bahrenfeld 1935, hier Bd. 2, S. 119.

201 Vgl. Holger Schettler, Arbeiter und Angestellte im Film. Die Darstellung der sozialen Lage von Arbeitern und Angestellten im deutschen Spielfilm 1918–1939 (= TRI ERGON. Schriften zum Film, Bd. 1), Bielefeld 1992, S. 194–224.

202 „Mehr Zeitgeist in den Film", zit. nach: Film-Kurier vom 7. September 1934.

203 Vgl. Martin Loiperdinger, Der Parteitagsfilm „Triumph des Willens" von Leni Riefenstahl. Rituale der Mobilmachung (= Forschungstexte Wirtschafts- und Sozialwissenschaften, Bd. 22), Opladen 1987, S. 45–50.

204 Film-Kurier vom 29. März 1935.

205 Vgl. Peter Nowotny, Leni Riefenstahls „Triumph des Willens". Zur Kritik dokumentarischer Filmarbeit im NS-Faschismus (= Arbeitshefte zur Medientheorie und Medienpraxis, Bd. 3), Dortmund 1981, S. 152–156.

206 Vgl. Rheinisch-Westfälische Film-Zeitung vom 6. April 1935.

207 „Für den Film vom Reichsparteitag 1934 ,Triumph des Willens' wird in Anbetracht seiner Eigenart und besonderen politischen und weltanschaulichen Bedeutung angeordnet: 1. Die Filmtheater können bei Abnahme von mindestens 100 Karten durch NS-Organisationen einen Eintrittspreis erheben, der um 0,20 RM unter dem jeweiligen Mindesteintrittspreis liegt. Jedoch darf nicht weniger als 0,40 RM erhoben werden. Das kann auch sonnabends und sonntags geschehen." Die Anordnung der Reichsfilmkammer ist abgedruckt in: Film-Kurier vom 29. März 1935.

208 Zur Rezeption von „Sieg des Glaubens" in Nürnberg vgl. Michael Maaß, Aspekte von Kultur und Freizeit in Nürnberg während des Nationalsozialismus, in: Archiv für Sozialgeschichte, Bd. 33 (1993), S. 329–356, hier S. 334.

209 Vgl. Film-Kurier vom 28. April 1934, Beiblatt.

210 Vgl. Film-Kurier vom 27. März 1935. Dieser Befund wird auch von der Forschung bestätigt. „In Augsburg wurde er [der Film ,Triumph des Willens' – G. St.] im April 1935 in den drei größten Kinos immer in vollen Sälen gleichzeitig aufgeführt." Ian Kershaw, Der Hitler-Mythos. Volksmeinung und Propaganda im Dritten Reich (= Schriftenreihe der VfZ, Bd. 412) Stuttgart 1980, S. 64.

211 Vgl. Deutschland-Berichte …, a. a. O. (vgl. Anm. 162), Bd. 2, S. 715.

212 Vgl. Peter Nowotny, Leni Riefenstahls „Triumph des Willens", a. a. O. (vgl. Anm. 205), S. 155.

213 Deutschland-Berichte …, a. a. O. (vgl. Anm. 162), Bd. 2, S. 714.

214 Vgl. Alfred Schmidt, Publizistik im Dorf, a. a. O. (vgl. Anm. 57), S. 185.

215 Pommern 1934/35 im Spiegel von Gestapo-Lageberichten und Sachakten. Hrsg. von Robert Thévoz, Hans Branig und Cecilie Löwenthal-Hensel (= Veröffentlichungen aus den Archiven Preußischer Kulturbesitz, Bd. 12), 2 Bde., Berlin u. a. 1974, hier Bd. 2, S. 63.

216 Thomas Laugstien, Die Organisation des Ideologischen im Reichsparteitagsfilm, in: Faschismus und Ideologie. Hrsg. vom Projekt Ideologietheorie, Bd. 2, Berlin 1980, S. 307–336, hier S. 323.

217 Über das industriell ähnlich wie Stettin strukturierte Bremen schreibt Hans-Josef Steinberg: „Die Werftarbeiter standen in ihrer überwiegenden Mehrheit während der gesamten Zeit der NS-Herrschaft dem Regime ablehnend gegenüber." Hans-Josef Steinberg, Die Haltung der Arbeiterschaft ..., a. a. O. (vgl. Anm. 174), S. 871.

218 Vgl. z. B. Joachim Bons, Der Kampf um die Seele des deutschen Arbeiters, a. a. O. (vgl. Anm. 194).

219 Zu den Kompetenzkonflikten vgl. allgemein Volker Dahm, Nationale Einheit und partikulare Vielfalt. Zur Frage der kulturpolitischen Gleichschaltung im Dritten Reich, in: VfZ, Jg. 43 (1995), S. 221–265. Siehe auch Reinhard Bollmus, Das Amt Rosenberg und seine Gegner. Studien zum Machtkampf im nationalsozialistischen Herrschaftssystem, Stuttgart 1970, S. 61–103; Wolfhard Buchholz, Die nationalsozialistische Gemeinschaft „Kraft durch Freude". Freizeitgestaltung und Arbeiterschaft im Dritten Reich, Phil. Diss. München 1976, S. 248 bis 257.

220 Der Propagandafeldzug der Gaufilmstelle, in: Film in Partei und Schule. Nachrichtenblatt der Gaufilmstellen der NSDAP, Jg. 1 (1934), Nr. 5.

221 Filmvorführungen in den Betrieben, in: Film-Kurier vom 7. September 1934.

222 Arbeiter – heute!, in: Filmdienst der Gaufilmstelle Düsseldorf der NSDAP, Dezember 1937, S. 86.

223 Vgl. Hasso Spode, „Der deutsche Arbeiter reist". Massentourismus im Dritten Reich, in: Sozialgeschichte der Freizeit. Untersuchungen zum Wandel der Alltagskultur in Deutschland. Hrsg. von Gerhard Huck, Wuppertal 1980, S. 281–306; ders., Arbeiterurlaub im Dritten Reich, in: Carola Sachse u. a., Angst, Belohnung, Zucht und Ordnung. Herrschaftsmechanismen im Nationalsozialismus (= Schriften des Zentralinstituts für Sozialwissenschaftliche Forschung der Freien Universität Berlin, Bd. 41), Opladen 1982, S. 275–328; Bernd Stöver, Volksgemeinschaft im Dritten Reich, a. a. O. (vgl. Anm. 165), S. 280–287.

224 Deutschland-Berichte ..., a. a. O. (vgl. Anm. 162), Bd. 4, 1939 (April), S. 28.

225 Wenner, Der Film geht ins Werk. Unsere Filmveranstaltungen in den Betrieben, in: Filmdienst der Gaufilmstelle Düsseldorf der NSDAP, Dezember 1938, S. 146 f.

226 Ebd.

227 Vgl. Walter Steinhauer, Ein Film im Spiegel wissenschaftlicher Betrachtung. Eine Rundfrage der Filmkundeabteilung des Leipziger Zeitungswissenschaftlichen Instituts über den Syndikat-Film „Traumulus", in: Der Film, Nr. 29 vom 18. Juli 1936, 3. Beilage.

228 Zur Situation im Saarland vgl. Klaus-Michael Mallmann und Gerhard Paul, Herrschaft und Alltag, a. a. O. (vgl. Anm. 69), S. 63.

229 Vgl. Der Filmtheaterbesuch in den westdeutschen Großstädten, in: Wochenbericht. Schriften des Instituts für Konjunkturforschung, Jg. 12 (1939), S. 159 f.

230 Friedrich Schindler, Die Publizistik im Leben einer Gruppe von Leunaarbeitern insbesondere im Hinblick auf Presse, Rundfunk und Film, Phil. Diss. Leipzig 1942.

231 A. a. O., S. 32.

232 A. a. O., S. 39.

233 Vgl. a. a. O., S. 13–16, S. 38–40 und S. 47.

234 Noch 1921 beklagten die Unternehmer in Merseburg, daß sich die Arbeiter vom Lande während der Fabrikarbeit von der Feldarbeit ausruhten. Vgl. Jahresberichte der preußischen Gewerbeaufsichtsbeamten und Bergbehörden für 1921, Berlin 1922, S. 305.

235 Vgl. Friedrich Schindler, Die Publizistik ..., a. a. O. (vgl. Anm. 230), S. 9–11.

236 Vgl. a. a. O., S. 163 f.
237 Vgl. a. a. O., S. 179.
238 A. a. O., S. 170.
239 A. a. O., S. 180.
240 A. a. O., S. 173.
241 A. a. O., S. 182.

Anmerkungen zum dritten Kapitel

1 Der öffentliche Raum als Ort zur Austragung sozialer Konflikte ist nur selten Thema der historischen Forschung in Deutschland geworden. Als gelungene Ausnahme vgl. Manfred Gailus, Straße und Brot. Sozialer Protest in den deutschen Staaten unter besonderer Berücksichtigung Preußens, 1847–1849 (= Veröffentlichungen des Max-Planck-Instituts für Geschichte, Bd. 96), Göttingen 1990.

2 Ein Beispiel berichtet die Frankfurter „Volksstimme" am 7. Mai 1926 anläßlich der Vorführung des Eisenstein-Films „Panzerkreuzer Potemkin", bei der „einzelne Stimmen des Protests" zu hören gewesen seien. Zit. nach Rainer Stübing, Kultur und Massen. Das Kulturkartell der modernen Arbeiterbewegung in Frankfurt am Main von 1925 bis 1933, Offenbach a. M. 1983, S. 116.

3 Die These, daß die Massenmedien eine historisch geradlinige Entwicklung von einem politisch aktiven, „kulturräsonierenden" zu einem privatistischen, „kulturkonsumierenden" Publikum vorangetrieben haben, vertrat besonders Jürgen Habermas in seiner 1962 veröffentlichten Habilitationsschrift. Mittlerweile räumt Habermas selbstkritisch ein, daß er die „Resistenzfähigkeit und ... das kritische Potential eines in seinen kulturellen Gewohnheiten aus Klassenschranken hervortretenden, pluralistischen, nach innen weit differenzierten Massenpublikums" zu pessimistisch beurteilt habe. Jürgen Habermas, Vorwort zur Neuauflage 1990, in: Strukturwandel der Öffentlichkeit. Untersuchungen zu einer Kategorie der bürgerlichen Gesellschaft, Frankfurt a. M. 1990 [1. Aufl. Neuwied 1962], S. 11–50, hier S. 30.

4 Walter Benjamin, Das Kunstwerk im Zeitalter seiner technischen Reproduzierbarkeit, in: ders., Das Kunstwerk im Zeitalter seiner technischen Reproduzierbarkeit. Drei Studien zur Kunstsoziologie, 11. Aufl., Frankfurt a. M. 1979, S. 7–44, hier S. 13 f.

5 Münzenberg distanzierte sich von solchen Aktionen, die er mit der Maschinenstürmerei in der Frühindustrialisierung verglich. Es käme darauf an, daß die Proletarier den Film selbst in die Hand bekämen, um ihn gegen die herrschende Klasse zu verwenden. Willi Münzenberg, Erobert den Film! Winke aus der Praxis für die Praxis proletarischer Filmpropaganda, Berlin 1925, S. 5 f.

6 Was können wir auf dem Gebiet des Films tun?, in: IfA-Rundschau, 1930, S. 25.

7 F[ritz] O[limsky], Revolte im Erziehungshaus, in: Berliner Börsen-Zeitung vom 9. Januar 1930. Zu einem weiteren Beispiel für einen solchen Protest und die Protestformen vgl. den Premierenbericht von Siegfried Kracauer zu dem Film „Zwei Krawatten": „Zuerst scharrte es [das Publikum – G. St.] mäßig; dann, als das Schauspiel auf der Leinwand immer unerträglicher wurde, rebellierte es unverblümt. Hauptgegenstand seines Zorns war der Held des Stücks, ausnahmsweise kein Tenor, sondern ein Bariton. ... Die von dem unsinnigen Machwerk gequälten Zuhörer und -schauer riefen ihm ‚Schluß' zu, als sei er ein lebendiges Wesen.

Da er zum Unglück eine Illusion war, die nicht willkürlich abbrechen konnte, übertönten sie heulend und pfeifend das Getöne und bereiteten sich selber das Vergnügen, das ihnen der Tonfilm nicht bot. Nachdem er endlich verendet war, warteten sie noch eine Weile auf das übliche Erscheinen der Stars, die sich indessen in Voraussicht der drohenden Lynchjustiz gar nicht erst auf der Rampe zu zeigen wagten, und zerstreuten sich zuletzt unter Murren gegen ihr Los." Siegfried Kracauer, Im Zuschauerraum, in: Frankfurter Zeitung vom 22. Oktober 1930.

8 Lagebericht vom 29. Oktober 1930, in: BA, R 15.01, 26080, Bl. 1–3.

9 Vgl. Tumulte in Würzburg, in: Münchener Neueste Nachrichten vom 21. November 1930.

10 NS-Theaterskandale in Frankfurt, in: Vossische Zeitung vom 6. Dezember 1930.

11 Zur politischen Einstellung der Studenten während der Weimarer Republik vgl. besonders Michael H. Kater, Studentenschaft und Rechtsradikalismus in Deutschland 1918 bis 1933. Eine sozialgeschichtliche Studie zur Bildungskrise in der Weimarer Republik (= Historische Perspektiven, Bd. 1), Hamburg 1975.

12 Weiße Mäuse in Erlangen. Sie können das auch, in: Vorwärts vom 14. Dezember 1930. Vgl. auch „O alte Burschenherrlichkeit". Von amerikanischen Filmjuden verkitscht. Erfolgreiche Studentendemonstration in Erlangen, in: Völkischer Beobachter vom 17. Dezember 1930. Der „Völkische Beobachter" berichtete am 25., 26. und 27. Dezember von ähnlichen Aktionen nationalsozialistischer Studenten der TH Dresden gegen den Ufa-Film „Ein Burschenlied aus Heidelberg".

13 Vgl. Friedrich P. Kahlenberg, Preußen als Filmsujet in der Propagandasprache der NS-Zeit, in: Preußen im Film. Eine Retrospektive der Stiftung Deutsche Kinemathek. Hrsg. von Axel Marquardt und Heinz Rathsack (= Katalog zur Ausstellung „Preußen. Versuch einer Bilanz", Bd. 5), Reinbek bei Hamburg 1981, S. 135–163, hier S. 140; ders., Verbot der amerikanischen Verfilmung von „Im Westen nichts Neues", in: In der Gemeinschaft der Völker. Dokumente aus deutschen Archiven über die Beziehungen zwischen Deutschen und anderen Nationen aus elf Jahrhunderten. Hrsg. von Heinz Boberach und Eckhart G. Franz, Koblenz 1984, S. 398. Siehe auch den dort auf S. 399 abgedruckten Brief des Reichswehrministers Groener an Reichskanzler Brüning vom 13. Dezember 1930.

14 Tagebucheintrag vom 3. Dezember 1930, in: Joseph Goebbels, Die Tagebücher. Sämtliche Fragmente. Hrsg. von Elke Fröhlich. T. 1: Aufzeichnungen 1924–1941, 4 Bde. und Registerbd., München u. a. 1987, hier Bd. 1, S. 640.

15 Tagebucheintrag vom 6. Dezember, in: a. a. O., S. 542.

16 Vgl. Tagebucheinträge vom 10., 12., 13. und 14. Dezember 1930, in: a. a. O., S. 544–546.

17 Der „Widerruf auf Zulassung des Bildstreifens" ist abgedruckt in: Weimarer Republik. Hrsg. vom Kunstamt Kreuzberg und dem Institut für Theaterwissenschaft der Universität Köln, Hamburg u. a. 1977, S. 478–481.

18 Vgl. z. B. Demonstrationen gegen den Film „Im Westen nichts Neues", in: Braunschweigische Landeszeitung vom 5. Dezember 1931; Nazis mit Gasbomben. Gegen den Film „Im Westen nichts Neues", in: Vorwärts vom 19. Dezember 1931. Siehe auch Hans-Jürgen Kahle, „Im Westen nichts Neues" – Eine Filmaufführung in Cuxhaven 1931, in: ders., Unter dem Hakenkreuz. Geschichtsskizzen zur Zeit des Nationalsozialismus in Cuxhaven und Land Hadeln, Cuxhaven 1993, S. 29–31.

19 Tagebucheintrag vom 17. Dezember 1930, in: Joseph Goebbels, Die Tagebücher, T. 1, a. a. O. (vgl. Anm. 14), Bd. 1, S. 547.

20 [Georg] Stark, Der Film als Propagandamittel. Ungefähre Inhaltsangabe des Referats, gehalten auf der Propagandatagung am 26. April 1931, S. 15, in: BA (BDC), Reichsgeschäftsführung der NSDAP.

21 Raether, Der Film und seine Organisationen vom Standpunkt der N. S. D. A. P. [Handschriftlicher Datumseintrag: 10. VIII. 32], in: BA, NS 22, 6.

22 Lagebericht vom 6. März 1930, in: BA, R 15.01, 26080, Bl. 57.

23 Vgl. Gerhard Schoenberner, Das Preußenbild im deutschen Film. Geschichte und Ideologie, in: Preußen im Film. Eine Retrospektive der Stiftung Deutsche Kinemathek. Hrsg. von Axel Marquardt und Heinz Rathsack (= Katalog zur Ausstellung „Preußen. Versuch einer Bilanz", Bd. 5), Reinbek bei Hamburg 1981, S. 9–38, hier S. 22.

24 Vgl. Michael Töteberg, Prügelei im Parkett. „Das Flötenkonzert von Sanssouci", in: Das Ufa-Buch. Kunst und Krisen – Stars und Regisseure – Wirtschaft und Politik. Hrsg. von Hans-Michael Bock und Michael Töteberg, Frankfurt a. M. 1992, S. 276–278.

25 Siegfried Kracauer, Der bejubelte Fridericus Rex, in: Frankfurter Zeitung vom 22. Dezember 1930.

26 Ebd.

27 Vgl. Michael Töteberg, Prügelei im Parkett, a. a. O. (vgl. Anm. 24).

28 Zu diesem Periodikum vgl. Werner Sudendorf, Täglich: Der Film-Kurier, in: ... Film ... Stadt ... Kino ... Berlin. Hrsg. von Uta Berg-Ganschow und Wolfgang Jacobsen [Publikation der Stiftung Deutsche Kinemathek zur gleichnamigen Ausstellung, Berlin, 23. Mai–30. Juni 1987], Berlin 1987, S. 127–132.

29 Auch die Ergebnisse der aktuellen Sozialforschung belegen, daß nur ein geringer Teil der polizeilich registrierten Protestereignisse Erwähnung in der Presse findet. Welche Faktoren die Selektion der täglich einfließenden Nachrichten entscheiden, ist aber noch nicht abschließend erforscht. Vgl. Forschungsschwerpunkt Sozialer Wandel, Was verschweigt die Presse?, in: WZB-Mitteilungen, H. 69, September 1995, S. 18–21.

30 Eine Ausnahme bildet ein Vermerk Victor Klemperers in seinem Tagebuch am 14. November 1933, der von der Verteilung eines Chaplin-Reklameheftchens in einem Kino berichtet, das tatsächlich einen kommunistischen Text enthalten habe. Das Kino sei nach diesem Vorfall von der Polizei für einen Tag geschlossen worden. Vgl. Victor Klemperer, Ich will Zeugnis ablegen bis zum letzten. Tagebücher 1933–1945. Hrsg. von Walter Nowojski unter Mitarbeit von Hadwig Klemperer, 2 Bde., 3. Aufl., Berlin 1995, hier Bd. 1, S. 69.

31 Vgl. Klaus Kreimeier, Die Ufa-Story. Geschichte eines Filmkonzerns, München u. a. 1992, S. 241 f.

32 Victor Klemperer, Ich will Zeugnis ablegen ..., a. a. O. (vgl. Anm. 30), Bd. 1, S. 23.

33 Vgl. Jerzy Toeplitz, Geschichte des Films. Bd. 3: 1934–1939, 2., durchges. Aufl., Berlin 1982, S. 254.

34 Klaus Kreimeier, Die Ufa-Story, a. a. O. (vgl. Anm. 31), S. 255.

35 Vgl. Ein beigelegter Zwischenfall, in: Film-Kurier vom 4. April 1933.

36 Ebd.

37 Auch die „wilden" Konzentrationslager funktionierten meist in enger Verbindung mit der Polizei. Vgl. hierzu z. B. Kurt Schilde und Johannes Tuchel, Columbia-Haus. Berliner Konzentrationslager 1933–1936 (= Reihe deutsche Vergangenheit, Bd. 43), Berlin 1990, bes. S. 27.

38 Zit. nach Martin Broszat, Der Staat Hitlers. Grundlegung und Entwicklung seiner inneren Verfassung, 11. Aufl., München 1986, S. 111.

39 Deutsche Allgemeine Zeitung vom 5. Juli 1933.

40 Ebd.

41 Zit. nach: Ein Ruf zur bewußten Lebensbejahung von Reichsminister Dr. Goebbels, in: Film-Kurier vom 27. Januar 1934.

42 Völkischer Beobachter vom 16. Juni 1933.

43 Vgl. besonders Mathilde Jamin, Zur Rolle der SA im nationalsozialistischen Herrschaftssystem, in: Der „Führerstaat": Mythos und Realität. Studien zur Struktur und Politik des Dritten Reiches. Hrsg. von Gerhard Hirschfeld und Lothar Kettenacker (= Veröffentlichungen des Deutschen Historischen Instituts London, Bd. 8), Stuttgart 1981, S. 329–360.

44 So etwa Thomas Hausmanninger, Kritik der medienethischen Vernunft. Die ethische Diskussion über den Film in Deutschland im 20. Jahrhundert, München 1992, S. 240 f.

45 Joseph Goebbels, Rede in den Tennishallen vom 19. Mai 1933. Zit. nach: Gerd Albrecht, Nationalsozialistische Filmpolitik. Eine soziologische Untersuchung über die Spielfilme des Dritten Reichs, Stuttgart 1969, S. 442–447, hier S. 442.

46 Vgl. Martin Broszat, Der Staat Hitlers, a. a. O. (vgl. Anm. 38), S. 259.

47 Vgl. a. a. O., S. 266 f.

48 Vgl. Brief Hitlers vom 20. März 1933, in: a. a. O., S. 110 f.; Verordnung des Reichspräsidenten über die Gewährung von Straffreiheit. Vom 21. März 1933, in: RGBl. I, 1933, S. 134 f.; Gesetz über die Gewährung von Straffreiheit vom 7. August 1934, in: RGBl. I, 1934, S. 769 f. Das Problem der strafrechtlichen Verfolgung wird ausführlich dargestellt in: Lothar Gruchmann, Justiz im Dritten Reich 1933–1940. Anpassung und Unterwerfung in der Ära Gürtner (= Quellen und Darstellungen zur Zeitgeschichte, Bd. 28), München 1988, S. 320–432.

49 BA, R 43 II, 390a, Bl. 19 f.

50 Zum Film siehe Walter Ruttmann. Eine Dokumentation. Hrsg. von den Freunden der Deutschen Kinemathek, Berlin 1987, S. 91 f. Zum weltanschaulichen Hintergrund vgl. Mathias Eidenbenz, „Blut und Boden". Zu Funktion und Genese der Metaphern des Agrarismus und Biologismus in der nationalsozialistischen Bauernpropaganda R. W. Darrés, Bern u. a. 1993.

51 Aktennotiz über den Pressefeldzug des Reichsnährstandes gegen die Ufa. November 1933, in: BA, R 80, Ba 2, P 6014, Bl. 367–369.

52 Ebd.

53 Der Artikel erschien unter dem Titel „Gelächter im Gloria-Palast" am 1. November 1933 in der „Deutschen Zeitung".

54 Walther Darré, Marinus und die Scholle, in: Nationalsozialistische Landpost vom 4. November 1933.

55 Reichsminister Darré zum deutschen Bauernfilm. Wertvolle Äußerungen des deutschen Bauernführers, in: Film-Kurier vom 6. November 1933.

56 Klitzsch an den Reichsminister für Volksaufklärung und Propaganda am 21. November 1933, in: BA, R 80, Ba 2, P 6014, Bl. 364–366. Vgl. auch Denkschrift zur Ufa-Arbeitsausschuß-Sitzung vom 11. April 1934, in: BA, R 80, Ba 2, P 6015, S. 17.

57 Zu einem Einmischungsversuch des Kriegsministeriums vgl. Tagebucheintrag vom 24. August 1937, in: Joseph Goebbels, Die Tagebücher, T. 1, a. a. O. (vgl. Anm. 14), Bd. 3, S. 246. Immer wieder beschwerten sich einzelne Interessengruppen, daß ihre Klientel nicht genügend im Film gewürdigt werde. Zu einem solchen Vorwurf der SA-Führung vgl. den Tagebucheintrag vom 1. September 1937, in: a. a. O., S. 251. Diese Einsprüche waren zum Teil durchaus erfolgreich, wie der Tagebucheintrag vom 4. September 1937 belegt: „Blomberg

ruft an: er will eine Stelle aus ‚Unternehmen Michael' heraushaben. Da wird die Flotte im Kriege scharf angepackt. Ich tue ihm den Gefallen." A. a. O., S. 253.

58 Die Wehrmachtsführung wandte sich z. B. an Goebbels wegen des Propagandafilms „Friesennot", der ihr offenbar zu scharf gegen die Sowjetunion polemisierte. Goebbels schrieb in sein Tagebuch: „Da sind die Soldaten instinktlos. Keine blasse Ahnung, worum es geht. Dabei direkt probolschewistischer Kurs manchmal." Tagebucheintrag vom 4. Dezember 1935, in: a. a. O., Bd. 2, S. 548.

59 Die berufsständischen Einflußversuche untersucht am Beispiel der Lehrerschaft: Gabriele Lange, Das Kino als moralische Anstalt. Soziale Leitbilder und die Darstellung gesellschaftlicher Realität im Spielfilm des Dritten Reichs (= Münchner Studien zur neueren und neuesten Geschichte, Bd. 7), Frankfurt a. M. u. a. 1994, S. 80–84.

60 Tagebucheintrag vom 12. Juli 1937, in: Joseph Goebbels, Die Tagebücher, T. 1, a. a. O. (vgl. Anm. 14), Bd. 3, S. 191. Vgl. auch die Tagebucheinträge vom 26. Juni, 30. Juni und 11. Juli 1937, in: a. a. O., S. 185 f., S. 189–191 und S. 199.

61 Vgl. Werner Stephan, Joseph Goebbels. Dämon einer Diktatur, Stuttgart 1949, S. 113–122. Siehe auch Peter A. Hagemann, Filme ohne Premiere, in: Kraft Wetzel und Peter A. Hagemann, Zensur. Verbotene deutsche Filme 1933–1945, 2. Aufl., Berlin 1982, S. 49–109, hier S. 101–104.

62 Anordnung, in: Film und Bild, Jg. 1 (1935), 10. Februar, S. 111.

63 Vgl. Timothy W. Mason, Sozialpolitik im Dritten Reich. Arbeiterklasse und Volksgemeinschaft, Opladen 1977, S. 136.

64 Gesetz zur Regelung des Arbeitseinsatzes. Vom 15. Mai 1934, in: RGBl. I, 1934, S. 381 f. Vgl. auch Verordnung zur Verteilung von Arbeitskräften vom 10. August 1934, in: RGBl. I, 1934, S. 786.

65 Vgl. Timothy W. Mason, Sozialpolitik im Dritten Reich, a. a. O. (vgl. Anm. 63), S. 135 bis 137; Bernd Stöver, Volksgemeinschaft im Dritten Reich. Die Konsensbereitschaft der Deutschen aus der Sicht sozialistischer Exilberichte, Düsseldorf 1993, S. 385 f.

66 Begründung zum Entwurf eines Lichtspielgesetzes, in: BA, R 43 II, 388, Bl. 40–42.

67 Zweites Gesetz zu Änderung des Lichtspielgesetzes. Vom 28. Juni 1935, in: RGBl. I, 1935, S. 811.

68 Störung der Vorführung zugelassener Filme. Runderlaß des RuPrMdI vom 1. Juli 1935, in: BA, R 43 II, 389, Bl. 26.

69 Der Führer und Reichskanzler. Berlin, d. 17. Oktober 1935 [Hervorhebung im Original], in: a. a. O., Bl. 22.

70 Joseph Goebbels, Rede vor dem 1. Reichspressetag im Sitzungssaal des Preußischen Herrenhauses am 18. November 1934. Zit. nach: Goebbels-Reden. Hrsg. von Helmut Heiber, Bd. 1: 1932–1939, Düsseldorf 1971, S. 82–107.

71 Vgl. hierzu viertes Kapitel, S. 202 ff.

72 So kritisierte Hilde Herrmann von einem konservativen Standpunkt aus die Anspielung auf psychoanalytische Methoden in dem Film „Die ewige Maske" von Werner Hochbaum. Hilde Hermann, Psychotherapie im Film, in: Deutsche Zukunft vom 15. März 1936.

73 Vgl. z. B. Elke Fröhlich, Die Kulturpolitische Pressekonferenz des Reichspropagandaministeriums, in: VfZ, Jg. 22 (1974), S. 347–381, und NS-Presseanweisungen der Vorkriegszeit. Edition und Dokumentation. Bearb. von Gabriele Toepser-Ziegert. Bd. 4/I: 1936, München u. a. 1993, S. 27–29.

74 Tagebucheintrag vom 17. Oktober 1936, in: Joseph Goebbels, Die Tagebücher, T. 1, a. a. O. (vgl. Anm. 14), Bd. 2, S. 699.

75 Tagebucheintrag vom 18. Oktober 1936, in: a. a. O., S. 700.

76 Tagebucheintrag vom 16. September 1937, in: a. a. O., Bd. 3, S. 268. Vgl. auch den Tagebucheintrag vom 17. September 1937, in: a. a. O., S. 269, sowie vom 18. September 1937, in: a. a. O., S. 270.

77 Das Stammkapital der Ufa betrug 45 Millionen Reichsmark. Etwa 23 Millionen Reichsmark besaß Hugenbergs Scherl Verlag, zirka 13 Millionen Reichsmark kontrollierte die Deutsche Bank, 2 Millionen Reichsmark lagen bei der I. G. Farben, der Rest befand sich in der Hand kleinerer Aktionäre. Das Reich übernahm durch die Cautio-Treuhandgesellschaft m. b. H. die Anteile gegen festverzinste Teilschuldverschreibungen, Schuldenübernahme und Schatzanweisungen. Hugenberg erhielt teilweise eine Barzahlung. Vgl. Klaus Kreimeier, Die Ufa-Story, a. a. O. (vgl. Anm. 31), S. 304 f.

78 Tagebucheintrag vom 9. März 1937, in: Joseph Goebbels, Die Tagebücher, T. 1, a. a. O. (vgl. Anm. 14), Bd. 3, S. 72.

79 Ewald von Demandowsky, Versagen der Dramaturgie. Gedanken um den Film „Menschen ohne Vaterland", in: Völkischer Beobachter vom 10. März 1937. Vgl. auch Ernst Jerosch, Geschäft und politisches Gewissen, in: Berliner Tageblatt vom 9. März 1937. Goebbels notierte am 10. März in sein Tagebuch: „Ufafilm ‚Menschen ohne Vaterland' findet eine tolle Kritik. Das knallt nur so. Klitsch [sic!] und die Ufa sind schon ganz mürbe. Und das ist erst der Anfang. Die werden sich noch wundern. Deutschnationale Parteionkel!" Joseph Goebbels, Die Tagebücher, T. 1, a. a. O. (vgl. Anm. 14), Bd. 3, S. 73. Der Tagebucheintrag vom 11. März beginnt mit: „Gestern bei der Ufa große Bestürzung. Dieser Presseangriff kam zu plötzlich. In kurzer Zeit werde ich sie haben. Die Hugenberger müssen kapitulieren." A. a. O., S. 74.

80 Der SD vermerkte im Jahreslagebericht 1938: „Bemängelt wurde auch die Berichterstattung der Presse über das deutsche Filmschaffen, die in ihrer Kritik glaube, ‚alles verherrlichen zu müssen'." Meldungen aus dem Reich. Die geheimen Lageberichte des Sicherheitsdienstes der SS 1938–1945. Hrsg. von Heinz Boberach, 17 Bde. und Registerbd., Herrsching 1984, Bd. 2, S. 116.

81 Vgl. z. B. Kampf der Unpünktlichkeit, in: Film-Kurier vom 23. August 1938.

82 Ruhe im Parkett!, in: Film-Kurier vom 6. Mai 1938.

83 Vgl. Deutschland-Berichte der Sozialdemokratischen Partei Deutschlands (Sopade) 1934–1940. Hrsg. von Klaus Behnken, 7 Bde., Salzhausen u. a. 1980, Bd. 1, S. 522.

84 A. a. O., Bd. 2, S. 715.

85 Hier soll nur ein Beispiel angeführt werden. Im Herbst 1933 äußerte der Arzt Dr. Engeland in Bad Salzuflen gegenüber einer Kollegin, er werde anders als diese nicht nach Lemgo fahren, um sich „einen österreichischen Anstreicher" anzuhören. Der Arzt wurde bei der Polizei denunziert, die ihrerseits einen SS-Scharführer informierte. Der SS-Mann zwang daraufhin den Arzt, mit einem Schild um den Hals durch die Stadt zu laufen. Auf dem Schild stand: „Ich bin ein Lump, ich habe den Führer beleidigt." Bericht der Lippischen Landesregierung vom 23. Mai 1934 an den Reichsminister der Justiz, in: BA, R 30.01, 5053/140, Bl. 40 v.

86 Zu diesem Zusammenhang vgl. Ian Kershaw, Der Hitler-Mythos. Volksmeinung und Propaganda im Dritten Reich (= Schriftenreihe der VfZ, Bd. 412), Stuttgart 1980.

87 Deutschland-Berichte …, a. a. O. (vgl. Anm. 83), Bd. 4, S. 144.

88 So berichtete die Gestapo Aachen im März 1934, daß die bei Haushaltsmargarine zu verzeichnenden Lieferschwierigkeiten „die Stimmung der Bevölkerung um so mehr beeinflussen, als es sich hierbei um die primitivsten Lebensbedürfnisse handelt". Zit. nach: Volksopposition im Polizeistaat. Gestapo- und Regierungsberichte 1934–1936. Hrsg. von Bernhard Vollmer (= Quellen und Darstellungen zur Zeitgeschichte, Bd. 2), Stuttgart 1957, S. 42. Fast zehn Jahre später wurde die im übrigen allen Alltagskonflikten entrückte Gestalt Hitlers in einem Witz mit dem Fettproblem in Verbindung gebracht: es gebe demnächst mehr Butter, weil die Führerbilder entrahmt würden. Vgl. Meldungen aus dem Reich, a. a. O. (vgl. Anm. 80), Bd. 14, SD-Berichte zu Inlandsfragen vom 8. Juli 1943, S. 5446.

89 Deutschland-Berichte ..., a. a. O. (vgl. Anm. 83), Bd. 4, S. 144.

90 Ebd.

91 Vgl. Dieter Bartetzko, Illusionen in Stein. Stimmungsarchitektur im deutschen Faschismus. Ihre Vorgeschichte in Theater- und Film-Bauten, Reinbek bei Hamburg 1985, S. 277 f.

92 Zahlreiche Beispiele und Vorschläge zur „würdigen" Rahmengestaltung von Filmveranstaltungen enthalten die Gaufilmstellenzeitschriften „Filmdienst" (Köln-Aachen und Düsseldorf) und „Film und Bild" (Halle-Merseburg).

93 Zahlenangaben nach Jürgen Spiker, Film und Kapital. Der Weg der deutschen Filmwirtschaft zum nationalsozialistischen Einheitskonzern (= Zur politischen Ökonomie des NS-Films, Bd. 2), Berlin 1975, S. 196.

94 Vgl. Richard Sennet, Verfall und Ende des öffentlichen Lebens. Die Tyrannei der Intimität, Frankfurt a. M. 1986, S. 321–324.

95 Durch Propaganda und in Sonderveranstaltungen des Studentenbundes sollte das Publikum besonders zum Besuch der Filme „Traumulus" und „Friesennot" mobilisiert werden. Reichsleitung der NSDAP, Rundschreiben P. P. 2/36, 6. März 1936, in: BA, NS 22, 905.

96 Vgl. Anselm Faust, Der Nationalsozialistische Deutsche Studentenbund. Studenten und Nationalsozialismus in der Weimarer Republik, 2 Bde., Düsseldorf 1973, sowie Michael H. Kater, Studentenschaft und Rechtsradikalismus ..., a. a. O. (vgl. Anm. 11).

97 Vgl. Michael Grüttner, Studenten im Dritten Reich, Paderborn 1995.

98 Diese Motivation ergibt sich jedenfalls aus einem SD-Bericht vom November 1939, der über das der Kriegslage unangemessene Verhalten von Studenten in mehreren Universitätsstädten klagt: „Aus Marburg wird beispielsweise zuverlässig berichtet, daß es bei dem Pflichtappell der 1. bis 3. Semester beim Eintreffen des Studentenführers zu einem regelrechten Pfeifkonzert kam, daß sich auch bei den medizinischen Kollegs verschiedentlich lärmende Auftritte entwickelt [!] hatten, daß sich die Studenten weitgehend von den dienstlichen Verpflichtungen des NSDStB zu drücken versuchen, daß sich aber ‚mittlerweile ein regelrechter Poussier- und Saufbetrieb herausgebildet' habe." Meldungen aus dem Reich, a. a. O. (vgl. Anm. 80), Bd. 3, Nr. 20 vom 24. November 1939, S. 494. Selbst aus dem Jahr 1943 liegt noch ein Bericht über einen gewalttätigen Studentenprotest in München vor. Zu dieser Auseinandersetzung im Anschluß an eine Rede des Gauleiters Giesler, der Studentinnen vorgeworfen hatte, sich durch das Studium vor dem Arbeitseinsatz drücken und einen Mann angeln zu wollen, siehe Jürgen Wittenstein, Tagebucheintrag vom 13. Januar 1943, in: Walter Kempowski, Das Echolot. Ein kollektives Tagebuch. Januar und Februar 1943, 4 Bde., 2. Aufl., München 1993, hier Bd. 1, S. 571.

99 Tagebucheintrag vom 4. Dezember 1935, in: Joseph Goebbels, Die Tagebücher, T. 1, a. a. O. (vgl. Anm. 14), Bd. 2, S. 548.

100 Zu den Vorfällen vgl. den Brief der NSDAP-Kreisleitung, Gau Baden, an die Gaufilm-stelle der NSDAP vom 11. November 1938, in: BA, R 49.01, 924, Bl. 175 f.

101 Ebd. – Vgl. auch den Brief des Dekans Prof. Runge an den Rektor der Universität Heidelberg vom 20. Februar 1939, in: a. a. O., Bl. 182 v.

102 Der Reichsminister für Volksaufklärung und Propaganda, i. A. Dr. Greiner. Berlin, d. 14. Dezember 1938, in: a. a. O., Bl. 176 v.

103 Nachdruck eines Artikels aus dem „Deutschen Ärzteblatt", in: Film-Kurier vom 29. Dezember 1937.

104 Ebd. – Vgl. auch Film-Kurier vom 5. April 1938, vom 25. Januar 1939 und vom 28. Juli 1941.

105 Vgl. Gabriele Lange, Das Kino als moralische Anstalt. Soziale Leitbilder und die Dar-stellung gesellschaftlicher Realität im Spielfilm des Dritten Reichs (= Münchner Studien zur neueren und neuesten Geschichte, Bd. 7), Frankfurt a. M. u. a. 1994, S. 79 f.

106 Vgl. z. B. John Willett, Explosion der Mitte. Kunst und Politik 1917–1933, München 1981.

107 Vgl. Rudolf Arnheim, Film, in: Juden im deutschen Kulturbereich. Ein Sammel-werk. Hrsg. von Siegmund Kaznelson, 3., erg. und bericht. Ausg., Berlin 1962, S. 220–241. Kaznelsons 1933 konzipiertes, 1934 veröffentlichungsreifes Buch konnte wegen eines von der Staatspolizei 1935 ausgesprochenen Verbotes nicht erscheinen.

108 Zu Pommer vgl. Wolfgang Jacobsen, Erich Pommer. Ein Produzent macht Filmge-schichte, Berlin 1989. Siehe auch Klaus Kreimeier, Die Ufa-Story, a. a. O. (vgl. Anm. 31), bes. S. 146 f.

109 Allein zwischen 1923 und 1926 produzierte Pommer die Filme „Der verlorene Schuh" (1923) und „Ein Walzertraum" (1925) von Ludwig Berger, „Die Prinzessin und der Geiger" (1924/25) von Graham Cutt, „Der Geiger von Florenz" (1925/26) von Paul Czinner, „Michael" (1923/24) von Carl Theodor Dreyer, „Varieté" (1925) von Ewald André Dupont, „Zur Chronik von Grieshuus" (1923–1925) von Arthur von Gerlach, „Die Komödie des Herzens" (1924) von Rochus Gliese, „Die Brüder Schellenberg" (1925/26) von Karl Grune, „Metropolis" (1926/27) von Fritz Lang, „Die Austreibung" (1923), „Die Finanzen des Großherzogs" (1923), „Der letz-te Mann" (1924) und „Tartüff" (1925) von Friedrich Wilhelm Murnau sowie „Manon Les-caut" (1925/26) von Arthur Robison.

110 G[eorg] Stark, Nationalsozialistische Filmpropaganda. Denkschrift. Hrsg. von der Reichsfilmstelle der Nationalsozialistischen Deutschen Arbeiter-Partei. Berlin, Mai 1931 [Typoskript], in: BA (BDC), Reichsgeschäftsführung der NSDAP.

111 Vgl. z. B. Ilse Böttcher, Film und Tageszeitung. Vergleich ihrer Struktur und ihrer Wirkungsmöglichkeit (= Wesen und Wirkungen der Publizistik, Bd. 9), Leipzig 1937, S. 23.

112 Das folgende Zitat ist bezeichnend für die im gesamten Buch angewandte Technik, weniger konkrete Personen als vielmehr einen diabolisierten Typus „Jude" anzugreifen, auf den alle ökonomischen und sexuellen Ängste gelenkt wurden: „Die Augen blinzeln. Ihr ste-chender Blick ist unruhig. Sie mögen die Helligkeit nicht. Es schaut kein Funke Geist aus ihnen, es sei denn der des erbärmlichen Händlers. Es schimmert kein Glanz einer Seele aus ihnen, es sei denn die starre Leblosigkeit eines kleinen und kläglichen Krämergemüts. Es leuchtet kein Gedanke aus ihnen, es sei denn die Gier zu schachern und die feixende Lust, wieder einmal jemanden übertölpelt zu haben. Diese Augen können niemanden und nichts klar und ruhig ansehen. Sie können nur abschätzen, wieviel Geld der andere besitzt und wert ist

und wieviel Schläue er aufbringt, sein Scheckbuch zu schützen. Sie können nur abschätzen, wie ein Weib gebaut ist und was es verspricht, wenn es in irgendeiner Weise käuflich ist." Carl Neumann, Curt Belling und Hans-Walther Betz, Film-,,Kunst", Film-Kohn, Film-Korruption. Ein Streifzug durch vier Film-Jahrzehnte, Berlin 1937, S. 9.

113 Die Vorgänge um das Flugblatt bildeten einen zentralen Anklagepunkt gegen den Berliner Domprobst Bernhard Lichtenberg. Bei seiner Verhaftung am 23. Oktober 1941 fand die Gestapo einen Textentwurf, in dem Lichtenberg das Flugblatt als ,,anonymes Hetzblatt" bezeichnete. Das Sondergericht I beim Landgericht Berlin verurteilte den Priester am 22. Mai 1942 zu zwei Jahren Gefängnis. Lichtenberg starb im November 1943 während des Transportes in das Konzentrationslager Dachau. Das Urteil einschließlich des Flugblattextes ist abgedruckt in: Bernd Schimmler, Recht ohne Gerechtigkeit. Zur Tätigkeit der Berliner Sondergerichte im Nationalsozialismus, Berlin 1984, S. 32–39.

114 Zu Goebbels' Judenhaß vor der Machtübernahme vgl. Ulrich Höver, Joseph Goebbels – ein nationaler Sozialist, Bonn u. a. 1992, S. 148–179.

115 Vgl. hierzu Reinhard Rürup, Das Ende der Emanzipation: Die antijüdische Politik in Deutschland von der ,,Machtergreifung" bis zum Zweiten Weltkrieg, in: Die Juden im nationalsozialistischen Deutschland. Hrsg. von Arnold Paucker mit Sylvia Gilchrist und Barbara Suchy (= Schriftenreihe wissenschaftlicher Abhandlungen des Leo Baeck Instituts, Bd. 45), Tübingen 1986, S. 97–114, hier S. 103 ff.

116 Die Gesetze und Verordnungen zur Entrechtung der Juden werden aufgeführt in: Das Sonderrecht der Juden im NS-Staat. Eine Sammlung der gesetzlichen Maßnahmen und Richtlinien – Inhalt und Bedeutung. Hrsg. von Joseph Walk, Karlsruhe 1981. Vgl. auch: Bruno Blau, Das Ausnahmerecht der Juden in Deutschland 1933–1945, 2. Aufl., Düsseldorf 1954. Zum Bereich des Zivilrechts vgl. Bernd Rüthers, Die unbegrenzte Auslegung. Zum Wandel der Privatrechtsordnung im Nationalsozialismus, 2. Aufl., Frankfurt a. M. 1973.

117 Rundschreiben Nr. 11 vom 23. Mai 1933. 1. Vorsitzender des Verbandes Thür. Lichtspieltheaterbesitzer, Oswald Johnsen, an die Mitglieder, in: BA, R 56 I, 86, Bl. 71–89, hier Bl. 82.

118 A. a. O., Bl. 82 f.

119 Verordnung über die Aufgaben des Reichsministeriums für Volksaufklärung und Propaganda. Vom 30. Juni 1933, in: RGBl. I, 1933, S. 449.

120 Reichskulturkammergesetz. Vom 22. September 1933, in: RGBl. I, 1933, S. 661 f.

121 Gesetz über die Errichtung einer vorläufigen Filmkammer. Vom 14. Juli 1933, in: RGBl. I, 1933, S. 483 f.

122 Verordnung über die Errichtung einer vorläufigen Filmkammer. Vom 22. Juli 1933, in: RGBl. I, 1933, S. 531 f.

123 Vgl. Heiner Schmitt, Kirche und Film. Kirchliche Filmarbeit in Deutschland von ihren Anfängen bis 1945 (= Schriften des Bundesarchivs, Bd. 26), Boppard a. Rh. 1979, S. 155 f. und dort bes. Anm. 19.

124 Die Entwicklung der Stargagen. Denkschrift vom 16. November 1936, in: BA, R 80, Ba 2, P 6016, Bl. 236–243. Vgl. auch Wolfgang Becker, Film und Herrschaft. Organisationsprinzipien und Organisationsstrukturen der nationalsozialistischen Filmpropaganda (= Zur politischen Ökonomie des NS-Films, Bd. 1), Berlin 1973, S. 114 f.

125 Vgl. hierzu bes. die Beiträge in der seit 1992 von der Stiftung Deutsche Kinemathek, Berlin, herausgegebenen Zeitschrift ,,Filmexil".

126 Vgl. den Abdruck der Rede unter dem Titel: Adolf Hitlers Proklamation, in: Film-Kurier vom 2. September 1933, 1. Beiblatt.

127 Vgl. [Joseph Goebbels,] Über Judentum und Weltpropaganda, in: Film-Kurier vom 4. September 1933.

128 „Wir wollen deutsche Künstler", in: Film-Kurier vom 9. September 1933.

129 Vgl. Schreiben des Geheimem Staatspolizeiamts an den [Preußischen – G. St.] Ministerpräsidenten, z. Hd. des Staatssekretärs, gez. i. V. Volk vom 10. April 1940, in: GStA, I. HA, Rep. 90, Abt. P, Nr. 58, H. 1, Bl. 5.

130 Schreiben des Auswärtigen Amts, i. V. gez. Köpke, an die Reichskanzlei vom 19. September 1934, in: a. a. O., Bl. 65.

131 4. Verordnung über die Vorführung ausländischer Bildstreifen, § 1. Vom 28. Juni 1933, in: RGBl. I, 1933, S. 531.

132 Fränkische Tageszeitung vom 10. März 1934. Zu Elisabeth Bergner siehe Klaus Völker, Elisabeth Bergner. Das Leben einer Schauspielerin (= Beiträge zu Theater, Film und Fernsehen aus dem Institut für Theaterwissenschaften der Freien Universität Berlin, Bd. 4), Berlin 1990.

133 Zu einem Berliner Beispiel vom 23. April 1934 vgl. Geheimberichte aus dem Dritten Reich. Der Journalist H. J. Noordewier als politischer Beobachter. Hrsg. von Paul Stoop, Berlin 1990, S. 129.

134 Fränkische Tageszeitung vom 10. März 1934.

135 Arnold Bacmeister, Wann verletzt ein Film nationalsozialistisches Empfinden? Grundsätzliche Bemerkungen zu § 7 des Lichtspielgesetzes, in: Film-Kurier vom 11. Mai 1934.

136 Fränkische Tageszeitung vom 18. Dezember 1934.

137 Protest gegen ein „Mädel aus Wien". In München abgesetzt, in: Film-Kurier vom 18. Dezember 1934.

138 Einspruch des Publikums am Pfalzbau-Ludwigshafen, in: Film-Kurier vom 24. Oktober 1934.

139 Gegen alte Filme mit nichtarischen Darstellern, in: Film-Kurier vom 14. Juni 1935.

140 Sechste Verordnung zur Durchführung des Lichtspielgesetzes. Vom 3. Juli 1935, in: RGBl. I, 1935, S. 906.

141 Verordnung über die Vorführung ausländischer Filme. Vom 12. Juli 1936: RGBl. I, 1936, S. 553–557.

142 Dieser Brief ist letztlich aus der Erwägung, daß man den betroffenen Gemeindemitgliedern wegen angeblicher Verbreitung von Greuelmärchen schaden könne, nicht abgeschickt worden. Zit. nach: Geheimberichte aus dem Dritten Reich, a. a. O. (vgl. Anm. 133), S. 69.

143 Tagebucheintrag vom 15. Juli 1935, in: Joseph Goebbels, Die Tagebücher, T. 1, a. a. O. (vgl. Anm. 14), Bd. 2, S. 493 f., hier S. 493. Kurz gestreift werden die Ereignisse in Ralf Georg Reuth, Goebbels, 2. Aufl., München u. a. 1991, S. 330, und Hans Joachim Kliesch, Die Film- und Theaterkritik im NS-Staat, Phil. Diss. Berlin 1957 [MS], S. 73–77.

144 Vgl. Konrad Kwiet und Helmut Eschwege, Selbstbehauptung und Widerstand. Deutsche Juden im Kampf um Existenz und Menschenwürde 1933–1945 (= Hamburger Beiträge zur Sozial- und Zeitgeschichte, Bd. 19), Hamburg 1984, bes. S. 217–238.

145 Danach hätten sich Juden in Breslau vor antisemitischen Stelltafeln versammelt, auf denen Namen „von entarteten Frauenpersonen und ihrer jüdischen Freunde" angeprangert waren, und „ein herausforderndes Benehmen" gezeigt. Der Fall fällt insofern aus dem Rahmen, als sich herausstellte, daß die Demonstranten niederländische Juden waren. A. a. O., S. 229.

146 Petterson und Bendel, in: Film-Kurier vom 13. Juli 1935.

147 Vgl. Die Vorgänge um Petterson und Bendel, in: Film-Kurier vom 16. Juli 1935.

148 Der Angriff vom 15. Juli 1935. Zit. nach: ebd.

149 Kundgebungen vor dem U. T. Kurfürstendamm, in: Film-Kurier vom 16. Juli 1935.

150 Vgl. den Gestapolagebericht „Allgemeine Übersicht über die Ereignisse im Monat Juli 1935", in: GStA, I. HA, Rep. 90, Abt. P, Lageberichte, Nr. 2.1, Bl. 185–257, hier Bl. 240.

151 Vgl. Der Angriff vom 15. Juli 1935, a. a. O. (vgl. Anm. 148).

152 Vgl. z. B. Uwe Dietrich Adam, Judenpolitik im Dritten Reich (= Tübinger Schriften zur Sozial- und Zeitgeschichte, Bd. 1), Düsseldorf 1972, S. 120–124.

153 Vgl. Hans Mommsen und Dieter Obst, Die Reaktion der deutschen Bevölkerung auf die Verfolgung der Juden 1933–1943, in: Herrschaftsalltag im Dritten Reich. Hrsg. von Hans Mommsen und Susanne Willems, Düsseldorf 1988, S. 374–421, bes. S. 377–387, und Ulrich Herbert, Best. Biographische Studien über Radikalismus, Weltanschauung und Vernunft, 1903–1989, Bonn 1996.

154 Zit. nach: Staat und Bewegung gegen jede Störung der öffentlichen Ordnung, in: Film-Kurier vom 17. Juli 1935.

155 Juli-Bericht über die Lage in Deutschland, in: Bernd Stöver, Bericht über die Lage in Deutschland. Die Lagemeldungen der Gruppe Neu Beginnen aus dem Dritten Reich 1933 bis 1936 (= Archiv für Sozialgeschichte, Beih. 17), Bonn 1996, S. 557–605, hier S. 575; vgl. auch S. 574.

156 Allgemeine Übersicht über die Ereignisse im Monat August, in: GStA, I. HA, Rep. 90, Abt. P, Lageberichte, Nr. 2, Vol. 1, Bl. 185.

157 Zit. nach: Staat und Bewegung gegen jede Störung …, a. a. O. (vgl. Anm. 154).

158 Vgl. „Allgemeine Übersicht über die Ereignisse im Monat Juli 1935", in: GStA, I. HA, Rep. 90, Abt. P, Lageberichte, Nr. 2, Vol. 1, Bl. 240.

159 Ebd.

160 A. a. O., Bl. 240 f.

161 A. a. O., Bl. 241.

162 Vgl. Juli-Bericht über die Lage in Deutschland, in: Bernd Stöver, Bericht über die Lage …, a. a. O. (vgl. Anm. 155), S. 574.

163 A. a. O., S. 575.

164 Vgl. „Allgemeine Übersicht über die Ereignisse im Monat Juli 1935", a. a. O. (vgl. Anm. 158), Bl. 245.

165 Vgl. hierzu vor allem Ulrich Höver, Joseph Goebbels …, a. a. O. (vgl. Anm. 114).

166 Vgl. a. a. O., S. 153–161.

167 „Darauf nimmt der Prolet seine Handschrift zur Hand und drückt dem Hebräer seine Visitenkarte in gar nicht mehr mißzuverstehender Weise in die Visage hinein … Wenn man auf dem Kurfürstendamm einem Hebräer eine verdiente Ohrfeige haut, ist das in Nowawes schon ein Pogrom." Joseph Goebbels, Menschen, seid menschlich! Zit. nach: Ulrich Höver, Joseph Goebbels …, a. a. O. (vgl. Anm. 114), S. 173, Anm. 4. Wie verbreitet das Bild der Prachtstraße als Vergnügungsort von Juden in der NS-Propaganda war, belegt z. B. der Artikel: Am Kurfürstendamm, in: Wille und Macht, Jg. 2 (1934), H. 13, S. 30. 1940 verlangte Goebbels die Deportation der Berliner Juden nach Polen mit dem Argument, „solange die Juden in Berlin lebten, würde die Stimmung im Westen der Stadt stets durch sie beeinflußt bleiben". Ministerkonferenz vom 19. Juni 1940, in: „Wollt ihr den totalen Krieg?". Die

geheimen Goebbels-Konferenzen 1939–1943. Hrsg. und ausgew. von Willi A. Boelcke, Stuttgart 1967, S. 82.

168 Vgl. Willi A. Boelckes Kommentar zur Ministerkonferenz vom 31. Januar / 1. Februar 1943, in: a. a. O., S. 331. Zum „Horcher" vgl. auch Tagebucheintragungen vom 2. Februar 1943 und vom 7. Februar 1943, in: Joseph Goebbels, Die Tagebücher. Sämtliche Fragmente. Hrsg. von Elke Fröhlich. T. 2: Diktate 1941–1945, 15 Bde., München u. a. 1993–1995, hier Bd. 7, S. 245 und S. 280.

169 Zit. nach: Die Autorität der Zensur. Frick-Erlaß gegen Störenfriede, in: Film-Kurier vom 10. Juli 1935.

170 Falsche Anschuldigungen gegen Pola Negri, in: Film-Kurier vom 2. Februar 1935. In eine ähnliche Richtung zielte die Mitteilung, daß die Filmschauspielerin Hilde Krüger nicht mit der „im ‚Stürmer' als Geliebte des Juden Worms" genannten Frau identisch sei. Vgl. Ein Mißverständnis, in: Film-Kurier vom 16. August 1935.

171 Gegenseitigkeit –! Ein Theaterbesitzer klärt auf, in: Film-Kurier vom 25. Juni 1935.

172 Vgl. Joseph Goebbels, Parlamentarismus? Sehr verehrter Herr Abgeordneter!, in: NS-Briefe vom 1. Februar 1927. Vgl. auch Ulrich Höver, Joseph Goebbels ..., a. a. O. (vgl. Anm. 114), S. 290–293.

173 Vgl. Tagebucheintrag vom 10. November 1934, in: Joseph Goebbels, Die Tagebücher, T. 1, a. a. O. (vgl. Anm. 14), Bd. 2, S. 477 f.

174 Tagebucheintrag vom 19. Juli 1935, in: a. a. O., S. 494.

175 Vgl. z. B. Hans-Jürgen Döscher, „Reichskristallnacht". Die November-Pogrome 1938, korrigierte Ausg., Frankfurt a. M. u. a. 1990, S. 18.

176 Tagebucheintrag vom 19. September 1935, in: Joseph Goebbels, Die Tagebücher, T. 1, a. a. O. (vgl. Anm. 14), Bd. 2, S. 516.

177 Kopie von „Petterson & Bendel" durch Schnitte verfälscht, in: Film-Kurier vom 20. August 1935.

178 Vgl. S. A. G. Swenson über „Petterson und Bendel", in: Film-Kurier vom 19. Juli 1935.

179 Vgl. Kopie von „Petterson & Bendel" ..., a. a. O. (vgl. Anm. 177).

180 Staatskommissar Hinkel über die Film-Fälschung, in: Film-Kurier vom 21. August 1935.

181 Ebd.

182 Kundgebungen gegen jüdische Kinobesitzer, in: Film-Kurier vom 15. August 1935.

183 Vgl. Neueröffnung in Hannover, in: Film-Kurier vom 31. August 1935.

184 Die Verfügung der Reichsfilmkammer ist abgedruckt in: Das Sonderrecht der Juden im NS-Staat, a. a. O. (vgl. Anm. 116), S. 136.

185 Vgl. Dorothea Hollstein, „Jud Süß" und die Deutschen. Antisemitische Vorurteile im nationalsozialistischen Spielfilm, Frankfurt a. M. u. a. 1983, S. 48–53.

186 Der Film verzeichnete nach fünfzehn Monaten Laufzeit den knappen Gewinn von 178 000 Reichsmark. Vgl. a. a. O., S. 238, Tab. 6.1.

187 Meldungen aus dem Reich, a. a. O. (vgl. Anm. 80), Bd. 4, Nr. 79 vom 19. April 1940, S. 1024.

188 Vgl. bes. Ian Kershaw, Antisemitismus und Volksmeinung. Reaktionen auf die Judenverfolgung, in: Bayern in der NS-Zeit. Hrsg. von Martin Broszat und Hartmut Mehringer. Bd. 2: Herrschaft und Gesellschaft im Konflikt, Teil A, München u. a. 1979, S. 280–348.

189 Vgl. Dorothea Hollstein, „Jud Süß" und die Deutschen, a. a. O. (vgl. Anm. 185), S. 62–65.

190 Goebbels' erste Tagebucheinträge zu dem Film „Der ewige Jude" datieren vom 5. und 6. Oktober 1939, ein Vorstandsprotokoll, nach dem der Propagandaminister der Produktion des Rothschild-Films zustimmte, vom 20. September 1939. Vgl. Felix Moeller, „Wir gaben dem deutschen Film ein neues Gesicht". Die Tagebücher Joseph Goebbels [!] als Quelle zum Film im „Dritten Reich", Phil. Diss. Berlin 1994 [Mikrofiches], S. 216. Am 9. November 1939 vermerkte Goebbels, daß er das Drehbuch zu „Jud Süß" gelesen habe. Tagebucheintrag vom 9. November 1939, in: Joseph Goebbels, Die Tagebücher, T. 1, a. a. O. (vgl. Anm. 14), Bd. 3, S. 636.

191 Einen Überblick über den Forschungsstand vermittelt Klaus Hildebrand, Das Dritte Reich (= Grundriß der Geschichte, Bd. 17), 3. Aufl., München 1987, S. 200–206.

192 Vgl. Martin Broszat, Hitler und die Genesis der „Endlösung". Aus Anlaß der Thesen von David Irving, in: VfZ, Jg. 25 (1977), S. 739–775.

193 Meldungen aus dem Reich, a. a. O. (vgl. Anm. 80), Bd. 5, Nr. 131 vom 10. Oktober 1940, S. 1656.

194 A. a. O., Bd. 6, Nr. 145 vom 28. November 1940, S. 1812.

195 Vgl. z. B. Erich W., Tagebucheintrag vom 17. Juli 1941, in: Otalpa und die sündige Welt. Ein Männertagebuch, in: Mein Tagebuch. Geschichten vom Überleben 1939–1947. Hrsg. von Heinrich Breloer, Köln 1984, S. 50–81, hier S. 63.

196 Vgl. Dorothea Hollstein, „Jud Süß" und die Deutschen, a. a. O. (vgl. Anm. 185), S. 75 und S. 238 (Tab. 6.1). Im August 1941 wurde der Film, nun unter besonderer Herausstellung seiner antibritischen Stoßrichtung, erneut gestartet.

197 Erich W., Tagebucheintrag vom 17. Juli 1941, in: Otalpa und die sündige Welt, a. a. O. (vgl. Anm. 195), S. 63.

198 Zu „Jud Süß" vgl. Friedrich Knilli u. a., „Jud Süß". Filmprotokoll, Programmheft und Einzelanalysen (= Reprints zur Medienwissenschaft, Bd. 2), Berlin 1983; Dorothea Hollstein, „Jud Süß" und die Deutschen, a. a. O. (vgl. Anm. 185), S. 76–108.

199 Die Schätzung beruht auf der Annahme, daß das Einspielergebnis mit 3,4 zu multiplizieren ist, um die Besucherzahlen zu ermitteln. Vgl. Gerd Albrecht, Film im 3. Reich, Karlsruhe 1979, S. 251; zum Einspielergebnis siehe Dorothea Hollstein, „Jud Süß" und die Deutschen, a. a. O. (vgl. Anm. 185), S. 238, Tab. 6.1.

200 Meldungen aus dem Reich, a. a. O. (vgl. Anm. 80), Bd. 6, Nr. 145 vom 28. November 1940, S. 1812.

201 Ebd.

202 A. a. O., S. 1811 f.

203 Vgl. Peter Bucher, Die Bedeutung des Films als historische Quelle: „Der ewige Jude" (1940), in: Festschrift für Eberhard Kessel zum 75. Geburtstag. Hrsg. von Heinz Durchhardt und Manfred Schlenke, München 1982, S. 300–324, hier S. 317. Zum Film vgl. auch Stephan Dolezel, „Schicksalswende" und „Der ewige Jude". Nationalsozialistische Filmpropaganda am Anfang der NS-Ostexpansion (1939–1940), in: Die Juden in den böhmischen Ländern. Bad Wiesseer Tagung des Collegium Carolinum 1981, München u. a. 1983, S. 281–295; Dorothea Hollstein, „Jud Süß" und die Deutschen, a. a. O. (vgl. Anm. 185), S. 108–117; Yizhak Ahren, Stig Hornshoj-Moller und Christoph B. Melchers, „Der ewige Jude". Wie Goebbels hetzte. Untersuchungen zum nationalsozialistischen Propagandafilm, Aachen 1990; Stig Hornshoj-Moller, „Der ewige Jude". Quellenkritische Analyse eines antisemitischen Propagandafilms (= Beiträge zu zeitgeschichtlichen Filmquellen, Bd. 2), Göttingen 1995.

204 Meldungen aus dem Reich, a. a. O. (vgl. Anm. 80), Bd. 6, Nr. 155 vom 20. Januar 1941, S. 1917–1919.

205 Vgl. Ward Rutherford, Hitler's Propaganda Machine, London 1978, S. 122.

206 Der Auschwitz-Prozeß. Eine Dokumentation. Hrsg. von Herrmann Langbein, 2 Bde., Wien 1965, hier Bd. 1, S. 208.

207 Zit. nach Gottfried Mergner, Gläubiger Fatalismus. Zur Mentalitätsgeschichte des „totalen Krieges" am Beispiel der Kriegstagebücher meiner Mutter, 1940–1946, in: Kriegsbegeisterung und mentale Kriegsvorbereitung. Interdisziplinäre Studien. Hrsg. von Marcel van der Linden und Gottfried Mergner (= Beiträge zur Politischen Wissenschaft, Bd. 61), Berlin 1991, S. 179–192, hier S. 187 f.

208 Tagebucheintrag vom 11. August 1936, in: Victor Klemperer, Ich will Zeugnis ablegen ..., a. a. O. (vgl. Anm. 30), Bd. 1, S. 212.

209 Vgl. Tagebucheintrag vom 29. August 1936, in: a. a. O., S. 300.

210 Vgl. Kurt Jacob Ball-Kaduri, Berlin wird judenrein. Die Juden in Berlin in den Jahren 1942/43, in: Jahrbuch für die Geschichte Mittel- und Ostdeutschlands, Bd. 22 (1973), S. 196 bis 241, hier S. 199.

211 Film „Roman eines Schwindlers". Schreiben der Gaupropagandaleitung, Gaufilmstelle Sachsen an den Vizepräsidenten der Reichsfilmkammer, Weidemann, vom 6. April 1938, in: BA, R 56, VI 6, Bl. 102 f.

212 Reichsfilmintendant, Leiter Film, Bacmeister an Goebbels am 19. Januar 1945, in: BA (BDC), RKK 2607, Box 1, File 2.

213 Weimarer Lichtspielhaus für Juden verboten, in: Film-Kurier vom 19. August 1935.

214 Dieser anonyme Bericht wird auf den November 1938 datiert. Vgl. hierzu und insgesamt: Ian Kershaw, Antisemitismus und Volksmeinung, a. a. O. (vgl. Anm. 188), S. 318.

215 Vgl. Skasa-Weiß, Kino ohne Juden. Das Kölner Scala Theater lüftet ..., in: Filmdienst der NSDAP. Gaufilmstelle Köln-Aachen vom 1. Juni 1938.

216 Juden dürfen nicht ins Kino. In Darmstadt, in: Film-Kurier vom 3. August 1938.

217 Zit. nach: Meldungen aus Münster 1924–1944. Geheime und vertrauliche Berichte von Polizei, Gestapo, NSDAP und ihren Gliederungen, staatlicher Verwaltung, Gerichtsbarkeit und Wehrmacht über die politische und gesellschaftliche Situation in Münster. Eingel. und bearb. von Joachim Kuropka, Münster 1992, S. 289.

218 Klemperer berichtet am 3. Mai 1939 in seinem Tagebuch über den Abschiedsbesuch einer jüdischen Freundin vor ihrer Emigration nach England: „Ihr letztes Wort: Ich brauche mich nicht mehr zu ärgern, wenn ich an einem Kino vorbeigehe! In London darf ich hinein!" Victor Klemperer, Ich will Zeugnis ablegen ..., a. a. O. (vgl. Anm. 30), Bd. 1, S. 471.

219 A. a. O., S. 449.

220 Vgl. Geschlossene Vorstellung. Der Jüdische Kulturbund in Deutschland 1933–1941. Hrsg. von der Akademie der Künste anläßlich der gleichnamigen Ausstellung vom 27. Januar bis 26. April 1992, Berlin 1992, S. 437.

221 Vgl. hierzu Volker Dahm, Kulturelles und geistiges Leben, in: Die Juden in Deutschland 1933–1945. Leben unter nationalsozialistischer Herrschaft. Hrsg. von Wolfgang Benz, 2. Aufl., München 1989, S. 75–267, hier S. 224 f.

222 Vgl. Werner Levie, Arbeitsbericht des Jüdischen Kulturbundes in Deutschland e. V. vom 1. 10. 1938 – 30. 6. 1939, gedruckt in: Geschlossene Vorstellung, a. a. O. (vgl. Anm. 220), S. 321–340, hier Anlage 7, S. 340.

223 Vgl. Volker Dahm, Kulturelles und geistiges Leben, a. a. O. (vgl. Anm. 221), S. 154 f.

224 Siehe Dr. N. M. Gellner, Bericht über die Verwendung des Films, Jerusalem, d. 15. Juli 1937. Central Zionist Archives, Jerusalem; als Mikrofiche in: Historical Journal of Film, Radio and Television, Bd. 15 (1995), Nr. 2. Siehe auch Hillel Tryster, 'The Land of Promise' (1935): a Case Study in Zionist Film Propaganda, in: Historical Journal of Film, Radio and Television, Bd. 15 (1995), S. 187–217.

225 Vgl. Werner Levie, Arbeitsbericht ..., a. a. O. (vgl. Anm. 222), S. 340.

226 Vgl. Boguslaw Drewniak, Der deutsche Film 1938–1945. Ein Gesamtüberblick, Düsseldorf 1987, S. 635 f.

227 Vgl. Werner Levie, Arbeitsbericht ..., a. a. O. (vgl. Anm. 222), hier S. 329.

228 Vgl. a. a. O., S. 333.

229 Vgl. a. a. O., S. 339.

230 Vgl. Gesamtbericht 1. 9. 1939 – 31. 8. 1940, gedruckt in: Geschlossene Vorstellung, a. a. O. (vgl. Anm. 220), S. 358–370, hier S. 363 und S. 370.

231 Jüdisches Nachrichtenblatt vom 17. Januar 1937.

232 Gedruckt in: Joseph Walk, Das Sonderrecht ..., a. a. O. (vgl. Anm. 116), IV 217.

233 Polizeiverordnung über die Kennzeichnung der Juden. Vom 1. September 1941, erschienen am 5., in Kraft gesetzt am 19. September 1941, in: RGBl. I, 1941, S. 547.

234 Das Dokument ist gedruckt in: Geschlossene Vorstellung, a. a. O. (vgl. Anm. 220), S. 371.

235 Vgl. z. B. Untersuchung gegen Walter Israel Boldes, Reichskriminalamt, B 3 d, Schlußbericht, in: Landesarchiv Berlin, Staatsanwaltschaft beim Landgericht Berlin, 12 P K Ls 11/42.

236 Vgl. die Angaben Hinkels auf der Ministerkonferenz vom 17. September 1940, in: „Wollt ihr den totalen Krieg?", a. a. O. (vgl. Anm. 167), S. 105.

237 Zur Situation der Juden in Berlin vgl. Wolf Gruner, Die Reichshauptstadt und die Verfolgung der Berliner Juden 1933–1945, in: Jüdische Geschichte in Berlin. Essays und Studien. Hrsg. von Reinhard Rürup, Berlin 1995, S. 229–266.

238 Vgl. Inge Deutschkron, Ich trug den gelben Stern, Köln 1978, S. 125–127.

239 Tagebucheintrag vom 18. August 1942, in: Victor Klemperer, Ich will Zeugnis ablegen ..., a. a. O. (vgl. Anm. 30), Bd. 2, S. 211 f.

240 Vgl. Hans Dieter Schäfer, Berlin im Zweiten Weltkrieg, München 1985, S. 28.

241 Vgl. Ezra BenGershom, David. Aufzeichnungen eines Überlebenden, erw. Neuausg., Frankfurt a. M. 1993, bes. S. 256.

Anmerkungen zum vierten Kapitel

1 Vgl. Wolfram Wette, Ideologien, Propaganda und Innenpolitik als Voraussetzungen der Kriegspolitik des Dritten Reiches, in: Wilhelm Deist u. a., Ursachen und Voraussetzungen des Zweiten Weltkrieges, Frankfurt a. M. 1989, S. 23–208, bes. S. 110–116.

2 Zu diesem Befund kommen übereinstimmend: Marlies Steinert, Hitlers Krieg und die Deutschen. Stimmung und Haltung der deutschen Bevölkerung im Zweiten Weltkrieg, Düsseldorf u. a. 1970, S. 26; Ian Kershaw, Der Hitler-Mythos. Volksmeinung und Propaganda im Dritten Reich (= Schriftenreihe der VfZ, Bd. 41), Stuttgart 1980, S. 126; Wolfram Wette, Ideologien, Propaganda und Innenpolitik ..., a. a. O. (vgl. Anm. 1), S. 165–169.

3 Saisonergebnisse aus Essen und Düsseldorf, in: Film-Kurier vom 2. August 1938.

4 Vgl. Bericht an den Beirat vom 23. Januar 1939, in: BA, R 55, 483, Bl. 23–31, hier Bl. 27.

5 Vgl. auch Tagebucheintrag vom 22. April 1939, in: Joseph Goebbels, Die Tagebücher. Sämtliche Fragmente. Hrsg. von Elke Fröhlich. T. 1: Aufzeichnungen 1924–1941, 4 Bde. und Registerbd., München u. a. 1987, hier Bd. 3, S. 599 f.

6 Tagebucheintrag vom 5. Oktober 1938, in: Victor Klemperer, Ich will Zeugnis ablegen bis zum letzten. Tagebücher 1933–1945. Hrsg. von Walter Nawojski unter Mitarbeit von Hadwig Klemperer, 2 Bde., 3. Aufl., Berlin 1995, hier Bd. 1, S. 428.

7 Vgl. z. B. Hans Roos, Polen und Europa, Tübingen 1965, S. 141–145, S. 208–211 und S. 376 f.

8 Vgl. Pressekonferenz vom 5. Dezember 1933, in: NS-Presseanweisungen der Vorkriegszeit. Edition und Dokumentation. Bearb. von Gabriele Toepser-Ziegert, 4 Bde., München u. a. 1984–1993, hier Bd. 1, S. 243; Presseanweisungen vom 15. März und 17. März 1934 sowie vom 15. Juni 1934, in: a. a. O., Bd. 2, S. 136, S. 141 f. und S. 236; Presseanweisungen vom 2. August und 9. August 1935, in: a. a. O., Bd. 3/II, S. 484 und S. 500.

9 Vgl. Helmut Michels, Ideologie und Propaganda. Die Rolle von Joseph Goebbels in der nationalsozialistischen Außenpolitik bis 1939 (= Europäische Hochschulschriften, R. 3, Bd. 527), Frankfurt a. M. u. a. 1992, S. 214.

10 Vgl. hierzu die Reden und Interviews Hitlers in den Jahren 1934 bis 1937. Gedruckt in: Max Domarus, Hitler. Reden und Proklamationen 1932–1945. Kommentiert von einem deutschen Zeitgenossen, 2 Bde., München 1965, hier Bd. 1, S. 357 f. (30. Januar 1934), S. 460 f. (14. November 1934), S. 476 (17. Januar 1935), S. 604 f. (12. März 1936) und S. 669 (30. Januar 1937).

11 Vgl. Boguslaw Drewniak, Der deutsche Film 1938–1945. Ein Gesamtüberblick, Düsseldorf 1987, S. 713.

12 Vgl. a. a. O., S. 816.

13 Vgl. Helmut Michels, Ideologie und Propaganda, a. a. O. (vgl. Anm. 9), S. 232.

14 Welche Probleme internationale Stars im nationalistisch und antisemitisch aufgeheizten Meinungsklima in Deutschland, aber auch in anderen Staaten Mitteleuropas hatten, verdeutlicht am Beispiel Kiepuras ein Tagebucheintrag Victor Klemperers vom 17. Juni 1933: „Den entzückenden Kiepura-Film ‚Das Lied einer Nacht' (Lugano-Landschaft und Überfülle von Liedern, Opernarien etc.) sahen und hörten wir ein drittes Mal. (Als man Kiepuras Konzert in Berlin verbot, war er der Jude Kiepura; im Hugenberg-Film ist er der ‚berühmte Tenor der Mailänder Scala'; als man neulich in Prag sein deutsch gesungenes ‚Heute nacht oder nie' auspfiff, war er ‚der deutsche Sänger Kiepura'.)" Victor Klemperer, Ich will Zeugnis ablegen ..., a. a. O. (vgl. Anm. 6), Bd. 1, S. 32. Nachdem der Sänger im April 1939 dem polnischen Staatspräsidenten angeboten hatte, 100 000 Złoty und zwei Automobile für die Landesverteidigung zu spenden, wies die deutsche Presse darauf hin, daß Kiepura sein Vermögen zum großen Teil in Deutschland erworben habe. Vgl. Boguslaw Drewniak, Der deutsche Film ..., a. a. O. (vgl. Anm. 11), S. 816.

15 Telegramm von Hans Hammer und Botschafter Josef Lipski an Hitler vom 18. Januar 1936 [Stempelaufdruck: Der Herr Reichskanzler hat Kenntnis], in: BA, R 43 II, Bl. 29.

16 Tagebucheintrag vom 19. Oktober 1936, in: Joseph Goebbels, Die Tagebücher, T. 1, a. a. O. (vgl. Anm. 5), Bd. 2, S. 700 f., hier S. 701.

17 Tagebucheintrag vom 3. März 1937, in: a. a. O., Bd. 3, S. 64.

18 Vgl. Boguslaw Drewniak, Der deutsche Film ..., a. a. O. (vgl. Anm. 11), S. 714.

19 Zurückgezogen wurden u. a.: „Die alte Königsstadt Krakau", „Die Heimat der Goralen", „Polnische Bauernfeste", „Wilna" und „Warschau". Vgl. 2. Nachtrag zur Z-Liste vom
3. Juni 1941 (Verzeichnis der seit Kriegsbeginn für das Reichsgebiet zurückgezogenen Filme).
Reichsfilmkammer, Sonderreferat Kunze, vom 15. September 1941, in: BA (BDC), Findbuch
RKK, beigeheftet.

20 Vgl. Jutta Sywottek, Mobilmachung für den totalen Krieg. Die propagandistische Vorbereitung der deutschen Bevölkerung auf den Zweiten Weltkrieg, Opladen 1976, S. 210 f.

21 Adolf Hitler, Rede vom 28. April 1939, in: Max Domarus, Hitler, a. a. O. (vgl. Anm. 10),
Bd. 2, S. 1192.

22 Vgl. Helmut Michels, Ideologie und Propaganda, a. a. O. (vgl. Anm. 9), S. 409.

23 Aber in Polen muß der Film zur Deutschenhetze herhalten, in: Film in Partei und Gliederungen. Nachrichtenblatt der Gaufilmstelle Halle-Merseburg, Jg. 6 (1939), Nr. 8, S. 63.

24 Ebd.

25 Vgl. Jutta Sywottek, Mobilmachung ..., a. a. O. (vgl. Anm. 20), S. 221 f.

26 Film-Kurier vom 25. August 1939.

27 Ebd.

28 Ulrich von Hassell, Vom andern Deutschland. Aus den nachgelassenen Tagebüchern
1938–1944. Mit einem Geleitwort von Hans Rothfels, Frankfurt a. M. u. a. 1964, S. 69.

29 „,Es wird wohl wieder klappen'. Und das ist die allgemeinste Meinung, die wahre Vox
populi." Tagebucheintrag vom 4. Juli 1939, in: Victor Klemperer, Ich will Zeugnis ablegen ...,
a. a. O. (vgl. Anm. 6), Bd. 1, S. 475. Vgl. auch Marlies Steinert, Hitlers Krieg ..., a. a. O. (vgl.
Anm. 2), S. 84, und Wolfram Wette, Ideologien, Propaganda und Innenpolitik ..., a. a. O.
(vgl. Anm. 1), S. 165–169.

30 Vgl. Marlies Steinert, Hitlers Krieg ..., a. a. O. (vgl. Anm. 2), S. 91 f.; William L. Shirer,
Berlin Diary 1934–1941, London 1970, S. 152.

31 Karl Wahl, „... es ist das deutsche Herz". Erlebnisse und Erkenntnisse eines ehemaligen Gauleiters, Augsburg 1954, S. 246.

32 Vgl. Ian Kershaw, Der Hitler-Mythos, a. a. O. (vgl. Anm. 2), S. 125.

33 Vgl. Hans Dieter Schäfer, Das gespaltene Bewußtsein. Über die Lebenswirklichkeit
in Deutschland 1933–1945, in: ders., Das gespaltene Bewußtsein. Über deutsche Kultur und
Lebenswirklichkeit 1933–1945, Frankfurt a. M. u. a. 1984, S. 146–208, hier S. 191.

34 Rede des Führers und Reichskanzlers Adolf Hitler in Danzig am 19. September 1939,
Berlin [1939].

35 Joseph Goebbels, Zeit ohne Beispiel. Reden und Aufsätze aus den Jahren 1939/40,
München 1941, S. 292.

36 Verordnung über außerordentliche Rundfunkmaßnahmen, in: RGBl. I, 1939, S. 1683.
Schon im Januar 1937 hatte Hitler von Goebbels die Vorbereitung eines Gesetzes gefordert,
das das Abhören „kommunistischer" Sender (gemeint waren Rundfunkstationen in Moskau)
mit zwei Jahren Gefängnis bedrohte. Hitler lehnte schließlich ein solches Gesetz zu diesem
Zeitpunkt noch ab, weil es der „Denunziation Tür und Tor" öffne. Vgl. Tagebucheintrag vom
25. Januar 1937, in: Joseph Goebbels, Die Tagebücher, T. 1, a. a. O. (vgl. Anm. 5), Bd. 3, S. 21,
und Tagebucheintrag vom 27. Januar 1937, in: a. a. O., S. 24 f. Zu den Auseinandersetzungen
im inneren Führungskreis vgl. Goebbels' „Außerordentliche Rundfunkmaßnahmen" 1939
bis 1942. Bearb. von Conrad F. Latour, in: VfZ, Jg. 11 (1963), S. 418–435.

37 Die Rechtsgrundlage für die Todesstrafe lieferte die „Verordnung über das Sonder-strafrecht im Kriege und im besonderen Einsatz (Kriegssonderstrafrechtsverordnung)" vom 17. August 1938, in: RGBl. I, 1939, S. 1455–1477.

38 Erlaß des Chefs der Sicherheitspolizei pp., II Nr. 223/398, vom 3. September 1939. Zit. nach: Marlies Steinert, Hitlers Krieg …, a. a. O. (vgl. Anm. 2), S. 95.

39 Vgl. Bernd Stöver, Loyalität statt Widerstand. Die sozialistischen Exilberichte und ihr Bild vom Dritten Reich, in: VfZ, Jg. 43 (1995), S. 437–471, hier S. 459.

40 Margrit Wilkens, Statistik des Lichtspieltheaterwesens. Mit besonderer Berücksichti-gung der Verhältnisse von Frankfurt a. M., Wirtschafts- und sozialwiss. Diss. Frankfurt a. M. 1942, S. 45 f.

41 Vgl. a. a. O., S. 53.

42 Joseph Goebbels, Die Tagebücher, T. 1, a. a. O. (vgl. Anm. 5), Bd. 3, S. 616. Vgl. auch den Tagebucheintrag vom 22. Oktober 1939, in: a. a. O., S. 617. Am 22. März 1940 notierte er, daß der Film seit Kriegsbeginn einen Reinverdienst von 35 Millionen Reichsmark erzielt habe. A. a. O., Bd. 4, S. 83 f., hier S. 83. Wenig später bezifferte er den kriegsbedingten Über-schuß des Filmgeschäfts schon auf 70 Millionen Reichsmark. Vgl. Tagebucheintrag vom 23. April 1940, in: a. a. O., S. 122.

43 Vgl. Michael Schenk, Medienwirkungsforschung, Tübingen 1987, S. 437 f. Auch eine neuere Untersuchung bestätigt die Beobachtung, daß die Mediennutzung in Krisen- und Kriegszeiten an Quantität und Intensität zunimmt. Vgl. J. Dotan und A. A. Cohen, Mass Me-dia Use in the Family during War and Peace – Israel 1973–1974, in: Communication Research, Bd. 3 (1976), S. 393–402.

44 Zumindest deutet einiges darauf hin, daß sich der Hörerkreis ausländischer Radiosen-der, der sich bis Kriegsbeginn überwiegend aus Anhängern der ehemaligen Linksparteien zu-sammengesetzt hatte, nun beträchtlich ausweitete. Die Zahl der Empfänger ausländischer Sen-der wird für die Kriegszeit reichsweit auf bis zu zwei Millionen geschätzt. Vgl. Klaus-Michael Mallmann und Gerhard Paul, Herrschaft und Alltag. Ein Industrierevier im Dritten Reich (= Widerstand und Verweigerung im Saarland 1935–1945, Bd. 2), Bonn 1991, S. 346–353.

45 Meldungen aus dem Reich. Die geheimen Lageberichte des Sicherheitsdienstes der SS 1938–1945. Hrsg. von Heinz Boberach, 17 Bde. und Registerbd., Herrsching 1984, Bd. 2, Nr. 7 vom 23. Oktober 1939, S. 384. Vgl. auch a. a. O., Bd. 4, Nr. 90 vom 23. Mai 1940, S. 1167.

46 Tagebucheintrag vom 21. Februar 1942, in: Joseph Goebbels, Die Tagebücher. T. 2: Diktate 1941–1945, 15 Bde., München u. a. 1993–1995, Bd. 3, S. 351.

47 Vgl. Meldungen aus dem Reich, a. a. O. (vgl. Anm. 45), Bd. 4, Nr. 7 vom 23. Oktober 1939, S. 384.

48 Frank Maraun, Berichterstatter Film. Die Bedeutung der Wochenschau neben Funk und Presse, in: Der deutsche Film, Jg. 4 (1939), S. 101–105, hier S. 104.

49 Vgl. Meldungen aus dem Reich, a. a. O. (vgl. Anm. 45), Nr. 53 vom 14. Februar 1940, S. 759.

50 Ebd.

51 Vgl. Film-Kurier vom 1. Februar 1942.

52 Vgl. Tagebucheintrag vom 16. Mai 1940, in: Joseph Goebbels, Die Tagebücher, T. 1, a. a. O. (vgl. Anm. 5), Bd. 4, S. 161, und Tagebucheintrag vom 17. Mai 1940, in: a. a. O., S. 163.

53 Vgl. Tagebucheintrag vom 27. Mai 1940, in: a. a. O., S. 176.

54 Vgl. Tagebucheintrag vom 4. Juni 1940, in: a. a. O., S. 189.

55 Vgl. z. B. die Ministerkonferenzen vom 2. November 1939, 19. Februar 1940, 5. März 1940 und 20. Juli 1940, in: Kriegspropaganda 1939–1941. Geheime Ministerkonferenzen im Reichspropagandaministerium. Hrsg. und eingel. von Willi A. Boelcke, Stuttgart 1966, S. 216, S. 289, S. 295 und S. 432.

56 Vgl. Tagebucheintrag vom 21. November 1939: „Wochenschau. Gut geworden, aber etwas langweilig. Wir haben keine richtigen Sujets mehr"; Tagebucheintrag vom 10. Dezember 1939: „Mittags beim Führer. Er ist nicht ganz mit der Wochenschau zufrieden, aber wenn nichts los ist, können wir auch nichts filmen", in: Joseph Goebbels, Die Tagebücher, T. 1, a. a. O. (vgl. Anm. 5), Bd. 3, S. 649 und S. 662.

57 Vgl. Hans-Jürgen Singer, Tran und Helle. Aspekte unterhaltender „Aufklärung" im Dritten Reich, in: Publizistik, Jg. 31 (1986), S. 346–356.

58 Meldungen aus dem Reich, a. a. O. (vgl. Anm. 45), Bd. 3, Nr. 24 vom 4. Dezember 1939, S. 527.

59 A. a. O., Nr. 47 vom 31. Januar 1940, S. 712.

60 Vorgeschlagen wurde, „man solle die Bevölkerung auffordern, Themen für ‚Tran und Helle' an eine bekanntzugebende Stelle einzusenden. Die Zahl und Originalität der Vorschläge würde sicher überraschend sein." A. a. O, Bd. 4, Nr. 97 vom 17. Juni 1940, S. 1267.

61 Vgl. a. a. O., Nr. 69, vom 27. März 1940, S. 922.

62 Ebd.

63 A. a. O., Nr. 97 vom 17. Juni 1940, S. 1267.

64 A. a. O., Bd. 5, Nr. 111 vom 1. August 1940, S. 1438.

65 Ebd.

66 Vgl. Tran und Helle, 2. Folge, 11 Filme. Bearb. von Arnold Funke, Otto Nay und Werner Pflücker, Berlin u. a. o. J., S. 58.

67 Meldungen aus dem Reich, a. a. O. (vgl. Anm. 45), Bd. 5, Nr. 119 vom 29. August 1940, S. 1518.

68 Zit. nach: Kriegspropaganda 1939–1941, a. a. O. (vgl. Anm. 55), S. 485.

69 Meldungen aus dem Reich, a. a. O. (vgl. Anm. 45), Bd. 6, Nr. 142 vom 18. November 1940, S. 1780.

70 Vgl. z. B. Ministerkonferenz vom 13. Februar 1941, in: Kriegspropaganda 1939–1941, a. a. O. (vgl. Anm. 55), S. 618.

71 Tagebucheintrag vom 10. September 1937, in: Joseph Goebbels, Die Tagebücher, T. 1, a. a. O. (vgl. Anm. 5), Bd. 3, S. 261.

72 Tagebucheintrag vom 19. Juni 1938, in: a. a. O., S. 460.

73 Wenn im Film eine besondere artistische Leistung gezeigt werden sollte, reichte es oft aus, daß die Darsteller auf der Leinwand Beifall klatschten und dem Kinopublikum versicherten, der Trick habe funktioniert. Vgl. Karsten Witte, Lachende Erben, toller Tag. Filmkomödie im Dritten Reich, Berlin 1995, S. 187 f.

74 Inside Germany Report, March 1940, in: BA (SAPMO), SPD-Parteivorstand, II 145/76, Bl. 1–30, hier Bl. 6.

75 Vgl. Joseph Goebbels, Die Tagebücher, T. 1, a. a. O. (vgl. Anm. 5), Bd. 4, S. 99.

76 Meldungen aus dem Reich, a. a. O. (vgl. Anm. 45), Bd. 4, Nr. 51 vom 9. Februar 1940, S. 740 f.

77 Unter anderem wegen der Verbreitung dieses Gerüchts verurteilte das Sondergericht Bremen einen Angeklagten gemäß § 2 Abs. 1 des Heimtückegesetzes zu vier Monaten Gefängnis.

Das Urteil ist auszugsweise dokumentiert in: Strafjustiz im totalen Krieg. Aus den Akten des Sondergerichts Bremen 1940 bis 1945. Bearb. von Hans Wrobel und Henning Maul-Backer. Hrsg. vom Senator für Justiz und Verfassung der Freien Hansestadt Bremen, Bd. 1, Bremen 1991, S. 123 f.

78 Vgl. Joseph Goebbels, Die Tagebücher, T. 1, a. a. O. (vgl. Anm. 5), Bd. 4, S. 225.

79 Im Brief des in Stalingrad eingeschlossenen Soldaten Enno Tjaden hieß es im Januar 1943: „Oh, es ist schon wahr, der Krieg sieht hier anders aus, als in den Wochenschauen gezeigt wird." Zit. nach Rudolf Tjaden, in: Walter Kempowski, Das Echolot. Ein kollektives Tagebuch. Januar und Februar 1943, 4 Bde., 2. Aufl., München 1993, hier Bd. 1, S. 521.

80 Der SD meldete im Bericht über das Stoßtruppunternehmen in Spichern: „Auch Zivilpersonen, selbst anwesende Frauen, machten sich über diesen Bildstreifen lustig und empfanden ihn als völlig unglaubhaft." Meldungen aus dem Reich, a. a. O. (vgl. Anm. 45), Bd. 4, Nr. 51 vom 9. Februar 1940, S. 741.

81 Die Medienwirkungsforschung verweist darauf, daß der Medieneinfluß bei abstrakteren Themen stärker ist als bei solchen, zu denen ein persönlicher Bezug besteht. Vgl. Michael Schenk, Medienwirkungsforschung, a. a. O. (vgl. Anm. 43), S. 437 f.

82 Tagebucheintrag vom 18. April 1940, in: Joseph Goebbels, Die Tagebücher, T. 1, a. a. O. (vgl. Anm. 5), Bd. 4, S. 116.

83 Siehe Doris Kohlmann-Viand, NS-Pressepolitik im Zweiten Weltkrieg. Die „vertraulichen Informationen" als Mittel der Presselenkung (= Kommunikation und Politik, Bd. 23), München u. a. 1991, S. 47. Vgl. auch Tagebucheintrag vom 27. April 1940, in: Joseph Goebbels, Die Tagebücher, T. 1, a. a. O. (vgl. Anm. 5), Bd. 4, S. 130.

84 Vgl. Doris Kohlmann-Viand, NS-Pressepolitik ..., a. a. O. (vgl. Anm. 83), S. 46–53.

85 Goebbels notierte am 17. Februar 1940 in sein Tagebuch: „Im Bereich des Films geht der Publikumsgeschmack sehr auseinander. Am meisten gefragt sind augenblicklich heitere Stoffe." Joseph Goebbels, Die Tagebücher, T. 1, a. a. O. (vgl. Anm. 5), Bd. 4, S. 45.

86 Josef Gieles, Brief an seine Eltern vom 9. Juni 1942, in: ders., Studentenbriefe 1939 bis 1942. Hrsg. von Agnes Kanz-Gieles und Heinrich Kanz, Frankfurt a. M. u. a. 1992, S. 225.

87 Kulturpolitische Pressekonferenz vom 4. Oktober 1939, in: Landesarchiv Berlin, Rep. 244, Acc. 2216, Nr. 28.

88 Otto Suhr, Kriegswichtige Filmindustrie, in: Der deutsche Volkswirt, Jg. 14 (1940), S. 590 f., hier S. 590.

89 Josef Gieles, Brief an die Eltern vom 16. August 1941, in: ders., Studentenbriefe 1939 bis 1942, a. a. O. (vgl. Anm. 86), S. 170.

90 Deutsche Inlandsberichte vom 28. April 1940, S. 11 f., zit. nach: Bernd Stöver, Loyalität statt Widerstand, a. a. O. (vgl. Anm. 39), S. 470.

91 Protokoll einer Lagebesprechung beim Reichsverteidigungskommissar für den Wehrkreis III (Berlin) am 30. Oktober 1939. Potsdam, d. 4. November 1939. Gedruckt in: Helmuth Groscurth, Tagebücher eines Abwehroffiziers 1938–1940. Mit weiteren Dokumenten zur Militäropposition gegen Hitler. Hrsg. von Helmut Krausnick und Harold C. Deutsch (= Quellen und Darstellungen zur Zeitgeschichte, Bd. 19), Stuttgart 1970, S. 396–402, hier S. 399.

92 Vgl. Willi A. Boelcke, Zur Einführung, in: Kriegspropaganda 1939–1941, a. a. O. (vgl. Anm. 55), S. 7–202, hier S. 24.

93 Vgl. z. B. Bernd Stöver, Loyalität statt Widerstand, a. a. O. (vgl. Anm. 39), S. 437–471.

94 Vgl. Axel Schildt, Moderne Zeiten. Freizeit, Massenmedien und „Zeitgeist" in der

Bundesrepublik der 50er Jahre (= Hamburger Beiträge zur Sozial- und Zeitgeschichte, Bd. 31), Hamburg 1995, bes. S. 306–323; Hans Braun und Stephan Articus, Sozialwissenschaftliche Forschung im Rahmen der amerikanischen Besatzungspolitik 1945–1949, in: Kölner Zeitschrift für Soziologie und Sozialpsychologie, Jg. 36 (1984), S. 703–737; Arnulf Kutsch, Einstellungen zum Nationalsozialismus in der Nachkriegszeit. Ein Beitrag zu den Anfängen der Meinungsforschung in den westlichen Besatzungszonen, in: Publizistik, Jg. 40 (1995), S. 415–447.

95 Ebd.

96 Ufa. Denkschrift über die Notwendigkeit steuerfreier Sonderrücklagen in der Filmwirtschaft, Berlin, Oktober 1939.

97 Vgl. Christoph Kleßmann, Einleitung, in: September 1939. Krieg, Besatzung, Widerstand in Polen. Hrsg. von Christoph Kleßmann, Göttingen 1989, S. 5–15, hier S. 5 f.

98 Die Zahlengaben beruhen auf einer Schätzung. Vgl. Czeslaw Madajczyk, Die Okkupationspolitik Nazideutschlands in Polen 1939–1945, Berlin 1987, S. 36.

99 Zur Einrichtung des „Reichskommissars für die Festigung Deutschen Volkstums" vgl. Martin Broszat, Nationalsozialistische Polenpolitik 1939–1945 (= Schriftenreihe der VfZ, Bd. 2), Stuttgart 1961, S. 18 ff., und ders., Der Staat Hitlers. Grundlegung und Entwicklung der inneren Verfassung, 11. Aufl., München 1986, S. 395–397.

100 Hitler in einer Lagebesprechung am 8. Juni 1942. Zit. nach: Hitlers Lagebesprechungen. Die Protokollfragmente seiner militärischen Konferenzen 1942–1945. Hrsg. von Helmut Heiber (= Quellen und Darstellungen zur Zeitgeschichte, Bd. 10), Stuttgart 1962, S. 258.

101 Vgl. hierzu Czeslaw Madajczyk, Die Okkupationspolitik ..., a. a. O. (vgl. Anm. 98), bes. S. 166–175.

102 Zit. nach a. a. O., S. 166.

103 Vgl. ebd., Anm. 3.

104 BA, R 55, 1426, Bl. 4.

105 Vgl. Boguslaw Drewniak, Der deutsche Film ..., a. a. O. (vgl. Anm. 11), S. 716.

106 Vgl. Ufa-Denkschrift: Theateranglierungen im Ostraum. Berlin, den 16. Dezember 1939, in: BA, R 80, Ba 2, P 6018, Bl. 305–309.

107 Vgl. Boguslaw Drewniak, Der deutsche Film ..., a. a. O. (vgl. Anm. 11), S. 716 f. Die von Drewniak für einzelne Städte gemachten Angaben deuten darauf hin, daß nur zwischen einem Drittel und der Hälfte des Vorkriegsbestandes an Kinos weiterexistierte.

108 Vgl. a. a. O., S. 717.

109 Goebbels notierte am 8. März 1941 in seinem Tagebuch: „Die Filmwirtschaft hat glänzende Verdienste. 60 Mio. in einem Jahr. Wir setzen die Leihmieten herauf. Macht nochmals 30 Mio. Damit baue ich im Osten und Westen neue Kinotheater." Joseph Goebbels, Die Tagebücher, T. 1, a. a. O. (vgl. Anm. 5), Bd. 4, S. 529.

110 Tagebucheintrag vom 14. Oktober 1939, in: a. a. O., Bd. 3, S. 610.

111 Vgl. Meldungen aus dem Reich, a. a. O. (vgl. Anm. 45), Bd. 3, Nr. 59 vom 28. Februar 1940, S. 820.

112 In den Städten sei dagegen die dokumentarische Machart des Films kritisiert worden. Der SD meldete, daß das städtische Publikum „Judenbilder" und Szenen der „Bromberger Greuel" vermißt habe und daß es mehr „Schlachtbilder" verlange. Vgl. a. a. O., Nr. 62 vom 6. März 1940, S. 846.

113 Major Helmuth Groscurth, Angehöriger des militärischen Widerstandskreises gegen Hitler, berichtete am 17. Oktober 1939 in einem Brief an seine Frau: „Gestern abend waren wir

im Kino: zusammengestellte Wochenschauen des Polenfeldzuges. Widerlich! Ich konnte leider nicht herauslaufen." Zit. nach Helmuth Groscurth, Tagebücher …, a. a. O. (vgl. Anm. 91), S. 23.

114 Vgl. Meldungen aus dem Reich, a. a. O. (vgl. Anm. 45), Bd. 5, Nr. 104 vom 11. Juli 1940, S. 1367–1369.

115 Das dortige „Apollo-Theater" hatte am Premierentag bei 830 Sitzplätzen 3006 Besucher. „Es gab auch keinen Stehplatz mehr, und Hunderte fanden keinen Einlaß." SA-Mann Brand in Saarbrücken, in: Film-Kurier vom 29. Januar 1935.

116 Vgl. Meldungen aus dem Reich, a. a. O. (vgl. Anm. 45), Bd. 7, Nr. 182 vom 28. April 1941, S. 2241 f.

117 A. a. O., Nr. 104 vom 11. Juli 1940, S. 1369.

118 Ebd.

119 A. a. O., Bd. 6, Nr. 157 vom 27. Januar 1941, S. 1944.

120 Im Vorspanntext zu „Feinde" hieß es: „Ewig unvergessen stehen im Gedächtnis aller Menschen die namenlosen Leiden der Volksdeutschen in Polen. Die gesamte Nachkriegszeit war für sie ein einziger Opfergang. Politische Entrechtung, wirtschaftliche Knechtung, Terror und Enteignung hießen seine Meilensteine. Im Jahre 1939 entfachte das englische Garantieversprechen die polnische Mordfurie. Zehntausende unschuldiger Menschen wurden unter furchtbaren Martern verschleppt. 60 000 wurden viehisch ermordet." Zit. nach Boguslaw Drewniak, Der deutsche Film …, a. a. O. (vgl. Anm. 11), S. 319.

121 Die tatsächliche Zahl der Opfer unter der deutschen Zivilbevölkerung ist unbekannt. Sie wurde bis Januar 1940 in nationalsozialistischen Quellen mit etwa 5500 Getöteten und Vermißten angegeben; in der polnischen Forschung wurde sie auf etwa 2000 geschätzt. Erst am 12. Februar 1940 verbreitete die deutsche Propaganda die Zahl von 58 000. Vgl. Czeslaw Madajczyk, Die Okkupationspolitik …, a. a. O. (vgl. Anm. 98), S. 12 f.

122 Meldungen aus dem Reich, a. a. O. (vgl. Anm. 45), Bd. 6, Nr. 157 vom 27. Januar 1941, S. 1944.

123 Vgl. a. a. O., Bd. 5, Nr. 104 vom 11. Juli 1940, S. 1368 f.

124 Zum Thema vgl. Heiner Schmitt, Kirche und Film. Kirchliche Filmarbeit in Deutschland von ihren Anfängen bis 1945 (= Schriften des Bundesarchivs, Bd. 26), Boppard a. Rh. 1979.

125 Meldungen aus dem Reich, a. a. O. (vgl. Anm. 45), Bd. 5, Nr. 104 vom 11. Juli 1940, S. 1368.

126 A. a. O., Bd. 4, Nr. 79 vom 19. April 1940, S. 1025.

127 A. a. O., Nr. 89 vom 20. Mai 1940, S. 1155.

128 Vgl. z. B. a. a. O., Nr. 79 vom 19. April 1940, S. 1025, und Bd. 5, Nr. 104 vom 11. Juli 1940, S. 1368.

129 Vgl. Protokolle der täglichen Konferenzen des Ministers Dr. Goebbels mit den Abteilungsleitern, 10-Uhr-Konferenz vom 22. April 1940, Nr. 10, in: BA, R 50.01, 1 c, Bl. 22.

130 Vgl. Das Diensttagebuch des deutschen Generalgouverneurs in Polen 1939–1945. Hrsg. von Werner Präg und Wolfgang Jacobmeyer (= Quellen und Darstellungen zur Zeitgeschichte, Bd. 20), Stuttgart 1975, S. 51–55, hier S. 53 f. Einer anderen Angabe nach fand das Treffen am 29. Oktober 1939 statt. Vgl. Czeslaw Madajczyk, Die Okkupationspolitik …, a. a. O. (vgl. Anm. 98), S. 338 f. Nach seinem Tagebuch traf Goebbels Frank am 31. Oktober 1939 in Lodz. Vgl. Tagebucheintrag vom 2. November 1939, in: Joseph Goebbels, Die Tagebücher, T. 1, a. a. O. (vgl. Anm. 5), Bd. 3, S. 628 f.

131 Schon bei dem Treffen mit Frank Ende Oktober „nahm Reichsminister Dr. Goebbels mit besonderer Freude davon Kenntnis, daß die polnischen Filmtheater bereits beschlagnahmt seien, und sicherte zu, eine Liste der Filme zusammenzustellen, die zur Vorführung vor den deutschen Beamten und überhaupt vor den Deutschen im Generalgouvernement besonders geeignet seien". Das Diensttagebuch ..., a. a. O. (vgl. Anm. 130), S. 55.

132 Vgl. Jürgen Spiker, Film und Kapital. Der Weg der deutschen Filmwirtschaft zum nationalsozialistischen Einheitskonzern (= Zur politischen Ökonomie des NS-Films, Bd. 2), Berlin 1975, S. 190 f.

133 Boguslaw Drewniak, Der deutsche Film ..., a. a. O. (vgl. Anm. 11), S. 717–722.

134 Vgl. die Richtlinien des Propagandaministers auf der Ministerkonferenz vom 2. November 1939, Nr. 3. Gedruckt in: Kriegspropaganda 1939–1941, a. a. O. (vgl. Anm. 55), S. 216 f., hier S. 217.

135 Die Angaben beruhen auf Tab. 3 in: Czeslaw Madajczyk, Die Okkupationspolitik ..., a. a. O. (vgl. Anm. 98), S. 234.

136 Allerdings nahm die Zahl der Deutschen in der Folgezeit zu, teilweise durch Zuzug aus dem Reichsgebiet, öfter dadurch, daß sich Menschen „aus ethnisch gemischten oder alten deutschen, inzwischen aber polonisierten Familien ... aus konjunkturellen Gründen als Volksdeutsche eintragen ließen". Die Zahl der Reichsangehörigen und Bewerber um die Reichsangehörigkeit stieg bis Dezember 1943 auf 264 000. Wacław Długoborski, Die deutsche Besatzungspolitik und die Veränderungen der sozialen Struktur Polens 1939–1945, in: Zweiter Weltkrieg und sozialer Wandel. Hrsg. von Wacław Długoborski (= Kritische Studien zur Geschichtswissenschaft, Bd. 47), Göttingen 1981, S. 303–363, hier S. 321 f.

137 Verordnungsblatt für das Generalgouvernement vom 29. April 1941. Zit. nach Boguslaw Drewniak, Der deutsche Film ..., a. a. O. (vgl. Anm. 11), S. 890, Anm. 94.

138 Die Kriterien für die Filmauswahl beschrieb die Propagandaabteilung Krakau so: „Im Osten dürfen vor den Deutschen nur die besten und neuesten deutschen Filme vorgeführt werden. Für Polen können weiterhin ausschließlich Filme mit niedrigem Niveau gespielt werden." Propaganda-Abteilung Krakau an Goebbels am 4. Oktober 1940, in: BA, R 55, 1244, Bl. 19.

139 Vgl. Boguslaw Drewniak, Der deutsche Film ..., a. a. O. (vgl. Anm. 11), S. 717–722.

140 Vgl. Czeslaw Madajczyk, Die Okkupationspolitik ..., a. a. O. (vgl. Anm. 98), S. 341.

141 Vgl. Boguslaw Drewniak, Der deutsche Film ..., a. a. O. (vgl. Anm. 11), S. 719.

142 Vgl. Protokolle der täglichen Konferenzen des Ministers Dr. Goebbels mit den Abteilungsleitern, ½ 11-Uhr-Konferenz vom 13. Juni 1940, in: BA, 50.01, 1 c, Bl. 94. Anderen Informationen zufolge war Polen der Besuch der deutschen Wochenschau dauernd untersagt. Czeslaw Madajczyk, Die Okkupationspolitik ..., a. a. O. (vgl. Anm. 98), S. 340.

143 Bis zum Herbst 1941 liefen 147 deutsche Filme in deutscher Sprache, 109 deutsche Filme mit polnischen Untertiteln und 33 polnische Vorkriegsfilme. Insgesamt betrug die jährliche Besucherzahl im Durchschnitt 20 Millionen; der Anteil der polnischen Zuschauer wird mit zwei Dritteln angegeben. Vgl. Jürgen Spiker, Film und Kapital, a. a. O. (vgl. Anm. 132), S. 191.

144 Vgl. Tomasz Szarota, Warschau unter dem Hakenkreuz. Leben und Alltag im besetzten Warschau 1. 10. 1939 bis 31. 7. 1944, Paderborn 1985, S. 183.

145 Jerzy Toeplitz, Geschichte des Films. Bd. 4: 1939–1945, 2., unveränd. Aufl., Berlin 1984, S. 319.

146 Vgl. Tomasz Szarota, Warschau unter dem Hakenkreuz, a. a. O. (vgl. Anm. 144), S. 181–185.

147 Belege finden sich a. a. O., S. 183 f.

148 Zu den deutschen Maßnahmen im polnischen Schul- und Universitätswesen vgl. Czeslaw Madajczyk, Die Okkupationspolitik ..., a. a. O. (vgl. Anm. 98), S. 343–355; Christoph Kleßmann, Die Selbstbehauptung einer Nation. NS-Kulturpolitik und polnische Widerstandsbewegung im Generalgouvernement 1939–1945 (= Studien zur modernen Geschichte, Bd. 5), Düsseldorf 1971, S. 54–61 und S. 78–91.

149 Vgl. a. a. O., S. 154–158; Tomasz Szarota, Warschau unter dem Hakenkreuz, a. a. O. (vgl. Anm. 144), S. 109 f.

150 Darauf verweist zumindest eine Aktennotiz im Bestand Regierung des Generalgouvernements, die bei Boguslaw Drewniak, Der deutsche Film ..., a. a. O. (vgl. Anm. 11), S. 721 f., wiedergegeben ist: „An mehreren Sonntagen wurden in Warschauer und Krakauer Kinos Sabotageakte verübt ... Eine wirksame Maßnahme ist kaum durchzuführen, denn von Polen kann man nicht scharfes Durchgreifen gegen ihre eigenen Landsleute erwarten. Die Sabotageversuche in der Filmstelle in Lublin beweisen, wie wenig Verlaß in der Beziehung auf Polen ist. Ein Pole, der etwas Einschneidendes gegen seine eigenen Landsleute unternimmt, würde wahrscheinlich von der Widerstandsbewegung umgelegt werden. Im GG sind die Kinos anders zu bewerten als im Reich."

151 Tomasz Szarota, Warschau unter dem Hakenkreuz, a. a. O. (vgl. Anm. 144), S. 182.

152 A. a. O., S. 183.

153 Zit. nach ebd.

154 So lautet eine Einschätzung eines Revuefilms, den bis 1943 27 Millionen Kinobesucher sahen: „‚Die große Liebe' gilt als klassischer Ablenkungsfilm, der mit der Komikerin Grethe Weiser und ihrem Kampf um echten Bohnenkaffee den Terror im Bombenkeller vergessen macht." Karsten Witte, Film im Nationalsozialismus, in: Geschichte des deutschen Films. Hrsg. von Wolfgang Jacobsen, Anton Kaes und Hans Helmut Prinzler, Stuttgart u. a. 1993, S. 119–170, hier S. 150. Über denselben Film schreibt Peter Reichel: „Aber wenn Zarah Leander den Zuschauern temperamentvoll vorführte, daß im Krieg zwar die heroische Pflichterfüllung Vorrang habe, im Wechsel von Liebe, Trennung und Schmerz zwischen Rom, Paris und Berlin doch das ersehnte private Glück triumphiere, und angesichts der widrigen Lebensumstände im besetzten Europa auch noch sang: ‚Davon geht die Welt nicht unter' und denen, die nicht mehr so recht an den Endsieg glauben wollten, ... ungebrochenen Optimismus entgegenhielt: ‚Ich weiß, es wird einmal ein Wunder geschehen', dann war das Publikum einfach hingerissen. Es hörte und sah, was es glauben wollte." Peter Reichel, Der schöne Schein des Dritten Reichs. Faszination und Gewalt des Faschismus, München u. a. 1991, S. 194.

155 Vgl. zu einem modernen Medium A. M. Rubin, Ritualized and Instrumental Television Viewing, in: Journal of Communication, Bd. 34 (1984), S. 67–77.

156 Vgl. Michael Schenk, Medienwirkungsforschung, a. a. O. (vgl. Anm. 43), S. 440 f.

157 Ministerkonferenz am 27. Januar 1940, in: BA, R 50.01, 1 b, Bl. 49.

158 Vgl. Tagebucheintrag vom 1. Februar 1940, in: Joseph Goebbels, Die Tagebücher, T. 1, a. a. O. (vgl. Anm. 5), Bd. 4, S. 28, und Tagebucheintrag vom 2. Februar 1940, a. a. O., S. 29.

159 Auf diesen Zusammenhang wird im fünften Kapitel näher eingegangen.

160   Tagebucheintrag vom 25. Oktober 1939, in: Joseph Goebbels, Die Tagebücher, T. 1,
a. a. O. (vgl. Anm. 5), Bd. 3, S. 620.

161   „Die Kassenzahlen der Kinos und Theater sind über Erwarten gut. Wir verfolgen den
Plan einer Kriegsbesteuerung für Theater und Kinos. Wir müssen das Geld, das im Lande nur
noch wenig Kaufmöglichkeit findet, irgendwohin ablenken." Tagebucheintrag vom 22. Dezember 1939, in: a. a. O., S. 673.

162   Tagebucheintrag vom 12. Februar 1939, in: a. a. O., S. 573. Die Idee, der Bevölkerung
Spiele statt Brot anzubieten, hatte auch ein wesentliches Motiv für die Ankurbelung der Produktion von Massenkonsumartikeln gebildet. „Bei der Grundsteinlegung zum ‚Volkswagen-
werk' ... sagte der Führer, die Nationalökonomie habe früher nicht bedacht, daß in einem
Volk, dem es an reichlicher Produktion der Lebensmittel fehle, nicht alles Geld für Lebensmittel aufgewandt werden dürfe. So ist das panem et circenses übertroffen: Pro pane circenses." Tagebucheintrag vom 1. Juni 1938, in: Victor Klemperer, Ich will Zeugnis ablegen ...,
a. a. O. (vgl. Anm. 6), Bd. 1, S. 410.

163   Die Verbrauchslenkung regelten die Verordnungen über die öffentliche Bewirtschaftung vom 7. September 1939, in: RGBl. I, 1939, S. 1719–1735, und die Kriegswirtschaftsver-
ordnung vom 4. September 1939, in: RGBl. I, 1939, S. 1609.

164   Der Hunger habe den Glauben der Bevölkerung an den „Endsieg" erschüttert,
schrieb Ludendorff in seinen Kriegserinnerungen. Erich Ludendorff, Meine Kriegserinnerungen 1914–1918, Berlin 1919, S. 285. Diese These ist von Gerald P. Feldman überzeugend
zurückgewiesen worden. Trotz zahlreicher Streiks und Hungerunruhen seit 1916 verschlechterte sich die allgemeine Stimmung erst im Sommer 1918 deutlich, als durch beurlaubte und
verwundete Soldaten bekannt wurde, daß die militärische Niederlage nicht mehr abzuwen-
den war. Vgl. Gerald P. Feldman, Armee, Industrie und Arbeiterschaft in Deutschland
1914–1918, Bonn u. a. 1985, bes. S. 403 f.

165   Vgl. Georg Thomas, Geschichte der deutschen Wehr- und Rüstungswirtschaft (1918
bis 1943/44), Boppard a. Rh. 1966, S. 160.

166   Vgl. z. B. Ministerkonferenz am 27. und 28. Oktober 1939, in: Kriegspropaganda
1939–1941, a. a. O. (vgl. Anm. 55), S. 212 f.

167   Die Industrie- und Werbefilmproduktion hatte einen beträchtlichen Anteil an der
Gesamtfilmproduktion erreicht. Allein die Ufa stellte im Geschäftsjahr 1938/39 neben
35 Spielfilmen auch 125 Reklamefilme her. „Dieser Geschäftsbereich konnte im Berichtsjahr
seine Umsätze und Ergebnisse weiterhin sehr beachtlich steigern." Geschäftsbericht der Universum Film AG zu Berlin für das Geschäftsjahr 1938/39, in: BA, R 43 II, 390, Bl. 26.

168   Das Anzeigenvolumen ging nach Kriegsbeginn nur um 30 Prozent zurück und befand sich im April 1940 schon wieder auf dem Niveau von 1936. Vgl. Werbung in der Kriegswirtschaft, in: Die Deutsche Volkswirtschaft, Jg. 10 (1941), S. 416 f.

169   Meldungen aus dem Reich, a. a. O. (vgl. Anm. 45), Bd. 2, Nr. 13 vom 8. November
1939, S. 433.

170   A. a. O., Bd. 4, Nr. 83 vom 29. April 1940, S. 1076 f.

171   Nicht selten wurden die Kulturfilme als langweilig empfunden. „... die langen Erklärungen mancher Kulturfilme quittiert der von der Tagesarbeit ermüdete Filmbesucher mit
Gähnen." Wolfgang Wilhelm, Die Auftriebswirkung des Films, Bremen 1940, S. 30.

172   Vgl. Hitlers Denkschrift zum Vierjahresplan. Bearb. von Wilhelm Treue, in: VfZ,
Jg. 3 (1955), S. 184–203.

173 Vgl. Franz Dröge, Der zerredete Widerstand. Soziologie und Publizistik des Gerüchts im Zweiten Weltkrieg, Düsseldorf 1970, S. 134.

174 Meldungen aus dem Reich, a. a. O. (vgl. Anm. 45), Bd. 6, Nr. 143 vom 21. November 1940, S. 1796.

175 A. a. O., Bd. 6, Nr. 174 vom 27. März 1941, und Bd. 7, Nr. 185 vom 12. Mai 1941.

176 Vgl. Hubert Schmitz, Die Bewirtschaftung der Nahrungsmittel und Verbrauchsgüter 1939–1950. Dargestellt am Beispiel der Stadt Essen, Essen 1956, S. 432.

177 Meldungen aus dem Reich, a. a. O. (vgl. Anm. 45), Bd. 8, Nr. 225 vom 2. Oktober 1941, S. 2829.

178 Ebd. und Nr. 221 vom 18. September 1941, S. 2774: „Eine Werbung für ‚Garantol zum Eiereinlegen‘ wurde von den Volksgenossen geradezu als ‚Frotzelei‘ aufgefaßt, nachdem es im August pro Kopf vier Eier gegeben hatte."

179 A. a. O., Bd. 8, Nr. 225 vom 2. Oktober 1941, S. 2829.

180 Ebd.

181 Ebd.

182 A. a. O., S. 2828.

183 „Über die Gestaltung des Reklameteils im Filmprogramm liegen scharf ablehnende Äußerungen vor. Zu Anfang des Krieges habe man Filmreklame für bezugsscheinpflichtige Waren, die der Zwangsbewirtschaftung unterliegen, oder für Reisen um die Welt noch mit Humor hingenommen. Jetzt äußere man sich über diese Reklame unwillig (Koblenz, Stuttgart und a.)." A. a. O., Bd. 5, Nr. 120 vom 2. September 1940, S. 1529.

184 Vgl. 1. Nachtrag zur Z-Liste vom 3. Juni 1941. Reichsfilmkammer / Sonderreferat Kunze, in: BA (BDC), Findbuch RKK.

185 Tagebucheintrag vom 22. Januar 1941, in: Joseph Goebbels, Die Tagebücher, T. 1, a. a. O. (vgl. Anm. 5), Bd. 4, S. 474.

186 A. a. O., Bd. 4, S. 551.

187 RGBl. I, 1939, S. 1683.

188 Vgl. Anm. 44.

189 Vgl. Jürgen Spiker, Film und Kapital, a. a. O. (vgl. Anm. 132), S. 111–114.

190 Vgl. Wochenbericht. Schriften des Instituts für Konjunkturforschung, Jg. 12 (1939), S. 56–60, hier S. 58.

191 Tagebucheintrag vom 17. Oktober 1935, in: Joseph Goebbels, Die Tagebücher, T. 1, a. a. O. (vgl. Anm. 5), Bd. 2, S. 528.

192 Tagebucheintrag vom 16. Januar 1941, in: a. a. O., Bd. 4, S. 468.

193 Tagebucheintrag vom 22. Dezember 1937, in: a. a. O., Bd. 3, S. 378.

194 Vgl. einen Hinweis auf einen Artikel in den Leipziger Neuesten Nachrichten vom 30. Oktober 1941, in: BA, R 31.02, 1474.

195 Müller-Crivitz, Wo bleibt der deutsche Jugendfilm? Zit. nach: Warum kein Jugendfilm?, in: Der deutsche Film, Jg. 4 (1939), H. 2, S. 59.

196 Präambel zur Verordnung über außerordentliche Rundfunkmaßnahmen vom 1. September 1939, in: RGBl. I, 1939, S. 1683.

197 Meldungen aus dem Reich, a. a. O. (vgl. Anm. 45), Bd. 2, Jahreslagebericht 1938, S. 116.

198 A. a. O., Nr. 5 vom 18. Oktober 1939, S. 366.

199 Ministerkonferenz vom 6. November 1939. Gedruckt in: „Wollt ihr den totalen Krieg?".

Die geheimen Goebbels-Konferenzen 1939–1943. Hrsg. und ausgew. von Willi A. Boelcke, Stuttgart 1967, S. 23.

200 Film-Kurier vom 31. Dezember 1940, zit. nach: Im Reiche der Micky Maus. Walt Disney in Deutschland 1927–1945. Eine Dokumentation zur Ausstellung im Filmmuseum Potsdam. Hrsg. von J. P. Storm und M. Dreßler, Berlin 1991, S. 102.

201 Vgl. Meldungen aus dem Reich, a. a. O. (vgl. Anm. 45), Bd. 3, Nr. 38 vom 10. Januar 1940, S. 631.

202 A. a. O., Bd. 4, Nr. 74 vom 8. April 1940, S. 570.

203 A. a. O., Bd. 3, Nr. 39 vom 12. Januar 1940, S. 638. Der amerikanische Originaltitel des 1938 produzierten Films war „Arrest Bulldog Drummond".

204 Als ein Schuldirektor in Breslau das englische Schulsystem lobte, nach Ansicht des SD ein „krasser Fall", leitete die Gestapo eine „Überprüfung" ein. Vgl. a. a. O., Bd. 3, Nr. 46 vom 29. Januar 1940, S. 701.

205 RGBl. I, 1936, S. 553.

206 Meldungen aus dem Reich, a. a. O. (vgl. Anm. 45), Bd. 3, Nr. 51 vom 9. Februar 1940, S. 741. Der Originaltitel des Films mit dem Kinderstar war „Susanna of the Mounties".

207 Vgl. a. a. O., Nr. 53 vom 14. Februar 1940.

208 Ministerkonferenz vom 16. Februar 1940, in: „Wollt ihr den totalen Krieg?", a. a. O. (vgl. Anm. 199), S. 38.

209 Vgl. Meldungen aus dem Reich, a. a. O. (vgl. Anm. 45), Bd. 4, Nr. 74 vom 8. April 1940, S. 570 f.

210 Zit. nach „Wollt ihr den totalen Krieg?", a. a. O. (vgl. Anm. 199), S. 45.

211 Meldungen aus dem Reich, a. a. O. (vgl. Anm. 45), Bd. 4, Nr. 90 vom 23. Mai 1940, S. 1168.

212 Ebd.

213 Vgl. Hans Dieter Schäfer, Das gespaltene Bewußtsein, a. a. O. (vgl. Anm. 33), S. 166.

214 Vgl. Meldungen aus den besetzten Ostgebieten, Nr. 34 vom 18. Dezember 1942, S. 21, in: CChIDK, Fond 500, Opis' 1, Nr. 791.

215 Kontinentales Denken im Film-Schaffen. Europas Gegengewicht zu den „größeren Möglichkeiten" der USA. Dr. Goebbels vor der Internationalen Filmkammer, in: Völkischer Beobachter vom 22. Juli 1941.

216 Zit. nach: „Wollt ihr den totalen Krieg?", a. a. O. (vgl. Anm. 199), S. 132.

217 Allerdings waren seit 1933 deutsche Filme nur in einem sehr geringen Umfang in den USA gezeigt worden. Regelmäßig liefen sie in etwa fünfzehn Kinos in den „deutschen" Vierteln amerikanischer Großstädte. Vgl. Fritz Hippler, Wir und der amerikanische Film. Zur Roosevelt-Rede beim Filmbankett in Hollywood, in: Völkischer Beobachter vom 5. März 1941.

218 Joseph Goebbels, Der Film als Erzieher. Rede zur Eröffnung der Filmarbeit der HJ vom 12. Oktober 1942, in: ders., Das eherne Herz. Reden und Aufsätze aus den Jahren 1941/42, München 1943, S. 37–46, hier S. 44.

219 A. a. O., S. 45.

220 Die Angaben sind auf den Gebietsstand vom 1. Januar 1938 bezogen. Vgl. Der deutsche Altersaufbau, in: Die Deutsche Volkswirtschaft, Jg. 10 (1941), S. 32 f.

221 Vgl. A[nneliese] U. Sander, Jugend und Film (= Das Junge Deutschland, Sonderveröffentlichung Nr. 6), Berlin 1944 (ND u. d. T.: Jugendfilm im Nationalsozialismus. Dokumentation und Kommentar von Hartmut Reese [= Geschichte der Jugend, Bd. 7], Münster 1984), S. 55.

222 Meldungen aus dem Reich, a. a. O. (vgl. Anm. 45), Bd. 4, Nr. 75 vom 10. April 1940, S. 977.

223 Kriminalität und Gefährdung der Jugend. Lagebericht bis zum Stande vom 1. Januar 1941. Hrsg. vom Jugendführer des Deutschen Reiches. Gedruckt in: Jugendkriminalität und Jugendopposition im NS-Staat. Ein sozialgeschichtliches Dokument. Hrsg. und eingel. von Arno Klönne, Münster 1981, S. 148.

224 „Die Kinos waren beliebte Anziehungspunkte der Jugend, die, weil sie ihr Taschengeld nicht mehr im selben Umfang wie früher in Süßigkeiten, Obst usw. anlegen kann, sich ersatz- und vorzugsweise für Kinos und Eisdielen interessiert." A. a. O., S. 149.

225 Meldungen aus dem Reich, a. a. O. (vgl. Anm. 45), Bd. 4, Nr. 75 vom 10. April 1940, S. 978.

226 Hans Günter Zmarlzik, Einer vom Jahrgang 1922, in: Jugend im Dritten Reich. Hrsg. von Hermann Glaser und Axel Silenius, Frankfurt a. M. 1975, S. 11–14, hier S. 12.

227 Meldungen aus dem Reich, a. a. O. (vgl. Anm. 45), Bd. 3, Nr. 62 vom 6. März 1940, S. 846.

228 Vgl. a. a. O., Bd. 4, Nr. 87 vom 14. Mai 1940, S. 1132.

229 „Nach der Niederlage Frankreichs schien der Erfolg greifbar nahe zu sein. Ich hatte den Arbeitsdienst hinter mir und war zum Studium entlassen worden. Doch schien mir unerträglich, eine Nachkriegszeit zu erleben, ohne Frontkämpfer gewesen zu sein." Hans Günter Zmarlzik, Einer vom Jahrgang 1922, a. a. O. (vgl. Anm. 226), S. 13.

230 Deutschland-Berichte der Sozialdemokratischen Partei Deutschlands (Sopade) 1934 bis 1940. Hrsg. von Klaus Behnken, 7 Bde., Salzhausen u. a. 1980, Bd. 7, S. 29.

231 Zur Einschätzung des RSHA und den ergriffenen Polizeimaßnahmen vgl. z. B. Bekämpfung jugendlicher Cliquen. Der Reichsführer SS und Chef der Deutschen Polizei, gez. Kaltenbrunner, an die Sicherheitspolizei und den SD etc., Berlin, d. 25. Oktober 1944, in: BA, R 30.16, Nr. 111.

232 Vgl. Wilfried Breyvogel, Jugendliche Widerstandsformen – Vom organisierten Widerstand zur jugendlichen Alltagsopposition, in: Widerstand gegen den Nationalsozialismus. Hrsg. von Peter Steinbach und Johannes Tuchel, Berlin 1994, S. 426–442, hier S. 439. Allgemein vgl. Detlev Peukert, Die Edelweißpiraten. Protestbewegungen jugendlicher Arbeiter im Dritten Reich. Eine Dokumentation, Köln 1980; Heinrich Muth, Jugendopposition im Dritten Reich, in: VfZ, Jg. 30 (1982), S. 187–222; Alfons Kenkmann, Wilde Jugend. Lebenswelt großstädtischer Jugendlicher zwischen Weltwirtschaftskrise, Nationalsozialismus und Währungsreform (= Düsseldorfer Schriften zur Neueren Landesgeschichte und zur Geschichte Nordrhein-Westfalens, Bd. 42), Münster 1996.

233 So meldete der SD, daß sich an einem Gelsenkirchener Filmtheater „alle möglichen zweifelhaften Jugendgestalten" versammelten. Meldungen aus dem Reich, a. a. O. (vgl. Anm. 45), Bd. 4, Nr. 75 vom 10. April 1940, S. 977.

234 Ein Edelweißpirat erinnert sich. Interview mit Günter O., Oberhausen, durch Michael Zimmermann, Sommer 1977, in: Detlev Peukert, Die Edelweißpiraten, a. a. O. (vgl. Anm. 232), S. 14–27, hier S. 18.

235 Vgl. z. B. Hans-Jürgen Wirth, Die Schärfung der Sinne. Jugendprotest als persönliche und kulturelle Chance, Frankfurt a. M. 1984.

236 RGBl. I, 1940, S. 499.

237 Kriminalität und Gefährdung der Jugend, a. a. O. (vgl. Anm. 223), S. 151.

238 A. a. O., S. 152.

239 A. a. O., S. 154.

240 A. a. O., S. 158.

241 A. a. O., S. 157.

242 Einen solchen Vorfall in dem Berliner Kino „Biograph" meldet für den 9. November 1944 der 5. Bericht über den „Sondereinsatz Berlin", bei dem Wehrmachtsangehörige in den letzten Kriegsmonaten im Rahmen der Mundpropagandaaktion eine Art Meinungsforschung betrieben. Der Bericht ist dokumentiert in: Volker R. Berghahn, Meinungsforschung im „Dritten Reich": Die Mundpropaganda-Aktion der Wehrmacht im letzten Kriegshalbjahr, in: Militärgeschichtliche Mitteilungen, 1967, S. 83–199, hier S. 97.

243 „Besonders der Kriminalfilm und der Gesellschaftsfilm mit erotischem Einschlag wirken sich stark nachteilig aus. Aber auch Filme, die für Jugendliche zugelassen sind, können unter dem Gesichtspunkt des Jugendschutzes nicht immer als erfreulich bezeichnet werden. Das ist um so bedauerlicher, als der Film bekanntlich auf Jugendliche viel nachteiliger wirkt als das Theater." Kriminalität und Gefährdung der Jugend, a. a. O. (vgl. Anm. 223), S. 217.

244 Vgl. Robert Dinse, Das Freizeitverhalten der Großstadtjugend. 5000 Jungen und Mädchen berichten (= Schriftenreihe des Deutschen Archivs für Jugendwohlfahrt, H. 10), Eberswalde u. a. 1932, S. 72.

245 Vgl. „Streng verboten für Jugendliche", in: Film-Kurier vom 27. August 1934; Spezial-Verbote für Kulturfilme, in: Film-Kurier vom 21. Juni 1935.

246 Vgl. Für Jugendliche verboten, in: Wille und Macht, Jg. 2 (1934), H. 22, S. 30 f.

247 Vgl. Meldungen aus dem Reich, a. a. O. (vgl. Anm. 45), Bd. 4, Nr. 75 vom 10. April 1940, S. 977.

248 A. a. O., Bd. 3, Nr. 47 vom 31. Januar 1940, S. 712.

249 Der während des Nationalsozialismus und in der Bundesrepublik unermüdliche Filmregisseur Arthur Maria Rabenalt bemühte sich, den öffentlichen Umgang mit der Sexualität in einem Systemvergleich zwischen dem Nationalsozialismus und dem Stalinismus zugunsten des dem „Menschlichen" näheren Nationalsozialismus zu bemühen, der „in seinem „Bekenntnis zum Sexus ... sehr freimütig, großzügig und unbürgerlich" gewesen sei. Arthur Maria Rabenalt, Film im Zwielicht. Über den unpolitischen Film des Dritten Reichs und die Begrenzung des totalitären Anspruchs, München 1958, S. 26 f.

250 Die Gegenthese, daß Sexualität aus der „Scheinwelt" des NS-Films ausgeschlossen oder nur in unterdrückter Form dargestellt worden sei, vertritt Peter Reichel, Der schöne Schein ..., a. a. O. (vgl. Anm. 154), S. 192. Auf den heutigen Betrachter mögen die Filme wenig erotisch wirken; das zeitgenössische Publikum verfügte aber über gänzlich andere Rezeptionserfahrungen, nach denen schon „Eifersuchts- und Tobsuchtsszenen, Tänzen usw.", hier in dem Film „Der Postmeister", ein erotisches und damit jugendgefährdendes Potential zugesprochen wurde. Meldungen aus dem Reich, a. a. O. (vgl. Anm. 45), Bd. 4, Nr. 83 vom 29. April 1940, S. 1078.

251 A. a. O., Bd. 6, Nr. 176 vom 3. April 1941, S. 2180.

252 Vgl. a. a. O., Bd. 4, Nr. 83 vom 28. April 1940, S. 1078.

253 Vgl. a. a. O., Bd. 10, Nr. 290 vom 11. Juni 1942, S. 3812.

254 A. a. O., Bd. 4, Nr. 75 vom 10. April 1940, S. 977.

255 Vgl. auch a. a. O., Bd. 5, Nr. 111 vom 1. August 1940, S. 1438, und Nr. 133 vom 17. Oktober 1940, S. 1680.

256　A. a. O., Bd. 5, Nr. 111 vom 1. August 1940, S. 1438.

257　Ebd. – Vgl. auch Für Jugendliche verboten, a. a. O. (vgl. Anm. 246): „War dann der Obulus für die erhoffte Sensation hinterlegt, wurde der Besucher in den meisten Fällen schmählich enttäuscht, denn in den bewußten Augenblicken riß nicht etwa der Film, oh nein, sondern es fuhr ‚zufällig' ein Schnellzug vorbei, oder Kriminalpolizei drang in das Zimmer ein, oder in der Stromleitung entstand Kurzschluß."

258　Vgl. A[nneliese] U. Sander, Jugend und Film, a. a. O. (vgl. Anm. 221), S. 122 und S. 125–127. In Sanders Zahlen wird eine Tendenz zu einem vorsichtigeren Antwortverhalten deutlich. 53 der 1943 antwortenden 2260 Jugendlichen lehnten Filme ab, weil sie „nur von Liebe" handelten (S. 126, lfd. Nr. 69). Von der Enquete erreicht wurden jedoch ausschließlich „Führer bzw. Führerinnen" der Reichsjugendführung (vgl. S. 109 f.). In Funks Untersuchung aus dem Jahr 1933 bekannten noch immerhin 17 Prozent der Jungen und 25 Prozent der Mädchen, daß sie „erotische" Filme bevorzugten. Alois Funk, Film und Jugend. Eine Untersuchung über die psychischen Auswirkungen des Films im Leben der Jugendlichen, Phil. Diss. München 1934, Tab. 16, S. 85.

259　Die Kinos besaßen in dieser Funktion eine lange Tradition. Schon 1913 beobachtete die Soziologin Emilie Altenloh: „Für alle verliebten Paare sind die dunklen Kinematographentheater ein beliebter Aufenthalt." Emilie Altenloh, Zur Soziologie des Kino. Die Kino-Unternehmung und die sozialen Schichten ihrer Besucher, Leipzig 1913, S. 73.

260　Vgl. Bernhard Mewes, Die erwerbstätige Jugend. Eine statistische Untersuchung, Berlin u. a. 1929, S. 33 und S. 36.

261　Die Äußerung findet sich in der psychologischen Studie von Wolfgang Wilhelm, Die Auftriebswirkung des Films, Bremen 1940, S. 34.

262　Die „Meldungen" berichten z. B. darüber, daß Mädchen wahllos mit jedem Soldaten schliefen und daß es nach größeren HJ- und BDM-Treffen Hunderte von Schwangerschaften gebe. „… sonstiger gemeinsamer Einsatz [von Jugendlichen – G. St.] endet teilweise in ausgedehntem Gaststättenbesuch mit gemeinsamem Besäufnis. Z. T. ist eine sittliche und moralische Verwahrlosung feststellbar. So wurde in einer ärztlichen Reihenuntersuchung im Bezirk Holland in Ostpreußen festgestellt, daß zahlreiche jugendliche Mädchen, darunter solche im Alter von 13 bis 14 Jahren, kurz zuvor Geschlechtsverkehr unterhalten hatten." Meldungen aus dem Reich, a. a. O. (vgl. Anm. 45), Bd. 3, Nr. 24 vom 4. Dezember 1939, S. 526. Vgl. auch a. a. O., Bd. 12, Nr. 347 vom 4. Januar 1943, S. 4625.

263　A. a. O., Bd. 4, Nr. 90 vom 23. Mai 1940, S. 1168.

264　Ebd.

265　Vgl. Heiko Hasenbein, Unerwünscht – toleriert – instrumentalisiert. Jazz und Swing im Nationalsozialismus, in: 1999. Zeitschrift für Sozialgeschichte des 20. und 21. Jahrhunderts, Jg. 10 (1995), H. 4, S. 38–52.

266　Vgl. Harry Stephens, Swing bedroht das Dritte Reich, in: Heinrich Himmler und die Liebe zum Swing. Erinnerungen und Dokumente. Hrsg. von Franz Ritter, Leipzig 1994, S. 88–100, hier S. 97.

267　Cliquen- und Bandenbildung unter Jugendlichen. Gedruckt in: Detlev Peukert, Die Edelweißpiraten, a. a. O. (vgl. Anm. 232), S. 160–228, hier S. 204.

268　So hatte noch 1938 ein SD-Mitarbeiter seine Liebe zur amerikanischen Unterhaltungsmusik anläßlich eines Betriebsfestes in holprige Verse gebracht: „Und sonntags … / … da tanze ich ‚Swing'. / Was ist das nun wieder für 'n Ding? / Kennt ihr nicht? Oh, tut Ihr mir leid! / Daß Ihr so unwissend seid! / ‚Swing' ist doch der Tanz der Welt, / der mir besonders gut gefällt! ..." Kameradschaftsabend der Angehörigen einer Abteilung, 21. Oktober 1938 [Humoristische Blätter von SD-Angehörigen], in: CChIDK, Fond 500, Opis' 1, Nr. 1306.

269 Himmlers Brief ist abgedruckt in: Detlev Peukert, Volksgenossen und Gemeinschaftsfremde. Anpassung, Ausmerze und Aufbegehren unter dem Nationalsozialismus, Köln 1982, S. 236 f.

270 Landesarchiv Berlin, Archiv der Staatsanwaltschaft beim Landgericht Berlin, 3 Sond. K Ls 11/40.

271 Vgl. Meldungen aus dem Reich, a. a. O. (vgl. Anm. 45), Bd. 6, Nr. 176 vom 3. April 1941, S. 2180.

272 Vgl. a. a. O., Bd. 3, Nr. 59 vom 28. Februar 1940, S. 820.

273 Die Herstellungskosten von „Bismarck" betrugen 1,794 Millionen Reichsmark. Siebzehn Monate nach dem Kinostart am 6. Dezember 1940 waren 4,261 Millionen Reichsmark eingespielt. Vgl. Gerd Albrecht, Nationalsozialistische Filmpolitik. Eine soziologische Untersuchung über die Spielfilme des Dritten Reichs, Stuttgart 1969, S. 465–483, S. 332, S. 409 und S. 417.

274 Joseph Goebbels, Rede anläßlich der Kriegstagung der Reichsfilmkammer am 15. Februar 1941 in Berlin. Gedruckt in: a. a. O., S. 465–483, hier S. 471.

275 Melita Maschmann, Fazit. Kein Rechtfertigungsversuch, Stuttgart 1963, S. 134 f.

276 BA (BDC), Personalakte Viktor Brack, zit. nach: Karl Heinz Roth, Filmpropaganda für die Vernichtung aller Geisteskranken und Behinderten im Dritten Reich, Diss. med. Hamburg 1986, S. 1.

277 Vgl. bes. a. a. O.; außerdem: Karl Heinz Roth, „Ich klage an" – Aus der Entstehungsgeschichte eines Propaganda-Films, in: Aktion T 4. 1939–1945. Die „Euthanasie"-Zentrale in der Tiergartenstraße 4. Hrsg. von Götz Aly (= Stätten der Geschichte Berlins, Bd. 26), 2., erw. Aufl., Berlin 1989, S. 93–129; Karl Ludwig Rost, Sterilisation und Euthanasie im Film des „Dritten Reiches". Nationalsozialistische Propaganda in ihrer Beziehung zu rassenhygienischen Maßnahmen des NS-Staates (= Abhandlungen zur Geschichte der Medizin und der Naturwissenschaften, H. 55), Husum 1987.

278 Vgl. allgemein Ernst Klee, „Euthanasie" im NS-Staat. Die „Vernichtung lebensunwerten Lebens", Frankfurt a. M. 1983; Hans-Walter Schmuhl, Rassenhygiene, Nationalsozialismus, Euthanasie. Von der Verhütung zur Vernichtung „lebensunwerten Lebens", 1890 bis 1945, Göttingen 1987; Aktion T 4, a. a. O. (vgl. Anm. 277); Medizin und Gesundheitspolitik in der NS-Zeit. Hrsg. von Norbert Frei (= Schriftenreihe der VfZ, Sondernummer), München 1991.

279 Vgl. Kurt Nowak, Widerstand, Zustimmung, Hinnahme. Das Verhalten der Bevölkerung zur „Euthanasie", in: a. a. O., S. 235–251, hier S. 241 f.

280 Zit. nach: Ernst Klee, „Euthanasie" im NS-Staat, a. a. O. (vgl. Anm. 278), S. 339.

281 Vgl. Rassehygienische Aufklärung im Film, in: Deutscher Film. Auslands-Presse-Dienst, April 1937, S. 3.

282 Tagebucheintrag vom 4. Dezember 1936, in: Joseph Goebbels, Die Tagebücher, T. 1, a. a. O. (vgl. Anm. 5), Bd. 2, S. 746. In dem Film sind gegen Schluß drei gesunde spielende Kinder zu sehen, die Kinder des Ehepaars Goebbels. „Film ‚Opfer der Vergangenheit' mit unseren Kindern als Schluß. Sie wirken alle sehr lieb." Tagebucheintrag vom 23. Februar 1937, in: a. a. O., Bd. 3, S. 54–56, hier S. 54.

283 Hugo Fischer, Stabsleiter der Reichspropagandaleitung, an alle Leiter der Gauringe etc. Rundschreiben vom 9. April 1937, in: BA, NS 22, 905.

284 Vgl. Karl Heinz Roth, Filmpropaganda für die Vernichtung ..., a. a. O. (vgl. Anm. 276), S. 19 f.

285 Vgl. Lothar Gruchmann, Justiz im Dritten Reich 1933–1940. Anpassung und Unterwerfung in der Ära Gürtner (= Quellen und Darstellungen zur Zeitgeschichte, Bd. 28), München 1988, S. 499.

286 Zum Zusammenhang vgl. Gabriele Czarnowski, Das kontrollierte Paar. Ehe- und Sexualpolitik im Nationalsozialismus (= Ergebnisse der Frauenforschung, Bd. 29), Weinheim 1991.

287 Vgl. Deutsche Allgemeine Zeitung vom November 1938, in: BA, NS 22, 573.

288 Vgl. Tagebucheintrag vom 18. April 1941: „Ich will nicht mehr soviel Konflikte um das uneheliche Kind im Film sehen. Das eheliche Kind muß doch wenigstens das Normale bleiben." Joseph Goebbels, Die Tagebücher, T. 1, a. a. O. (vgl. Anm. 5), Bd. 4, S. 592–594, hier S. 593.

289 Tagebucheintrag vom 21. Oktober 1936, in: a. a. O., Bd. 2, S. 701–703, hier S. 702. Vgl. auch den Tagebucheintrag vom 25. Oktober 1936: „Etwas erotische Literatur muß da sein. Sonst haben wir am Ende nur 175er." A. a. O., S. 707.

290 Fritz Hippler, Betrachtungen zum Filmschaffen, Berlin 1942, S. 101.

291 Hauptamt für Volksgesundheit an den Vizepräsidenten der Reichsfilmkammer, Hans Weidemann. 20. März 1936, in: BA, R 56 VI, 6, Bl. 51 f.

292 Eintrag vom 12. Januar 1943, zit. nach: Walter Kempowski, Das Echolot, a. a. O. (vgl. Anm. 79), Bd. 1, S. 526 f., hier S. 526.

293 Vgl. Karl Heinz Roth, Filmpropaganda für die Vernichtung ..., a. a. O. (vgl. Anm. 276), S. 81–83.

294 A. a. O., S. 41–52.

295 Hans-Christoph Blumenberg, Das Leben geht weiter. Der letzte Film des Dritten Reichs, Berlin 1993, S. 44. Vgl. auch Dietrich Kuhlbrodt, Der Kult des Unpolitischen. Produktionschef Wolfgang Liebeneiner, in: Das Ufa-Buch. Kunst und Krisen – Stars und Regisseure – Wirtschaft und Politik. Hrsg. von Hans-Michael Bock und Michael Töteberg, Frankfurt a. M. 1992, S. 446–449.

296 Hellmuth Unger, Sendung und Gewissen, 2. Aufl., Oldenburg u. a. 1941.

297 Zit. nach Karl Heinz Roth, Filmpropaganda für die Vernichtung ..., a. a. O. (vgl. Anm. 276), S. 122.

298 Meldungen aus dem Reich, a. a. O. (vgl. Anm. 45), Bd. 9, Nr. 251 vom 15. Januar 1942, S. 3175–3178.

299 Zit. nach Ernst Klee, „Euthanasie" ..., a. a. O. (vgl. Anm. 278), S. 342 f.

300 Der Text der Predigt ist u. a. abgedruckt in: Aktion T 4, a. a. O. (vgl. Anm. 277), S. 117–119.

301 So verhängte die Stapoleitstelle Köln im November 1942 ein Sicherungsgeld von 1000 Reichsmark gegen den Pfarr-Rektor Leo Wolfen, weil er in einer Predigt u. a. geäußert hatte, „Ich klage an" stehe im Widerspruch zur katholischen Sittenlehre. Die Stapoleitstelle Karlsruhe nahm im April 1942 den katholischen Pfarrvikar Kurt Habich in Haft, weil er im Religionsunterricht u. a. „unsachliche Bemerkungen" zu „Ich klage an" gemacht habe. Vgl. Berichte des SD und der Gestapo über Kirchen und Kirchenvolk in Deutschland 1934–1944.

Bearb. von Heinz Boberach (= Veröffentlichungen der Kommission für Zeitgeschichte, R. A, Bd. 12), Mainz 1971, S. 654 und S. 762.

302 Landesarchiv Berlin, Archiv der Staatsanwaltschaft beim Landgericht Berlin, PK K Ms 4/42.

303 Meldungen aus dem Reich, a. a. O. (vgl. Anm. 45), Bd. 9, Nr. 251 vom 15. Januar 1942, S. 3177.

304 Vgl. hierzu Karl Heinz Roth, Filmpropaganda für die Vernichtung ..., a. a. O. (vgl. Anm. 276), S. 137–140.

305 So Hans Hefelmann in einem Verhör vor dem Landgericht am 15. Mai 1961, zit. nach a. a. O., S. 141.

306 Rüdins Brief findet sich als Faksimile in: Aktion T 4, a. a. O. (vgl. Anm. 277), S. 113.

307 Zu diesem Schluß kommt auch Karl Heinz Roth, Filmpropaganda für die Vernichtung ..., a. a. O. (vgl. Anm. 276), S. 143.

308 Meldungen aus dem Reich, a. a. O. (vgl. Anm. 45), Bd. 9, Nr. 251 vom 15. Januar 1942, S. 3177.

309 Ebd.

310 Die genaue Besucherzahl ist unbekannt. Der Filmhistoriker Gerd Albrecht schätzt, daß das eingespielte Ergebnis mit 3,4 zu multiplizieren ist, um die Besucherzahl zu ermitteln. Vgl. Gerd Albrecht, Der Film im 3. Reich, Karlsruhe 1979, S. 251 (Die 30 erfolgreichsten deutschen Filme der Jahre 1940 bis 1942).

311 Hansjoachim Lemme an Ernst Lothar Reich [Adjutant von Joseph Goebbels], Berlin, d. 18. Juni 1942, in: CChIDK, Fond 615, Opis' 1, Nr. 6, Bl. 1 f.

312 Ebd.

Anmerkungen zum fünften Kapitel

1 Vgl. Jürgen Förster, Das Unternehmen „Barbarossa" als Eroberungs- und Vernichtungskrieg, in: Horst Boog u. a., Der Angriff auf die Sowjetunion, Frankfurt a. M. 1991, S. 498–538, hier S. 525.

2 Meldungen aus dem Reich. Die geheimen Lageberichte des Sicherheitsdienstes der SS 1938–1945. Hrsg. von Heinz Boberach, 17 Bde. und Registerbd., Herrsching 1984, Bd. 7, Nr. 197 vom 26. Juni 1941, S. 2443.

3 Vgl. Wolfram Wette, Rußlandbilder der Deutschen im 20. Jahrhundert, in: 1999. Zeitschrift für Sozialgeschichte des 20. und 21. Jahrhunderts, Jg. 10 (1995), H. 1, S. 38–64.

4 Hinter dem Namen Peter Hagen verbarg sich der Reichsfilmdramaturg Willi Krause. „Friesennot" wurde nach dem Hitler-Stalin-Pakt 1939 aus dem Programm genommen. Nach dem Überfall auf die Sowjetunion kam er unter dem Titel „Dorf im roten Sturm" erneut in die Kinos.

5 Dieses Problem, das sich schon in dem Film „Hitlerjunge Quex" andeutete, scheint im November 1937 zum Verbot der Produktion „Starke Herzen" geführt zu haben. Vgl. hierzu Friedrich P. Kahlenberg, „Starke Herzen". Quellen-Notizen über die Produktion eines Ufa-Films im Jahre 1937, in: Kraft Wetzel und Peter A. Hagemann, Zensur. Verbotene deutsche Filme 1933–1945, 2. Aufl., Berlin 1982, S. 110–125.

6 Meldungen aus dem Reich, a. a. O. (vgl. Anm. 2), Bd. 7, Nr. 197 vom 26. Juni 1941, S. 2440.

7 A. a. O., Nr. 207 vom 31. Juli 1941, S. 2596.

8 Ebd.

9 A. a. O., Nr. 209 vom 7. August 1941, S. 2623 f.

10 Ebd.

11 Ebd.

12 Vgl. Ludolf Herbst, Der totale Krieg und die Ordnung der Wirtschaft. Die Kriegswirtschaft im Spannungsfeld von Politik, Ideologie und Propaganda 1939–1945 (= Studien zur Zeitgeschichte, Bd. 21), Stuttgart 1982, S. 188.

13 Vgl. Marlies Steinert, Hitlers Krieg und die Deutschen. Stimmung und Haltung der deutschen Bevölkerung im Zweiten Weltkrieg, Düsseldorf u. a. 1970, S. 283 f.

14 „In mehreren Meldungen wurde zum Ausdruck gebracht, daß die Bekanntgabe der ‚einschneidenden‘ Lebensmittelkürzungen auf einen großen Teil der Bevölkerung geradezu ‚niederschmetternd‘ gewirkt habe, und zwar in einem Ausmaße wie kaum ein anderes Ereignis während des Krieges …“ Meldungen aus dem Reich, a. a. O. (vgl. Anm. 2), Bd. 9, Nr. 270 vom 23. März 1942, S. 3505.

15 Vgl. a. a. O., Nr. 264 vom 2. März 1942, S. 3392, Nr. 265 vom 5. März 1942, S. 3408, Nr. 266 vom 9. März 1942, S. 3433, Nr. 267 vom 12. März 1942, S. 3448.

16 A. a. O., Nr. 270 vom 23. März 1942, S. 3505.

17 Vgl. ebd.

18 A. a. O., Bd. 11, Nr. 307 vom 10. August 1942, S. 4056.

19 Ebd.

20 Vgl. Gerd Albrecht, Nationalsozialistische Filmpolitik. Eine soziologische Untersuchung über Spielfilme des Dritten Reichs, Stuttgart 1969, S. 104–111.

21 Als Beispiel soll hier nur ein Bericht einer Studentin an ihre Mutter über den Besuch des antisemitischen Films „Rembrandt" angeführt werden: „Und dann ins Kino, in ‚Rembrandt‘. Was ich wollte, hatte ich en masse, nämlich [sic!] milieu, milieu, milieu, mich interessierte alles bloß kulturgeschichtlich. Mein Gott, es war schon eine prächtige Zeit. Im übrigen ließ mich der Film ziemlich kalt. Diese hysterischen Schwindsuchtanfälle machten mir ebensowenig Eindruck wie die Schreikrämpfe der Hendrikje, am besten war noch die Szene, wo die Mägde sich rauften." Ute Kreuder, Brief vom 19. Januar 1943, zit. nach: Walter Kempowski, Das Echolot. Ein kollektives Tagebuch. Januar und Februar 1943, 4 Bde., 2. Aufl., München 1993, Bd. 2, S. 91 f., hier S. 92.

22 Tagebucheintrag vom 25. Januar 1942, in: Joseph Goebbels, Die Tagebücher. Sämtliche Fragmente. Hrsg. von Elke Fröhlich. T. 2: Diktate 1941–1945, 15 Bde., München u. a. 1993–1995, Bd. 3, S. 187.

23 Tagebucheintrag vom 8. März 1942, in: a. a. O., S. 437 f.

24 Tagebucheintrag vom 27. Februar 1942, in: a. a. O., S. 383.

25 A. a. O., S. 382.

26 Tätigkeitsbericht, Gaupropagandaleitung Ost-Hannover an den Chef des Propagandastabes Wächter, 22. September 1942, in: BA (BDC), RKK 2028, VP 1976. Weiß Ferdl (Ferdinand Weisheitinger, 1883–1949) war ein beliebter bayerischer Volkskomiker, der bis 1939 in zahlreichen Spielfilmen auftrat.

27 Die wenigen Filme, die einen Hitlergruß zeigen, werden von den Filmhistoriographen sorgfältig dokumentiert. Zum Film „Sommer, Sonne, Erika" vgl. Karsten Witte, Lachende Erben, toller Tag. Filmkomödie im Dritten Reich, Berlin 1995, S. 173.

28 Zit. nach Peter Longerich, Nationalsozialistische Propaganda, in: Deutschland 1933 bis 1945. Neue Studien zur nationalsozialistischen Herrschaft. Hrsg. von Karl-Dietrich Bracher, Manfred Funke und Hans-Adolf Jacobsen, Bonn 1992, S. 291–314, hier. S. 305 f.

29 Vgl. z. B. Meldungen aus den besetzten Ostgebieten, Nr. 32 vom 4. Dezember 1942, S. 13–15, über die „Auswirkungen deutscher Spielfilme in der Ukraine": „Wie aus Kiew berichtet wird, hätten die ersten deutschen Filme die Zuschauer dadurch verblüfft, daß ihnen jede Agitation fehlte. Auch aus Charkow wird ähnliches gemeldet. Z. B. sei man erstaunt, dass der Gruß ‚Heil Hitler' fast überhaupt nicht in deutschen Filmen vorkomme." CChIDK, Fond 500, Opis' 1, Nr. 791.

30 Vgl. Tagebucheintrag vom 23. Januar 1943, in: Joseph Goebbels, Die Tagebücher, T. 2, a. a. O. (vgl. Anm. 22), Bd. 7, S. 173.

31 Vgl. Tagebucheinträge vom 3. und 4. Februar 1943, in: a. a. O., S. 254 und S. 256.

32 Zensurliste vom 11. Mai 1942, zit. nach Klaus Jürgen Maiwald, Filmzensur im NS-Staat, Dortmund 1983, S. 181.

33 Vgl. Anordnungen im Bereich der Filmwirtschaft, in: Film-Kurier vom 8. August 1944.

34 So ließen sich zukünftige Soldaten vor ihrer Einberufung zur Wehrmacht durch die Filmwerbung vom Wert einer Lebensversicherung überzeugen. „Diese Versicherungsgesellschaft kam mir jedesmal in den Sinn, wenn ich in das allein den Deutschen vorbehaltene Kino ging. Sie ließ hier bei jeder Vorstellung einen kurzen Werbefilm laufen über eine Raupenfamilie, die gerade einen Sonntagsausflug machte und wobei das Familienoberhaupt vom schweren Stiefel eines Försters zerquetscht wurde. Vor Schmerz erhob die Raupenfrau ihre Fühler gen Himmel und rief klagend aus: Wer hilft mir nun, die Not zu lindern? Was wird aus mir und meinen Kindern? worauf der ‚Tote' sich erhob und sie folgendermaßen tröstete: Mein Weib, du kannst beruhigt sein, Dich schützt ja der Versicherungsschein! So etwas wollte ich auch ..." Heinz Buchholz, Die letzten Wochen in Zichenau, zit. nach: Walter Kempowski, Das Echolot, a. a. O. (vgl. Anm. 21), Bd. 1, S. 631–633, hier S. 631.

35 Melita Maschmann, Fazit. Kein Rechtfertigungsversuch, Stuttgart 1963, S. 140.

36 Dänischer Film „Frechheit siegt". Leiter F, Bacmeister, an die Transit-Film GmbH, 5. Dezember 1944, in: BA (BDC), RKK 2607, Box 1, File 6.

37 Vgl. Schwedischer Film „Ein richtiger Kerl". Leiter F an Minister [Goebbels], 26. Oktober 1943. Ebenso Schwedischer Film „Lehrerin auf dem Bummel". ORR Bacmeister an Minister [Goebbels], 15. Juni 1944, in: a. a. O., File 4 und 12.

38 Schwedischer Film „Der Herr im Frack". Leiter F, Bacmeister an Minister [Goebbels], 3. November 1943, in: a. a. O., File 8.

39 Der italienische Spielfilm „Carmen". Bacmeister an Minister [Goebbels], 24. November 1944, in: a. a. O., File 3.

40 Tschechischer Film „Das Experiment". Bacmeister an Minister [Goebbels], 27. Dezember 1944, in: a. a. O., File 4.

41 Tschechischer Film „Glückliche Reise", Bacmeister an Minister [Goebbels], 28. September 1944, in: a. a. O., File 7.

42 „La main du diable". Leiter F, RR Willerich, an Minister [Goebbels], 25. September 1943, in: a. a. O., File 4.

43 Dänischer Film „Das Ballett tanzt". Leiter Film, Bacmeister, an Minister [Goebbels], 19. Januar 1945, in: a. a. O., File 2.

44 Vgl. Ulrich Herbert, Fremdarbeiter. Politik und Praxis des „Ausländer-Einsatzes" in

der Kriegswirtschaft des Dritten Reiches, Berlin u. a. 1985, S. 229 (Tab. 37), S. 270 (Tab. 41) und S. 273.

45 Auf den Zusammenhang von Rationalisierungspolitik und den Zwangsenteignungen und Stillegungen von Betrieben jüdischer Besitzer verweisen Götz Aly und Susanne Heim, Vordenker der Vernichtung. Auschwitz und die deutschen Pläne für eine neue europäische Ordnung, durchges. Ausg., Frankfurt a. M. 1993, S. 22–49.

46 Die Beschäftigtenzahlen in der Landwirtschaft verringerten sich von 2,94 Millionen im Juni 1933 auf 1,98 Millionen im Juni 1938. Vgl. Statistisches Jahrbuch des Deutschen Reiches 1939/40, S. 379.

47 Eduard Willeke, Der Arbeitseinsatz im Kriege, in: Jahrbücher für Nationalökonomie und Statistik, Bd. 154 (1941), S. 177–201 und S. 311–348, hier S. 347 f.

48 Ebd.

49 Vgl. hierzu z. B. Timothy [W.] Mason, Zur Lage der Frauen in Deutschland 1930–1940. Wohlfahrt, Arbeit und Familie, in: Gesellschaft. Beiträge zur Marxschen Theorie, Bd. 6 (1976), S. 118–193.

50 Im Frühjahr 1939 richteten die Landesarbeitsämter entlang der Grenze Registrierungsstellen ein, in denen die Arbeiter mit Papieren ausgestattet wurden. Nach dem Überfall auf Polen bildeten Beamte dieser Ämter oft die ersten deutschen Zivilbehörden in den eroberten Gebieten. Sie begannen sofort mit der Erfassung arbeitsloser Polen und rekrutierten sie für einen Arbeitseinsatz in Deutschland. Vgl. Ulrich Herbert, Fremdarbeiter, a. a. O. (vgl. Anm. 44), S. 60–64 und S. 67.

51 Vgl. a. a. O., S. 67–70.

52 A. a. O., S. 74.

53 Vgl. Christoph Schminck-Gustavus, Zwangsarbeit und Faschismus. Zur „Polenpolitik" im „Dritten Reich", in: Kritische Justiz, Bd. 13 (1980), S. 1–27 und S. 184–206.

54 Näheres hierzu z. B. bei Ulrich Herbert, Fremdarbeiter, a. a. O. (vgl. Anm. 44), S. 79–81.

55 „Die Wehrmacht ist in ihrer Führung nicht ganz sattelfest im Volkstumskampf. Da müssen wir immer etwas nachhelfen. Jetzt will man sogar den polnischen Offizieren eigene Kinos errichten. Aber da habe ich Krach geschlagen, und der zuständige Generalmajor ist gleich abgesägt worden." Tagebucheintrag vom 25. Februar 1940, in: Joseph Goebbels, Die Tagebücher. Sämtliche Fragmente. Hrsg. von Elke Fröhlich. T. 1: Aufzeichnungen 1924–1941, 4 Bde. und Registerbd., München u. a. 1987, Bd. 4, S. 23.

56 Vgl. Robert Gellately, Die Gestapo und die deutsche Gesellschaft. Die Durchsetzung der Rassenpolitik 1933–1945, Paderborn u. a. 1993, S. 257 f.

57 Ministerkonferenz vom 4. März 1941, in: Kriegspropaganda 1939–1941. Geheime Ministerkonferenzen im Reichspropagandaministerium. Hrsg. und eingel. von Willi A. Boelcke, Stuttgart 1966, S. 632.

58 Vgl. Zulassung von ausländischen Arbeitern zu den allgemeinen Filmveranstaltungen. Rundschreiben vom 16. Juni 1943 an alle RPÄ, gez. Gutterer, in: BA, R 55, 1231, Bl. 93.

59 Am 22. November 1943 war die 6. Armee von sowjetischen Truppen eingekesselt worden; der Vorstoß zum Entsatz der deutschen Verbände scheiterte am 25. Dezember. Etwa zur gleichen Zeit gelang ein sowjetischer Durchbruch bei der italienischen 8. Armee am Don und Mitte Januar bei der ungarischen 2. Armee. Am 18. Januar sprengte die Rote Armee den Ring um Leningrad, am 25. Januar 1944 mußte Woronesch geräumt werden.

60 Vgl. Ulrich Herbert, Fremdarbeiter, a. a. O. (vgl. Anm. 44), S. 237 f.

61 Ohne praktische Konsequenzen blieb, daß sich das Reich zunächst den neutralen Staaten, aber auch den Westmächten tendenziell als Bündnispartner gegen einen gemeinsamen Feind anbot. In der Vorbereitung zum 10. Jahrestag der nationalsozialistischen Machtübernahme führte Goebbels vor seinen Mitarbeitern aus, er „sei überzeugt, daß je näher die Russen kämen, umso freundlicher würden die neutralen Staaten sich zu uns einstellen. Wir könnten die Frage an die Welt richten: ‚Ist jemand da, der an unsere Stelle treten will?' Wir seien heute das Bollwerk der europäischen Kultur gegen den Bolschewismus und der Schutzwall Europas gegen die roten Horden. Auch gegenüber England könnten wir die Frage erheben, was aus seinem Weltreich würde, wenn der europäische Weltteil bolschewistisch sei." RMVP, Ewald Ludwig Krümmer und Gerhard Todenhöfer, 24. Januar 1943, zit. nach: Walter Kempowski, Das Echolot, a. a. O. (vgl. Anm. 21), Bd. 2, S. 325–327, hier S. 327.

62 Merkblatt über die allgemeinen Grundsätze für die Behandlung der im Reich tätigen ausländischen Arbeitskräfte. Sonderdienst der Reichspropagandaleitung. Hauptamt Propaganda. Amt Propagandalenkung, in: BA, ZAI 12172, Bd. 1.

63 Betreuung fremdvölkischer Arbeitskräfte. Arbeitsplanung. Referat Pro VS, Berlin, d. 9. Oktober 1943, in: BA, R 50.01, 815.

64 Vgl. a. a. O., Bl. 8.

65 Im Dezember 1943 waren über 660 000 französische, 270 000 niederländische und 220 000 belgische Zivilarbeiter in Deutschland beschäftigt. Eine weitere große Gruppe stellten die etwa 200 000 Italiener. Vgl. Ulrich Herbert, Fremdarbeiter, a. a. O. (vgl. Anm. 44), S. 252 (Tab. 38) und S. 180 (Tab. 16).

66 Zulassung von ausländischen Arbeitern zu den allgemeinen Filmveranstaltungen, Rundschreiben vom 16. Juni 1943 an alle RPÄ, gez. Gutterer, in: BA, R 55, 1231, Bl. 93.

67 Ebd.

68 Vgl. Ulrich Herbert, Fremdarbeiter, a. a. O. (vgl. Anm. 44), S. 237–244 und S. 263–270.

69 Das Verhältnis von Normalitätsdefinition und Ausgrenzung des Fremden zur Reduktion der Alltagskomplexität beschreibt Werner Patzelt, Grundlagen der Ethnomethodologie, München 1987, S. 83 ff. und S. 115 ff.

70 Tagebucheintrag vom 6. Januar 1943, in: Elisabeth Kraushaar-Baldauf, Nimm das Brot und lauf. Biographie, Baden-Baden 1983.

71 Besuch von Kino- und Theaterveranstaltungen durch ausländische Arbeitskräfte. Reichsführer SS u. Chef der Deutschen Polizei an den Reichsminister für Volksaufklärung und Propaganda vom 6. Mai 1944, in: BA, R 55, 1231, Bl. 95 f.

72 Ebd.

73 Vgl. Ulrich Herbert, Fremdarbeiter, a. a. O. (vgl. Anm. 44), S. 264–266.

74 Besuch von Kino- und Theaterveranstaltungen durch ausländische Arbeitskräfte. RMVP, Abt. Pro. an den Reichsführer SS u. Chef der Deutschen Polizei vom 16. Juni 1944, in: BA, R 55, 1231, Bl. 99 f.

75 Ebd.

76 Filmbetreuung der europäischen Gastarbeiter, Hauptamt Film an das RMVP vom 5. Juli 1944, in: a. a. O., Bl. 170.

77 Filmische Betreuung der europäischen Gastarbeiter, RMVP, Abt. Pro an die Reichspropagandaleitung, Hauptamt Film, vom 10. Juli 1944, in: BA, R 55, 1239, Bl. 20.

78 Filmische Betreuung der französischen Gastarbeiter, Rundspruch Nr. 76 an alle Reichspropagandaämter, in: a. a. O., Bl. 4.

79 Filmische Betreuung der französischen Arbeiter in Deutschland, État Français, Délégation de Berlin, gez. J. Brierre, an das RMVP, Dr. Wimmer, vom 17. März 1944, in: BA, R 55, 1231, Bl. 29 f.

80 Im Juli 1943 arbeiteten in Deutschland etwa 85 000 Italiener in der gewerblichen Wirtschaft und 15 000 in der Landwirtschaft. Vgl. Gerhard Schreiber, Die italienischen Militärinternierten im deutschen Machtbereich 1943 bis 1945. Verraten – Verachtet – Vergessen (= Beiträge zur Militärgeschichte, Bd. 28), München 1990, S. 341 f.

81 Vgl. umfassend a. a. O., passim; Ulrich Herbert, Fremdarbeiter, a. a. O. (vgl. Anm. 44), S. 259–263, und Lutz Klinkhammer, Zwischen Bündnis und Besatzung. Das nationalsozialistische Deutschland und die Republik von Salò 1943–1945, Tübingen 1993.

82 Dino Pasquali, Erinnerungen eines Zwangsarbeiters in Wetter an der Ruhr, 1944–1945. Das Lager des Werkes Harkort-Eicken im Schöntal in Wetter (Ruhr), in: Projekte. Landeskundliche Studien im Bereich des mittleren Ruhrtals. Schriftenreihe der Friedrich-Harkort-Gesellschaft Wetter (Ruhr) und des Stadtarchivs Wetter (Ruhr), Bd. 2, Hagen 1996, S. 235 bis 240, hier S. 237.

83 Äusserungen französischer Arbeiter über deutsche und französische Filme, die hier zur Aufführung gelangen. SS-Untersturmführer Horst, SD-Leitabschnitt Wien, an das RSHA, III B, vom 10. Juli 1944, in: BA, R 55, 1239, Bl. 58 f.

84 Vgl. Dino Pasquali, Erinnerungen eines Zwangsarbeiters …, a. a. O. (vgl. Anm. 82), S. 237.

85 Ebd.

86 Ebd.

87 Äusserungen französischer Arbeiter …, a. a. O. (vgl. Anm. 83), Bl. 58 f.

88 Landesarchiv Berlin, Archiv der Staatsanwaltschaft beim Landgericht Berlin, 3 Sond. K Ls 15/41.

89 Zahlen nach Ulrich Herbert, Fremdarbeiter, a. a. O. (vgl. Anm. 44), S. 271 (Tab. 42). Vgl. auch Christian Streit, Sozialpolitische Aspekte der Behandlung der sowjetischen Kriegsgefangenen, in: Zweiter Weltkrieg und sozialer Wandel. Achsenmächte und besetzte Länder. Hrsg. von Wacław Długoborski (= Kritische Studien zur Geschichtswissenschaft, Bd. 47), Göttingen 1981, S. 193 (Tab. 1).

90 Goebbels, Erlaß vom 15. Februar 1943. Gedruckt in: „Wollt ihr den totalen Krieg?". Die geheimen Goebbels-Konferenzen 1939–1943. Hrsg. und ausgew. von Willi A. Boelcke, Stuttgart 1967, S. 337–339, hier S. 338.

91 Vgl. Ulrich Herbert, Fremdarbeiter, a. a. O. (vgl. Anm. 44), S. 238–241 und S. 264–266.

92 Meldungen aus dem Reich, a. a. O. (vgl. Anm. 2), Bd. 12, Nr. 354 vom 28. Januar 1943, S. 4725.

93 Vgl. a. a. O., Nr. 349 vom 11. Januar 1943, S. 4665 f.

94 Von einem solchen Fall berichtet Robert Gellately, Die Gestapo…, a. a. O. (vgl. Anm. 56), S. 259.

95 Erst im September wurden die Kinobesitzer durch eine kurze Notiz in ihrem Fachblatt informiert. Vgl. Filmtheaterbesuch durch Ostarbeiter, in: Film-Kurier vom 8. September 1944.

96 Reichspropagandaamt Berlin an RMVP, Abt. Ost, am 2. Juni 1944, in: BA (BDC), RKK 2028, VP 1922.

97 Vgl. z. B. Brief betr. Herstellung antibolschewistischer Propagandafilme („Roter Nebel"),

Leiter Pro, Ref. MR Dr. Taubert / ORR Stuckenberg, vom 26. Juni 1944, in: CChIDK, Fond 1363, Opis' 1, Bd. 79, Bl. 181 f.

98 Das Stammkapital der Gesellschaft hielten zunächst die Cautio Treuhand G. m. b. H. (90 000 Reichsmark) und die Film-Finanz G. m. b. H. (10 000 Reichsmark). Am 7. Oktober 1942 wurde es auf 1 Million Reichsmark, gehalten von der Cautio (600 000 Reichsmark) und dem Deutschen Reich, vertreten durch den Reichsminister für die besetzten Ostgebiete, (400 000 Reichsmark), erhöht. Vgl. Bericht über die Geschäftsführung der Zentralfilmgesellschaft Ost m. b. H., überreicht anläßlich der konstituierenden Sitzung am 11. November 1942, in: BA, R 55, 506, Bl. 250–276 (inkl. Anlagen), hier Bl. 250.

99 Eine erste Produktionsliste vom September 1942 verzeichnete folgende Filme: a) Dokumentaraufnahmen anläßlich des Geburtstags des Führers am 20. April 1942 in Kiew, b) Dokumentaraufnahmen anläßlich der Feierlichkeiten am 1. Mai 1942 in Kiew, c) Dokumentaraufnahmen anläßlich der Entlassung des ersten Jahrgangs der volksdeutschen Schule in Kiew, d) Reportageaufnahmen anläßlich des Besuchs des Reichsministers Rosenberg in Kiew, e) Reportageaufnahmen anläßlich des Besuchs des Reichsministers Dorpmüller in Kiew, f) Bildaufnahmen für einen Kulturfilm über das zerstörte Kiew und den Wiederaufbau durch die Deutschen, g) „Schweinepech", einen Propagandafilm gegen den Schwarzhandel, h) „Der rote Nebel", einen antibolschewistischen dokumentarischen Zeitbericht, i) „Schwanensee", Aufnahmen des Rigaschen Balletts, das die Tradition des berühmten kaiserlich-russischen Balletts pflegt. Vgl. Bericht über die Arbeit der Zentralfilmgesellschaft Ost G. m. b. H. und ihrer Tochtergesellschaften Ostlandfilm G. m. b. H. und Ukraine-Film G. m. b. H. vom 8. September 1942, in: BA, R 55, 506, Bl. 244–246, hier Bl. 245.

100 Vgl. Einsatz von Filmen der Zentral-Filmgesellschaft Ost zur Freiwilligen und Ostarbeiterbetreuung. [Abt.] Ost an den Reichsminister [Goebbels]. Berlin, d. 17. April 1944, in: BA, R 55, 506, Bl. 362 f.

101 Zum Quellencharakter der „Meldungen aus den besetzten Ostgebieten" vgl. Hans-Heinrich Wilhelm, Die Einsatzgruppe A der Sicherheitspolizei und des SD 1941/42. Eine exemplarische Studie, in: Helmut Krausnick und Hans-Heinrich Wilhelm, Die Truppe des Weltanschauungskrieges. Die Einsatzgruppen der Sicherheitspolizei und des SD 1938–1942 (= Quellen und Darstellungen zur Zeitgeschichte, Bd. 22), Stuttgart 1981, hier S. 333–347.

102 Der mit der Verbindung zu den an deutscher Seite kämpfenden kaukasischen Truppen betraute General Köstring führte in einem Vortrag vor deutschen Pressevertretern am 19. Mai 1944 aus: „In enger Verbindung mit diesen Kämpfern aus dem Ostraum steht aber auch die Frage der Behandlung ihrer Angehörigen, die sich meist freiwillig zur Arbeit nach Deutschland gemeldet haben. Der Kampfwillen wird entscheidend beeinflußt durch Behandlung ihrer Angehörigen, der sogenannten Ostarbeiter." Vortrag des Generals der Kavallerie, Köstring, vor den Vertretern der deutschen Presse im RMVP am 19. Mai 1944. Gedruckt in: Joachim Hoffmann, Kaukasien 1942/43. Das deutsche Heer und die Orientvölker der Sowjetunion (= Einzelschriften zur Militärgeschichte, Bd. 35), Freiburg 1991, S. 491–493.

103 In einem der letzten Berichte vom 30. April 1943 konstatierte der SD den Fehlschlag: „Viele schlagkräftige Losungen der sowjetischen Propaganda gingen ebenso wie die zahllosen Fälle einer politisch ‚ungeschickten' Behandlung der russischen Bevölkerung auf das Bild zurück, das die deutsche Binnenpropaganda vom russischen Menschen gezeichnet habe. ... Dieses Bild vom Menschen der Sowjet-Union lasse sich aber nach der Indienststellung russischer Freiwilligenformationen, der Verwendung russischer Hausmädchen, den Erzählungen

heimkehrender Urlauber usw. in der bisherigen Form für die deutsche Binnenpropaganda schwerlich noch halten, wirke jedoch sehr nachteilig dadurch, daß die daraus resultierende ungünstige Behandlung russischer Industriearbeiter im Reich, in der Landwirtschaft und in Haushaltungen, sowie die oft als überflüssig empfundene äußere Kennzeichnung die Wirksamkeit der deutschen Propaganda laufend stark hemme. Ebenso und mit der gleichen Rückwirkung auf die deutsche Propaganda würden von der Bevölkerung die Anordnungen wie die Beschränkung auf vier Grundschulklassen gewertet und als Ausflüsse eines deutschen ‚Kolonial-Standpunktes' empfunden. Solange deutscherseits eine überzeugende Widerlegung der sowjetischen Propagandathesen (,Weisse Neger' usw.) nicht möglich sei, könnten wirkliche deutsche Propagandaerfolge nicht erwartet werden." Meldungen aus den besetzten Ostgebieten, Nr. 52 vom 30. April 1943, S. 9, in: CChIDK, Fond 500, Opis' 1, Nr. 791. Vgl. auch Bernhard Chiari, Deutsche Zivilverwaltung in Weißrußland 1941–1944. Die lokale Perspektive der Besatzungsgeschichte, in: Militärgeschichtliche Mitteilungen, Jg. 31 (1993), S. 67–89, bes. S. 75 f.

104 Filmvorführungen vor Ostarbeitern, RMVP, Abt. Ost, 9. Mai 1944, gez. Wiebe, in: BA (BDC), RKK 2028, VP 1922.

105 RMVP, Abt. Ost an alle Reichspropagandaämter, Rundspruch 214 vom 24. Mai 1944, in: ebd.

106 RPA Kärnten an das RMVP, Abt. Ost, 1. Juni 1944, in: ebd. Das RPA Südhannover-Braunschweig berichtete lakonisch, es fänden keine Filmvorführungen statt, und es seien auch keine geplant. RPA Südhannover-Braunschweig an RMVP, Abt. Ost, 10. Juni 1944, in: ebd.

107 RPA Hamburg an das RMVP, Abt. Ost, 30. Mai 1944, in: ebd.

108 RPA Berlin an das RMVP, Abt. Ost, 2. Juni 1944, in: ebd.

109 RPA Dresden, Leiter der Hauptfilmstelle an RMVP, Abt. Ost, 10. Juni 1944, in: ebd.

110 RPA Bochum an das RMVP, Abt. Ost, 2. Juni 1944, in: ebd.

111 RPA Bayreuth an das RMVP, Abt. Ost, 30. Mai 1944, in: ebd.

112 RPA Berlin an das RMVP, Abt. Ost, 2. Juni 1944, in: ebd.

113 Gaufilmstelle Moselland an RMVP, Abt. Ost, 7. Juni 1944, in: ebd.

114 Vgl. RPA Halle-Merseburg an RMVP, 3. Juni 1944, in: ebd.

115 Vgl. z. B. RPA Salzburg an RMVP, Abt. Ost, 1. Juni 1944, in: ebd.

116 RPA Berlin an RMVP, Abt. Ost, 2. Juni 1944; RPA Thüringen an RMVP, Abt. Ost, 6. Juni 1944; RPA Baden an RMVP, Abt. Ost, 20. Juni 1944, alle in: ebd.

117 RPA Bayreuth an RMVP, Abt. Ost, 30. Mai 1944, in: ebd. Im gleichen Sinn berichtete das RPA Dresden: „Wie aus den Berichten seitens der Betriebe hervorgeht, werden die Filmveranstaltungen von den Ostarbeitern außerordentlich begrüßt und eine erhebliche Arbeitsfreudigkeit bei diesen wurde festgestellt." Bericht über die filmische Betreuung der Ostarbeiter, RPA Dresden, Leiter der Hauptfilmstelle, an RMVP, Abt. Ost, 10. Juni 1944, in: ebd.

118 Vgl. Ulrich Herbert, Fremdarbeiter, a. a. O. (vgl. Anm. 44), S. 232.

119 Rundfunkansprachen ehemaliger Fliegeroffiziere der Sowjetarmee an die Ostarbeiter am 19. 3. 44. Reichspropagandaamt Niederschlesien an den Reichsminister VP, 14. April 1944, in: BA (BDC), RKK 2028, VP 2032.

120 RPA Bayreuth an das RMVP, Abt. Ost, 30. Mai 1944, in: BA (BDC), RKK 2028, VP 1922.

121 Eine Rechnung der Zentralfilmgesellschaft Ost vom August 1944 führte folgende Filme auf: „Meine Frau Teresa", „Die Erbin vom Rosenhof", „Meine Freundin Josefin", „Wiener Geschichten", „Kampfgeschwader Lützow", „Befreite Hände", „Weißer Flieder", „Die große

Liebe", „Operette", „Kora Terry", „Bel ami", „Schritt vom Wege", „Paradies der Junggesellen", „Stukas", „Die barmherzige Lüge", „Liebesschule", „Kleine Residenz", „Fracht von Baltimore", „90 Minuten Aufenthalt", „Zwei in einer großen Stadt", „Es leuchten die Sterne", „Herz der Königin", „Robert Koch", „Der laufende Berg", „Jud Süß", „Der Meineidbauer", „Morgen werde ich verhaftet", „Heimkehr ins Glück", „Robert und Bertram", „Die 3 Coronas", „Meine Tochter lebt in Wien", „Der Postmeister", „Reise nach Tilsit", „3 Mäderl um Schubert", „Sein bester Freund", „13 Stühle", „Eine Nacht in Venedig", „Fräulein", „Das andere Ich", „Mädchen im Vorzimmer", „Das große Spiel", „Eine kleine Nachtmusik", „Weg ins Freie", „Die Geierwally". Zentralfilmgesellschaft Ost m. b. H. an das RMVP, Abt. Ost, 4. August 1944, in: BA, R 55, 506, Bl. 405 f.

122 RPA München, gez. Müller, an RMVP, Abt. Ost, 2. Juni 1944. in: BA (BDC), RKK 2028, VP 1922.

123 Meldungen aus dem Reich, a. a. O. (vgl. Anm. 2), Bd. 12, Nr. 346 vom 29. Dezember 1942, S. 4608.

124 Einer der wenigen Filme dieser Art, „Der letzte Hammerschlag", stieß aus nicht genannten Gründen auf die Kritik der Lager- und Betriebsleiter. RPA München, gez. Müller, an RMVP, Abt. Ost, 2. Juni 1944, in: BA (BDC), RKK 2028, VP 1922.

125 „leider wurde der propagandistische zweck dieser aktion nicht erreicht, weil es nicht möglich war, einen der angegebenen sender zu hören. ... die lagerleiter haben sich vor den versammelten und hörbegierigen ostarbeitern in gewissem sinne lächerlich gemacht." Rundfunkansprache ehemaliger Fliegeroffiziere der Sowjetarmee. RPA Oldenburg, Meldung Nr. 5305, 29. März 1944, in: BA (BDC), RKK 2028, VP 2032.

126 Rundfunkansprache ehem. Fliegeroffiziere der Sowjet-Armee in den Ostarbeiterlagern. RPA Salzburg an das RMVP, 27. März 1944, in: ebd.

127 Ansprachen ehemaliger Sowjetoffiziere an die Ostarbeiter. RMVP, Referent Wiebe, an das Reichsministerium für die besetzten Ostgebiete, z. Hd. Hr. Maddalena, 27. März 1944, in: ebd.

128 Angaben nach Jürgen Spiker, Film und Kapital. Der Weg der deutschen Filmwirtschaft zum nationalsozialistischen Einheitskonzern (= Zur politischen Ökonomie des NS-Films, Bd. 2), Berlin 1975, S. 231, Tab. 25.

129 Tagebucheintrag vom 23. Januar 1945, in: Joseph Goebbels, Die Tagebücher, T. 2, a. a. O. (vgl. Anm. 22), Bd. 15, S. 190.

130 Vgl. Tagebucheintrag vom 2. April 1944, in: a. a. O., Bd. 12, S. 42 f.

131 Tagebucheintrag vom 21. Januar 1945, in: a. a. O., Bd. 15, S. 240. Vgl. auch Tagebucheintrag vom 30. Januar 1945, a. a. O., S. 272.

132 Filmtheaterbesuch. Leiter Film, ORR Dr. Bacmeister, an den Herrn Reichsminister [Goebbels], Berlin, d. 20. 11. 44, in: BA, R 55, 663, Bl. 285.

133 Ebd. Der Anteil des Besuchs in den Großstädten über 50 000 Einwohner sank von 54,0 Prozent 1943 auf 46,8 Prozent im Juli 1944.

134 Zahlen nach: Jürgen Spiker, Film und Kapital, a. a. O. (vgl. Anm. 128), S. 231, Tab. 25.

135 Tagebucheintrag vom 11. Februar 1943, in: Joseph Goebbels, Die Tagebücher, T. 2, a. a. O. (vgl. Anm. 22), Bd. 7, S. 320.

136 11 Uhr-Konferenz vom 27. Juli 1944, in: CChIDK, Fond 1363, Opis' 7, Nr. 153.

137 Vgl. Die neuen Maßnahmen für den totalen Kriegseinsatz, in: Film-Kurier vom 25. August 1944.

138 Vgl. Klaus Kreimeier, Die Ufa-Story. Geschichte eines Filmkonzerns, München u. a. 1992, S. 419.

139 Vgl. Anordnungen im Bereich der Filmwirtschaft, in: Film-Kurier vom 8. August 1944.

140 Vgl. Klaus Kreimeier, Die Ufa-Story, a. a. O. (vgl. Anm. 138), S. 416.

141 Vgl. Freiluftveranstaltungen in Luftnotstandsgebieten. Leiter F, Schmitt-Halin, an Herrn Staatssekretär, Berlin, d. 10. März 1944, in: BA, R 55, 663, Bl. 220 f.

142 Schaffung von Freilicht-Filmtheatern, Leiter F / Reichsfilmintendant an Herrn Reichsminister, Berlin, d. 24. August 1944, in: a. a. O., Bl. 240 f.

143 Leiter Film an Herrn Reichsminister [Goebbels], Berlin, d. 6. Oktober 1944, in: a. a. O., Bl. 267–271. Auch Umwandlung von Sprechbühnen in Berlin. Aktenvermerk, Berlin, d. 18. September 1944, in: a. a. O., Bl. 252 f.

144 Filmvorführungen in Theatern. Leiter Film / Reichsfilmintendant an den Herrn Reichsminister [Goebbels], Berlin, d. 29. August 1944, in: BA, R 55, 663, Bl. 247–249.

145 Vgl. Aktuelle Fragen des Filmtheaterbesuchs, in: Film-Kurier vom 14. März 1944; Friedrich Ruprecht, Der Theaterbesitzer und die Lenkung des Filmtheaterbesuchs, in: Film-Kurier vom 11. April 1944; Der Theaterbesitzer und die Lenkung des Filmtheaterbesuchs. Eine weitere Zuschrift an den Film-Kurier, in: Film-Kurier vom 14. April 1944.

146 Die Deutsche Arbeitsfront, Frauenamt, Abt. Presse und Propaganda, gez. Witting, an Frau Dr. Semmler, RMVP, vom 25. Mai 1944, in: BA, R 55, 621, Bl. 35. Vgl. auch: Kinder im Filmtheater, in: Film-Kurier vom 14. April 1944.

147 Filmabteilung an Abt. Pro, Frau Dr. Semler, vom 26. Juni 1944, in: BA, R 55, 621, Bl. 35.

148 Vgl. Heinz Boberach, Einführung, in: Meldungen aus dem Reich, a. a. O. (vgl. Anm. 2), Bd. 1, S. 11–44, hier S. 36 f.

149 Das RMVP, das maßgeblich an der Beschneidung der Informationserhebung des SD mitgewirkt hatte, baute sich in Kooperation mit der Wehrmacht in der letzten Phase des Krieges im Rahmen der „Mundpropagandaaktion" einen neuen Apparat zur Meinungsforschung auf. Diese Kampagne sollte mit der Ausstreuung von optimistischen Gerüchten den Durchhaltewillen der Bevölkerung stärken und zugleich die Stimmung in den deutschen Großstädten eruieren. Mit der Verbreitung der die Kriegslage in positivem Licht darstellenden „Flüsterparolen" wurden Wehrmachtsangehörige beauftragt. Mit dieser Strategie erhoffte sich das RMVP, von dem Vertrauensvorschuß zu profitieren, den Soldaten wegen ihrer Leistungen und ihrer oft besonderen Informationen in der Bevölkerung genossen. Vgl. Volker R. Berghahn, Meinungsforschung im „Dritten Reich": Die Mundpropaganda-Aktion der Wehrmacht im letzten Kriegshalbjahr, in: Militärgeschichtliche Mitteilungen, 1967, S. 83–119.

150 Als 1938 Bilder von den Opfern der deutschen Bombenangriffe im Spanischen Bürgerkrieg in England veröffentlicht wurden, vermerkte Goebbels in seinem Tagebuch: „Aber das hat seine zwei Seiten: einerseits verbreitet es Grauen, andererseits aber auch Angst." Tagebucheintrag vom 17. Juni 1938, in: Joseph Goebbels, Die Tagebücher, T. 1, a. a. O. (vgl. Anm. 55), Bd. 3, S. 457–459, hier S. 458.

151 Goebbelsausführungen vom 21. Januar 1943, zit. nach: Reichspropagandaministerium, Ernst Ludwig Krümmer, Gerhard Todenhöfer, in: Walter Kempowski, Das Echolot, a. a. O. (vgl. Anm. 21), Bd. 2, S. 163.

152 Tätigkeitsbericht. Leiter Abt. Pro an den Minister [Goebbels]. 3. September 1944, in: BA, R 55, 601, Bl. 101–111, hier Bl. 111.

153 Meldungen aus dem Reich, a. a. O. (vgl. Anm. 2), Bd. 14, 8. Juli 1943, S. 5449 f.

154 Tätigkeitsbericht [Leiter Pro an den Minister]. (Stichtag: 30. Oktober 1944), in: BA, R 55, 601, Bl. 193–200, hier Bl. 200.

155 Bericht aus den Akten der Geschäftsführenden Reichsregierung von Ende März 1945, in: Meldungen aus dem Reich, a. a. O. (vgl. Anm. 2), Bd. 17, S. 6737.

156 Vgl. hierzu Tagebucheinträge vom 6. und 22. Februar 1945, in: Joseph Goebbels, Die Tagebücher, T. 2, a. a. O. (vgl. Anm. 22), Bd. 15, S. 322 f. und S. 327.

157 Tagebucheintrag vom 10. Februar 1945, in: a. a. O., S. 352.

158 Tagebucheintrag vom 29. Januar 1945, in: a. a. O., S. 261.

159 Wirkung der Greuelpropaganda bei der Truppe. Komm. Leiter Pro, Ref. ORR Stuckenberg, an den Reichsminister [Goebbels], Berlin, d. 8. März 1945, in: CChIDK, Fond 1363, Opis' 1, Nr. 79, Bl. 11–13.

160 Bericht aus den Akten der Geschäftsführenden Reichsregierung Dönitz vom Ende März 1945, in: Meldungen aus dem Reich, a. a. O. (vgl. Anm. 2), Bd. 17, S. 6734–6740, hier S. 6739.

161 Tagebucheintrag vom 10. Februar 1945, in: Joseph Goebbels, Die Tagebücher, T. 2, a. a. O. (vgl. Anm. 22), Bd. 15, S. 352.

162 Landesarchiv Berlin, Archiv der Staatsanwaltschaft beim Landgericht Berlin, 11 K Ms 43/45, Strafsache gegen Georg Liebert.

163 Der Film verschlang 8,5 Millionen Reichsmark. Vgl. Rolf Aurich, Der Film als Durchhalteration. „Kolberg" von Veit Harlan, in: Das Ufa-Buch. Kunst und Krisen – Stars und Regisseure – Wirtschaft und Politik. Hrsg. von Hans-Michael Bock und Michael Töteberg, Frankfurt a. M. 1992, S. 462–465.

164 Tagebucheintrag vom 12. Februar 1945, in: Joseph Goebbels, Die Tagebücher, T. 2, a. a. O. (vgl. Anm. 22), Bd. 15, S. 370.

165 Fünf Kopien sollten in das Ausland, und zwar nach Schweden, in die Schweiz, nach Spanien, Portugal und Oberitalien, gehen, weitere nach Fertigstellung an die kämpfende Truppe. Einsatz des Films „Kolberg". Reichsfilmintendant / Leiter Film, gez. Dr. Pries, an Reichsminister [Goebbels]. 25. Februar 1945, in: BA, R 55, 664, Bl. 12 v–13.

166 An den Kreisleiter der Stadt Görlitz, Malitz, 27. Februar 1945, in: a. a. O., Bl. 14.

167 So der Titel der Gesamtdarstellung von Hans-Ulrich Thamer, Verführung und Gewalt. Deutschland 1933–1945 (= Die Deutschen und ihre Nation, Bd. 5), Berlin 1986.

168 Im Herbst 1944 meldete der Tätigkeitsbericht des Leiters Pro an Goebbels: „Bezeichnend dafür, wie die Volksgenossen über den Ausgang des Krieges dächten, sei der in Berlin umlaufende ironische Spruch: ‚Bevor ich mir den Genickschuß geben lasse, glaube ich lieber an den Endsieg …'." Tätigkeitsbericht, Leiter Pro an den Minister, vom 30. Oktober 1944, in: BA, R 55, 601, Bl. 193–200, hier Bl. 193.

169 Film und Jugend, Schreiben des Reichsfilmintendanten an SS-Gruppenführer Otto Ohlendorf vom 8. Dezember 1944, in: BA, R 58, 990, Bl. 215 v.

170 Bericht aus den Akten der Geschäftsführenden Reichsregierung Dönitz vom Ende März 1945, in: Meldungen aus dem Reich, a. a. O. (vgl. Anm. 2), Bd. 17, S. 6739.

171 Vgl. Trends in the German Public Opinion, in: Zentralarchiv für Empirische Sozialforschung, OMGUS-Report 175, hier S. 7; Hans Braun und Stephan Articus, Sozialwissenschaftliche Forschung im Rahmen der amerikanischen Besatzungspolitik 1945–1949, in: Kölner Zeitschrift für Soziologie und Sozialpsychologie, Jg. 36 (1984), S. 703–737; Axel Schildt,

Moderne Zeiten. Freizeit, Massenmedien und „Zeitgeist" in der Bundesrepublik der 50er Jahre (= Hamburger Beiträge zur Sozial- und Zeitgeschichte, Bd. 31), Hamburg 1995, S. 320.

172 Preliminary Study of Motion Picture Attendance and Attitudes, o. O., 27. August 1946. Office of the Director of Information Control, OMGUS (rear), APC 757, Surveys Branch, No. 20. Gedruckt in: USA und Deutschland. Die amerikanische Kulturpolitik 1942–1949. Bibliographie – Materialien – Dokumente. Bearb. von Michael Hoenisch, Klaus Kämpfe und Karl-Heinz Pütz (= John-F.-Kennedy-Institut für Nordamerikastudien, Freie Universität Berlin, Materialien, Bd. 15), Berlin 1980, S. 275–299, bes. S. 280–282.

Anmerkungen zum sechsten Kapitel

1 Vgl. Michael Prinz, Die soziale Funktion moderner Elemente in der Gesellschaftspolitik des Nationalsozialismus, in: Nationalsozialismus und Modernisierung. Hrsg. von Michael Prinz und Rainer Zitelmann, Darmstadt 1991, S. 297–327, hier S. 315.

2 Vgl. Peter Hüttenberger, Heimtückefälle vor dem Sondergericht München 1933–1939, in: Bayern in der NS-Zeit. Hrsg. von Martin Broszat und Harmut Mehringer. Bd. 4: Herrschaft und Gesellschaft im Konflikt, Teil C, München u. a. 1981, S. 435–526, bes. S. 522 f.

3 Klaus Gotto, Hans Günther Hockerts und Klaus Repgen, Nationalsozialistische Herausforderung und kirchliche Antwort. Eine Bilanz, in: Kirche, Katholiken und Nationalsozialismus. Hrsg. von Klaus Gotto und Konrad Repgen, Mainz 1980, S. 101–118, hier S. 103 f.

4 Vgl. Detlev Peukert, Volksgenossen und Gemeinschaftsfremde. Anpassung, Ausmerze und Aufbegehren unter dem Nationalsozialismus, Köln 1982, S. 97.

5 Zur Begrifflichkeit vgl. Hans van der Loo und Willem van Reijen, Modernisierung. Projekt und Paradox, München 1992, S. 150–156.

Quellen- und Literaturverzeichnis

I. Archivalische Quellen

1. Bundesarchiv, ehemals Berlin Document Center

RMVP, Reichskulturkammer (RKK)

          1. Nachtrag zur Z-Liste vom 3. 6. 1941 (1. 8. 1941) und 2. Nachtrag zur
          Z-Liste vom 3. 6. 1941 (15. 9. 1941), beigeheftet zum Findbuch des
          BDC zum RKK-Bestand

RKK 2028

VP 1908	„Bauerntreue"
VP 1909	Landwirtschaftliche Filme für das Ostland
VP 1910	Antibolschewistische Propaganda-Aktion
VP 1911	Flakhelferaktion
VP 1922	Filmvorführungen vor Ostarbeitern
VP 1926	Zentralfilmgesellschaft Ost
VP 1946	Das Filmwesen in der Sowjetunion
VP 1947	Fremdarbeiterpropaganda
VP 1961	„Die Gottlosen"
VP 1968	Kaukasische Legion

VP 1971 Propaganda im Osten
VP 1972 Der Führererlaß
VP 1976 Tätigkeitsberichte 1942
VP 1979 Filmtrupp der Ostwochenschau
VP 1997 Propagandaplan für Oberkrain
VP 2001 Filmfonds: Wochenschau
VP 2006 Reichsring
VP 2022 Ostarbeiterbriefe (nicht sowj. Nationalität)
VP 2032 Rundfunkansprachen ehemaliger Fliegeroffiziere der Sowjetarmee an die Ostarbeiter
VP 2033 Ostwochenschauen
VP 2039 RMVP, Geschäftsverteilungsplan 1942
VP 2081 Propagandakompanien
VP 2082 Volkstumsanwartinnen
VP 2119 Nachrichtenblatt des RMVP
VP 2120 Ostarbeiter Julianenhof
RKK 2100 Hans Traub
RKK 2607 Reichsfilmintendant / Leiter Film / Korresp. betr. ausländ. Filmproduktion

Reichsgeschäftsführung der NSDAP

2. Bundesarchiv

NS 22 (Reichsorganisationsleiter der NSDAP)
6   Schriftwechsel mit der Abteilung Film
428   Anordnungen, Rundschreiben und Bekanntmachungen
905   Reichspropagandaleitung. Bd. 4: Film, Lichtbildwesen, Rundfunk, Schallplatten

R 6 (Reichsministerium für die besetzten Ostgebiete)
189   Heranziehung fremdvölkischer Jugendlicher für Kriegszwecke und Einsatz lettischer, estnischer und russischer Jugendlicher als Luftwaffen(Flak-)helfer
190   Einziehung von russischen, ukrainischen und litauischen Jugendlichen als SS-Helfer im Reich (SS-Helferaktion)
192   Aufbau und Schwächen der deutschen Propaganda im besetzten Ostgebiet

R 15.01 (Reichsministerium des Innern)
26080   NSDAP und Kulturpolitik. Remarque-Film „Im Westen nicht Neues"

R 23.01 (Rechnungshof des Deutschen Reiches)
6983   Reichsfilmkammer
6984   Filmwirtschaft
7037   Zentralfilmgesellschaft Ost

R 30.01 (Reichsjustizministerium)
5053/140   Verfahren gegen den Kaufmann Wilhelm Auth wegen Beleidigung
            des Reichspräsidenten und des Reichsministers Göring

R 30.16 (VGH Generalia)
111   Bekämpfung jugendlicher Cliquen

R 31.02 (Statistisches Reichsamt)
1391   Zentralfilmgesellschaft Ost GmbH in Berlin
1408   Elbrus Film Arbeitsgemeinschaft GmbH
1409   Deutsche Kaukasus Filmges. m. b. H.
1429   Terra Filmkunst GmbH
1474   Deutsche Zeichenfilm GmbH Berlin
            Cautio Treuhandgesellschaft m. b. H.
            Ostland Film

R 43 II (Reichskanzlei)
388/389   Film- und Lichtspielwesen
390   Filmgesellschaften und Filmwirtschaft
390a   Filme und Filmtheater

R 49.01 (Reichsministerium für Wissenschaft, Erziehung und Volksbildung)
924   Studenten-Filme
934   Rundfunkwissenschaftliche Institute
3228/2   Film-Hochschule, Film-Akademie

R 50.01 (Reichsministerium für Volksaufklärung und Propaganda)
1a–1h   Protokolle der täglichen Konferenzen des Ministers Dr. Goebbels mit
            den Abteilungsleitern
621   Geschäftsverteilungsplan des RMVP, November 1942
728/729   Aktion Luftnotlichtspieltheater
750   Verhandlungen mit Obergruppenführer Heydrich wegen der Kultur-
            einrichtungen im Protektorat
774   Geschäftsverteilungsplan des RMVP, April/August 1937
815   Arbeitsplanung Betreuung fremdvölkischer Arbeitskräfte
831   „Verräter vor dem Volksgericht"
1059   Haushaltspläne des RMVP für die Jahre 1933, 1934, 1935, 1936, 1941
1061   Geschäftsverteilungsplan des RMVP, Februar 1936

R 55 (Reichsministerium für Volksaufklärung und Propaganda)
269   Institute für Zeitungswissenschaften
482   Bauten für die Deutsche Filmakademie
483   Film-Finanz-GmbH
505   Deutsche Zeichenfilm GmbH
506   Zentralfilmgesellschaft Ost
507   Deutsche Filmvertriebs-GmbH
600   Reichspropagandaämter
601   Wöchentliche Tätigkeitsberichte des Leiters der Abteilung Propaganda
602   Reichspropagandaamt Halle-Merseburg
603   Reichspropagandaamt (1942) 1943–1945
620   Reichspropagandaämter
621   Stimmungsberichte der RPÄ
663   Information des Ministers über Angelegenheiten des Films
1231   Filmische Betreuung von Fremdarbeitern
1239   Filmische Betreuung französischer und italienischer Gastarbeiter
1244   Vorarbeiten für ein Reichspressearchiv
1394   Stimmungsberichte der RPÄ
1426   Einführung RKK-Gesetzgebung in den eingegliederten Ostgebieten

R 56 VI (Reichsfilmkammer)
6   Korrespondenz mit der NSDAP
7   Korrespondenz mit Filmfirmen
27   Rundschreiben der Gruppe Kultur- und Werbefilme

R 58 (Reichssicherheitshauptamt)
990   Grundsätze der SD-Berichterstattung

R 80, Ba 2 (Deutsche Bank)
P 6007, P 6014, P 6015, P 6016, P 6018, P 6020

St 3 (Reichssicherheitshauptamt)
544

ZAI
12172, Bd. 1

62 DAF 3 (Deutsche Arbeitsfront)
AWI Ztg. (Zeitungsausschnittssammlung), 19250

3. Bundesarchiv, Stiftung Archiv der Parteien und Massenorganisationen der DDR

SPD-Parteivorstand
II 145/76   Inside Germany Report (Neu Beginnen), March 1940

4. Geheimes Staatsarchiv Preußischer Kulturbesitz, Berlin

I. HA, Rep. 90, Abt. P, Geheime Staatspolizei
Nr. 58, H. 1   Judenfragen, Emigranten 1934–1937

Lageberichte: Provinz Brandenburg
Nr. 2, Vol. 1 und 2

5. Landesarchiv Berlin

Rep. 244
Acc. 2216, Nr. 28

Archiv der Staatsanwaltschaft beim Landgericht Berlin
3 Sond. K Ls 11/40   Strafsache gegen Wilhelm Jendrzejewski u. a.
3 Sond. K Ls 15/41   Strafsache gegen Vladimir Vlcek
PK K Ms 4/42   Strafsache gegen Gustav von Lutzki
11 K Ms 43/45   Strafsache gegen Georg Liebert

6. Staatsarchiv Bremen

II A 12 a
Ld 36   KPD Reich Allgemeines

7. Centr chranenija istoriko-dokumental'nych kollekcii (Zentrum für die Aufbewahrung historisch-dokumentarischer Sammlungen), Moskau

Fond 500 (Reichssicherheitshauptamt)
Opis' 1
    776   Meldungen aus den besetzten Ostgebieten
    791   Meldungen aus den besetzten Ostgebieten
    1306   Kameradschaftsabend der Angehörigen einer seltsamen Abteilung
           [Humoristische Bätter von Mitarbeitern des SD]

Opis' 3
   7   Organisationsstruktur
   8   Befehle und Anordnungen
  15   Schema für die Lageberichterstattung
Opis' 6
  Nr. 15   Einstellung der „Volkspolitischen Lageberichte" der Regierungsprä-
           sidenten

Fond 615 (Nachlaß Ernst Lothar Reich)
Opis' 1, Nr. 5, 6

Fond 1363 (Reichsministerium für Volksaufklärung und Propaganda)
Opis' 1, Nr. 74, 79, 155
Opis' 5
  Nr. 6   (Wochenberichte der Propa. Abteilungen) [22. 3. 1944–31. 8. 1944]
Opis' 7
  Nr. 153   Ministerkonferenzen

8. Zentralarchiv für Empirische Sozialforschung, Köln

OMGUS-Report 175

II. Gedruckte Quellen

1. Dokumentensammlungen

Aly, Götz, und Susanne Heim: Das zentrale Staatsarchiv in Moskau („Sonderar-
    chiv"). Rekonstruktion und Bestandsverzeichnis verschollen geglaubten Schrift-
    guts aus der NS-Zeit, Düsseldorf 1992
Der Auschwitz-Prozeß. Eine Dokumentation. Hrsg. von Herrmann Langbein, 2 Bde.,
    Wien 1965
Berichte des SD und der Gestapo über Kirchen und Kirchenvolk in Deutschland 1934
    bis 1944. Bearb. von Heinz Boberach (= Veröffentlichungen der Kommission für
    Zeitgeschichte, R. A, Bd. 12), Mainz 1971
Blau, Bruno: Das Ausnahmerecht der Juden in Deutschland 1933–1945, 2. Aufl.,
    Düsseldorf 1954
Bredow, Wilfried von, und Rolf Zurek: Film und Gesellschaft in Deutschland. Doku-
    mente und Materialien, Hamburg 1975

Deutsche Briefe. Ein Blatt der katholischen Emigration, 1934–1938. Bearb. von Heinz Hürten (= Veröffentlichungen der Kommission für Zeitgeschichte bei der katholischen Akademie in Bayern, R. A, Bd. 7), 2 Bde., Mainz 1969

Deutschland-Berichte der Sozialdemokratischen Partei Deutschlands (Sopade) 1934 bis 1940. Hrsg. von Klaus Behnken, 7 Bde., Salzhausen u. a. 1980

Das Diensttagebuch des deutschen Generalgouverneurs in Polen 1939–1945. Hrsg. von Werner Präg und Wolfgang Jacobmeyer (= Quellen und Darstellungen zur Zeitgeschichte, Bd. 20), Stuttgart 1975

Domarus, Max: Hitler. Reden und Proklamationen 1932–1945. Kommentiert von einem deutschen Zeitgenossen, 2 Bde., München 1965

Geheimberichte aus dem Dritten Reich. Der Journalist H. J. Noordewier als politischer Beobachter. Hrsg. von Paul Stoop, Berlin 1990

Geschlossene Vorstellung. Der Jüdische Kulturbund in Deutschland 1933–1941. Hrsg. von der Akademie der Künste anläßlich der gleichnamigen Ausstellung vom 27. Januar bis 26. April 1992, Berlin 1992

Goebbels, Joseph: Rede anläßlich der Kriegstagung der Reichsfilmkammer am 15. Februar 1941 in Berlin. Gedruckt in: Gerd Albrecht, Nationalsozialistische Filmpolitik. Eine soziologische Untersuchung über die Spielfilme des Dritten Reichs, Stuttgart 1969, S. 465–483

Goebbels' „Außerordentliche Rundfunkmaßnahmen" 1939–1942. Bearb. von Conrad F. Latour, in: VfZ, Jg. 11 (1963), S. 418–435

Goebbels-Reden. Hrsg. von Helmut Heiber. Bd. 1: 1932–1939, Düsseldorf 1971; Bd. 2: 1939–1945, Düsseldorf 1972

Günter, Walter, und Georg Marcks: Lehr- und Kulturfilm. Gesetze und Verordnungen über das Filmwesen. Unter besonderer Berücksichtigung von Schule, Jugendpflege und Volksbildung, Stand 1. 2. 1933, Berlin 1933

Hitler, Adolf: Monologe im Führerhauptquartier 1941–1944. Die Aufzeichnungen Heinrich Heims. Hrsg. von Werner Jochmann, Hamburg 1986

Hitler, Adolf: Sämtliche Aufzeichnungen 1905–1924. Hrsg. von Eberhard Jäckel zusammen mit Axel Kuhn, Stuttgart 1980

Hitlers Denkschrift zum Vierjahresplan. Bearb. von Wilhelm Treue, in: VfZ, Jg. 3 (1955), S. 184–203

Hitlers Lagebesprechungen. Die Protokollfragmente seiner militärischen Konferenzen 1942–1945. Hrsg. von Helmut Heiber (= Quellen und Darstellungen zur Zeitgeschichte, Bd. 10), Stuttgart 1962

Im Reiche der Micky Maus. Walt Disney in Deutschland 1927–1945. Eine Dokumentation zur Ausstellung im Filmmuseum Potsdam. Hrsg. von J. P. Storm und M. Dreßler, Berlin 1991

Jugend im nationalsozialistischen Frankfurt. Ausstellungsdokumentation, Zeitzeugenerinnerungen, Publikum (= Kleine Schriften des Historischen Museums, Bd. 19), Frankfurt a. M. 1987

Jugendkriminalität und Jugendopposition im NS-Staat. Ein sozialgeschichtliches Dokument. Hrsg. und eingel. von Arno Klönne, Münster 1981

Kempowski, Walter: Das Echolot. Ein kollektives Tagebuch. Januar und Februar 1943, 4 Bde., 2. Aufl., München 1993

Kriegspropaganda 1939–1941. Geheime Ministerkonferenzen im Reichspropagandaministerium. Hrsg. und eingel. von Willi A. Boelcke, Stuttgart 1966

Lageberichte der Geheimen Staatspolizei über die Provinz Hessen-Nassau 1933 bis 1936. Hrsg. von Thomas Klein, 2 Bde., Köln u. a. 1986

Lagebesprechungen im Führerhauptquartier. Protokollfragmente aus Hitlers militärischen Konferenzen 1942–1945. Hrsg. von Helmut Heiber, neu bearb. und kommentierte Ausg., München 1963

Longerich, Peter: Joseph Goebbels und der Totale Krieg. Eine unbekannte Denkschrift des Propagandaministers vom 18. Juli 1944, Stuttgart 1987

Meldungen aus dem Reich. Hrsg. von Heinz Boberach, Neuwied u. a. 1965

Meldungen aus dem Reich. Die geheimen Lageberichte des Sicherheitsdienstes der SS 1938–1945. Hrsg. von Heinz Boberach, 17 Bde. und Registerbd., Herrsching 1984

Meldungen aus Münster 1924–1944. Geheime und vertrauliche Berichte von Polizei, Gestapo, NSDAP und ihren Gliederungen, staatlicher Verwaltung, Gerichtsbarkeit und Wehrmacht über die politische und gesellschaftliche Situation in Münster. Eingel. und bearb. von Joachim Kuropka, Münster 1992

Mennecke, Friedrich: Innenansichten eines medizinischen Täters im Nationalsozialismus. Eine Edition seiner Briefe 1935–1947. Bearb. von Peter Chroust, 2 Bde., Hamburg 1988

NS-Presseanweisungen der Vorkriegszeit. Edition und Dokumentation. Bearb. von Gabriele Toepser-Ziegert, 4 Bde., München u. a. 1984–1993

Pommern 1934/35 im Spiegel von Gestapo-Lageberichten und Sachakten. Hrsg. von Robert Thévoz, Hans Branig und Cecilie Löwenthal-Hensel (= Veröffentlichungen aus den Archiven Preußischer Kulturbesitz, Bd. 12), 2 Bde., Berlin u. a. 1974

Reichsgesetzblatt, diverse Jahrgänge

Reichsministerium für Volksaufklärung und Propaganda, Bestand R 55. Bearb. von Wolfram Werner (= Findbücher zu den Beständen des Bundesarchivs, Bd. 15), Koblenz 1979

Scheel, Klaus: Quellen zur Geschichte des nationalsozialistischen Rundfunks im „Sonderarchiv" Moskau, in: Studienkreis für Rundfunk und Geschichte – Mitteilungen, Jg. 19 (1993), S. 192–200

Schenk, Hans: Die deutschen Bestände im Sonderarchiv in Moskau, in: Der Archivar, Jg. 45 (1992), S. 457–470

Das Sonderrecht der Juden im NS-Staat. Eine Sammlung der gesetzlichen Maßnahmen und Richtlinien – Inhalt und Bedeutung. Hrsg. von Joseph Walk, Karlsruhe 1981

Stimmungsberichte der Oberfürsorgerinnen im Krieg 1939–1943, in: Opfer und Täterinnen. Frauenbiographien des Nationalsozialismus. Hrsg. von Angelika Ebbinghaus (= Schriften der Hamburger Stiftung für Sozialgeschichte des 20. Jahrhunderts, Bd. 2), Nördlingen 1987, S. 106–150

Stöver, Bernd: Berichte über die Lage in Deutschland. Die Lagemeldungen der Gruppe Neu Beginnen aus dem Dritten Reich 1933–1936 (= Archiv für Sozialgeschichte, Beih. 17), Bonn 1996

Strafjustiz im totalen Krieg. Aus den Akten des Sondergerichts Bremen 1940 bis 1945. Bearb. von Hans Wrobel und Henning Maul-Backer. Hrsg. vom Senator für Justiz und Verfassung der Freien Hansestadt Bremen, Bd. 1, Bremen 1991

USA und Deutschland. Die amerikanische Kulturpolitik 1942–1949. Bibliographie – Materialien – Dokumente. Bearb. von Michael Hoenisch, Klaus Kämpfe und Karl-Heinz Pütz (= John-F.-Kennedy-Institut für Nordamerikastudien, Freie Universität Berlin, Materialien, Bd. 15), Berlin 1980

Volksopposition im Polizeistaat. Gestapo- und Regierungsberichte 1934–1936 (= Quellen und Darstellungen zur Zeitgeschichte, Bd. 2). Hrsg. von Bernhard Vollmer, Stuttgart 1957

Walter Ruttmann. Eine Dokumentation. Hrsg. von den Freunden der Deutschen Kinemathek, Berlin 1987

Weimarer Republik. Hrsg. vom Kunstamt Kreuzberg und dem Institut für Theaterwissenschaft der Universität Köln, Hamburg u. a. 1977

„Wollt ihr den totalen Krieg?". Die geheimen Goebbels-Konferenzen 1939–1943. Hrsg. und ausgew. von Willi A. Boelcke, Stuttgart 1967

2. Tagebücher, Briefsammlungen und Erinnerungen

Deutschkron, Inge: Ich trug den gelben Stern, Köln 1978

Ein Edelweißpirat erinnert sich. Interview mit Günter O., Oberhausen, durch Michael Zimmermann, Sommer 1977, in: Detlev Peukert, Die Edelweißpiraten. Protestbewegungen jugendlicher Arbeiter im Dritten Reich. Eine Dokumentation, Köln 1980, S. 14–27

Gieles, Josef: Studentenbriefe 1939–1942. Hrsg. von Agnes Kanz-Gieles und Heinrich Kanz, Frankfurt a. M. u. a. 1992

Goebbels, Joseph: Das Tagebuch 1925/26. Mit weiteren Dokumenten hrsg. von Helmut Heiber, Stuttgart 1960

Goebbels, Joseph: Die Tagebücher. Sämtliche Fragmente. Hrsg. von Elke Fröhlich. T. 1: Aufzeichnungen 1924–1941, 4 Bde. und Registerbd., München u. a. 1987; T. 2: Diktate 1941–1945, 15 Bde., München u. a. 1993–1995

Goebbels, Joseph: Tagebücher 1924–1945. Hrsg. von Ralf Georg Reuth, 5 Bde., München u. a. 1992

Goebbels, Joseph: Tagebücher 1945. Die letzten Aufzeichnungen, Hamburg 1977

Goebbels' Tagebücher aus den Jahren 1942–43. Mit anderen Dokumenten hrsg. von Louis P. Lochner, Zürich 1948

Groscurth, Helmuth: Tagebücher eines Abwehroffiziers 1938–1940. Mit weiteren Dokumenten zur Militäropposition gegen Hitler. Hrsg. von Helmut Krausnick und Harold C. Deutsch (= Quellen und Darstellungen zur Zeitgeschichte, Bd. 19), Stuttgart 1970

Hassell, Ulrich von: Vom andern Deutschland. Aus den nachgelassenen Tagebüchern 1938–1944. Mit einem Geleitwort von Hans Rothfels, Frankfurt a. M. u. a. 1964

Hippler, Fritz: Die Verstrickung. Auch ein Filmbuch. Einstellungen und Rückblenden von Fritz Hippler, ehem. Reichsfilmintendant unter Josef Goebbels, Düsseldorf [1981]

Klemperer, Victor: Ich will Zeugnis ablegen bis zum letzten. Tagebücher 1933–1945. Hrsg. von Walter Nawojski unter Mitarbeit von Hadwig Klemperer, 2 Bde., 3. Aufl., Berlin 1995

Maschmann, Melita: Fazit. Kein Rechtfertigungsversuch, Stuttgart 1963

Otalpa und die sündige Welt. Ein Männertagebuch, in: Mein Tagebuch. Geschichten vom Überleben 1939–1947. Hrsg. von Heinrich Breloer, Köln 1984, S. 50–81

Riefenstahl, Leni: Memoiren. 1902–1945, für das Taschenbuch neu eingerichtete Ausg., 2. Aufl., Frankfurt a. M. u. a. 1994

Shirer, William L.: Berlin Diary 1934–1941, London 1970

Stephens, Harry: Swing bedroht das Dritte Reich, in: Heinrich Himmler und die Liebe zum Swing. Erinnerungen und Dokumente. Hrsg. von Franz Ritter, Leipzig 1994, S. 88–100

Sternberg, Josef von: Das Blau des Engels. Eine Autobiographie, München u. a. 1991

Zmarlzik, Hans Günter: Einer vom Jahrgang 1922, in: Jugend im Dritten Reich. Hrsg. von Hermann Glaser und Axel Silenius, Frankfurt a. M. 1975, S. 11–14

Zweig, Stefan: Die Welt von Gestern, Frankfurt a. M. 1980

3. Zeitgenössisches Schriftum

Aber in Polen muß der Film zur Deutschenhetze herhalten, in: Film in Partei und Gliederungen. Nachrichtenblatt der Gaufilmstelle Halle-Merseburg, Jg. 6 (1939), Nr. 8, S. 63

Achner, Leonard: Verbrauchsverschiebungen durch Lohnabbau, in: Zeitschrift für Volksernährung und Diätkost, Jg. 6 (1931), S. 265–269

Aktuelle Fragen des Filmtheaterbesuchs, in: Film-Kurier vom 14. März 1944

Altenloh, Emilie: Zur Soziologie des Kino. Die Kino-Unternehmung und die sozialen Schichten ihrer Besucher, Leipzig 1913

Am Kurfürstendamm, in: Wille und Macht, Jg. 2 (1934), H. 13, S. 30

Anordnungen im Bereich der Filmwirtschaft, in: Film-Kurier vom 8. August 1944

Anordnung, in: Film und Bild, Jg. 1 (1935), 10. Februar, S. 111

Arbeiter – heute!, in: Filmdienst der Gaufilmstelle Düsseldorf der NSDAP, Dezember 1937, S. 86

Arnheim, Rudolf: Film als Kunst, Berlin 1932

Arnheim, Rudolf: Film, in: Juden im deutschen Kulturbereich. Ein Sammelwerk. Hrsg. von Siegmund Kaznelson, 3., erg. und bericht. Ausg., Berlin 1962 [Veröffentlichung war 1934 geplant]

Auerbach, Walter: Presse und Gruppenbewußtsein, Berlin 1929

Die Autorität der Zensur. Frick-Erlaß gegen Störenfriede, in: Film-Kurier vom 10. Juli 1935

Bacmeister, Arnold: Wann verletzt ein Film nationalsozialistisches Empfinden? Grundsätzliche Bemerkungen zu § 7 des Lichtspielgesetzes, in: Film-Kurier vom 11. Mai 1934

Balász, Béla: Der Geist des Films, Halle (Saale) 1930

Balász, Béla: Der sichtbare Mensch oder die Kultur des Films, Wien u. a. 1924

Ein beigelegter Zwischenfall, in: Film-Kurier vom 4. April 1934

Belling, Curt: Die Filmarbeit der NSDAP, in: Der deutsche Film. Zeitschrift für Filmkunst und Filmwirtschaft, Jg. 1 (1936), H. 4, S. 117 f.

Belling, Curt, und Alfred Schütze: Der Film in der Hitler-Jugend, Berlin 1937

Benjamin, Walter: Das Kunstwerk im Zeitalter seiner technischen Reproduzierbarkeit, in: ders., Das Kunstwerk im Zeitalter seiner technischen Reproduzierbarkeit. Drei Studien zur Kunstsoziologie, 11. Aufl., Frankfurt a. M. 1979, S. 7–44

Besucherrekord in Berliner Kinos, in: Film-Kurier vom 2. Februar 1938

Böttcher, Ilse: Film und Tageszeitung. Vergleich ihrer Struktur und ihrer Wirkungsmöglichkeit (= Wesen und Wirkungen der Publizistik, Bd. 9), Leipzig 1937

Buchner, Hans: Im Banne des Films, München 1927

Cnyrim, Heinz: Die Kanzlei des Führers als Mittler zwischen Volk und Führer, in: Die Deutsche Volkswirtschaft, Jg. 10 (1941), S. 1223 f.

Darré, Walter: Marinus und die Scholle, in: Nationalsozialistische Landpost vom 4. November 1933

Decker, Lothar: „Wissenschaft" im Dienste der Propaganda, in: Zeitungswissenschaft, Jg. 14 (1939), S. 139 f.

Demandowsky, Ewald von: Versagen der Dramaturgie. Gedanken um den Film „Menschen ohne Vaterland", in: Völkischer Beobachter vom 10. März 1937

Demonstrationen gegen den Film „Im Westen nichts Neues", in: Braunschweigische Landeszeitung vom 5. Dezember 1931

d'Ester, Karl: Zeitungswissenschaft als Faktor der politischen Erziehung, in: Zeitungswissenschaft, Jg. 9 (1934), S. 2–12

Der deutsche Altersaufbau, in: Die Deutsche Volkswirtschaft, Jg. 10 (1941), S. 32 f.

Diedrich, Paulheinz: Mordende Millionen. Eine Denkschrift gegen die wirtschafts-, kultur- und sozialfeindliche Vergnügungsbesteuerung der deutschen Lichtspieltheater und für die Revision und gerechte Gestaltung der Bestimmungen des Reichsrats über die Vergnügungssteuer. Im Auftrag des Reichsverbandes deutscher Lichtspieltheaterbesitzer e. V., Berlin, im Dezember 1932

Dinse, Robert: Das Freizeitverhalten der Großstadtjugend. 5000 Jungen und Mädchen berichten (= Schriftenreihe des Deutschen Archivs für Jugendwohlfahrt, H. 10), Eberswalde u. a. 1932

Dovifat, Emil: Die Erweiterung der zeitungskundlichen zu einer allgemein-publizistischen Lehre und Forschung, in: Zeitungswissenschaft, Jg. 9 (1934), S. 12–20

Dovifat, Emil: Zeitungslehre. Bd. 2: Theoretische Grundlagen – Nachricht und Meinung – Sprache und Form, Berlin 1937

Dünschmann, H.: Kinematograph und Psychologie der Volksmenge. Eine sozial-politische Studie, in: Konservative Monatsschrift, Jg. 69 (1912), S. 920–930

E[ggebrecht], A[xel]: Die bürgerliche Film-Gefahr, in: Die Rote Fahne vom 14. Juni 1922

Einspruch des Publikums am Pfalzbau-Ludwigshafen, in: Film-Kurier vom 24. Oktober 1934

Falsche Anschuldigungen gegen Pola Negri, in: Film-Kurier vom 2. Februar 1935

Fasolt, V.: Ist Kinobesuchssteigerung möglich?, in: Film-Kurier vom 14. Oktober 1935

Die Filmakademie begann. In Babelsberg werden keine Theoretiker ausgebildet, in: Der Angriff vom 2. November 1938

Der Film als Unterrichtsmittel an der neuen deutschen Schule, in: Film und Bild, Jg. 1 (1934/35), H. 2, S. 21 f.

Das Filmjahr 1934, in: Film und Bild, Jg. 2 (1935), S. 96

Den Filmstellenleitern zur Beherzigung, in: Film und Bild, Jg. 1 (1934/35), S. 112

Filmtheaterbesuch durch Ostarbeiter, in: Film-Kurier vom 8. September 1944

Der Filmtheaterbesuch in den westdeutschen Großstädten, in: Wochenbericht. Schriften des Instituts für Konjunkturforschung, Jg. 12 (1939), S. 159 f.

Filmvorführungen in den Betrieben, in: Film-Kurier vom 7. September 1934

Flüchtlinge [Reklameheft der Ufa], o. O. [1933]

Forschungsziele eines Universitätsseminars: Typologie des Films, Soziologie und Psychologie des Publikums, in: Film-Kurier vom 13. Juni 1933

Frank, Fred: Er, der Kinobesucher, in: Kulturwille. Monatsblätter für Kultur der Arbeiterschaft, Jg. 7 (1930), H. 7/8, S. 129 f.

Fromm, Erich: Arbeiter und Angestellte am Vorabend des Dritten Reiches. Eine sozialpsychologische Untersuchung. Bearb. und hrsg. von Wolfgang Bonß, Stuttgart 1980 [Titel des 1929 bis 1936 verfaßten Manuskriptes: German Workers 1929 – A Survey, its Methods and Results]

Fundamente des Sieges. Die Gesamtarbeit der Deutschen Arbeitsfront 1933 bis 1940. Hrsg. von Otto Marrenbach, 2. Aufl., Berlin 1941

25 Jahre Institut für Zeitungswissenschaft an der Universität Leipzig, in: Zeitungswissenschaft, Jg. 17 (1942), S. 40–47

Funk, Alois: Film und Jugend. Eine Untersuchung über die psychischen Wirkungen des Films im Leben der Jugendlichen, Phil. Diss. München 1934

Für Jugendliche verboten, in: Wille und Macht, Jg. 2 (1934), H. 22, S. 30 f.

Gegen alte Filme mit nichtarischen Darstellern, in: Film-Kurier vom 14. Juni 1935

Gegenseitigkeit – ! Ein Theaterbesitzer klärt auf, in: Film-Kurier vom 25. Juni 1935

Geiger, Theodor: Panik im Mittelstand, in: Die Arbeit, Jg. 7 (1930), S. 637–654

Gelächter im Gloria-Palast, in: Deutsche Zeitung vom 1. November 1933

Gellner, Dr. N. M.: Bericht über die Verwendung des Films, Jerusalem, d. 15. Juli 1937. Central Zionist Archives, Jerusalem; als Mikrofiche in: Historical Journal of Film, Radio and Television, Bd. 15 (1995), Nr. 2

Giese, Hans Joachim: Die Film-Wochenschau im Dienste der Politik (= Leipziger Beiträge zur Erforschung der Publizistik, Bd. 5), Dresden 1940

Giovanoli, Fritz: Zur Soziologie des modernen Zeitungswesens, in: Zeitschrift für Völkerpsychologie und Soziologie, 1930, S. 175–192 und S. 267–281

Goebbels, Joseph: Der Film als Erzieher. Rede zur Eröffnung der Filmarbeit der HJ vom 12. Oktober 1942, in: ders., Das eherne Herz. Reden und Aufsätze aus den Jahren 1941/42, München 1943, S. 37–46

Goebbels, Joseph: Parlamentarismus? Sehr verehrter Herr Abgeordneter!, in: NS-Briefe vom 1. Februar 1927

Goebbels, Joseph: Signale einer neuen Zeit. 25 ausgewählte Reden, 2. Aufl., München 1934

[Goebbels, Joseph:] Über Judentum und Weltpropaganda, in: Film-Kurier vom 4. September 1933

Goebbels[, Joseph]: Wille und Weg, in: Wille und Weg, Jg. 1 (1931), S. 2–5

Goebbels, Joseph: Zeit ohne Beispiel. Reden und Aufsätze aus den Jahren 1939/40, München 1941

Das großdeutsche Filmschaffen. Professor Dr. Lehnich eröffnete die Jahrestagung der Reichsfilmkammer, in: Völkischer Beobachter vom 11. März 1939

Häcker, W.: Der Aufstieg der Jugendfilmarbeit, in: Das Junge Deutschland. Amtliches Organ des Jugendführers des Deutschen Reichs, Jg. 31 (1937), S. 237

Hartmann, Paul: Im Kino sitzen alle in der ersten Reihe, in: Der Film und seine Welt. Reichsfilmblatt-Almanach. Hrsg. von Felix Henseleit, Berlin 1933, S. 35

Hellwig, Albert: Kind und Kino (= Beiträge zur Kinderforschung und Heilerziehung, H. 119), Langensalza 1914

Hellwig, Albert: Die Reform des Lichtspielgesetzes (= Pädagogisches Magazin, H. 763), Langensalza 1920

Hellwig, Albert: Schundfilms. Ihr Wesen, ihre Gefahren und ihre Bekämpfung, Halle 1911

Herrmann, Hilde: Psychotherapie im Film, in: Deutsche Zukunft vom 15. März 1936

Hippler, Fritz, Betrachtungen zum Filmschaffen, Berlin 1942

Hippler, Fritz: Wir und der amerikanische Film. Zur Roosevelt-Rede beim Filmbankett in Hollywood, in: Völkischer Beobachter vom 5. März 1941

Hinderer, D.: Film und Rundfunk als Objekt der Wissenschaft. Die Publizistik und die Zeitungswissenschaft vor neuen Aufgaben, in: Zeitungswissenschaft, Jg. 9 (1934), S. 20–23

[Hitler, Adolf:] Adolf Hitlers Proklamation, in: Film-Kurier vom 2. September 1933, 1. Beiblatt

Hitler, Adolf: Mein Kampf, 2 Bde., München 1932 [1. Aufl. 1925]

[Hitler, Adolf:] Rede des Führers und Reichskanzlers Adolf Hitler in Danzig am 19. September 1939, Berlin [1939]

„Institute for Propaganda Analysis" in New York, in: Zeitungswissenschaft, Jg. 14 (1939), S. 200 f.

Ist der Film eine weibliche Kunst? Ein unberechtigter Vorwurf, in: Film-Kurier vom 3. Juni 1938

Jaeger, Karl: Von der Zeitungskunde zur publizistischen Wissenschaft, Jena 1926

Jahresberichte der preußischen Gewerbeaufsichtsbeamten und Bergbehörden für 1921, Berlin 1922

Jahoda, Marie, Paul Lazarsfeld und Hans Zeisel: Die Arbeitslosen von Marienthal, Leipzig 1933

Jason, Alexander: Handbuch der Filmwirtschaft, 3 Bde., Berlin 1930–1932

Jerosch, Ernst: Geschäft und politisches Gewissen, in: Berliner Tageblatt vom 9. März 1937

Juden dürfen nicht ins Kino. In Darmstadt, in: Film-Kurier vom 3. August 1938

Kalbus, Oskar: Vom Werden deutscher Filmkunst, 2 Bde., Altona-Bahrenfeld 1935

Kampf der Unpünktlichkeit, in: Film-Kurier vom 27. August 1938

Kauer, Edmund Th.: Der Film. Vom Werden einer neuen Kunstgattung, Berlin 1943

Kimstädt-Wildenau, Hans: Die Ortsgruppe Dubro (Krs. Schweinitz) berichtet über ihre Filmarbeit im Jahre 1936, in: Film und Bild, Jg. 4 (1937), S. 430

Kinder im Filmtheater, in: Film-Kurier vom 14. April 1944

Kino-Bausperre bis 31. März 1935, in: Film-Kurier vom 5. September 1934

Kolb, Marian: Die Lösung des Filmproblems im nationalsozialistischen Staate, in: Nationalsozialistische Monatshefte. Wissenschaftliche Zeitschrift der N. S. D. A. P., Jg. 2 (1931), H. 21, S. 25–28

Kölsch, Leopold: Der Kampf gegen Chaos – Zersetzung – Krisenfolgen, in: Der Film und seine Welt. Reichsfilmblatt-Almanach. Hrsg. von Felix Henseleit, Berlin 1933, S. 116 f.

Kömmnick: Joachim, Die Zeitlupe in Verwendung bei technisch-physikalischen Prozessen, in: Film und Bild in Wissenschaft, Erziehung und Volksbildung, Jg. 2 (1936), S. 359–362

Kontinentales Denken im Film-Schaffen. Europas Gegengewicht zu den „größeren Möglichkeiten" der USA. Dr. Goebbels vor der Internationalen Filmkammer, in: Völkischer Beobachter vom 22. Juli 1941

Die Kontrolle der Jugendlichen, in: Film-Kurier vom 17. August 1935

Kopie von „Petterson & Bendel" durch Schnitte verfälscht, in: Film-Kurier vom 20. August 1935

Kracauer, Siegfried: Der bejubelte Fridericus Rex, in: Frankfurter Zeitung vom 22. Dezember 1930

Kracauer, Siegfried: Im Zuschauerraum, in: Frankfurter Zeitung vom 22. Oktober 1930

Kracauer, Siegfried: Die kleinen Ladenmädchen gehen ins Kino, in: Frankfurter Zeitung vom 11.–19. März 1927

Kracauer, Siegfried: Über die Berliner Lichtspielhäuser, in: Frankfurter Zeitung vom 4. März 1926

Kriegk, Otto: Der deutsche Film im Spiegel der Ufa. 25 Jahre Kampf und Vollendung, Berlin 1943

Kullmann, Max: Die Entwicklung des deutschen Lichtspieltheaters, Kallmünz 1935 (Wirtschaftswiss. Diss. Nürnberg 1935)

Kundgebungen gegen jüdische Kinobesitzer, in: Film-Kurier vom 15. August 1935

Kundgebungen vor dem U. T. Kurfürstendamm, in: Film-Kurier vom 16. Juli 1935

Kurth, Karl: Kritik der Publizistik, in: Zeitungswissenschaft, Jg. 13 (1938), S. 497–504

Kurth, Karl: Zeitungswissenschaft oder Lesersoziologie?, in: Zeitungswissenschaft, Jg. 13 (1938), S. 301–306

Die Kurve des Kinobesuchs. Institut für Konjunkturforschung über die Entwicklung im Jahre 1932. Ergebnisse aus 28 Städten, in: Film-Kurier vom 9. März 1933

Lazarsfeld, Paul: Jugend und Beruf, Jena 1931

Lazarsfeld, Paul Felix: Remarks on Administrative and Critical Communications Research, in: Studies in Philosophy and Social Science (= Zeitschrift für Sozialforschung), Jg. 9 (1941), S. 2–16

Le Bon, Gustave: Psychologie des foules, Paris 1885

Lehrplan der Zeitungswissenschaft in Kraft, in: Zeitungswissenschaft, Jg. 10 (1935), S. 288–290

Die Lichtspieltheater im Deutschen Reich 1935. Bearb. im Statistischen Reichsamt (= Statistik des Deutschen Reiches, Bd. 505), Berlin 1937

Ludendorff, Erich: Meine Kriegserinnerungen 1914–1918, Berlin 1919

de Man, Hendrik, Zur Psychologie des Sozialismus, Bonn-Bad Godesberg 1976 [1. Aufl. Jena 1926]

Manheim, Ernst: Die Träger der öffentlichen Meinung. Studien zur Soziologie der Öffentlichkeit, Brünn u. a. 1933

Maraun, Frank: Berichterstatter Film. Die Bedeutung der Wochenschau neben Funk und Presse, in: Der deutsche Film, Jg. 4 (1939), S. 101–105

„Mehr Zeitgeist im Film", in: Film-Kurier vom 7. September 1934

Mein Arbeitstag – mein Wochenende. 150 Berichte von Textilarbeiterinnen. Gesammelt und hrsg. vom Deutschen Textilarbeiter-Verband-Hauptvorstand, Arbeiterinnensekretariat, Berlin 1930

Mewes, Bernhard: Die erwerbstätige Jugend. Eine statistische Untersuchung, Berlin u. a. 1929

Meyer, Hermann: Standort und Spielort des Filmtheaters, in: Filmtheaterführung. Bd. 2: Die Vorträge des zweiten Schulungsjahres 1935/36 der Fachschule der Filmtheaterbesitzer, [Berlin 1936], S. 142–165

Mierendorff, Carlo: Hätte ich das Kino!!, Berlin 1920

Ein Mißverständnis, in: Film-Kurier vom 16. August 1935

Müller, Josef: Ein deutsches Bauerndorf im Umbruch der Zeit. Sulzthal in Mainfranken. Eine bevölkerungspolitische, soziologische und kulturelle Untersuchung (= Schriften aus dem Rassenpolitischen Amt der NSDAP bei der Gauleitung Mainfranken zum Dr. Hellmuth-Plan, Bd. 18), Würzburg 1939

Müller, Josef: Deutsches Bauerntum zwischen gestern und morgen, Würzburg 1940

Münster, Hans A.: Die Forschungstätigkeit, in: Bericht über die Tätigkeit des Instituts für Zeitungsforschung an der Universität Leipzig im 21. Jahre des Bestehens. Jahresberichte des Instituts für Zeitungswissenschaft an der Universität Leipzig 1937, S. 3

Münster, Hans A.: Jugend und Zeitung, Berlin 1932

Münster, Hans A.: Kultur im Grenzdorf, in: Sachsen. Zeitschrift des Heimatwerkes Sachsen, Jg. 2 (1938), H. 3, S. 26 f.

Münster, Hans A.: Zeitung und Politik, Leipzig 1935

Münster, Hans A.: Zeitung und Zeitungswissenschaft im neuen Staat, in: Zeitungswissenschaft, Jg. 8 (1933), S. 273–288

Münzenberg, Willi: Erobert den Film! Winke aus der Praxis für die Praxis proletarischer Filmpropaganda, Berlin 1925

Nazis mit Gasbomben. Gegen den Film „Im Westen nichts Neues", in: Vorwärts vom 19. Dezember 1931

Die neuen Besucherzahlen, in: Film-Kurier vom 24. November 1933

Die neuen Maßnahmen für den totalen Kriegseinsatz, in: Film-Kurier vom 25. August 1944

Neueröffnung in Hannover, in: Film-Kurier vom 31. August 1935

Neumann, Carl, Curt Belling und Hans-Walther Betz: Film-„Kunst", Film-Kohn, Film-Korruption. Ein Streifzug durch vier Film-Jahrzehnte, Berlin 1937

Neumann, Carl: Film und Wehrerziehung, in: Erziehung zum Wehrwillen. Pädagogisch-methodisches Handbuch für Erzieher. Hrsg. von Jakob Szliska, o. O. 1937, S. 500

Noelle, Elisabeth: Amerikanische Massenbefragungen über Politik und Presse, Frankfurt a. M. 1940

NS-Theaterskandale in Frankfurt, in: Vossische Zeitung vom 6. Dezember 1930

„O alte Burschenherrlichkeit". Von amerikanischen Filmjuden verkitscht. Erfolgreiche Studentendemonstration in Erlangen, in: Völkischer Beobachter vom 17. Dezember 1930

O[limsky], F[ritz]: Revolte im Erziehungshaus, in: Berliner Börsen-Zeitung vom 9. Januar 1930

Pahl, Walter: Die psychologischen Wirkungen des Films unter besonderer Berücksichtigung ihrer sozialpsychologischen Bedeutung, Leipzig 1926

P[anofsky], W[alter]: Die noch immer nicht ins Filmtheater gehen. Psychologische Studie über Ursachen der Filmfremdheit. Eine Umfrage, in: Film-Kurier vom 10. Januar 1939

Panofsky, Walter: Was will das Publikum auf der Leinwand sehen?, in: Film-Kurier vom 24. September 1938

P[anofsky], W[alter]: Wie steht es mit der Filmkunde?, in: Film-Kurier vom 4. November 1938

P[anofsky], W[alter]: Wo bleibt die Filmkunde? Die Errichtung der Filmakademie verpflichtet die Hochschulen zu stärkerem Interesse am Film, in: Film-Kurier vom 21. April 1938

Peters, Arno: Der Film als Mittel öffentlicher Führung, Phil. Diss. Berlin 1945

Petterson und Bendel, in: Film-Kurier vom 13. Juli 1935

Preiß, H.: Adolf Hitler in Franken. Reden aus der Kampfzeit, Nürnberg 1939

Pröbsting, G.: Filme zur Rassenkunde und Rassenhygiene, in: Film und Bild in Wissenschaft, Erziehung und Volksbildung, Jg. 2 (1936), S. 155 f.

Pröbsting, G.: Rassenbiologie und Unterrichtsfilm, in: Film und Bild in Wissenschaft, Erziehung und Volksbildung, Jg. 2 (1936), S. 356–359

Der Propagandafeldzug der Gaufilmstelle, in: Film in Partei und Schule. Nachrichtenblatt der Gaufilmstellen der NSDAP, Jg. 1 (1934), Nr. 5

Protest gegen ein „Mädel aus Wien". In München abgesetzt, in: Film-Kurier vom 18. Dezember 1934

Quadt, Theo: Die Entwicklung des Films im nationalsozialistischen Deutschland, in: Der deutsche Film, Jg. 2 (1938), H. 9, S. 255 f.

Radio Research 1942–1943. Hrsg. von Paul F. Lazarsfeld und Frank Stenton, New York 1944

Raether, A[rnold]: Was muß der Amtswalter über die Organisation der Filmpropaganda wissen?, in: Unser Wille und Weg, Jg. 3 (1933), S. 21–24

Rassehygienische Aufklärung im Film, in: Deutscher Film. Auslands-Presse-Dienst, April 1937, S. 3

Reichsminister Darré zum deutschen Bauernfilm. Wertvolle Äußerungen des deutschen Bauernführers, in: Film-Kurier vom 6. November 1933

Rentrop, Oswald: Die Reichspropagandaämter, in: Zeitungswissenschaft, Jg. 13 (1938), S. 1–8

Richtlinien der Reichspropagandaleitung, in: Wille und Weg, Jg. 1 (1931), S. 43–63

Roeder, R.: Propagandawissenschaft?, in: Die Bewegung. Zentralorgan des Nationalsozialistischen Deutschen Studentenbundes, Jg. 5 (1937), Nr. 50, S. 8

Ein Ruf zur bewußten Lebensbejahung von Reichsminister Dr. Goebbels, in: Film-Kurier vom 27. Januar 1934

Ruhe im Parkett!, in: Film-Kurier vom 6. Mai 1938

Ruprecht, Friedrich: Der Theaterbesitzer und die Lenkung des Filmtheaterbesuchs, in: Film-Kurier vom 11. April 1944

Saisonergebnisse in Essen und Düsseldorf, in: Film-Kurier vom 2. August 1938

S. A. G. Swenson über „Petterson und Bendel", in: Film-Kurier vom 19. Juli 1935

SA-Mann Brandt in Saarbrücken, in: Film-Kurier vom 29. Januar 1935

Sander, A[nneliese] U.: Jugend und Film (= Das Junge Deutschland, Sonderveröffentlichung Nr. 6), Berlin 1944 (ND u. d. T.: Jugendfilm im Nationalsozialismus. Dokumentation und Kommentar von Hartmut Reese [= Geschichte der Jugend, Bd. 7], Münster 1984)

Schindler, Friedrich: Die Publizistik im Leben einer Gruppe von Leunaarbeitern insbesondere im Hinblick auf Presse, Rundfunk und Film, Phil. Diss. Leipzig 1942

Schmidt, Alfred: Publizistik im Dorf (= Leipziger Beiträge zur Erforschung der Publizistik, Bd. 2), Dresden 1939

Schmitt, Walter: Das Filmwesen und seine Wechselwirkungen zur Gesellschaft. Versuch einer Soziologie des Filmwesens, Phil. Diss. Heidelberg 1932

Schulze-Wechsungen: Politische Propaganda, in: Unser Wille und Weg, Jg. 4 (1934), S. 323–332

Sington, Derrick, und Arthur Weidenfeld: The Goebbels Experiment. A Study of the Nazi Propaganda Machine, London 1942

Skasa-Weiß: Kino ohne Juden. Das Kölner Scala Theater lüftet ..., in: Filmdienst der NSDAP. Gaufilmstelle Köln-Aachen vom 1. Juni 1938

[Sombart, Werner:] Prof. Sombart antwortet, in: Film-Kurier vom 29. Oktober 1934

Spezialverbote für Kulturfilme, in: Film-Kurier vom 21. Juni 1935

Der Spio-Plan.Der Entwurf wird zur Debatte gestellt, in: Film-Kurier vom 18. Februar 1933

Staatskommissar Hinkel über die Film-Fälschung, in: Film-Kurier vom 21. August 1935

Staat und Bewegung gegen jede Störung der öffentlichen Ordnung, in: Film-Kurier vom 17. Juli 1935

Statistisches Jahrbuch des Deutschen Reiches 1939/40

Steinhauer, Walter: Ein Film im Spiegel wissenschaftlicher Betrachtung. Eine Rundfrage der Filmkunde-Abteilung des Leipziger Zeitungswissenschaftlichen Instituts über den Syndikat-Film „Traumulus", in: Der Film vom 18. Juli 1936, Beilage

Sternheim, Andries: Zum Problem der Freizeitgestaltung, in: Zeitschrift des Instituts für Sozialforschung, Jg. 1 (1932), S. 336–355

„Streng verboten für Jugendliche", in: Film-Kurier vom 27. August 1934

Strohm, Walter: Die Umstellung der deutschen Filmwirtschaft vom Stummfilm auf den Tonfilm unter dem Einfluß des Tonfilmmonopols, Diss. Freiburg i. Br. 1934

Studien über Autorität und Familie. Forschungsberichte aus dem Institut für Sozialforschung (= Schriften des Instituts für Sozialforschung, Bd. 5), Paris 1936

Suhr, Otto: Kriegswichtige Filmindustrie, in: Der deutsche Volkswirt, Jg. 14 (1940), S. 590 f.

Der Theaterbesitzer und die Lenkung des Filmtheaterbesuchs. Eine weitere Zuschrift an den Film-Kurier, in: Film-Kurier vom 14. April 1944

Tirpitz, Alfred von: Erinnerungen, Leipzig 1919

Tränckmann, W.: Die Sorgfaltspflicht des Kinobesitzers, Kinopächters und Geschäftsführers nach dem Lichtspielgesetz, in: Verwaltung, Recht und Polizeiverwendung. Beilage der Zeitschrift „Die Deutsche Polizei" vom 1. August 1941

Tran und Helle, 2. Folge, 11 Filme. Bearb. von Arnold Funke, Otto Nay und Werner Pflücker, Berlin u. a. o. J.

Traub, Hans: Die Ausstellung der Ufa-Lehrschau, in: Die Ufa-Lehrschau. Der Weg des Films von der Planung bis zur Vorführung (= Filmschaffen – Filmforschung. Schriften der Ufa-Lehrschau, Bd. 3), Berlin 1941, S. 11–43

Traub, Hans: Die Bücherei der Ufa-Lehrschau, in: Die Ufa-Lehrschau. Der Weg des Films von der Planung bis zur Vorführung (= Filmschaffen – Filmforschung. Schriften der Ufa-Lehrschau, Bd. 3), Berlin 1941, S. 44–52

Traub, Hans: Der Film, in: Zeitungswissenschaft, Jg. 9 (1934), S. 371–374

Traub, Hans: Der Film als politisches Machtmittel, München 1933

Traub, Hans: Grundbegriffe des Zeitungswesens, Stuttgart 1933

Traub, Hans: Die Tageszeitung als Mittel der Staatsführung, in: Zeitungswissenschaft, Jg. 8 (1933), S. 295–300

Traub, Hans: Die Ufa. Ein Beitrag zur Entwicklung des deutschen Filmschaffens, Berlin 1943

Traub, Hans: Zeitung, Film und Rundfunk. Die Notwendigkeit ihrer einheitlichen Betrachtung, Berlin 1933

Traub-von Grolmann, Hedwig: Die Verflechtung der publizistischen Führungsmittel „Zeitung" und „Film" und ihre soziologischen Wechselwirkungen, Phil. Diss. München 1945

Tucholsky, Kurt: Französischer Kriegsfilm, in: ders., Gesammelte Werke, Reinbek bei Hamburg 1960, Bd. 5, S. 361 f.

Tumulte in Würzburg, in: Münchener Neueste Nachrichten vom 21. November 1930

Über die Organisation von Filmabenden, in: Film und Bild, Jg. 1 (1934), Nr. 2, S. 26

Ufa. Denkschrift über die Notwendigkeit steuerfreier Sonderrücklagen in der Filmwirtschaft, Berlin, Oktober 1939

Unger, Hellmuth: Sendung und Gewissen, 2. Aufl., Oldenburg u. a. 1941

„Unternehmen Michael". Hrsg. i. A. der Reichspropagandaleitung der NSDAP, Amtsleitung Film (= Staatspolitische Filme, H. 7), o. O. u. J.

Viktor, Max: Verbürgerlichung des Proletariats und Proletarisierung des Mittelstandes. Eine Analyse der Einkommensumschichtung nach dem Kriege, in: Die Arbeit, Jg. 8 (1931), S. 17–31

Die Vorgänge um Petterson und Bendel, in: Film-Kurier vom 16. Juli 1935

Warum kein Jugendfilm?, in: Der deutsche Film, Jg. 4 (1939), H. 2, S. 59

Was fordert der Student vom Film? Das Ergebnis von 500 Fragebogen, in: Die Bewegung, Jg. 5 (1937), Nr. 31, S. 3 [Verfasser: Kurt Zilius, Kulturamtswalter der Gaustudentenführung Berlin]

Was können wir auf dem Gebiet des Films tun?, in: IFA-Rundschau, 1930, S. 25

Der Weg zum deutschen Film liegt frei. Reichsminister Dr. Goebbels vor den Filmschaffenden, in: Film-Kurier vom 19. Mai 1939

Die weiblichen Angestellten, Arbeits- und Lebensverhältnisse. Eine Umfrage des Zentralverbandes der Angestellten. Bearb. von Susanne Suhr, Berlin 1930

Weimarer Lichtspielhaus für Juden verboten, in: Film-Kurier vom 19. August 1935

Weiße Mäuse in Erlangen. Sie können das auch, in: Vorwärts vom 14. Dezember 1930

Wenner: Der Film geht ins Werk. Unsere Filmveranstaltungen in den Betrieben, in: Filmdienst der Gaufilmstelle Düsseldorf der NSDAP, Dezember 1938, S. 146 f.

Werbung in der Kriegswirtschaft, in: Die deutsche Volkswirtschaft, Jg. 10 (1941), S. 416 f.

Wiegand, Heinrich: Sozialistischer Kulturtag. Film, Funk, Musik, in: Kulturwille. Monatsblätter für Kultur der Arbeiterschaft, Jg. 6 (1929), H. 11, S. 220

Wie gefielen die Filme der Gaufilmstelle?, in: Film und Bild, Jg. 3 (1936), S. 380

Wilhelm, Wolfgang: Die Auftriebswirkung des Films, Bremen 1940

Wilkens, Margrit: Statistik des Lichtspieltheaterwesens. Mit besonderer Berücksichtigung der Verhältnisse von Frankfurt a. M., Wirtschafts- und sozialwiss. Diss. Frankfurt a. M. 1942

Willeke, Eduard: Der Arbeitseinsatz im Kriege, in: Jahrbücher für Nationalökonomie und Statistik, Bd. 154 (1941), S. 177–201 und S. 311–348

Wilucki, Helmut von: Bewährte neue Propagandamethoden, in: Unser Wille und Weg, Jg. 2 (1932), S. 230–233

„Wir wollen deutsche Künstler", in: Film-Kurier vom 9. September 1933

Wochenbericht. Schriften des Instituts für Konjunkturforschung, Jg. 12 (1939), S. 56 bis 60

Woytinsky, Wladimir: The Social Consequences of the Economic Depression (= ILO, Studies and Reports, Series C, Nr. 21), Genf 1936

y. [= Hermann Frey]: DZV-Tagung in Berlin, in: Zeitungswissenschaft, Jg. 11 (1936), S. 624–626

Zetkin, Clara: Gegen das Kinounwesen, in: Der Sozialdemokrat vom 11. Dezember 1919, S. 6

Zur Lage der Filmwirtschaft, in: Wochenbericht. Schriften des Instituts für Konjunkturforschung, Jg. 6 (1933), S. 146

42000 Arbeiter über den Kinobesuch, in: Licht-Bild-Bühne. Illustrierte Tageszeitung des Films vom 14. Mai 1934

III. Darstellungen und Abhandlungen

Abel, Karl-Dietrich: Presselenkung im NS-Staat. Eine Studie zur Geschichte der Publizistik in der nationalsozialistischen Zeit (= Einzelveröffentlichungen der Historischen Kommission zu Berlin beim Friedrich-Meinecke-Institut der Freien Universität Berlin, Bd. 2), Berlin 1968

Adam, Uwe Dietrich: Judenpolitik im Dritten Reich (= Tübinger Schriften zur Sozial- und Zeitgeschichte, Bd. 1), Düsseldorf 1972

Ahren, Yizhak, Stig Hornshoj-Moller und Christoph B. Melchers: „Der ewige Jude". Wie Goebbels hetzte. Untersuchungen zum nationalsozialistischen Propagandafilm, Aachen 1990

Aktion T 4. 1939–1945. Die „Euthanasie"-Zentrale in der Tiergartenstraße 4. Hrsg. von Götz Aly (= Stätten der Geschichte Berlins, Bd. 26), 2., erw. Aufl., Berlin 1989

Albrecht, Gerd: Der Film im 3. Reich, Karlsruhe 1979

Albrecht, Gerd: Nationalsozialistische Filmpolitik. Eine soziologische Untersuchung über die Spielfilme des Dritten Reichs, Stuttgart 1969

Aly, Götz, und Susanne Heim: Vordenker der Vernichtung. Auschwitz und die deutschen Pläne für eine neue europäische Ordnung, durchges. Ausg., Frankfurt a. M. 1993

Ang, Ien: Desperately Seeking the Audience, London u. a. 1991

Angress, Werner T.: Jüdische Jugend zwischen nationalsozialistischer Verfolgung und jüdischer Wiedergeburt, in: Die Juden im nationalsozialistischen Deutschland. Hrsg. von Arnold Paucker mit Sylvia Gilchrist und Barbara Suchy (= Schriftenreihe wissenschaftlicher Abhandlungen des Leo Baeck Instituts, Bd. 45), Tübingen 1986, S. 211–221

Arendt, Hannah: Elemente und Ursprünge totaler Herrschaft, Frankfurt a. M. 1962

Aronson, Shlomo: Heydrich und die Anfänge des SD und der Gestapo, Phil. Diss. Berlin 1967

Aurich, Rolf: Der Film als Durchhalteration. „Kolberg" von Veit Harlan, in: Das Ufa-Buch. Kunst und Krisen – Stars und Regisseure – Wirtschaft und Politik. Hrsg. von Hans-Michael Bock und Michael Töteberg, Frankfurt a. M. 1992, S. 462–465

Ball-Kaduri, Kurt Jacob: Berlin wird judenrein. Die Juden in Berlin in den Jahren 1942/43, in: Jahrbuch für die Geschichte Mittel- und Ostdeutschlands, Bd. 22 (1973), S. 196–241

Bartetzko, Dieter: Illusionen in Stein. Stimmungsarchitektur im deutschen Faschismus. Ihre Vorgeschichte in Theater- und Film-Bauten, Reinbek bei Hamburg 1985

Bayern in der NS-Zeit. Hrsg. von Martin Broszat und Hartmut Mehringer, 6 Bde., München u. a. 1977–1983

Becker, Wolfgang: Film und Herrschaft. Organisationsprinzipien und Organisationsstrukturen der nationalsozialistischen Filmpropaganda (= Zur politischen Ökonomie des NS-Films, Bd. 1), Berlin 1973

Belton, John: Audiences, in: Film History, Bd. 6 (1994), S. 419–421

BenGershom, Ezra: David. Aufzeichnungen eines Überlebenden, erweit. Neuausg., Frankfurt a. M. 1993

Berghahn, Volker R.: Meinungsforschung im „Dritten Reich": Die Mundpropaganda-Aktion der Wehrmacht im letzten Kriegshalbjahr, in: Militärgeschichtliche Mitteilungen, 1967, S. 83–119

Biermann, Frank: Hans Traub (1901–1943), in: Zeitungswissenschaftler im Dritten Reich. Sieben biographische Studien. Hrsg. von Arnulf Kutsch, Köln 1984, S. 45–78

Blumenberg, Hans-Christoph: Das Leben geht weiter. Der letzte Film des Dritten Reichs, Berlin 1993

Blumer, Herbert: Collective Behaviour, in: New Principles of Sociology. Hrsg. von A. M. Lee, New York 1946, S. 167–222

Boberach, Heinz: Einleitung, in: Meldungen aus dem Reich. Die geheimen Lageberichte des Sicherheitsdienstes der SS, Bd. 1, Herrsching 1984, S. 11–40

Bohrmann, Hans, und Arnulf Kutsch: Der Fall Walther Heide. Zur Vorgeschichte der Publizistikwissenschaft, in: Publizistik, Jg. 20 (1975), S. 805–808

Bohse, Jörg: Inszenierte Kriegsbegeisterung und ohnmächtiger Friedenswille. Meinungslenkung und Propaganda im Nationalsozialismus, Stuttgart 1988

Bollmus, Reinhard: Das Amt Rosenberg und seine Gegner. Studien zum Machtkampf im nationalsozialistischen Herrschaftssystem, Stuttgart 1970

Bons, Joachim: Der Kampf um die Seele des deutschen Arbeiters. Zur Arbeiterpolitik der NSDAP 1920–1933, in: Internationale wissenschaftliche Korrespondenz zur Geschichte der deutschen Arbeiterbewegung, Jg. 25 (1989), S. 11–41

Borresholm, Boris von: Dr. Goebbels. Nach Aufzeichnungen aus seiner Umgebung, Berlin 1949

Bramstedt, Ernest K.: Goebbels und die nationalsozialistische Propaganda 1925 bis 1945, Frankfurt a. M. 1971

Brandenburg, Hans-Christian: Die Geschichte der HJ, Köln 1982

Brandt, Hans-Jürgen: NS-Filmtheorie und dokumentarische Praxis: Hippler, Noldan, Junghans (= Medien in Forschung und Unterricht, Ser. A, Bd. 23), Tübingen 1987

Braun, Hans, und Stephan Articus: Sozialwissenschaftliche Forschung im Rahmen der amerikanischen Besatzungspolitik 1945–1949, in: Kölner Zeitschrift für Soziologie und Sozialpsychologie, Jg. 36 (1984), S. 703–737

Breyvogel, Wilfried: Jugendliche Widerstandsformen – Vom organisierten Widerstand zur jugendlichen Alltagsopposition, in: Widerstand gegen den Nationalsozialismus. Hrsg. von Peter Steinbach und Johannes Tuchel, Berlin 1994, S. 426–442

Broszat, Martin: Eine Armutsregion im Spiegel vertraulicher Berichte: Der Bezirk Ebermannstadt 1929 bis 1945, in: ders. und Elke Fröhlich, Alltag und Widerstand. Bayern im Nationalsozialismus, München 1987, S. 75–325

Broszat, Martin: German National Socialism, Santa Barbara 1966

Broszat, Martin: Hitler und die Genesis der „Endlösung". Aus Anlaß der Thesen von David Irving, in: VfZ, Jg. 25 (1977), S. 200–206

Broszat, Martin: Nationalsozialistische Polenpolitik 1939–1945 (= Schriftenreihe der VfZ, Bd. 2), Stuttgart 1961

Broszat, Martin: Der Staat Hitlers. Grundlegung und Entwicklung seiner inneren Verfassung, 11. Aufl., München 1986

Buchbender, Ortwin: Das tönende Erz. Deutsche Propaganda gegen die Rote Armee im Zweiten Weltkrieg (= Militärpolitische Schriftenreihe, Bd. 13), Stuttgart-Degerloch 1978

Bucher, Peter: Die Bedeutung des Films als historische Quelle: „Der ewige Jude" (1940), in: Festschrift für Eberhard Kessel zum 75. Geburtstag. Hrsg. von Heinz Durchhardt und Manfred Schlenke, München 1982, S. 300–324

Buchholz, Wolfhard: Die nationalsozialistische Gemeinschaft „Kraft durch Freude". Freizeitgestaltung und Arbeiterschaft im Dritten Reich, Phil. Diss. München 1976

Cantril, Hadley: Die Invasion vom Mars, in: Medienforschung. Bd. 2: Wünsche, Zielgruppen, Wirkungen. Hrsg. von Dieter Prokop, Frankfurt a. M. 1985, S. 14–28

Chiari, Bernhard: Deutsche Zivilverwaltung in Weißrußland 1941–1944. Die lokale Perspektive der Besatzungsgeschichte, in: Militärgeschichtliche Mitteilungen, Jg. 31 (1993), S. 67–89

Czarnowski, Gabriele: Das kontrollierte Paar. Ehe- und Sexualpolitik im Nationalsozialismus (= Ergebnisse der Frauenforschung, Bd. 29), Weinheim 1991

Dahm, Volker: Anfänge und Ideologie der Reichskulturkammer. Die „Berufsgemeinschaft" als Instrument kulturpolitischer Steuerung und sozialer Reglementierung, in: VfZ, Jg. 34 (1986), S. 53–84

Dahm, Volker: Kulturelles und geistiges Leben, in: Die Juden in Deutschland 1933 bis 1945. Leben unter nationalsozialistischer Herrschaft. Hrsg. von Wolfgang Benz, 2. Aufl., München 1989, S. 75–267

Dahm, Volker: Nationale Einheit und partikulare Vielfalt. Zur Frage der kulturpolitischen Gleichschaltung im Dritten Reich, in: VfZ, Jg. 43 (1995), S. 221–265

Dahrendorf, Ralf: Demokratie und Sozialstruktur in Deutschland, in: ders., Gesellschaft und Freiheit. Zur soziologischen Analyse der Gegenwart, München 1961, S. 260–299

Dahrendorf, Ralf: Gesellschaft und Demokratie in Deutschland, München 1965

Dallin, Alexander: Deutsche Herrschaft in Rußland 1941–1945. Eine Studie über Besatzungspolitik, Düsseldorf 1958

DeFleur, Melvin L., und Sandra Ball-Rokeach: Theories of Mass Communication, 3. Aufl., New York 1975

Długoborski, Wacław: Die deutsche Besatzungspolitik und die Veränderungen der sozialen Struktur Polens 1939–1945, in: Zweiter Weltkrieg und sozialer Wandel. Hrsg. von Wacław Długoborski (= Kritische Studien zur Geschichtswissenschaft, Bd. 47), Göttingen 1981, S. 303–363

Dolezel, Stephan: „Schicksalswende" und „Der ewige Jude". Nationalsozialistische Filmpropaganda am Anfang der NS-Ostexpansion (1939–1949), in: Die Juden in den böhmischen Ländern. Bad Wiesseer Tagung des Collegium Carolinum 1981, München u. a. 1983, S. 281–295

Doob, Leonard W.: Goebbels' Principles of Propaganda, in: Public Opinion Quarterly, Bd. 14 (1950), S. 419–442

Doob, Leonard W.: Public Opinion and Propaganda, New York 1949

Döscher, Hans-Jürgen: „Reichskristallnacht". Die November-Pogrome 1938, korrigierte Ausg., Frankfurt a. M. u. a. 1990

Dotan, J., und A. A. Cohen: Mass Media Use in the Family during War and Peace – Israel 1973–1974, in: Communication Research, Bd. 3 (1976), S. 393–402

Drewniak, Bogusław: Der deutsche Film 1938–1945. Ein Gesamtüberblick, Düsseldorf 1987

Drobisch, Klaus: Die Judenreferate des Geheimen Staatspolizeiamtes und des Sicherheitsdienstes der SS (SD) 1933 bis 1939, in: Jahrbuch für Antisemitismusforschung, Bd. 2 (1993), S. 230–254

Droege, Franz: Der Funktionalismus in der Kommunikationswissenschaft. Henk Prakke zum 70. Geburtstag am 26. April 1970, in: Publizistik, Jg. 15 (1970), S. 93–97

Droege, Franz: Der zerredete Widerstand. Soziologie und Publizistik des Gerüchts im Zweiten Weltkrieg, Düsseldorf 1970

Dussel, Konrad, und Matthias Frese: Freizeit in Weinheim. Studien zur Geschichte der Freizeit 1919–1939 (= Weinheimer Geschichtsblatt, Nr. 35), Weinheim a. d. Bergstraße 1989

Eidenbenz, Mathias: „Blut und Boden". Zu Funktion und Genese der Metaphern des Agrarismus und Biologismus in der nationalsozialistischen Bauernpropaganda R. W. Darrés, Bern u. a. 1993

Falter, Jürgen W.: Warum die deutschen Arbeiter während des „Dritten Reichs" zu Hitler standen. Einige Anmerkungen zu Günter Mais Beitrag über die Unterstützung des nationalsozialistischen Herrschaftssystems durch Arbeiter, in: Geschichte und Gesellschaft, Jg. 13 (1987), S. 217–231

Faust, Anselm: Der Nationalsozialistische Deutsche Studentenbund. Studenten und Nationalsozialismus in der Weimarer Republik, 2 Bde., Düsseldorf 1973

Feiten, Willi: Der nationalsozialistische Lehrerverband. Entwicklung und Organisation, Weinheim 1981

Feld, Hans: Potsdam gegen Weimar oder Wie Otto Gebühr den Siebenjährigen Krieg gewann, in: Preußen im Film. Eine Retrospektive der Stiftung Deutsche Kinemathek. Hrsg. von Axel Marquardt und Heinz Rathsack (= Katalog zur Ausstellung „Preußen. Versuch einer Bilanz", Bd. 5), Reinbek bei Hamburg 1981, S. 68–73

Feldman, Gerald P.: Armee, Industrie und Arbeiterschaft in Deutschland 1914–1918, Bonn u. a. 1985

Felsmann, Barbara, und Karl Prümm: Kurt Gerron – Gefeiert und gejagt. 1897–1944. Das Schicksal eines deutschen Unterhaltungskünstlers. Berlin, Amsterdam, Theresienstadt, Auschwitz (= Beiträge zu Theater, Film und Fernsehen aus dem Institut für Theaterwissenschaft der Freien Universität Berlin, Bd. 7), Berlin 1992

Ferro, Marc: Der Film als „Gegenanalyse" der Gesellschaft, in: Schrift und Materie der Geschichte. Vorschläge zur Aneignung historischer Prozesse. Hrsg. von Marc Bloch u. a., Frankfurt a. M. 1977, S. 247–271

Film und revolutionäre Arbeiterbewegung in Deutschland 1918–1932, 2 Bde., Berlin 1975

Forschungsschwerpunkt Sozialer Wandel: Was verschweigt die Presse?, in: WZB-Mitteilungen, H. 69, September 1995, S. 18–21

Förster, Jürgen: Das Unternehmen „Barbarossa" als Eroberungs- und Vernichtungskrieg, in: Horst Boog u. a., Der Angriff auf die Sowjetunion, Frankfurt a. M. 1991, S. 498–538

Fraenkel, Heinrich, und Roger Manvell: Goebbels. Eine Biographie, Köln u. a. 1960

Frei, Norbert: Nationalsozialistische Eroberung der Provinz. Eine Studie zur Pressesituation in der bayerischen Ostmark, in: Bayern in der NS-Zeit. Hrsg. von Martin Broszat und Hartmut Mehringer. Bd. 2: Herrschaft und Gesellschaft im Konflikt, Teil A, München u. a. 1979, S. 1–90

Frei, Norbert: Wie modern war der Nationalsozialismus?, in: Geschichte und Gesellschaft, Jg. 19 (1993), S. 367–387

Frei, Norbert, und Johannes Schmitz: Journalismus im Dritten Reich, München 1989

Frese, Matthias: Betriebspolitik im „Dritten Reich". Deutsche Arbeitsfront, Unternehmer und Staatsbürokratie in der westdeutschen Großindustrie 1933–1939 (= Forschungen zur Regionalgeschichte, Bd. 2), Paderborn 1991

Frevert, Ute: Frauen an der „Heimatfront", in: Nicht nur Hitlers Krieg. Der Zweite Weltkrieg und die Deutschen. Hrsg. von Christoph Kleßmann, Düsseldorf 1989, S. 51–69

Friedländer, Saul: Kitsch und Tod. Der Widerschein des Nazismus, München u. a. 1984

Friedrich, Carl J.: The Unique Character of Totalitarian Society, in: Totalitarianism. Hrsg. von Carl J. Friedrich, Cambridge, Mass., 1954

Friedrich, Carl J.: Totalitäre Diktatur, Stuttgart 1957

Fröhlich, Elke: Die Kulturpolitische Pressekonferenz des Reichspropagandaministeriums, in: VfZ, Jg. 22 (1974), S. 347–381

Gailus, Manfred: Straße und Brot. Sozialer Protest in den deutschen Staaten unter besonderer Berücksichtigung Preußens, 1847–1849 (= Veröffentlichungen des Max-Planck-Instituts für Geschichte, Bd. 96), Göttingen 1990

Gellately, Robert: Die Gestapo und die deutsche Gesellschaft. Die Durchsetzung der Rassenpolitik 1933–1945, Paderborn u. a. 1993

Die Gestapo – Mythos und Realität. Hrsg. von Gerhard Paul und Klaus Mallmann, Darmstadt 1995

Gotto, Klaus, Hans Günther Hockerts und Klaus Repgen: Nationalsozialistische Herausforderung und kirchliche Antwort. Eine Bilanz, in: Kirche, Katholiken und Nationalsozialismus. Hrsg. von Klaus Gotto und Konrad Repgen, Mainz 1980, S. 101–118

Gruchmann, Lothar: Justiz im Dritten Reich 1933–1940. Anpassung und Unterwerfung in der Ära Gürtner (= Quellen und Darstellungen zur Zeitgeschichte, Bd. 28), München 1988

Gruner, Wolf: Die Reichshauptstadt und die Verfolgung der Berliner Juden 1933 bis 1945, in: Jüdische Geschichte in Berlin. Essays und Studien. Hrsg. von Reinhard Rürup, Berlin 1995, S. 229–266

Grüttner, Michael: Studenten im Dritten Reich, Paderborn 1995

Habermas, Jürgen: Strukturwandel der Öffentlichkeit. Untersuchungen zu einer Kategorie der bürgerlichen Gesellschaft, Frankfurt a. M. 1990 [1. Aufl. Neuwied 1962]

Hachmeister, Lutz: Theoretische Publizistik. Studien zur Geschichte der Kommunikationswissenschaft in Deutschland (= Beiträge zur Medientheorie und Kommunikationsforschung, Bd. 25), Berlin 1987

Hachtmann, Rüdiger: Lebenshaltungskosten und Reallöhne während des „Dritten Reichs", in: Vierteljahrschrift für Sozial- und Wirtschaftsgeschichte, Bd. 75 (1988), S. 33–73

Hagemann, Peter A.: Filme ohne Premiere, in: Kraft Wetzel und Peter A. Hagemann, Zensur. Verbotene deutsche Filme 1933–1945, 2. Aufl., Berlin 1982, S. 49–109

Hampicke, Evelyn: Auf Feindfahrt. „Morgenrot" von Gustav Ucicky, in: Das Ufa-Buch. Kunst und Krisen – Stars und Regisseure – Wirtschaft und Politik. Hrsg. von Hans-Michael Bock und Michael Töteberg, Frankfurt a. M. 1992, S. 320–323

Handel, Leo A.: Hollywood Looks at Its Audience. A Report of Film Audience Research, Urbana 1950

Handrack, H[ans]-D[ieter]: Das Reichskommissariat Ostland. Die Kulturpolitik der deutschen Verwaltung zwischen Autonomie und Gleichschaltung 1941–1944, Hann. Münden 1981

Hanna-Daoud, Thomas: Die NSDAP und der Film vor der Machtergreifung (= Medien in Geschichte und Gegenwart, Bd. 4), Weimar u. a. 1996

Happel, Hans-Gerd: Der historische Spielfilm im Nationalsozialismus, Frankfurt a. M. 1984

Harrison, Tom: Film and Home. The Evaluation of Their Effectiveness by 'Mass Observation', in: Propaganda, Politics and Film 1918–1945. Hrsg. von Nicholas Pronay und D. W. Spring, London 1982, S. 234–245

Hasenbein, Heiko: Unerwünscht – toleriert – instrumentalisiert. Jazz und Swing im Nationalsozialismus, in: 1999. Zeitschrift für Sozialgeschichte des 20. und 21. Jahrhunderts, Jg. 10 (1995), H. 4, S. 38–52

Hausmanninger, Thomas: Kritik der medienethischen Vernunft. Die ethische Diskussion über den Film in Deutschland im 20. Jahrhundert, München 1992

Heiber, Helmut: Joseph Goebbels, Berlin 1962

Heller, Heinz B.: Literarische Intelligenz und Film. Zu Veränderungen der ästhetischen Theorie und Praxis unter dem Eindruck des Films 1910–1930 in Deutschland (= Medien in Forschung und Unterricht, Ser. A., Bd. 15), Tübingen 1985

Henseler, Stephanie: Soziologie des Kinopublikums. Eine sozialempirische Studie unter besonderer Berücksichtigung der Stadt Köln (= Studien zum Theater, Film und Fernsehen, Bd. 7), Frankfurt a. M. 1987

Herbert, Ulrich: Arbeiterschaft im „Dritten Reich". Zwischenbilanz und offene Fragen, in: Geschichte und Gesellschaft, Jg. 15 (1989), S. 320–360

Herbert, Ulrich: Best. Biographische Studien über Radikalismus, Weltanschauung und Vernunft, 1903–1989, Bonn 1996

Herbert, Ulrich: Fremdarbeiter. Politik und Praxis des „Ausländer-Einsatzes" in der Kriegswirtschaft des Dritten Reiches, Berlin u. a. 1985

Herbst, Ludolf: Das nationalsozialistische Deutschland 1933–1945. Die Entfesselung der Gewalt: Rassismus und Krieg, Frankfurt a. M. 1996

Herbst, Ludolf: Der totale Krieg und die Ordnung der Wirtschaft. Die Kriegswirtschaft im Spannungsfeld von Politik, Ideologie und Propaganda 1939–1945 (= Studien zur Zeitgeschichte, Bd. 21), Stuttgart 1982

Hildebrand, Klaus: Das Dritte Reich (= Grundriß der Geschichte, Bd. 17), 3. Aufl., München 1987

Hippler, Fritz: Die Verstrickung, Düsseldorf 1981

Hoffmann, Hilmar: „Und die Fahne führt uns in die Ewigkeit". Propaganda im NS-Film, Bd. 1, Frankfurt a. M. 1988

Hoffmann, Joachim: Kaukasien 1942/43. Das deutsche Heer und die Orientvölker der Sowjetunion (= Einzelschriften zur Militärgeschichte, Bd. 35), Freiburg 1991

Hohmann, Joachim S.: „Ländliche Soziologie" im Dienst des NS-Staates. Zu einem vergessenen Kapitel deutscher Wissenschaftsgeschichte, in: ZfG, Jg. 42 (1994), S. 118–128

Höhne, Heinz: Die Zeit der Illusionen. Hitler und die Anfänge des 3. Reiches – 1933 bis 1936, Düsseldorf u. a. 1991

Hollstein, Dorothea: „Jud Süß" und die Deutschen. Antisemitische Vorurteile im nationalsozialistischen Spielfilm, Frankfurt a. M. u. a. 1983

Homburg, Heidrun: Vom Arbeitslosen zum Zwangsarbeiter. Arbeitslosenpolitik und Fraktionierung der Arbeiterschaft in Deutschland 1930–1933 am Beispiel der Wohlfahrtserwerbslosenpolitik und der kommunalen Wohlfahrtshilfe, in: Archiv für Sozialgeschichte, Bd. 27 (1987), S. 177–227

Horak, Jan-Christopher: Liebe, Pflicht und die Erotik des Todes, in: Preußen im Film. Eine Retrospektive der Stiftung Deutsche Kinemathek. Hrsg. von Axel Marquardt und Heinz Rathsack (= Katalog zur Ausstellung „Preußen. Versuch einer Bilanz", Bd. 5), Reinbek bei Hamburg 1981, S. 205–218

Horak, Jan-Christopher: [Sammelrezension], in: Historical Journal of Film, Radio and Television, Bd. 2 (1982), S. 105–108

Horak, Jan-Christopher: Wo liegt Deutschland? „Hitlerjunge Quex" von Hans Steinhoff, in: Das Ufa-Buch. Kunst und Krisen – Stars und Regisseure – Wirtschaft und Politik. Hrsg. von Hans-Michael Bock und Michael Töteberg, Frankfurt a. M. 1992, S. 332 f.

Horkheimer, Max, und Theodor W. Adorno: Dialektik der Aufklärung, Frankfurt a. M. 1971

Hornshoj-Moller, Stig: „Der ewige Jude". Quellenkritische Analyse eines antisemitischen Propagandafilms (= Beiträge zu zeitgeschichtlichen Filmquellen, Bd. 2), Göttingen 1995

Höver, Ulrich: Joseph Goebbels – ein nationaler Sozialist, Bonn u. a. 1992

Hubatsch, Walther: Probleme des geschichtswissenschaftlichen Films, in: Geschichte in Wissenschaft und Unterricht, Jg. 4 (1953), S. 476–479

Huck, Gerhard: Freizeit als Forschungsproblem, in: Sozialgeschichte der Freizeit. Untersuchungen zum Wandel der Alltagskultur in Deutschland. Hrsg. von Gerhard Huck, Wuppertal 1980, S. 7–17

Hüttenberger, Peter: Heimtückefälle vor dem Sondergericht München 1933–1939, in: Bayern in der NS-Zeit. Hrsg. von Martin Broszat und Hartmut Mehringer. Bd. 4: Herrschaft und Gesellschaft im Konflikt, Teil C, München u. a. 1981, S. 435 bis 527

Hüttenberger, Peter: Interessenvertretung und Lobbyismus im Dritten Reich, in: Der „Führerstaat": Mythos und Realität. Studien zur Struktur und Politik des Dritten Reiches. Hrsg. von Gerhard Hirschfeld und Lothar Kettenacker (= Veröffentlichungen des Deutschen Historischen Instituts London, Bd. 8), Stuttgart 1981, S. 429–457

Jacobsen, Wolfgang: Erich Pommer. Ein Produzent macht Filmgeschichte, Berlin 1989

„Die Jahre weiß man nicht, wo man die heute hinsetzen soll". Faschismuserfahrungen im Ruhrgebiet. Hrsg. von Lutz Niethammer (= Lebensgeschichte und Sozialkultur im Ruhrgebiet 1930 bis 1960, Bd. 1), Berlin u. a. 1983

James, Harold: Deutschland in der Weltwirtschaftskrise 1924–1936, Stuttgart 1988

Jamin, Mathilde: Zur Rolle der SA im nationalsozialistischen Herrschaftssystem, in: Der „Führerstaat": Mythos und Realität. Studien zur Struktur und Politik des Dritten Reiches. Hrsg. von Gerhard Hirschfeld und Lothar Kettenacker (= Veröffentlichungen des Deutschen Historischen Instituts London, Bd. 8), Stuttgart 1981, S. 329–360

Jarvie, I[an] C.: Film und Gesellschaft. Struktur und Funktion der Filmindustrie, Stuttgart 1974

Jürgens, Birgit: Zur Geschichte des BDM (Bund Deutscher Mädel) von 1923 bis 1939, Frankfurt a. M. u. a. 1994

Kahle, Hans-Jürgen: „Im Westen nichts Neues" – Eine Filmaufführung in Cuxhaven 1931, in: ders., Unter dem Hakenkreuz. Geschichtsskizzen zur Zeit des Nationalsozialismus in Cuxhaven und Land Hadeln, Cuxhaven 1993, S. 29–31

Kahlenberg, Friedrich P.: Preußen als Filmsujet in der Propagandasprache der NS-Zeit, in: Preußen im Film. Eine Retrospektive der Stiftung Deutsche Kinemathek. Hrsg. von Axel Marquardt und Heinz Rathsack (= Katalog zur Ausstellung „Preußen. Versuch einer Bilanz", Bd. 5), Reinbek bei Hamburg 1981, S. 135–163

Kahlenberg, Friedrich P.: Spielfilm als historische Quelle? Das Beispiel „Andalusische Nächte", in: Aus der Arbeit des Bundesarchivs. Beiträge zum Archivwesen, zur Quellenkunde und Zeitgeschichte. Hrsg. von Heinz Boberach und Hans Booms, Boppard a. Rh. 1978, S. 511–532

Kahlenberg, Friedrich P.: „Starke Herzen". Quellen-Notizen über die Produktion eines Ufa-Films im Jahre 1937, in: Kraft Wetzel und Peter A. Hagemann, Zensur. Verbotene deutsche Filme 1933–1945, 2. Aufl., Berlin 1982, S. 110–125

Kahlenberg, Friedrich P.: Verbot der amerikanischen Verfilmung von „Im Westen nichts Neues", in: In der Gemeinschaft der Völker. Dokumente aus deutschen Archiven über die Beziehungen zwischen Deutschen und anderen Nationen in elf Jahrhunderten. Hrsg. von Heinz Boberach und Eckhart G. Franz, Koblenz 1984, S. 398

Kampen, Wilhelm van: Das „Preußische Beispiel" als Propaganda und politisches Lebensbedürfnis. Anmerkungen zur Authentizität und Instrumentalisierung von Geschichte im Preußenfilm, in: Preußen im Film. Eine Retrospektive der Stiftung Deutsche Kinemathek. Hrsg. von Axel Marquardt und Heinz Rathsack (= Katalog zur Ausstellung „Preußen. Versuch einer Bilanz", Bd. 5), Reinbek bei Hamburg 1981, S. 164–177

Kater, Michael H.: Gewagtes Spiel. Jazz im Nationalsozialismus, Köln 1995

Kater, Michael H.: Studentenschaft und Rechtsradikalismus in Deutschland 1918 bis 1933. Eine sozialgeschichtliche Studie zur Bildungskrise in der Weimarer Republik (= Historische Perspektiven, Bd. 1), Hamburg 1975

Kenkmann, Alfons: Wilde Jugend. Lebenswelt großstädtischer Jugendlicher zwischen Weltwirtschaftskrise, Nationalsozialismus und Währungsreform (= Düsseldorfer Schriften zur Neueren Landesgeschichte und zur Geschichte Nordrhein-Westfalens, Bd. 42), Münster 1996

Kershaw, Ian: Antisemitismus und Volksmeinung. Reaktion auf die Judenverfolgung, in: Bayern in der NS-Zeit. Hrsg. von Martin Broszat und Hartmut Mehringer. Bd. 2: Herrschaft und Gesellschaft im Konflikt, Teil A, München u. a. 1979, S. 281–348

Kershaw, Ian: The Führer Image and Political Integration: The Popular Conception of Hitler in Bavaria during the Third Reich, in: Der „Führerstaat": Mythos und Realität. Studien zur Struktur und Politik des Dritten Reiches. Hrsg. von Gerhard Hirschfeld und Lothar Kettenacker (= Veröffentlichungen des Deutschen Historischen Instituts London, Bd. 8), Stuttgart 1981

Kershaw, Ian: German Popular Opinion and the „Jewish Question", 1939–1943: Some Further Reflections, in: Die Juden im nationalsozialistischen Deutschland. Hrsg. von Arnold Paucker mit Sylvia Gilchrist und Barbara Suchy (= Schriftenreihe wissenschaftlicher Abhandlungen des Leo Baeck Instituts, Bd. 45), Tübingen 1986, S. 365–386

Kershaw, Ian: Der Hitler-Mythos. Volksmeinung und Propaganda im Dritten Reich (= Schriftenreihe der VfZ, Bd. 41), Stuttgart 1980

Kershaw, Ian: How Effective Was Nazi Propaganda?, in: Nazi Propaganda. The Power and the Limitations. Hrsg. von David Welch, London 1983, S. 180–205

Kershaw, Ian: Der NS-Staat. Geschichtsinterpretationen und Kontroversen im Überblick, Reinbek bei Hamburg 1988

Kershaw, Ian: The Persecution of the Jews and German Popular Opinion in the Third Reich, in: Year Book of the Leo Baeck Institute, Bd. 26 (1981), S. 261–289

Kersten, Felix: Totenkopf und Treue. Heinrich Himmler ohne Uniform, Hamburg o. J.

Kinter, Jürgen: „Durch Nacht zum Licht" – Vom Guckkasten zum Filmpalast. Die Anfänge des Kinos und das Verhältnis der Arbeiterbewegung zum Film, in: Kirmes – Kino – Kneipe. Arbeiterkultur im Ruhrgebiet zwischen Kommerz und Kontrolle (1850–1914). Hrsg. von Dagmar Kift (= Forschungen zur Regionalgeschichte, Bd. 6), Paderborn 1992

Kinz, Gabriele: Der Bund deutscher Mädel. Ein Beitrag zur außerschulischen Mädchenerziehung im Nationalsozialismus, Frankfurt a. M. u. a. 1990

Klapper, Joseph T.: What We Know about the Effects of Mass Communication. The Bring of Hope, in: Public Opinion Quarterly, Bd. 21 (1957), S. 453–474

Klee, Ernst: „Euthanasie" im NS-Staat. Die „Vernichtung lebensunwerten Lebens", Frankfurt a. M. 1983

Kleßmann, Christoph: Einleitung, in: September 1939. Krieg, Besatzung, Widerstand in Polen. Hrsg. von Christoph Kleßmann, Göttingen 1989, S. 5–15

Kleßmann, Christoph: Die Selbstbehauptung einer Nation. NS-Kulturpolitik und polnische Widerstandsbewegung im Generalgouvernement 1939–1945 (= Studien zur modernen Geschichte, Bd. 5), Düsseldorf 1971

Kliesch, Hans Joachim: Die Film- und Theaterkritik im NS-Staat, Phil. Diss. Berlin 1957 [MS]

Klinkhammer, Lutz: Zwischen Bündnis und Besatzung. Das nationalsozialistische Deutschland und die Republik von Salò 1943–1945, Tübingen 1993

Klönne, Arnold: Hitlerjugend. Die Jugend und ihre Organisation im Dritten Reich, Frankfurt a. M. 1960

Knilli, Friedrich, u. a.: „Jud Süß". Filmprotokoll, Programmheft und Einzelanalysen (= Reprints zur Medienwissenschaft, Bd. 2), Berlin 1983

Koch, Gertrud: Der höhere Befehl der Frau ist ihr niederer Instinkt. Frauenhaß und Männer-Mythos in Filmen über Preußen, in: Preußen im Film. Eine Retrospektive der Stiftung Deutsche Kinemathek. Hrsg. von Axel Marquardt und Heinz Rathsack (= Katalog zur Ausstellung „Preußen. Versuch einer Bilanz", Bd. 5), Reinbek bei Hamburg 1981, S. 219–233

Kocka, Jürgen: Sozialgeschichte zwischen Strukturgeschichte und Erfahrungsgeschichte, in: Sozialgeschichte in Deutschland. Entwicklungen und Perspektiven im internationalen Zusammenhang. Hrsg. von Wolfgang Schieder und Volker Sellin. Bd. 1: Die Sozialgeschichte innerhalb der Geschichtswissenschaft, Göttingen 1986, S. 67–88

Kohlmann-Viand, Doris: NS-Pressepolitik im Zweiten Weltkrieg. Die „vertraulichen Informationen" als Mittel der Presselenkung (= Kommunikation und Politik, Bd. 23), München u. a. 1991

König, René: Einleitung, in: Das Fischer-Lexikon. Bd. 10: Soziologie, umgearb. und erw. Neuausg., Frankfurt a. M. 1980, S. 8–14

Kracauer, Siegfried: From Caligari to Hitler. A Psychological History of the German Film, Princeton 1947

Kracauer, Siegfried: Von Caligari zu Hitler, Frankfurt a. M. 1984

Kraushaar-Baldauf, Elisabeth: Nimm das Brot und lauf. Biographie, Baden-Baden 1983

Kreimeier, Klaus: Die Ufa-Story. Geschichte eines Filmkonzerns, München u. a. 1992

Krotz, Friedrich: Fernsehrezeption kultursoziologisch betrachtet. Der Beitrag der *cultural studies* zur Konzeption und Erforschung des Mediengebrauchs, in: Soziale Welt, Jg. 46 (1995), S. 245–265

Krotz, Friedrich: Kommunikation als Teilhabe. Der „Cultural Studies Approach", in: Rundfunk und Fernsehen, Jg. 40 (1992), S. 412–431

Kuhlbrodt, Dietrich: Der Kult des Unpolitischen. Produktionschef Wolfgang Liebeneiner, in: Das Ufa-Buch. Kunst und Krisen – Stars und Regisseure – Wirtschaft und Politik. Hrsg. von Hans-Michael Bock und Michael Töteberg, Frankfurt a. M. 1992, S. 446–449.

Kutsch, Arnulf: Einstellungen zum Nationalsozialismus in der Nachkriegszeit. Ein Beitrag zu den Anfängen der Meinungsforschung in den westlichen Besatzungszonen, in: Publizistik, Jg. 40 (1995), S. 415–447

Kutsch, Arnulf: Karl Oswin Kurth (1910–1981), in: Zeitungswissenschaftler im Dritten Reich. Sieben biographische Studien. Hrsg. von Arnulf Kutsch, Köln 1984, S. 215–243

Kutsch, Arnulf: Rundfunkwissenschaft im Dritten Reich. Geschichte des Instituts für Rundfunkwissenschaft der Universität Freiburg (= Rundfunkstudien, Bd. 2), München u. a. 1985

Kwiet, Konrad, und Helmut Eschwege: Selbstbehauptung und Widerstand. Deutsche Juden im Kampf um Existenz und Menschenwürde (= Hamburger Beiträge zur Sozial- und Zeitgeschichte, Bd. 19), Hamburg 1984

Lange, Gabriele: Das Kino als moralische Anstalt. Soziale Leitbilder und die Darstellung gesellschaftlicher Realität im Spielfilm des Dritten Reichs (= Münchner Studien zur neueren und neuesten Geschichte, Bd. 7), Frankfurt a. M. u. a. 1994

Langewiesche, Dieter: Freizeit und „Massenbildung". Zur Ideologie und Praxis der Volksbildung in der Weimarer Republik, in: Sozialgeschichte der Freizeit. Untersuchungen zum Wandel der Alltagskultur in Deutschland. Hrsg. von Gerhard Huck, Wuppertal 1980, S. 223–247

Langewiesche, Dieter: Politik – Gesellschaft – Kultur. Zur Problematik von Arbeiterkultur und kulturellen Arbeiterorganisationen in Deutschland nach dem 1. Weltkrieg, in: Archiv für Sozialgeschichte, Bd. 22 (1982), S. 359–402

Lasswell, Harold D.: The Structure and Function of Communication in Society, in: The Communication of Ideas. A Series of Addresses. Hrsg. von Lyman Bryson, New York [1948], S. 37–51

Laugstien, Thomas: Die Organisation des Ideologischen im Reichsparteitagsfilm, in: Faschismus und Ideologie, Bd. 2. Hrsg. vom Projekt Ideologietheorie, Berlin 1980, S. 307–336

Lichtenstein, Manfred: Lebenslauf des Films. Die Ufa-Lehrschau, in: Das Ufa-Buch. Kunst und Krisen – Stars und Regisseure – Wirtschaft und Politik. Hrsg. von Hans-Michael Bock und Michael Töteberg, Frankfurt a. M. 1992, S. 396–398

Linton, James S.: The Nature of the Viewing Experience: The Missing Variable in the Effects Equation, in: Film/Culture: Explorations of Cinema in its Social Context. Hrsg. von Sari Thomas, Metuchem, N. J., u. a. 1982, S. 184–194

Lipp, Carola: Alltagskulturforschung im Grenzbereich von Volkskunde, Soziologie und Geschichte. Aufstieg und Niedergang eines interdisziplinären Forschungskonzepts, in: Zeitschrift für Volkskunde, Jg. 89 (1993), S. 1–33

Loiperdinger, Martin: Goebbels' Filmpolitik überwältigt die Schatten der „Kampfzeit". Zur Bewältigung nationalsozialistischer Vergangenheit im Jahr 1933, in: Märtyrerlegenden im NS-Film. Hrsg von Martin Loiperdinger, Opladen 1991, S. 29–39

Loiperdinger, Martin: Der Parteitagsfilm „Triumph des Willens" von Leni Riefenstahl. Rituale der Mobilmachung (= Forschungstexte Wirtschafts- und Sozialwissenschaften, Bd. 22), Opladen 1987

Loiperdinger, Martin, und Klaus Schönekäs: „Die Große Liebe" – Propaganda im Unterhaltungsfilm, in: Bilder schreiben Geschichte. Der Historiker im Kino. Hrsg. von Rainer Rother, Berlin 1991, S. 143–153

Longerich, Peter: Nationalsozialistische Propaganda, in: Deutschland 1933–1945. Neue Studien zur nationalsozialistischen Herrschaft. Hrsg. von Karl-Dietrich Bracher, Manfred Funke und Hans-Adolf Jacobsen, Bonn 1992, S. 291–314

Longerich, Peter: Propagandisten im Krieg. Die Presseabteilung des Auswärtigen Amtes unter Ribbentrop (= Studien zur Zeitgeschichte, Bd. 33), München 1987

Loo, Hans von der, und Willem van Reijen: Modernisierung. Projekt und Paradox, München 1992

Lowery, Shearon A., und Melvin L. DeFleur: Milestones in Mass Communication Research: Media Effects, New York u. a. 1983

Lowry, Stephen: Pathos und Politik. Ideologie in Spielfilmen des Nationalsozialismus (= Medien in Forschung und Unterricht, Ser. A, Bd. 31), Tübingen 1991

Lüdtke, Alf: Die Praxis von Herrschaft: Zur Analyse von Hinnehmen und Mitmachen im deutschen Faschismus, in: Terror, Herrschaft und Alltag im Nationalsozialismus. Probleme einer Sozialgeschichte des deutschen Faschismus. Hrsg. von Brigitte Berlekamp und Werner Röhr, Münster 1995, S. 226–245

Lüdtke, Alf: Wo blieb die „rote Glut"? Arbeitererfahrungen und deutscher Faschismus, in: Alltagsgeschichte. Zur Rekonstruktion historischer Erfahrungen und Lebensweisen. Hrsg. von Alf Lüdtke, Frankfurt a. M. u. a. 1989, S. 224–282

Maaß, Michael: Aspekte von Kultur und Freizeit in Nürnberg während des Nationalsozialismus, in: Archiv für Sozialgeschichte, Bd. 33 (1993), S. 329–356

Madajczyk, Czeslaw: Die Okkupationspolitik Nazideutschlands in Polen 1939–1945, Berlin 1987

Maiwald, Klaus Jürgen: Filmzensur im NS-Staat, Dortmund 1983

Majer, Diemut: „Fremdvölkische" im Dritten Reich. Ein Beitrag zur nationalsozialistischen Rechtssetzung und Rechtspraxis in Verwaltung und Justiz unter besonderer Berücksichtigung der eingegliederten Ostgebiete und des Generalgouvernements (= Schriften des Bundesarchivs, Bd. 28), Boppard a. Rh. 1981

Maksimova, E.: Pjat'dnej v Osobom archive, in: Izvestija vom 18.–21. Februar 1990

Maletzke, Gerhard: Psychologie der Massenkommunikation. Theorie und Systematik, Hamburg 1963

Mallmann, Klaus-Michael, und Gerhard Paul: Allwissend, allmächtig, allgegenwärtig? Gestapo, Gesellschaft und Widerstand, in: Zeitschrift für Geschichtswissenschaft, Jg. 41 (1993), S. 984–999

Mallmann, Klaus-Michael, und Gerhard Paul: Herrschaft und Alltag. Ein Industrierevier im Dritten Reich (= Widerstand und Verweigerung im Saarland 1935–1945, Bd. 2), Bonn 1991

Mallmann, Klaus-Michael, und Gerhard Paul: Milieus und Widerstand. Eine Verhaltensgeschichte der Gesellschaft im Nationalsozialismus (= Widerstand und Verweigerung im Saarland 1935–1945, Bd. 3), Bonn 1995

Mallmann, Klaus-Michael, und Gerhard Paul: Das zersplitterte Nein. Saarländer gegen Hitler (= Widerstand und Verweigerung im Saarland 1935–1945, Bd. 1), Bonn 1989

Mann, Reinhard: Protest und Kontrolle im Dritten Reich. Nationalsozialistische Herrschaft im Alltag einer rheinischen Großstadt (= Studien zur Historischen Sozialwissenschaft, Bd. 6), Frankfurt a. M. u. a. 1987

Margry, Karel: „Theresienstadt" (1944–1945): The Nazi Propaganda Film. Depicting the Concentration Camp as a Paradise, in: Historical Journal of Film, Radio and Television, Bd. 12 (1992), S. 145–162

Marquardt-Bigman, Petra: Amerikanische Geheimdienstanalysen über Deutschland 1942–1949 (= Studien zur Zeitgeschichte, Bd. 45), München 1995

Mason, Timothy W.: Sozialpolitik im Dritten Reich. Arbeiterklasse und Volksgemeinschaft, Opladen 1977

Mason, Timothy [W.]: Zur Lage der Frauen in Deutschland 1930–1940. Wohlfahrt, Arbeit und Familie, in: Gesellschaft. Beiträge zur Marxschen Theorie, Bd. 6 (1976), S. 118–193

Mass-Observation at the Movies. Hrsg. von Jeffrey Richard und Dorothy Sheridan, London u. a. 1987

Medizin und Gesundheitspolitik in der NS-Zeit. Hrsg. von Norbert Frei (= Schriftenreihe der VfZ, Sondernummer), München 1991

Mergner, Gottfried: Gläubiger Fatalismus. Zur Mentalitätsgeschichte des „totalen Krieges" am Beispiel der Kriegstagebücher meiner Mutter, 1940–1946, in: Kriegsbegeisterung und mentale Kriegsvorbereitung. Interdisziplinäre Studien. Hrsg. von Marcel van der Linden und Gottfried Mergner (= Beiträge zur Politischen Wissenschaft, Bd. 61), Berlin 1991, S. 179–192

Michels, Helmut: Ideologie und Propaganda. Die Rolle von Joseph Goebbels in der nationalsozialistischen Außenpolitik bis 1939 (= Europäische Hochschulschriften, R. 3, Bd. 527), Frankfurt a. M. u. a. 1992

Minkmar, Nils: Vom Totschlagen kostbarer Zeit. Der Gebrauch des Kinos in einer Industrieregion (1900–1914), in: Historische Anthropologie, Jg. 1 (1993), S. 431– 450

Moeller, Felix: Blitzkrieg und nationalsozialistische Filmpropaganda. Aus den Tagebuchaufzeichnungen von Joseph Goebbels 1939 bis 1941, in: Propaganda. Meinungskampf, Verführung und politische Sinnstiftung 1789–1989. Hrsg. von Ute Daniel und Wolfram Siemann, Frankfurt a. M. 1994, S. 133–146

Moeller, Felix: „Wir gaben dem deutschen Film ein neues Gesicht". Die Tagebücher Joseph Goebbels [!] als Quelle zum Film im „Dritten Reich", Phil. Diss. Berlin 1994 [Mikrofiches]

Mommsen, Hans: Einleitung, in: Herrschaftsalltag im Dritten Reich. Studien und Texte. Hrsg. von Hans Mommsen und Susanne Willems, Düsseldorf 1988, S. 9–23

Mommsen, Hans, und Dieter Obst: Die Reaktion der deutschen Bevölkerung auf die Verfolgung der Juden 1933–1943, in: Herrschaftsalltag im Dritten Reich. Studien und Texte. Hrsg. von Hans Mommsen und Susanne Willems, Düsseldorf 1988, S. 374–421

Mooser, Josef: Auflösung der proletarischen Milieus. Klassenbildung und Individualisierung in der Arbeiterschaft vom Kaiserreich bis in die Bundesrepublik Deutschland, in: Die soziale Welt, Jg. 34 (1983), S. 270–306

Morley, David: Television, Audiences, and Cultural Studies, London u. a. 1992

Murray, Bruce: Film and the German Left in the Weimar Republic. From Caligari to Kuhle Wampe, Austin 1990

Muth, Heinrich: Jugendopposition im Dritten Reich, in: VfZ, Jg. 30 (1982), S. 187 bis 222

Noakes, Jeremy: Philipp Bouhler und die Kanzlei des Führers der NSDAP. Beispiel einer Sonderverwaltung im Dritten Reich, in: Verwaltung contra Menschenführung im Staat Hitlers. Studien zum politisch-administrativen System. Hrsg. von Dieter Rebentisch und Karl Teppe, Göttingen 1986, S. 208–236

Nössig, Manfred, Johanna Rosenberg und Bärbel Schrader: Literaturdebatten in der Weimarer Republik. Zur Entwicklung des marxistischen literaturtheoretischen Denkens 1918–1933, Berlin u. a. 1980

Nowak, Kurt: Widerstand, Zustimmung, Hinnahme. Das Verhalten der Bevölkerung zur „Euthanasie", in: Medizin und Gesundheitspolitik in der NS-Zeit. Hrsg. von Norbert Frei (= Schriftenreihe der VfZ, Sondernummer), München 1991, S. 235 bis 251

Nowotny, Peter: Leni Riefenstahls „Triumph des Willens". Zur Kritik dokumentarischer Filmarbeit im NS-Faschismus (= Arbeitshefte zur Medientheorie und Medienpraxis, Bd. 3), Dortmund 1981

Oven, Wilfried von: Mit Goebbels bis zum Ende, 2 Bde., Buenos Aires 1949/50

Papen, Manuela von: Keeping the Home Fires Burning? – Women and the German Homefront Film 1940–1943, in: Film History, Bd. 8 (1996), S. 44–63

Pasquali, Dino: Erinnerungen eines Zwangsarbeiters in Wetter an der Ruhr, 1944 bis 1945. Das Lager des Werkes Harkort-Eicken im Schöntal in Wetter (Ruhr), in: Projekte. Landeskundliche Studien im Bereich des mittleren Ruhrtals. Schriftenreihe der Friedrich-Harkort-Gesellschaft Wetter (Ruhr) und des Stadtarchivs Wetter (Ruhr), Bd. 2, Hagen 1996, S. 235–240

Patzelt, Werner: Grundlagen der Ethnomethodologie, München 1987

Paul, Gerhard: Aufstand der Bilder. Die NS-Propaganda vor 1933, Bonn 1990

Petersen, Klaus: Zensur in der Weimarer Republik, Stuttgart u. a. 1995

Peukert, Detlev J.: Das Dritte Reich aus der „Alltags"-Perspektive, in: Archiv für Sozialgeschichte, Bd. 25 (1986), S. 533–556

Peukert, Detlev: Edelweißpiraten, Meuten, Swing. Jugendsubkulturen im Dritten Reich, in: Sozialgeschichte der Freizeit. Untersuchungen zum Wandel der Alltagskultur in Deutschland. Hrsg. von Gerhard Huck, Wuppertal 1980, S. 307–327

Peukert, Detlev: Die Edelweißpiraten. Protestbewegungen jugendlicher Arbeiter im Dritten Reich. Eine Dokumentation, Köln 1980

Peukert, Detlev: Volksgenossen und Gemeinschaftsfremde. Anpassung, Ausmerze und Aufbegehren unter dem Nationalsozialismus, Köln 1982

Peukert, Detlev J. K.: Die Weimarer Republik. Krisenjahre der klassischen Moderne, Frankfurt a. M. 1987

Pollak, Michael: Paul Lazarsfeld – Gründer eines multinationalen Wissenschaftskonzerns, in: Geschichte der Soziologie. Studien zur kognitiven, sozialen und historischen Identität einer Disziplin. Hrsg. von Wolf Lepenies, Frankfurt a. M. 1981, S. 157–203

Poole, Julian: British Cinema Attendance in Wartime: Audience Preference at the Majestic, Macclesfield, 1939–1946, in: Historical Journal of Film, Radio and Television, Bd. 7 (1987), S. 15–34

Prinz, Michael: Die soziale Funktion moderner Elemente in der Gesellschaftspolitik des Nationalsozialismus, in: Nationalsozialismus und Modernisierung. Hrsg. von Michael Prinz und Rainer Zitelmann, Darmstadt 1991, S. 297–327

Prinz, Michael: Vom neuen Mittelstand zum Volksgenossen. Die Entwicklung des sozialen Status der Angestellten von der Weimarer Republik bis zum Ende der NS-Zeit (= Studien zur Zeitgeschichte, Bd. 30), München 1986

Prokop, Dieter: Soziologie des Films, erw. Ausg., Frankfurt a. M. 1982

Pronay, Nicholas: Introduction, in: Propaganda, Politics and Film 1918–45. Hrsg. von Nicholas Pronay und D. W. Spring, London 1982, S. 1–19

Püschel, Almuth: „... die bedeutendste der Welt". Das Projekt der Filmstadt Babelsberg 1937–1943, in: Brandenburg in der NS-Zeit. Studien und Dokumente. Hrsg. von Dietrich Eichholtz, Berlin 1993, S. 139–167

Rabenalt, Arthur Maria: Film im Zwielicht. Über den unpolitischen Film des Dritten Reichs und die Begrenzung des totalitären Anspruchs, München 1958

Ramme, Alwin: Der Sicherheitsdienst der SS. Zu seiner Funktion im faschistischen Machtapparat und im Besatzungsregime des sogenannten Generalgouvernements in Polen (= Militärhistorische Studien, N. F., Bd. 12), Berlin 1970

Rammstedt, Otthein: Theorie und Empirie des Volksfeindes. Zur Entwicklung einer „deutschen Soziologie", in: Wissenschaft im Dritten Reich. Hrsg. von Peter Lundgreen, Frankfurt a. M. 1985, S. 253–313

Rebentisch, Dieter: Führerstaat und Verwaltung im Zweiten Weltkrieg. Verfassungsentwicklung und Verwaltungspolitik 1939–1945 (= Frankfurter historische Abhandlungen, Bd. 29), Stuttgart 1989

Reese, Dagmar: Straff, aber nicht stramm – herb, aber nicht derb. Zur Vergesellschaftung von Mädchen durch den Bund Deutscher Mädel im sozialkulturellen Vergleich zweier Milieus, Weinheim u. a. 1989

Reeves, Nicholas: The Power of Film Propaganda – Myth or Reality?, in: Historical Journal of Film, Radio and Television, Bd. 13 (1993), S. 181–201

Regel, Helmut: Die Fridericus-Filme der Weimarer Republik, in: Preußen im Film. Eine Retrospektive der Stiftung Deutsche Kinemathek. Hrsg. von Axel Marquardt und Heinz Rathsack (= Katalog zur Ausstellung „Preußen. Versuch einer Bilanz", Bd. 5), Reinbek bei Hamburg 1981, S. 124–134

Reichel, Peter: Der schöne Schein des Dritten Reiches. Faszination und Gewalt des Faschismus, München u. a. 1991

Reimann, Viktor: Dr. Joseph Goebbels, Wien u. a. 1971

Reuth, Ralf Georg: Goebbels, 2. Aufl., München u. a. 1991

Richards, Jeffrey: Cinemagoing in Worktown: Regional Film Audiences in 1930s Britain, in: Historical Journal of Film, Radio and Television, Bd. 14 (1994), S. 147 bis 166

Riess, Curt: Joseph Goebbels. Eine Biographie, Baden-Baden 1958

Roos, Hans: Polen und Europa, Tübingen 1965

Rost, Karl Ludwig: Sterilisation und Euthanasie im Film des „Dritten Reiches". Nationalsozialistische Propaganda in ihrer Beziehung zu rassenhygienischen Maßnahmen des NS-Staates (= Abhandlungen zur Geschichte der Medizin und der Naturwissenschaften, H. 55), Husum 1987

Roth, Erwin: Einstellung als Determinante menschlichen Verhaltens, Göttingen 1967

Roth, Karl Heinz: Filmpropaganda für die Vernichtung aller Geisteskranken und Behinderten im Dritten Reich, Diss. med. Hamburg 1986

Roth, Karl Heinz: „Ich klage an" – Aus der Entstehungsgeschichte eines Propaganda-Films, in: Aktion T 4. 1939–1945. Die „Euthanasie"-Zentrale in der Tiergartenstraße 4. Hrsg. von Götz Aly (= Stätten der Geschichte Berlins, Bd. 26), 2., erw. Aufl., Berlin 1989, S. 93–116

Rubin, A. M.: Ritualized and Instrumental Television Viewing, in: Journal of Communication, Bd. 34 (1984), S. 67–77

Rürup, Reinhard: Das Ende der Emanzipation: Die antijüdische Politik in Deutschland von der „Machtergreifung" bis zum Zweiten Weltkrieg, in: Die Juden im nationalsozialistischen Deutschland. Hrsg. von Arnold Paucker mit Sylvia Gilchrist und Barbara Suchy (= Schriftenreihe wissenschaftlicher Abhandlungen des Leo Baeck Instituts, Bd. 45), Tübingen 1986, S. 97–114

Rüthers, Bernd: Die unbegrenzte Auslegung. Zum Wandel der Privatrechtsordnung im Nationalsozialismus, 2. Aufl., Frankfurt a. M. 1973

Rutherford, Ward: Hitler's Propaganda Machine, London 1978

Sachse, Carola: Siemens, der Nationalsozialismus und die moderne Familie. Eine Untersuchung zur sozialen Rationalisierung in Deutschland im 20. Jahrhundert, Hamburg 1990

Sadoul, Georges: Photographie et cinématographe, in: L'histoire et ses méthodes. Hrsg. von Charles Samaran, Paris 1961, S. 771–782

Sakkara, Michèle: Die große Zeit des deutschen Films 1933–1945, Starnberger See 1980

Saldern, Adelheid von: Mittelstand im „Dritten Reich". Handwerker – Einzelhändler – Bauern, Frankfurt a. M. 1979

Schäfer, Hans Dieter: Amerikanismus im Dritten Reich, in: Nationalsozialismus und Modernisierung. Hrsg. von Michael Prinz und Rainer Zitelmann, Darmstadt 1991, S. 199–215

Schäfer, Hans Dieter: Berlin im Zweiten Weltkrieg, München 1985

Schäfer, Hans Dieter: Das gespaltene Bewußtsein. Über die Lebenswirklichkeit in Deutschland 1933–1945, in: ders., Das gespaltene Bewußtsein. Über deutsche Kultur und Lebenswirklichkeit 1933–1945, Frankfurt a. M. u. a. 1984, S. 146–208

Schaumburg-Lippe, Friedrich Christian Prinz zu: Dr. G. Ein Porträt des Propagandaministers, Wiesbaden 1963

Scheel, Klaus: Krieg über Ätherwellen. NS-Rundfunk und Monopole 1933–1945, Berlin 1970

Schenk, Michael: Publikums- und Wirkungsforschung. Theoretische Ansätze und empirische Befunde der Massenkommunikationsforschung, Tübingen 1978

Schenk, Michael: Medienwirkungsforschung, Tübingen 1987

Schettler, Holger: Arbeiter und Angestellte im Film. Die Darstellung der sozialen Lage von Arbeitern und Angestellten im deutschen Spielfilm 1918–1939 (= TRI ERGON. Schriften zum Film, Bd. 1), Bielefeld 1992

Schilde, Kurt, und Johannes Tuchel: Columbia-Haus. Berliner Konzentrationslager 1933–1936 (= Reihe deutsche Vergangenheit, Bd. 43), Berlin 1990

Schildt, Axel: Moderne Zeiten. Freizeit, Massenmedien und „Zeitgeist" in der Bundesrepublik der 50er Jahre (= Hamburger Beiträge zur Sozial- und Zeitgeschichte, Bd. 31), Hamburg 1995

Schildt, Axel: NS-Regime, Modernisierung und Moderne. Anmerkungen zur Hochkonjunktur einer andauernden Diskussion, in: Tel Aviver Jahrbuch für deutsche Geschichte, Bd. 23 (1994), S. 2–22

Schimmler, Bernd: Recht ohne Gerechtigkeit. Zur Tätigkeit der Berliner Sondergerichte im Nationalsozialismus, Berlin 1984

Schminck-Gustavus, Christoph: Zwangsarbeit und Faschismus. Zur „Polenpolitik" im „Dritten Reich", in: Kritische Justiz, Bd. 13 (1980), S. 1–27 und S. 184–206

Schmitt, Heiner: Kirche und Film. Kirchliche Filmarbeit in Deutschland von ihren Anfängen bis 1945 (= Schriften des Bundesarchivs, Bd. 26), Boppard a. Rh. 1979

Schmitz, Hubert: Die Bewirtschaftung der Nahrungsmittel und Verbrauchsgüter 1939–1950. Dargestellt am Beispiel der Stadt Essen, Essen 1956

Schmuhl, Hans-Walter: Rassenhygiene, Nationalsozialismus, Euthanasie. Von der Verhütung zur Vernichtung „lebensunwerten Lebens", 1890–1945, Göttingen 1987

Schoenbaum, David: Die braune Revolution. Eine Sozialgeschichte des Dritten Reichs, Köln u. a. 1968

Schoenberner, Gerhard: Das Preußenbild im deutschen Film. Geschichte und Ideologie, in: Preußen im Film. Eine Retrospektive der Stiftung Deutsche Kinemathek. Hrsg. von Axel Marquardt und Heinz Rathsack (= Katalog zur Ausstellung „Preußen. Versuch einer Bilanz", Bd. 5), Reinbek bei Hamburg 1981, S. 9–38

Schreiber, Gerhard: Die italienischen Militärinternierten im deutschen Machtbereich 1943 bis 1945. Verraten – Verachtet – Vergessen (= Beiträge zur Militärgeschichte, Bd. 28), München 1990

Schulz, Winfried: Information und politische Kompetenz. Zweifel am Aufklärungsanspruch der Massenmedien, in: Gleichheit oder Ungleichheit durch Massenmedien? Homogenisierung – Differenzierung der Gesellschaft durch Massenkommunikation. Hrsg. von Ulrich Saxer (= Schriftenreihe der Gesellschaft für Publizistik- und Kommunikationswissenschaft, Bd. 10), München 1985, S. 105–118

Semmler, Rudolf: Goebbels. The Man next to Hitler, London 1947

Sennett, Richard: Verfall und Ende des öffentlichen Lebens. Die Tyrannei der Intimität, Frankfurt a. M. 1986

Singer, Hans-Jürgen: Tran und Helle. Aspekte unterhaltender „Aufklärung" im Dritten Reich, in: Publizistik, Jg. 31 (1986), S. 346–356

Sösemann, Bernd: Inszenierungen für die Nachwelt. Editionswissenschaftliche und textkritische Untersuchungen zu Goebbels' Erinnerungen, diaristischen Notizen und täglichen Diktaten, in: Neuerscheinungen zur Geschichte des 20. Jahrhunderts. Hrsg. von Lothar Gall (= Historische Zeitschrift, Sonderh. 16), München 1992, S. 1–45

Spiker, Jürgen: Film und Kapital. Der Weg der deutschen Filmwirtschaft zum nationalsozialistischen Einheitskonzern (= Zur politischen Ökonomie des NS-Films, Bd. 2), Berlin 1975

Spode, Hasso: Arbeiterurlaub im Dritten Reich, in: Carola Sachse u. a., Angst, Belohnung, Zucht und Ordnung. Herrschaftsmechanismen im Nationalsozialismus (= Schriften des Zentralinstituts für Sozialwissenschaftliche Forschung der Freien Universität Berlin, Bd. 41), Opladen 1982, S. 275–328

Spode, Hasso: „Der deutsche Arbeiter reist". Massentourismus im Dritten Reich, in: Sozialgeschichte der Freizeit. Untersuchungen zum Wandel der Alltagskultur in Deutschland. Hrsg. von Gerhard Huck, Wuppertal 1980, S. 281–306

Spurensuche. Film und Kino in der Region. Dokumentation der 1. Expertentagung zu Fragen regionaler Filmforschung und Kinokultur in Oldenburg, Oldenburg 1993

Stachura, Peter D.: Das Dritte Reich und die Jugenderziehung. Die Rolle der Hitlerjugend 1933–1939, in: Nationalsozialistische Diktatur 1933–1945. Eine Bilanz. Hrsg. von Karl Dietrich Bracher, Manfred Funke und Adolf Jacobsen, Düsseldorf 1984, S. 224–244

Stachura, Peter D.: Nazi Youth in the Weimar Republic, Santa Barbara u. a. 1975

Stead, David: Film and the Working Class. The Feature Film in British and American Society, London u. a. 1989

Steinbach, Peter: Geschichte des Alltags – Alltagsgeschichte. Erkenntnisinteresse, Möglichkeiten und Grenzen eines „neuen" Zugangs zur Geschichte, in: Neue politische Literatur, Jg. 31 (1986), S. 249–273

Steinberg, Hans-Josef: Die Haltung der Arbeiterschaft zum NS-Regime, in: Der Widerstand gegen den Nationalsozialismus. Die deutsche Gesellschaft und der Widerstand gegen Hitler. Hrsg. von Jürgen Schmädeke und Peter Steinbach, 2. Aufl., München 1986, S. 867–874

Steinert, Marlies: Hitlers Krieg und die Deutschen. Stimmung und Haltung der deutschen Bevölkerung im Zweiten Weltkrieg, Düsseldorf u. a. 1970

Stephan, Werner: Joseph Goebbels. Dämon einer Diktatur, Stuttgart 1949

Stöver, Bernd: Loyalität statt Widerstand. Die sozialistischen Exilberichte und ihr Bild vom Dritten Reich, in: VfZ, Jg. 43 (1995), S. 437–471

Stöver, Bernd: Volksgemeinschaft im Dritten Reich. Die Konsensbereitschaft der Deutschen aus der Sicht sozialistischer Exilberichte, Düsseldorf 1993

Straetz, Sylvia: Hans A. Münster (1901–1963). Sein Beitrag zur Entwicklung der Rezipientenforschung, Frankfurt a. M. 1984

Straetz, Sylvia: Das Institut für Zeitungskunde in Leipzig bis 1945, in: Von der Zeitungskunde zur Publizistik. Biographisch-institutionelle Stationen der deutschen Zeitungswissenschaft in der ersten Hälfte des 20. Jahrhunderts. Hrsg. von Rüdiger vom Bruch und Otto B. Roegele, Frankfurt a. M. 1986, S. 75–103

Streit, Christian: Sozialpolitische Aspekte der Behandlung der sowjetischen Kriegs-gefangenen, in: Zweiter Weltkrieg und sozialer Wandel. Achsenmächte und besetzte Länder. Hrsg. von Wacław Długoborski (= Kritische Studien zur Ge-schichtswissenschaft, Bd. 47), Göttingen 1981, S. 184–196

Stübing, Rainer: Kultur und Massen. Das Kulturkartell der modernen Arbeiterbewe-gung in Frankfurt am Main von 1925 bis 1933, Offenbach a. M. 1983

Sudendorf, Werner: Täglich: Der Film-Kurier, in: ... Film ... Stadt ... Kino ... Berlin. Hrsg. von Uta Berg-Ganschow und Wolfgang Jacobsen [Publikation der Stiftung Deutsche Kinemathek zur gleichnamigen Ausstellung, Berlin, 23. Mai – 30. Juni 1987], Berlin 1987, S. 127–132

Sywottek, Jutta: Mobilmachung für den totalen Krieg. Die propagandistische Vorbe-reitung der deutschen Bevölkerung auf den Zweiten Weltkrieg, Opladen 1976

Szarota, Tomasz: Warschau unter dem Hakenkreuz. Leben und Alltag im besetzten Warschau 1. 10. 1939 bis 31. 7. 1944, Paderborn 1985

Terveen, Fritz: Der Film als historisches Dokument. Grenzen und Möglichkeiten, in: VfZ, Jg. 3 (1955), S. 55–66

Thamer, Hans-Ulrich: Verführung und Gewalt. Deutschland 1933–1945 (= Die Deut-schen und ihre Nation, Bd. 5), Berlin 1986

Thomas, Georg: Geschichte der deutschen Wehr- und Rüstungswirtschaft (1918 bis 1943/44), Boppard a. Rh. 1966

Toeplitz, Jerzy: Geschichte des Films. Bd. 3: 1934–1939, 2., durchges. Aufl., Berlin 1982; Bd. 4: 1939–1945, 2., unveränd. Aufl., Berlin 1984

Töteberg, Michael: Im Auftrag der Partei. Deutsche Kulturfilm-Zentrale und Ufa-Sonderproduktion, in: Das Ufa-Buch. Kunst und Krisen – Stars und Regisseure – Wirtschaft und Politik. Hrsg. von Hans-Michael Bock und Michael Töteberg, Frankfurt a. M. 1992, S. 438–443

Töteberg, Michael: Prügelei im Parkett. „Das Flötenkonzert von Sanssouci", in: Das Ufa-Buch. Kunst und Krisen – Stars und Regisseure – Wirtschaft und Politik. Hrsg. von Hans-Michael Bock und Michael Töteberg, Frankfurt a. M. 1992, S. 276 f.

Töteberg, Michael: Vermintes Gelände. Geschäft und Politik: Der Weltkrieg, in: Das Ufa-Buch. Kunst und Krisen – Stars und Regisseure – Wirtschaft und Politik. Hrsg. von Hans-Michael Bock und Michael Töteberg, Frankfurt a. M. 1992, S. 204 f.

Tryster, Hillel: 'The Land of Promise' (1935): a Case Study in Zionist Film Propagan-da, in: Historical Journal of Film, Radio and Television, Bd. 15 (1995), S. 187–217

Die ungewöhnlichen Abenteuer des Dr. Mabuse im Land der Bolschewiki. Das Buch zur Filmreihe „Moskau – Berlin". Hrsg. von Oksana Bulgakowa, Berlin 1995

Völker, Klaus: Elisabeth Bergner. Das Leben einer Schauspielerin (= Beiträge zu Theater, Film und Fernsehen aus dem Institut für Theaterwissenschaften der Freien Universität Berlin, Bd. 4), Berlin 1990

Wagner, Hans: Kommunikationswissenschaft – ein Fach auf dem Weg zur Sozial-wissenschaft. Eine wissenschaftsgeschichtliche Besinnungspause, in: Publizistik, Jg. 38 (1993), S. 491–526

Wahl, Karl: „... es ist das deutsche Herz". Erlebnisse und Erkenntnisse eines ehemaligen Gauleiters, Augsburg 1954

Wehler, Hans-Ulrich: Von der Herrschaft zum Habitus, in: Die Zeit vom 25. Oktober
1996

Weinberg, David: Approaches to the Study of Film in the Third Reich: A Critical
Appraisal, in: Journal of Contemporary History, Bd. 19 (1984), S. 105–126

Welch, David: Educational Film Propaganda and the Nazi Youth, in: Nazi Propaganda. The Power and the Limitations. Hrsg. von David Welch, London 1983,
S. 65–87

Welch, David: Propaganda and the German Cinema 1933–1945, Oxford 1983

Wette, Wolfram: Ideologien, Propaganda und Innenpolitik als Voraussetzungen der
Kriegspolitik des Dritten Reiches, in: Wilhelm Deist u. a., Ursachen und Voraussetzungen des Zweiten Weltkrieges, Frankfurt a. M. 1989, S. 23–208

Wette, Wolfram: Die propagandistische Begleitmusik zum deutschen Überfall auf
die Sowjetunion am 22. Juni 1941, in: Der deutsche Überfall auf die Sowjetunion
„Unternehmen Barbarossa" 1941. Hrsg. von Gerd R. Ueberschär und Wolfram
Wette, überarb. Neuausg., Frankfurt a. M. 1991, S. 45–65

Wette, Wolfram: Rußlandbilder der Deutschen im 20. Jahrhundert, in: 1999. Zeitschrift für Sozialgeschichte des 20. und 21. Jahrhunderts, Jg. 10 (1995), H. 1,
S. 38–64

Wiggershaus, Rolf: Die Frankfurter Schule. Geschichte. Theoretische Entwicklung.
Politische Bedeutung, München u. a. 1986

Wilhelm, Hans-Heinrich: Die Einsatzgruppe A der Sicherheitspolizei und des SD
1941/42. Eine exemplarische Studie, in: Helmut Krausnick und Hans-Heinrich
Wilhelm, Die Truppe des Weltanschauungskrieges. Die Einsatzgruppen der Sicherheitspolizei und des SD 1938–1942 (= Quellen und Darstellungen zur Zeitgeschichte, Bd. 22), Stuttgart 1981

Wilhelm, Hans-Heinrich: Rassenpolitik und Kriegsführung. Sicherheitspolizei und
Wehrmacht in Polen und der Sowjetunion, Passau 1991

Willett, John: Explosion der Mitte. Kunst und Politik 1917–1933, München 1981

Williams, Raymond: Innovationen. Über den Prozeßcharakter von Literatur und
Kultur, Frankfurt a. M. 1977

Winkler, Dörte: Frauenarbeit im „Dritten Reich" (= Historische Perspektiven,
Bd. 9), Hamburg 1977

Winkler, Heinrich August: Der Weg in die Katastrophe. Arbeiter und Arbeiterbewegung in der Weimarer Republik 1930 bis 1933 (= Geschichte der Arbeiter und der
Arbeiterbewegung seit dem Ende des 18. Jahrhunderts, Bd. 11), Berlin u. a. 1987

Wirth, Hans-Jürgen: Die Schärfung der Sinne. Jugendprotest als persönliche und
kulturelle Chance, Frankfurt a. M. 1984

Witte, Karsten: Film im Nationalsozialismus, in: Geschichte des deutschen Films.
Hrsg. von Wolfgang Jacobsen, Anton Kaes und Hans Helmut Prinzler, Stuttgart
u. a. 1993, S. 119–170

Witte, Karsten: Die Filmkomödie im 3. Reich, in: Die deutsche Literatur im 3. Reich. Themen, Traditionen, Wirkungen. Hrsg. von Horst Denkler und Karl Prümm, Stuttgart 1976, S. 347–365

Witte, Karsten: Lachende Erben, toller Tag. Filmkomödie im Dritten Reich, Berlin 1995

Wolff, Jörg: Jugendliche vor Gericht im Dritten Reich. Nationalsozialistische Jugendstrafrechtspolitik und Justizalltag, München 1992

Wright, Charles R.: Mass Communication. A Sociological Perspective, 5. Aufl., New York 1969

Zimmermann, Michael: Ausbruchshoffnung. Junge Bergleute in den dreißiger Jahren, in: „Die Jahre weiß man nicht, wo man die heute hinsetzen soll". Faschismuserfahrungen im Ruhrgebiet. Hrsg. von Lutz Niethammer (= Lebensgeschichte und Sozialkultur im Ruhrgebiet 1930 bis 1960, Bd. 1), Berlin u. a. 1983, S. 97–132

Zitelmann, Rainer: Hitler. Selbstverständnis eines Revolutionärs, Hamburg u. a. 1987

Register